高等学校"十四五"医学规划新形态教材

组织学与胚胎学
（第 3 版）

（供临床、基础、预防、检验、护理、
口腔、影像、儿科、药学、中医等专业用）

主　编　翟效月　徐国成
副主编　张征宇　刘佳梅　李　臻　叶晓霞　郑　玮　张　莉　齐亚力
编　委　（按姓氏笔画排序）

马云胜	锦州医科大学	吴　宏	重庆医科大学
王　越	海军军医大学	吴春云	昆明医科大学
王　霞	深圳大学医学部	汪　琳	武汉大学医学部
叶晓霞	广东医科大学	张　莉	锦州医科大学
田　娟	锦州医科大学	张　萍	锦州医科大学
丛　敬	沈阳医学院	张丽红	复旦大学上海医学院
冯　潇	空军军医大学	张征宇	广州医科大学
刘宁宇	中国医科大学	郑　玮	中国医科大学
刘佳梅	吉林大学白求恩医学部	荆玉辰	中国医科大学
刘俊文	中南大学湘雅医学院	贺　军	华中科技大学同济医学院
齐亚力	中国医科大学	徐国成	中国医科大学
齐建国	四川大学华西医学中心	韩秋生	中国医科大学
杜宝玲	广州医科大学	温　昱	中国医科大学
李　甜	新疆医科大学	廖礼彬	新疆医科大学
李　臻	空军军医大学	翟效月	中国医科大学
杨　姝	首都医科大学		

中国教育出版传媒集团
高等教育出版社·北京

内容简介

本教材涵盖组织学和胚胎学两大部分，内容依照四大基本组织→系统器官→胚胎学总论→胚胎学各论展开，共26章。每一章由导学、正文、复习题、网上学习四部分组成。全书系统、简洁地叙述了组织学与胚胎学的基本内容，重点突出，脉络清晰。在保证教材内容的准确性、科学性和严谨性的同时，通过配套的数字课程，介绍每章内容相关的新方法、新知识、新理论，体现了学科的最新进展。全书配有500余幅精美的彩色图片，使学生能够更加直观、准确地学习和掌握组织学与胚胎学知识。

本书适用于临床、基础、预防、检验、护理、口腔、影像、儿科、药学、中医等专业的5年制本科生，亦可作为医学研究生、临床医务人员及科研人员的参考书。

图书在版编目（CIP）数据

组织学与胚胎学 / 翟效月，徐国成主编. -- 3 版. -- 北京：高等教育出版社，2024.8（2025.8重印）
供临床、基础、预防、检验、护理、口腔、影像、儿科、药学、中医等专业用
ISBN 978-7-04-061778-8

Ⅰ. ①组… Ⅱ. ①翟… ②徐… Ⅲ. ①人体组织学 ②人体胚胎学 Ⅳ. ①R32

中国国家版本馆CIP数据核字（2024）第044232号

ZUZHIXUE YU PEITAIXUE

| 策划编辑 李光跃 | 责任编辑 李光跃 | 封面设计 赵 阳 | 责任印制 存 怡 |

出版发行	高等教育出版社	网 址	http://www.hep.edu.cn
社 址	北京市西城区德外大街4号		http://www.hep.com.cn
邮政编码	100120	网上订购	http://www.hepmall.com.cn
印 刷	北京瑞禾彩色印刷有限公司		http://www.hepmall.com
开 本	889mm×1194mm 1/16		http://www.hepmall.cn
印 张	17.5	版 次	2017年2月第1版
字 数	530千字		2024年8月第3版
购书热线	010-58581118	印 次	2025年8月第2次印刷
咨询电话	400-810-0598	定 价	68.00元

本书如有缺页、倒页、脱页等质量问题，请到所购图书销售部门联系调换
版权所有 侵权必究
物 料 号 61778-00

前　言

自20世纪80年代开始，为满足社会对专科医疗服务的需求，我国在传统的5年制临床医学教育的同时，先后设置了以学科为专业的医学教育，包括儿科、检验、影像、口腔、耳鼻喉等。同时，随着社会对复合型人才的需求，先后开展了7年制、8年制、"5+3"等多元化学制教育模式，及双语、全英语医学教学的探索。20世纪90年代，沿袭多年的传统教学模式，即以学科为基础的课程教学，也受到综合课程教学模式的挑战。30年过去了，多元化学制、多轨道教学、多模式教育，以及由此带来的多样化的教材，一直还都存在改革的空间。在新形式下，无论是医学多专业教育，还是满足执业医师资格考试的需求以及临床医生规范培养的目标，5年学制教育将继续成为医学教育未来发展的主体模式。作为基础医学的形态学骨干学科的组织学与胚胎学，从它伴随着显微镜发明而起步的那时起，尽管学科发展风云变幻，其内涵已定格在了对人体器官及组织细胞微细结构及与之适应的功能的探索及认知上，万变不离其宗的传授方式及核心价值是，通过直观的显微镜图片或镜下观察，结合人体进化及发生发育的科学规律，掌握人体的微细结构和功能的关系，为研究疾病发生发展及胎儿异常发育提供组织细胞学及胚胎学依据。

因此，根据新时期医学教育发展的方向，及"互联网+"时代医学教育教学新模式的需要，本教材在延续5年制国家级规划教材知识内涵的基础上，突显以下特色：

1. 全书502幅图片中，232幅为手绘的光镜仿真图、电镜示意图及立体模式图。
2. 通过本书配套的数字课程，介绍每章内容相关的新方法、新知识、新理论，并提供电子版的"中英文名词对照"。
3. 结合形态学整合课程模式的需求，增加一些器官大体解剖部位的图片及描述。
4. 配合5年制不同轨道的教学计划，每章"导学"指出学习重点及难点。
5. 每章以"复习题"结束，以"名词解释"及"问答题"形式指出复习重点。

本教材的编写团队，由18所综合性或医学类院校有丰富一线教学经验的教授及副教授组成，包括来自医学美术教研室具有几十年医学形态学图片绘制经验的团队，使本教材做到文字表述简练，知识点面兼顾，图片精美、格调统一。

编写过程中，我们参考了国内外多种版本的组织学与胚胎学教材，并虚心向前辈请教。但由于我们理论水平及编写水平有限，书中可能会有一些不尽如人意之处，甚至会有内容上的疏漏或错误，希望在使用中接受各校同仁及学生的检验，并及时得到反馈，以便再次印刷时修改。最后，由衷感谢高等教育出版社、主编单位中国医科大学，以及各编委单位给予本教材的厚望及支持！向精诚合作、为教材编写付出辛苦劳动的全体编委致以崇高的敬意。愿这本凝聚编委的智慧与辛苦的教材能得到广大读者的认可和喜爱。

翟效月　徐国成

2023年9月于中国医科大学

新形态教材·数字课程（基础版）

组织学与胚胎学
（第3版）

主编　翟效月　徐国成

登录方法：
1. 电脑访问 http://abooks.hep.com.cn/61778，或微信扫描下方二维码，打开新形态教材小程序。
2. 注册并登录，进入"个人中心"。
3. 刮开封底数字课程账号涂层，手动输入20位密码或通过小程序扫描二维码，完成防伪码绑定。
4. 绑定成功后，即可开始本数字课程的学习。

绑定后一年为数字课程使用有效期。如有使用问题，请点击页面下方的"答疑"按钮。

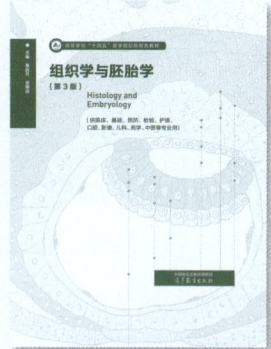

组织学与胚胎学数字课程与纸质教材配套使用，是纸质教材的拓展和补充。数字课程分章提供了与每章内容相关的学习内容，包括拓展学习、研究进展、临床应用等，以方便学生的自主学习。同时提供电子版的"中英文名词对照"，以供查阅使用。

http://abooks.hep.com.cn/61778

目 录

第1章 组织学绪论 ·················· 1
　一、组织学研究内容 ·············· 1
　二、组织学发展简史 ·············· 2
　三、组织学的研究方法和技术 ······ 4
　四、组织学的学习方式和方法 ······ 14

第2章 上皮组织 ·················· 17
　一、被覆上皮 ···················· 17
　二、腺上皮与外分泌腺 ············ 21
　三、上皮细胞特殊结构 ············ 24

第3章 固有结缔组织 ·············· 27
　一、疏松结缔组织 ················ 27
　二、致密结缔组织 ················ 32
　三、脂肪组织 ···················· 33
　四、网状组织 ···················· 33

第4章 软骨和骨 ·················· 35
　一、软骨 ························ 35
　二、骨 ·························· 37
　三、骨的发生、生长和再生 ········ 41

第5章 血液和淋巴 ················ 46
　一、血液 ························ 46
　二、骨髓和血细胞发生 ············ 51
　三、淋巴 ························ 56

第6章 肌组织 ···················· 58
　一、骨骼肌 ······················ 58
　二、心肌 ························ 61
　三、平滑肌 ······················ 62

第7章 神经组织 ·················· 65
　一、神经元 ······················ 65
　二、突触 ························ 67
　三、神经胶质细胞 ················ 69
　四、神经纤维和神经 ·············· 70
　五、神经末梢 ···················· 71

第8章 神经系统 ·················· 78
　一、中枢神经系统 ················ 78
　二、周围神经系统 ················ 86

第9章 循环系统 ·················· 89
　一、血管壁的一般结构 ············ 89
　二、动脉 ························ 91
　三、毛细血管 ···················· 93
　四、静脉 ························ 95
　五、心脏 ························ 96

第10章 免疫系统 ················· 99
　一、免疫细胞 ···················· 99
　二、淋巴组织 ···················· 101
　三、淋巴器官 ···················· 101

第11章 皮肤 ····················· 108
　一、表皮 ························ 108
　二、真皮 ························ 111
　三、皮下组织 ···················· 112
　四、皮肤的附属器 ················ 112

第12章 眼和耳 ··················· 116
　一、眼 ·························· 116

二、耳 …………………………………………… 122

第13章　内分泌系统 …………………………… 127
一、甲状腺 ………………………………………… 127
二、甲状旁腺 ……………………………………… 129
三、肾上腺 ………………………………………… 129
四、垂体 …………………………………………… 131
五、松果体 ………………………………………… 133
六、弥散神经内分泌系统 ………………………… 134

第14章　消化管 …………………………………… 135
一、消化管壁的一般微细结构 …………………… 135
二、口腔与咽 ……………………………………… 136
三、食管 …………………………………………… 139
四、胃 ……………………………………………… 139
五、小肠 …………………………………………… 143
六、大肠 …………………………………………… 145

第15章　消化腺 …………………………………… 147
一、唾液腺 ………………………………………… 147
二、胰腺 …………………………………………… 149
三、肝 ……………………………………………… 152
四、胆囊与胆管 …………………………………… 156

第16章　呼吸系统 ………………………………… 158
一、鼻腔 …………………………………………… 158
二、喉 ……………………………………………… 160
三、气管和主支气管 ……………………………… 160
四、肺 ……………………………………………… 161

第17章　泌尿系统 ………………………………… 167
一、肾 ……………………………………………… 167
二、排尿器官 ……………………………………… 174

第18章　男性生殖系统 …………………………… 176
一、睾丸 …………………………………………… 176
二、生殖管道 ……………………………………… 180
三、附属腺 ………………………………………… 181
四、阴茎 …………………………………………… 181

第19章　女性生殖系统 …………………………… 183
一、卵巢 …………………………………………… 183
二、输卵管 ………………………………………… 187
三、子宫 …………………………………………… 188
四、阴道 …………………………………………… 191
五、乳腺 …………………………………………… 192

第20章　胚胎学总论 ……………………………… 194
一、配子发生和受精 ……………………………… 194
二、胚泡形成和植入 ……………………………… 198
三、胚层的形成 …………………………………… 201
四、三胚层的分化和胚体的形成 ………………… 203
五、胎期的发育 …………………………………… 208
六、胎膜与胎盘 …………………………………… 209
七、双胎、多胎和连体双胎 ……………………… 214

第21章　颜面、颈及四肢的发生 ………………… 217
一、鳃器的发生 …………………………………… 217
二、颜面的形成 …………………………………… 218
三、腭的发生及口腔与鼻腔的形成 ……………… 219
四、牙的发生 ……………………………………… 219
五、颈的形成 ……………………………………… 221
六、四肢的发生 …………………………………… 221
七、常见畸形 ……………………………………… 222

第22章　消化系统和呼吸系统的发生 …………… 224
一、消化系统的发生 ……………………………… 224
二、呼吸系统的发生 ……………………………… 230

第23章　泌尿系统和生殖系统的发生 …………… 233
一、泌尿系统的发生 ……………………………… 233
二、生殖系统的发生 ……………………………… 237

第24章　心血管系统的发生 ……………………… 243
一、原始心血管系统的建立 ……………………… 243
二、心脏的发生 …………………………………… 244
三、弓动脉的发生与演变 ………………………… 249
四、胎儿血液循环和出生后的变化 ……………… 251
五、心血管系统的常见畸形 ……………………… 252

第 25 章　神经系统、眼和耳的发生 ………… 255
一、神经系统的发生 ……………………… 255
二、眼和耳的发生 ………………………… 260

第 26 章　先天畸形 ……………………………… 265
一、先天畸形的分类 ……………………… 265
二、先天畸形的发生原因 ………………… 266
三、胚胎的致畸敏感期 …………………… 267
四、先天畸形的预防、宫内诊断和宫内治疗 ……………………………… 267

参考书目 ……………………………………… 270

第 1 章

组织学绪论

- 导学
  - ▶ 重点
    - 组织学研究内容
    - 石蜡切片的制备过程，HE 染色的步骤
    - 透射电镜的工作原理及标本制备过程
    - 概念：光镜结构、电镜结构（超微结构）、嗜碱性、嗜酸性、嗜银性、异染性、电子密度高、电子密度低
  - ▶ 难点
    - 各种光镜及电镜的工作原理

组织学（histology）是医学基础骨干学科——解剖学的一个分支，是借助显微镜技术研究机体微细结构及其相关功能的科学，故又称显微解剖学（microscopic anatomy）。组织学的发展史因此也是显微镜技术的发展史。显微镜技术包括光学显微镜术（light microscopy），简称光镜技术，及电子显微镜术（electron microscopy），简称电镜技术。与此相对应，微细结构也分为光镜结构和电镜结构。由于光镜的分辨率（resolution）可达 0.2 μm，此为光镜所能分辨的两点之间的最小距离，故光镜结构常用微米（micrometer，μm）度量，如常见的细胞结构细胞核、核仁、细胞表面较大的突起等；而电镜的分辨率可达 0.1 nm，故所观察的结构常用纳米（nanometer，nm）度量，电镜结构因此又称超微结构（ultrastructure），细胞内线粒体、内质网、核糖体等细胞器一般须采用电子显微镜来观察。微细结构度量单位的换算关系为 $1\ nm = 10^{-3}\ \mu m = 10^{-9}\ m$。

一、组织学研究内容

组织（tissue）由细胞和细胞外基质构成。细胞（cell）数量众多，形态多样，并具有各自的微细结构、代谢特点和功能活动。细胞外基质（extracellular matrix）由细胞产生，构成细胞生存微环境，对细胞的增殖、分化、迁移、信息传递等行为有着重要影响。细胞和细胞外基质的结构与功能主要决定于其中的生物大分子，如核酸、酶、蛋白质、蛋白聚糖等，因此，组织学不但研究器官及组织细胞的微细结构，还研究与微细结构密切相关的生物大分子的存在形式和量。

人体组织可分为 4 种基本类型，即上皮组织、结缔组织、肌组织和神经组织。每种组织由形态和功能相同或相似的细胞群及多少不等的细胞外基质构成。按其结构和功能的不同，这些基本组织按一定的方式有机地排列组合构成器官（organ），执行特定的功能。如果器官中央有大的空腔，称空腔性器官，如心、胃、膀胱、子宫等；如无大的空

腔，称实质性器官，如肝、脾、肺、肾等。若干结构上连续或不连续、功能相关的器官组成系统（system），完成一定生理活动，如神经系统、循环系统、免疫系统、内分泌系统、消化系统、呼吸系统、泌尿系统、生殖系统等。

从最早的组织水平到细胞水平，现代组织学的研究已深入到分子水平，并与一些新兴的前沿学科，如细胞生物学、发育生物学、人类遗传学等相互交叉、渗透，相互促进。目前，生命科学的一些与疾病发生发展关系重大的研究课题，如细胞识别与细胞通信、细胞增殖与分化、衰老与凋亡的调控、细胞突变、癌变及其逆转、组织与器官再生、组织工程与器官重建、组织或器官3D打印、神经-体液-免疫调节等，都与组织学有密切的关系。因此，组织学作为一门医学基础课程，是探索及认知生命现象不可缺少的关于机体结构与生理功能的科学。

二、组织学发展简史

组织学的发展史是显微镜及其相关技术的发展史，从最早的在一根管子两端安装凹、凸透镜形成最简单的显微镜，到后来的复式显微镜，再到今天原子力显微镜的诞生，将医学的研究从宏观带到无穷尽的微观世界。

（一）光学显微镜的发明及发展

光学显微镜的发明始于16世纪末。17世纪是显微镜发明的鼎盛时期，代表人物包括耳熟能详的荷兰显微镜制造者和微生物学开拓者Antonie van Leeuwenhoek（1632—1723），他一生制作了400多个透镜、放大镜，以及100多台显微镜。英国天文学家、显微镜制造家Robert Hooke（1635—1703），在改进显微镜的照明方法上做出重要贡献。而意大利解剖学家Marcello Malpighi（1628—1694）是动物和植物材料显微镜观察技术的创始人之一，也是最先使用染色剂（如墨水）和水银、石蜡等制作显微镜观察标本的人。一个领域的研究通常是波浪式发展的，尤其是依赖于技术进步的领域，这也是组织学研究领域的特征。从17世纪显微镜发明及制造的高峰进入了18世纪的一个低谷时期后，19世纪，人们对显微镜做了进一步的改进，在目镜和物镜之间安置一个凹面镜制成反射显微镜（Amici，1827），研制了消色差物镜和油浸显微镜（Abbe，1886），发明了聚光器（Abbe，1872）等，从而较好地校正了色差和球面像差，增强了进入显微镜的光线强度，大大提高了显微镜的放大倍数和分辨率。此外，英国人Gudden和Welker（1856）设计和制作了切片机，组织标本的固定、包埋、切片和染色等技术也有了很大的进步。但之后的发展空间逐渐减小，直到电子显微镜的诞生才迎来研究的新浪潮。

（二）电子显微镜的诞生

如果说，光学显微镜的发明使人类对微观世界的认识有了第一次飞跃，那么，电子显微镜的发明带来的是第二次质的飞跃。

1. 透射电子显微镜的发明　1924年，法国科学家De Broglie指出，任何一种接近光速运动的粒子都具有波动本质。1926—1927年，Davisson、Germer和Thompson用电子衍射实验证实了电子的波动性，发现电子波长比X射线还要短，从而联想到可用电子射线代替可见光照明样品来制作电子显微镜，以克服光波波长在分辨率上的局限性。1926年，德国学者Busch指出："具有轴对称的磁场对电子束起着透镜的作用，有可能使电子束聚焦成像"，这些光、电及磁场相互作用现象的发现为电子显微镜制作提供了理论依据。1931年，德国学者Knoll和Ruska获得了放大12~17倍的电子光学系统中的光阑像，证明可用电子束和电磁透镜得到电子像，但是，这一装置还不是真正的电子显微镜，因为它没有样品台。1931—1933年，Ruska等对以上装置进行了改进，做出了世界上第一台透射电子显微镜（transmission electron microscope，TEM）。1934年，电子显微镜的分辨率已达到500 Å，组织细胞结构的研究从细胞水平进入了亚细胞水平，Ruska也因此获得了1986年的诺贝尔物理学奖。

2. 扫描电子显微镜的发明　扫描电子显微镜（scanning electron microscope，SEM）的概念最早是由德国学者Knoll在1935年提出来的，1938年Von Ardenne在透射电镜上加了个扫描线圈做出了扫描透射显微镜。第一台能观察厚样品的扫描电镜是

Zworykin 制作的，它的分辨率为 50 nm 左右。英国剑桥大学的 Oatley 和他的学生 McMullan 也制作了他们的第一台 SEM。进入 20 世纪 50 年代，SEM 的研究才取得较显著的突破，成像质量有明显提高，并在 1959 年制成了第一台分辨率为 10 nm 的 SEM。自第一台商业制造的扫描电镜 Mark I "Stero-scan" 在 1965 年由剑桥科学仪器公司制造之后的 20 年间，发射电子枪及可变气压的研制大大提高了 SEM 的分辨率。目前，最好的 SEM 已达到 0.7 nm 分辨率。

（三）细胞的发现及细胞学说的确立

1665 年，英国学者 Robert Hooke 通过观察软木塞的薄片发现植物的组织由小室组成，于是，将这些小室命名为细胞（cell），拉丁文中 "cella" 即英文中的 "room or chamber"。由于当时的显微镜非常简单，微观研究并未得到进一步发展。1830 年复式显微镜的引进，促进了微观研究的发展。1833 年，Brown 发现了细胞核，并且在 1838—1839 年，德国植物学家 Schleiden（1804—1881）和动物学家 Schwann（1810—1882）分别提出了，细胞是所有生物体的基本结构和功能单位，植物和动物都含有细胞，细胞具有细胞膜、细胞内含物、细胞核和核仁，从而创立了细胞学说。德国人 Virchow（1821—1902）通过对病理过程的深入细致的显微研究，否定了之前提出的"细胞自由形成"的观点，得出一个著名论断，即所有细胞均来自细胞；并认为细胞损害是一切疾病的基础，从而建立了细胞病理学。Flemming（1843—1915）和 Strasburger（1844—1912）分别对动物和植物细胞的细胞核和细胞分裂进行了卓有成效的研究，创造并使用了染色体、染色质、有丝分裂等术语，提出动物和植物细胞是由先前存在的细胞均等分裂而来，细胞核的分裂先于细胞体的分裂。

细胞学说是当时对生物学现象的基本概括，细胞或细胞学的研究也迅速成为显微镜研究的一个重要分支。

（四）组织概念的提出及组织学的建立

组织学与解剖学之间的渊源要追溯到 17 世纪。在当时，显微镜被发明并被广泛运用在解剖学的研究中，因为，在此之前，解剖学被认为是"关于生物的形成与结构的学科"，其最重要的研究方法是"解剖"。希腊语中，解剖学 "anatomy" 一词由 "ana" 和 "tomē" 组成，前者意为"离（apart）"，后者则是"切开、剥离（cutting up）"的意思。随之，它被分为宏观（或大体）解剖学（gross anatomy）和显微解剖学（microscopic anatomy）。

18 世纪末，法国解剖学家 Bichat（1771—1802）借助简单的显微镜观察到动植物组织的主体像一个粗糙的网络，于是创造了"组织"这一术语（法语，tissu），并把人体组织归纳为 21 种。

组织学 "histology" 一词来源于希腊语的 "histos" 和 "logos"，前者表达"编织状结构"，后者意为"学科"，于是德国人 Mayer 在 1819 年创造了 "histology" 这一术语。然而在当时，简单显微镜的使用限制了组织结构研究的深度，其"组织"的概念也仅仅是基于有限的宏观标准，被分为 8 种。

接下来的 50 年，随着复式显微镜的引进及细胞学说的确立，有关动物和人体组织与器官的光镜结构的研究资料日趋丰富，涌现了大量研究成果，代表了组织学的一个经典时代。Schwann 的研究显示，组织由细胞和细胞产物组成。他根据细胞的发育程度把组织分为 5 类，大约相当于现在的血液、上皮组织、软骨和骨、结缔组织、肌肉和神经组织，并发现了周围神经的神经膜细胞。Purkinje（1787—1869）观察了神经细胞及其突起、有髓神经纤维及小脑的梨状神经元，并描述了各种动物的上皮组织和纤毛运动。曾任柏林大学校长的 Müller（1801—1858）对各种腺体、软骨和骨、结缔组织等进行了研究。意大利人 Golgi（1843—1926）和西班牙人 Cajal（1852—1934）创立和发展了银染技术，系统研究了中枢神经系统的神经元、神经胶质细胞、大脑皮质和小脑皮质的细胞构筑及神经通路等。为此，两人同获 1906 年诺贝尔生理学或医学奖。新科学创始人 Henle 的学生 Kölliker 于 1852 年出版了《人类组织学手册》，这是第一本系统性地讲述人类组织结构的课本。在他的书中，Kölliker 将 Bichat 提出的 21 种不同的组织缩减为现在的四大基本组织，即上皮组织、结缔组织、肌组织和神经组织。此外，Kölliker 证明了细胞的起源及精子的发生（1841），Hertwig 揭示了受精是由卵细胞和精细胞融合所引起的（1876），Flemming 描述了动物细胞的分裂（1882）等。

人们逐渐意识到，细胞是现存的生物体的基本单位。具有相同功能的细胞组成组织。两个或更多的组织联合形成更大的功能单位，即器官，例如肝和肾。最后，几个具有相关功能的器官形成系统，例如，呼吸系统包括鼻、咽、喉、气管、支气管和肺。

尽管，从词源上讲，组织学这一词意为"关于组织的研究"，但是，现代组织学发展已大大拓宽了它的内涵，包含细胞的结构和器官的形成。因此，组织学包含细胞学（关于细胞的研究）、组织学总论（关于组织的研究）和组织学各论（关于器官结构的研究）。至此，组织的分类及组织学的内涵有了更科学的诠释。

（五）现代组织学的发展

20世纪以来，相差显微镜、偏光显微镜、暗视野显微镜、荧光显微镜、紫外光显微镜等的相继问世，推动了组织学研究技术的迅猛发展。而第一台透射电镜的诞生对现代组织学研究内容的贡献具有划时代的意义。尤其随着超薄切片机的出现、标本制备技术的改进，以及扫描电镜的发明，电镜的应用越来越广泛。人们观察了各种细胞及细胞间质成分的超微结构，发现了许多特殊的细胞器，如核糖体、内皮细胞的W-P小体等，并在阐明超微结构的基础上，提出了许多新的理论，如神经元通过突触相互连接的神经元学说（Palade和Palay，1954）、纤毛摆动的微管扭动学说（Afzelius，1959）、肌纤维收缩的肌丝滑动学说（Huxley，1969）等，使组织学的研究进入到亚细胞水平。

在此期间，由于多学科的相互渗透和促进，组织化学技术有了很大的进展，许多新方法相继建立，如显示DNA的福尔根反应（Feulgen，1924），显示多糖的过碘酸希夫反应（McManus，1946），以及显示100多种酶活性的酶组织化学。免疫组织化学也从最初的荧光素标记和直接法（Coons，1941）到酶标记和间接法（Nakane和Pierse，1966），再到过氧化物酶-抗过氧化物酶复合物（PAP）法（Sternberger，1970）和抗生物素蛋白-生物素-过氧化物酶复合物（ABC）法（Hsu，1981），其显示抗原物质（如蛋白质）的敏感性和特异性大大提高。核酸分子杂交术和聚合酶链反应（PCR）在组织学中的应用产生了原位杂交技术（Gall和Pardue，1969）和原位PCR技术（Haase，1990），特异性显示细胞内的DNA和mRNA片段，并使单拷贝和低拷贝核酸的检测成为可能。这些方法可在组织细胞的原位检测其化学成分，对结构蛋白、酶蛋白、信息分子等进行定性、定位、定量及代谢和功能分析，揭示基因及其表达状态，使组织学研究进入分子水平。

此外，生物物理学的发展使放射自显影术、X射线显微分析术、X射线衍射术、显微分光光度术等技术随之建立和完善。细胞培养技术的建立和发展，不但能直接研究细胞的行为及其影响因素，而且成为许多现代重大生物学技术的关键环节。20世纪70年代以后，又相继出现了图像分析术、流式细胞术、激光扫描共聚焦显微镜术、微细结构三维重建并可视化等，这些新技术与计算机技术相结合，能够迅速地对组织细胞的微细结构及生物物理和生物化学参数做出分析，对细胞进行分选或切割，使组织学研究更加广泛、更加深入、更加精细，并逐渐实现自动化、定量化和数字化。

三、组织学的研究方法和技术

组织学研究方法和技术多种多样，其选择主要取决于研究内容和目的，如单纯研究组织细胞生理或病理微细结构的，或单纯研究依托于结构的生物大分子的存在（定性研究）、分布（定位研究）及量（定量研究）的。但是，大部分的研究是综合性的，故多是几种技术方法的结合应用。归根结底，组织学的研究方法和技术与组织学的发展一样，都与生物显微镜技术相关，即根据传统的和新兴的各种显微镜的工作原理，制备要研究的生物学标本，用于显微镜观察，并将结果转变为数字图像进行定性、定位及定量分析。所以，现代组织学的研究方法和技术是多学科理论，如物理、化学、生物化学与分子生物学、免疫学、数学、计算机科学等及技术的融合。

（一）光学显微镜术

光学显微镜（light microscope）是利用光学原

理，把人眼所不能分辨的微小物体放大成像，以供人们提取微细结构信息的光学仪器，主要用来观察生物切片的组织、细胞、细菌，以及体外培养的活体组织或细胞、流质沉淀等。

1. 普通光学显微镜术 普通光学显微镜此处特指适用于医学教学的正置（物镜在载物台上方）、亮视野（相对于暗视野）显微镜（图1-1）。主要用于观察经过染色的组织细胞切片标本的微细结构。光镜的放大作用由其光学部分实现，由聚光器（condenser）、物镜（objective lens）和目镜（eyepiece）组成。观察光镜下结构时，其放大倍数等于物镜和目镜放大倍数的乘积，可达1 500倍左右。但图像的清晰度和细微度主要由显微镜的分辨率决定，即分辨两点间的最小距离。分辨率大小与光的波长成正比，与物镜的数值孔径（NA）成反比。光通过普通物镜的介质是空气，NA小于1；如使用油浸物镜，在镜头与标本间加香柏油，NA可达1.4，可提高分辨率。光镜的分辨率约为0.2 μm。目前，广泛应用于多媒体教学及科研的光学显微镜多在物镜和目镜之间安装高敏感数码相机或摄像机，建立数字化图像增强和分析系统，有助于进行图像定性、定位与定量分析。

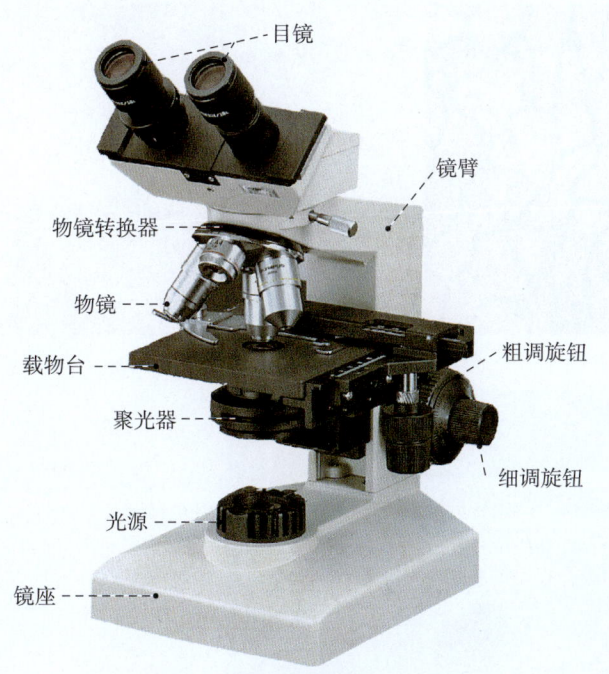

图1-1 双目镜正置光学显微镜

2. 组织的光镜标本制备方法 将生物组织或器官制备成光线易透过、微细结构清晰可辨的组织切片是组织学研究的基本方法，主要用于教学或科研时微细结构的观察，包括取材、固定、切片、染色等步骤。

（1）固定 取动物或人体的新鲜组织块，用化学试剂处理，使组织内的蛋白质迅速凝固或沉淀，以防止细胞自溶和细菌引起的组织腐败，保持组织原有结构和化学组成，这一处理过程称为固定（fixation）。固定用的化学物质称为固定剂（fixative），常用的固定剂有甲醛、戊二醛、苦味酸、醋酸、乙醇、丙酮、四氧化锇等，不同组织和不同的研究目的对固定剂的要求不同，常将几种固定剂配制成混合固定液，使它们的作用互补。固定时，一般将组织块浸泡在固定液中，或经心脏或血管灌注固定液，后者固定效果迅速、均匀。

（2）切片 石蜡切片（paraffin section）是组织学中经典且最常用的切片制备方法。首先，用梯度乙醇将固定后的组织块脱水（dehydration），用二甲苯置换乙醇并使组织透明（clearing），再用熔化的石蜡浸透组织，室温下凝固包埋（embedding），制成组织蜡块，然后用石蜡切片机（microtome）（图1-2）将其切成5～10 μm厚的组织切片（tissue section），贴附于载玻片上。

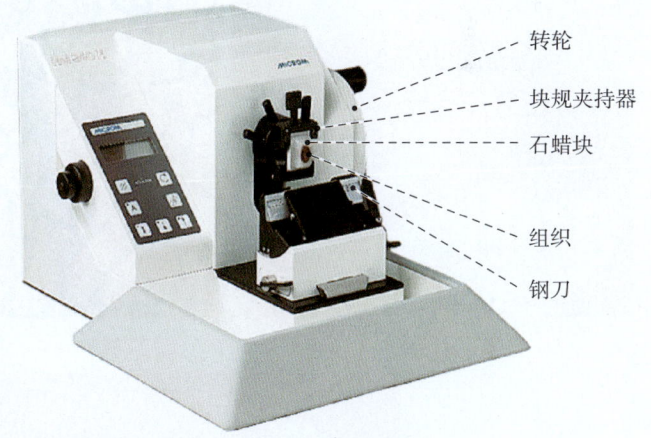

图1-2 石蜡切片机

在制作含液体量较大的组织切片标本时（如眼球、脑、睾丸等），常用火棉胶（collodin）包埋并切片。对某些要进行组织化学反应的标本，为保存脂质物质和酶的活性，也可采用快速冷冻组织并用恒冷箱切片机（cryostat microtome）制成冷冻切片（frozen section）的方法。振动切片机（vibratome）常用于制备未固定的、较厚的神经组织切片，进行酶组织化学或荧光染色。

此外，血液、体液、精液等组织常用涂片（smear）方法；膜状标本如肠系膜则制成铺片（stretched preparation）观察；骨和牙等坚硬组织磨为薄片，称磨片（ground section）。

（3）染色　组织学中最常用的染色方法是苏木精（hematoxylin）和伊红（eosin）染色法，简称HE染色法（HE staining）。大多数组织细胞若没有经过染色处理，光镜观察难以分辨其微细结构。应用天然或人工合成的染料（dye）使组织切片上不同的微细结构呈现不同的颜色，便于光镜观察，称为染色（staining）。染料可分为碱性染料和酸性染料，碱性染料如苏木精、甲苯胺蓝、碱性品红等，含有碱性助色基团，在溶液中带正电荷；酸性染料如伊红、橙黄G、亮绿等，含有酸性助色基团，在溶液中带负电荷。组织细胞结构与碱性染料亲和力强、易被染色的特性称嗜碱性（basophilia）；与酸性染料亲和力强、易被染色的特性称嗜酸性（acidophilia）；若与两种染料的亲和力都不强，则称中性（neutrophilia）。在HE染色中，苏木精使细胞核和细胞质中的核糖体等物质染成紫蓝色，伊红使细胞质和细胞外基质中的一些成分染成粉红色。染色后的切片经浓度梯度乙醇脱水、二甲苯透明，用树胶和盖玻片封固，即可在光镜下观察，并长期保存（图1-3）。

另外，某些结构成分如肥大细胞胞质颗粒，经甲苯胺蓝等碱性染料染色时，不呈现染料的蓝色，而呈紫红色，这种染色特性称为异染性（metachromasia）。当用硝酸银染色时，有些组织结构如神经细胞可使银离子还原为银颗粒而呈黑色，称为亲银性（argentaffin），有些组织结构如网状纤维须加入还原剂才能显色，称为嗜银性（argyrophilia）（图1-3）。

3. 荧光显微镜术　荧光显微镜（fluorescence microscope）由光源、滤片系统和显微镜三部分构成，用于观察细胞、组织中有自发荧光、诱发荧光或经荧光染料染色或标记的结构或生物大分子。正置荧光显微镜指的是物镜在载物台上方，物镜口向下，多数用于切片观察；而倒置荧光显微镜的物镜在载物台下方，物镜口向上，多用于细胞观察（图1-4）。荧光显微镜的光源为高压汞灯，用以产生短波长、高能量的紫外光。荧光显微镜术是以紫外

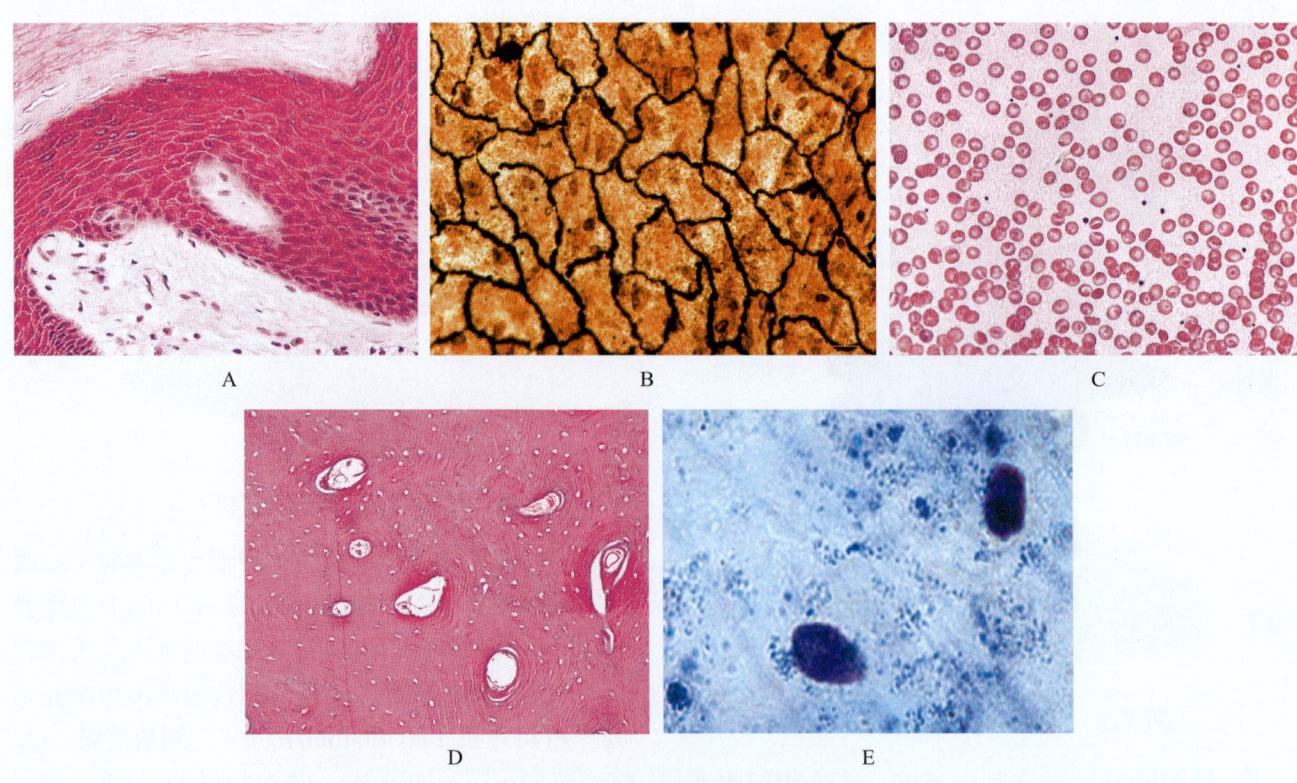

图1-3　各种切片制备及染色

A. 石蜡切片HE染色；B. 肠系膜铺片银染色；C. 血涂片吉姆萨染色；D. 骨磨片HE染色；E. 肥大细胞颗粒异染性

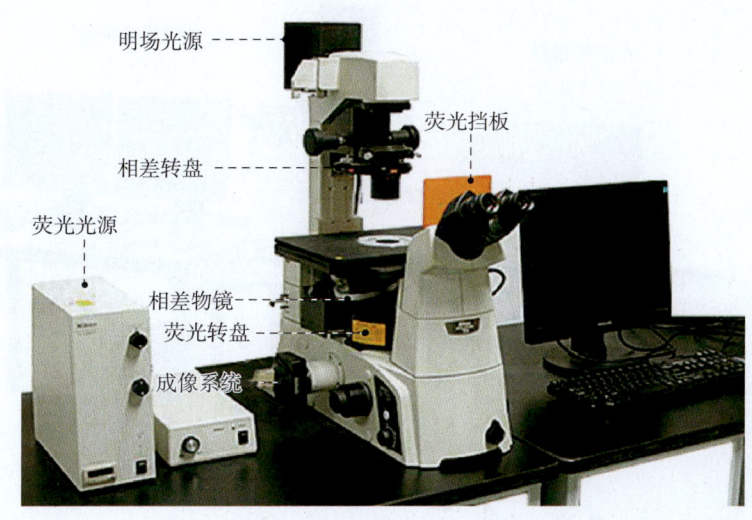

图 1-4 倒置荧光显微镜

光激发标本中的荧光物质，使之产生各种不同颜色的荧光，通过观察荧光的分布与强弱来测定被检物质。其组织标本常制备成石蜡切片或冰冻切片。荧光显微镜也广泛应用于免疫组织化学研究（见后）。

4. 相差显微镜 相差显微镜（phase contrast microscope）主要用于不适合染色的活细胞形态结构及生长变化情况的观察。相差显微镜的原理是：光通过细胞内具有不同厚度或折射率的结构时，其速度和方向发生改变，产生光程差，光程差使两束光的波峰和波谷位置不再并列，即发生了相位差；在物镜的后焦面处装有相位板，可将这种相位差转换为振幅差（明暗差），这样就使活细胞的不同结构出现显著的明暗反差，并具有立体感。为了便于观察贴附于培养瓶底的活细胞并进行某些显微操作，这种显微镜常将光源和聚光器安装在载物台上方，物镜在载物台下方，称倒置相差显微镜（inverted phase contrast microscope）。

5. 偏光显微镜 偏光显微镜（polarization microscope）常用于肌纤维、胶原纤维、细胞膜和纺锤体等的研究。其主要特点是在显微镜内装有产生偏振光和检测偏振光的装置，前者安装在光源和标本之间，称起偏器；后者安装在物镜和目镜之间，称检偏器。光线通过起偏器时，形成只能在一个平面上振动的偏振光。如使检偏器与起偏器的位置平行（平行检偏位），起偏器产生的平行偏振光完全通过检偏器，视野明亮；如两者位置垂直（正交检偏位），则偏振光不能通过检偏器，视野黑暗。在正交检偏位观察标本时，如果旋转镜台，视野始终黑暗，则被检物为各向同性（如横纹肌肌纤维中的明带）；如旋转镜台一周，被检物4次隐没，4次明亮，则为各向异性（如横纹肌肌纤维中的暗带）。

6. 激光扫描共聚焦显微镜 激光扫描共聚焦显微镜（laser scanning confocal microscope，LSCM）是采用激光作为光源，在传统光学显微镜基础上，运用光学共轭聚焦原理和装置，并利用计算机对所观察的对象进行数字图像处理的一套观察、分析和输出系统。是一种高光敏度与高分辨率的生物学仪器，LSCM系统包括激光光源、自动显微镜、扫描模块（包括共聚焦光路通道和针孔、扫描镜、检测器）、数字信号处理器、计算机及图像输出设备等（图1-5）。LSCM的激光光源产生激光束，通过入射针孔的光阑作用入射到样品各点上，避免非照射区域的光散射。在发射光检测光路上有一个检测针孔，检测针孔和入射针孔的位置相对于物镜的焦平面是共轭的，即所谓"共聚焦"。激光束通过物镜聚焦后对样品的不同深度进行扫描；经样品反射的激光束通过透镜成像，被探测器接收，再经过光电信号转换在显示屏上；图像同时被传送到计算机图像分析系统，进行二维或三维的定性、定位及半定量分析。

LSCM突破了普通光镜不能对较厚的切片标本的细胞或组织内部生物大分子进行定位检测的限制，实现了对细胞非侵入式光学断层扫描成像，从而进行一系列细胞及亚细胞水平的结构和功能研究。其标本制备通常进行荧光染色（图1-6）。

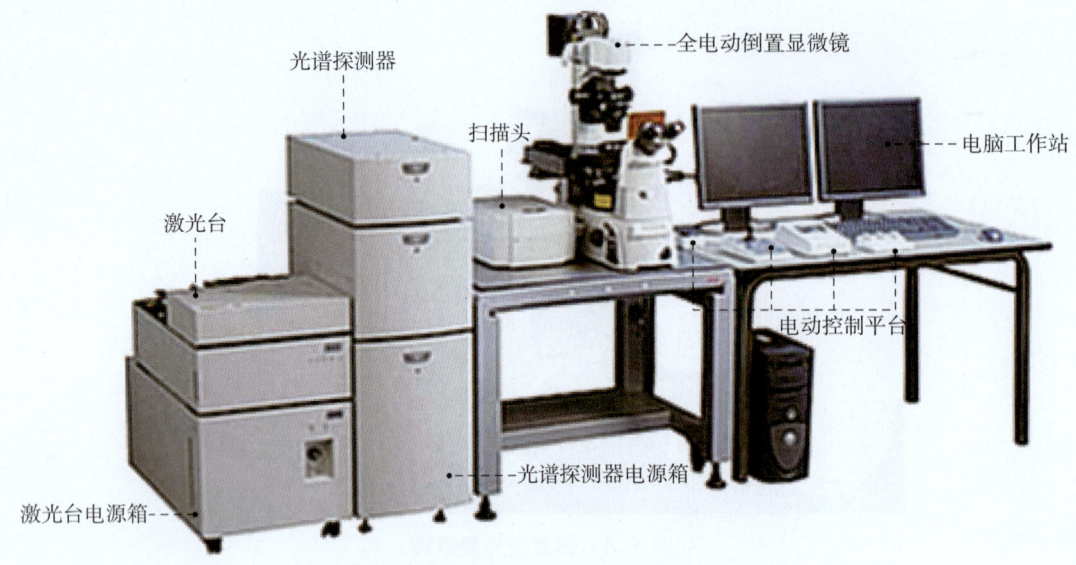

图 1-5 激光扫描共聚焦显微镜

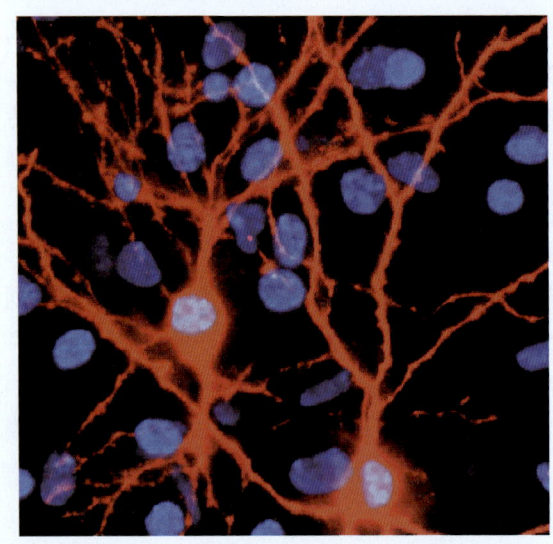

图 1-6 LSCM 示神经元活细胞图像（Ippei Kotera 等，北海道大学电子科学研究所）
红色为神经细胞胞体及突起

（二）电子显微镜术（简称电镜术）

电镜术主要包括透射电镜术和扫描电镜术。

1. 透射电镜术 透射电镜术（transmission electron microscopy，TEM）是用电子束取代可见光穿透标本，并用电磁透镜代替光学透镜将穿过标本的电子束汇聚、放大，在荧光屏上成像，直接进行观察，或将电子束投射到专用的底片，对图像进行保存，还可以对图像进行数字化，然后利用计算机进行观察、保存和分析处理（图 1-7）。透射电镜的分辨率可达 0.1～0.2 nm，放大倍数从几千倍到几十万倍。

由于电子束穿透力弱，电镜标本须制成 50～80 nm 的超薄切片（ultrathin section）。组织切成 1 mm³ 小块，用多聚甲醛和戊二醛固定，并用四氧化锇进行后固定，树脂包埋；再用超薄切片机（ultramicrotome）（图 1-8）切片，贴附于铜网上；最后用重金属盐如柠檬酸铅和醋酸铀等染色，电镜下观察。

密度大、被重金属染色的结构，电子束散射得多，射落到荧光屏上的电子少，在图像上呈暗区，称电子密度高（electron dense）；反之，称电子密度低（electron lucent）（图 1-9）。如观察 0.5～6 μm 厚的切片，须将电子枪的加速电压从通常的 50～100 kV 提高到 500 kV 以上，即超高压电镜，其电子束穿透力明显增强，可观察细胞骨架、各种细胞器的立体超微结构及其相互关系等。

2. 扫描电镜术 扫描电镜术（scanning electron microscopy，SEM）用于观察细胞、组织和器官表面的立体微细结构。将小块组织（直径约 0.3 cm）经固定、脱水和临界点干燥后，在其表面喷镀薄层碳膜和金属膜。扫描电镜发射的细电子束在样品表面按顺序逐点移动扫描，使样品表面金属膜发射出二次电子，二次电子信号被探测器收集，经过放大，在荧光屏上成像。扫描电镜的景深长，图像清晰，富有立体感（图 1-10）。

3. 冷冻蚀刻术和冷冻割断术 冷冻蚀刻术（freeze etching）用于观察细胞断裂表面的微细结构，

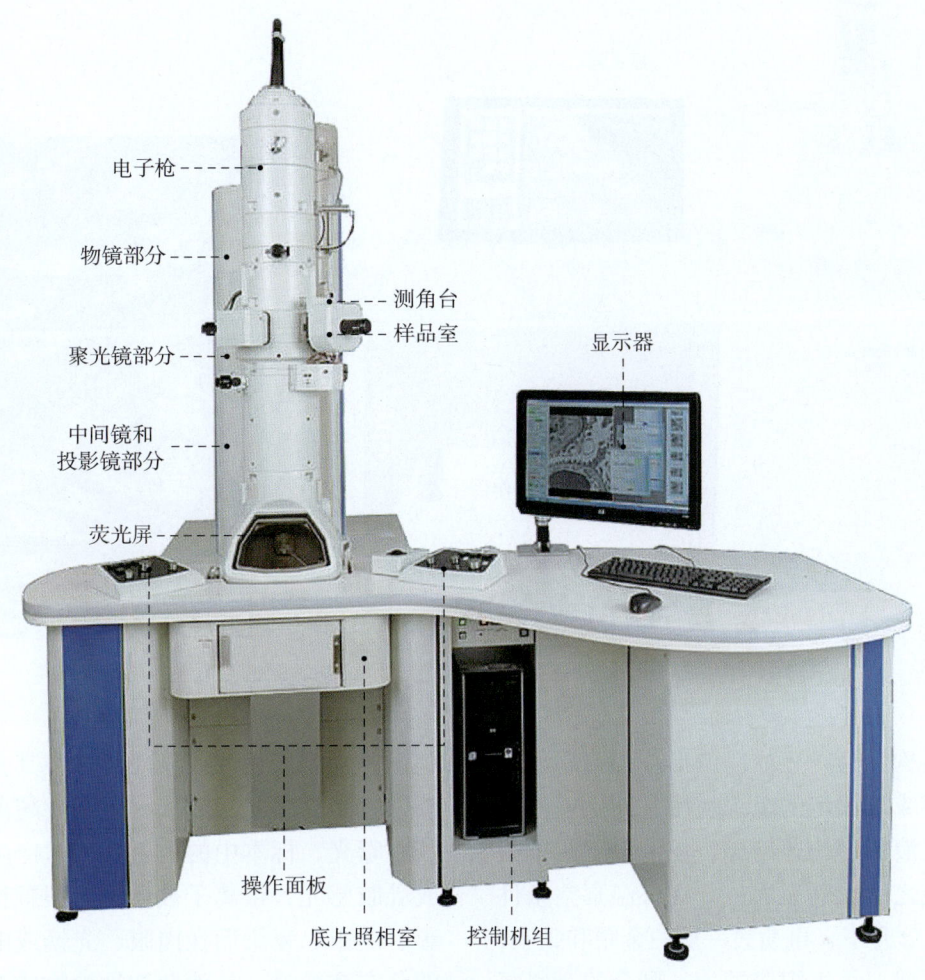

图 1-7 透射电子显微镜

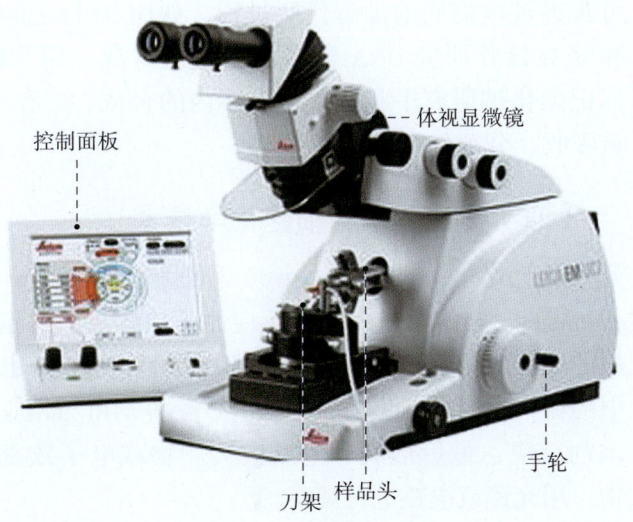

图 1-8 超薄切片机

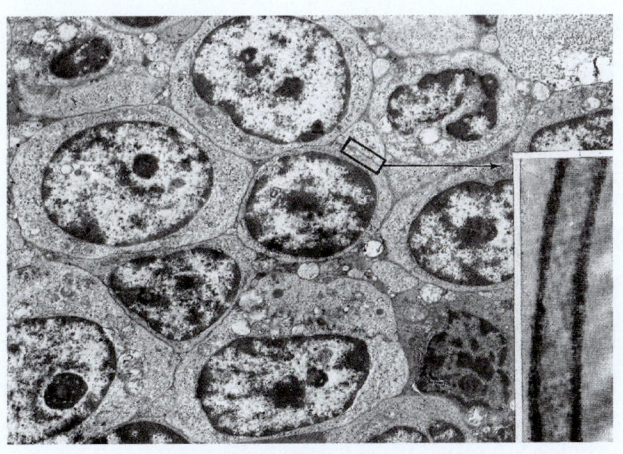

图 1-9 透射电镜（TEM）图片

右下角为高倍显示的细胞膜

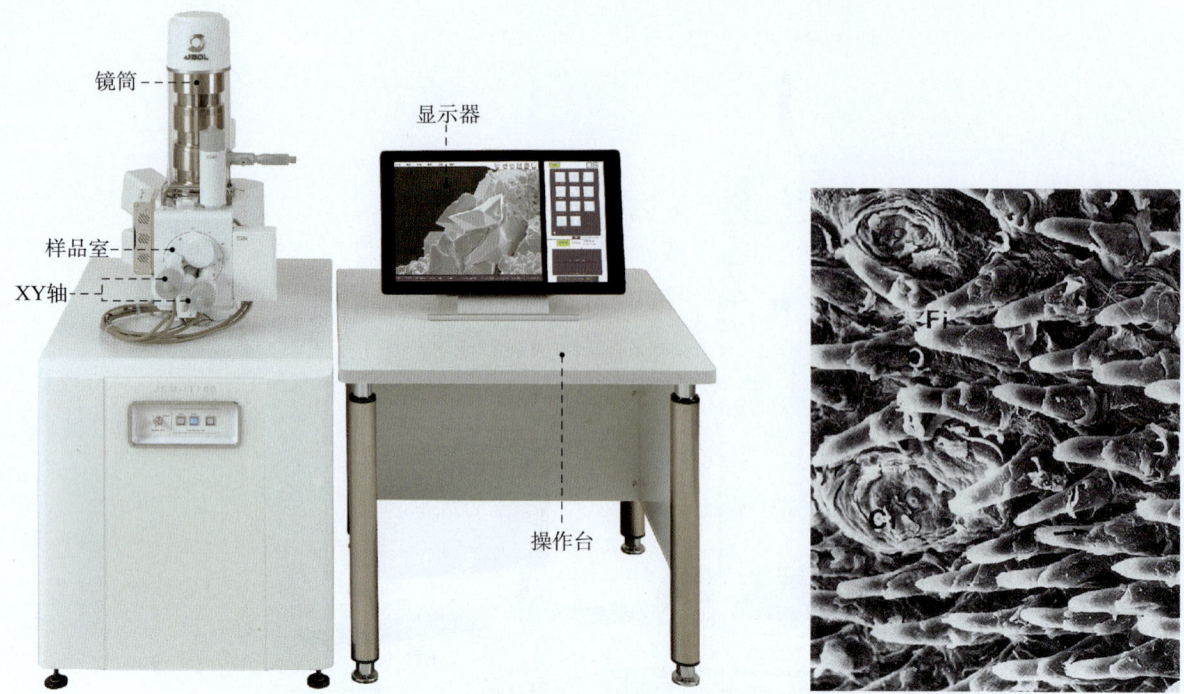

图1-10 扫描电子显微镜(SEM)(左)示细胞表面的舌乳头(右)

特别是质膜的结构。为防止冰晶的形成和提高冷冻速度,先将固定或未固定的组织块用甘油生理盐水处理;然后投入液氮中快速冷冻;在低温下用钢刀将组织劈开,使之形成断裂面,并在低温真空条件下使断裂面的水分升华,再喷镀一层白金膜和碳膜;用强酸(如次氯酸)将组织溶蚀掉,剩余的金属复型膜即可贴附于载网,用透射电镜观察。

冷冻割断术(freeze cracking)是将固定组织经树脂包埋后,浸于二甲亚砜中,在低温下割断,割断面喷镀合金,在扫描电镜下观察组织断裂面的立体结构。该技术适用于研究组织内部微细结构的相互关系,如肝细胞与胆小管的关系,肾小囊与血管球的关系等。

(三)放射自显影术

放射自显影术(autoradiography)通过研究机体对放射性核素(如 ^3H、^{14}C、^{32}P、^{35}S、^{131}I 等)的摄入和代谢过程来显示其功能状态,可分别在整体、细胞和超微结构水平进行研究。首先,将放射性核素标记的物质注入动物体内或加入细胞培养液中,让动物存活或细胞培养一定时间后取整体动物(小动物)或某些脏器,冷冻切片法制成整体切片,与X线胶片相贴进行曝光;或取组织块和培养细胞,分别制成切片或涂片,并在其上涂以薄层核乳胶,置暗处曝光;或取材后制成超薄切片,涂核乳胶并曝光,标本中的放射性核素产生的射线使胶片或乳胶感光,银离子被还原为银颗粒。最后,经显影、定影、复染后在肉眼、光镜或电镜下观察银粒的分布和数量,从而获知被检物质在体内器官、组织、细胞内的分布、代谢和功能状态。在注入放射性核素标记物后,有规律地间隔若干时间取材,则可观察被检物质的动态代谢过程。如用 ^3H 标记胸腺嘧啶核苷研究DNA合成及其增殖状况,用 ^{131}I 标记碘化钠研究甲状腺激素在体内的合成、贮存、重吸收、分解与释放等过程。

(四)组织化学和细胞化学技术

组织化学(histochemistry)和细胞化学(cytochemistry)技术是应用化学反应原理检测组织细胞内的化学成分并进行定位和定量的技术。组织细胞中的糖类、脂质、蛋白质、核酸、酶等均可与相应试剂反应,最后形成有色反应终产物或电子致密物,用光镜或电镜进行观察。

1. 糖类 糖类常用过碘酸希夫反应(periodic acid Schiff reaction,PAS reaction)显示组织和细胞中的糖原和结合糖。过碘酸(HIO_4)是一种强氧化剂，可将糖分子中的乙二醇基氧化成乙二醛基；后者再与希夫试剂［无色的亚硫酸品红，F(SO₂H)₂］结合，形成不溶性紫红色反应产物（图1-11），称PAS反应阳性。因为酸性糖蛋白多呈较强的酸性，通常不和过碘酸反应，可用碱性染料阿尔辛蓝（alcian blue）染色显示。

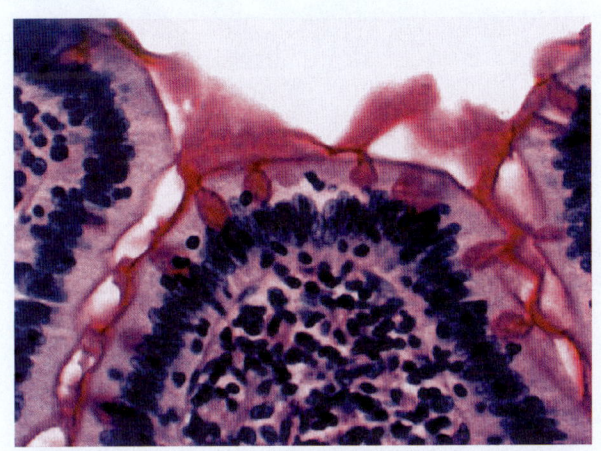

图1-11 PAS染色示小肠上皮多糖的分布（紫红色）

2. 脂质 脂质标本可用甲醛固定制成冷冻切片。常用苏丹染料（如苏丹Ⅲ、苏丹Ⅳ、苏丹黑等）、油红O、尼罗蓝等脂溶性染料染色，这些染料溶解于细胞的脂质中而使脂质显色。也可以用四氧化锇固定兼染色，脂肪酸或胆碱可使四氧化锇还原为二氧化锇而呈黑色。

3. 核酸 显示DNA的传统方法是福尔根反应（Feulgen reaction）。用稀盐酸处理切片，使DNA水解，打开脱氧核糖与嘌呤碱基之间的连接键，形成醛基，再与希夫试剂作用，形成紫红色反应产物。如需同时显示细胞内的DNA和RNA，可用甲基绿-派洛宁染色，甲基绿与细胞核的DNA结合呈蓝绿色，派洛宁与核仁及细胞质内的RNA结合呈红色。

4. 酶类 细胞内酶的种类甚多，如水解酶、氧化还原酶、合成酶与转移酶等，目前已有200多种酶组织化学染色法。酶组织化学技术的基本原理是：在适当的温度和pH条件下，酶催化其特异性底物水解、氧化等，形成初级反应产物；然后用捕获剂捕获该产物，在酶存在的部位形成不溶性、有色的或电子致密的反应终产物，在光学或电子显微镜下观察。例如，酸性磷酸酶是一种重要的水解酶，它催化底物β-甘油磷酸钠水解并释放磷酸根，再以Pb^{2+}捕获磷酸根，生成无色、电子致密的磷酸铅沉淀，即可在电镜下观察。如用光镜观察，还要用硫化铵与磷酸铅作用，形成黑色硫化铅沉淀。由上可知，酶组织化学技术检测的不是酶本身，而是酶催化底物所生成的反应产物，即酶的活性。反应产物越多、颜色越深，酶活性越强。如要显示酶蛋白的含量，可用免疫组织化学技术。

（五）免疫细胞化学技术

免疫细胞化学（immunocytochemistry）又称免疫组织化学（immunohistochemistry），是根据免疫学原理，应用带有可见标记的特异性抗原-抗体反应，检测组织、细胞中抗原性物质的一种技术。这种方法特异性强，敏感度高，应用广泛。分离、纯化人或动物的某种蛋白质作为抗原，注入另一种动物体内，使该动物产生相应的特异性抗体，此为多克隆抗体（polyclonal antibody）。利用单克隆抗体技术制备的单克隆抗体（monoclonal antibody）特异性强，无交叉反应，在免疫细胞化学中的应用与日俱增。常用的标记物可分为荧光染料，如异硫氰酸荧光素（fluorescein isothiocyanate，FITC）、异硫氰酸罗丹明（rhodamine isothiocyanate，RITC）红色荧光素、得克萨斯红（Texas red）、羰花青（carbocyanine，CY）类染料如CY-2、CY-3、CY-5等，用于荧光显微镜下观察；酶类，如辣根过氧化物酶（horseradish peroxidase）、碱性磷酸酶等，可在普通光镜下观察；重金属，如胶体金（colloidal gold）、铁蛋白等，用于电镜下观察。

免疫细胞化学技术主要有直接法和间接法。直接法是标记某抗原的特异性抗体（又称第一抗体，primary antibody），用标记的第一抗体孵育标本以检测其中的抗原成分。该法简单、特异性强，但敏感性较差。在间接法中，第一抗体不标记；以第一抗体作为抗原免疫另一动物，制备抗第一抗体的抗体，即第二抗体（second antibody），并标记第二抗体。间接法因第二抗体的放大作用而敏感性较高。目前常用的间接法有过氧化物酶-抗过氧化物酶（peroxidase-antiperoxidase，PAP）法和随后建立的亲和素-生物素-过氧化物酶复合物法（avidin-biotin-peroxidase complex method，ABC method）。相较于 PAP 法，ABC 法的敏感性更高，是目前广泛应用的一种方法（图 1-12）。

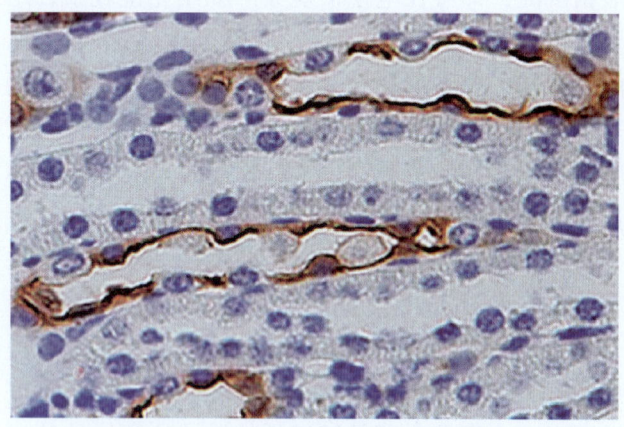

图 1-12　免疫细胞化学间接法染色
图中褐色为肾集合管主细胞膜上分布的水通道蛋白表达

为了在一张组织切片上同时显示两种抗原物质，以发现其定位、形态，甚至功能上的相互关系，可使用免疫细胞化学双重染色（double staining）。双重染色多用间接荧光法，即来自不同种属动物的两个第一抗体不标记，两个第二抗体分别以 FITC（或 CY-2）和 TMRITC（或 CY-3）标记，用间接法分别染两种抗原，荧光显微镜观察。如果两种抗原存在于不同部位，则分别呈现绿色和红色，如果两种抗原存在于同一部位，则呈现两种荧光的混合色，即黄色（图 1-13）。

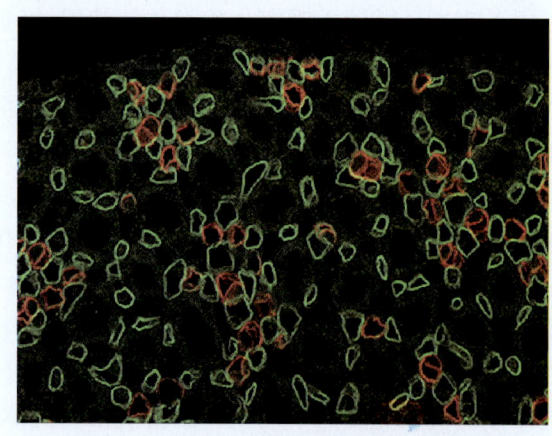

图 1-13　免疫荧光双重染色显示组织中
两种结构的位置关系
绿色为血管内皮细胞，红色为肾小管上皮细胞膜

电镜免疫细胞化学常用胶体金标记技术。胶体金颗粒呈圆形，电子密度高，表面粗糙，带有负电荷，蛋白质通过静电吸引不可逆地吸附于胶体金表面。通过这种机制可用胶体金标记第二抗体，用间接法染色，在电镜下观察抗原物质的超微结构定位（图 1-14）。

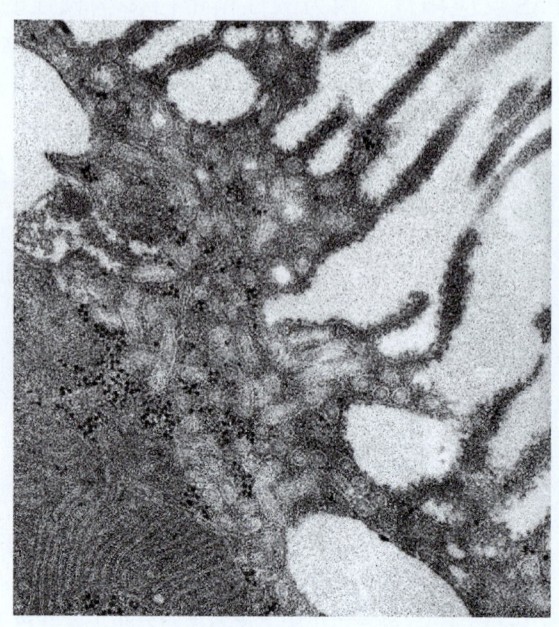

图 1-14　免疫胶体金染色（TEM）
图中集中在细胞顶部的黑色小点为与抗原结合的胶体金颗粒

（六）原位杂交

原位杂交（in situ hybridization）是一种在组织细胞原位进行的核酸分子杂交技术，敏感度高，特异性强。原位杂交的原理是两条单核苷酸链通过碱基互补原则紧密结合，形成稳定的杂交体。根据这一原理，用一条碱基序列已知、经特定标记的核苷酸链为探针（probe），与组织切片、细胞或染色体标本中的待检 DNA 或 mRNA 片段进行杂交，然后显示标记物，从而获得待检核酸的分布和含量等信息。按照探针分子的性质，可将其分为 cDNA 探针、cRNA 探针和寡核苷酸探针。近来得到广泛应用的标记物有放射性和非放射性两类，前者主要有 ^3H、^{35}S、^{32}P 等核素，后者主要有生物素、地高辛精（digoxigenin）、碱性磷酸酶、FITC 等。进行原位杂交时，组织细胞制备经严密的预处理后，与标记探针在一定的条件下杂交；然后，放射性标记物用放射自显影术显示，非放射性标记物用免疫细胞化学或酶组织化学显示。利用原位杂交技术可研究各种基因在染色体上的定位、绘制基因图谱，研究编码某种多肽或蛋白质

的 mRNA 在胞质中的表达，检测感染细胞内的病毒 DNA，对先天性、遗传性疾病和肿瘤等进行研究和基因诊断等。此外，联合应用免疫细胞化学和原位杂交技术，为研究蛋白质的生物合成及其动态变化和调控提供了新的手段。

（七）活体组织和活细胞研究方法

1. 细胞培养术与组织工程　将活体器官、组织或细胞放置在体外适当的条件下培养生长的技术统称组织培养术（tissue culture）。目前，大多利用机械分散法或酶（如胰酶和胶原酶等）消化法分离组织中的某种细胞，并进行纯化，使其成为单细胞悬液，然后接种于培养瓶或培养板，使之贴壁生长或悬浮生长，称为细胞培养（cell culture）。对从体内所分离的细胞进行首次培养，称原代培养（primary culture）；当原代培养的细胞增殖到一定密度后，把细胞分离、稀释并转移到新的培养瓶中继续培养，称传代培养（subculture）。经长期传代培养而成的细胞群体，称细胞系（cell line）；用细胞克隆或单细胞培养形成的纯种细胞，称细胞株（cell strain）。这些细胞系或细胞株可置于液氮内长期冻存，可随时取出复苏，进行实验。

细胞培养一般在二氧化碳培养箱中进行，要求培养环境无菌，严防微生物污染，同时要有合适的温度、O_2 和 CO_2 浓度、湿度等。哺乳动物和人类细胞的培养温度为 35～37℃，常通入含 95% 空气和 5% CO_2 的混合气体，相对湿度大于 98%。培养细胞的营养来自培养液，培养液又称培养基（culture medium），应含有适合细胞生长的营养物质、生长因子、激素等，并具有合适的 pH 和渗透压。

细胞培养术不仅可直接研究细胞的行为，如生长、分化、代谢、形态和功能变化，还可研究各种理化因子（如激素、生长因子、药物、毒物、辐射等）对细胞的影响，同时也是许多分子生物学技术如重组 DNA 技术、转基因技术和组织工程等的关键环节。

组织工程（tissue engineering）作为生物医学和材料科学交叉融合的产物，其核心是利用细胞培养术在体外模拟构建机体组织或器官。应用组织工程技术，将培养的细胞接种于预先加工成所需形状的三维支架上，经体外培养或植入体内，可形成具有特定形状和功能的组织或器官。国内外学者应用组织工程技术已开展了许多人造组织和器官的研制，如皮肤、软骨、骨、肌腱、角膜、神经、血管、气管等。

2. 活体染色与活细胞染色　活体染色（vital staining）是将无毒、无菌的染料注入动物体内，组织或细胞选择性摄取染料后，通过显微镜观察、鉴定组织细胞类型，研究其分布和功能等。如将墨汁注入动物体内，被巨噬细胞吞噬，从而观察巨噬细胞的分布和吞噬活性（图 1-15）。也可对分离的活细胞或体外培养的细胞直接进行染色，称体外活体染色。如取血液，与煌焦油蓝染液混合，染色数分钟后涂片镜检，可显示网织红细胞并进行计数，以判断骨髓的造血功能。

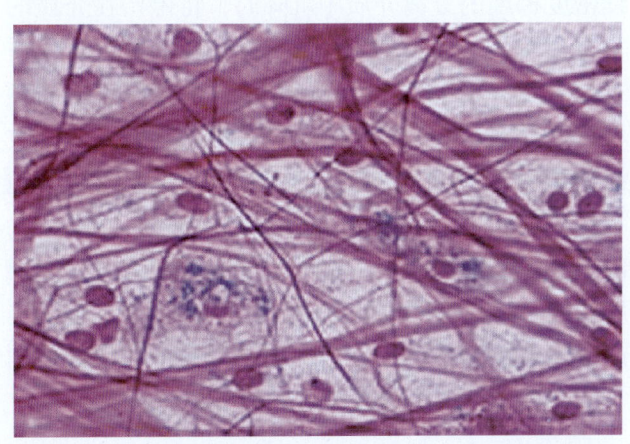

图 1-15　小鼠活体注射蓝色染料显示肠系膜巨噬细胞
图中蓝色颗粒分布在巨噬细胞胞体中

此外，有些染料不能进入活细胞，但可进入细胞膜通透性发生改变的死细胞。如在检测培养细胞的存活率时，活细胞对锥虫蓝拒染，而死细胞被染成蓝色。Hoechst 33258 和碘化丙啶是常用的荧光染料，均可与 DNA 结合。Hoechst 33258 可进入活细胞和凋亡细胞，使细胞核呈蓝色荧光，活细胞的荧光均匀，凋亡细胞的荧光不均匀、增强或边聚。碘化丙啶只能进入死细胞，使其核呈红色荧光。因此用这两种染料进行体外活体染色，可区别活细胞、凋亡细胞和坏死细胞。

3. 细胞分离术　器官和组织常由多种细胞构成，为了对其中的某种细胞或亚细胞成分进行形态学研究或生化分析，可使用细胞分离术（cell separation）。常利用细胞的黏附性、大小、密度和特殊的表面标志等分离细胞。除血液、胸腔积液和腹腔积液外，分离细胞时先要将组织匀浆，制成细胞悬液。常用的细胞分离方法有差速离心法和密度梯度离心法，也可应用流式细胞仪和免疫微球法等来分离细胞。

（1）差速离心法 差速离心法（differential centrifugation）根据各种细胞或细胞组分的密度和大小不同，在离心力的作用下，其沉降速度不同，密度和体积大的细胞沉淀于管底，从而使细胞分离。该法更多应用于细胞组分或细胞器的分离，故又称细胞组分分级分离（cell fractionation）。

（2）密度梯度离心法 密度梯度离心法（density gradient centrifugation）的原理是不同细胞的密度不同，当它们在离心力的作用下，在连续或不连续密度梯度的分离介质中沉降时，将停留在介质的一定位置，从而达到分离的目的。常用的分离介质有聚蔗糖（商品名 Ficoll）和聚维酮包裹的硅胶颗粒（商品名 Percoll）。Ficoll 与三碘化合物泛影葡胺组成的分离液可将人血液中的单核细胞与粒细胞和红细胞分开，已成为分离淋巴细胞的常规试剂。Percoll 在高速离心下，形成由上而下递增的连续梯度密度。将密度不同的细胞放在 Percoll 液面上，经高速离心后，不同密度的细胞悬浮于与它们密度相等的介质层面上，借此可分离组织中的不同细胞。

（八）形态学研究的定量术

随着生命科学研究的不断深入和新仪器的出现，各种定量技术日益广泛地应用于形态学研究。

1. 形态计量术 形态计量术（morphometry）是运用数学和统计学原理获取组织和细胞内各种成分的数量、体积、表面积等的相对值与绝对值；其中，三维立体结构形态参数的研究称为体视学（stereology）。传统方法是将规则的测试系统（点、线、方格等）投影或覆盖在一张张连续切片上，将平面测量的数据按数学原理和公式推算出立体结构数值，经过计算机处理，重新建立起立体形态。目前，则多应用图像分析软件进行组织、细胞三维结构的定量分析，已获得大量研究成果，如正常人肺泡量和表面积、肾小体数目和体积、胰岛的数量及其各类细胞的数值、小肠上皮细胞微绒毛的数量及其表面积等。

2. 流式细胞术 流式细胞术（flow cytometry）是近年建立的细胞定量和分类技术，是应用流式细胞仪（flow cytometer）对流动的单个细胞或颗粒进行鉴定、分类计数和分选纯化的技术。广泛应用于细胞生物学、免疫学、血液学、肿瘤学等的研究，如对细胞周期各时相细胞比例的分析，细胞内 DNA 含量、DNA 倍体及细胞凋亡的研究，细胞表面黏附分子和细胞内蛋白质、酶、细胞因子等的检查，淋巴细胞亚群的分离和定量，血细胞表型及增殖情况的分析，癌基因的检测，杂交细胞的分选等。

3. 图像分析术 目前广泛应用图像分析仪（image analyzer）进行形态计量和显微光度测定，称图像分析术（image analysis）。图像分析仪由显微镜、图像采集装置、计算机和图像处理与分析软件组成。图像采集装置通过摄像机采集显微镜下或照片上的显微图像，并将其转换为数字图像，输入计算机。数字图像由许多像素（pixel）构成，含有位置、灰度和色彩等信息。计算机在图像处理与分析软件支持下，对数字图像进行处理与分析，根据每一像素的大小、位置、灰度（明暗程度）快速准确地得出某种结构的几何形态参数，如细胞的截面积、直径、周长、形状因子等，或组织细胞内某种物质的相对含量，如灰度值、光密度值等。

四、组织学的学习方式和方法

组织学有多种学习方式，其方式的变化具有时代特征。20 世纪 80 年代，学生主要是通过理论课的讲解，结合实验室的显微镜观察来掌握组织学的知识，故教室是学生学习的主要场所，教材及笔记是学习的主要工具。90 年代中期，多媒体进入课堂，学生通过教师 PPT 课件中的大量图片甚至视频展示的组织微细结构的直观信息，来理解组织器官的微细结构，因此学习工具多了计算机。21 世纪生命科学与信息科学的迅猛发展带来了"互联网+"时代，出现了多媒体教与学的交互式革命，微课、慕课、翻转课堂、电子书包等形式层出不穷，学习形式也因之与日俱增。

然而，万变不离其宗的是如何掌握组织学的学习思维模式，以下几点建议供学习中参考：

1. 建立组织结构微观与宏观的关系 比如，对上皮组织中"间皮"的位置、结构及功能的理解，需要结合胸腔、腹腔、心包腔中器官的位置及运动的知识。

2. 建立结构的静态和动态变化关系 比如，甲状腺滤泡上皮细胞的形状不是一成不变的，而是随细胞功能状态改变而在扁平、立方、柱状等之间变换的。

3. 建立截面二维图像与立体三维结构的关系 见图1-16所示。

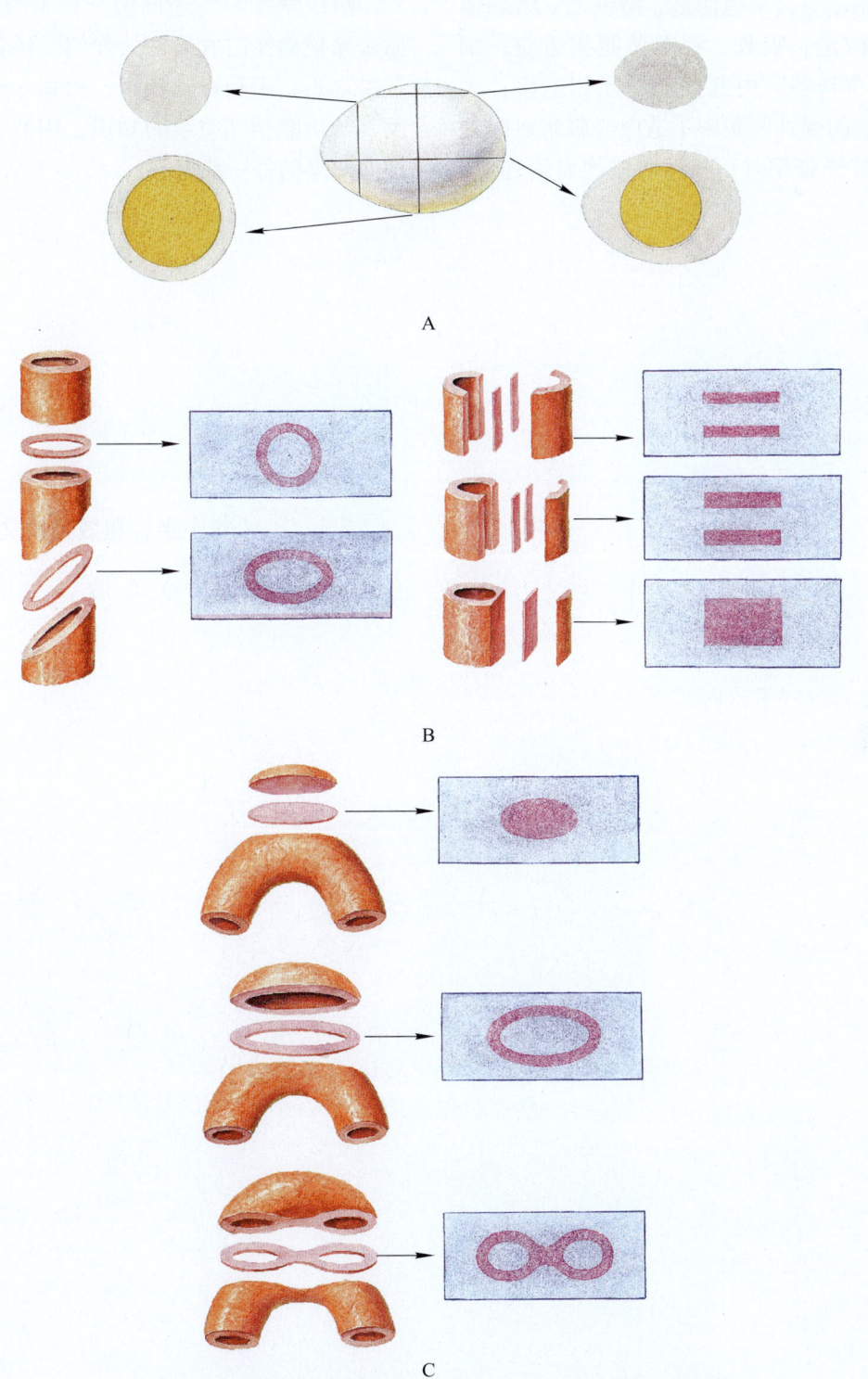

图1-16 微细结构的截面（切片）与立体关系模式图
A. 卵圆形细胞不同方位的切面图；B和C. 管状结构不同断面示意图

4. 建立结构与功能的联系　机体的结构形态是适应功能而长期进化、经历发生发育而形成的。因此，小到细胞内的细胞器，大到细胞、组织及器官，其结构形态都能找到与之相适应的功能。如丰富的粗面内质网与发达的高尔基复合体常与蛋白质合成功能旺盛相适应；细胞伪足、微绒毛、溶酶体等结构与细胞游走、吸收、吞噬功能相适应；细胞表面纤毛分布与器官内部摆动功能相适应；大动脉中膜数十层的弹性膜是为了适应心脏泵血时的压力，并在心脏舒张期时，弹性回缩使血流连续，等等。

5. 理论与实践的结合　组织学教学的目的之一，是培养医学生正确使用显微镜，并能准确识别镜下组织细胞微细结构的能力。因此，重视理论课学习的同时，也要重视组织学实践，即显微镜切片标本的观察。

组织学学习是通向医学神圣殿堂的必经之路，愿未来被称作白衣天使的你们，怀着一颗对生命的敬畏之心，用勤奋和汗水，积累一点一滴的形态学及其与功能相互关系的知识，用智慧与学识，夯实铺向未来的每一块基石。

网上学习

1-1　列文虎克简介

1-2　罗伯特·胡克简介

（刘宁宇，翟效月撰文；徐国成绘图）

第 2 章

上皮组织

> ● 导学
> ▶ 重点
>   ● 上皮组织的极性
>   ● 被覆上皮的分类和主要分布
>   ● 腺上皮与外分泌腺的结构
>   ● 上皮细胞的特殊结构
> ▶ 难点
>   ● 上皮细胞侧面的连接

上皮组织（epithelial tissue）由形态相似、功能相近、排列紧密的细胞和少量细胞外基质组成。上皮细胞具有游离面、侧面和基底面，不同表面的结构和功能具有明显差别，此为极性（polarity）。绝大部分上皮组织内没有血管，常借助其基底面具有一定渗透性的基膜与其他组织相隔并获取营养。上皮细胞之间除有细胞外基质起黏合作用外，还在相邻面分化出特殊连接方式；上皮组织内有丰富的游离神经末梢。上皮组织根据功能分为被覆上皮、腺上皮、感觉上皮等，本章主要介绍被覆上皮和腺上皮，感觉上皮在后续相关章中介绍。

一、被覆上皮

被覆上皮（covering epithelium）主要覆盖于人体体表、大部分内脏器官的表面，以及铺衬在体内各种管、腔及囊性器官的内、外表面。根据上皮细胞基底面附着于基膜上的排列层数，将其分为单层上皮（simple epithelium）和复层上皮（stratified epithelium）。单层上皮又根据其细胞形状特点进一步分为单层扁平上皮、单层立方上皮和单层柱状上皮，此外还有假复层纤毛柱状上皮；而复层上皮根据表层细胞的形状特点分为复层扁平上皮、复层柱状上皮、变移上皮等多种类型（表 2-1）。

（一）单层上皮

1. 单层扁平上皮　单层扁平上皮（simple squamous epithelium）是最薄的上皮。从表面看，细胞呈多边形，细胞边缘呈锯齿状，相邻细胞彼此嵌合；核扁圆形，位于细胞中央。在垂直切面上，细胞核呈梭形，胞质非常薄，仅含核部分略厚（图 2-1）。

衬于心脏、血管和淋巴管腔面的单层扁平上皮称为内皮（endothelium），其表面光滑，有利于血液和淋巴流动，也有利于内皮细胞内、外的物质交换（图 2-2）。衬于胸膜、腹膜和心包膜表面的单层扁平上皮称间皮（mesothelium）。内皮和间皮均来源于胚胎时期的中胚层。

2. 单层立方上皮　单层立方上皮（simple cuboidal epithelium）从表面看，细胞呈多边形，在垂直切面上，细胞近似正方形，核圆，位于细胞中

表 2-1 被覆上皮分类及分布

上皮类型		主要分布
单层上皮	单层扁平上皮	内皮：血管、淋巴管、心脏等腔面
		间皮：胸膜、腹膜、心包膜等表面，以及其覆盖的体腔脏器的浆膜或被膜表面
		其他：肾小囊壁层、Ⅰ型肺泡上皮细胞、腺闰管等
	单层立方上皮	甲状腺滤泡、肾小管及小集合管、小叶间胆管、外分泌腺小导管、汗腺分泌部、卵巢表面上皮等
	单层柱状上皮	胃、肠、胆囊及胆总管、输卵管、子宫等腔面
	假复层纤毛柱状上皮	大部分呼吸道腔面
复层上皮	复层扁平上皮	角化：皮肤表皮
		未角化：口腔、食管、阴道等腔面
	复层柱状上皮	睑结膜上皮和男性尿道腔面
	变移上皮	肾盏、肾盂、输尿管、膀胱等腔面
	复层立方上皮	汗腺导管、肛管、女性尿道近开口处等的腔面

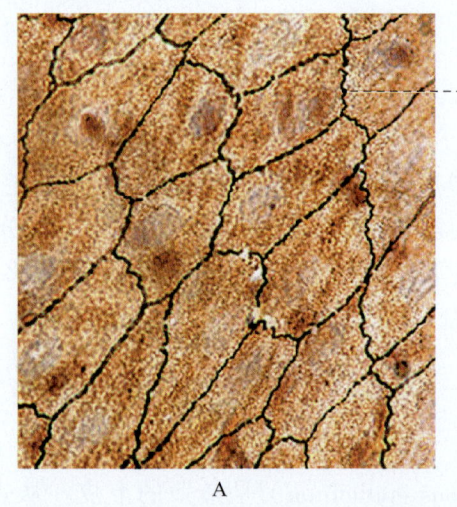
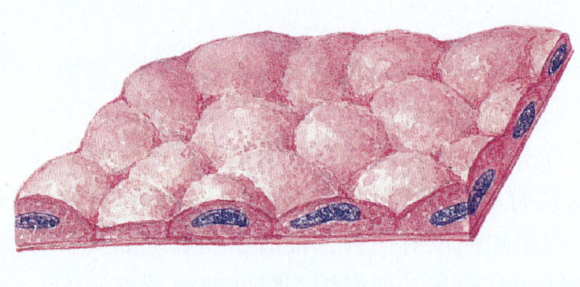

图 2-1 单层扁平上皮正面观

A. 肠系膜铺片银染色；B. 立体模式图

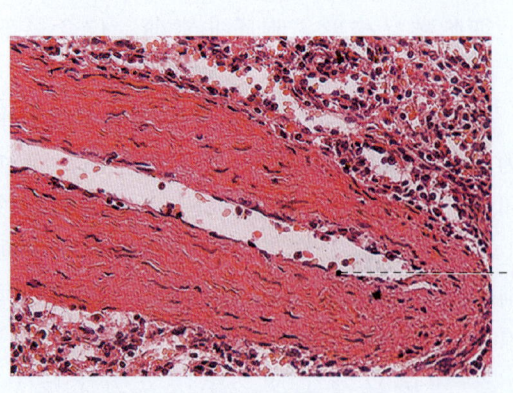
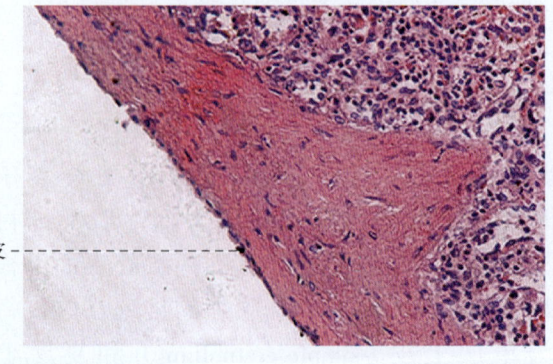

图 2-2 单层扁平上皮侧面观（HE 染色）

A. 内皮，血管；B. 间皮，脾被膜表面

央（图2-3）。这类上皮分布于肾小管、甲状腺滤泡、脑脉络丛、眼睫状体与晶状体前上皮、视网膜色素上皮、外分泌腺小导管等，细胞多具有分泌和吸收功能。

3. **单层柱状上皮** 单层柱状上皮（simple columnar epithelium）由一层棱柱状细胞组成。表面看细胞呈多边形，而在垂直切面上，细胞呈柱状，核椭圆形，位于细胞基底部并与细胞长轴平行。单层柱状上皮主要分布在胃、肠、胆囊、子宫及输卵管等器官的腔表面。分布于小肠黏膜表面的单层柱状上皮细胞游离面常有排列紧密的微绒毛（详见本章"三、上皮细胞特殊结构"），HE染色后，光镜观察呈嗜酸性的一条细线，称为纹状缘；单层柱状上皮细胞之间常夹有杯状细胞（goblet cell）（图2-4）。

4. **假复层纤毛柱状上皮** 假复层纤毛柱状上皮（pseudostratified ciliated columnar epithelium）由一层高低不等的柱状细胞、梭形细胞、锥体细胞和杯状细胞组成。其中，高柱状细胞数量最多，表面覆有纤毛（详见本章"三、上皮细胞特殊结构"），高柱状细胞和杯状细胞的顶端达到上皮的游离面，但所有细胞的基底部均附着于基膜上。由于几种细胞形态和高度不同，细胞核的位置也不在同一平面上，故从垂直切面看，似复层上皮，故称假复层纤毛柱状上皮（图2-5），主要分布在呼吸道如喉、气管、支气管等黏膜腔面，也见于中耳的咽鼓管和鼓室。此类上皮有重要保护功能。

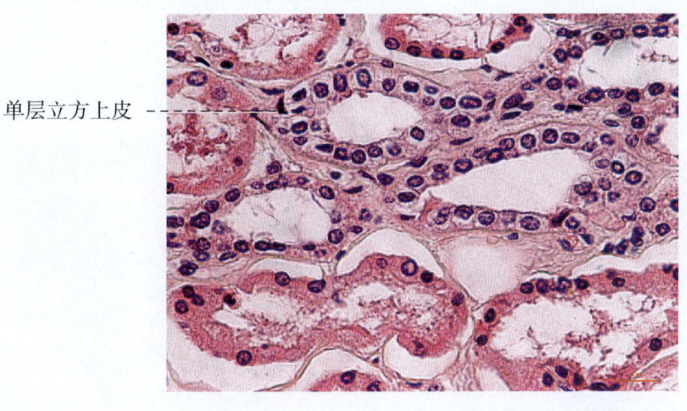
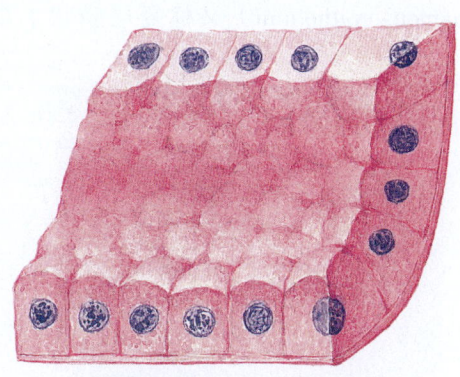

图 2-3 单层立方上皮
A. 肾小管横断（HE 染色）；B. 立体模式图

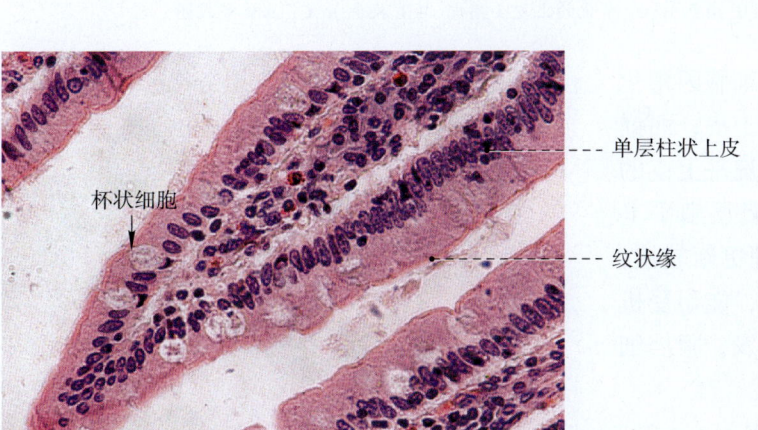
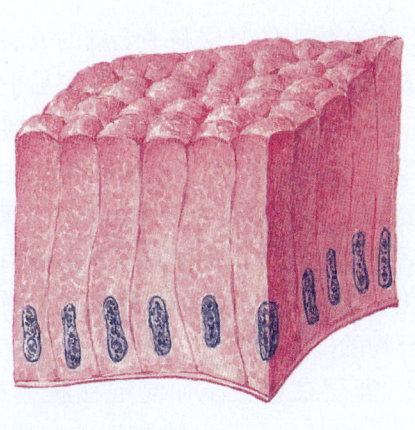

图 2-4 单层柱状上皮
A. 小肠绒毛（HE 染色）；B. 立体模式图

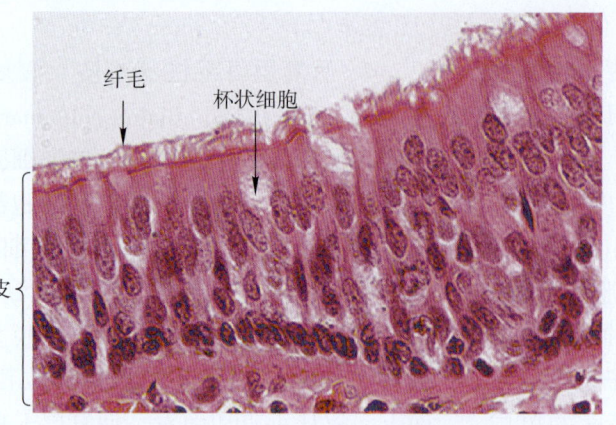

图 2-5 假复层纤毛柱状上皮
A. 气管上皮（HE 染色）；B. 立体模式图

（二）复层上皮

1. **复层扁平上皮** 复层扁平上皮（stratified squamous epithelium）又称复层鳞状上皮，由多层细胞组成，附着于基膜的一层细胞呈立方形或矮柱状，具有较强的分裂增殖能力，而表面的数层细胞为扁平状，中间数层细胞为多边形（图 2-6）。

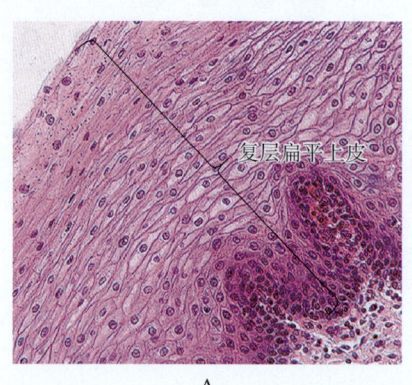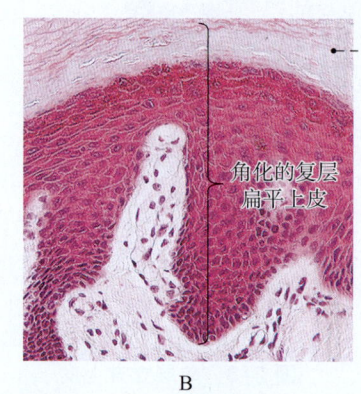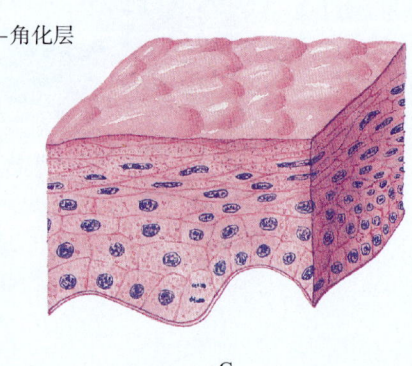

图 2-6 复层扁平上皮
A. 未角化的上皮（食管，HE 染色）；B. 角化的上皮（指皮，HE 染色）；C. 立体模式图

分布在体表的复层扁平上皮的表层细胞因角化而形成角质层，故称为角化的复层扁平上皮；而铺衬在口腔、食管、阴道等处的部分复层扁平上皮的表层细胞没有角质层，称为未角化的复层扁平上皮。复层扁平上皮再生能力很强，生理更新较快，受损后修复也较快。主要具有保护作用，能耐受机械和化学性刺激，并能防止体内水分蒸发，阻挡细菌和异物的侵入。

2. **复层柱状上皮** 复层柱状上皮（stratified columnar epithelium）由数层细胞组成，表层为一层排列较整齐的柱状细胞，胞质内含较多糖原，游离面常有分散的微绒毛；深层为一层或数层多边形细胞，附于基膜上。主要分布于眼睑结膜、男性尿道、肛门、咽、会厌喉面和一些腺的大导管处（图 2-7）。

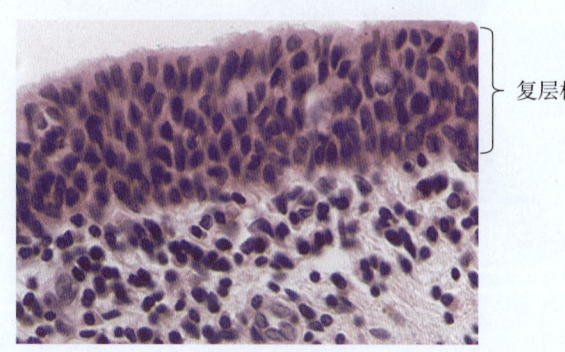

图 2-7 眼睑复层柱状上皮（HE 染色）

3. 变移上皮 变移上皮（transitional epithelium）又称移行上皮。其特点是，细胞层数及表层细胞的形状随所在器官的功能状况变化而变化。此类上皮分布于肾盂、肾盏、输尿管及膀胱的腔面。当膀胱排空后，上皮细胞层数增多，表层细胞呈立方形，较大，有些细胞可见两个核，一个表层细胞常覆盖几个中间层细胞，为盖细胞（umbrella cell）；而当膀胱充盈时，上皮细胞层数变少，细胞形状变扁（图2-8）。上皮的表层细胞胞质丰富，嗜酸性较强，形成深染的壳层，具有防止尿液侵蚀的作用；深层细胞则随上皮的舒缩，在柱形、梭形、锥形和多边形之间变换。

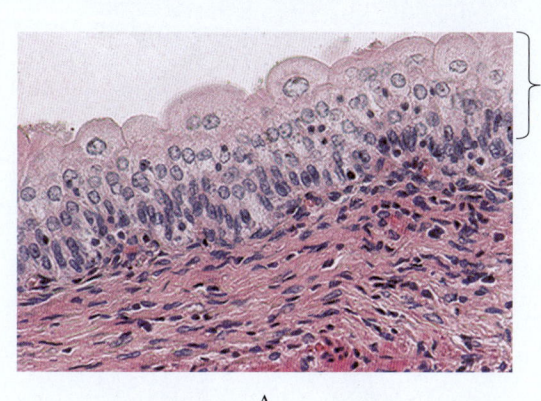

图2-8 膀胱变移上皮（HE染色）
A. 排空后；B. 充盈时

4. 复层立方上皮 复层立方上皮（stratified cuboidal epithelium）表层细胞多呈立方形。此类上皮较为少见，主要分布于汗腺导管、肛管、女性尿道近开口处等（图2-9）。

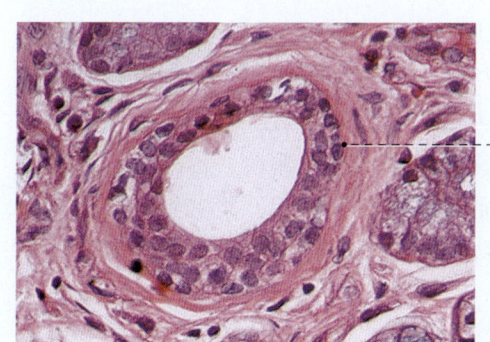

图2-9 复层立方上皮（汗腺导管，HE染色）

二、腺上皮与外分泌腺

机体有些部位的被覆上皮中夹有单个分泌细胞，此为单细胞腺，如小肠黏膜单层柱状上皮细胞中的杯状细胞；机体大多数腺体由多个分泌细胞组成，为多细胞腺，如唾液腺。以分泌功能为主的上皮称腺上皮（glandular epithelium），以腺上皮为主要成分所构成的器官称为腺（gland）。腺上皮的发生源自被覆上皮。首先，上皮局部细胞分裂增殖形成细胞索，并向深层的结缔组织内生长，分支或不分支，继而细胞索与表层上皮的联系消失，细胞索内建立了毛细血管网，细胞出现了分泌功能，分泌物直接排入毛细血管，并随血流作用到靶器官或靶细胞，此为内分泌腺（endocrine gland），如甲状腺、肾上腺、垂体等。在演变过程中，若细胞索与表层上皮的联系被保存下来，并发育成导管和腺腔，则细胞分泌物经导管直接排出至被覆上皮所覆盖的体表或铺衬的器官的腔面，则为外分泌腺（exocrine gland）（图2-10），如汗腺、乳腺、唾液腺等。外分泌腺在结构上由两部分组成：分泌部和导管。

（一）分泌部

分泌部一般由单层细胞围成，中央为腺腔。一些腺体的分泌部与基膜间存在一种胞体扁平、有突起的细胞，具有收缩功能，称肌上皮细胞（myoepithelial cell），其收缩有助于腺腔内分泌物的排出。分泌部有的为管状，有的为泡状，有的为管泡状。呈囊泡状的分泌部又称为腺泡（acinus）。根据腺细胞分泌物的性质，可分为浆液细胞和黏液细胞；其组成的腺泡也因此分为浆液性腺泡、黏液性

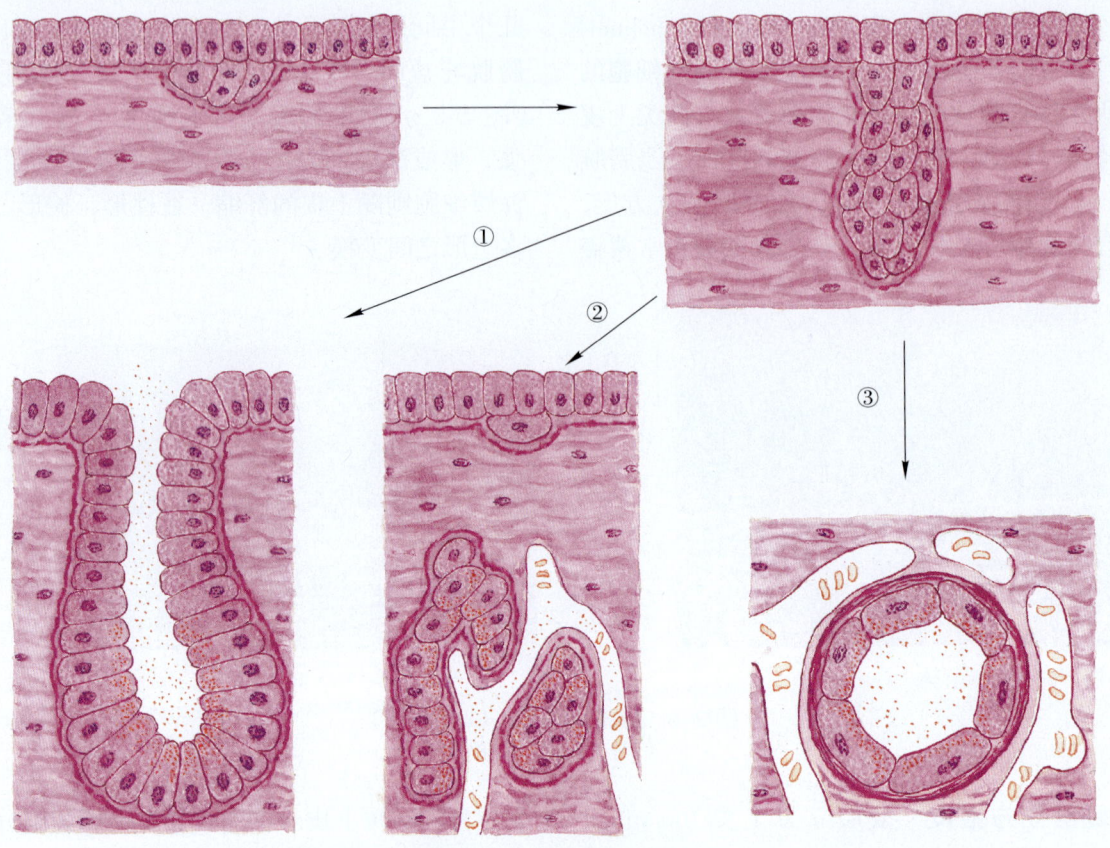

图 2-10 腺发生模式图
①外分泌腺发生；②③内分泌腺发生

腺泡和混合性腺泡（mixed acinus）。由浆液细胞和黏液细胞共同组成的腺泡为混合性腺泡。大部分混合性腺泡主要由黏液细胞组成，少量浆液细胞位于腺泡的远端，切片上呈现新月状排列，称（浆）半月［(serous) demilune］（图 2-11）。外分泌腺有的仅由浆液性腺泡构成，则为浆液腺（serous gland），如腮腺；大部分外分泌腺存在 3 种腺泡形式，称为混合腺（mixed gland），如下颌下腺和舌下腺（见第 15 章消化腺）。

1. 浆液细胞 浆液细胞为柱状或锥体形，核圆，位于中央或靠近基底。HE 染色可见顶部胞质集聚较多的圆形嗜酸性分泌颗粒，称酶原颗粒，细胞基底部胞质嗜碱性；电镜下，浆液细胞具有蛋白质分泌细胞特点，核周有较多的粗面内质网、丰富

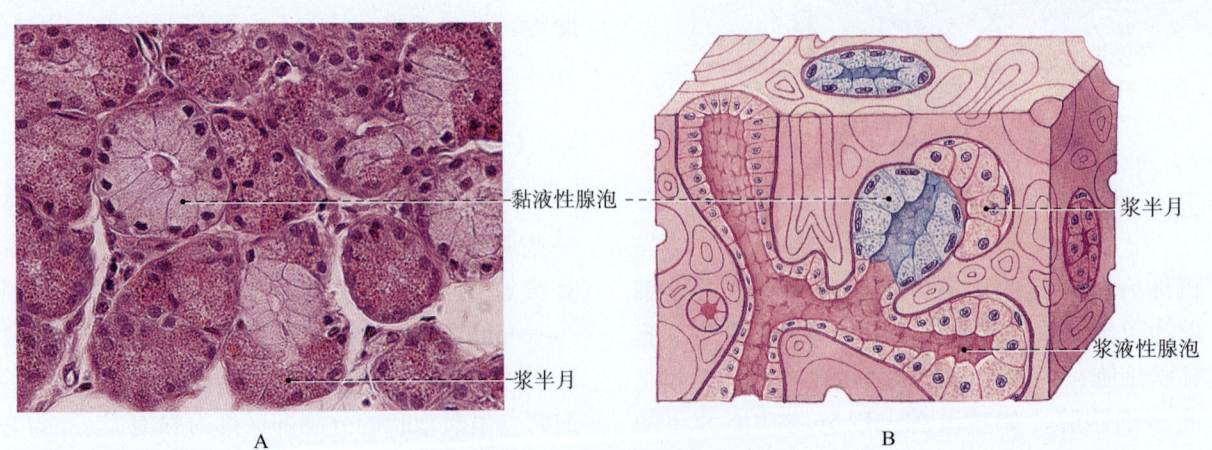

图 2-11 外分泌腺各种腺泡
A. HE 染色；B. 模式图

的线粒体和发达的高尔基复合体；胞质顶端含有较多的膜包分泌颗粒。浆液细胞的分泌物较稀薄，含不同的酶，如消化酶。浆液细胞分泌过程：①细胞从血液中摄取合成分泌物所需的原料（氨基酸）；②在粗面内质网合成蛋白质；③将其输送至高尔基复合体，经加工、浓缩，形成膜包分泌颗粒；④分泌颗粒聚集，其膜与顶部细胞膜融合，以出胞方式将分泌物释放出去（图2-12）。

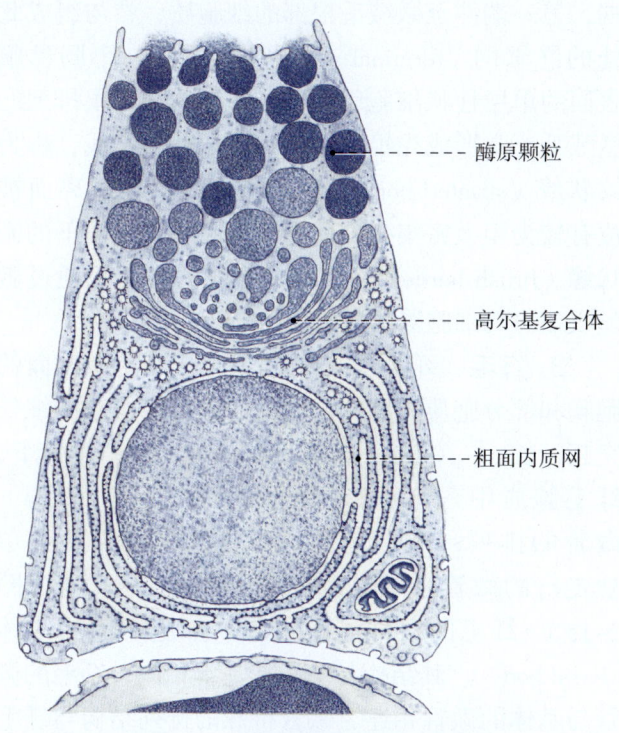

图2-12 浆液细胞超微结构示意图

2. 黏液细胞 黏液细胞胞体为柱状或锥体形，顶部胞质含较多粗大分泌颗粒，称黏原颗粒，PAS染色时呈紫红色，但HE染色着色浅；细胞核较扁，常位于细胞的基底部，核周的细胞质呈弱嗜碱性。黏液细胞具有糖蛋白分泌细胞特点，其超微结构与浆液细胞相似。分泌物较黏稠，主要成分为糖蛋白，分泌后与水结合形成黏液（mucus），具有润滑和保护作用。黏液细胞的分泌过程：粗面内质网合成蛋白质，运输至高尔基复合体，在此处与合成的多糖结合成糖蛋白，形成分泌颗粒，聚集在细胞顶部，通过胞吐方式释放至细胞外。

（二）导管

导管（duct）是与分泌部直接通连的上皮性管道，由单层或复层上皮围成，常常有多级分支。导管主要功能是排出分泌物，但有的导管也具有一定的吸收和分泌功能。以唾液腺为例，与腺泡相连的导管较细，而与被覆上皮相连的导管则较粗，导管上皮细胞也相应地由与腺泡相连的单层扁平上皮移行为单层立方上皮，再到单层柱状上皮，在开口于局部被覆上皮表面处则移行为假复层或复层上皮。

（三）外分泌腺分类

1. 根据导管有无分支，外分泌腺分为单腺（simple gland）和复腺（compound gland）。根据分泌部的形状如管状、泡状或管泡状，可分为单管状腺（simple tubular gland）、单泡状腺（simple acinar gland）、复泡状腺（compound acinar gland）和复管泡状腺（compound tubuloacinar gland）等（图2-13）。

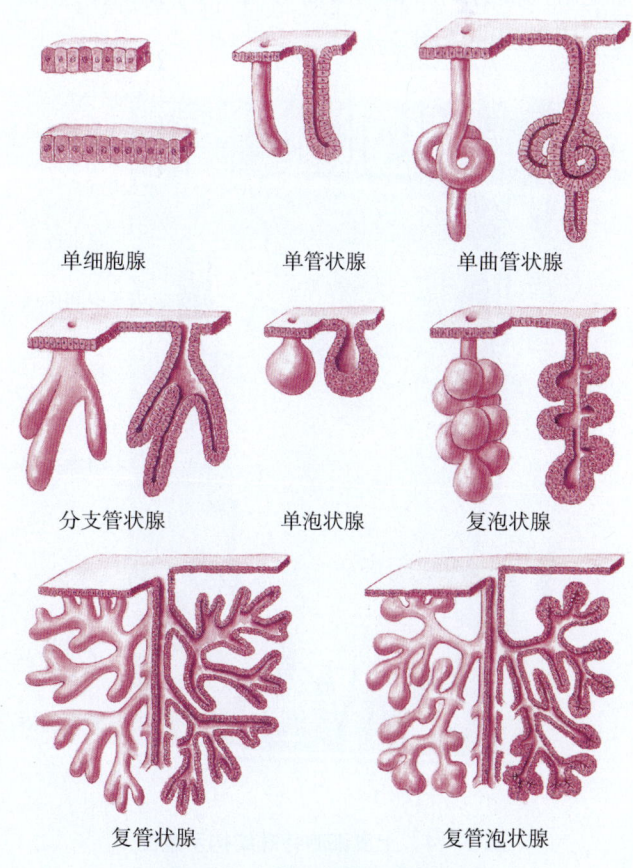

图2-13 外分泌腺分类模式图

2. 根据腺细胞分泌物排出方式，可将外分泌腺分为局浆分泌腺（merocrine gland）、顶浆分泌腺（apocrine gland）和全浆分泌腺（holocrine gland）3种。

（1）局浆分泌腺 分泌细胞的分泌物以胞吐方式排出，或小分子物质直接透过细胞膜释放，特点是腺细胞仍保持结构完整。由局浆分泌细胞构成的腺为局浆分泌腺，如胰腺外分泌部及肠腺。

（2）**顶浆分泌腺**　分泌物移向细胞顶部，并向游离面膨出成泡状，然后连同包裹在其周围的细胞膜和少量胞质一起排出的分泌方式为顶浆分泌，由顶浆分泌细胞组成的腺为顶浆分泌腺，如乳腺和汗腺。

（3）**全浆分泌腺**　腺细胞内充满分泌物，分泌时整个细胞崩溃解体连同分泌物一起排出的分泌方式为全浆分泌，由全浆分泌细胞构成的腺为全浆分泌腺，如皮脂腺。

三、上皮细胞特殊结构

上皮细胞分化成熟的标志是形成极性，即上皮细胞游离面、侧面和基底面特化出不同的结构，行使不同的功能（图2-14）。

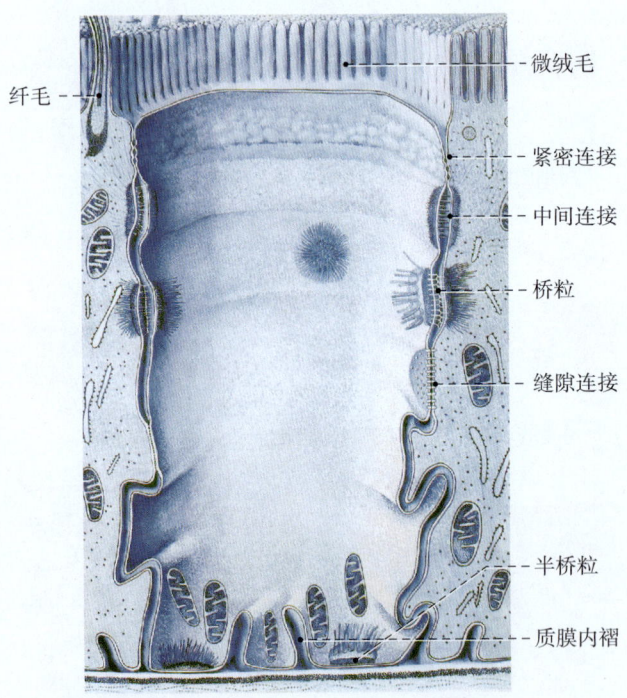

图2-14　上皮细胞特殊结构示意图

（一）上皮游离面特殊结构

上皮细胞游离面暴露于体表或体腔，并特化出特殊结构，如细胞衣、微绒毛和纤毛。

1. **细胞衣**　细胞衣（cell coat）是细胞膜的糖蛋白和糖脂向外伸出的糖链部分及表面吸附的物质。小肠吸收细胞的细胞衣中含有磷酸酶、双糖酶、氨基肽酶，以及吸附的胰蛋白酶和胰淀粉酶，发挥黏着、保护、消化吸收及物质识别等功能。

2. **微绒毛**　微绒毛（microvillus）为上皮细胞游离面细胞膜和部分胞质共同伸出的细小指状突起。电镜下，微绒毛直径约100 nm，其表面为细胞膜，内为细胞质，有许多与微绒毛长轴平行的微丝（microfilament）。微丝的一端附着于微绒毛尖端，另一端伸至微绒毛根部的细胞质，参与组成此处的终末网（terminal web）（图2-15）。小肠黏膜表面的单层柱状细胞表面，分布有短小密集排列的微绒毛，常形成光镜下的一条嗜酸性的细线，称为纹状缘（striated border）；而肾近端小管游离面被覆有较为粗大密集排列的微绒毛，构成光镜下的刷状缘（brush border）。这两个部位的微绒毛通过微丝收缩协助细胞对物质吸收与转运。

3. **纤毛**　纤毛（cilium）是上皮细胞游离面的胞膜和部分胞质共同伸向腔面，形成能摆动的细长突起，长5~10 μm，直径为0.3~0.5 μm。电镜下，纤毛胞质中含有纵行排列的微管（microtubule）。微管的排列具有一定的规律性，中央为两条单独走行的微管，周围为9组成对的二联微管（图2-15）。纤毛的根部连于细胞顶部胞质内的基体（basal body），其结构与中心粒基本相同，纤毛的微管与基体的微管相连。微管特殊的排列结构与纤毛的摆动有关。许多纤毛的协调摆动，状如风吹麦浪起伏，如鼻腔及气管黏膜的假复层纤毛柱状上皮的纤毛摆动，可将黏附在上皮表面的分泌物和颗粒物等向咽部方向推送。

（二）上皮侧面特殊结构

1. **紧密连接**　紧密连接（tight junction）也称闭锁小带（zonula occludens），常见于单层柱状上皮相邻细胞的侧面顶端，立体图像呈带状环绕细胞周围，特殊染色的切片标本上呈点状或斑状。电镜下，此处两相邻细胞膜的外层呈间断融合，融合处，细胞间隙消失，非融合处存在10~15 nm间隙（图2-14）。用冷冻蚀刻技术结合电镜观察，可见在紧密连接的相邻细胞的胞膜内，蛋白颗粒排列成2~4条线性结构，交错形成网格状的嵴，相邻细胞的嵴彼此紧密相贴，蛋白颗粒对接，相互吻合，环绕细

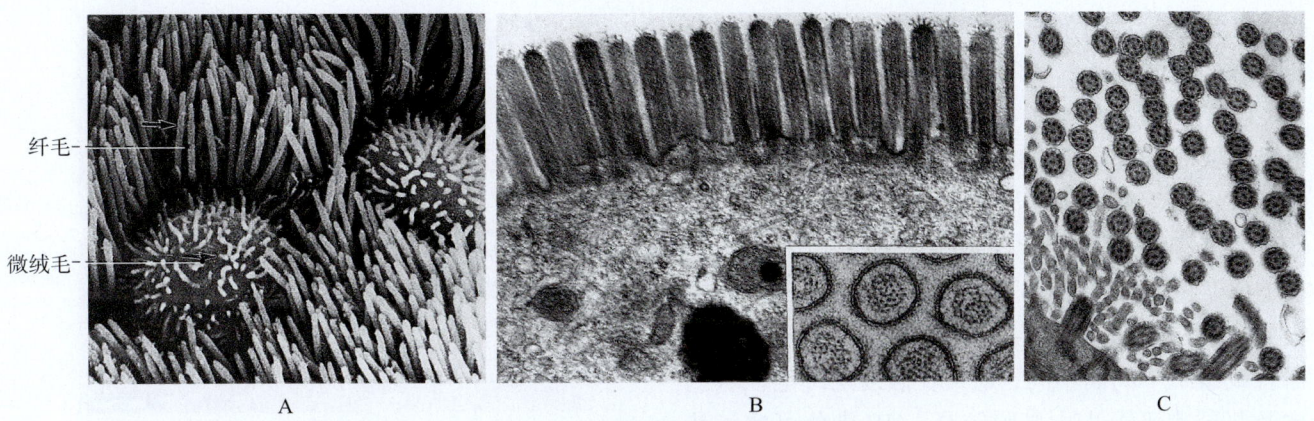

图 2-15 上皮细胞游离面特殊结构
A. SEM 面；B. 微绒毛横、纵断面（TEM）；C. 纤毛横断面（TEM）

周围，形成封闭索（sealing strand），封闭细胞间隙。此种连接常分布在重要器官的毛细血管内皮细胞之间，具有屏障作用；或分布在与外界相连的肠腔单层柱状上皮细胞的顶端，可防止细菌或大分子物质通过细胞间隙进入深部组织，并阻止组织液外溢。

2. 中间连接 中间连接（intermediate junction）常位于紧密连接下方，也称黏着小带（zonula adherens），立体图像呈连续带状环绕上皮细胞。此处细胞膜内含有跨膜的细胞黏附分子，钙黏着蛋白（cadherin）。相邻细胞间存在 15～20 nm 宽的间隙，内有中等电子密度的丝状物连接相邻的细胞膜（图 2-14）。在胞膜的内面有薄层致密物质并有微丝附着，微丝与微绒毛伸入胞质内的微丝交织，在顶部胞质构成终末网。此连接具有黏着作用，并具有保持细胞形状和传递细胞收缩力的作用。

3. 桥粒 桥粒（desmosome）又称黏着斑（focal adheren），呈斑块状，大小不等，位于黏着小带的深部。相邻细胞间隙为 20～30 nm，内有电子密度较低的丝状物，在间隙中央有一条与细胞膜平行的致密线，称间线（intermediate line），是由丝状物质交织而成。在胞膜内面有由致密物质构成的盘状结构，称附着板（attachment plaque）。胞质中有许多直径约 10 nm 的张力丝附着于附着板上，并呈袢状返回胞质，发挥固定和支持作用。附着板处可见一些较细的跨膜细丝伸入细胞间隙，与间中线的细丝网相连（图 2-14）。这些细丝物的机械性连接使桥粒成为一种非常牢固的细胞连接。通常存在于易受机械摩擦的组织，如皮肤和食管等复层扁平上皮的中间数层细胞间。

4. 缝隙连接 缝隙连接（gap junction）又称通信连接（communication junction）。缝隙连接处的细胞间隙仅 2～3 nm，此间隙内有许多间隔大致相等的连接点。冷冻蚀刻技术结合电镜观察，可见连接处的相邻两细胞膜上有许多排列规律的柱状颗粒，称连接子（connexon）。每个连接子由 6 个圆柱状跨膜蛋白——接合素或连接蛋白（connexin）组成，其一端嵌入单位膜内，另一端露在细胞外表面，使相邻两细胞膜上的柱状颗粒彼此对接，6 个连接蛋白围成直径约 2 nm 的小管腔，形成细胞间直接交通的管道（图 2-14）。相邻细胞间可借缝隙连接彼此进行一些小分子物质和离子交换，传递化学信息。由于小管的电阻低，有利于细胞间传递电冲动，此种连接形式也广泛存在于心肌和神经组织中，参与闰盘和电突触的形成（详见第六章和第七章）。

通常，上皮细胞侧面存在两种或两种以上的连接方式，构成连接复合体（junctional complex）。

（三）上皮基底面特殊结构

1. 基膜 基膜（basement membrane）是上皮细胞与深部结缔组织之间的一层薄膜。单层上皮细胞基底面或复层上皮基底层细胞的基底面附着于基膜上。电镜下，基膜由靠近上皮的基板（basal lamina）和与结缔组织相连的网板（reticular lamina）构成。

（1）基板 基板由细丝状物质和无定形基质组成，由上皮细胞分泌产生，分为透明层和致密层。透明层紧贴上皮基底面，较薄，电子密度低；致密层位于透明层和网板之间，较厚，电子密度高。基板的化学成分为糖蛋白，包括层粘连蛋白、Ⅳ型胶原蛋白、硫酸化蛋白聚糖、纤维粘连蛋白等。

（2）网板　网板紧邻结缔组织，较厚，由网状纤维（Ⅲ型胶原蛋白）和基质构成，系结缔组织成纤维细胞产生，部分基膜不含此层。

由于基膜的主要化学成分为糖蛋白，故基膜在 HE 染色标本中不易显示，通常用 PAS 染色或银染色显示基膜（图 2-16）。基膜的厚度依分布的器官或组织不同而不同，通常在假复层纤毛柱状上皮及复层扁平上皮中基膜较厚，HE 染色可辨。基膜不仅对上皮细胞具有支持、连接和固着作用，对其细胞的增殖、分化、迁移，以及细胞代谢、信号转导亦具有重要意义。基膜本身是一种半透膜，对上皮与结缔组织之间的物质交换亦有重要的调控作用。

2. 质膜内褶　质膜内褶（plasma membrane infolding）是上皮细胞基底面的细胞膜向胞质内折叠而形成的褶，褶间胞质内含有较多与褶长轴平行的线粒体（图 2-17）。质膜内褶可扩大细胞基底面的表面积，增强离子和水分的转运，在此过程中，线粒体提供所需能量。

3. 半桥粒　半桥粒（hemidesmosome）可见于上皮细胞的基底面，即半个桥粒结构，主要作用是将上皮细胞固着在基膜上。

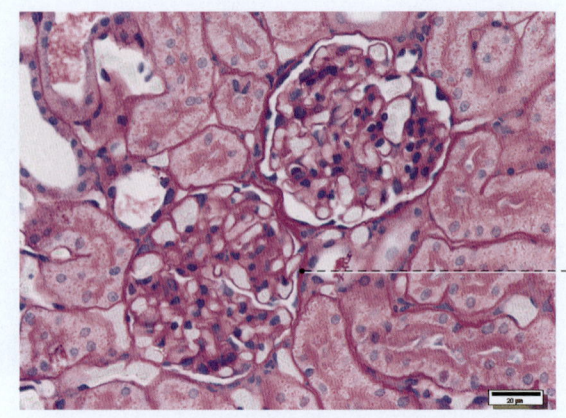

图 2-16　基膜（肾小体，PAS 染色）

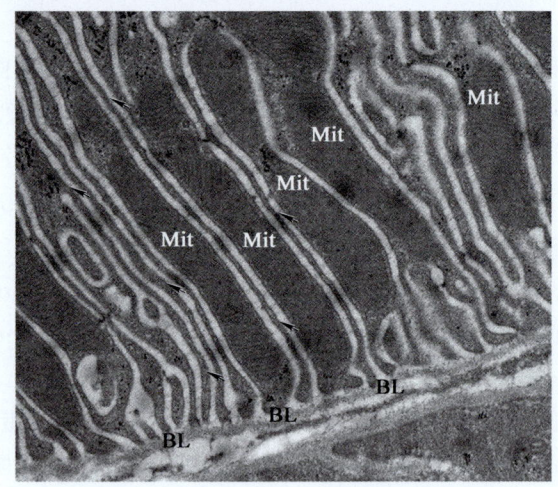

图 2-17　质膜内褶（肾小管，TEM）
BL. 基膜；Mit. 线粒体；箭头示质膜内褶

复习题

（一）名词解释

1. 内皮　2. 间皮　3. 微绒毛　4. 纤毛　5. 紧密连接　6. 连接复合体　7. 浆半月

（二）问答题

1. 简述上皮组织特点及分类。
2. 简述上皮组织的极性，以及游离面、侧面和基底面的特殊结构。
3. 试述假复层纤毛柱状上皮和变移上皮的光镜结构特点和主要功能。

网上学习

2-1　肌上皮细胞
2-2　上皮组织的更新和再生

（郑玮撰文；韩秋生绘图）

第 3 章

固有结缔组织

- 导学
  - ▶ 重点
    - 成纤维细胞、浆细胞、巨噬细胞和肥大细胞的结构及功能
    - 胶原纤维、弹性纤维、网状纤维的结构、分布及功能
    - 固有结缔组织分类、分布及其意义
  - ▶ 难点
    - 分子筛

结缔组织（connective tissue）广泛存在于机体各种组织之间，由细胞和大量细胞外基质构成。细胞外基质包括无定形基质、丝状纤维及不断循环更新的组织液。与上皮组织相比，结缔组织细胞种类多但数量少，在细胞外基质中排列较松散，因而细胞没有极性。结缔组织具有连接、支持、营养、运输、保护等多种功能。广义的结缔组织包括固有结缔组织、软骨组织和骨组织以及血液和淋巴。一般所说的结缔组织指固有结缔组织（connective tissue proper）。根据其细胞和细胞外纤维成分及数量的不同，又可将固有结缔组织分为疏松结缔组织、致密结缔组织、脂肪组织和网状组织。

结缔组织来源于胚胎时期间充质（mesenchyme）。间充质由间充质细胞和无定形基质构成。间充质细胞（mesenchymal cell）呈星状，细胞间以突起相互连接成网，细胞核大，核仁明显，胞质呈弱嗜碱性（图 3-1）。间充质细胞是一种干细胞，胚胎时期可以分化为多种结缔组织细胞、内皮细胞和平滑肌细胞等，成体内仍保留少量间充质细胞。

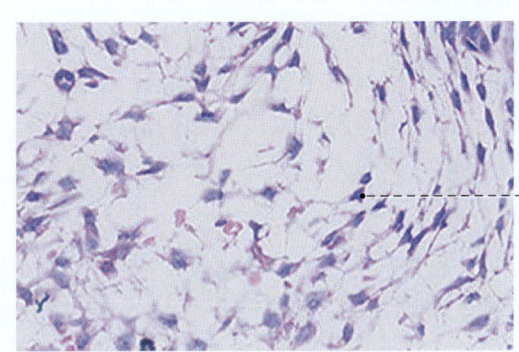

图 3-1 胚胎时期间充质（HE 染色）

一、疏松结缔组织

疏松结缔组织（loose connective tissue）又称蜂窝组织（areolar tissue），具有细胞种类多，纤维数量少，排列稀疏等特点。主要分布于胸膜、腹膜、心包膜的两层单层扁平上皮之间，也广泛分布于构成器官的各种组织甚至细胞之间，具有连接、支持、营养、防御、保护和修复等功能（图 3-2）。

（一）疏松结缔组织的细胞成分

疏松结缔组织的细胞成分包括一类经常存在的细胞如成纤维细胞、浆细胞、巨噬细胞、肥大细

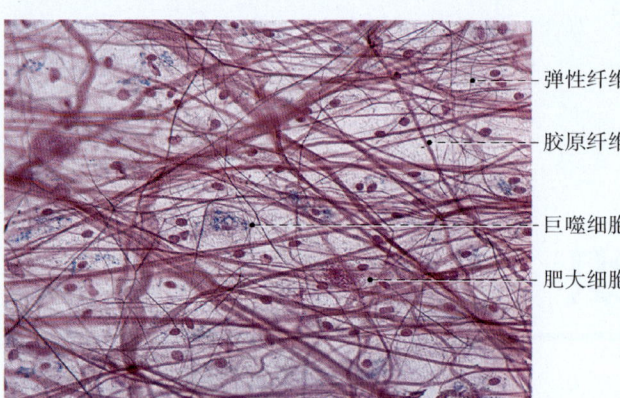

图 3-2　疏松结缔组织（肠系膜铺片，复合染色）

胞、脂肪细胞、未分化的间充质细胞，及一类游走的细胞如血液中的白细胞。细胞的数量和分布随所在部位和功能状态的不同而不同。

1. 成纤维细胞　成纤维细胞（fibroblast）是疏松结缔组织中固定存在的、数量最多的细胞，同时，因其合成细胞外基质的各种纤维及多种蛋白质成分而成为最主要的细胞。细胞形态扁平，多突起；细胞核较大，呈扁卵圆形，着色浅，核仁明显；胞质较丰富，呈弱嗜碱性（图 3-3A）。电镜下，细胞表面有一些微绒毛和粗短突起，染色质颗粒细小稀疏，胞质内含有丰富的粗面内质网和游离核糖体以及发达的高尔基复合体，表明该细胞合成蛋白质的功能旺盛（图 3-3B）。

成纤维细胞功能处于静止状态时，细胞体积变小，呈长梭形；细胞核小，呈长扁卵圆形，着色深；细胞质少，常呈嗜酸性，称为纤维细胞（fibrocyte）。电镜下，纤维细胞细胞器较少，粗面内质网少，高尔基复合体不发达。在一定条件下，如创伤修复、结缔组织再生时，纤维细胞又能再转变为成纤维细胞，合成并分泌细胞外的纤维和基质成分。

2. 浆细胞　浆细胞（plasma cell）来源于 B 淋巴细胞。在抗原的刺激下，成熟的 B 淋巴细胞经过激活、增殖及分化 3 个阶段，发育为浆细胞。浆细胞呈卵圆形或圆形；核圆，多偏居于细胞一侧，染色质为粗块状，沿核膜内面呈辐射状排列；胞质丰富，嗜碱性，核旁有一浅染区（图 3-4A）。电镜下，浆细胞表面平滑，仅可见少量的微绒毛状突起；胞质内含有大量平行排列的粗面内质网、游离核糖体和发达的高尔基复合体，中心体位于核旁浅染区内（图 3-4B）。浆细胞具有合成与分泌免疫球蛋白（immunoglobulin，Ig）即抗体（antibody）和多种细胞因子的功能，参与体液免疫应答并调节炎症反应。

3. 巨噬细胞　巨噬细胞（macrophage）由血液内单核细胞穿出血管后分化而成。在疏松结缔组织内定居的巨噬细胞又称为组织细胞（histocyte），是体内广泛存在的具有强大吞噬能力的细胞。细胞形态多样，随功能状态改变而改变，通常有钝圆形突起，功能活跃者常伸出较长的伪足而致形态不规则；细胞核多偏心分布，体积较小，呈卵圆形或肾形，着色深，核仁不明显；胞质丰富，多

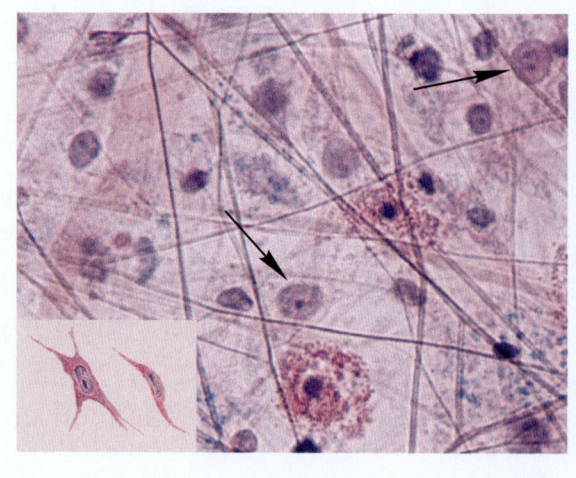

A

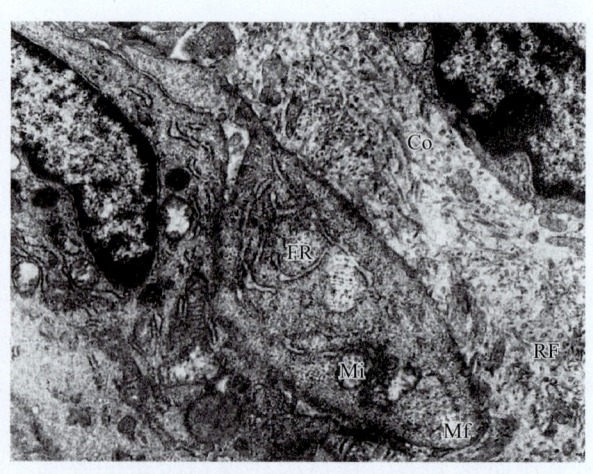

B

图 3-3　疏松结缔组织成纤维细胞
A. 箭头示成纤维细胞，HE 染色，左下插图：成纤维细胞和纤维细胞仿真图；B. 成纤维细胞 TEM 图，Co. 胶原原纤维；RF. 网状纤维；Mf. 微丝；Mi. 线粒体；FR. 游离核糖体

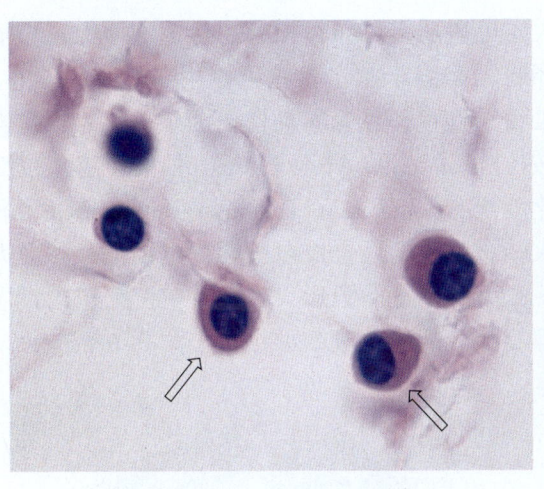
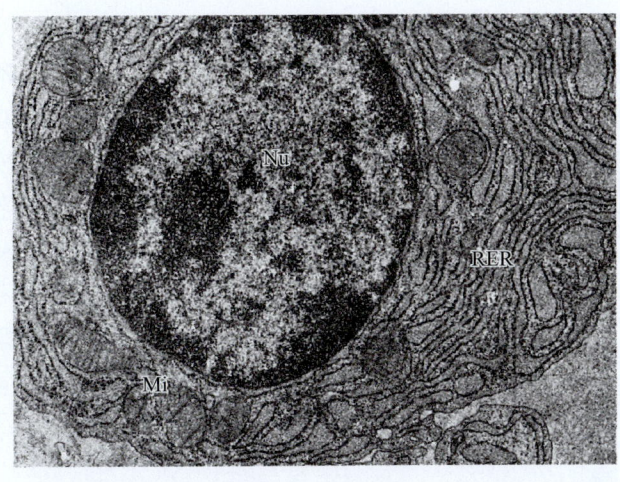

图 3-4 浆细胞
A. 光镜，箭头示浆细胞；B. TEM，Nu. 细胞核；RER. 粗面内质网；Mi. 线粒体

呈嗜酸性，常含空泡和吞噬颗粒（图 3-5A）。电镜下，细胞表面不光滑，有许多皱褶和微绒毛。胞质内含大量与"消化"功能相关的细胞器及结构，如初级溶酶体（primary lysosome）、次级溶酶体（secondary lysosome）、吞噬体（phagosome）、胞饮泡（pinocytotic vesicle）、残余体（residual body）等。此外，还有较多粗面内质网，细胞膜下分布有较多微丝和微管（图 3-5B）。

巨噬细胞的功能：

（1）**趋化运动** 趋化运动指巨噬细胞可伸出伪足，沿某些化学物质的浓度梯度向浓度高的部位定向移动，聚集到产生和释放这些化学物质的部位。而巨噬细胞能做趋化运动的这种特性称为趋化性（chemotaxis）。

（2）**吞噬作用** 巨噬细胞通过特异性和非特异性机制，识别、黏附并吞噬侵入结缔组织的细菌、异物颗粒、溢出血管的细胞及其碎片、肿瘤细胞等。巨噬细胞的吞噬过程都是首先黏附被吞噬物，然后伸出伪足包裹被吞噬物，进而将其摄入细胞质内，形成吞噬体或胞饮泡。吞噬体和胞饮泡再与初级溶酶体融合，形成次级溶酶体，吞噬物被溶酶体酶消化分解后排出细胞外或形成细胞内的残余体。

（3）**分泌作用** 巨噬细胞能合成和分泌多种生物活性物质，如胶原酶以及参与防御和修复的细

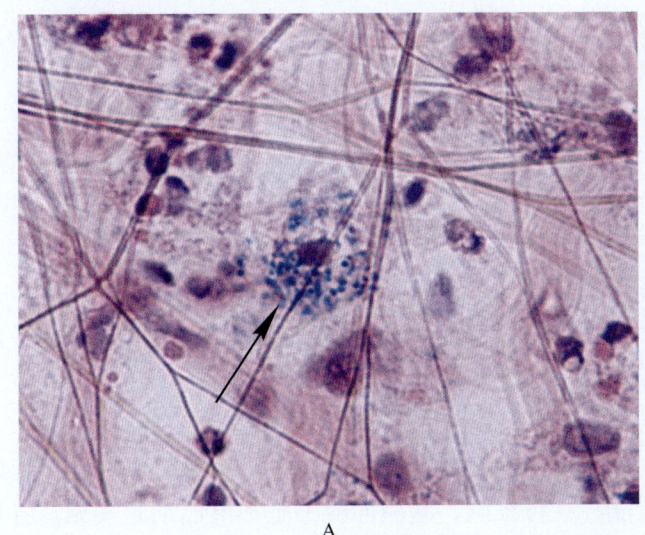
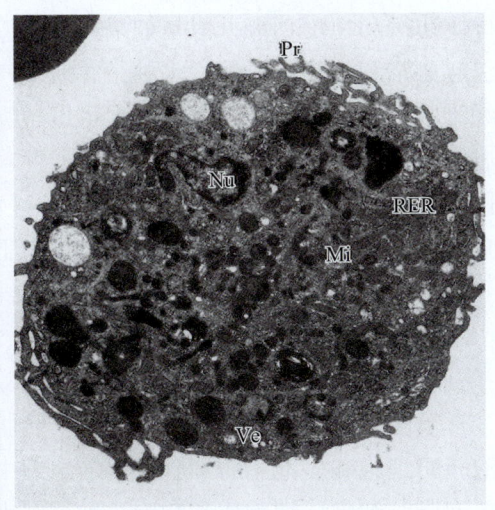

图 3-5 巨噬细胞
A. 箭头示巨噬细胞吞噬蓝色染料颗粒；B. TEM，Nu. 核；Mi. 线粒体；RER. 粗面内质网；Ve. 小泡

胞因子。

（4）**参与和调节免疫应答** 巨噬细胞是重要的抗原呈递细胞，能捕捉、加工处理和呈递抗原给淋巴细胞，启动淋巴细胞产生免疫应答。

4. 肥大细胞 肥大细胞（mast cell）是结缔组织常见细胞之一，来源于骨髓祖细胞，常沿小血管分布。在结缔组织中，细胞体积最大，呈圆形或卵圆形；细胞核小，圆形或卵圆形，多位于细胞中央，染色质多分布在核的边缘；胞质内充满嗜碱性颗粒，易溶于水。颗粒可被甲苯胺蓝染料（蓝色）染为紫红色，称为异染性（图 3-6A）。颗粒内含组胺（histamine）、肝素（heparin）、嗜酸性粒细胞趋化因子（eosinophil chemotactic factor, ECF）和蛋白聚糖，胞质内还合成白三烯。电镜下，颗粒大小不一，呈圆形或卵圆形，表面有单位膜包裹，内部呈螺旋状、网格状或细颗粒状（图 3-6B）。

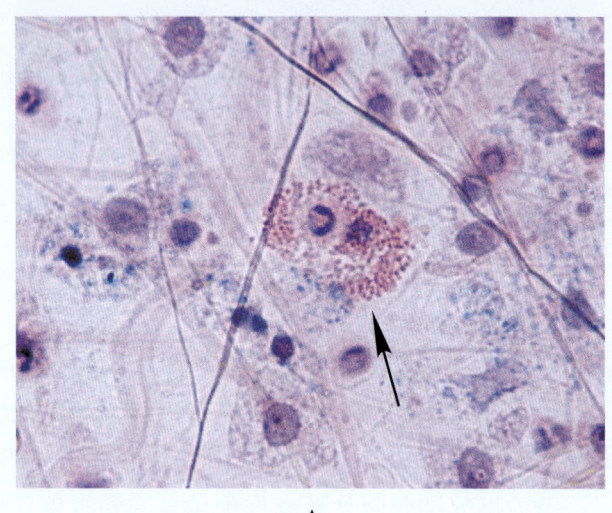 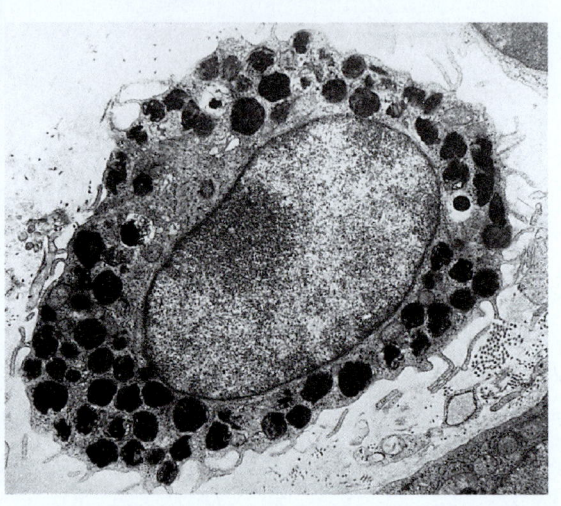

A   B

图 3-6 肥大细胞
A. 光镜；B. TEM

肥大细胞能够合成、分泌多种细胞因子和生物活性物质，生理功能复杂多样。生理条件下，组胺和白三烯可使微静脉和毛细血管扩张、通透性增加，促进血液循环，有利于血管中细胞进入结缔组织，行使防御和免疫功能；但是如果两者分泌增多，将引起血浆和水渗出，组织水肿，并使支气管平滑肌纤维收缩，引起过敏反应。肝素可以抗凝血和促进血管内皮细胞迁移使血管增生。嗜酸性粒细胞趋化因子吸引嗜酸性粒细胞向过敏原部位迁移。酶可降解细胞外基质，促进其代谢和更新。肥大细胞还可以诱导成纤维细胞增生，促进胶原纤维合成。

5. 脂肪细胞 脂肪细胞（adipocyte, fat cell）体积大，常呈圆球形或相互挤压成多边形。脂肪细胞有单泡脂肪细胞和多泡脂肪细胞，结缔组织中常见的为单泡脂肪细胞，细胞质和细胞核被一个大脂滴推挤到细胞周缘，成为很薄的一层包绕脂滴，核被挤压成扁圆形，位于细胞一侧。在 HE 染色标本中，细胞呈空泡状（图 3-7）。脂肪细胞可合成和贮存脂肪，参与脂质代谢。

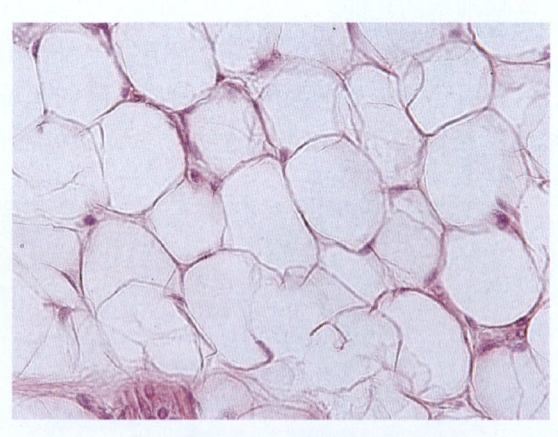

图 3-7 脂肪细胞

6. 未分化间充质细胞 见第 27 页。

7. 白细胞 疏松结缔组织内的白细胞以中性粒细胞、嗜酸性粒细胞和淋巴细胞多见。各种白细胞形态特点详见第 5 章"血液"部分内容。

（二）疏松结缔组织的纤维

疏松结缔组织中有3种纤维成分，即胶原纤维、弹性纤维和网状纤维。

1. 胶原纤维 胶原纤维（collagenous fiber）新鲜时呈白色，故又名白纤维，HE染色的切片中呈嗜酸性，显示为粉红色条带状。纤维粗细不等，直径1～20 μm，波浪状走行，互相交织成网（图3-2）。其化学成分为Ⅰ型和Ⅲ型胶原蛋白，由成纤维细胞分泌到细胞外，聚合成胶原原纤维，电镜下，胶原原纤维有明暗交替的周期性横纹，横纹周期60～70 nm（图3-8）。胶原原纤维借黏合质黏结成胶质纤维。

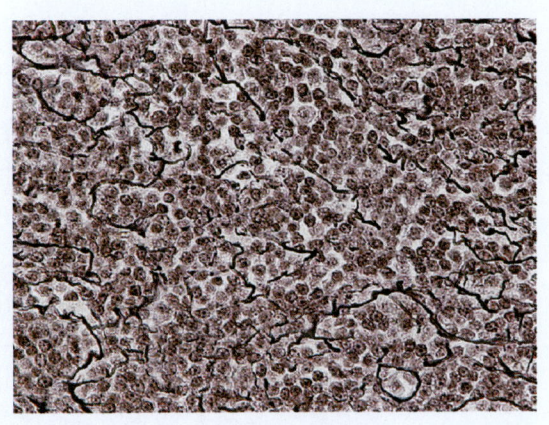

图3-9 网状组织
棕黑色为网状纤维，银染

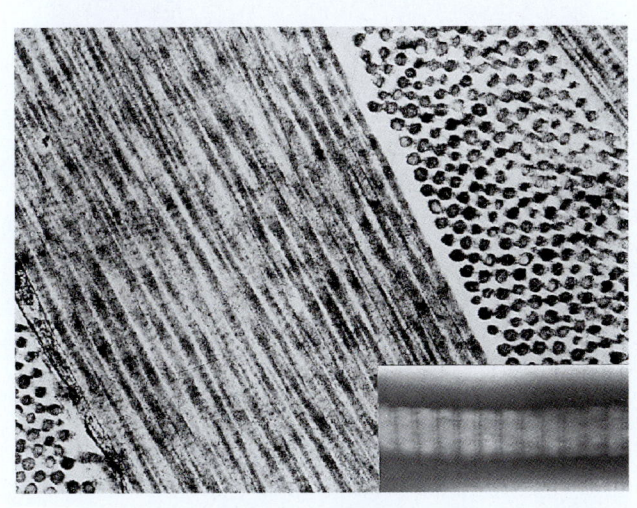

图3-8 胶原纤维
纵断面可见周期性横纹，TEM

2. 弹性纤维 弹性纤维（elastic fiber）新鲜状态下呈黄色，故又名黄纤维，在HE染色的切片中，呈淡红色，醛复红（aldehyde fuchsin）或地衣红（orcein）染色时呈紫色或棕褐色。弹性纤维粗细不等（0.2～1.0 μm），较直，断端常卷曲，可有分支，交织成网（图3-2）。电镜下，弹性纤维的核心部分电子密度较低，由均质的弹性蛋白（elastin）组成，外覆电子密度较高的微原纤维。弹性蛋白由成纤维细胞合成，为不溶性蛋白，在稀酸溶液中不分解。弹性蛋白分子借共价键广泛交联成网，能任意卷曲，在外力牵拉下，卷曲的弹性蛋白分子伸展拉长，除去外力后，又恢复为卷曲状态。

3. 网状纤维 网状纤维（reticular fiber）直径为0.2～1.0 μm，分支多，交织成网（图3-9）。网状纤维由Ⅲ型胶原蛋白构成，常伴有其他类型胶原蛋白、蛋白聚糖和糖蛋白。网状纤维也具有60～70 nm周期性横纹。HE染色不着色，但因纤维表面被覆有蛋白聚糖和糖蛋白，故PAS反应阳性，呈紫红色。经银染法染成黑色或棕黑色，故又称嗜银纤维（argyrophil fiber）。网状纤维多分布在结缔组织与其他组织交界处，如基膜的网板、肾小管和毛细血管周围。此外，造血器官、淋巴组织、淋巴器官和内分泌腺中含有较多网状纤维，构成微细的支架。

（三）疏松结缔组织的基质

疏松结缔组织的基质（ground substance）是由水化的生物大分子构成的无定形胶状物，有一定黏性，包括蛋白聚糖、多黏糖蛋白和组织液。

1. 蛋白聚糖 蛋白聚糖是由糖胺聚糖与蛋白质结合形成的复合物。糖胺聚糖主要分硫酸化和非硫酸化两类，前一类是含有硫酸根的小分子，包括硫酸软骨素A和C、硫酸角质素、硫酸乙酰肝素和硫酸皮肤素等；后一类不含硫酸根，为透明质酸，自然状态的透明质酸为曲折盘绕的长链大分子（图3-10）。小分子糖胺聚糖与核心蛋白分子连接，构成蛋白聚糖亚单位，亚单位借助结合蛋白连接在透明质酸分子长链上，形成蛋白聚糖聚合体。由于蛋白聚糖聚合体的立体构型包含许多微细孔隙，故将蛋白聚糖立体结构称作分子筛（molecular sieve）。小于分子筛孔隙的水分子、营养物质、代谢产物、激素和气体分子等可以通过，而大于孔隙的分子、细菌和肿瘤细胞等不能通过，是限制细菌等有害

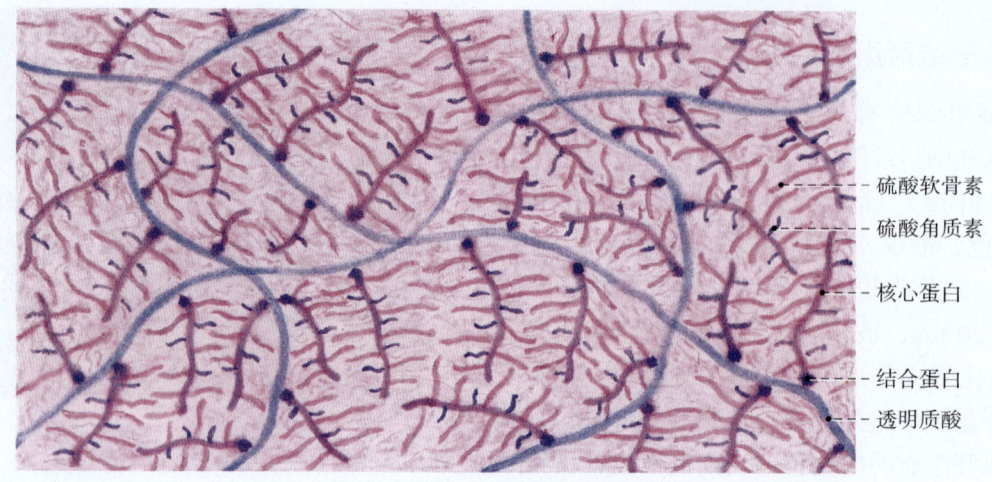

图 3-10 分子筛模式图

物质扩散的防御屏障（图 3-10）。溶血性链球菌和恶性肿瘤细胞能产生透明质酸酶，通过破坏透明质酸，从而破坏分子筛结构，使其防御屏障作用减弱。

2. 多黏糖蛋白 多黏糖蛋白（multiadhesive glycoprotein）的构成以蛋白质为主，主要有纤维粘连蛋白、层粘连蛋白、软骨粘连蛋白等，是基质内另一类重要的生物大分子，多参与细胞识别、黏附等重要作用。

3. 组织液 毛细血管动脉端的血压高于血浆渗透压，水和溶于水的电解质、单糖、O_2 等小分子物质在此穿过毛细血管进入基质，成为组织液（tissue fluid）。在毛细血管的静脉端，血压低于血浆渗透压，大部分组织液和组织液中的 CO_2 及代谢产物又通过毛细血管壁回到血液中，小部分组织液及部分大分子物质则进入毛细淋巴管成为淋巴，最后回流入血液。

二、致密结缔组织

致密结缔组织（dense connective tissue）是一种以纤维为主要成分的固有结缔组织，纤维粗大，排列致密，主要具有支持和连接的功能。根据纤维的成分和排列方式，可分为规则致密结缔组织、不规则致密结缔组织和弹性组织。

（一）规则致密结缔组织

规则致密结缔组织（dense regular connective tissue）主要构成肌腱、韧带和腱膜，大量密集的

图 3-11 规则致密结缔组织（肌腱，HE 染色）

胶原纤维顺着受力方向平行排列成束，细胞成分很少，以成纤维细胞为主，又称腱细胞（图 3-11）。

（二）不规则致密结缔组织

不规则致密结缔组织（dense irregular connective tissue）见于真皮、硬脑膜、巩膜及许多器官的被膜。其特点是，粗大的胶原纤维彼此交织成致密的板层结构，纤维之间含少量基质和成纤维细胞（图 3-12）。

（三）弹性组织

弹性组织（elastic tissue）是以弹性纤维为主的致密结缔组织。粗大的弹性纤维多平行排列成束，如项韧带和黄韧带，或编织成膜状，如大动脉弹性膜（图 3-13）。

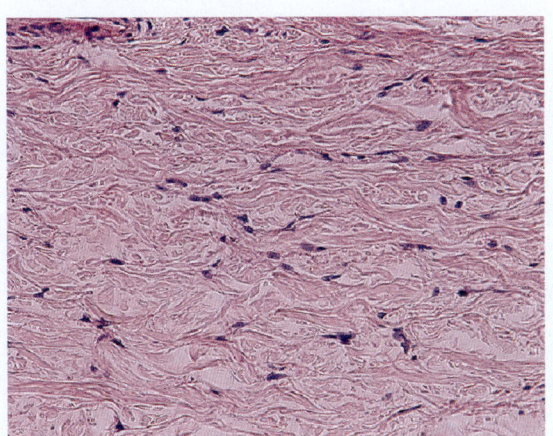

图 3-12　不规则致密结缔组织（真皮，HE 染色）

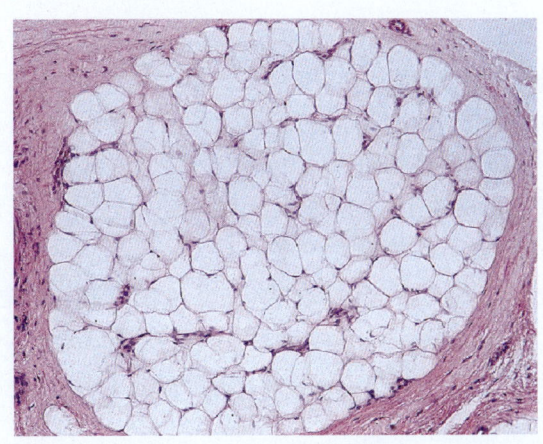

图 3-14　白色脂肪组织

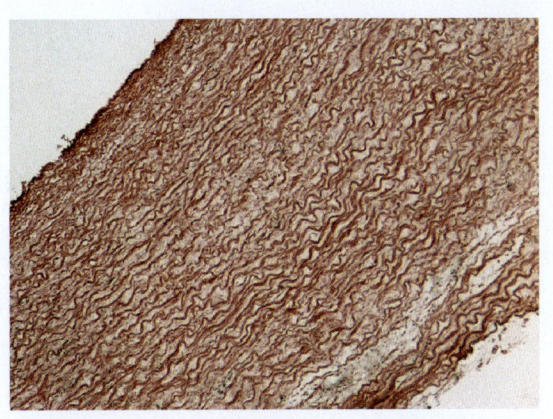

图 3-13　大动脉弹性膜（弹性纤维染色）

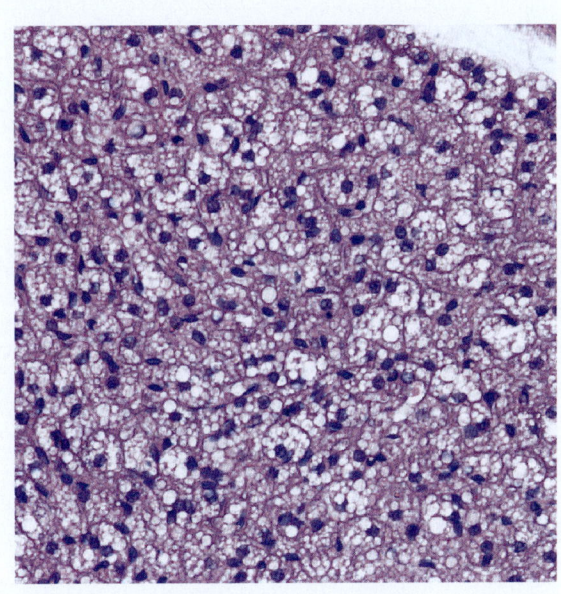

图 3-15　棕色脂肪组织

三、脂肪组织

脂肪组织（adipose tissue）主要由大量密集的脂肪细胞构成，被疏松结缔组织分隔成小叶。根据脂肪细胞结构和功能的不同，脂肪组织分为两类。

（一）白（黄）色脂肪组织

白（黄）色脂肪组织即通常所说的脂肪组织。脂肪细胞内有一大脂滴，此种细胞被称为单泡脂肪细胞（图 3-14），主要分布在皮下、网膜和系膜等处，是体内最大的贮能库。

（二）棕色脂肪组织

棕色脂肪组织呈棕色，由多泡脂肪细胞构成（图 3-15），成人极少，新生儿及冬眠动物较多。脂肪细胞内散在分布许多小脂滴，线粒体大而丰富，核圆形位于细胞中央。在寒冷的刺激下，棕色脂肪细胞内的脂滴可迅速分解、氧化，产生大量热。

四、网状组织

网状组织（reticular tissue）由网状细胞（reticular cell）、网状纤维和基质构成。网状细胞是有突起的星状细胞，相邻细胞的突起相互连接成网（图 3-9），网状纤维由网状细胞产生。网状组织可为淋巴细胞发育和血细胞发生提供适宜的微环境。

复习题

（一）名词解释

1. 间充质　2. 肥大细胞　3. 胶原纤维　4. 网状组织　5. 分子筛　6. 组织液

（二）问答题

1. 简述成纤维细胞、巨噬细胞、肥大细胞和浆细胞的结构及功能。
2. 简述疏松结缔组织3种纤维的结构、分布与功能。
3. 试述分子筛的结构及其意义。

网上学习

3-1　细胞外基质与肿瘤转移

3-2　过敏性接触性皮炎

（温昱撰文；荆永显绘图）

第 4 章

软骨和骨

- 导学
  - ▶ 重点
    - 透明软骨的结构、分布及分类
    - 骨组织的结构：4种细胞的结构和功能
    - 长骨的结构：骨板、类骨质、骨质、骨单位
  - ▶ 难点
    - 骨发生的两种方式

骨骼由软骨（cartilage）和骨共同构成，软骨和骨分别是以软骨组织（cartilage tissue）和骨组织（bone tissue）为基础的器官。软骨组织和骨组织是高度特化的结缔组织，特点是细胞外基质为固态，其功能随细胞外基质中无定形基质和纤维成分性质和比例的不同而不同。

一、软骨

软骨是由软骨组织和软骨膜（perichondrium）构成的器官。软骨组织由软骨细胞和细胞外基质构成，软骨基质内无血管、淋巴管或神经，其营养靠软骨膜内血管渗透供给。根据软骨组织基质内所含纤维的不同，将软骨分为透明软骨、弹性软骨和纤维软骨3种。

（一）透明软骨

透明软骨（hyaline cartilage）分布较广，成体的肋软骨、关节软骨、呼吸道壁的软骨均为透明软骨。新鲜时透明软骨为半透明乳白色，稍带淡蓝色，具有一定的弹性和韧性。

透明软骨的软骨基质（cartilage matrix）包括无定形基质和纤维成分。无定形基质结构与疏松结缔组织相似，也有分子筛结构，其中主要含3种糖胺聚糖，即透明质酸（hyaluronan）、硫酸软骨素（chondroitin sulfate）和硫酸角质素（keratan sulfate）。软骨基质内分布有软骨陷窝（cartilage lacuna），软骨细胞即位于此陷窝内。软骨陷窝周围的基质含硫酸软骨素较多，强嗜碱性，被苏木精染成深紫蓝色，称为软骨囊（cartilage capsule）（图4-1）。

透明软骨含大量水分，其纤维成分是由Ⅱ型胶原蛋白组成的胶原原纤维。由于胶原原纤维纤细，周期性横纹不明显，而且纤维与基质的折光率相近，所以在光镜下难以分辨。

软骨细胞（chondrocyte）位于软骨陷窝内。在透明软骨的周边部，软骨细胞呈小扁圆形，单独存在于各自的软骨囊内，是幼稚的软骨细胞。从周边向内部，软骨细胞体积逐渐变大，形状变为卵圆形或圆形，是成熟的软骨细胞，常2~8个细胞成群分布，但仍分别位于各自的软骨陷窝和软骨囊内，这些软骨细胞是由一个幼稚的软骨细胞分裂增殖而来，称为同源细胞群（isogenous group）（图4-1）。电镜下，软骨细胞表面有许多突起和皱褶，胞质内

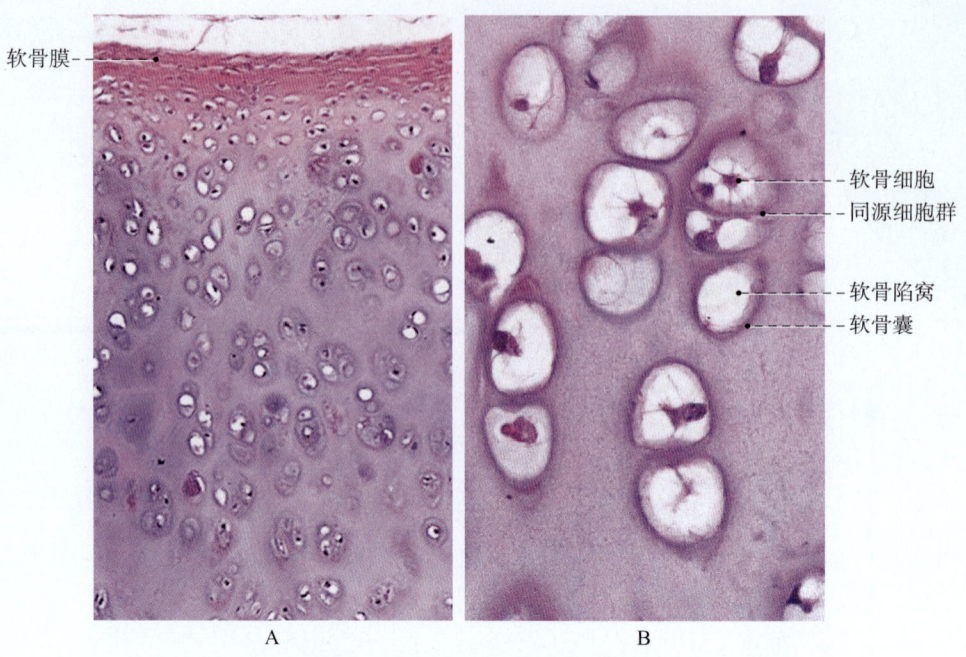

图 4-1 透明软骨（HE 染色）
A. 低倍可见软骨膜；B. 高倍可见同源细胞群

含有丰富的粗面内质网和发达的高尔基复合体，线粒体较少而糖原和脂滴较多（图 4-2）。软骨细胞合成和分泌软骨组织的基质和纤维。

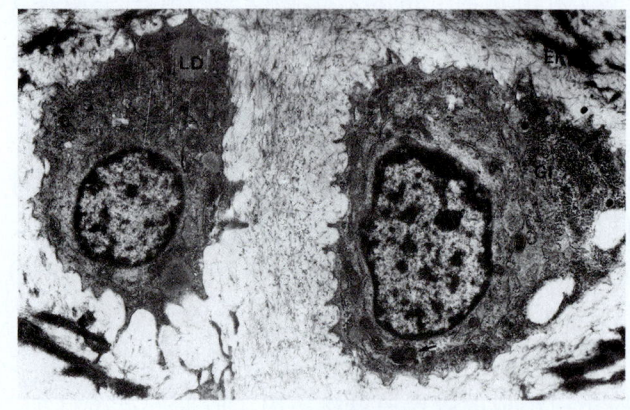

图 4-2 透明软骨细胞（TEM）

除关节软骨和骺软骨外，软骨组织周围均覆有薄层致密结缔组织，称为软骨膜（perichondrium）。软骨膜分为两层，外层含较致密的胶原纤维，主要起保护作用。内层纤维较疏松而细胞较多，其中有些梭形的小细胞，为成软骨细胞（chondroblast），可增殖分化为软骨细胞。软骨的营养来自软骨周围的血管。

（二）弹性软骨

弹性软骨（elastic cartilage）分布于耳郭、外耳道、咽鼓管、会厌等处。弹性软骨结构与透明软骨相似，主要特点是软骨基质中含有大量交织成网的弹性纤维，尤以软骨中央的弹性纤维更为密集（图 4-3），而胶原原纤维较少。因此，弹性软骨新鲜时呈不透明的黄色，具有较强的弹性。

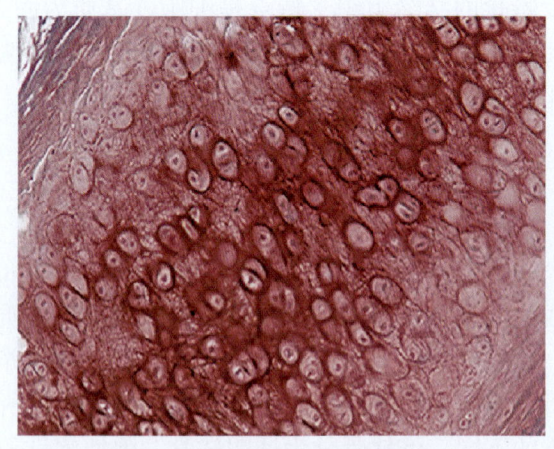

图 4-3 弹性软骨（醛复红染色）

（三）纤维软骨

纤维软骨（fibrocartilage）分布于椎间盘、关节盘、耻骨联合以及某些肌腱和韧带附着于骨的部位等处，新鲜时呈乳白色。软骨基质中含大量平行或交织排列的胶原纤维束，软骨细胞常成行分布于纤维束之间，无定形基质很少（图 4-4）。纤维软骨具有较大的伸展性，并可对抗压力和摩擦。

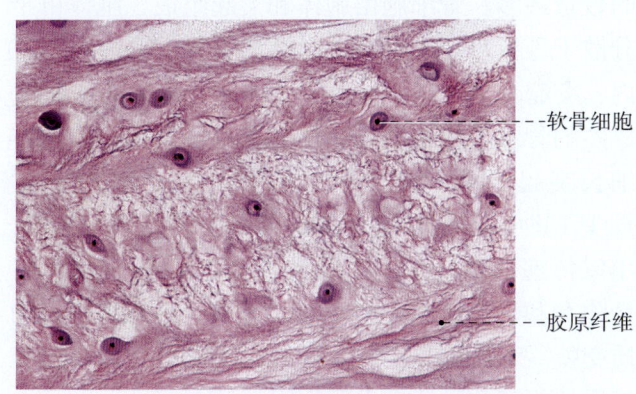

图 4-4 纤维软骨（HE 染色）

（四）软骨的生长

软骨的生长有两种不同的方式。

1. 间质生长 间质生长（interstitial growth）又称软骨内生长，是通过软骨组织内的软骨细胞分裂增殖，并产生基质和纤维，使软骨从内部增大。间质生长主要见于年幼的软骨。

2. 外加生长 外加生长（appositional growth）又称软骨膜下生长，是通过软骨膜内层骨祖细胞的分裂分化，产生成软骨细胞，成软骨细胞向软骨组织表面添加新的软骨细胞，后者产生基质和纤维，使软骨从表面向外扩大。外加生长是出生后软骨的主要生长方式。

二、骨

骨是由骨组织、骨膜和骨髓等构成的器官。按照形态可将骨分为长骨、短骨、扁骨和不规则骨4种。

（一）骨组织

骨组织（bone tissue）是人体坚硬的组织之一，由细胞外基质和多种细胞成分构成。因细胞外基质中有矿物质的沉积，即钙盐的沉积，所以细胞外基质为钙化骨基质。

1. 骨基质 骨基质（bone matrix）由有机质和无机质构成。有机质包括大量骨胶纤维和少量无定形基质。骨胶纤维即为胶原纤维，占有机质的90%，主要由Ⅰ型胶原蛋白构成。无定形基质呈凝胶状，主要成分为氨基聚糖和糖蛋白。无机质又称骨盐（bone mineral），骨盐主要以羟基磷灰石 $[Ca_{10}(PO_4)_6(OH)_2]$ 结晶的形式存在，呈细针状，长 10～20 nm，沿胶原原纤维长轴规则排列，也可存在于胶原原纤维内胶原分子间的空隙中，这种结合使骨基质既坚硬又有韧性。

初形成的骨组织称为编织骨（woven bone），胶原纤维粗大、排列无规律，逐渐成熟后成为板层骨（lamellar bone）。在板层骨的骨基质中，胶原纤维较细，有规律地成层排列，且与骨盐晶体和基质紧密结合，构成骨板（bone lamella）。同一层骨板内的纤维相互平行，相邻两层骨板的纤维相互垂直，增加了骨的强度，在 HE 染色的骨切片上呈不同折光的红色（图 4-5）。

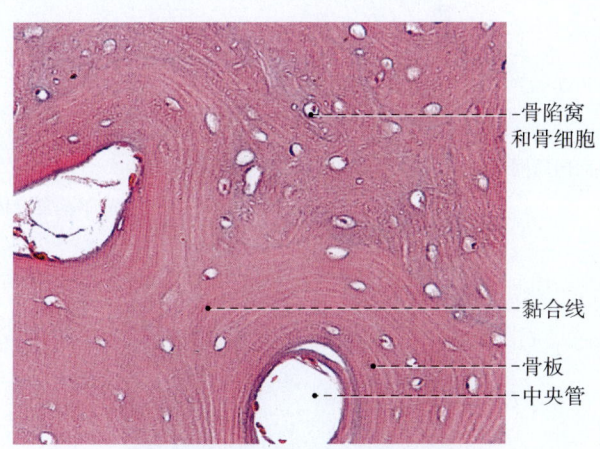

图 4-5 长骨横切面（HE 染色）

2. 骨组织的细胞 骨组织的细胞成分包括骨祖细胞、成骨细胞、骨细胞和破骨细胞4种（图 4-6）。除骨细胞位于骨基质内，其余细胞均位于骨组织表面。

（1）骨祖细胞 骨祖细胞（osteoprogenitor cell）由间充质干细胞分化而来，位于骨组织的内外表面。细胞体积小，形态呈梭形，胞质弱嗜碱性，胞质内仅含少量核糖体和线粒体；细胞核染色淡，椭圆形或扁平形。骨祖细胞是一种定向干细胞，当骨组织生长、改建或骨折愈合时，可分化为成骨细胞。

（2）成骨细胞 成骨细胞（osteoblast）常于骨组织表面排列成单细胞层，胞体较大，呈立方形或矮柱状。胞核位于远离骨组织的一端，大而圆，染色浅淡，核仁明显。细胞质呈嗜碱性（图 4-6），

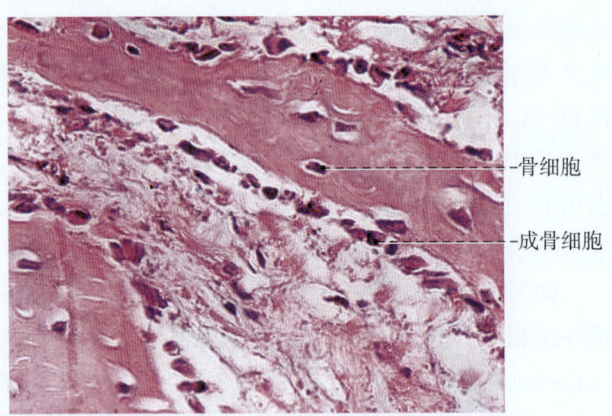

图 4-6 成骨细胞和骨细胞（HE 染色）

碱性磷酸酶强阳性。电镜下，胞质内可见大量粗面内质网、丰富的游离核糖体和发达的高尔基复合体（图 4-7）。

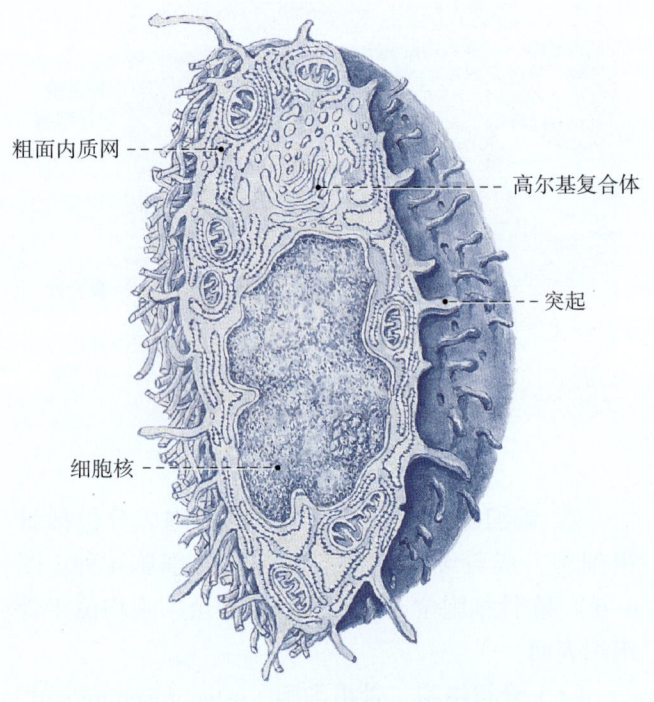

图 4-7 成骨细胞超微结构立体图

成骨细胞具有活跃的合成、分泌功能，合成和分泌骨胶纤维等有机基质，形成未钙化的细胞外基质，称类骨质（osteoid）。同时，成骨细胞以细胞膜胞吐方式向类骨质中释放一些膜包小泡，称为基质小泡（matrix vesicle），膜上有钙结合蛋白、碱性磷酸酶、焦磷酸酶和 ATP 酶等，小泡内含钙、小的钙盐结晶等。基质小泡在类骨质钙化的起始过程中有重要的作用。成骨细胞被类骨质包埋后成为骨细胞。

（3）**骨细胞** 骨组织中，骨细胞（osteocyte）的数量最多。骨细胞由胞体和突起组成，胞体单个分散于骨板之间或骨板之内的骨陷窝（bone lacuna）内；突起众多，位于骨小管（bone canaliculus）内。成熟的骨细胞体积较小，形态呈扁椭圆形，有许多细长突起，胞质弱嗜碱性或嗜酸性，细胞器相对较少（图 4-8）。相邻骨细胞的突起形成缝隙连接，用以传递信息。相邻骨陷窝通过骨小管彼此连通，骨陷窝和骨小管内含组织液，可与骨细胞间进行物质交换。骨细胞具有一定的成骨和破骨作用，对骨基质的更新和维持有重要作用。

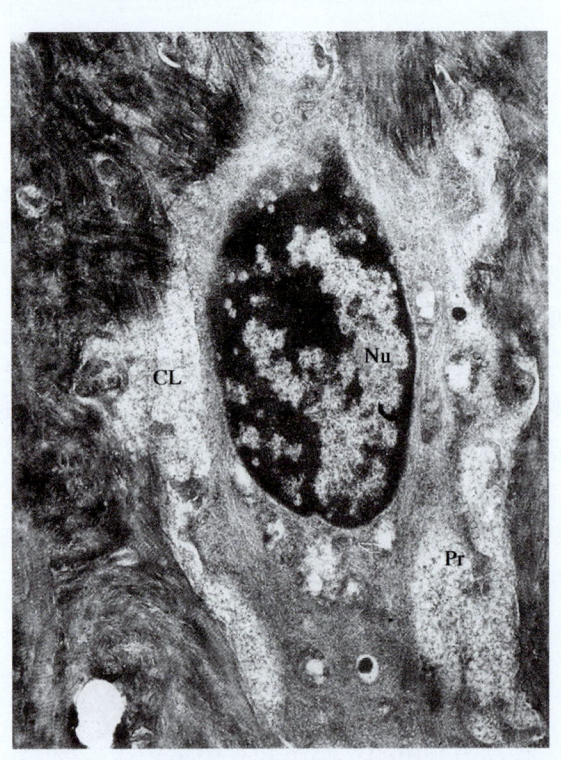

图 4-8 骨细胞（成人长骨骨细胞，TEM）
Pr. 胞突；Nu. 胞核；CL. 骨陷窝

（4）**破骨细胞** 骨组织中破骨细胞（osteoclast）数量较少，常位于骨组织表面被吸收形成的小凹陷内。破骨细胞是一种多核巨细胞，来源于血液中的单核细胞，实质是由数个单核细胞融合而成的骨的巨噬细胞。光镜下，胞质嗜酸性（图 4-9），贴近骨基质的一侧有淡染区，电镜下为皱褶缘（ruffled border），是很多形状不规则并有分支的指状突起，结构与微绒毛相似（图 4-10），可扩大细胞的表面积；皱褶缘周围的环形胞质区稍隆起，含有许多微丝，而缺乏其他细胞器，故电子密度低，称为亮区（clear zone）。胞质内富含各级溶酶体、胞饮泡，丰富的粗面内质网、高尔基复合体和线粒体等。

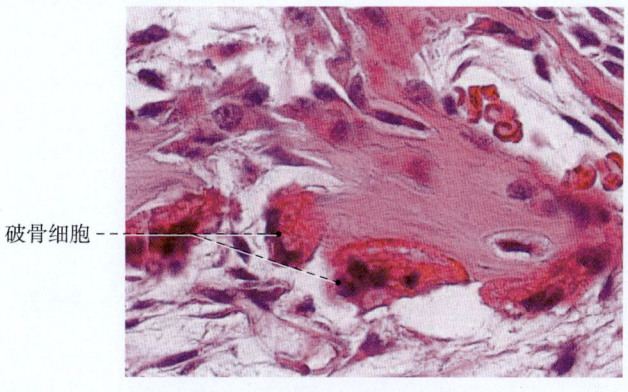

图 4-9　破骨细胞（HE 染色）

破骨细胞有溶解和吸收骨基质的作用。溶解的骨盐和降解的有机质经皱褶缘吸收，在溶酶体进行消化（图 4-10）。

（二）长骨

长骨由密质骨、松质骨、骨膜、关节软骨、骨髓及血管、神经等构成。

1. **密质骨**　密质骨（compact bone）又称骨密质，分布于长骨的骨干（diaphysis）和骨骺（epiphysis）的外表面，密质骨中的骨板排列规律，分为环骨板、骨单位（osteon）和间骨板（interstitial lamella）。

（1）**环骨板**　环骨板分数层环绕骨干外表面和内表面，分别称为外环骨板（outer circumferential lamella）和内环骨板（inner circumferential lamella）（图 4-11）。横向穿越外环骨板和内环骨板的小管称为穿通管（perforating canal），又称 Volkmann 管，与纵向走行的中央管相通，它们都是小血管和神经的通道，内含少量结缔组织。

（2）**骨单位**　骨单位又称哈弗斯系统（Haversian system），数量最多，是密质骨的结构基础，位于内、外环骨板之间。骨单位呈与骨干长轴平行的长圆筒状，中心为中央管（central canal），又称哈弗斯管（Haversian canal）；中央管周围为 4~20 层同心圆排列的骨单位骨板（osteon lamella），又称哈弗斯骨板（Haversian lamella）（图 4-11）。骨单位表面有一层黏合质，在横断面的骨磨片上呈折光较强的轮廓线，称为黏合线（cement line）（图 4-12）。

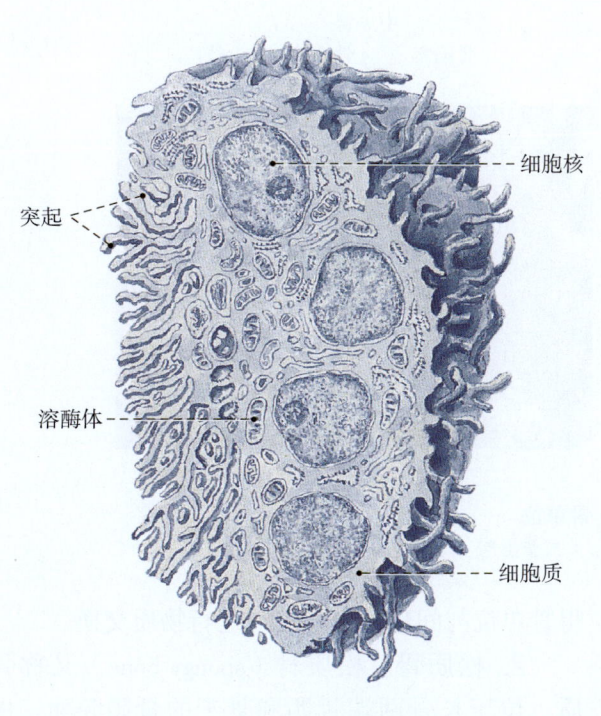
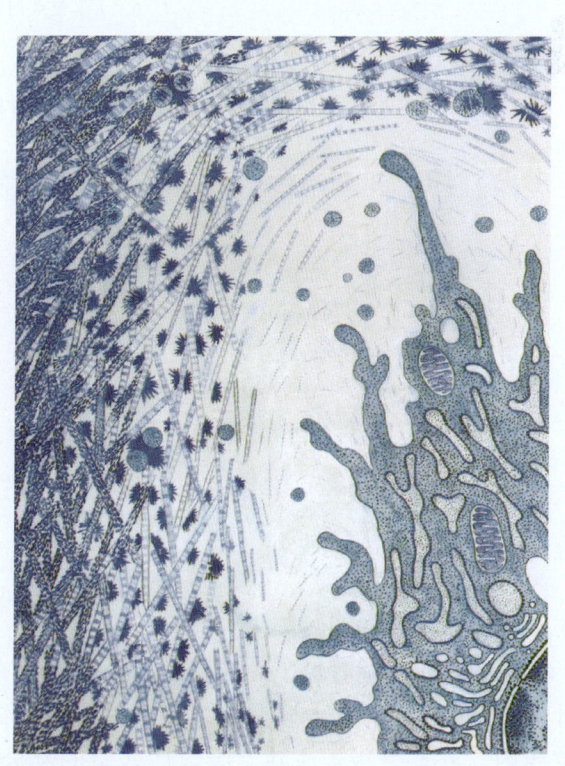

图 4-10　破骨细胞超微结构

A. 立体模式图；B. 破骨细胞皱褶缘

骨单位内的骨小管相互通连，最内层的骨小管均开口于中央管，构成血管系统与骨单位中骨细胞之间营养物质和气体交换的通路（图4-11）。最外层的骨小管在黏合线内侧返折，不与其他骨单位的骨小管相通。

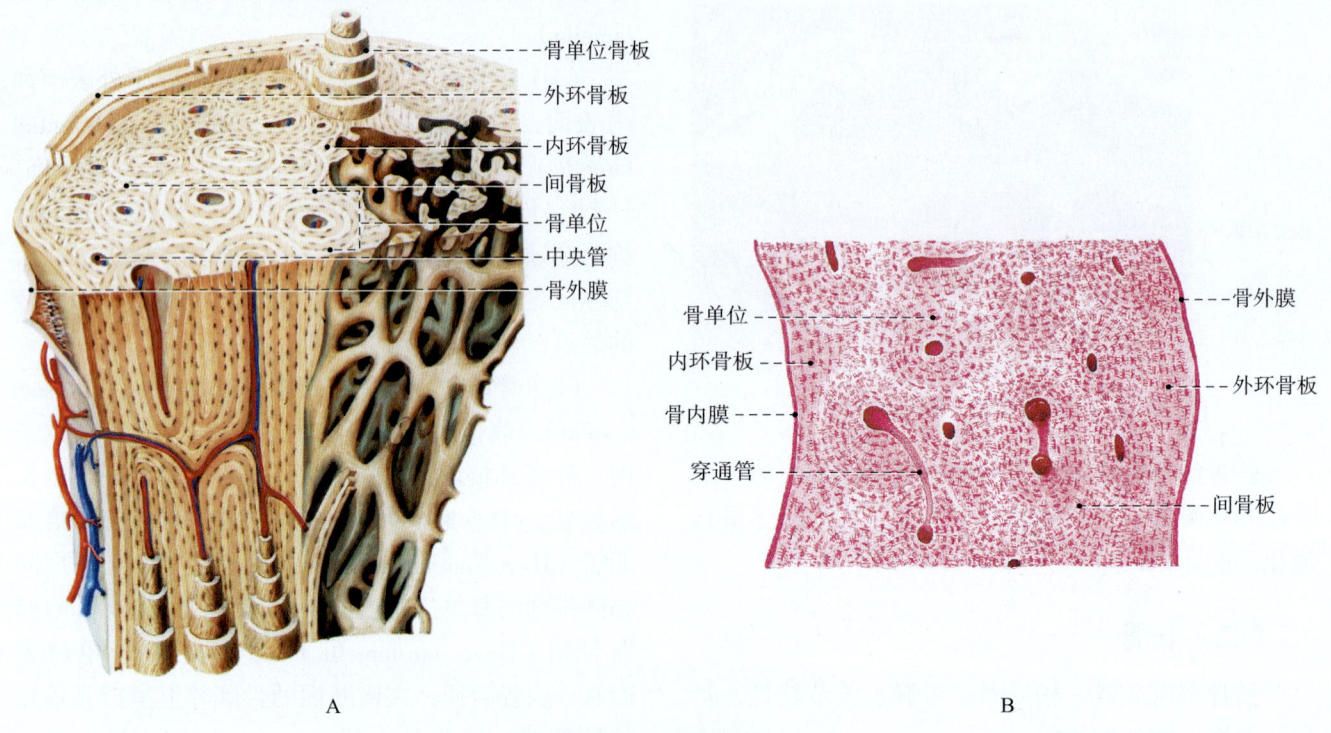

图4-11　长骨骨干
A. 立体模式图；B. 光镜横断面仿真图

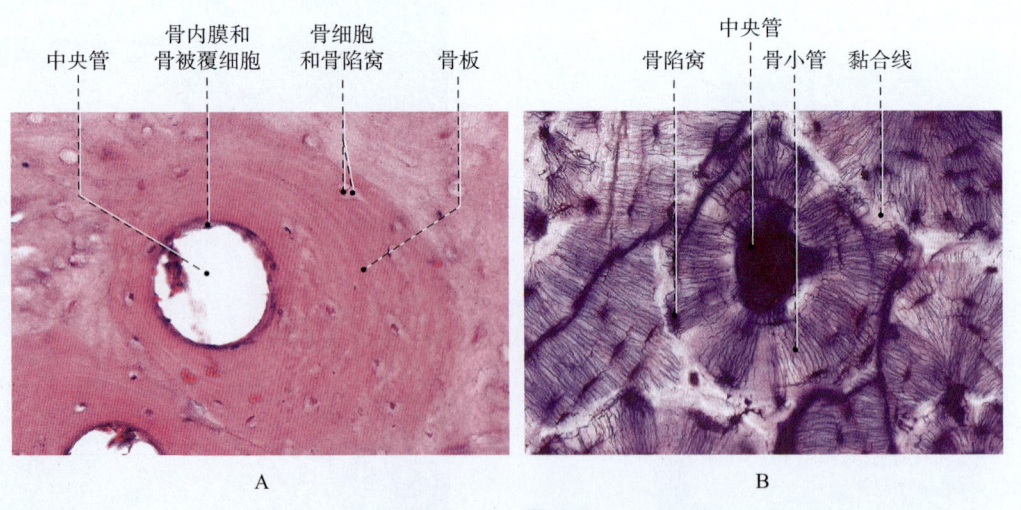

图4-12　骨单位
A. HE染色；B. 大丽紫染色

（3）间骨板　间骨板（interstitial lamella）填充于骨单位之间或骨单位与环骨板之间，是原有的骨单位或内、外环骨板被改建、吸收后残留的部分，形态不规则（图4-13）。偶尔可见骨单位最外层的骨小管穿过黏合线，与间骨板内的骨小管相通，使得骨单位与间骨板之间可以进行物质交换。

2. 松质骨　松质骨（spongy bone）又称骨松质，位于长骨两端骨骺和骨干的骨髓腔面，由大量针状或片状的骨小梁（bone trabecula）构成。骨小梁相互连接形成多孔隙网架结构，网孔即为骨

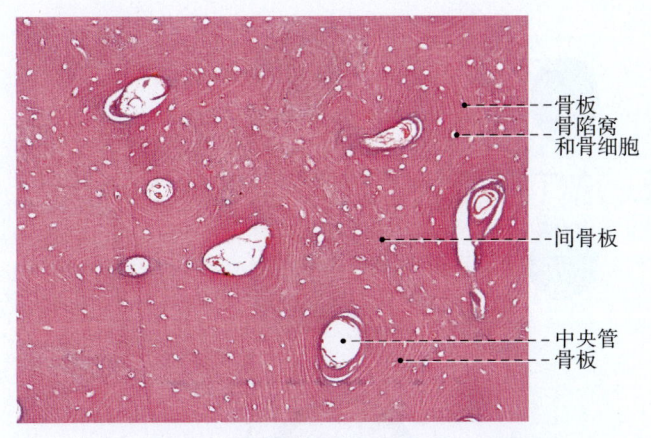

图 4-13 长骨横切面示密质骨（HE 染色）

髓腔，其中充满红骨髓。骨小梁也是板层骨，由几层平行排列的骨板和骨细胞构成，表层骨板的骨小管开口于骨髓腔，骨细胞从中获得营养并排出代谢产物。

3. 骨膜 除关节面以外，骨的外表面均覆以骨外膜（periosteum）；在骨髓腔面、穿通管和中央管的内表面、骨小梁的表面均覆以骨内膜（endosteum）。骨外膜为致密结缔组织，分内外两层。外层主要含粗大的胶原纤维束，相互交织成网，有些纤维穿入外环骨板，称穿通纤维（perforating fiber）或Sharpey 纤维（Sharpey fiber），其作用是将骨外膜固定于骨。内层结构疏松，纤维少，含骨祖细胞和小血管、神经等。骨膜的主要功能是保护和营养骨组织，并为骨的生长和修复提供新的成骨细胞。

三、骨的发生、生长和再生

骨来源于胚胎时期的间充质，骨的生长发育可持续到成年，骨内部的改建将持续终身。骨发生（osteogenesis）分为膜内成骨和软骨内成骨两种方式，但其基本过程是相似的。

（一）膜内成骨

人体的顶骨、额骨、下颌骨和锁骨等以膜内成骨（intramembranous ossification）方式发生。在将要形成骨的部位，间充质细胞增殖形成胚胎性结缔组织膜，间充质干细胞首先分裂分化为骨祖细胞，骨祖细胞进而分化为成骨细胞，后者分泌骨基质，将自身包埋其中，即成为骨细胞，形成最早的骨组织，称为骨化中心（ossification center）。成骨过程由骨化中心向四周逐渐扩展，构成初级骨松质（图4-14），其外的间充质分化为骨膜，随后再经过不断的生长及改建后，形成最终的骨。

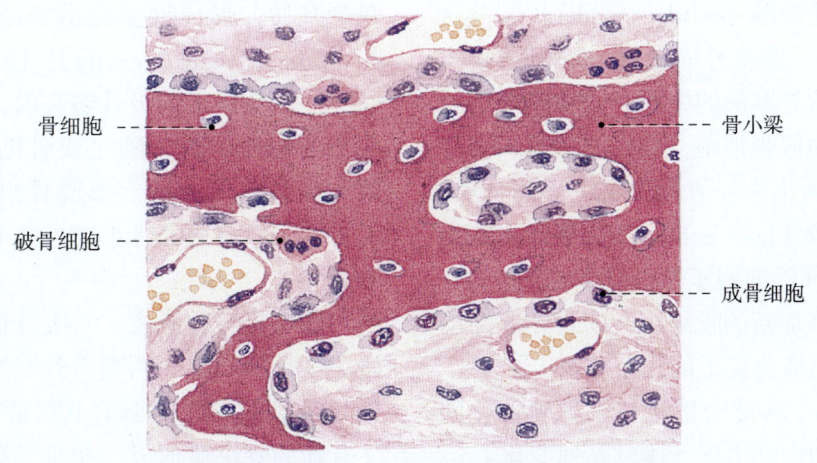

图 4-14 胎儿顶骨切片光镜仿真图（示膜内成骨）

（二）软骨内成骨

软骨内成骨（endochondral ossification）是由间充质先分化为软骨，然后软骨骨化逐渐被骨组织取代。人体的四肢骨、躯干骨和部分颅底骨等以此方式发生。下面以长骨的发生为例，简述其发生过程（图4-15）。

1. 软骨雏形形成 在将形成骨的部位，间充质细胞密集并分化为骨祖细胞，骨祖细胞分化为透明软骨，周围的间充质细胞分化为软骨膜，形成了

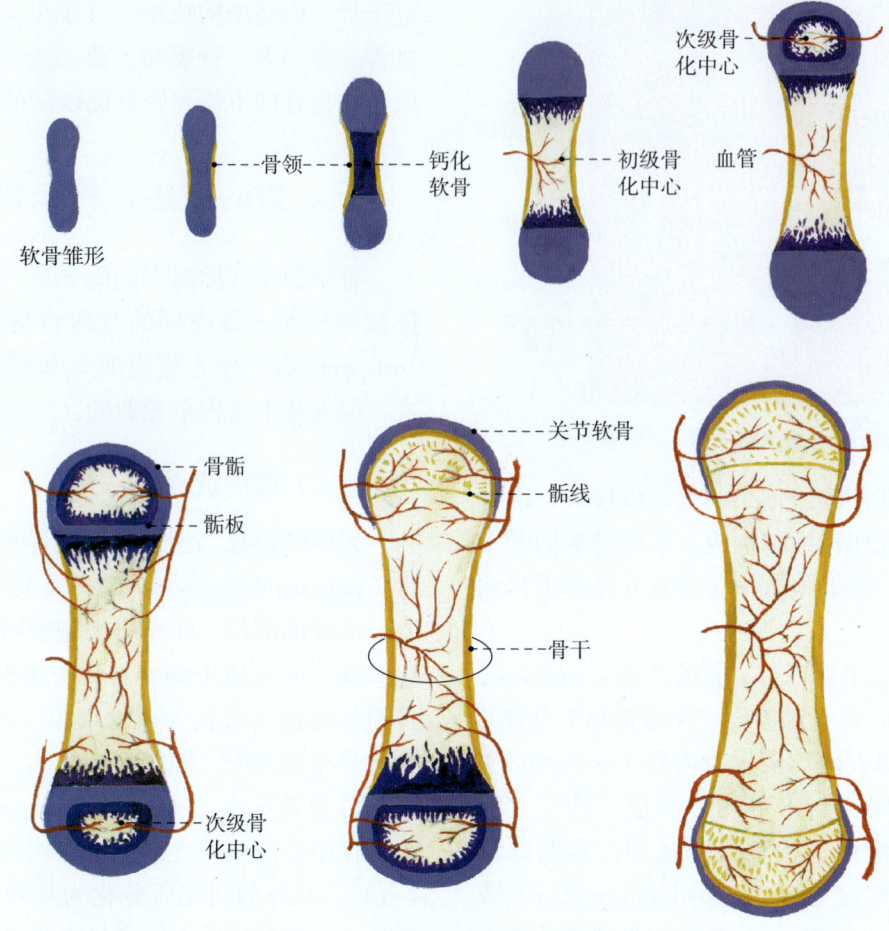

图 4-15 软骨内成骨示意图

初具长骨外形的软骨雏形（cartilage model）。

2. **骨领的形成** 即软骨周骨化，过程与膜内成骨基本相同。在软骨雏形的中段，软骨膜内层的骨祖细胞增殖分化为成骨细胞，贴在软骨组织表面形成类骨质，继而钙化为一薄层骨组织环绕软骨，形如领圈，称为骨领（bone collar），软骨膜改称为骨膜。骨膜内层的骨祖细胞不断分化为成骨细胞，在骨领表面及两端添加新的骨组织，使骨领逐渐增厚和加长，逐渐改建成为骨干的骨密质。

3. **软骨内骨化** 软骨内骨化与软骨周骨化同时进行，在软骨干的内部出现下述一系列变化。

（1）**初级骨化中心**（primary ossification center）**的出现** 由于骨领形成，软骨雏形中央的软骨组织营养供应被骨领阻断，软骨细胞变大并分泌碱性磷酸酶，使软骨基质迅速钙化，软骨细胞退化、死亡，软骨陷窝变成较大的腔隙，骨膜的血管主干连同间充质细胞、骨祖细胞、破骨细胞等，穿通骨领进入退化的软骨区。破骨细胞溶解吸收钙化的软骨基质，形成许多隧道样的小腔，称初级骨髓腔（primary marrow cavity）。侵入的血管主干向两端分支，分布于初级骨髓腔内，其中的间充质细胞分化为造血组织。随之成骨细胞整齐地排列在残存的软骨基质表面，形成骨组织并将软骨基质包围，构成过渡型的骨小梁，这个区域称为初级骨化中心。

（2）**骨髓腔形成** 初级骨化中心形成后，便开始了从骨干中央向两端由骨组织替换软骨组织的过程。最初形成的骨小梁不断被破骨细胞溶解吸收，又有新的骨小梁形成，初级骨髓腔不断扩大而融合为一个大腔，称为骨髓腔。其中充满造血组织，即红骨髓。同时骨领也不断从外面加厚，从腔内面吸收，骨髓腔的横径也逐渐加大。

随着发育，软骨两端的软骨组织继续生长，临近骨髓腔的软骨组织不断退化，新的骨组织生成。骨化过程则不断从中央向两端推移，骨髓腔也随之向两端伸延。因此，在胎儿长骨的纵切面上，自骺端到骨髓腔之间，出现了连续变化的过程，依次分为如下 5 个区（图 4-16）。

① 软骨储备区（reserve cartilage zone）：软骨细胞处于静止状态。在胚胎发生早期，此区为软骨两端，范围较大。软骨基质内含有许多幼稚的软骨细胞，胞体较小呈圆形。

② 软骨增生区（proliferating cartilage zone）：在储备区的骨干侧，软骨细胞连续分裂变大，成为许多扁平的细胞，沿着长轴排列形成软骨细胞柱。

③ 软骨成熟区（maturing cartilage zone）：软骨细胞肥大，胞质内糖原增多，细胞柱间的软骨基质变薄。

④ 软骨钙化区（calcified cartilage zone）：软骨细胞停止分裂，体积迅速增大后退化，胞质空泡状，核固缩，继而细胞死亡，留下大的软骨陷窝，周围软骨基质有钙盐沉积，呈强嗜碱性。破骨细胞从陷窝处吸收钙化的软骨基质，形成新的初级骨髓腔。

⑤ 成骨区（ossification zone）：成骨细胞整齐地排列在残存的软骨基质表面，产生类骨质、继而钙化为骨组织，形成骨小梁。在此区，最初形成的骨小梁中央残留有软骨基质（过渡型）。由于破骨细胞的多次吸收和成骨细胞的不断成骨，最终全部替换为骨组织。

4. 次级骨化中心的出现和骺板形成 在出生前后，长骨两端的软骨中央部分，又出现骨化中心，称为次级骨化中心（secondary ossification center）。其出现时间，各骨不同，早自出生前，晚至出生后数月或数年。其骨化过程与初级骨化中心相似，但骨化是自中心向四周呈放射状扩展，侵入骨化中心的血管来自软骨外而不是骨外膜。骨松质逐渐改建成由板层骨构成的骨小梁，即长骨骨骺。在两骺端的关节面永远保留一层透明软骨，称关节软骨，没有骨膜覆盖。在骨骺与骨干之间暂时留有一层软骨，称骺板（epiphyseal plate）。骺板的软骨细胞一直在分裂、增殖，到青春期末才停止。

（三）骨的生长和改建

1. 长骨的增长 骺板是长骨继续增长的基础。骺板的软骨细胞分裂增殖，从骨骺侧向骨干侧不断成骨，使骨的长度增加。

2. 长骨的增粗 骨领的生长和改建是长骨增粗的基础。骨外膜内层的骨祖细胞不断分化为成骨细胞，向骨领表面添加新的骨小梁，使骨领逐渐增厚。而骨领内表面的骨小梁又逐渐被破骨细胞分解吸收，使骨干在增粗的同时保证骨组织有适当厚度。

3. 长骨外形的改建 长骨的骨骺和干骺端（metaphysis）呈圆锥形，比骨干粗大。在改建过程中，干骺端骨外膜的破骨细胞进行骨吸收，而骨内膜面的成骨活跃，使干骺端近骨干一侧变细，成为

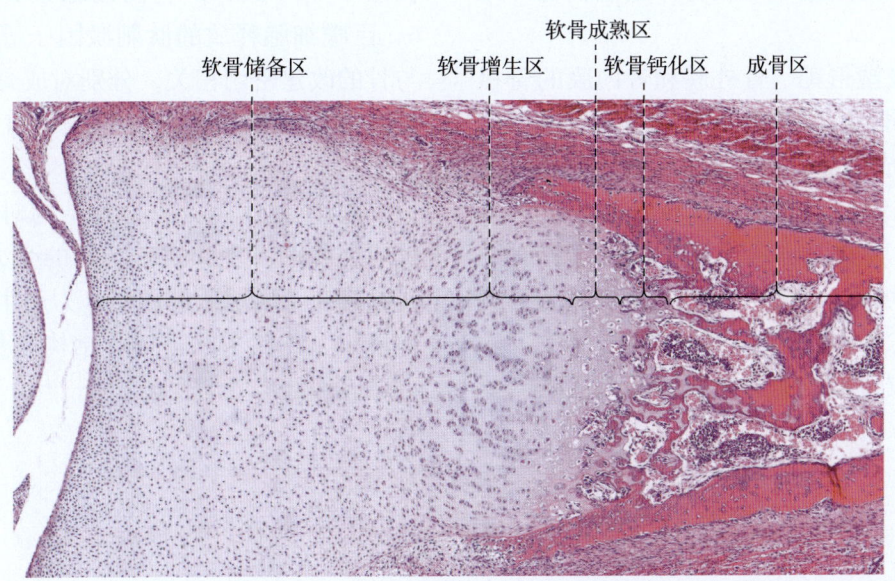

图 4-16 胎儿指骨骺板分区（HE 染色）

新一段骨干。新增骨干的两端又形成新的干骺端，如此持续不断进行改建，直到长骨不再增长。

最早形成的骨干骨密质由初级骨松质构成。1岁左右，骨单位才开始形成。先由破骨细胞在骨干外表面分解吸收陈旧骨组织，形成一条纵沟，骨外膜的血管及骨祖细胞等随之进入沟内。然后骨祖细胞逐渐形成骨组织，将纵沟封闭为管道。而管内的骨祖细胞分化为成骨细胞，贴附于管道的表面，从外向内形成同心圆排列的骨单位骨板。原先的管道缩小，其中含血管，成为中央管。中央管与骨干表面之间留下的通道即为穿通管。以后旧的骨单位逐渐被分解吸收，新一代骨单位不断形成，旧骨单位的残余部分即为间骨板。与此同时，由骨外膜和骨内膜的骨祖细胞形成环骨板，并不断改建。另外，骨单位的相继形成和外环骨板的增厚，也是骨干增粗的因素。成年后骨干不再增粗，但其内部的骨单位改建仍持续进行。

（四）骨折愈合

骨折愈合是一个复杂而连续的过程，根据组织学和细胞学的变化，通常将其分为4个阶段，但它们之间又不可截然分开，而是互相交织逐渐演进。

1. **血肿炎症机化期** 形成血肿，断端的骨基质破坏，骨细胞死亡。随即炎细胞浸润，清除组织碎片和血肿；同时，成纤维细胞和血管增生，形成纤维性骨痂。

2. **原始骨痂形成期** 以软骨样组织代替纤维血管性间质。

3. **骨板形成塑形期** 骨外膜和骨内膜的骨祖细胞分化为成骨细胞，在断端附近的骨面和其间的软骨表面以膜内成骨的方式形成骨小梁；血管、成骨细胞和破骨细胞侵入软骨，以软骨内成骨的方式，将软骨逐渐吸收，也形成骨小梁；这些骨小梁连成骨松质，填充、连接于断端之间，称为骨痂（bone callus），实现骨折的初步愈合。

4. **塑形与改建期** 据力学原则及人体的需要不断进行改建。以后，由于患者的活动，骨痂的骨松质发生多次改建，由编织骨转变为板层骨，骨髓腔再通，逐渐恢复骨的原有形态和结构。骨的重建约需数年。

（五）影响骨生长发育的因素

骨生长发育受多种因素影响。

1. **维生素** 维生素 D 能促进小肠对钙、磷的吸收，提高血钙和血磷水平，影响骨钙的沉积，有利于类骨质的钙化。维生素 A 能协调成骨细胞和破骨细胞的活动，影响骨的生长速度，维持骨的正常生长和改建。维生素 C 与成骨细胞合成胶原纤维有关。

2. **激素** 多种激素影响骨的生长发育，生长激素和甲状腺激素可促进骺板软骨的生长和成熟。甲状旁腺素通过反馈机制来调节血钙水平，激活骨细胞和破骨细胞，通过溶骨作用分解骨盐，释放 Ca^{2+} 入血，从而提高血钙水平。降钙素能抑制骨盐溶解，并刺激骨原细胞分化为成骨细胞，增强成骨活动，使血钙入骨形成骨盐。雌激素可与成骨细胞膜上的雌激素受体结合，使成骨活跃，产生足量的钙结合蛋白，促进类骨质的钙化，性腺发育不全可导致生长障碍而影响身高。肾上腺分泌的糖皮质激素对骨的形成有抑制作用。

3. **生物活性物质** 包括生长因子和细胞因子等，这些物质多是由成骨细胞分泌的。包括转化生长因子 –β（TGF-β）、前列腺素、白细胞介素 1 和 6、巨噬细胞释放的肽刺激因子等。这些活性物质与骨的改建密切相关，分别对成骨细胞及破骨细胞起激活或抑制作用，有的表现出旁分泌或自分泌作用。

4. **应力作用** 应力为结构对外部加载负荷的反应，骨的发生和生长与骨的受力状态密切相关。骨只有在不断地适应承受外力产生应力刺激的力学环境中，才能不断进行骨结构自身的改建、塑形，以适应外部环境的变化。

复习题

一、名词解释

1. 同源细胞群　2. 软骨囊　3. 骨板　4. 骨质与类骨质　5. 骨单位

二、问答题

1. 试比较3种软骨的不同点。
2. 试述长骨骨干的结构。
3. 试述4种骨组织细胞存在部位及形态结构和功能。
4. 试述骨发生的方式及特点。

网上学习

4-1　组织工程

（贺军撰文；李虹绘图）

第 5 章

血液和淋巴

- 导学
  - ▶ 重点
    - 血细胞的形态结构和功能
    - 红骨髓的结构及造血干细胞、造血祖细胞的生物学特征
    - 血细胞发生过程中形态变化的基本规律
  - ▶ 难点
    - 造血干细胞和造血祖细胞的生物学特征
    - 造血诱导微环境

一、血液

血液（blood）是流动于心血管内的液态组织，又称外周血。健康成人循环血容量约为 5 L，约占体重的 7%。血液由血细胞和血浆组成。在新鲜抽取的血液中加入适量抗凝剂（肝素或枸橼酸钠）静置或离心沉淀后，血液可分为 3 层：上层为淡黄色的血浆，下层深红色的是红细胞，中间薄层灰白色的是白细胞与血小板（图 5-1）。因此，血细胞（blood cell）包括红细胞、白细胞和血小板。血细胞约占血液容积的 45%。血浆（blood plasma）相当于细胞外基质，其主要成分是水（占 90%），其余为血浆蛋白（包括白蛋白、球蛋白、纤维蛋白原等）、酶、脂蛋白、激素、维生素、无机盐和多种营养、代谢物质。血浆约占血液容积的 55%，pH 为 7.3～7.4。血浆不仅是运载血细胞、营养物质和全身代谢产物的循环液体，而且参与机体免疫反应、体液与体温调节、水和电解质平衡及渗透压的维持，具有保持机体内环境稳定的功能。若没有加入抗凝剂，血液在体外静置后其中溶解状态的纤维蛋白原将转变为纤维交织状态的纤维蛋白，包裹血细胞使血液凝固成血块，其上层析出的淡黄色透明液体，称血清（serum）。在正常生理情况下，血细胞有稳定的形态结构、数量和比例（表 5-1）。用 Wright 或 Giemsa 染色法染血涂片，是最常用的观

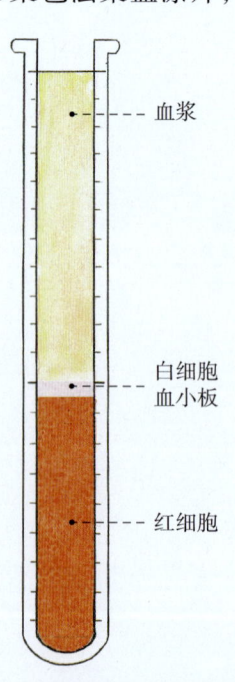

图 5-1　血浆和血细胞示意图

察血细胞形态的方法。血液中血细胞形态、数量、比例与血红蛋白含量的测定结果称血常规。在很多疾病状态下，血常规常有显著变化，因此血常规检测是诊断疾病的重要方法。

表 5-1 血细胞分类和正常值

血细胞		正常值
红细胞		男性：$(4.0\sim5.5)\times10^{12}/L$；女性：$(3.5\sim5.0)\times10^{12}/L$
白细胞		$(4\sim10)\times10^9/L$
	中性粒细胞	50%～70%
	嗜酸性粒细胞	0.5%～3%
	嗜碱性粒细胞	0～1%
	单核细胞	3%～8%
	淋巴细胞	25%～30%
血小板		$(100\sim300)\times10^9/L$

（一）红细胞

红细胞（erythrocyte，red blood cell）呈双凹圆盘状，直径 7.0～8.5 μm，中央较薄，约 1 μm，周边较厚，约 2 μm（图 5-2）。因此，在血涂片标本上显示中央染色较浅，周边染色较深。这种形态结构使红细胞与体积相同的球形结构相比表面积增大约 25%，还可使细胞内任何的一点距细胞表面的距离不超过 0.85 μm，从而有利于细胞内外气体的迅速交换。单个红细胞在新鲜时为淡黄绿色，大量红细胞使血液呈红色。

成熟红细胞是结构功能高度特化的细胞，无细胞核，也无细胞器，细胞内充满血红蛋白（hemoglobin，Hb）（图 5-3，图 5-4）。正常成人血液中血红蛋白的含量，男性为 120～160 g/L，女性为 110～150 g/L。血红蛋白是含卟啉铁的蛋白质，易与酸性染料结合，染成浅红色。血红蛋白具有结合与运输 O_2 和 CO_2 的功能，所以红细胞能供给全身组织和细胞所需的 O_2，并带走代谢所产生的大部分 CO_2。

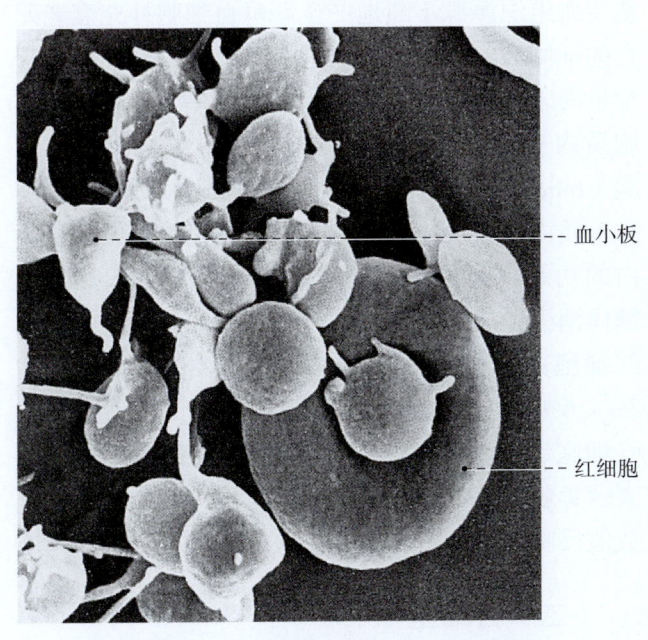

图 5-2 红细胞和血小板（SEM）

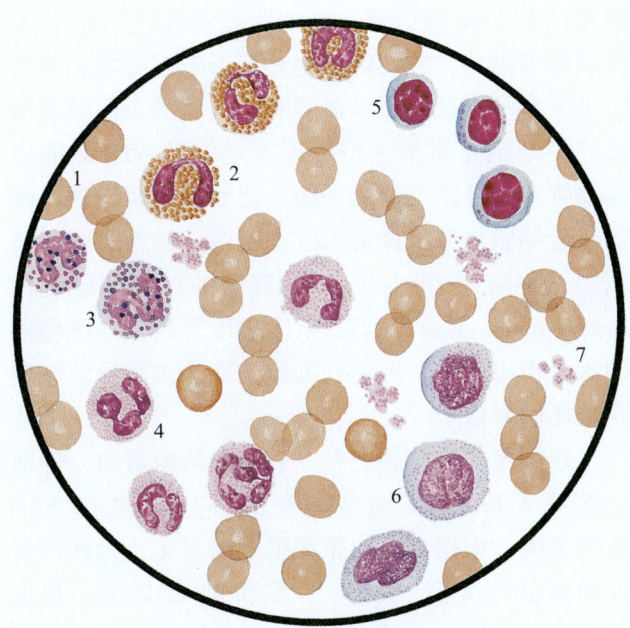

图 5-3 血细胞仿真图

1. 红细胞；2. 嗜酸性粒细胞；3. 嗜碱性粒细胞；4. 中性粒细胞；5. 淋巴细胞；6. 单核细胞；7. 血小板

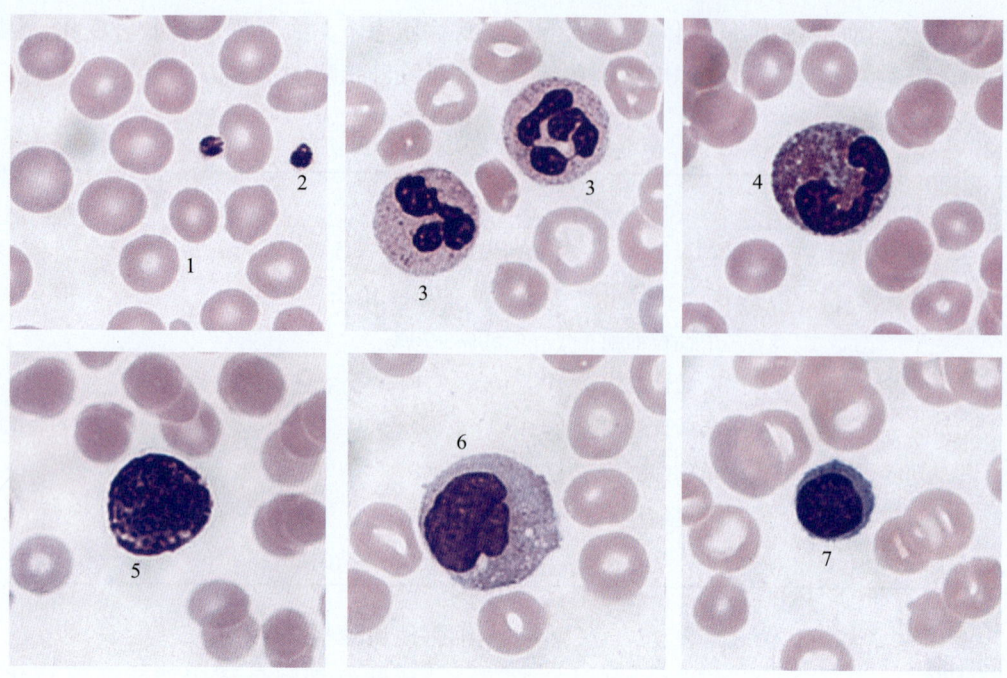

图 5-4 血涂片光镜像（Wright 染色）

1. 红细胞；2. 血小板；3. 中性粒细胞；4. 嗜酸性粒细胞；5. 嗜碱性粒细胞；6. 单核细胞；7. 淋巴细胞

红细胞的数量及血红蛋白的含量随生理功能改变而改变。如果红细胞的形态和数量以及血红蛋白的质与量的改变超出正常范围，则表现为病理现象，如贫血和红细胞增多。红细胞膜固定在一个能变形的圆盘状网架结构上，此网架结构称红细胞膜骨架（erythrocyte membrane skeleton），主要含有血影蛋白和肌动蛋白等。红细胞膜骨架使红细胞保持双凹圆盘状，并使红细胞具有形态可变性，当流经小于自身直径的毛细血管时能改变形态而顺利通过。红细胞正常形态的维持需足够的 ATP 供能以及细胞内、外渗透压的平衡。比如当血浆渗透压降低时会导致血浆液体进入红细胞内，细胞肿胀甚至破裂，称溶血（hemolysis），残留的红细胞膜囊称血影（blood ghost）；若血浆渗透压升高，红细胞内的水分析出胞外，致使红细胞皱缩，也可导致细胞膜破坏而溶血。

红细胞的细胞膜上有一类镶嵌的糖蛋白，即血型抗原 A 和（或）血型抗原 B，构成人类的 ABO 血型系统，根据血型抗原在膜上的有无，大致可将人血型分为 A 型、B 型、O 型和 AB 型四型。血型鉴定在临床输血中具有重要意义，因为人类血液中含有抗 ABO 血型异型抗原的天然抗体，例如 A 型血的人具有抗血型抗原 B 的抗体，若错配血型，首次输血即可导致抗原抗体结合，引起溶血。

由于红细胞无细胞器，不能合成新的蛋白质和代谢所需的酶类，因此，随着时间延长，血红蛋白和膜骨架蛋白逐渐变性，细胞衰老，变形性降低。衰老的红细胞在脾、肝等处被巨噬细胞吞噬清除。红细胞的平均寿命约 120 天。与此同时，骨髓造血组织源源不断地产生新鲜血细胞补充衰老死亡的细胞。刚从骨髓释放进入外周血的红细胞中有少量尚未完全成熟的红细胞，用煌焦油蓝染色可见胞质内有染成蓝色的细网或颗粒，故称网织红细胞（reticulocyte）。这些细网和颗粒是残留在红细胞胞质内的核糖体，因此，该细胞仍有合成血红蛋白的功能。网织红细胞进入外周血 1~3 天后，核糖体消失，成为成熟红细胞。成年人外周血中网织红细胞占红细胞总数的 0.5%~1.5%，新生儿可达 3%~6%。在骨髓造血功能发生障碍的患者，网织红细胞计数降低，经治疗后网织红细胞计数增加，表示骨髓造血功能增强，所以，网织红细胞的比例数值反映了骨髓造血功能的状态。

（二）白细胞

白细胞（leukocyte，white blood cell）为无色有核的球形细胞，它们从骨髓入血后随血液流动，并陆续以变形运动方式穿过微血管或毛细血管壁，进入结缔组织或淋巴组织，参与防御和免疫功能。在某些疾病状态下，白细胞总数及各种白细胞的百分比可发生改变。根据白细胞胞质内有无特殊颗粒可将其分为有粒白细胞（granulocyte）和无粒白细胞（agranulocyte）两大类，前者常简称粒细胞。粒细胞又依其特殊颗粒的染色特点，分为中性粒细胞、嗜酸性粒细胞和嗜碱性粒细胞，无粒白细胞又分为单核细胞和淋巴细胞（图5-3）。

1. **中性粒细胞**　中性粒细胞（neutrophilic granulocyte, neutrophil）是数量最多的白细胞，呈球形，直径为10～12 μm，核染色深，呈弯曲杆状或分叶状，分叶核可分为2～5叶，叶之间有染色质丝相连。刚从骨髓入血的中性粒细胞多呈杆状，之后核中间局部缩窄，形成分叶状，导致核分叶的原因尚不清楚，但核的叶数与细胞在血流中停留的时间成正相关。当机体出现严重细菌感染时，大量新生细胞从骨髓进入血液，杆状核与2叶核的细胞增多，称核左移；若4～5叶核的细胞增多，称核右移，表明骨髓造血功能发生障碍。中性粒细胞的胞质呈极浅的粉红色，含有大量细小的、分布均匀的、染成淡紫色和淡红色的颗粒（图5-3，图5-4）。其中体积较大、淡紫色的颗粒为嗜天青颗粒；较细小、淡红色的为特殊颗粒。嗜天青颗粒约占颗粒总数的20%，电镜下为圆形或椭圆形的膜被颗粒，直径0.6～0.7 μm，电子密度高，是一种溶酶体，含酸性磷酸酶、髓过氧化物酶和多种酸性水解酶类等，能消化分解吞噬的细菌和异物。特殊颗粒占颗粒总数的80%，电镜下颗粒较小，直径0.3～0.4 μm，呈哑铃状或椭圆形，中等电子密度（图5-5）。特殊颗粒是一种分泌颗粒，内含溶菌酶、吞噬素等，能杀死细菌，溶解细菌表面的糖蛋白。

中性粒细胞可通过变形运动进入周围组织，当局部组织受到细菌等侵害时，中性粒细胞在趋化因子等作用下，向病变局部大量集中，并进行活跃的吞噬和分泌活动。因此，机体受到某些细菌感染发生炎症时，除白细胞总数增加外，中性粒细胞的比例也显著提高。这些吞噬细菌的中性粒细胞或被巨噬细胞吞噬，或变性坏死成为脓细胞。中性粒细胞可在组织中存活2～3天。

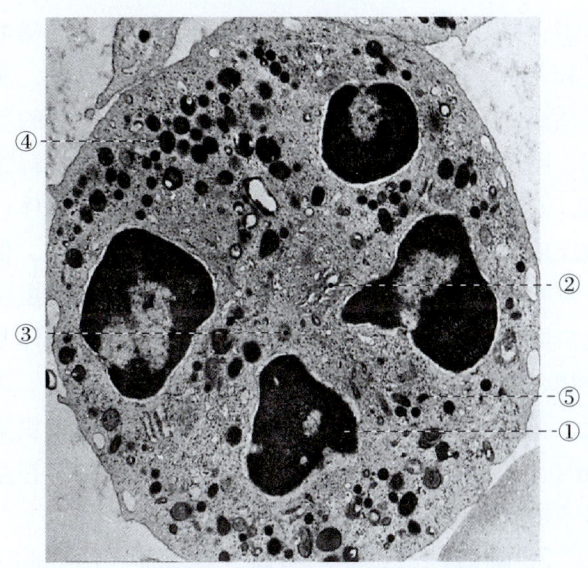

图5-5　中性粒细胞（TEM）
①分叶核；②高尔基复合体；③中心粒；④嗜天青颗粒；⑤特殊颗粒

2. **嗜酸性粒细胞**　嗜酸性粒细胞（eosinophilic granulocyte, eosinophil）呈球形，较中性粒细胞稍大，直径为10～15 μm。细胞核为杆状或分叶状，以2叶核居多。胞质内充满粗大、分布均匀、染成橘红色的嗜酸性颗粒（图5-3，图5-4）。电镜下，颗粒有膜包被，内含长方形的致密结晶体（图5-6）。嗜酸性颗粒是一种特殊的溶酶体，除含一般溶酶体酶外，还含阳离子蛋白、芳基硫酸酯酶、组胺酶等。

嗜酸性粒细胞也能做变形运动穿越血管壁进入

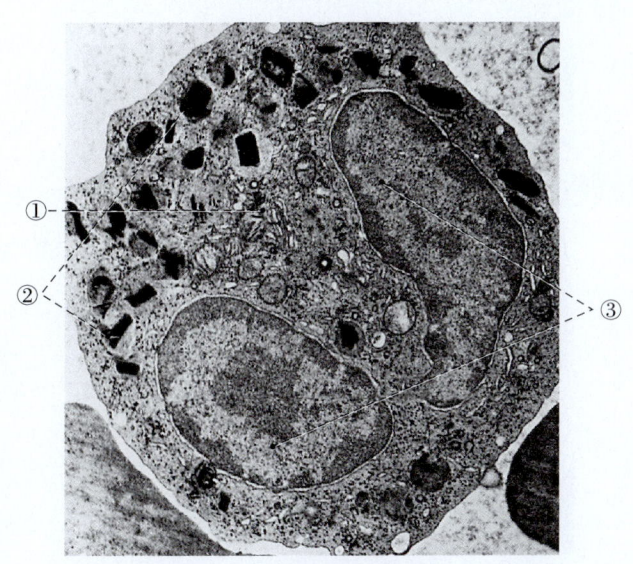

图5-6　嗜酸性粒细胞（TEM）
①高尔基复合体；②嗜酸性颗粒；③分叶核

组织，并具有趋化性，可受肥大细胞等分泌的嗜酸性粒细胞趋化因子的作用，移行至病变部位，进行活跃的分泌和吞噬活动。在发生过敏反应的部位，嗜酸性粒细胞释放颗粒内的组胺酶可分解组胺，芳基硫酸酯酶可分解白三烯，从而抑制机体过敏反应；胞体借助抗体与某些寄生虫表面接触，促进颗粒内物质释放，其阳离子蛋白可直接杀死虫体或虫卵；其吞噬功能主要表现为吞噬抗原-抗体复合物，从而减轻该复合物沉积引起的病理损害。因此，在过敏性疾病或变态反应性疾病以及寄生虫感染时，嗜酸性粒细胞数量增多。嗜酸性粒细胞在组织中可生存 8～12 天。

3. 嗜碱性粒细胞 嗜碱性粒细胞（basophilic granulocyte，basophil）数量最少，呈球形，直径为 10～12 μm。胞核分叶或呈 S 形，着色浅淡，轮廓常不清楚。胞质内含大小不等、分布不均、深浅不同的蓝紫色嗜碱性颗粒，颗粒常覆盖在核上（图 5-3，图 5-4）。电镜下为膜被颗粒，有些颗粒内可见板层状或细丝状结构（图 5-7）。颗粒属于分泌颗粒，内含肝素、组胺、中性粒细胞趋化因子、嗜酸性粒细胞趋化因子等；细胞质内含有白三烯。嗜碱性粒细胞与肥大细胞分泌的物质相同，其作用也基本相同，故也参与过敏反应。目前，这两种细胞是否来源于骨髓中的同种造血祖细胞尚存争议。嗜碱性粒细胞在组织中可生存 10～15 天。

4. 单核细胞 单核细胞（monocyte）是白细胞中体积最大的细胞，直径 14～20 μm，呈球形。胞核呈肾形、马蹄形或不规则形，核染色质呈细网状，着色较浅。胞质丰富，呈灰蓝色，内含许多细小的淡紫色嗜天青颗粒（图 5-3，图 5-4）。电镜下，胞质内含许多溶酶体和吞噬泡（图 5-8），溶酶体内含过氧化物酶、酸性磷酸酶、非特异性酯酶和溶菌酶等，这些酶不仅与单核细胞功能有关，而且可作为与淋巴细胞的鉴别点。

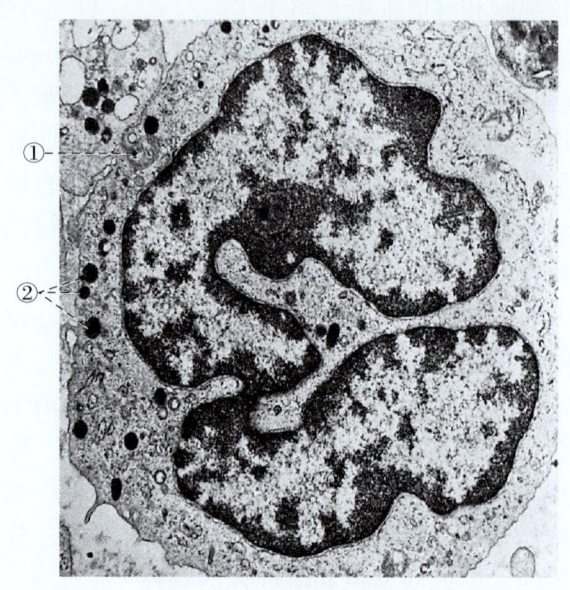

图 5-8 单核细胞（TEM）
①线粒体；②嗜天青颗粒

单核细胞具有活跃的变形运动能力和明显的趋化性，其穿越血管壁进入结缔组织或其他组织，分化为巨噬细胞等具有吞噬功能的细胞，可吞噬入侵机体的病原微生物、异物，清除体内衰老病变的细胞，参与调节免疫应答，分泌多种细胞因子，调控机体造血等。

5. 淋巴细胞 淋巴细胞（lymphocyte）呈球形，其大小不一，直径 6～8 μm 的为小淋巴细胞，9～12 μm 的为中淋巴细胞，13～20 μm 的是大淋巴细胞。外周血以小淋巴细胞为主。淋巴细胞核呈圆形或卵圆形，一侧可有一小凹陷。小淋巴细胞核染色质致密，呈粗块状，染色深；大、中淋巴细胞的核染色质略稀疏，染色略浅，有的可见核仁。淋巴细胞的胞质嗜碱性，染成蔚蓝色。小淋巴细胞的胞质很少，仅在核周形成很薄的一圈；大、中淋巴细胞的胞质较多，可见少量嗜天青颗粒（图 5-3，图 5-4）。电镜下淋巴细胞胞质内含丰富的游离核糖

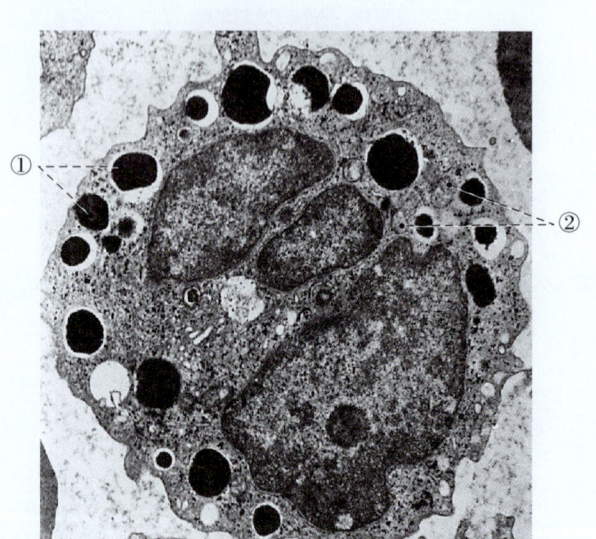

图 5-7 嗜碱性粒细胞（TEM）
①嗜碱性颗粒；②线粒体

体，少量线粒体、溶酶体、粗面内质网和高尔基复合体等（图5-9）。

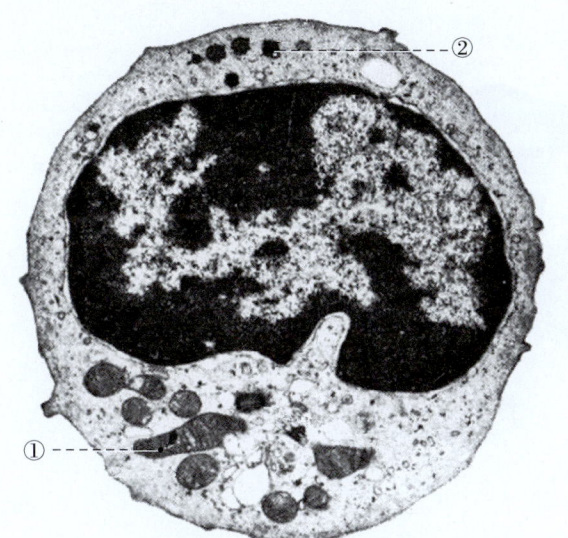

图5-9 淋巴细胞（TEM）
①线粒体；②嗜天青颗粒

淋巴细胞是机体主要的免疫细胞，也是体内功能与分类最为复杂的细胞群。根据发生来源、形态特点与免疫功能等的不同，可分为：①胸腺依赖淋巴细胞（thymus-dependent lymphocyte），简称T细胞，产生于胸腺，体积小，胞质内含有少量溶酶体，占外周血淋巴细胞总数的75%，参与细胞免疫，并具有调节免疫应答的作用。②骨髓依赖淋巴细胞（bone marrow-dependent lymphocyte），简称B细胞，产生于骨髓，体积略大，一般不含溶酶体，有少量粗面内质网，占外周血淋巴细胞总数的10%~15%，受抗原刺激后增殖、分化为浆细胞，产生抗体参与体液免疫。③自然杀伤细胞（natural killer cell），简称NK细胞，产生于骨髓，为中淋巴细胞，溶酶体较多，占外周血淋巴细胞总数的10%~15%，NK细胞在杀伤肿瘤细胞中起重要作用。在上述分类基础上，根据淋巴细胞表面抗原标志及更具体的免疫功能还可将淋巴细胞进一步分为若干亚群。

（三）血小板

血小板（blood platelet）又称血栓细胞（thrombocyte），是骨髓巨核细胞（megakaryocyte）脱落的胞质小块，呈双凸圆盘状，直径2~4 μm。当受到机械或化学刺激时，血小板可伸出小突起，呈不规则形。在血涂片上，血小板常聚集成群，也可单个存在，无细胞核，胞质呈浅紫蓝色，中央有蓝紫色的血小板颗粒，称颗粒区（granulomere），周边呈浅蓝色，称透明区（hyalomere）（图5-3，图5-4）。电镜下，透明区含有微管和微丝，参与血小板形态的维持和变形。颗粒区含有特殊颗粒、致密颗粒和少量溶酶体。特殊颗粒又称α颗粒，体积较大，中等电子密度，内含血小板因子Ⅳ、血小板源性生长因子（platelet derived growth factor，PDGF）、凝血酶敏感蛋白等；致密颗粒又称δ颗粒，体积较小，电子密度大，是一种膜被颗粒，内含5-羟色胺、ADP、ATP、Ca^{2+}、肾上腺素等。上述颗粒内容物都是参与止血和凝血的主要物质。血小板内有两套小管系统：①开放小管系统：管道与细胞表面连通，血浆能进入小管，使血小板与血浆的接触面积增大，有利于摄取血浆物质和释放颗粒内容物。②致密小管系统：是封闭小管，分布于血小板周边，相当于滑面内质网，有收集Ca^{2+}和合成前列腺素等功能（图5-10）。

血小板参与止血和凝血过程。当血管内皮受损或血管破裂时，血小板迅速黏附、聚集于受损或破裂处，堵塞破损的血管；同时血小板被激活，开始释放颗粒物质，其中5-羟色胺促进血管收缩，血小板因子Ⅳ对抗肝素的抗凝血作用，凝血酶敏感蛋白促进血小板聚集，启动凝血系统，催化纤维蛋白原变成丝状的纤维蛋白，并网罗血细胞形成血凝块。此外，PDGF刺激内皮细胞增殖和血管修复。血小板的寿命为7~14天。

二、骨髓和血细胞发生

血液中的各种血细胞寿命有限，因此，每天都有一定数量的血细胞衰老死亡，同时又有新的血细胞生成并进入外周血，从而保持血细胞数量和质量的动态平衡。在胚胎发育第3周，人的原始血细胞在卵黄囊壁的血岛内发生。随着胚胎血液循环的建立，第6周血岛内的造血干细胞随血流迁入肝开始造血，第12周逐渐迁至脾内造血。胚胎后期至出生后，骨髓成为主要的造血部位。胸腺和淋巴结是淋巴细胞增殖和分化的部位。

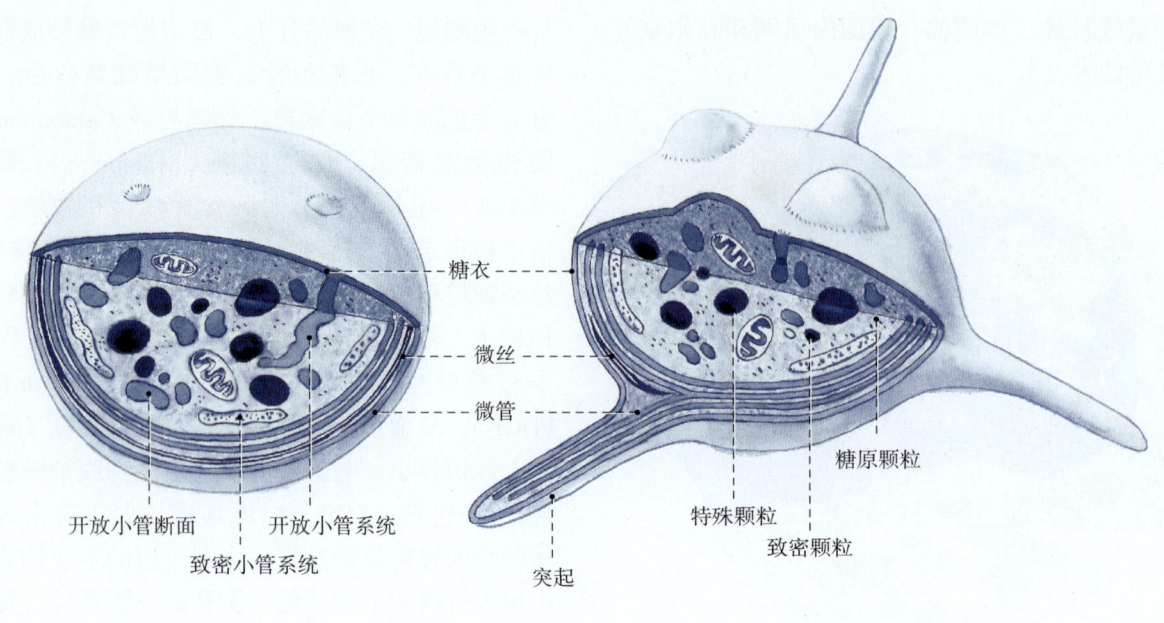

图 5-10　血小板超微结构模式图

（一）骨髓的结构

骨髓位于骨髓腔中，分为红骨髓和黄骨髓。红骨髓（red bone marrow）的主要构成为造血组织，黄骨髓主要为脂肪组织。胎儿和婴幼儿时期的骨髓均为红骨髓，大约从 5 岁开始，长骨的骨髓腔内出现脂肪细胞，并随年龄增长而增多，逐渐由红骨髓变为黄骨髓，其造血功能也随之消失，但在黄骨髓中仍含少量造血干细胞，故仍有造血潜能。成人红骨髓主要分布在扁骨、不规则骨与长骨骨骺端的松质骨中，红骨髓主要由造血组织和血窦构成（图 5-11）。

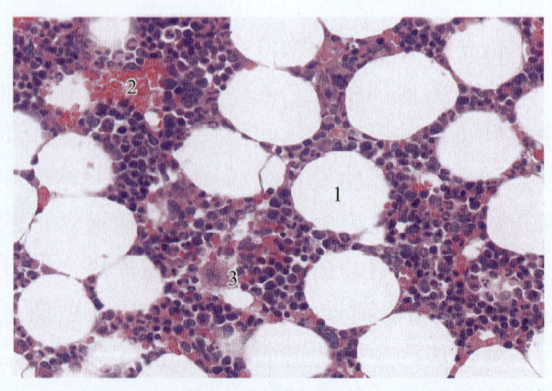

图 5-11　红骨髓光镜像（HE 染色）
1. 脂肪细胞；2. 血窦（内有大量红细胞）；3. 巨核细胞

1. **造血组织**　造血组织由网状组织、造血细胞和基质细胞组成。网状组织的网状细胞与网状纤维构成造血组织的网架，网眼内充满不同发育阶段的各种血细胞（包括造血干/祖细胞，原始、幼稚和成熟等不同阶段的血细胞）以及少量巨噬细胞、成纤维细胞、脂肪细胞、骨髓基质干细胞等。

造血细胞赖以生存、增殖与分化的环境称为造血诱导微环境（hematopoietic inductive microenvironment，HIM），其与造血干/祖细胞的关系相当于"土壤与种子"。造血诱导微环境由骨髓的神经成分、微血管系统、纤维、细胞外基质与骨髓基质细胞构成。基质细胞（stromal cell）是造血诱导微环境的核心成分，由巨噬细胞、成纤维细胞、血窦内皮细胞、网状细胞、脂肪细胞、成骨细胞以及骨髓基质干细胞等多种细胞组成。这些细胞不仅形成造血细胞生长的支架，还可通过细胞间通信和细胞间连接与造血细胞直接接触，协调分泌多种造血生长因子（hematopoietic growth factor），产生网状纤维、黏附分子等细胞外基质成分，由此调控血细胞的生成。

发育中的各种血细胞在造血组织中的分布呈一定规律。不同发育阶段的红细胞常位于血窦附近，成群嵌在巨噬细胞周围，形成以巨噬细胞为中心的幼红细胞岛（erythroblastic islet）（图 5-12）。而幼稚粒细胞多远离血窦，也可与巨噬细胞或成纤维细胞形成细胞岛，当发育至晚幼粒细胞具有运动能力后，通过变形运动接近并穿入血窦。巨核细胞则紧靠血窦内皮间隙，将胞质突起伸入血窦腔，脱落形成的血小板直接进入血窦。这一分布状况说明不同区域的造血诱导微环境不尽一致，每一特定区域适应某种造血细胞增殖并诱导其向特定方向分化。

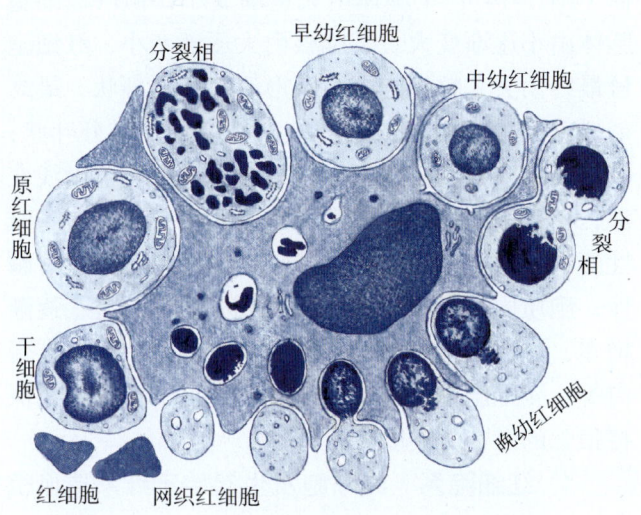

图5-12 骨髓幼红细胞岛超微结构模式图

2. 血窦 血窦为管腔大而形状不规则的毛细血管，窦壁衬贴有孔内皮，内皮细胞之间间隙较大，基膜不完整（图5-11）。此结构特点有利于成熟血细胞进入血液。

（二）造血干细胞与造血祖细胞

血细胞发生是造血干细胞在一定的造血诱导微环境和某些因素的调节下，先增殖分化为各类造血祖细胞，然后定向增殖分化为各种成熟血细胞的过程。

1. 造血干细胞 造血干细胞（hematopoietic stem cell，HSC）是生成各种血细胞的原始细胞，最早起源于人胚卵黄囊血岛。出生后，造血干细胞主要存在于红骨髓中，约占骨髓有核细胞数的0.5%。另外，在脾、淋巴结、外周血、胎儿脐带血等也有极少量造血干细胞分布。目前认为，造血干细胞的形态类似小淋巴细胞，但仍不易从形态上辨认它。

20世纪60年代通过小鼠脾集落形成实验证实了造血干细胞的存在（图5-13）：用小剂量射线照射小鼠骨髓细胞悬液对其进行标记（诱发染色体畸变），将该标记骨髓细胞作为供体细胞输给受致死剂量射线照射的同系受体小鼠后，受体小鼠重新获得造血能力而免于死亡，且受体小鼠脾内出现许多小结节状造血灶，称脾集落（spleen colony）。脾集落内含有红细胞系、粒细胞系和巨核细胞系的细胞。如将脾集落细胞分离，再次输给其他用致死剂量射线照射的同系小鼠，仍能重建造血并形成脾集落。脾集落生成数与输入的骨髓细胞数或脾集落细胞数成正比，表明骨髓中有一类能重建造血的原始血细胞。每个脾集落中的所有细胞均具有相同的畸变染色体，表明每个集落的细胞来自供体同一个原始血细胞。每个脾集落为一个克隆（clone），称为脾集落生成单位（colony-forming unit-spleen，CFU-S），代表一个造血干细胞。

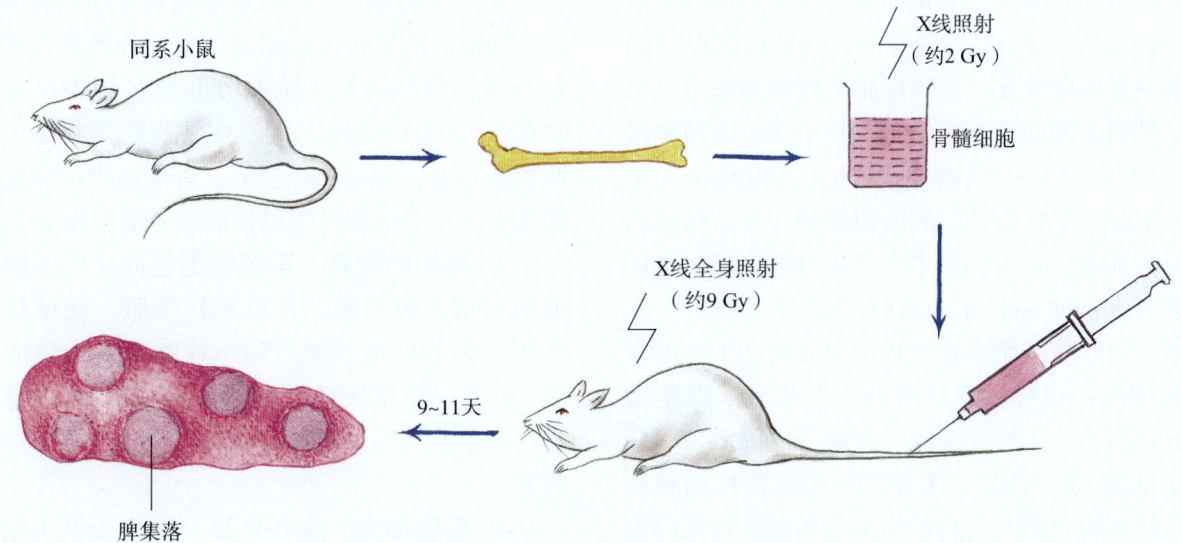

图5-13 小鼠脾集落形成实验示意图

人造血干细胞的存在还有一些间接依据。如慢性粒细胞性白血病患者的红细胞系、粒细胞系和巨核细胞系均具有 Ph¹ 畸变染色体，由此推测这3种细胞来自共同的干细胞；体外培养人骨髓细胞时，出现混合性细胞集落，也证明了造血干细胞的存在。

造血干细胞的特性是：①具有自我复制能力，即细胞分裂后的部分子代细胞仍保持造血干细胞的所有生物学特性，可不断补充造血干细胞群体数量，维持自身数量的相对稳定。②有很强的增殖潜能，在一定条件下能反复分裂，大量增殖，但在生理状态下，多数细胞处于 G_0 期静止状态。③有多向分化能力，在一些因素作用下能分化形成各系造血祖细胞。

2. 造血祖细胞 造血祖细胞（hematopoietic progenitor cell）是由造血干细胞增殖、分化而来的分化方向确定的干细胞，故又称定向干细胞。造血祖细胞表面已出现造血生长因子受体，如不同的集落刺激因子（colony stimulating factor, CSF）的受体，能接受相应因子的调控而定向分化为形态可识别的各种血细胞，体外培养时可形成相应的集落生成单位（colony-forming unit, CFU）。根据其分化方向，造血祖细胞包括：①髓系多向造血祖细胞：是造血干细胞增殖、分化而来的早期祖细胞。在多种造血生长因子诱导下，体外能培养出由红细胞、粒细胞、单核细胞和巨核细胞组成的混合性集落（CFU-Mix）。②红系造血祖细胞：由髓系多向造血祖细胞增殖、分化而来，在红细胞生成素（erythropoietin, EPO）等诱导下，红系造血祖细胞向红细胞系方向分化。③粒细胞单核细胞系造血祖细胞：是髓系多向造血祖细胞在粒单系集落刺激因子（GM-CSF）、IL-3 等诱导下增殖、分化而来，是中性粒细胞、单核细胞共同的祖细胞。④巨核细胞系造血祖细胞：是由髓系多向造血祖细胞在血小板生成素（thrombopoietin, TPO）等诱导下增殖、分化而来，向巨核细胞和血小板定向分化。⑤淋巴系造血祖细胞：也称淋巴干细胞，由造血干细胞增殖、分化而来，主要在胸腺、骨髓等部位增殖、分化为 T 细胞、B 细胞和 NK 细胞。嗜酸性粒细胞和嗜碱性粒细胞也都有各自的祖细胞和集落刺激因子（图 5-14）。

（三）血细胞发生和形态演变

造血祖细胞经定向增殖、分化，形成各系的成熟血细胞，其发育过程可分为原始阶段、幼稚阶段（又可分早、中、晚三期）和成熟阶段。在各系血细胞的发生过程中，其形态演变有以下共同规律（图 5-14）：①胞体由大逐渐变小，但巨核细胞胞体由小逐渐变大。②胞核由大逐渐变小，红细胞核最终消失，粒细胞核由圆形逐渐变成杆状，最终形成分叶核，但巨核细胞核由小变大，呈分叶状；核内染色质由细疏逐渐变成粗密，核的着色由浅变深，核仁由明显渐至消失。③胞质由少变多，嗜碱性逐渐变弱，但单核细胞与淋巴细胞仍保持嗜碱性；胞质内的特殊结构或蛋白成分从无到有，逐渐增多，如粒细胞中的特殊颗粒、红细胞中的血红蛋白等。④细胞分裂能力从有到无，但淋巴细胞仍保持很强的潜在分裂能力。

1. 红细胞系 红细胞发生起始于红系造血祖细胞，经原红细胞、早幼红细胞、中幼红细胞、晚幼红细胞，后者脱去细胞核成为网织红细胞，最终成为成熟红细胞。从原红细胞发育至晚幼红细胞需 3~4 天，巨噬细胞可吞噬晚幼红细胞脱出的胞核，并为红细胞的发育提供铁等物质。红细胞发生过程的形态特点见表 5-2。

2. 粒细胞系 3 种粒细胞发生虽然起始于不同的造血祖细胞，但其发育过程基本相同，均经历原粒细胞、早幼粒细胞、中幼粒细胞、晚幼粒细胞，进而分化为成熟的杆状核粒细胞和分叶核粒细胞进入外周血。从原粒细胞增殖、分化为晚幼粒细胞需 4~6 天，杆状核粒细胞和分叶核粒细胞在骨髓内贮存 4~5 天后释放入血。在某些病理状态，如急性细菌感染，骨髓加速释放，外周血中的粒细胞可骤然增多。粒细胞发生过程的形态演变见表 5-3。

3. 单核细胞系 单核细胞起源于粒细胞单核细胞系造血祖细胞，经原单核细胞、幼单核细胞变成成熟的单核细胞。幼单核细胞的增殖能力很强，而骨髓中单核细胞的贮存量不多，一旦机体需要，幼单核细胞即加速分裂增殖以提供足量的单核细胞。

4. 巨核细胞-血小板系 血小板发生始于巨核细胞系造血祖细胞，经原巨核细胞、幼巨核细胞

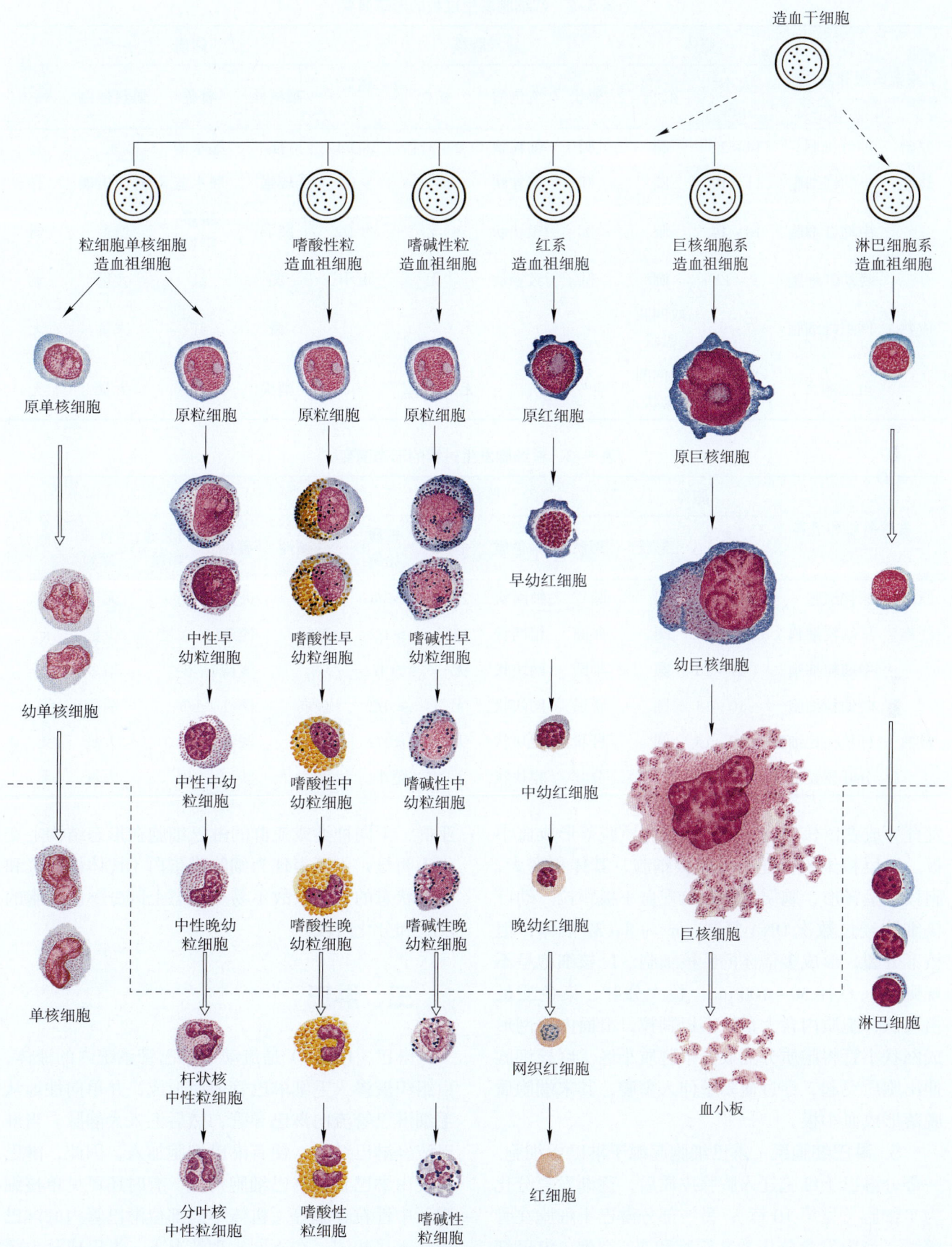

图 5-14 血细胞发生模式图

表 5-2 红细胞发生过程的形态演变

发育阶段和名称		胞体		胞核				胞质			分裂能力
		大小/μm	形状	形状	染色质	核仁	核质比	嗜碱性	着色	血红蛋白	
原始	原红细胞	14~22	圆	圆	细粒状	2~3个	>3/4	强	墨水蓝	无	有
幼稚	早幼红细胞	11~19	圆	圆	粗粒状	偶见	>1/2	较强	墨水蓝	开始出现	有
	中幼红细胞	10~14	圆	圆	粗块状	无	约1/2	减弱	嗜多染性	增多	弱
	晚幼红细胞	9~12	圆	圆	致密块	无	更小	弱	红	大量	无
成熟	网织红细胞	7~9	双凹圆盘状			无		微	红	大量	无
	红细胞	7~8	双凹圆盘状			无		消失	红	大量	无

表 5-3 粒细胞发生过程的形态演变

发育阶段和名称		胞体		胞核				胞质				分裂能力
		大小/μm	形状	形状	染色质	核仁	核质比例	嗜碱性	着色	嗜天青颗粒	特殊颗粒	
原始	原粒细胞	11~18	圆	圆	细网状	2~6	>3/4	强	天蓝	无	无	有
幼稚	早幼粒细胞	13~20	圆	卵圆	粗网状	偶见	>1/2	减弱	淡蓝	大量	少量	有
	中幼粒细胞	11~16	圆	半圆	网块状	无	约1/2	弱	浅蓝	少	增多	有
	晚幼粒细胞	10~15	圆	肾形	网块状	无	<1/2	极弱	淡红	少	明显	无
成熟	杆状核粒细胞	10~15	圆	杆状	粗块状	无	<1/3	消失	淡红	少	大量	无
	分叶核粒细胞	10~15	圆	分叶	粗块状	无	更小	消失	淡红	少	大量	无

发育为成熟巨核细胞，巨核细胞胞质脱落形成血小板。原巨核细胞分化为幼巨核细胞，其体积变大，胞核常呈肾形，胞质内开始出现血小板颗粒。幼巨核细胞经过数次DNA复制，成为8~32倍体，但核不分裂，形成多倍体的巨核细胞。巨核细胞呈不规则形，直径50~100 μm，核大分叶，染色质呈粗块状，胞质内含大量血小板颗粒，滑面内质网形成网状小管将胞质分隔成若干胞质小区。巨核细胞伸出胞质突起，穿过血窦壁伸入窦腔，其末端胞质脱落形成血小板。

5. 淋巴细胞系 淋巴细胞起源于淋巴干细胞。一部分淋巴干细胞迁入胸腺皮质后，逐渐发育分化为T细胞（见第10章）；另一部分淋巴干细胞在骨髓微环境中发育分化为B细胞和NK细胞。淋巴细胞在增殖、分化过程中还进一步形成多种淋巴细胞亚群，不同种类或亚群的淋巴细胞在形态结构上变化不明显，主要表现为细胞膜蛋白（抗体标志）和功能状态的变化，故不易从形态上区分淋巴细胞的发生和分化阶段。

三、淋巴

淋巴（lymph）是流动于淋巴管系统内的液体，由组织液渗入毛细淋巴管内而形成，并单向性地从毛细淋巴管流向淋巴导管，然后汇入大静脉。当淋巴流经淋巴结时，便有淋巴细胞加入，因此，淋巴主要由淋巴浆和淋巴细胞构成，有时还可见单核细胞、中性粒细胞等。机体不同部位淋巴管内的淋巴成分不尽相同，在不同生理情况下，淋巴成分也会有所变化，如肢体的淋巴清亮而透明，含蛋白质约

0.5%；小肠淋巴管中的淋巴因含许多脂肪小滴而呈乳白色，称乳糜，当进食脂肪性食物较多时，乳糜中脂滴增多；源于肝的淋巴中蛋白质约占6%。淋巴是组织液回流的辅助渠道，在维持全身各部分的组织液动态平衡中起重要作用。

复习题

（一）名词解释

1. 血常规　2. 红细胞膜骨架　3. 网织红细胞　4. 造血组织　5. 造血诱导微环境　6. 造血干细胞　7. 造血祖细胞

（二）问答题

1. 试述红细胞的形态结构与功能特点。
2. 比较三种有粒白细胞的形态结构和功能特点。
3. 比较两种无粒白细胞的形态结构和功能特点。
4. 试述血细胞发生过程中形态变化的一般规律。

网上学习

5-1　红细胞的悬浮稳定性

5-2　造血干细胞移植

（吴宏撰文；邹卫东绘图）

第 6 章

肌组织

- 导学
  - ▶ 重点
    - 骨骼肌与心肌光电镜结构比较
    - 肌节、横小管、纵小管、三联体等结构及功能
    - 心肌闰盘结构及功能
  - ▶ 难点
    - 横纹肌肌丝排列及其滑动学说
    - 横小管的形成及其意义

　　肌组织（muscular tissue）主要由具有收缩功能的肌细胞构成，肌细胞之间含有少量结缔组织、血管、淋巴管及神经等。肌细胞细长故又称肌纤维（muscle fiber），肌细胞膜称为肌膜（sarcolemma），细胞质称为肌质或肌浆（sarcoplasm），其中的滑面内质网称为肌质网（sarcoplasmic reticulum）。肌组织主要功能是通过舒缩使机体或器官产生运动，或改变器官的形状。根据结构和功能特点，肌组织通常分为骨骼肌、心肌和平滑肌 3 种。其中骨骼肌和心肌在镜下可见横纹，属于横纹肌；骨骼肌由躯体运动神经支配，受意识支配，又称随意肌；心肌和平滑肌受自主神经支配，为不随意肌。

一、骨骼肌

　　骨骼肌多借肌腱附着于骨骼，少数可附着于皮肤或独立存在。在整块肌肉外面包有肌外膜（epimysium），由含有血管、淋巴管及神经分支的致密结缔组织构成（图 6-1）。肌外膜伸入肌内，形成肌束膜（perimysium），将肌肉分隔成大小不等的肌束。包绕在每条肌纤维周围的薄层结缔组织为

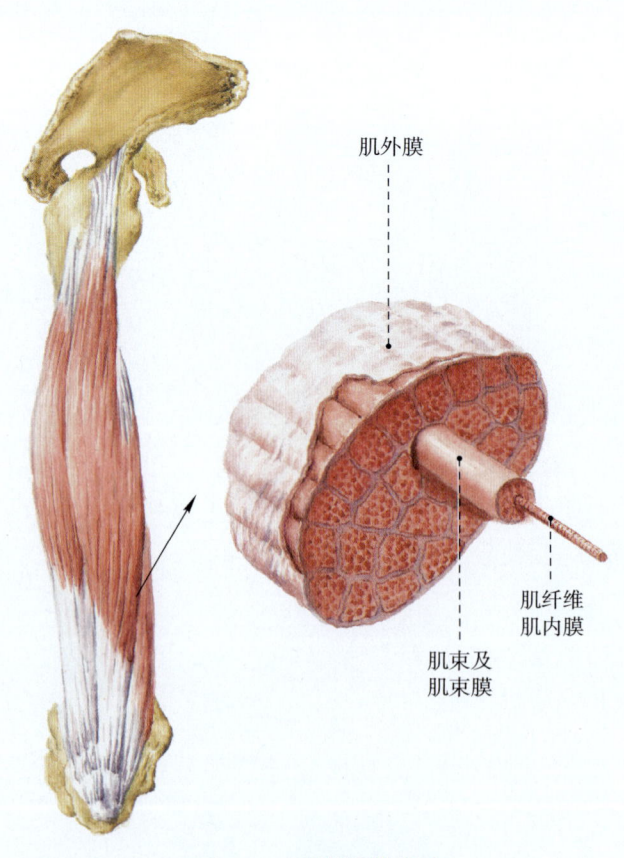

图 6-1　骨骼肌模式图

肌内膜（endomysium）。

（一）骨骼肌纤维光镜结构

骨骼肌纤维呈规则的细长圆柱形，长度为 1 mm～1 m，直径为 10～100 μm，含有几十个甚至几百个核，核呈扁椭圆形，位于肌膜下方（图 6-2）。肌浆中含有丰富的肌原纤维（myofibril），肌原纤维呈细丝状，沿肌纤维长轴平行排列。每条肌原纤维上都有明暗相间的横带，各肌原纤维的明暗带都排列在同一平面上，故骨骼肌纤维呈现出明带（light band）和暗带（dark band）交替排列的周期性横纹。在偏振光显微镜下，明带呈单折光，为各向同性（isotropic），故又称为 I 带；暗带呈双折光，为各向异性（anisotropic），又称为 A 带。明带中央有一条深色的 Z 线，相邻两条 Z 线之间的一段肌原纤维称肌节（sarcomere），每个肌节由 1/2 I 带 +A 带 +1/2 I 带构成（图 6-3）。肌节是肌纤维结构和功能的基本单位。

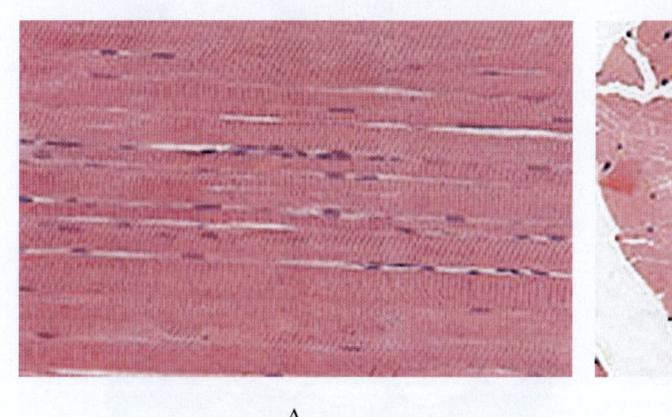 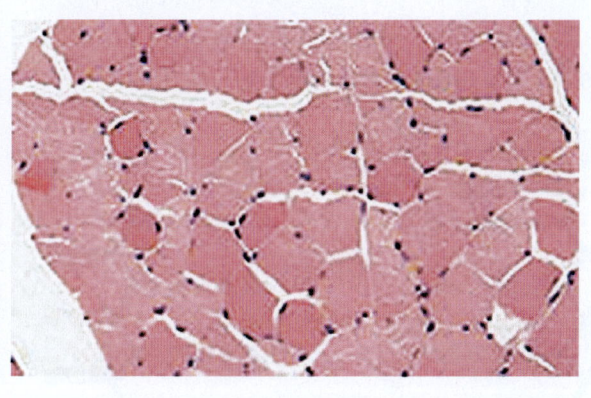

图 6-2　骨骼肌纤维（HE 染色）
A. 纵断面；B. 横断面

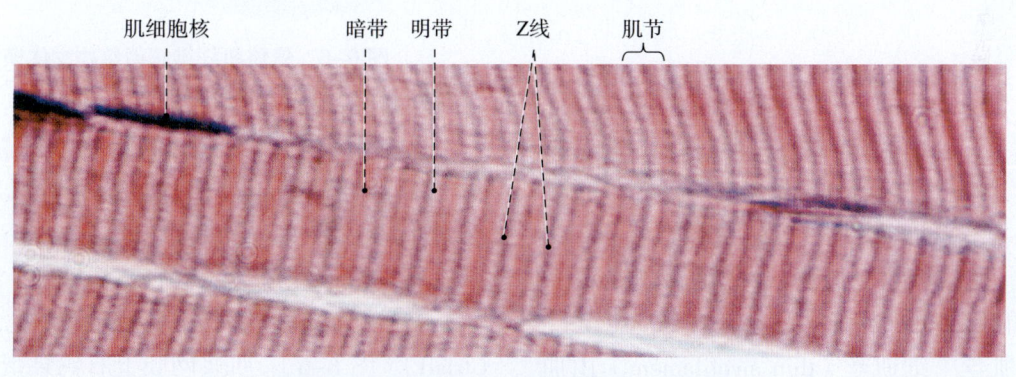

图 6-3　骨骼肌纤维纵断面（油镜，HE 染色）

在骨骼肌肌膜外有一层基膜，两层膜之间可见肌卫星细胞，多突起，核扁圆、着色浅，核仁明显。肌卫星细胞具有干细胞特性，参与骨骼肌的修复与再生。

（二）骨骼肌纤维超微结构

1. 肌原纤维　电镜下，肌原纤维暗带（A 带）中央有一条浅色窄带称 H 带，H 带中央有一条深色的 M 线（图 6-4）。肌原纤维由平行排列的粗、细肌丝构成，粗肌丝位于肌节的中部，贯穿 A 带全长，中央固定于 M 线处，两端游离；细肌丝的一端附着在 Z 线处，另一端伸到粗肌丝之间，达 H 带的外缘。因此，明带只含细肌丝，H 带只含粗肌丝，H 带以外的暗带部分是由粗、细两种肌丝排列组成。在其横断面上，可见一根粗肌丝的周围排列有 6 根细肌丝，而一条细肌丝周围有 3 条粗肌丝。

（1）粗肌丝　粗肌丝（thick myofilament）由肌球蛋白（myosin）分子集合而成。肌球蛋白分子形似豆芽状，分头和杆两部分。头部如同豆瓣，杆部如同豆茎，头和杆之间可以屈动。肌球蛋白分子的

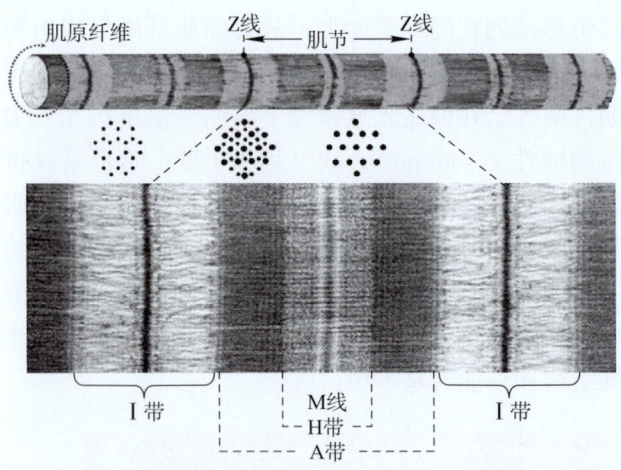

图6-4 肌原纤维与肌节示意图（上）和TEM（下）

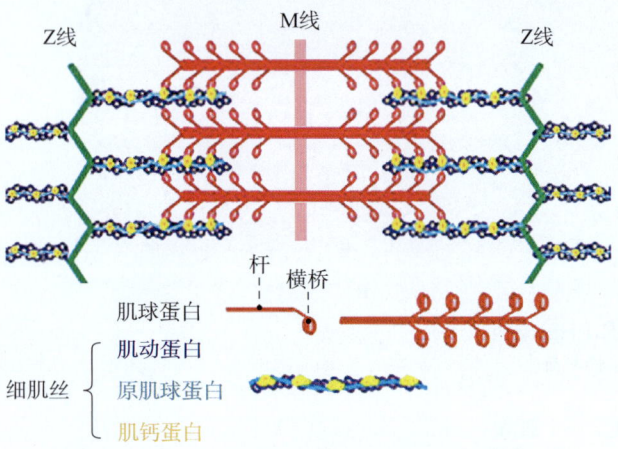

图6-5 两Z线之间肌丝分子排列示意图

杆都是向着M线，而头都朝向粗肌丝的两端并露于表面，称为横桥（cross bridge）（图6-5）。肌球蛋白分子头具有ATP酶活性，能与ATP结合。当其与肌动蛋白接触时，ATP酶被激活，于是分解ATP释放出能量，使横桥发生屈动。

（2）细肌丝 细肌丝（thin myofilament）由肌动蛋白（actin）、原肌球蛋白（tropomyosin）和肌钙蛋白（troponin）3种分子组成（图6-5）。球形的肌动蛋白单体相连形成肌动蛋白链，两条链呈螺旋状绞合形成纤维型肌动蛋白。每个球形肌动蛋白单体上都有一个可以与肌球蛋白头部相结合的活性位点。原肌球蛋白分子呈细长丝状，是由两条多肽链相互缠扭而形成的双股螺旋状分子，嵌于肌动蛋白的双股螺旋链的浅沟内。肌钙蛋白由C（TnC）、T（TnT）和I（TnI）3个亚单位组成。TnC能与钙离子结合，TnT能与原肌球蛋白结合，TnI能抑制肌动蛋白与肌球蛋白的结合。

2. **横小管** 横小管（transverse tubule，T小管）是肌膜陷入细胞内形成的垂直于肌纤维长轴方向的小管。人与哺乳动物的横小管位于暗带与明带交界处，同一水平的横小管在细胞内分支吻合环绕在每条肌原纤维周围（图6-6）。横小管可将肌膜的兴奋迅速传到肌纤维内。

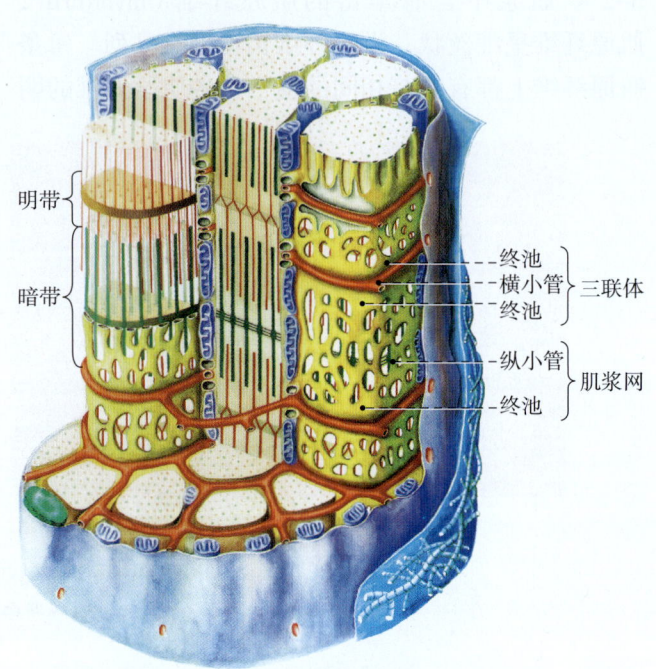

图6-6 骨骼肌纤维超微结构立体模式图

3. **肌浆网** 肌浆网位于横小管之间，主要沿肌纤维长轴纵行排列并包绕每条肌原纤维，故又称纵小管（longitudinal tubule，L小管），肌浆网在横小管两侧扩大呈扁囊状，称终池（terminal cisterna）。每条横小管与其两侧的终池组成三联体（triad）（图6-6）。肌浆网膜上有钙泵蛋白，可调节肌浆中钙离子的浓度。

（三）骨骼肌纤维的收缩机制

骨骼肌的收缩机制是肌丝滑动原理（sliding filament mechanism），即收缩时，固定在Z线上的细肌丝沿粗肌丝向A带内滑入，使I带和H带缩窄或消失，A带长度不变，肌节缩短；而舒张时反向运动，肌节变长（图6-7）。

收缩过程为：①当神经冲动在运动终板传至肌膜时，肌膜去极化，冲动沿横小管传入肌纤维。②在三联体处，横小管的冲动传到终池，使肌浆网

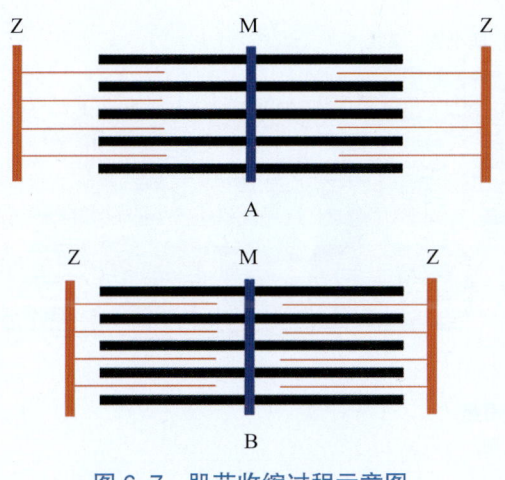

图 6-7 肌节收缩过程示意图
A. 肌节舒张；B. 肌节收缩

内的 Ca^{2+} 释放到肌浆内。③ Ca^{2+} 与 TnC 结合，引起肌钙蛋白和原肌球蛋白的构型变化，致使球形肌动蛋白单体上的活性位点暴露出来。④肌动蛋白位点迅速与肌球蛋白头接触。⑤在接触的瞬间，肌球蛋白分子头上的 ATP 酶被激活，分解 ATP，释放出能量。这种化学能转变成机械能，使肌球蛋白分子头向 M 线方向倾斜，随之将细肌丝拉向 M 线，肌节缩短，肌纤维收缩。⑥收缩完毕，肌浆内 Ca^{2+} 被泵入肌浆网内，肌浆内 Ca^{2+} 浓度降低，肌钙蛋白恢复原来构型，原肌球蛋白分子恢复原来的立体构型后又掩盖肌动蛋白位点，肌球蛋白头与肌动蛋白脱离接触，肌纤维恢复松弛状态。

二、心肌

心肌分布于心脏壁和与心脏相连的大血管根部管壁内，其收缩具有自动节律性，且持久。

（一）心肌纤维光镜结构

心肌纤维呈不规则的短圆柱状，长度为 80～150 μm，直径为 10～20 μm，有分支并互相连接成网。细胞核呈卵圆形，位居中央，多为单核，有的为双核。纵切面上心肌纤维也有明、暗相间的横纹，但不如骨骼肌纤维明显。两条心肌纤维相连处称为闰盘（intercalated disk），在 HE 染色的标本中呈着色较深的阶梯状粗线（图 6-8）。

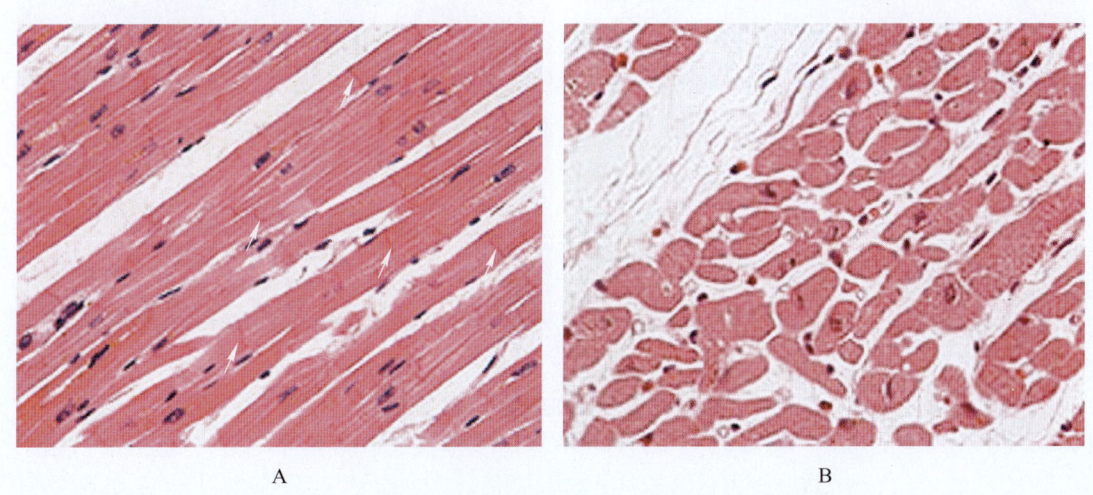

图 6-8 心肌纤维光镜图（HE 染色，白色箭头示心肌闰盘）
A. 纵断面；B. 横断面

（二）心肌纤维超微结构

心肌纤维具有不典型的肌原纤维，也有 I 带、A 带、H 带、M 线和 Z 线等结构，也由规则排列的粗肌丝和细肌丝组成，肌丝在肌节内的排列与骨骼肌纤维相同；也有横小管和肌浆网等结构（图 6-9）。但在心肌纤维中，①由于肌浆网不发达，粗、细肌丝只形成粗细不等的肌丝束，肌原纤维粗细不等、界线不清；②横小管较粗，位于 Z 线水平；③终池不发达，常见横小管与一侧的终池紧贴形成二联体；④闰盘是心肌纤维间的连接结构，多位于 Z 线水平，相邻细胞的细胞膜密切接触，并形成细胞连接。闰盘呈阶梯形，相邻细胞膜间的纵向接触面上有缝隙连接，横向连接面上有黏着小带和桥粒（图 6-9）。闰盘不仅将心肌纤维连接成心肌纤维网，而且能传递信息，使心

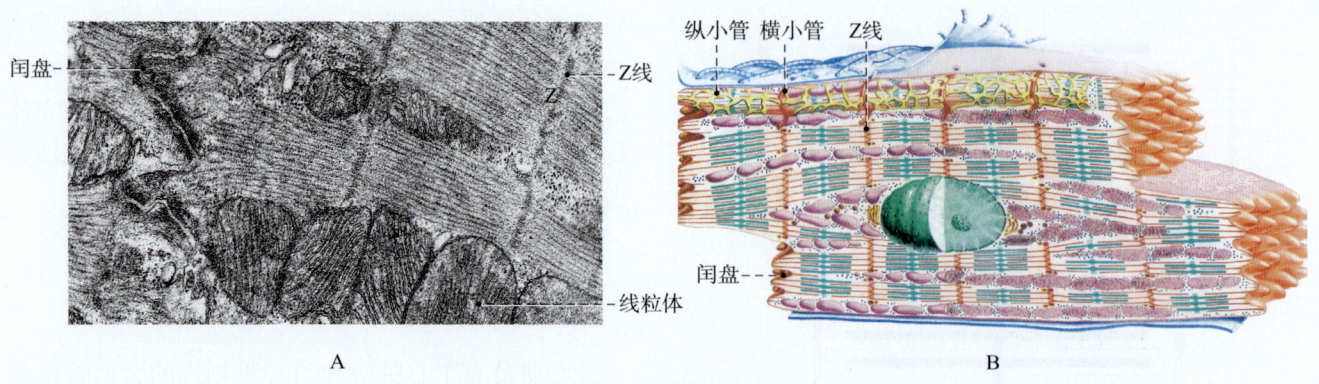

图 6-9 心肌纤维及闰盘
A. TEM 图；B. 模式图

肌纤维同步收缩。

三、平滑肌

平滑肌广泛分布于血管和中空性脏器的器官壁内。

（一）平滑肌纤维的光镜结构

平滑肌纤维呈长梭形，单核，位于肌纤维中央，呈长椭圆形或杆状，着色较深。当平滑肌纤维收缩时，核可扭曲呈螺旋形。胞质嗜酸性，染色较深（图 6-10）。

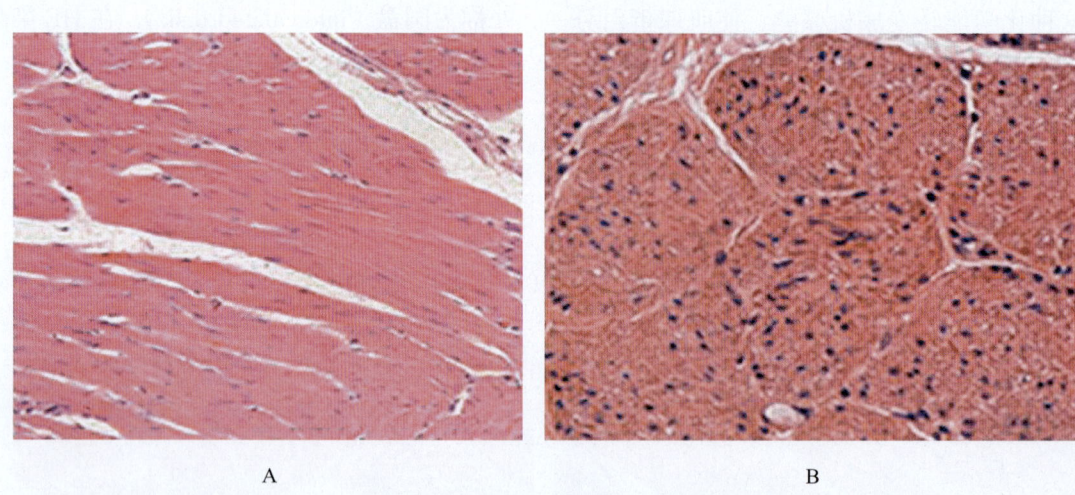

图 6-10 平滑肌纤维（HE 染色）
A. 纵断面；B. 横断面

（二）平滑肌纤维超微结构

平滑肌的肌膜内凹形成很多小凹（caveola），类似于横小管。在肌膜内面有许多电子密度高的斑块，称密区（dense area）或密斑（dense patch）。在胞质内有电子密度高的不规则小体，称密体（dense body）（图 6-11）。密斑、密体相当于骨骼肌纤维的 Z 线，上有细肌丝附着，从密斑到密体之间有中间丝附着，其整体构成细胞骨架。

平滑肌纤维内也有粗、细肌丝，位于细胞周边部的肌浆中，但不形成肌原纤维，也不具备肌节结构。粗肌丝由肌球蛋白构成，细肌丝主要由肌动蛋白构成。粗肌丝上没有 M 线，表面有成行排列的横桥，相邻两行横桥的摆动方向相反。若干条粗、细肌丝聚集形成肌丝单位，又称收缩单位（contractile unit）。平滑肌收缩是通过粗细肌丝之间的滑动完成的。由于肌丝单位在两端肌膜内侧呈螺旋排布，再加上菱形网架的存在，造成平滑肌收缩时变短、增粗，并呈螺旋状扭曲（图 6-12）。

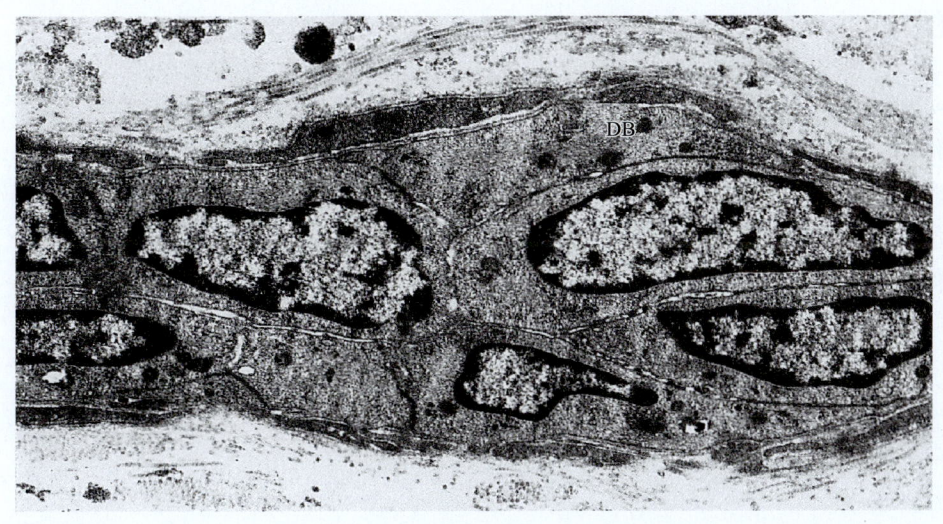

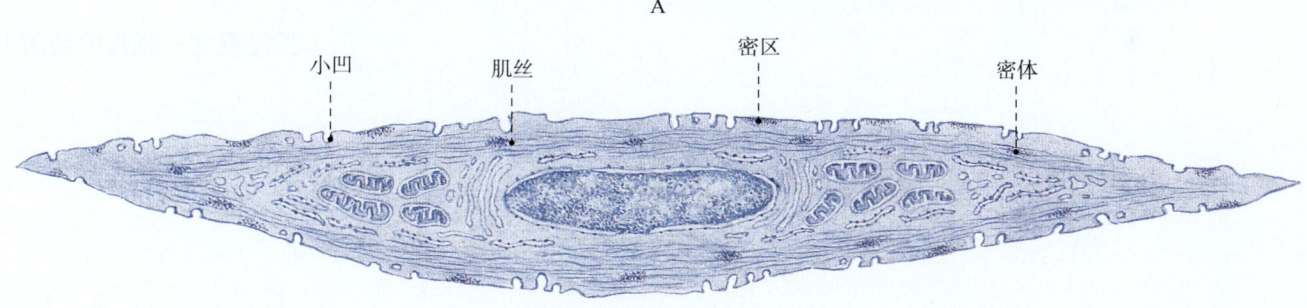

图6-11 平滑肌纤维
A. TEM图，DB.密体；B. 模式图

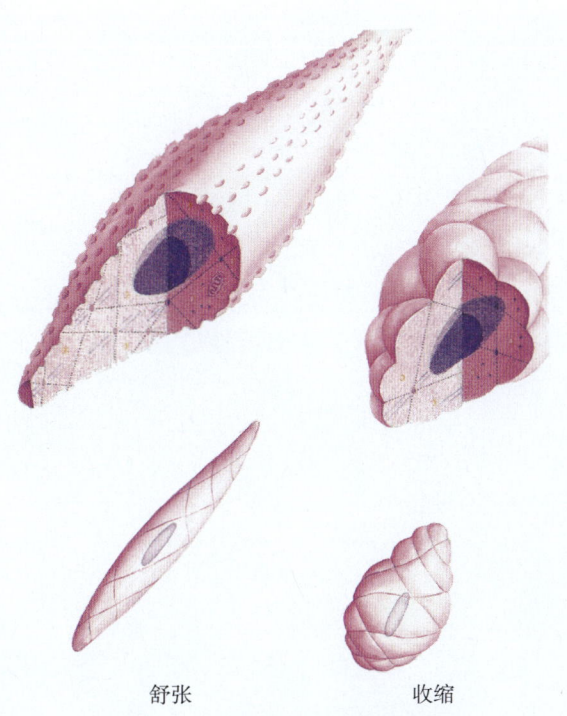

舒张　　　　收缩

图6-12 平滑肌纤维收缩示意图

复习题

（一）名词解释
1. 肌原纤维 2. 肌节 3. 三联体 4. 心肌闰盘 5. 密区与密斑

（二）问答题
1. 简述骨骼肌与心肌超微结构的异同点。
2. 简述骨骼肌纤维与心肌纤维收缩的结构基础。

网上学习

6-1　骨骼肌纤维分型
6-2　肌组织再生

（王霞撰文；张丹怡绘图）

第 7 章

神经组织

- 导学
  - ▶ 重点
    - 神经细胞的形态结构及功能
    - 树突与轴突的形态结构比较
    - 星形胶质细胞、少突胶质细胞、小胶质细胞、施万细胞的形态结构及功能
    - 突触的组成、结构及功能
    - 神经纤维结构
  - ▶ 难点
    - 轴突运输
    - 髓鞘的结构

神经组织（nerve tissue）是神经系统的主要成分，由神经细胞（nerve cell）和神经胶质细胞（neuroglial cell）组成。神经细胞又称神经元（neuron），是神经组织的结构和功能单位，具有感受刺激、传导冲动和整合信息的功能。神经元之间通过突触彼此连接，形成复杂的神经通路和联系，调控机体生命活动。神经胶质细胞对神经元起支持、保护、绝缘、营养等作用，本身不具备传导神经冲动的功能。

一、神经元

（一）神经元的形态

神经元由胞体和突起组成（图7-1），胞体形态、大小差异很大，呈圆形、锥体形、梭形或星形（图7-2）；胞体主要分布于中枢神经系统的灰质和周围神经系统的神经节和神经丛。突起分为树突（dendrite）和轴突（axon）。树突有多条或一条，呈树枝状，可接收刺激并把神经冲动传向胞体。轴突只有一条，呈细索状，末端常有分支，可将神经冲动从胞体传向轴突终末（图7-1）。

（二）神经元的结构

1. **胞体** 胞体是神经元的代谢和营养中心，其表面为细胞膜，内为细胞质和细胞核。细胞膜具有接收刺激、处理信息以及产生和传导神经冲动的功能。一个神经元通常只有一个大而圆的细胞核，位于细胞中央，核着色浅，呈空泡状，核仁明显。胞体的细胞质又称核周质（perikaryon），其内含有丰富的尼氏体、神经原纤维和其他细胞器。尼氏体呈颗粒状或斑块状，嗜碱性（图7-3）；电镜下观察，尼氏体由许多平行排列的粗面内质网和游离核糖体构成（图7-4）；神经原纤维由成束的神经丝和微管构成；在银染色切片中，神经原纤维为棕黑色细丝，并伸入树突和轴突内（图7-5）。

2. **突起** 神经元由胞体发出若干突起，根据其结构及功能分为树突和轴突。

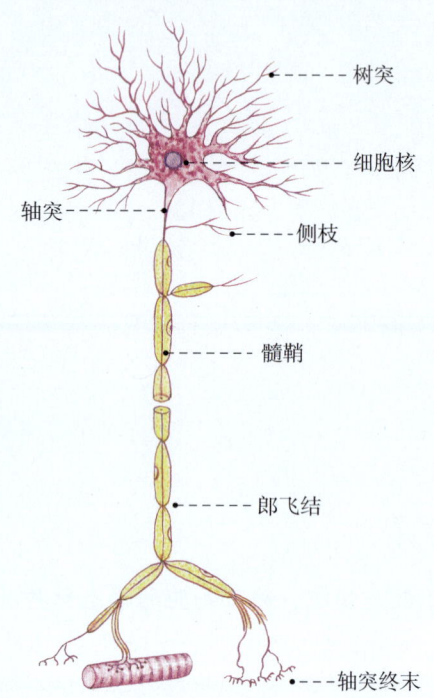

图 7-1 神经元、神经纤维、末梢模式图

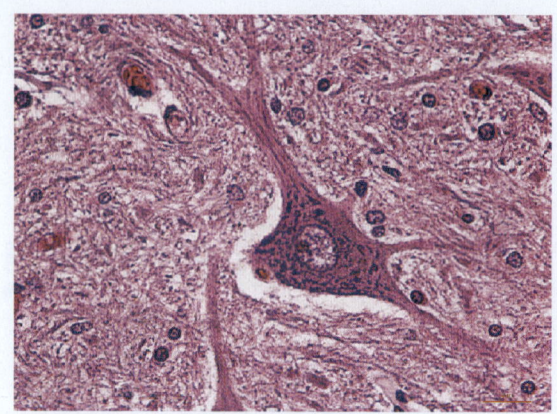

图 7-3 脊髓前角运动神经元（HE 染色）

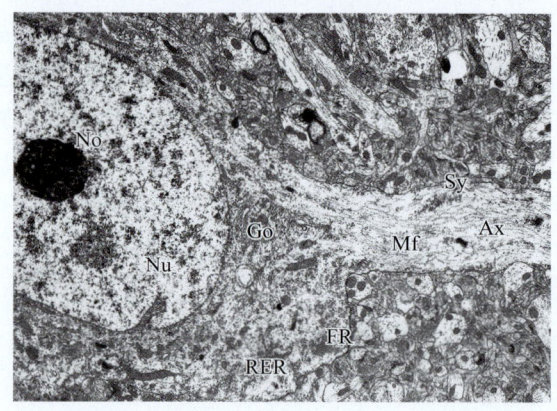

图 7-4 神经元（TEM）

Ax. 轴突；FR. 游离核糖体；Go. 高尔基复合体；Mf. 微丝；No. 核仁；Nu. 细胞核；RER. 粗面内质网；Sy. 突触

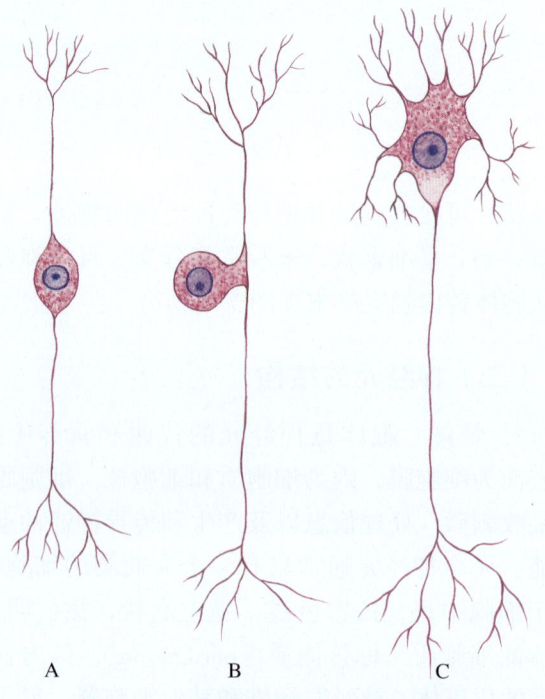

图 7-2 神经元主要形态类型示意图
A. 双极神经元；B. 假单极神经元；C. 多极神经元

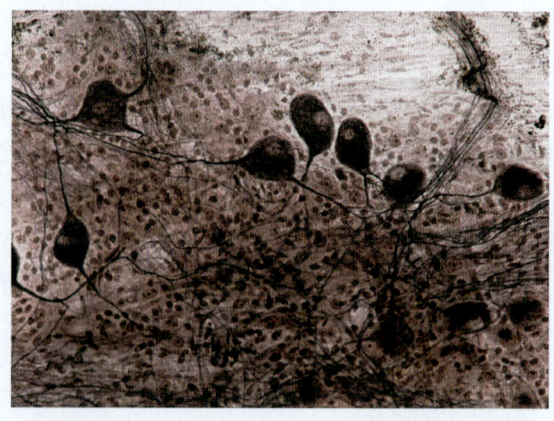

图 7-5 神经元胞体内神经原纤维（银染色）

（1）树突　树突内的结构与核周质相似。有些神经元的树突分支上还生有短小的突起，称树突棘（dendritic spine）（图 7-6，图 7-8），树突棘是神经元之间形成突触的主要部位。电镜下可见树突棘内有 2~3 层滑面内质网形成的板层，板层间有少量致密物质，称此为棘器（spine apparatus）。树突的主要功能是接收刺激。

（2）轴突　轴突由胞体发出，也可由主树突干的基部发出。胞体发出轴突的部位称轴丘（axon hillock）。轴突一般比树突细，粗细均匀，主干无分支，但可有侧支呈直角分出，轴突终末通常分为很多细小的分支。光镜下轴突染色淡而均匀，因

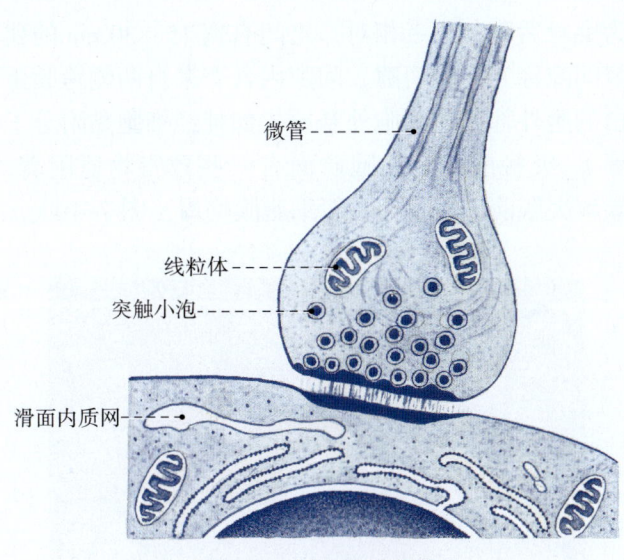

图 7-6 树突棘示意图

其内无尼氏体,故不能合成蛋白质,其成分的更新及神经递质合成所需的蛋白质和酶由胞体内合成后输送到轴突及其终末。轴突表面的细胞膜称轴膜(axolemma),内含的胞质称轴质(axoplasm)。轴突内有大量与其长轴平行的神经丝和微管,还有滑面内质网、微丝、线粒体和一些小泡等(图7-7)。

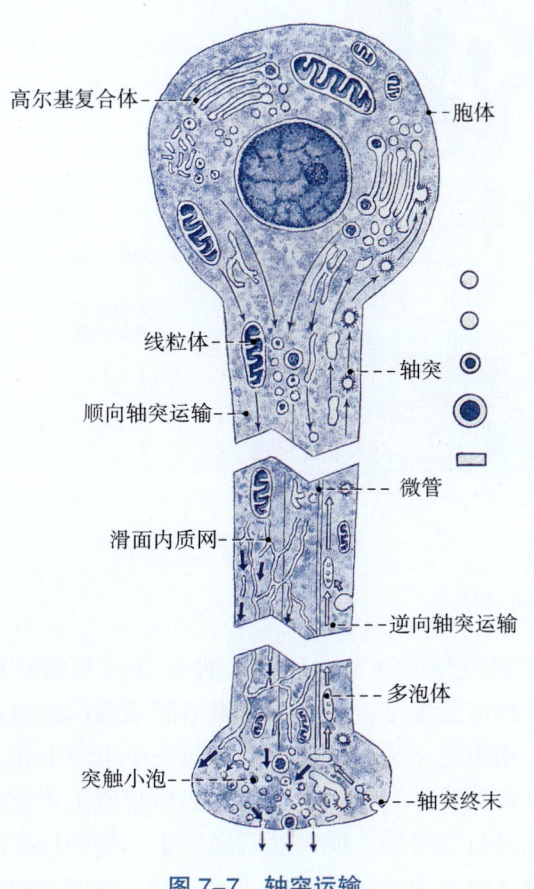

图 7-7 轴突运输

轴突内的物质运送称轴突运输(axonal transport)。轴突内的轴质是流动的,在流动的轴质中,胞体内新形成的神经丝、微管和微丝缓慢地移向轴突终末(0.1~0.4 mm/d),称此为慢速轴突运输。轴膜更新所需的蛋白质、含神经递质或神经调质的小泡和线粒体等由胞体运送到轴突终末,称快速顺向轴突运输。轴突终末内的代谢产物或由轴突终末通过入胞作用摄取的物质(蛋白质、小分子物质或由邻近细胞产生的神经营养因子等)逆向运送到胞体,称快速逆向轴突运输(图7-7)。

(三)神经元的分类

根据突起的多少,神经元可分为多极神经元、双极神经元和假单极神经元(图7-2)。根据轴突的长短,可分为长轴突的大神经元,称Golgi Ⅰ型神经元,和短轴突的小神经元,称Golgi Ⅱ型神经元。根据神经元的功能,可分为感觉神经元、运动神经元和中间神经元。根据神经元释放的神经递质,可分为胆碱能神经元、去甲肾上腺素能神经元、胺能神经元、肽能神经元、氨基酸能神经元等。

二、突触

突触(synapse)是神经元与神经元之间,或神经元与效应细胞之间的一种特化的细胞连接,是神经元之间传递信息的重要结构。可分为化学突触(chemical synapse)和电突触(electrical synapse)两大类,前者通过化学物质(神经递质或神经调质)传递信息,后者即缝隙连接,通过电流(电信号)传递信息。通常所说的突触即化学突触。常见的是一个神经元的轴突终末与另一个神经元的树突、树突棘或胞体连接,分别构成轴-树、轴-棘和轴-体突触(图7-6,图7-8)。此外还有轴-轴、树-树突触等(图7-8)。

(一)化学突触的结构

化学突触由突触前成分、突触间隙和突触后成分3部分构成。突触前成分通常是神经元的轴突终末,呈球状膨大,银染呈现为棕黑色的圆形颗粒,附着在另一神经元的胞体或树突上,称突触扣结(synaptic bouton, synaptic knob)(图7-9)。

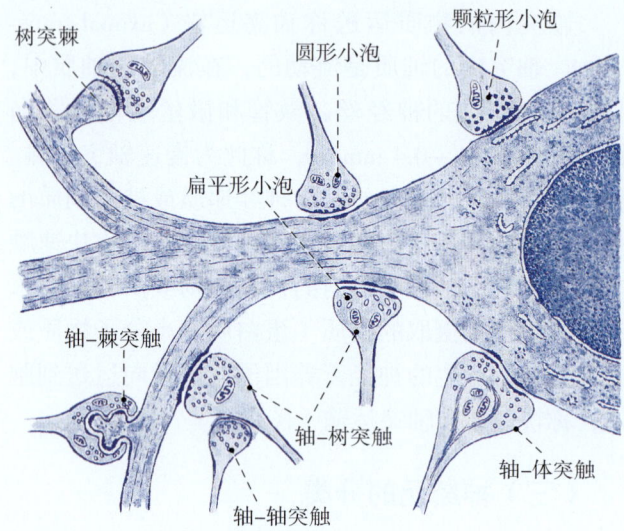

图 7-8 突触类型

电镜下，突触前成分内含许多突触小泡（synapse vesicle），还有少量线粒体、滑面内质网、微管和微丝等，突触小泡内含神经递质或神经调质。突触前成分的细胞膜为突触前膜，突触后成分的细胞膜为突触后膜，两者相对，之间有宽 15～30 nm 的狭窄间隙称为突触间隙，间隙内含有来自两侧跨膜蛋白的胞外部分和细胞外基质（如神经细胞黏附分子等）。突触前、后膜胞质面有一些致密物质附着，导致突触前、后膜比一般细胞膜略厚（图 7-10）。

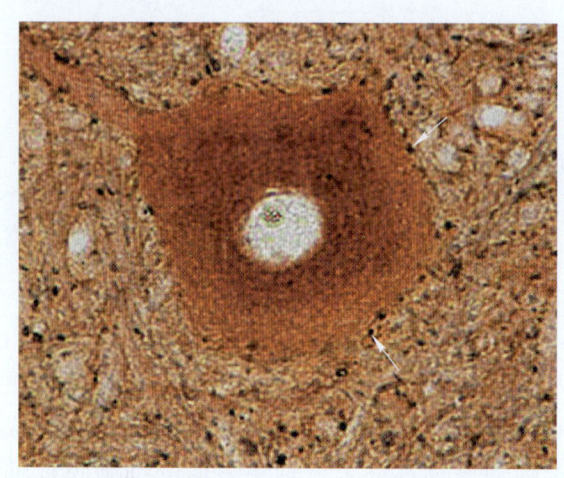

图 7-9 突触扣结光镜像（箭头示突触扣结，银染色）

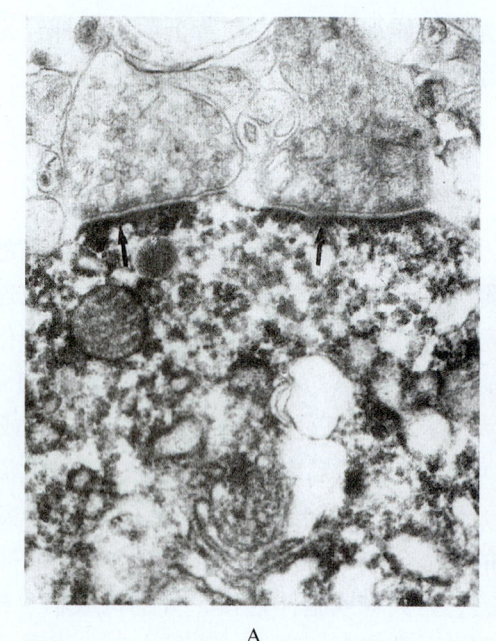
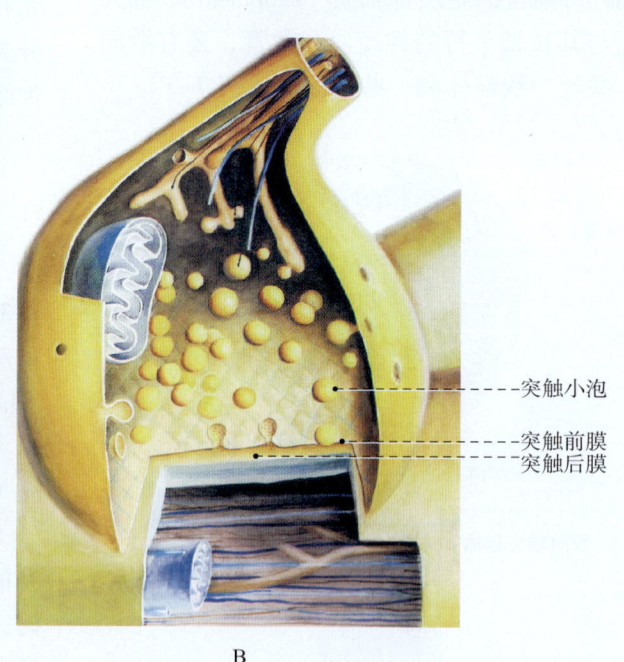

图 7-10 突触
A. TEM 图，箭头示突触；B. 模式图

（二）化学突触的功能

当神经冲动沿轴膜传至轴突终末时，突触前膜的钙通道开放，细胞外的钙离子进入；在 ATP 的参与下突触小泡膜上的突触素 I 磷酸化，使突触小泡附在突触前膜上，并通过出胞作用，将小泡内的神经递质释放到突触间隙；神经递质与突触后膜上的相应受体结合，引起突触后膜化学门控通道开放，相应离子进出，使突触后膜发生电位变化，出现兴奋性或抑制性变化。使突触后膜发生兴奋的突触称兴奋性突触，使突触后膜发生抑制的称抑制性突触。神经递质在产生上述效应后，立即被相应的

酶灭活或吸收入突触终末内被分解，使该神经递质的作用迅速消除，从而保证突触传递的灵敏性。

三、神经胶质细胞

神经胶质细胞（neuroglial cell）简称神经胶质（neuroglia）或胶质细胞（glial cell），广泛分布于中枢和周围神经系统，对神经元有支持、营养、隔离和绝缘的作用。胶质细胞也是多突起细胞，突起之间无差别。

（一）中枢神经系统的胶质细胞

中枢神经系统的胶质细胞包括星形胶质细胞、少突胶质细胞、小胶质细胞和室管膜细胞。用 HE 等染色只能显示胶质细胞的胞核及其周围少量的胞质。银染色或免疫细胞化学染色技术能显示细胞的全貌（图 7-11）。

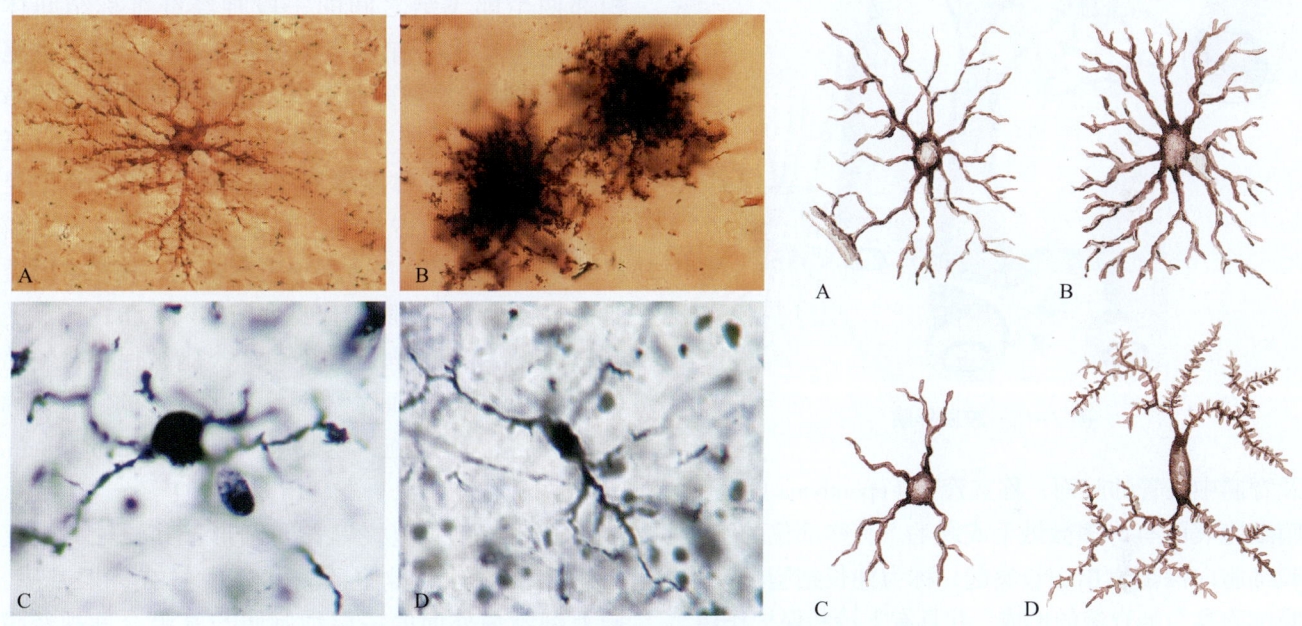

图 7-11　神经胶质细胞（左：光镜银染色；右：模式图）
A. 纤维性星形胶质细胞；B. 原浆性星形胶质细胞；C. 少突胶质细胞；D. 小胶质细胞

1. 星形胶质细胞　星形胶质细胞（astrocyte）是胶质细胞中体积最大、数量最多的一种（图 7-11）。胞体呈星形，胞质内含有胶质丝，胶质丝是由胶质原纤维酸性蛋白（glial fibrillary acidic protein，GFAP）构成的一种中间丝，参与细胞骨架的组成。从胞体发出的突起伸展充填在神经元体及其突起之间，有些突起末端扩大形成脚板，在脑和脊髓表面形成胶质界膜，或贴附在毛细血管壁上，构成血-脑屏障的神经胶质膜（图 7-12）。星形胶质细胞可分为两种：①纤维性星形胶质细胞，多分布于脑和脊髓的白质，其胞突长而直，分支较少，胶质丝丰富。②原浆性星形胶质细胞，多分布在脑和脊髓的灰质，胞突较短粗，分支多，胞质内胶质丝较少。

2. 少突胶质细胞　银染时，少突胶质细胞（oligodendrocyte）突起较少且短，但是采用免疫细胞化学染色方法，发现少突胶质细胞的突起不少，而且具有较多分支。少突胶质细胞分布在灰质神经元附近及白质的神经纤维周围，突起末端扩展成扁平薄膜，包卷神经元的突起，形成髓鞘，少突胶质细胞是中枢神经系统中的髓鞘形成细胞（图 7-11）。

3. 小胶质细胞　小胶质细胞（microglia）是胶质细胞中最小的一种。胞体细长形或长椭圆形，突起细长有分支，表面有许多小棘突（图 7-11）。小胶质细胞具有较强的吞噬能力，可吞噬细胞碎屑及退化的髓鞘。通常认为，小胶质细胞属于单核吞噬细胞系统，由血液中的单核细胞进入神经组织转变而来，是神经组织的巨噬细胞。

4. 室管膜细胞　室管膜细胞（ependymal cell）紧密排列，形成单层立方或柱状上皮，覆盖在脑室

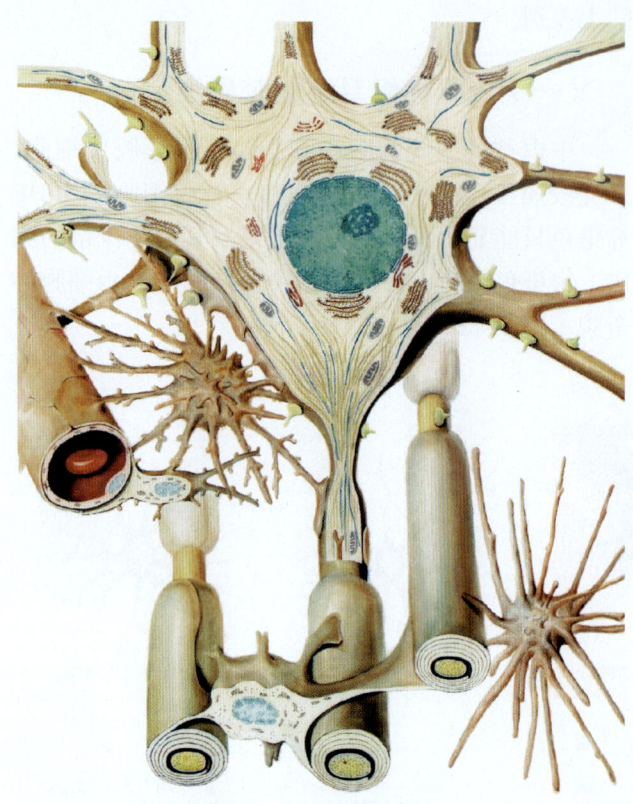
图 7-12 胶质界膜

及脊髓中央管的腔面，称室管膜（ependyma）。室管膜细胞表面有许多微绒毛或纤毛。有些部位的室管膜细胞向深部发出细长突起，称为伸长细胞。室管膜细胞参与脑脊液的形成，并具有支持和保护作用。

（二）周围神经系统的胶质细胞

1. 施万细胞 施万细胞（Schwann cell）又称神经膜细胞（neurilemmal cell），包裹周围神经系统的轴突形成髓鞘，是周围神经系统的髓鞘形成细胞。施万细胞还能产生多种神经营养因子，与周围神经的营养和损伤后的再生密切相关。

2. 卫星细胞 卫星细胞（satellite cell）是神经节内包裹神经元胞体的一层扁平或立方形细胞，又称被囊细胞（capsular cell）。细胞核圆形或卵圆形，染色较深。细胞外有一层基膜。

四、神经纤维和神经

（一）神经纤维

神经纤维（nerve fiber）由神经元的长轴突及包绕在其外的胶质细胞构成。根据是否形成髓鞘，将神经纤维分为有髓神经纤维（myelinated nerve fiber）和无髓神经纤维（unmyelinated nerve fiber）。

1. 有髓神经纤维 位于中枢及周围神经系统的有髓神经纤维在结构上略有差异。

（1）**周围神经系统的有髓神经纤维** 这类神经纤维的轴突除起始段和终末段外，均包有施万细胞形成的髓鞘。髓鞘分成许多节段，各节段间的无髓鞘缩窄部称郎飞结（Ranvier node）（图 7-13）。相邻两个郎飞结之间的一段神经纤维称结间体（internode）。每一结间体的髓鞘是由一个施万细胞呈同心圆状包卷轴突而形成，电镜下横断面呈明暗相间的同心状板层（图 7-14）。髓鞘的化学成分主要是脂蛋白，也称髓磷脂（myelin）。髓磷脂中类脂含量很高，约占 80%，其余为蛋白质，所以新鲜髓鞘呈亮白色。在常规染色标本上，髓鞘常因类脂被溶解而留下空隙，仅见残留的网状蛋白质（图 7-13）。若用锇酸固定和染色，类脂被保存，髓鞘呈黑色。在其纵切面上常见一些漏斗形的斜裂，称髓鞘切迹，又称施-兰切迹（Schmidt-Lantermann incisure）（图 7-13，图 7-15）。

施万细胞的胞核呈长卵圆形，其长轴与轴突平行，核周有少量胞质。其外面包有一层基膜。施万细胞最外面的一层细胞膜与基膜合称神经膜（neurilemma）。有髓神经纤维的轴膜兴奋呈跳跃式传导，即从一个郎飞结跳到下一个郎飞结，故传导速度快；结间体越长，跳跃距离也越大，传导速度越快。

在有髓神经纤维发生中，伴随轴突一起生长的施万细胞表面凹陷成一纵沟，轴突位于纵沟内，沟缘的施万细胞膜相贴形成轴突系膜，轴突系膜不断伸长并反复包卷轴突，把胞质挤至细胞的内、外边缘及两端，从而形成多层紧密相贴的质膜，即为髓鞘（图 7-16）。

（2）**中枢神经系统的有髓神经纤维** 与周围神经系统的有髓神经纤维相比，中枢神经系统有髓神经纤维的髓鞘由少突胶质细胞突起末端的足板包卷轴突而形成。一个少突胶质细胞有多个突起，可分别包卷多个轴突，其胞体位于神经纤维之间（图 7-17）。神经纤维外没有基膜，也没有髓鞘切迹。

2. 无髓神经纤维 周围神经系统内的无髓神

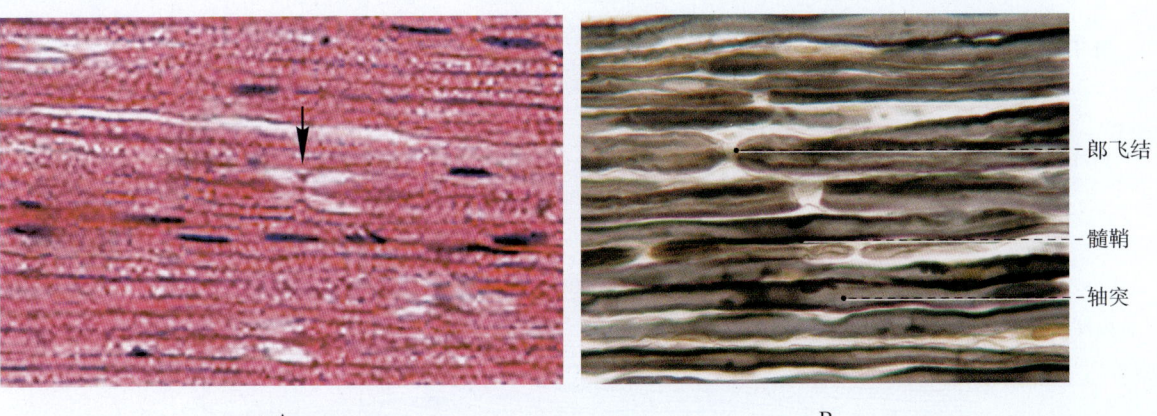

图 7-13 有髓神经纤维（坐骨神经）
A. HE 染色，箭头示郎飞结；B. 特殊染色

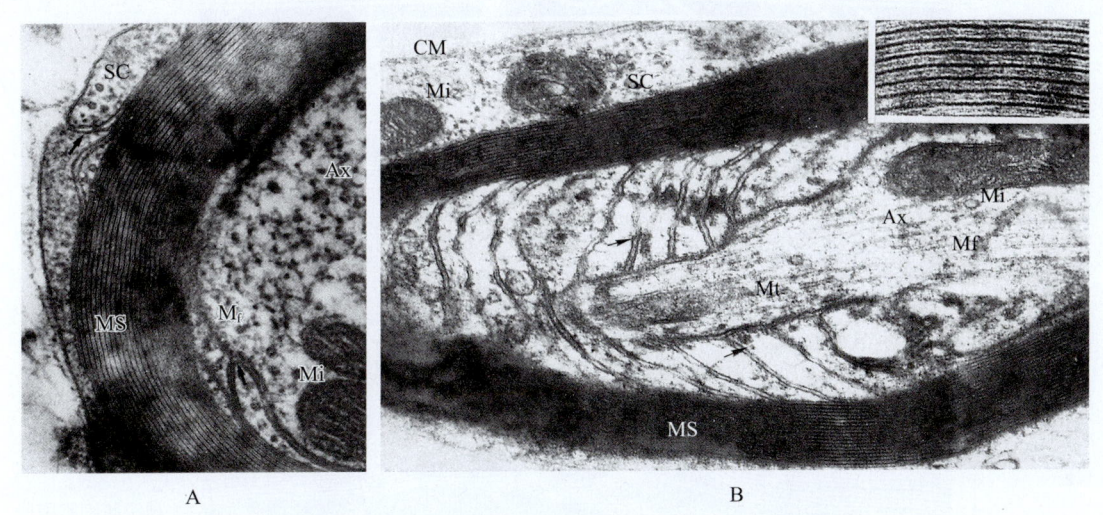

图 7-14 有髓神经纤维（TEM；A. 横断面；B. 纵断面）
Ax. 轴突；CM. 胞质膜；Mf. 微丝；Mi. 线粒体；MS. 髓鞘；Mt. 微管；SC. 施万细胞

经纤维由轴突及包在其外面的施万细胞组成。一个施万细胞可包裹多条细小轴突（图 7-18），施万细胞外面有基膜。中枢神经系统内的无髓神经纤维外面没有任何细胞包裹，其轴突是裸露的，常分散在有髓神经纤维和胶质细胞突起之间。

（二）神经

神经由神经纤维外包致密结缔组织构成。包裹在神经外面的致密结缔组织称为神经外膜（epineurium）。神经内的神经纤维又被结缔组织分隔成大小不等的神经纤维束，包裹每束神经纤维的结缔组织称神经束膜（perineurium）（图 7-19），神经束膜的内层由多层扁平的上皮细胞组成，称神经束膜上皮，上皮细胞之间有紧密连接。神经纤维束内的每条神经纤维又由薄层疏松结缔组织包裹，称神经内膜（endoneurium）。

五、神经末梢

神经末梢（nerve ending）是周围神经纤维的终末部分，分布于全身各组织或器官内，形成多种多样的末梢结构。按其功能可分为感觉神经末梢和运动神经末梢。

（一）感觉神经末梢

感觉神经末梢（sensory nerve ending）是指感觉神经元（假单极神经元）周围突的终末部分，与其他组织共同组成感受器。感觉神经末梢能接收内、外环境的各种刺激，并将刺激转化为神经冲动，传向中枢，产生感觉。按其结构可分游离神经末梢和

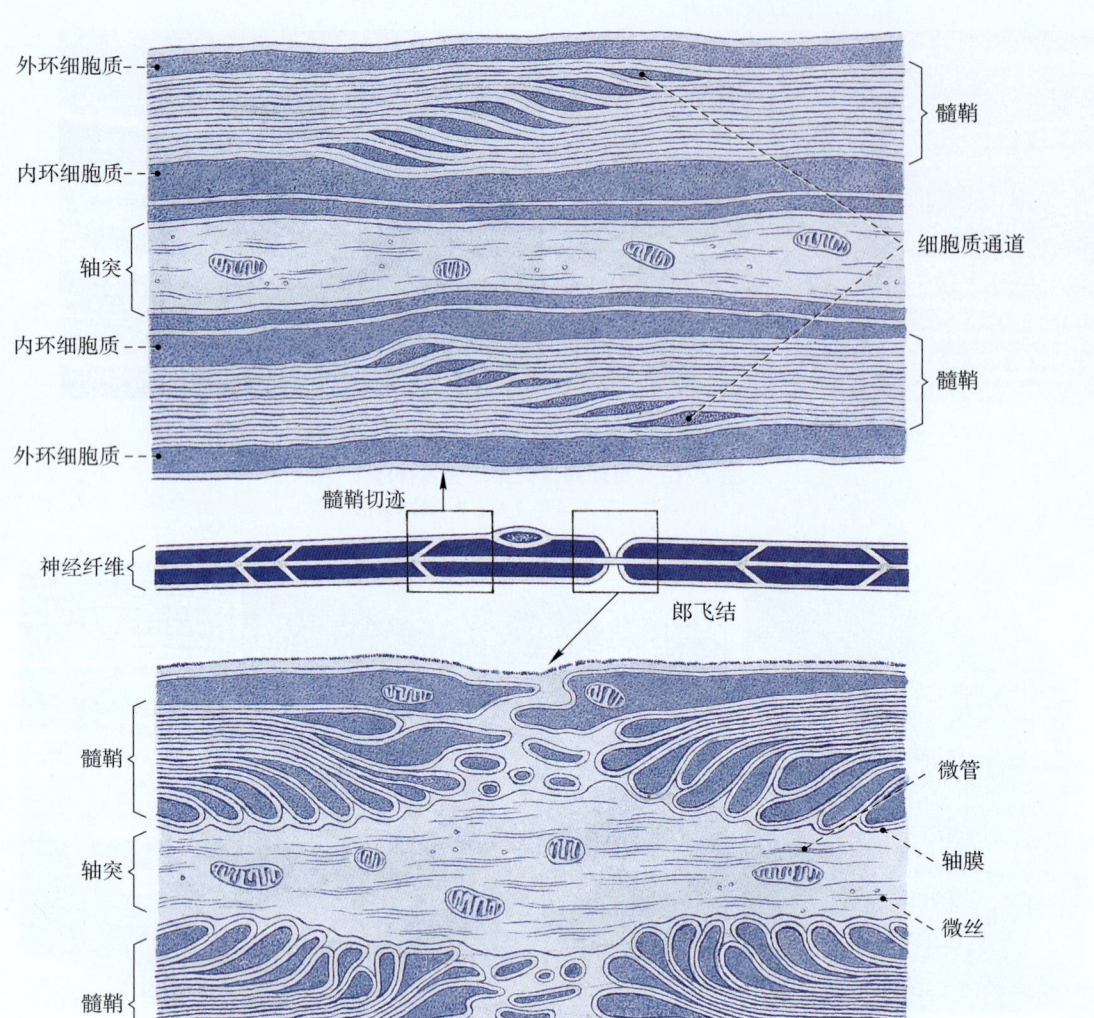

图 7-15 髓鞘切迹和郎飞结的超微结构模式图

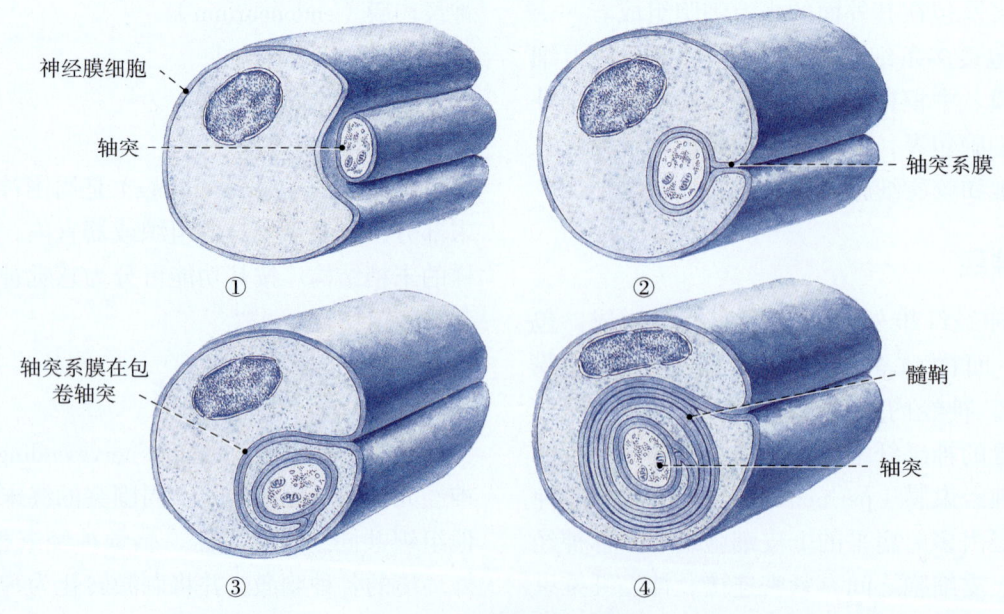

图 7-16 髓鞘形成示意图

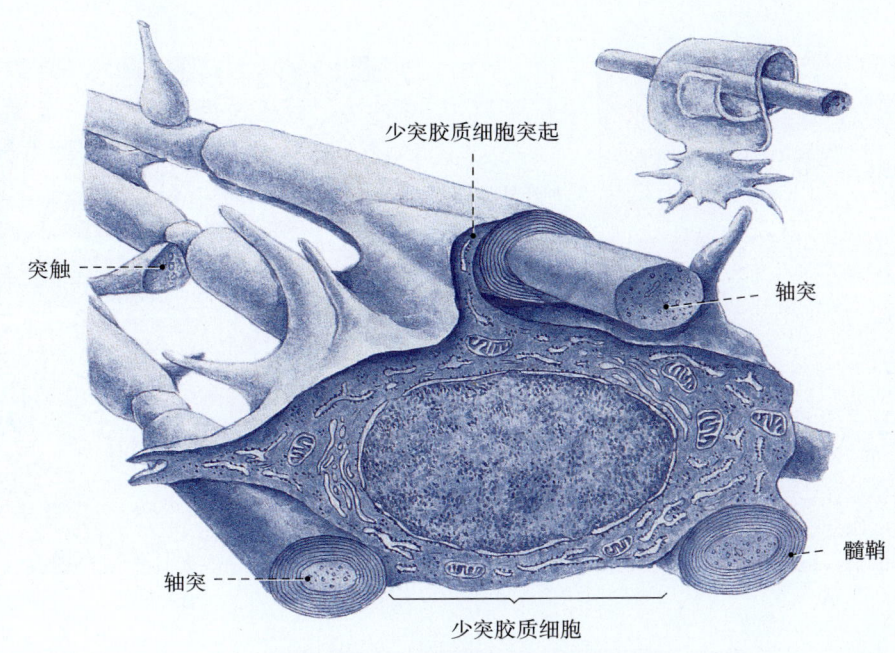

图 7-17 少突胶质细胞形成髓鞘立体图

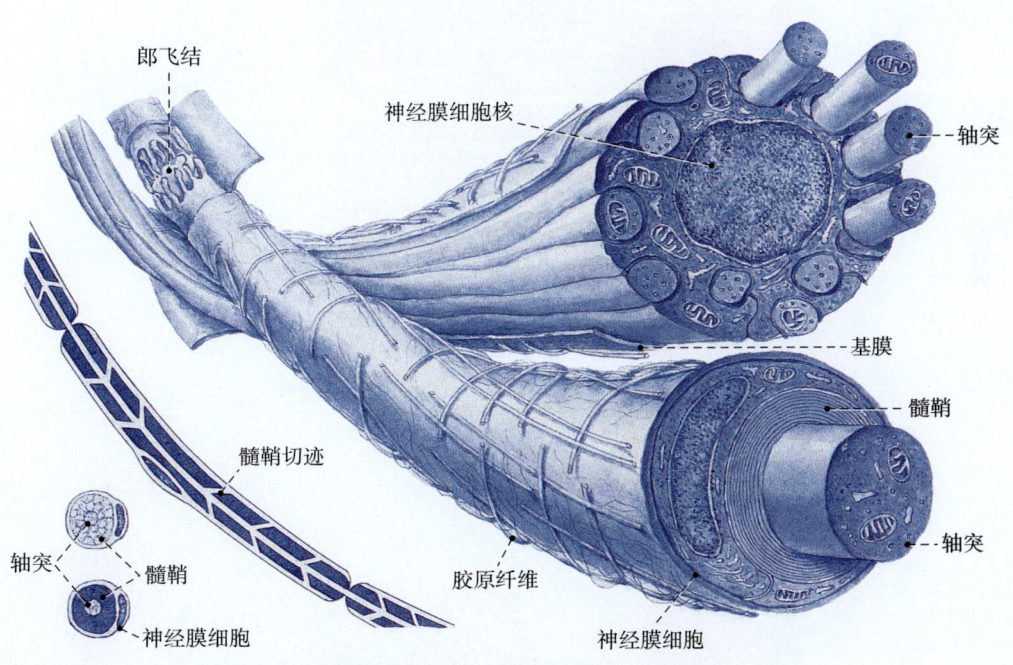

图 7-18 有髓神经纤维和无髓神经纤维超微结构立体图

有被囊神经末梢两类。

1. 游离神经末梢 游离神经末梢（free nerve ending）由较细的有髓神经纤维或无髓神经纤维终末反复分支而成。这些无施万细胞包绕的、裸露的轴突细支广泛分布在表皮、角膜和毛囊的上皮细胞之间，或分布在各型结缔组织内，如真皮、骨膜、脑膜、血管外膜、关节囊、肌腱、韧带、筋膜和牙髓等处。此类神经末梢感受冷、热、轻触和痛的刺激（图 7-20）。

2. 有被囊神经末梢 有被囊神经末梢（encapsulated nerve ending）由感觉神经元周围突的终末及其外包的结缔组织被囊构成，其种类很多，常见的有触觉小体、环层小体和肌梭。

（1）触觉小体 触觉小体（tactile corpuscle）又称迈斯纳小体（Meissner corpuscle），感受触觉，分布在皮肤真皮乳头内，以手指、足趾的掌侧的

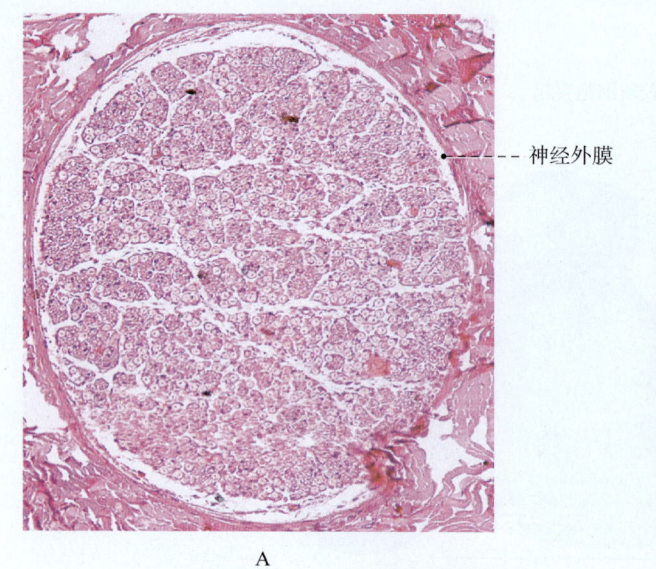
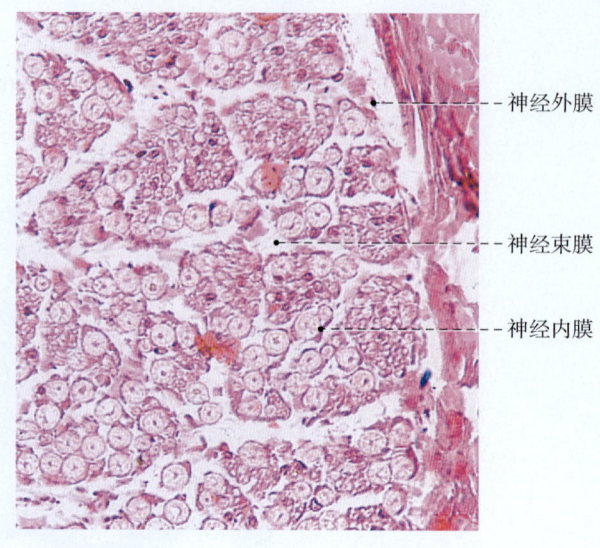
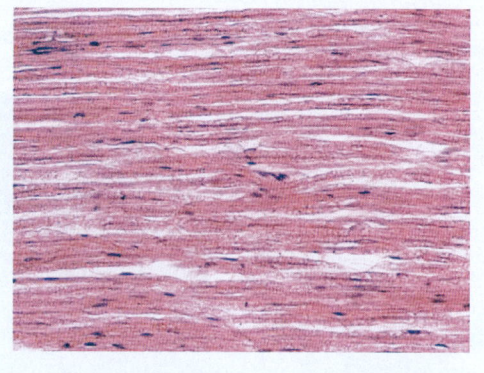

图 7-19　坐骨神经（HE 染色）

A. 横断面，低倍；B. 横断面，高倍；C. 纵断面

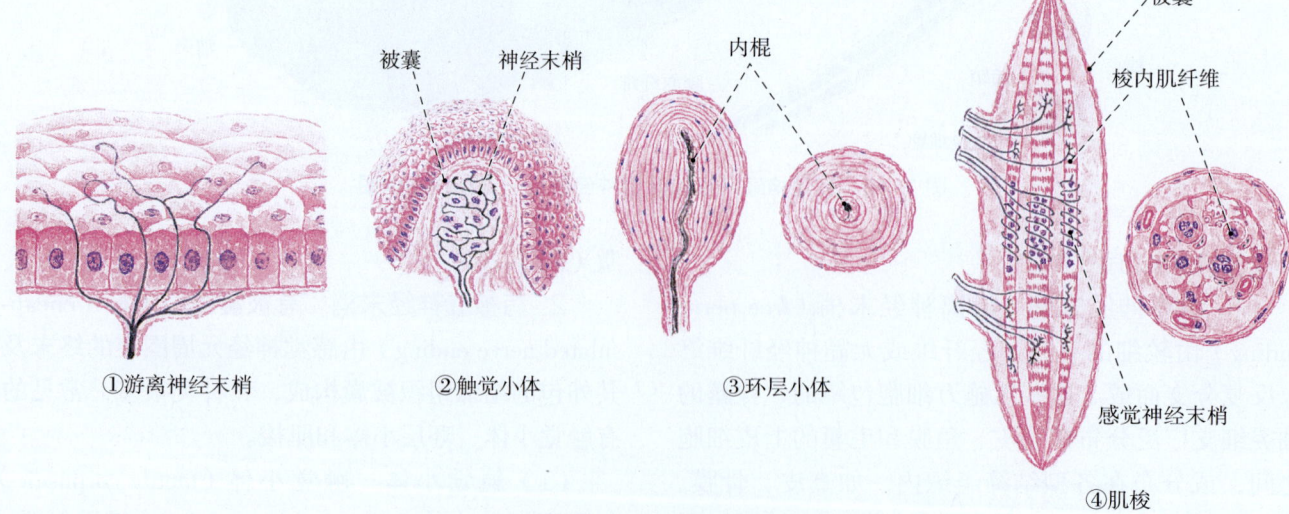

图 7-20　感觉神经末梢模式图

皮肤居多。触觉小体呈卵圆形，长轴与皮肤表面垂直，外包结缔组织被囊，小体内有许多横列的扁平细胞。有髓神经纤维进入小体时失去髓鞘，并分成细支盘绕在扁平细胞间（图 7-21）。

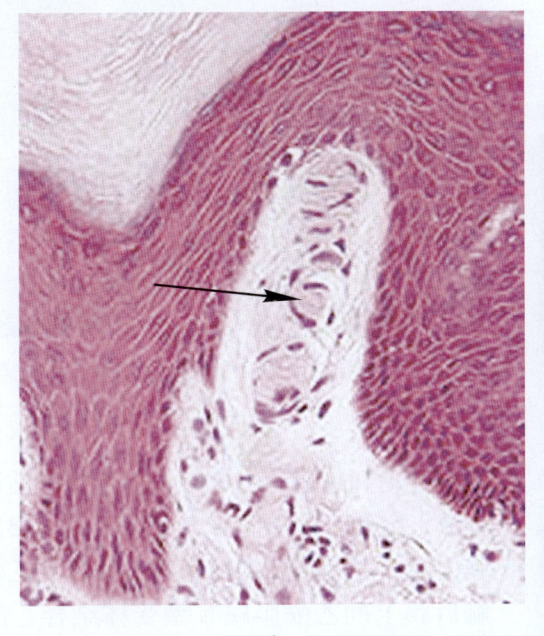 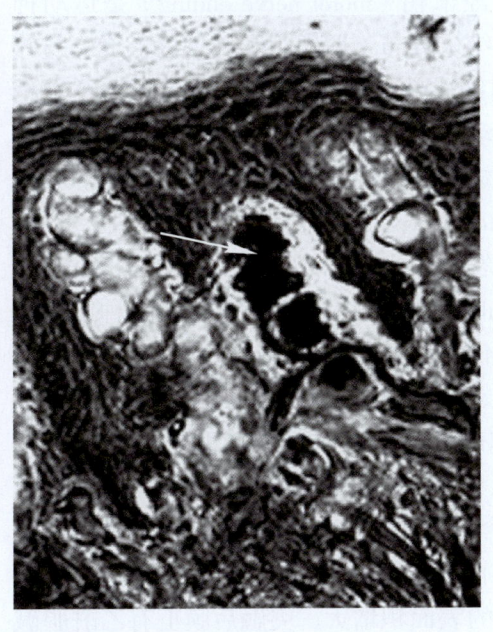

图 7-21 指皮真皮乳头层的触觉小体（箭头示）
A. HE 染色；B. 银染色

（2）**环层小体** 环层小体（lamellar corpuscle）又称帕奇尼小体（Pacinian corpuscle），广泛分布在皮下组织、肠系膜、韧带和关节囊等处，感受压觉和振动觉。环层小体较大（直径 1～4 mm），卵圆形或球形，中央有一条均质状的圆柱体，周围由数十层呈同心圆排列的扁平细胞组成。有髓神经纤维进入小体时失去髓鞘，裸露的终末穿行于小体中央的圆柱体内（图 7-22）。

（3）**肌梭** 肌梭（muscle spindle）是分布在骨骼肌内的长梭形小体，外包结缔组织被囊，内含若干条细小的骨骼肌纤维，称为梭内肌纤维（intrafusal muscle fiber）。梭内肌纤维的胞核成串排列或集中在肌纤维中段而使该处膨大（图 7-23），肌原纤维较少。感觉神经纤维终末进入肌梭，裸露的终末呈爪状包绕梭内肌纤维的中段，或呈花枝样附着在近中段。肌梭内还分布有运动神经末梢，分布在梭内肌纤维的两端。肌梭是一种本体感受器，主要感受肌纤维的伸缩变化。

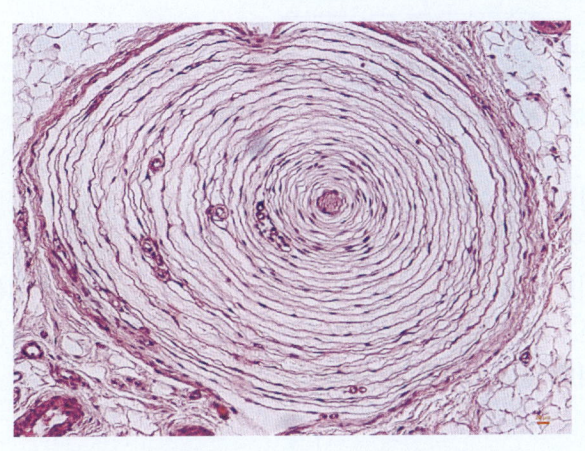 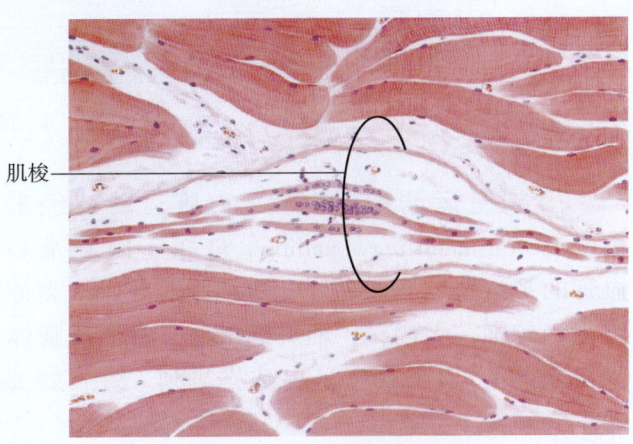

图 7-22 环层小体（HE 染色）

图 7-23 肌梭光镜仿真图

（二）运动神经末梢

运动神经末梢（motor nerve ending）是运动神经元的轴突终末分布于肌组织和腺体内形成，与邻近组织共同组成效应器（effector）。运动神经末梢又分躯体运动神经末梢和内脏运动神经末梢两类。

1. 躯体运动神经末梢 躯体运动神经末梢（somatic motor nerve ending）分布于骨骼肌纤维，又称运动终板（motor end plate）或神经肌连接（neuromuscular junction）（图7-24）。是一种细胞连接，属于特化的化学突触。

电镜下，运动终板处的肌纤维含丰富的肌浆，有较多的细胞核和线粒体，肌膜凹陷成浅槽，轴突终末嵌入浅槽内，此处的轴膜为突触前膜（图7-25），富含钙通道。与突触前膜相对的肌膜为突触后膜，它再向肌浆内凹陷形成许多深沟和皱褶，使突触后膜的表面积增大。突触后膜上有乙酰胆碱 N 型受体。突触前、后膜之间的间隙为突触间隙。轴突终末内有大量含乙酰胆碱的圆形突触小泡，当神经冲动到达运动终板时，引起突触前膜钙通道的开放，突触小泡移附于突触前膜，以出胞方式释放其内的乙酰胆碱到突触间隙。大部分乙酰胆碱与突触后膜上的乙酰胆碱 N 型受体结合，使肌膜两侧离子分布发生变化而产生兴奋，从而引起肌纤维的收缩。

图 7-24 运动终板光镜仿真图（银染色）

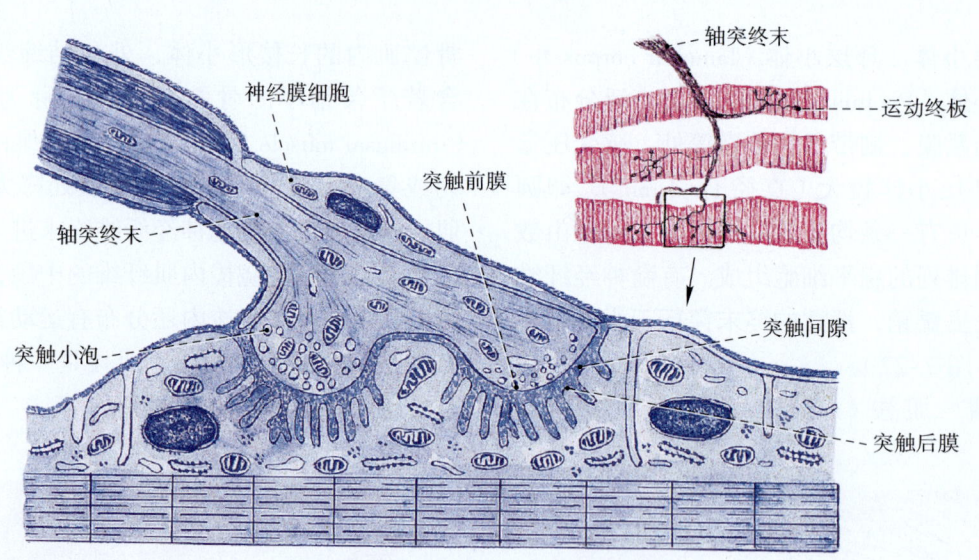

图 7-25 运动终板超微结构模式图

2. 内脏运动神经末梢 内脏运动神经末梢（visceral motor nerve ending）分布于内脏及心血管的平滑肌、心肌和腺上皮细胞等处。这类神经末梢较细，无髓鞘，轴突终末分支常形成膨体（varicosity），多个膨体呈串珠样排列（图7-26），附着于平滑肌纤维或穿行于腺细胞间，本质上也属于化学突触。膨体相当于突触前成分，其内有许多圆形或颗粒形小泡，内含神经递质。当神经冲动传至末梢时，神经递质释放，作用于效应细胞膜上的相应受体，引起肌肉收缩和腺体分泌。

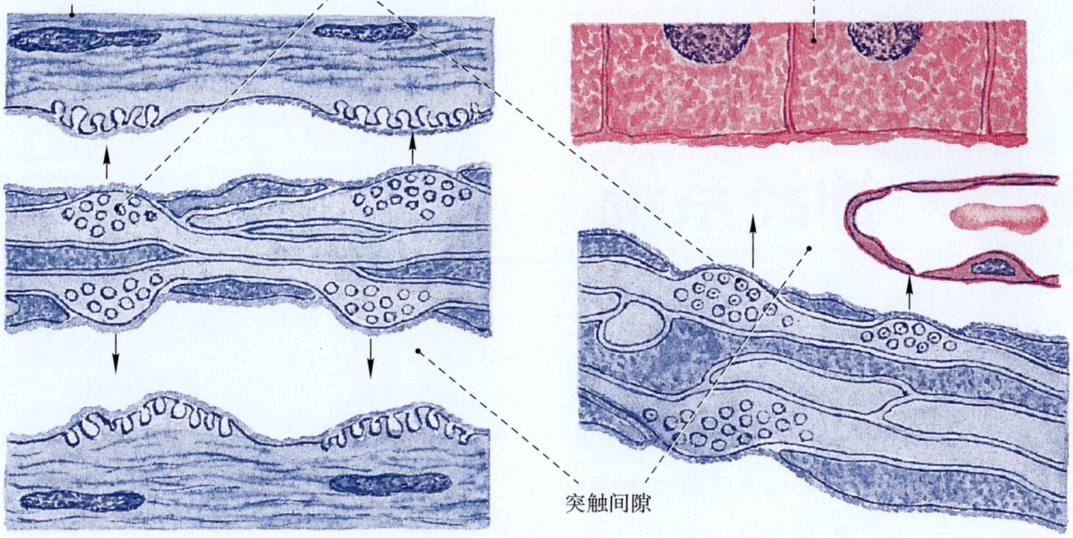

图 7-26　内脏运动神经末梢模式图

复习题

（一）名词解释
1. 突触　2. 有髓神经纤维　3. 尼氏体　4. 环层小体　5. 触觉小体　6. 运动终板

（二）问答题
1. 简述神经细胞是神经组织结构和功能基本单位的原因。
2. 简述神经原纤维的分布、结构及功能。
3. 简述树突和轴突在形态结构、功能特性等方面的异同点。
4. 简述突触的结构及功能意义。
5. 简述星形胶质细胞、少突胶质细胞、小胶质细胞分别对神经细胞所起的辅助作用。
6. 简述周围有髓神经纤维的髓鞘形成过程和其来自施万细胞的结构。

网上学习

7-1　星形胶质细胞和小胶质细胞的形态
7-2　髓鞘结构图解
7-3　肌梭的结构和功能

（齐建国撰文；徐国成，董迈绘图）

第8章

神经系统

- 导学
  - ▶ 重点
    - 大脑皮质的组织结构
    - 小脑皮质的组织结构
    - 脑屏障
    - 神经节
  - ▶ 难点
    - 大脑皮质神经元的联系
    - 小脑皮质神经元的联系

神经系统（nervous system）以神经组织为主构成，分为中枢神经系统和周围神经系统两部分。中枢神经系统包括脑和脊髓，周围神经系统包括神经、神经节以及神经末梢。在功能上，神经系统又可分为躯体神经系统（somatic nervous system, SNS）和自主神经系统（autonomic nervous system, ANS），前者由中枢神经系统和周围神经系统的躯体部分组成，包括除内脏、心肌和腺体之外的运动神经和感觉神经；后者由中枢神经系统和周围神经系统中的自主部分组成，包括支配内脏、心肌和腺体的非随意运动传出系统，此外，还包括感受内脏疼痛、自主反射的感觉传入系统。自主神经系统还可以进一步分为交感和副交感神经系统以及独立于这两者之外的支配胃肠道的肠神经系统（enteric nervous system, ENS）。

神经系统的功能活动主要通过神经元建立的复杂网络联系来实现。神经系统能对体内外环境中的各种变化产生应答，并与内分泌系统相辅相成，直接或间接控制并整合机体各器官、系统的功能活动，对维持机体内环境稳态，保持机体的完整统一起主导作用。

一、中枢神经系统

（一）中枢神经系统的一般结构

中枢神经系统（central nervous system, CNS）（脑和脊髓）的实质分为灰质和白质。灰质（gray matter）是神经元胞体集中的结构，主要由神经元胞体、轴突起始段、树突及神经胶质细胞构成。紧密交织的神经元突起和神经胶质细胞突起组成的神经毡（neuropil）或神经纤维网包绕在神经元胞体周围。白质（white matter）主要由大量神经纤维束构成，不含神经元胞体，神经束多为有髓神经纤维，因髓鞘富含脂质，呈白色并富有光泽而得名白质。白质内的有髓神经纤维主要由来自于灰质内神经元的神经纤维和少突胶质细胞构成。除神经纤维外，白质内还含有星形胶质细胞、少突胶质细胞和血管。在大脑和小脑，灰质居于浅表，故又称皮质（cortex）；白质位于皮质内侧或脑的深层，也称髓质（medulla）。在延髓、脑干和中脑，一部分灰质在白质内形成分散的细胞团，称神经核（nucleus）。在其他一些特殊区域如延髓、脑干和中脑的深部及脊髓某些节段的侧索部分，白质与灰质相互交错，称为网状结构。在脊髓，灰质位于中央，呈蝴蝶形或H形，白质位于周边。

（二）大脑皮质的组织结构

大脑分左、右两个半球，中间以胼胝体相连。大脑皮质（cerebral cortex）为位于大脑表面的灰质，厚1.5～4.5 mm。不同脑回区大脑皮质的厚度不完全一致，由排列有序的神经元、胶质细胞和神经纤维构成，神经元与胶质细胞的比例约为1:9。

1. 大脑皮质神经元 大脑皮质的神经元数量多，种类丰富，均为多极神经元，按其细胞的形态可分为锥体细胞、颗粒细胞和梭形细胞三大类。这些神经元以分层的方式排列，各层细胞之间通过突触形成复杂的网络联系。

（1）锥体细胞 锥体细胞（pyramidal cell）是大脑皮质内的主要投射（传出）神经元，数量较多，依据胞体大小不同，分为大、中、小3型。此外，还有一类巨大的锥体细胞，胞体高120 μm，宽80 μm，称为贝兹细胞（Betz cell）。多数锥体细胞呈锥体形，顶端发出一条较粗的主树突，伸向皮质表层，沿途不断发出许多斜行小分支并分支成簇，称终末簇（terminal tuft）。胞体还向四周发出一些水平走向的树突，并不断分支，与邻近神经元胞体或突起发生突触联系。所有树突表面都有丰富的树突棘（dendritic spine），形成轴-树（棘）突触，距离胞体越远，树突棘越密集。锥体细胞胞体底部与主树突相对的位置上可发出一条轴突，细而均匀，长短不一。轴突短者不超出所在皮质范围，与邻近细胞形成突触联系；而长者则离开皮质，进入白质，参与组成下行至脑干或脊髓的投射纤维（projection fiber），与运动神经元联系；或走行至同侧及对侧的不同皮质区形成联合纤维（association fiber）。一部分锥体细胞还可变形为多形细胞（polymorphic cell），轴突伸入白质，树突在皮质内广泛分布（图8-1）。

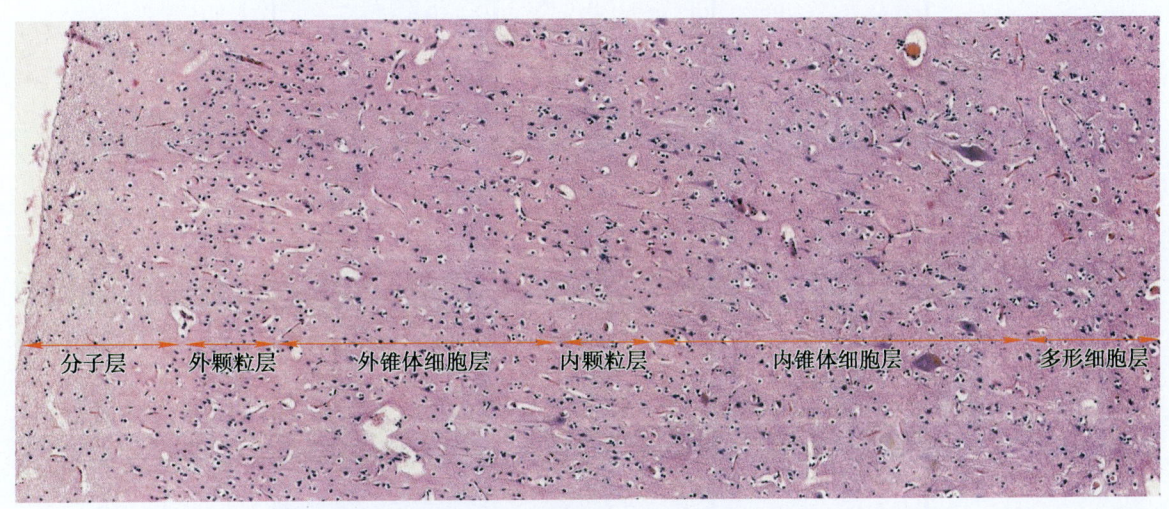

分子层　外颗粒层　外锥体细胞层　内颗粒层　内锥体细胞层　多形细胞层

图8-1 大脑皮质（HE染色）

（2）颗粒细胞 颗粒细胞（granular cell）是大脑皮质中数量最多的一类神经元，胞体较小，呈颗粒状，根据细胞形态和走行，可细分为星形细胞（stellate cell）、水平细胞（horizontal cell）、篮状细胞（basket cell）、吊灯样细胞（chandelier cell）、双刷细胞（double bouquet cell）、神经胶质样细胞（neurogliaform cell）和上行轴突细胞（ascending axonic cell）等多个亚类，其中星形细胞数量最多。星形细胞胞体表面发出很多放射状树突，使细胞外形呈星形，放射状树突表面有丰富的树突棘，与丘脑来的传入纤维终末形成兴奋性突触。星形细胞的轴突多数很短，终止于邻近的锥体细胞或梭形细胞。少数星形细胞的轴突较长，上行至皮质表面，与锥体细胞的主树突或水平细胞建立突触联系。水平细胞的树突和轴突与皮质表面平行分布，与锥体细胞的主树突相联系。篮状细胞的树突表面仅有少量树突棘或没有树突棘，其轴突分支向水平方向伸展，呈篮状或网状包绕锥体细胞胞体及主树突起始段，并形成突触。神经胶质样细胞的轴突和树突均较短小，因有致密的分支使树突呈丛状，轴突丛与树突丛相互交织。上行轴突细胞也称为马丁诺蒂细胞（Martinotti cell），是一种小型的多极神经元，其轴突垂直上行至皮质表面，沿途发出水平方向伸展的分支；其树突短小、有分支，并有少量树突棘。颗粒细胞是参与构成大脑皮质内信息传递局部微环路的中间神经元，有兴奋性和抑制性之分，能将来自于其他部位的传入信息加以处理后传递给其他神经元，如锥体细胞和梭形细胞。

（3）梭形细胞 在大脑皮质中，梭形细胞（fusiform cell）数量较少，大小不一，胞体呈梭形，树突自胞体的上、下两端发出，上端树突多走行至皮质表面，下端树突则走行至皮质深层。轴突由下端树突主干发出，其终末分支可与锥体细胞形成突触。部分梭形细胞胞体较大，属于Golgi Ⅰ型神经元，主要分布在皮质深层，其轴突较长，向下延伸进入白质，组成投射纤维或联合传出纤维。

2. 大脑皮质的分层 大脑皮质神经元以分层方式排列，但各层之间分界不明显。除个别脑区外，大脑皮质由浅层至深层一般可分为6层，包括分子层、外颗粒层、外锥体细胞层、内颗粒层、内锥体细胞层和多形细胞层（图8-2）。

（1）分子层 分子层（molecular layer）位于大脑皮质的最浅层，神经元小而少，主要的细胞成分是水平细胞和星形细胞，还有许多来自深层锥体细胞和梭形细胞的主树突、上行轴突细胞的垂直轴突以及来自于同侧和对侧大脑皮质及丘脑等皮质区外脑区的传入神经纤维。

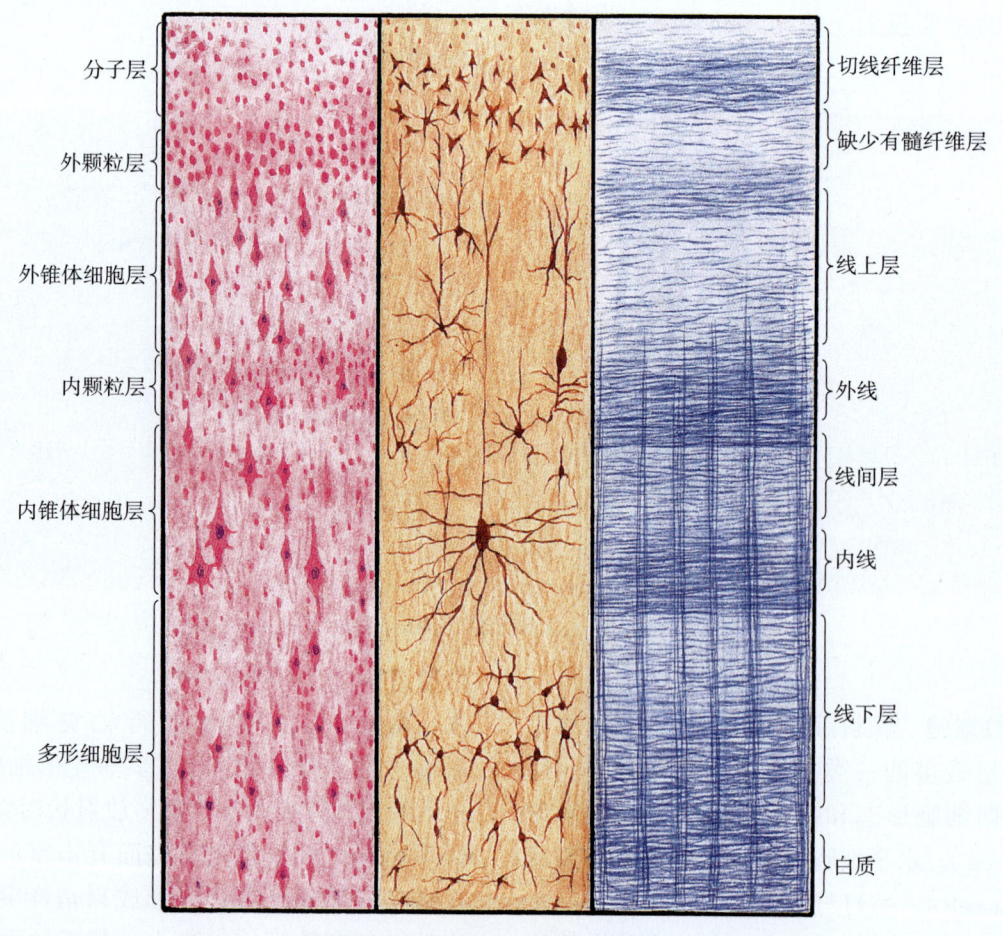

图8-2 大脑皮质分层模式图

（2）外颗粒层 外颗粒层（external granular layer）主要由许多星形细胞、篮状细胞等颗粒细胞和少量小型锥体细胞的胞体构成，其中的树突、轴突和相邻层的锥体细胞主树突等交织成神经毡，皮质深层神经元的轴突在此层形成广泛的突触联系和复杂的皮质内回路。

（3）外锥体细胞层 外锥体细胞层（external pyramidal layer）较厚，由许多中、小型锥体细胞组成，并含有少量颗粒细胞。此层又可分为深、浅两个亚层，锥体细胞从浅层到深层体积逐渐增大。细胞的主树突进入分子层，轴突进入髓质组成联合纤维。

（4）内颗粒层 内颗粒层（internal granular layer）多为密集排列的星形细胞，也含有少量小型锥体细胞。许多星形细胞的短轴突在此层内分支，并与来自其他皮质区、皮质下区或相邻层的神经纤维形成突触。

（5）内锥体细胞层 内锥体细胞层（internal pyramidal layer）主要由中型和大型锥体细胞组成，还可见篮状细胞和上行轴突细胞等颗粒细胞。在中央前回运动区，可见巨大的Betz细胞，其主树突伸入分子层，轴突进入髓质形成投射纤维，下行到达脑干和脊髓。

（6）多形细胞层 多形细胞层（polymorphic layer）含有多种类型的细胞，以梭形细胞为主。梭形细胞的长轴与皮质表面垂直，胞体较大的梭形细胞其树突可延伸进入分子层，胞体较小的梭形细胞其树突则分布在本层或仅上行达内颗粒层，其轴突形成投射纤维和联合纤维。

大脑皮质的6层结构因不同脑区而有差异，各层的厚度及细胞组成均表现出区域性特征。例如，中央前回（运动皮质）的第4层不明显，第5层比较发达；视皮质在第4层特别发达，第5层细胞较小。

3. 大脑皮质神经元的联系与功能 神经元的联系也称神经元回路（neuronal circuit），是指神经元通过突触联系形成的各种信息传导通路。大脑皮质是神经系统的最高级中枢，神经元回路非常复杂。

大脑皮质的1—4层主要接受传入信息，传出纤维主要起自第3、5层的锥体细胞和第6层的大梭形细胞。传入大脑皮质的信息，通过局部回路进行传递和处理，对信息进行分析、整合和贮存，产生知觉、学习和记忆等高级神经活动，然后经锥体细胞传出，产生相应效应。如来自丘脑的感觉传入纤维主要进入第4层，与星形细胞形成突触，星形细胞的轴突又与其他细胞建立广泛的突触联系，从而对传入皮质的各种信息进行分析，并作出反应。来自大脑半球同侧或对侧的联合纤维进入第2、3层，与锥体细胞形成突触。大脑皮质的传出纤维分为投射纤维和联合纤维两种。投射纤维主要是起自第5层的锥体细胞和第6层的大梭形细胞，可下行至脑干和脊髓。联合纤维起自第3、5、6层的锥体细胞和梭形细胞，分布于皮质的同侧及对侧脑区。皮质的第2、3、4层细胞主要与其他各层细胞相互联系，构成复杂的局部神经微环路。

从功能上看，大脑皮质内神经元呈纵向并垂直于皮质表面的柱状排列，这种结构称为垂直柱（vertical column），是大脑皮质结构和功能的基本单位。皮质的这种垂直柱结构贯穿皮质全层，大小不等，直径为350~450 μm，由传入纤维、中间神经元和传出神经元相互连接在一起，构成一个复杂的皮质内局部神经回路或传入-传出信息整合单位。传入冲动首先进入皮质第4层，通过突触与第2、3层神经元发生联系，再由第2层和第3层神经元在垂直柱内垂直扩布，最后由第3、5、6层神经元发出传出冲动离开大脑皮质。同一垂直柱内的所有神经元都对同一感觉刺激发生反应，并具有相同或相似的感受野。皮质垂直柱内除垂直方向的反复回路外，还可以通过星形细胞等中间神经元使兴奋横向扩散，影响更多垂直柱的神经活动。

大脑皮质神经元的结构、分布及其形成突触联系的数量和范围并非一成不变，当机体的内、外环境发生变化或受到一定的功能训练时，皮质神经元原有的结构及其形成的突触联系可以出现一定程度的改变，这种现象称为皮质可塑性（cortical plasticity）。大脑皮质的可塑性变化归根结底是神经元的可塑性变化，随着大脑发育成熟皮质可塑性逐渐降低，发育时期大脑皮质可塑性较大，成年人大脑皮质可塑性则较小。某些生物活性物质如神经营养因子等能够促进神经元的可塑性从而促进脑发育。此外，大脑皮质神经元的数量也可能发生变化，在特定情况下，脑内会有新的神经元产生，称为神经细胞发生（neuron genesis），主要来源于脑内的神经干细胞（neural stem cell）。

（三）小脑皮质的组织结构

小脑位于颅后窝，由中央缩窄的小脑蚓及两侧膨隆的小脑半球构成。小脑表面有许多大致平行的横沟，把小脑分隔成许多横行的小叶片。每一叶片均由表层的皮质和深层的髓质构成。髓质内有灰质团块构成的神经核团。小脑皮质的结构较大脑皮质简单，各个叶片的结构也基本相同。

1. 小脑皮质的神经元和分层 小脑皮质由星形细胞、篮状细胞、浦肯野细胞（Purkinje cell）、颗粒细胞和高尔基细胞（Golgi cell）5种细胞组成（图8-3），由浅至深明显地分为分子层、浦肯野细胞层和颗粒层3层（图8-4）。

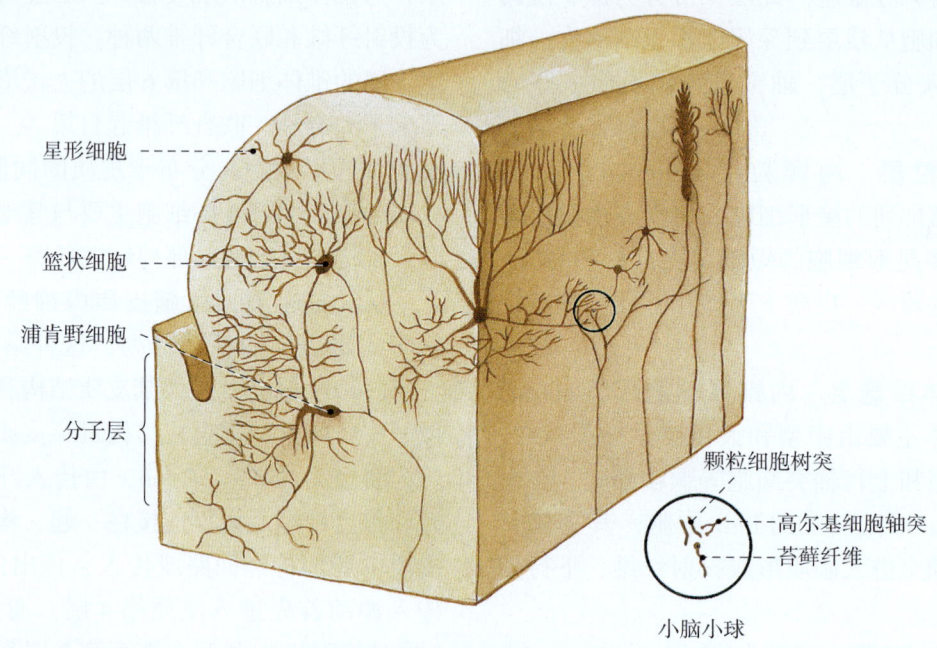

图8-3 小脑皮质细胞构筑模式图

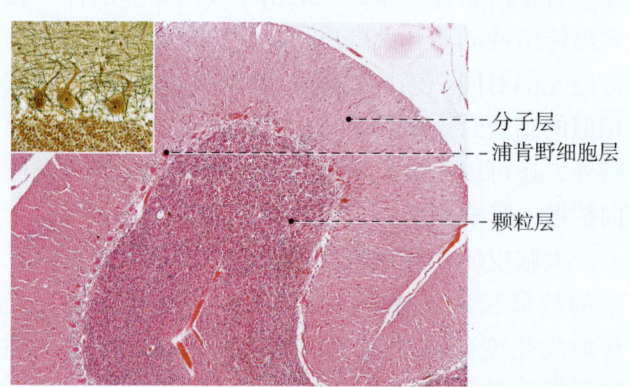

图8-4 小脑皮质（HE染色）
插入框示浦肯野细胞，银染色

（1）分子层 分子层（molecular layer）较厚，主要由神经纤维组成，神经元较少，分散排列。分子层中主要有两种神经元，一种是星形细胞，分布于皮质浅层，胞体较小，突起多而短，轴突沿小脑叶片的横面走行，与浦肯野细胞的树突形成突触联系。另一种是篮状细胞，分布于皮质深层，胞体较大，轴突较长，其走行与小脑叶片长轴垂直，沿途发出许多侧支，其末端呈篮状分支包绕浦肯野细胞的胞体并与之形成多个突触。

（2）浦肯野细胞层 浦肯野细胞层（Purkinje cell layer）由一单层排列规律、形态相似的浦肯野细胞胞体组成（图8-4）。浦肯野细胞是小脑皮质中最大的神经元，因胞体呈梨形，也称梨状细胞（piriform cell），从顶端发出2~3条粗大的主树突伸向分子层，主树突沿途发出的分支繁多，呈侧柏叶状或扇形，铺展在与小脑叶片长轴垂直的平面上，树突3级以上的分支上有许多树突棘，与传入纤维构成广泛的突触联系，接受传入小脑的全部信息。浦肯野细胞的轴突自胞体底部发出，离开胞体不远便形成有髓神经纤维，穿过深层皮质进入髓质，组成小脑唯一的传出神经纤维，终止于小脑内部的神经核团。一个浦肯野细胞的轴突大约形成500个终末膨大，与小脑深部神经核团中约35个神经元形成突触。

(3) 颗粒层 颗粒层（granular layer）由密集的颗粒细胞和一些高尔基细胞组成。颗粒细胞胞体很小，胞体直径与淋巴细胞近似，核圆形或椭圆形，染色深，胞体上发出4~5个短树突，树突末端分支如爪状。轴突上行进入分子层呈T形分支，与小脑叶片的长轴平行，称为平行纤维（parallel fiber）。平行纤维穿行于浦肯野细胞的扇形树突之间，每条平行纤维可与400多个浦肯野细胞的树突棘建立大量突触。浦肯野细胞分支众多，每个浦肯野细胞的扇形树突都有20万~30万条平行纤维通过，因此一个浦肯野细胞可以同时接受20万~30万个颗粒细胞的支配和影响。高尔基细胞多位于颗粒层浅层，数量较少，胞体较大，树突分支较多，树突棘较少，大部分树突分支伸入分子层与平行纤维形成突触。轴突仅在颗粒层内分布，分支短而密，与颗粒细胞的树突形成突触。

2. 小脑皮质神经元的联系 小脑皮质的5种神经元中，浦肯野细胞是唯一的传出神经元，可接受所有传入小脑的神经冲动，其轴突构成皮质中的传出纤维。其他4种神经元均为中间神经元，其中颗粒细胞是谷氨酸能的兴奋性神经元，其他中间神经元都是γ-氨基丁酸（GABA）能的抑制性神经元。5种神经元在皮质内构成复杂的环路，对浦肯野细胞起兴奋或抑制作用，最终调节浦肯野细胞的活动。

小脑皮质的传入纤维主要有3种：攀缘纤维（climbing fiber）、苔藓纤维（mossy fiber）和单胺能纤维（monoaminergic fiber）。前两种是兴奋性纤维，后者是抑制性纤维。攀缘纤维主要起源于延髓的下橄榄核，部分来自于脑桥核和内侧网状结构。攀缘纤维较细，进入小脑皮质后攀附在浦肯野细胞的树突上，与之形成突触。一条攀缘纤维与一个浦肯野细胞树突可形成300余个突触，故一条攀缘纤维的神经冲动可引起一个浦肯野细胞的强烈兴奋。苔藓纤维起源于脊髓背核和脑干的内核群，纤维较粗，进入小脑皮质后反复分支，纤维末端分支膨大呈苔藓状，每一膨大的末端可与许多颗粒细胞的树突、高尔基细胞的轴突或近端树突形成复杂的突触群，即小脑小球（cerebellar glomerulus）。一条苔藓纤维的分支可分布于两个或两个以上的小脑叶片内，可以兴奋800多个颗粒细胞，每一个颗粒细胞的平行纤维又与400多个浦肯野细胞通过突触相联系，因此，一条苔藓纤维可引起几十万个浦肯野细胞兴奋，从而产生级联放大效应的浦肯野细胞兴奋。攀缘纤维和苔藓纤维均可以将来自小脑外的神经冲动传到小脑皮质，并最终对浦肯野细胞产生兴奋作用。但不同的是，攀缘纤维直接强烈地兴奋单个浦肯野细胞，而苔藓纤维则是通过颗粒细胞的平行纤维间接兴奋几十万个浦肯野细胞。另一方面，攀缘纤维的侧支以及颗粒细胞的平行纤维还可以与小脑内其他抑制性中间神经元（星形细胞、篮状细胞和高尔基细胞）形成突触，并通过这些抑制性中间神经元的介导对浦肯野细胞形成抑制，从而对小脑的精细调节功能产生重要意义。此外，来自脑干蓝斑核与中缝核的单胺能纤维自髓质进入皮质，分布于皮质各层，与浦肯野细胞胞体和树突形成突触，分别通过去甲肾上腺素和5-羟色胺抑制浦肯野细胞的活动。

（四）脊髓的组织结构

脊髓（spinal cord）呈圆柱形，前后稍扁，外包被膜。横切面上，脊髓中央有中央管（central canal），内衬室管膜上皮；灰质位于中央管周围，呈蝴蝶形或H形，主要由神经细胞和无髓神经纤维组成，两侧灰质在正中相连的部分为灰质连合；白质位于灰质周边，主要由上行和下行的有髓神经纤维组成（图8-5，图8-6）。脊髓的主要功能是传导上行和下行的神经冲动并进行反射活动。

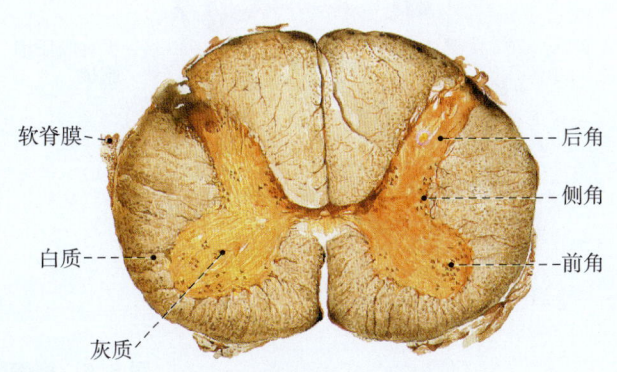

图8-5 脊髓结构光镜仿真图

1. **脊髓灰质** 脊髓灰质纵贯脊髓的全长，可分为前角、后角、中间带以及侧角（侧角主要见于第2胸段至第1腰段脊髓，由脊髓的中间带向侧方突起形成）。

（1）**前角** 前角纵贯脊髓全长，内含有多极神经元，主要由躯体运动神经元组成，胞体大小不等。大型神经元称α运动神经元，数量多，胞体大，平均直径超过25 μm；细胞核大而圆，核仁明显，核周质内尼氏体呈斑片状（图8-6A）；轴突粗而长，支配骨骼肌（梭外肌纤维），其末梢与骨骼肌纤维共同形成运动终板。小型神经元称γ运动神经元，数量少，胞体小，直径15～25 μm；轴突较细，支配肌梭的梭内肌纤维。α运动神经元和γ运动神经元均以乙酰胆碱作为神经递质。脊髓前角内还有一种短轴突的抑制性中间神经元，称闰绍细胞（Ranshaw cell），其轴突与α运动神经元的胞体建立突触联系，以甘氨酸作为神经递质，对α运动神经元的功能活动产生抑制作用。

（2）**侧角** 侧角内多为中型的多极神经元，是交感神经系统的节前神经元，其轴突形成节前纤维终止于交感神经节（节后神经元），并与其中的节细胞建立突触联系。侧角的节前神经元也释放乙酰胆碱作为神经递质，是胆碱能神经元。

（3）**后角** 脊髓后角内神经元类型较复杂，主要由小型联络神经元组成，它们主要接受脊神经后根纤维（感觉神经元的中枢突）传入的神经冲动，其中有一类神经元具有长轴突，在白质内形成各种上行纤维束到达脑干、小脑和丘脑，所以这类神经元又称为束细胞（tract cell）或投射神经元。

此外，脊髓灰质内还有许多中间神经元，它们的轴突长短不一，在脊髓内与同侧或对侧前角和后角的神经元形成突触。其中的短轴突神经元只与同节段的束细胞和运动神经元建立联系，而长轴突的神经元则可伸入白质内，并在白质中上下穿行一个或多个节段，终止于相邻或较远脊髓节段的同侧或对侧神经元并形成突触。

2. **脊髓白质** 脊髓白质位于灰质周围，由前索、侧索、后索3个部分组成。其中有上行束、下行束和固有束以及各种传导束。白质中主要是纵行的神经纤维，以有髓神经纤维居多，也有少量无髓神经纤维，神经纤维之间可见神经胶质细胞（图8-6B）。

（五）脑脊膜、脉络丛和脑脊液

1. **脑脊膜** 脑脊膜是包在脑和脊髓外面的结缔组织膜，由外向内分别为硬膜（dura mater）、蛛网膜（arachnoid）和软膜（pia mater）3层，具有保护和支持脑和脊髓的作用。

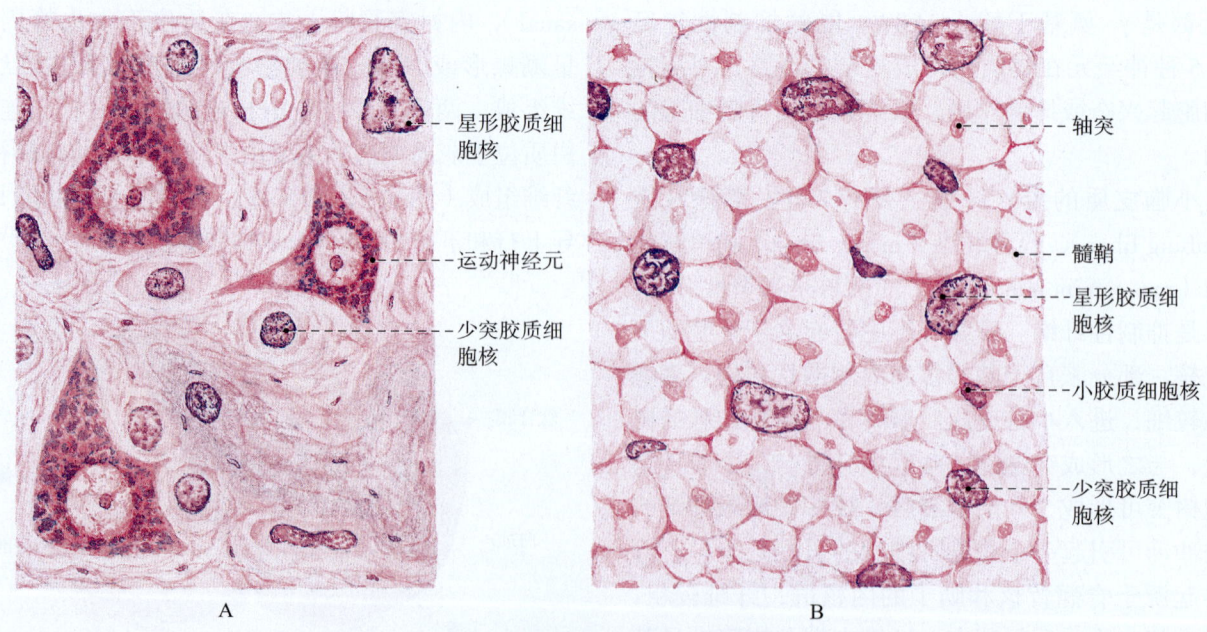

图8-6 脊髓微细结构光镜仿真图

A. 脊髓灰质；B. 脊髓白质

硬膜分为衬于颅腔表面的硬脑膜和衬于椎管腔面的硬脊膜，由致密结缔组织构成，厚而坚韧，其内表面有一层间皮细胞覆盖。在硬膜与蛛网膜之间有一个狭窄的间隙，称硬膜下隙（subdural space），内含少量无色透明液体。蛛网膜由薄层疏松结缔组织构成，许多由纤维成分构成的小梁将蛛网膜与下方的软膜相连，蛛网膜与软膜之间有较宽大的腔隙，称蛛网膜下隙（subarachnoid space），其内充满脑脊液。蛛网膜的内、外表面以及小梁的表面均被覆有单层扁平上皮。软膜是紧贴在脑和脊髓表面的薄层疏松结缔组织，富含血管，其外表面也被覆有单层扁平上皮。软膜的血管供应脑和脊髓，但软膜并不紧包血管，血管与软膜之间仍有空隙，称血管周隙（perivascular space），与蛛网膜下隙相通，内含脑脊液。当小血管在脑实质内进一步分支形成毛细血管时，软膜组织和血管周隙都消失，毛细血管仅由胶质界膜包裹（图8-7）。

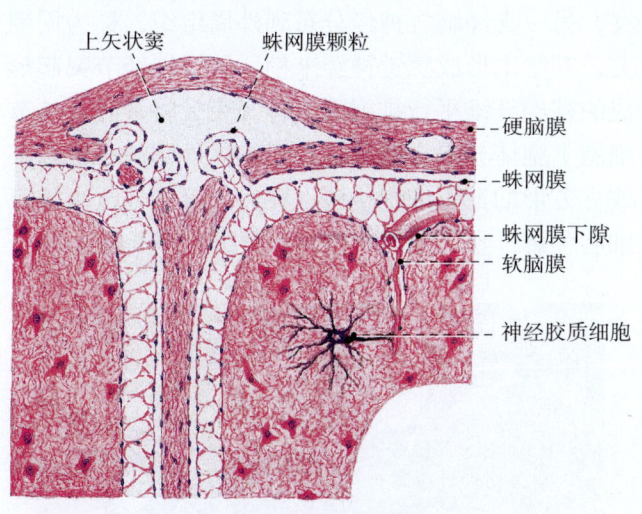

图8-7　大脑脑膜模式图

2. 脉络丛和脑脊液　脉络丛（choroid plexus）是由富含血管的软膜与室管膜直接相贴并突向脑室的皱襞状结构，主要位于第Ⅲ、Ⅳ脑室顶和部分侧脑室壁。脉络丛上皮是由一层立方形或矮柱形的室管膜上皮细胞组成，具有分泌功能，细胞表面有许多微绒毛，细胞核大而圆，胞质内线粒体很多；细胞侧面之间靠近游离面处有连接复合体。上皮下是基膜，基膜深部的结缔组织内含丰富的有孔毛细血管和巨噬细胞。脉络丛的主要功能是分泌脑脊液。

脑脊液（cerebrospinal fluid，CSF）是充填于脑室、脊髓中央管、蛛网膜下隙和血管周隙的一种无色透明液体，其蛋白质成分很少，而Na^+、K^+和Cl^-浓度较高，还含有神经递质、激素或神经调质等多种生物活性物质，并有少许脱落细胞和淋巴细胞。80%~85%的脑脊液由脑室的脉络丛上皮细胞分泌产生，其余部分由脑细胞外液经室管膜上皮渗出。在成年男性，脑脊液的量约有100 mL，由脉络丛上皮不断分泌（每天约800 mL），同时又不断通过蛛网膜粒（蛛网膜突入颅静脉窦内形成的绒毛状突起）渗入上矢状窦，并吸收入血（图8-7），形成脑脊液循环。脑脊液有营养和保护脑与脊髓的作用，还是脑和血液之间进行物质交换的中介，并在神经内分泌系统的调节中发挥作用。

（六）脑屏障

中枢神经系统内环境的相对稳定是神经元生理功能活动的保证，而这种内环境的相对稳定依赖于血液、脑脊液与脑组织之间物质交换的调节。正常情况下，一些物质在身体其他部位容易从血液渗透进入组织液，但在脑和脊髓却受到限制或不能侵入，这是由于在中枢神经系统存在不同的屏障结构。目前已知的屏障包括血-脑脊液屏障、脑脊液-脑屏障和血-脑屏障。它们的位置和微细结构不同，但功能相互关联。

1. 血-脑脊液屏障　血-脑脊液屏障（blood-cerebrospinal fluid barrier，BCB）是介于血液与脑脊液之间的屏障结构，由脉络丛毛细血管内皮及其基膜和脉络丛上皮细胞共同构成，其中脉络丛上皮细胞间的紧密连接是构成该屏障的主要结构。血-脑脊液屏障能选择性阻止血液中某些物质进入脑脊液，使脑脊液成分保持相对稳定。

2. 脑脊液-脑屏障　脑脊液-脑屏障（cerebrospinal fluid-brain barrier，CBB）是选择性阻止某些物质由脑脊液进入脑组织的屏障结构，主要由脑表面的软膜、胶质膜和脑室的室管膜构成。

3. 血-脑屏障　血-脑屏障（blood-brain barrier，BBB）是介于血液与脑实质之间的屏障结构，由脑毛细血管内皮细胞及其基膜和神经胶质细胞突起形成的胶质膜共同构成。脑的毛细血管属于连续型毛细血管，其内皮细胞之间以紧密连接封闭，内皮外侧由完整的基膜、周细胞及星形胶质细胞突起的脚板包绕。其中内皮细胞及其间的紧密连接是血-脑屏障的主要结构（图8-8）。血-脑屏障的主要作用是通过内皮细胞的高度选择性和通透性，机械性阻止血液中的毒素和其他有害物质进入脑内，但由于内皮细胞上还存在不同类型的转运器（transporter），可识别特定分子并进行转运，因而大部分营养物质和代谢产物能够顺利通过血-脑屏障，中枢神经系统内环境因此相对稳定。血-脑屏障在不同脑区存在一定差异，如下丘脑第三脑室周围和延髓后缘区等部位的室周器官，血-脑屏障较薄弱，毛细血管内许多物质的通透性都高于脑的其他部分。在一些病理状态下，如脑肿瘤、脑炎、血管性脑水肿等，血-脑屏障的通透性会增加，丧失屏蔽功能而导致脑内环境紊乱。

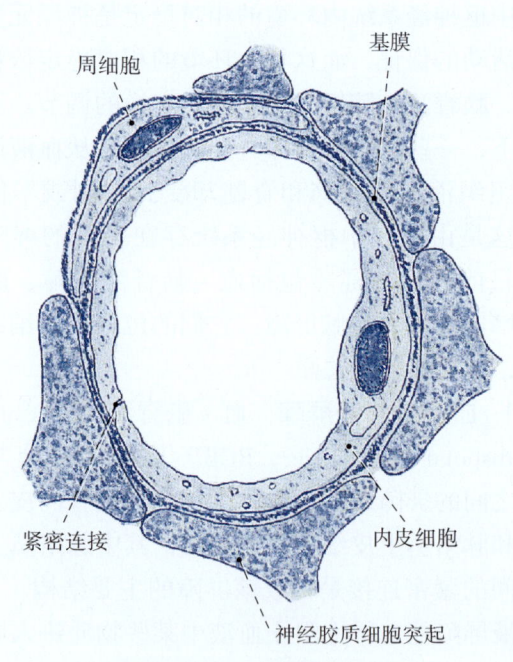

图8-8 血-脑屏障模式图

二、周围神经系统

周围神经系统（peripheral nervous system, PNS）由大量神经、神经节以及神经末梢组成。

（一）神经节

神经节（ganglion）是周围神经系统神经元胞体聚集而成的结构，一般为卵圆形，外包结缔组织被膜。神经节内的神经细胞称节细胞，其突起形成神经纤维。节细胞的胞体被一层扁平的卫星细胞包绕，在卫星细胞外还包有一层基膜。除节细胞外，神经节内还有大量的神经纤维及少量的结缔组织和血管。神经节可分为脑脊神经节（cerebrospinal ganglion）和自主神经节（autonomic ganglion）两大类。

1. 脑脊神经节 脑神经节是位于脑神经干通路的膨大结构，而脊神经节是位于脊髓两侧背根上的膨大结构。脑神经节和脊神经节的结构基本相同，均属于感觉神经节（sensory ganglion）。其外周都包有结缔组织被膜，节内含有许多假单极神经元和平行排列的有髓神经纤维束。假单极神经元胞体多为圆形或卵圆形，大小不一，细胞核圆形，体积较大，位于胞体中央，核内异染色质少，染色浅，呈泡沫状，核仁明显；胞质内可见细小分散的颗粒状尼氏体。一个突起从胞体发出，其根部在胞体附近盘曲后形成T形分支，走向中枢的一支称为中枢突，另一支经脑脊神经分布到外周组织，称为周围突，其终末形成感觉神经末梢。脑脊神经节突起形成的神经纤维平行排列形成神经束，将神经元（节细胞）胞体分隔成群。神经元胞体外侧被一层扁平或立方形的卫星细胞包裹，在突起分支处改由施万细胞包裹，参与形成有髓神经纤维（图8-9）。

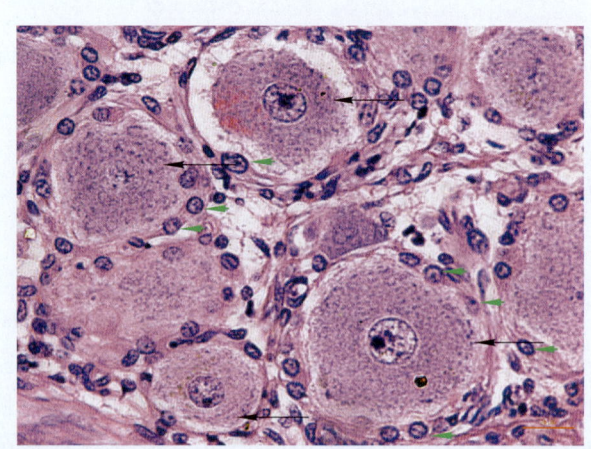

图8-9 脊神经节（HE染色）
黑色箭头示节细胞；绿色箭头示卫星细胞

2. 自主神经节 自主神经节又进一步分为交感神经节和副交感神经节两种，其中交感神经节位于脊柱两旁及前方，副交感神经节则位于器官附近或器官内。自主神经节的节细胞是自主神经系统的节后神经元，属于多极运动神经元，其胞体较脑脊神经节细胞的胞体小,散在分布,细胞核常偏于细胞的一侧,部分细胞可见双核,细胞质内的尼氏体呈细颗粒状均匀分布。卫星细胞数量较少,不完全地包裹节细胞胞体和突起(图8-10)。自主神经节内的神经纤维多为无髓神经纤维,较分散,其中有节前纤维和节后纤维。节前纤维与节细胞的树突和胞体建立突触联系,而节后纤维则离开神经节,其末梢分布到内脏及血管的平滑肌、心肌和腺上皮细胞,即内脏运动神经末梢。

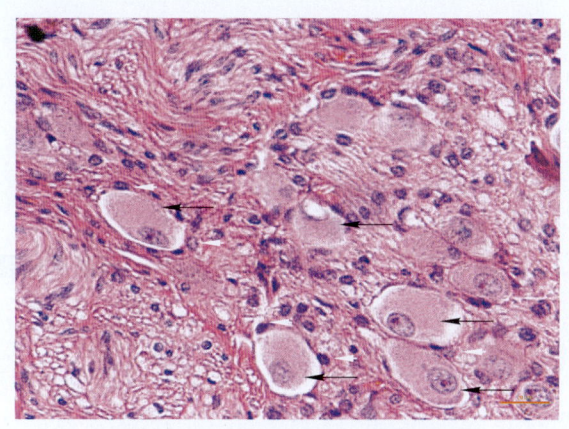

图8-10 交感神经节(HE染色)
黑色箭头示节细胞;白色箭头示卫星细胞

在交感神经节内,节细胞又分为主节细胞(principal ganglion cell)和小强荧光细胞(small intensely fluorescent cell, SIF)。主节细胞占多数,体积较大,大部分属于肾上腺素能神经元,少数为胆碱能神经元。小强荧光细胞为中间神经元,其轴突终末与主节细胞形成突触,突触内含有多巴胺和去甲肾上腺素,采用甲醛蒸气处理时,在紫外线下呈现强荧光,故而得名。副交感神经节的节细胞一般属于胆碱能神经元。另外,在自主神经节内还有释放肽类神经递质的肽能神经元。

(二)肠神经系统

大量存在于胃、肠壁内的神经元胞体及其突起组成了肠神经系统。肠神经系统中神经元的数量多达$10^7 \sim 10^8$个,构成了胃、肠壁内一套完整的反射装置,从一级感觉神经元、中间神经元到支配胃、肠运动效应器的运动神经元,形成了独立于大脑以外的一个特殊的自主神经系统,因此又称肠道脑(gut brain)。肠神经系统的主要功能是调控肠道的运动、分泌和血流,也调控肠的免疫和炎症反应等。

肠神经系统中神经元胞体成簇聚集形成神经节,并通过神经元突起的相互联系形成神经束,组成了特殊的神经丛,主要包括位于肠纵肌、环肌层间的肌间神经丛(myenteric nervous plexus),又叫Auerbach plexus,以及分布于黏膜下层的黏膜下神经丛(submucosal nervous plexus),又叫Meissner plexus,两者均可接受交感或副交感神经的节前支配(图8-11)。

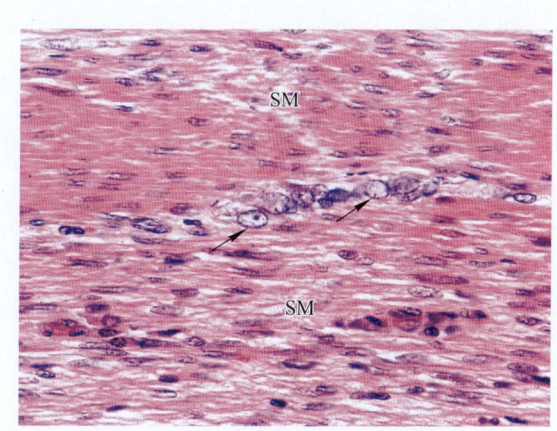

图8-11 小肠肌间神经丛(HE染色)
黑色箭头示神经元;SM.平滑肌

肠道神经节内的神经元可以合成乙酰胆碱、去甲肾上腺素、5-羟色胺、脑肠肽和氧化亚氮(NO)等多种神经递质或神经调质。研究证明合成氧化亚氮的神经元是一种抑制肠平滑肌内在运动的神经元。肠壁内还存在一种特殊的间质细胞,也称为间质卡哈尔细胞(interstitial Cajal cell),位于肠道自主神经末梢和平滑肌细胞之间,能够组成类肠道神经丛的网状结构,有研究认为该细胞可能具有肠道起搏细胞的功能。

复习题

(一) 名词解释

1. 血-脑屏障 2. 锥体细胞 3. 浦肯野细胞 4. γ运动神经元 5. 垂直柱

(二) 问答题

1. 试述脊髓的结构和功能。
2. 试述大脑皮质的基本结构和神经元类型。
3. 试述小脑皮质的基本结构。
4. 试述脑脊膜的组成及结构特点。

网上学习

8-1　阿尔茨海默病

（张莉撰文；邹卫东绘图）

第 9 章

循环系统

> **导学**
>
> ▶ 重点
> - 大、中、小动脉的结构特点及功能
> - 三种类型毛细血管的超微结构特点及其分布
> - 心壁各层的结构及其与功能的关系
>
> ▶ 难点
> - 心脏传导系统的结构
> - 微循环的组成、结构及通路

循环系统是连续而封闭的管道系统，包括心血管系统和淋巴管系统两个部分。心血管系统由心脏、动脉、毛细血管和静脉组成。心脏是促使血液流动的动力泵，它通过收缩和舒张将血液输送到动脉；动脉将血液输送到毛细血管；毛细血管广泛分布于体内的各种组织和器官内，其管壁极薄，血液在此与周围组织进行物质交换；毛细血管汇合移行为静脉，静脉起始端也参与物质交换，但主要是将物质交换后的血液导回心脏。

淋巴管系统由毛细淋巴管、淋巴管和淋巴导管组成，其主要的功能是辅助静脉回流。毛细淋巴管以盲端起始于组织间隙，进入毛细淋巴管的组织液称淋巴液。毛细淋巴管汇合形成淋巴管，在其通路上有淋巴结分布，淋巴管最后汇合成左淋巴导管（胸导管）和右淋巴导管，与大静脉连通。

一、血管壁的一般结构

除毛细血管外，血管壁从管腔面向外依次分为内膜、中膜和外膜（图 9-1）。

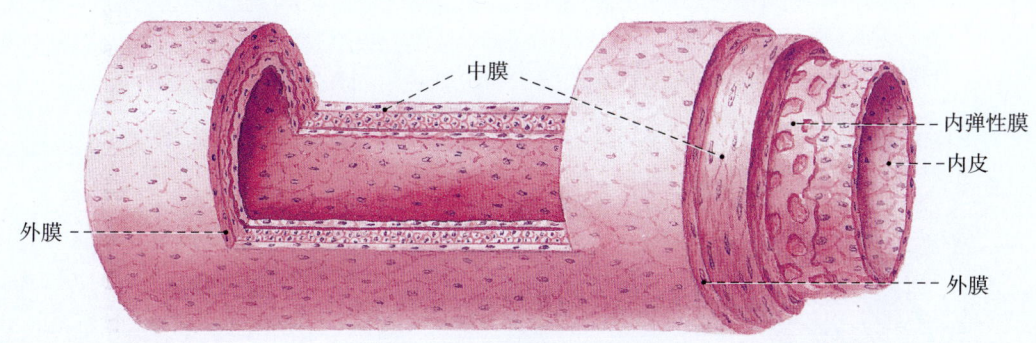

图 9-1　血管壁组织结构模式图

（一）内膜

内膜（tunica intima）由内皮、内皮下层和内弹性膜组成，是3层中最薄的一层。

1. 内皮 内皮（endothelium）是衬贴于血管腔面的一层单层扁平上皮。内皮细胞大多呈梭形，核突出，细胞宽部与细胞窄部镶嵌排列，其长轴与血流方向一致，为血液的流动提供了一个光滑的表面（图9-1）。在动脉分支处血流形成旋涡，内皮细胞可变成圆形，细胞上常见虫蚀样缺损，并可见片状脱落。电镜下观察，可见内皮细胞腔面有稀疏且大小不等的胞质突起，表面覆以厚30~60 nm的细胞衣，相邻细胞间有紧密连接和缝隙连接。内皮细胞核呈扁圆形，居中，胞质内除有常见的细胞器如高尔基复合体、粗面内质网、滑面内质网，以及丰富的质膜小泡外，还可见成束的微丝和一种外包单位膜的杆状细胞器，称Weibel-Palade小体（W-P小体）。

（1）胞质突起 内皮细胞游离面伸出的胞质突起形态多样，突起中可见质膜小泡（plasmalemmal vesicle）。这些胞质突起扩大了细胞的表面积，有助于内皮细胞的吸收及物质转运作用。同时，这些突起还对血液的流体力学产生影响，如垂体门脉系统的内皮细胞的瓣状突起可能具有类似瓣膜的作用。

（2）质膜小泡 质膜小泡或称胞饮泡，直径60~70 nm，是由细胞游离面或基底面的细胞膜凹陷，然后与细胞膜脱离形成。质膜小泡可互相连通，形成穿过内皮的暂时性管道，称为穿内皮性小管。质膜小泡具有向血管内、外输送物质的作用，还可能作为膜储备，备用于血管的扩张或延长。

（3）W-P小体 W-P小体又称细管小体（tubular body），是内皮细胞特有的细胞器，长约3 μm，直径0.1~0.3 μm，外包单位膜，内有6~26条直径约15 nm的平行细管，包埋于中等电子密度的基质中。其功能可能是合成和贮存与凝血有关的第Ⅷ因子相关抗原（factor Ⅷ related antigen）。

此外，内皮细胞中的微丝具有收缩功能。5-羟色胺、组胺和缓激肽可刺激内皮细胞内的微丝收缩，改变细胞间隙的宽度和细胞连接的紧密程度，影响和调节血管的通透性。

内皮细胞衬在心、血管腔面，除了作为血液和组织之间物质转运的屏障外，还能合成和分泌多种生物活性物质，如血管内皮细胞生长因子（VEGF）、血小板源性生长因子（PDGF）、碱性成纤维细胞生长因子（bFGF）、胰岛素样生长因子Ⅰ（IGF-I）、一氧化氮（NO）、前列环素（PGI_2）和内皮素（ET）等，在维持正常的心血管功能方面起重要的作用。内皮细胞表面有血管紧张素转换酶，能使血浆中的血管紧张素Ⅰ转变为血管紧张素Ⅱ，使血管收缩。内皮细胞还能降解5-羟色胺、组胺和去甲肾上腺素等。内皮细胞的损伤脱落及生长快慢等变化，与血流的速度、毛细血管的通透性、心血管疾病及癌的生长等均有密切关系。

2. 内皮下层 内皮下层（subendothelial layer）是位于内皮和内弹性膜之间的薄层结缔组织，内含少量胶原纤维和弹性纤维。

3. 内弹性膜 有些动脉的内皮下层深面还有一层内弹性膜（internal elastic membrane），由弹性蛋白组成，膜上有许多小孔。在血管横切面上，因血管壁收缩，内弹性膜常呈波浪状（图9-2）。

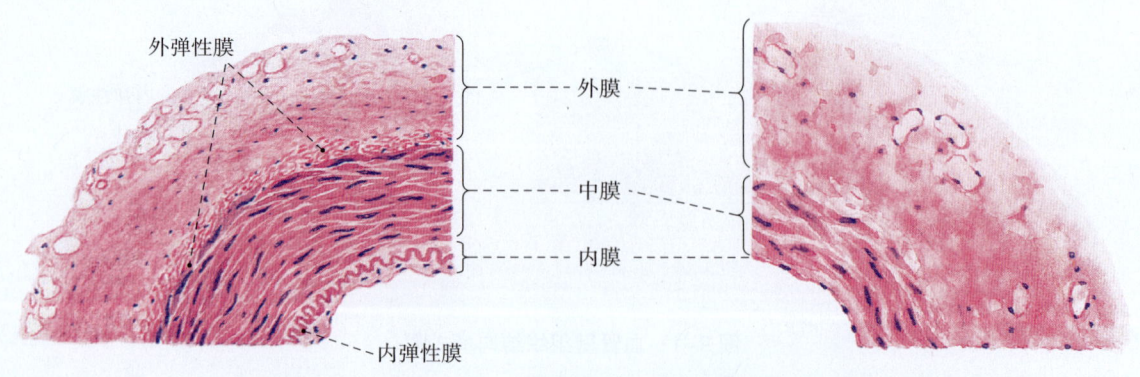

图9-2 中动脉（左）、中静脉（右）横切面光镜仿真图

（二）中膜

中膜（tunica media）厚度及组成成分因血管种类而异：大动脉以弹性膜为主，其间有少许平滑肌；中动脉主要由平滑肌组成，肌间有弹性纤维和胶原纤维。

血管平滑肌纤维比较细，并常有分支，肌纤维间有中间连接和缝隙连接。肌纤维与内皮细胞之间形成肌内皮连接，平滑肌可借助这种连接，与内皮细胞或血液进行化学信息交流。许多学者认为，血管平滑肌是成纤维细胞的亚型，在中动脉发育过程中，平滑肌纤维可产生胶原纤维、弹性纤维和基质。在病理状况下，动脉中膜的平滑肌可移入内膜增生并产生结缔组织，使内膜增厚，是动脉硬化发生的重要病理过程。除已知的肾入球微动脉特化的平滑肌能产生肾素外，其他血管的平滑肌也具有分泌肾素和血管紧张素原的功能，与内皮细胞表面的血管紧张素转换酶共同构成肾外的血管肾素和血管紧张素系统。

中膜的弹性纤维具有使扩张的血管回缩的作用，胶原纤维起维持张力的作用，具有支持功能。管壁结缔组织中的无定形基质含蛋白聚糖，其成分和含水量因血管种类不同而略有不同。

（三）外膜

外膜（tunica adventitia）由疏松结缔组织组成，其中含螺旋状或纵向分布的弹性纤维和胶原纤维，并有小血管和神经分布。血管壁的结缔组织细胞以成纤维细胞为主，当血管受损伤时，成纤维细胞具有修复外膜的能力。有些动脉在中膜和外膜的交界处还有外弹性膜（external elastic membrane），外弹性膜也由弹性蛋白构成，但较内弹性膜薄（图9-2）。

（四）血管壁的营养血管和神经

管径1mm以上的动脉和静脉管壁中，都有小血管分布，称营养血管（vasa vasorum）。这些小血管进入外膜后分支成毛细血管，分布到外膜和中膜。内膜一般无血管，其营养由腔内血液直接渗透供应。

血管壁上包绕有网状神经丛，神经纤维主要分布于中膜与外膜交界处，有的伸入中膜平滑肌层。一般而言，动脉神经分布的密度较静脉丰富，以中小动脉最为丰富。血管的神经递质除了去甲肾上腺素和乙酰胆碱外，还有多种神经肽，其中以神经肽Y、血管活性肠肽和降钙素基因相关肽最为丰富，它们有调节血管舒缩的功能。毛细血管是否存在神经分布尚有争议。

二、动脉

动脉（artery）从心脏发出之后，反复分支，管径逐渐变细，管壁亦逐渐变薄。故根据管壁的结构特点和管径的大小，可将动脉分为大动脉、中动脉、小动脉和微动脉，各类动脉之间逐渐移行，没有明显的界线。

动脉在较高的血压下将血液从心脏输送到机体的各部，因此中膜比较厚，其中的弹性成分和平滑肌比较发达，这使得动脉管壁具有较强的收缩性和回缩能力。

（一）大动脉

大动脉（large artery）包括主动脉、肺动脉、无名动脉、颈总动脉、锁骨下动脉、椎动脉和髂总动脉等。大动脉管壁的中膜有多层弹性膜和大量弹性纤维，平滑肌纤维则较少，故又称弹性动脉（elastic artery）。大动脉管壁的结构（图9-3）由内向外分为：

1. **内膜** 有较厚的内皮下层，内皮下层之外为多层弹性膜组成的内弹性膜，由于内弹性膜与中膜的弹性膜相连，故内膜与中膜的分界不清楚。

2. **中膜** 成人大动脉中膜有40~70层弹性膜，各层弹性膜由弹性纤维相连，弹性膜之间有环形平滑肌和少量胶原纤维和弹性纤维。中膜基质的主要成分为硫酸软骨素。

3. **外膜** 较薄，由结缔组织构成，没有明显的外弹性膜。外膜逐渐移行为周围的疏松结缔组织。

（二）中动脉

除上述大动脉外，凡在解剖学中有名称的动脉大多属于中动脉（medium-sized artery）。中动

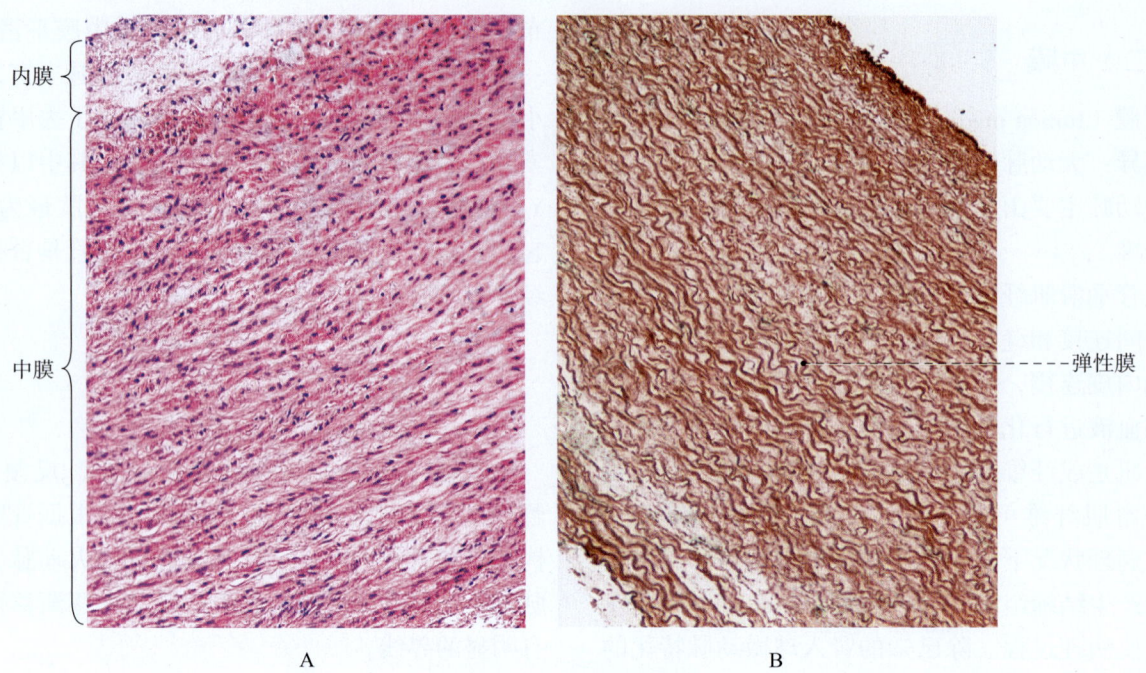

图 9-3　大动脉横切面
A.HE 染色；B. 弹性染色

脉管壁中膜的平滑肌相当丰富，故又名肌性动脉（muscular artery）。中动脉管壁具有典型的 3 层结构（图 9-2，图 9-4）。

1. **内膜**　内皮下层较薄，内弹性膜明显。

2. **中膜**　较厚，由 10～40 层环形排列的平滑肌组成，肌间有一些弹性纤维和胶原纤维。

3. **外膜**　厚度与中膜相等，多数中动脉的中膜和外膜交界处有明显的外弹性膜。

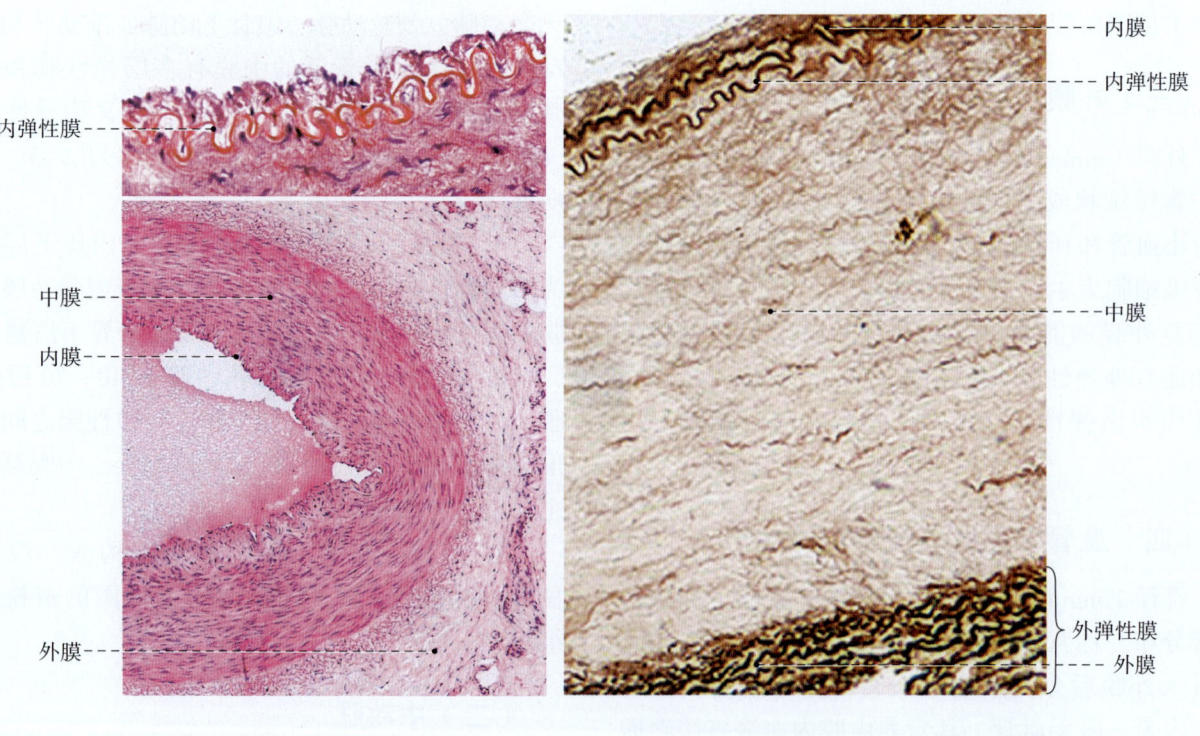

图 9-4　中动脉横切面
A. HE 染色，上：高倍示内弹性膜；B. 弹性染色显示内、外弹性膜

(三)小动脉与微动脉

管径 0.3~1 mm 的动脉称为小动脉（small artery），也属于肌性动脉。较大的小动脉，内膜有明显的内弹性膜，随着管径变细，内弹性膜逐渐消失。中膜有几层环形平滑肌。外膜厚度与中膜相近，一般没有外弹性膜（图 9-5）。

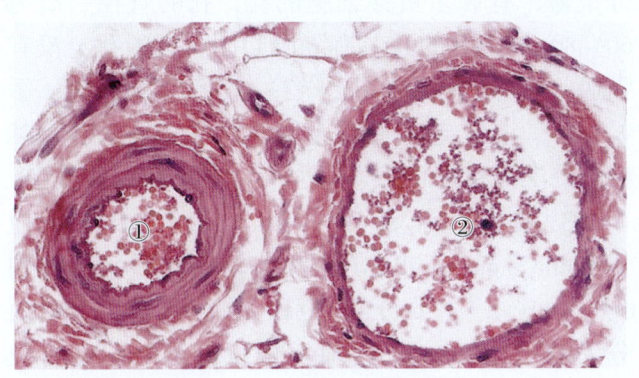

图 9-5　小动静脉（HE 染色）
①小动脉；②小静脉

管径在 0.3 mm 以下的动脉，称微动脉（arteriole）。其内膜无内弹性膜，中膜由 1~2 层环形平滑肌组成，外膜较薄（图 9-6）。

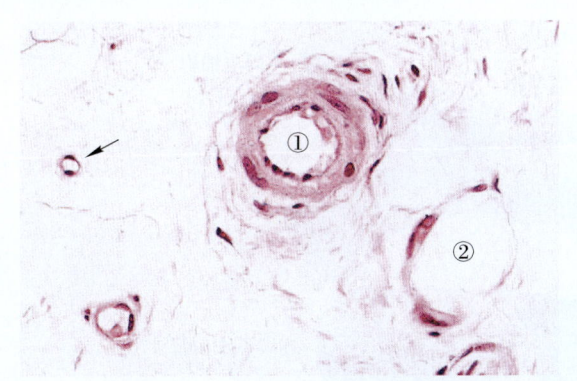

图 9-6　微动静脉（HE 染色）
①微动脉；②微静脉；箭头示毛细血管

(四)动脉管壁结构与功能的关系

心脏规律地舒缩，将血液间断地射入动脉，但动脉的血流却是连续不断的，这是因为靠近心脏的大动脉的管壁具有弹性，心脏收缩时其管壁扩张，而心脏舒张时，其管壁回缩。大动脉管壁的弹性使血管内血液的流动维持连续不断，起辅助泵的作用。

中动脉中膜平滑肌发达，平滑肌的收缩和舒张使血管管径缩小或扩大，可调节分配到身体各部和各器官的血流量，因此，中动脉又称分配动脉（distributing artery）。

小动脉和微动脉管壁的舒缩，能显著地改变血流的外周阻力，调节进入器官和组织的血流量，并维持正常血压，因此小动脉和微动脉又称外周阻力血管（resistance vessel）。

三、毛细血管

毛细血管（capillary）是管径最细、分布最广的血管，它们分支并互相吻合成网（图 9-7）。各器官和组织内毛细血管网的疏密程度差别很大，代谢旺盛的组织和器官如骨骼肌、心肌、肺、肾及许多腺体等，毛细血管网密集；代谢较低的组织如骨、肌腱和韧带等，毛细血管网则较稀疏。

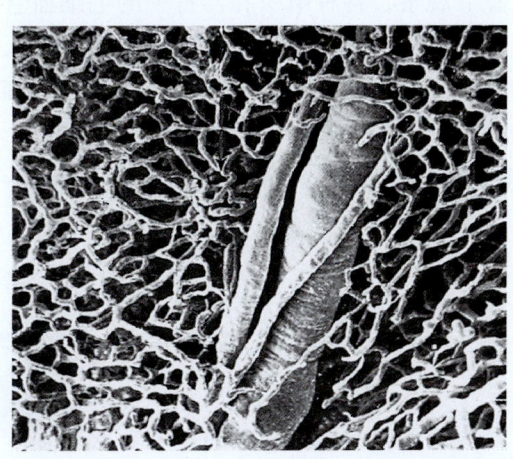

A

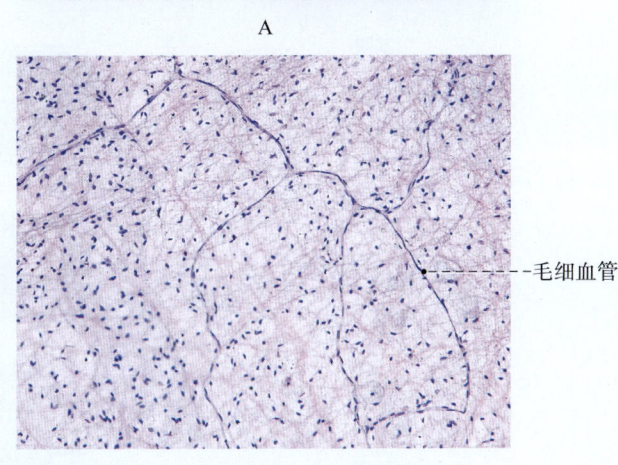

B

图 9-7　毛细血管网
A. SEM 图；B. 肠系膜铺片

(一)毛细血管的结构

毛细血管的管径一般为 6~8 μm，但随着组织或器官的生理状况的不同而有所改变：组织或器官的功能旺盛时，管壁扩张，通过的血流量较多；反之，则管径变细，通过的血流量少。

毛细血管的管壁主要由内皮细胞和基膜组成（图 9-8）。细的毛细血管仅由一个内皮细胞围成，较粗的毛细血管由 2~3 个内皮细胞围成（图 9-9），基膜外有少许结缔组织。在内皮细胞与基膜之间散在有一种扁平而有突起的细胞，细胞突起紧贴在内皮细胞基底面，称为周细胞（pericyte）（图 9-10）。周细胞的功能尚不清楚，有人认为它们主要起机械性支持作用；也有人认为它们是未分化的细胞，在血管生长或再生时可分化为平滑肌和成纤维细胞。

(二)毛细血管的分类

在光镜下观察，各种组织和器官中的毛细血管相似，但在电镜下，根据内皮细胞等的结构特点，毛细血管可分为 3 类：连续性毛细血管、有孔毛细血管和血窦。

1. 连续性毛细血管 连续性毛细血管（continuous capillary）内皮细胞连续完整，细胞间有紧密连接，基膜完整；内皮细胞胞质中有许多胞饮泡（图 9-11A）。连续性毛细血管分布于结缔组织、肌组织、肺和中枢神经系统等处。

2. 有孔毛细血管 有孔毛细血管（fenestrated capillary）内皮细胞相互连续，细胞间也有紧密连接，基膜也连续完整。但内皮细胞不含核的部分很薄，有许多贯穿细胞的孔，孔的直径一般为 60~80 nm，有的孔上有隔膜封闭，有的孔上没有隔膜；隔膜厚 4~6 nm，较一般的细胞膜薄（图 9-11B）。有孔毛细血管主要存在于胃肠黏膜、某些内分泌腺和肾血管球等处。

3. 血窦 血窦（sinusoid）或称窦状毛细血管（sinusoidal capillary），管腔较大，形状不规则（图 9-11C），主要分布于肝、脾、骨髓和一些内分泌腺中（图 9-12）。血窦内皮细胞之间常有较大的间隙，故又称不连续毛细血管（discontinuous capillary）。不同器官内的血窦结构常存在较大差别，某些内分泌腺的血窦内皮细胞有孔，细胞间隙较宽，基膜不连续或不存在；脾血窦的内皮细胞呈杆状，细胞间的间隙较大，内皮细胞外有网状纤维环绕形成的栅栏状结构，基膜不完整。

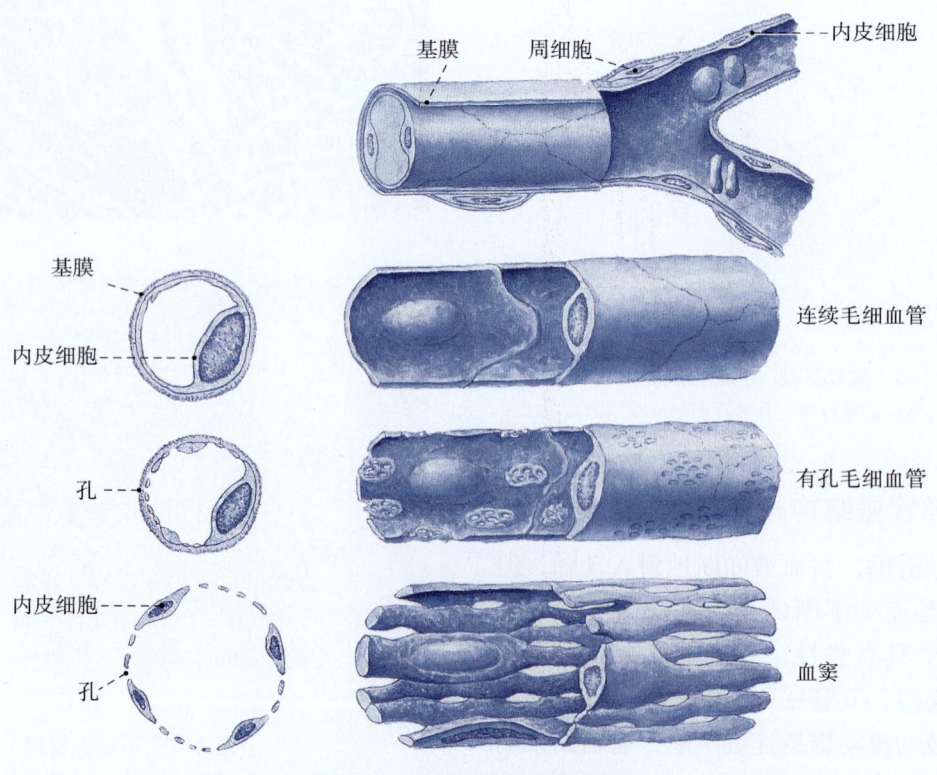

图 9-8 毛细血管结构模式图

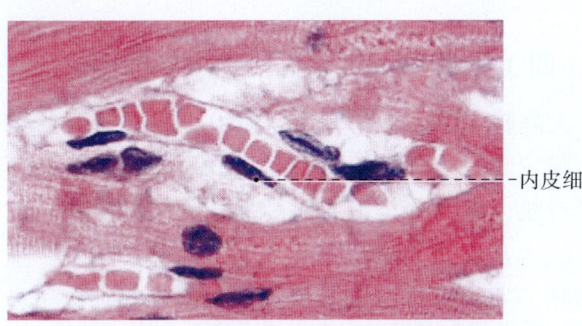

图 9-9　心肌细胞之间毛细血管（HE 染色）

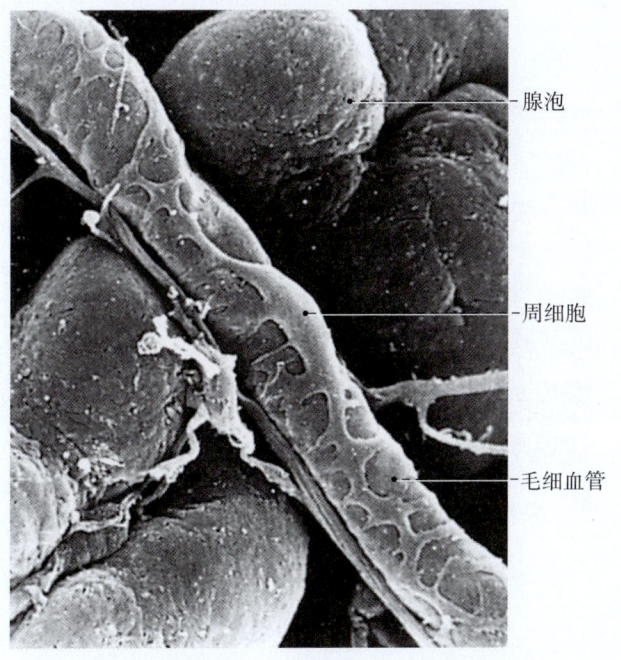

图 9-10　毛细血管（SEM）

（三）毛细血管的功能

毛细血管是血液与周围组织进行物质交换的主要部位。人体毛细血管的总面积很大，体重 60 kg 的人，毛细血管的总面积可达 6 000 m^2。毛细血管管壁很薄，并与周围的细胞相距很近，这些特点是进行物质交换的有利条件。

物质通过毛细血管壁的能力称毛细血管的通透性（capillary permeability），不同器官内的毛细血管的通透性有很大差异，例如，肾血管球的通透性比心肌组织中毛细血管的通透性大 100 倍。毛细血管的结构与通透性关系的研究表明，内皮细胞的孔、质膜小泡和穿内皮性小管能透过液体和大分子物质；内皮细胞间隙在正常情况只允许小分子物质通过；基膜能透过较小的分子，但能阻挡一些大分子物质。另外一些物质，如 O_2、CO_2 和脂溶性物质等，可直接透过内皮细胞的胞膜和胞质。

无论是在生理状况还是在病理状况下，毛细血管的通透性都可以发生很大的变化，如体温升高、缺氧可使毛细血管通透性增高；某些血管活性物质如血管紧张素Ⅱ、去甲肾上腺素和组胺等，可引起内皮细胞收缩，导致内皮细胞间隙增大，于是血浆中的大分子物质可透过内皮间隙；维生素 C 缺乏时引起毛细血管内皮细胞之间的连接开大，基膜和毛细血管周围的胶原纤维减少或消失，从而引起毛细血管性出血。

四、静脉

静脉（vein）由小至大逐级汇合，管径逐渐增粗，管壁也逐渐增厚。中静脉及小静脉常与相应的动脉伴行。静脉的数量比动脉多，管径较粗，管腔较大，故血容量较大。与伴行的动脉相比，静脉管

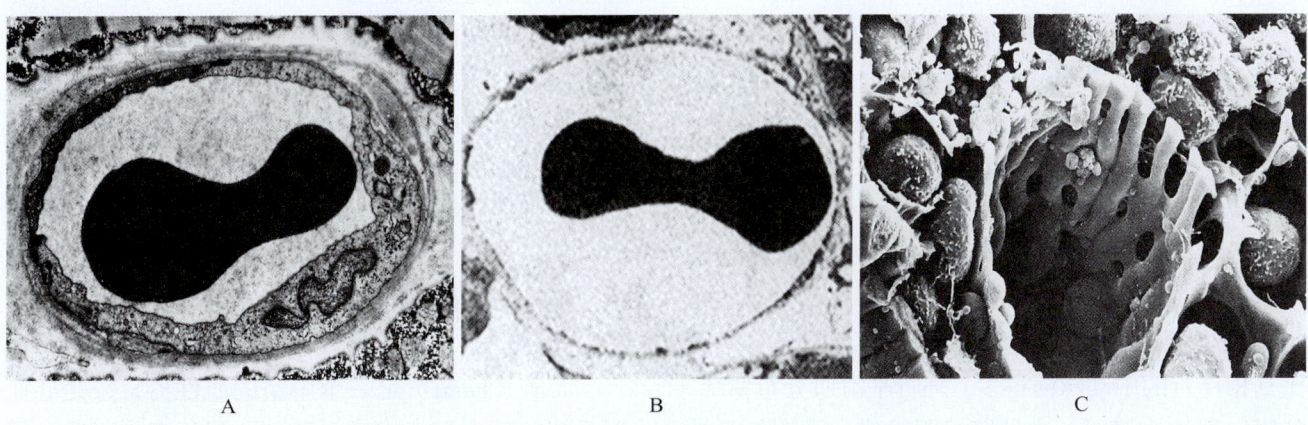

图 9-11　三种毛细血管

A. 连续性毛细血管，TEM；B. 有孔毛细血管，TEM；C. 脾血窦，SEM

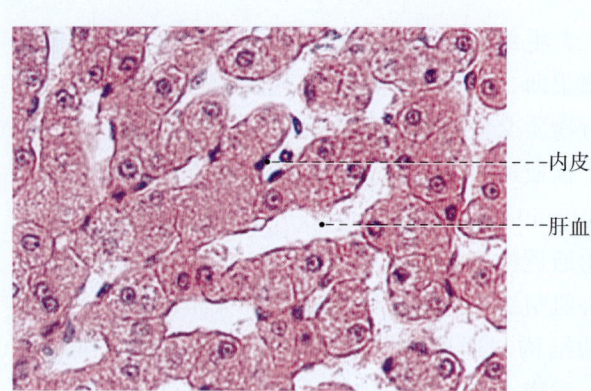

图 9-12 肝血窦（HE 染色）

壁薄而柔软，弹性也小，因此切片标本中的静脉管壁常呈塌陷状，管腔变扁或呈不规则形。

根据管径的大小，静脉也分为大静脉、中静脉、小静脉和微静脉。但静脉管壁结构的变异比动脉大，甚至一条静脉的各段也常存较大的差别。静脉管壁大致也可分为内膜、中膜和外膜 3 层，但 3 层膜常无明显的界线。静脉壁的平滑肌和弹性组织不及动脉丰富，结缔组织成分较多。

（一）微静脉

微静脉（venule）管腔不规则，管径 50～200 μm。紧邻毛细血管的微静脉称毛细血管后微静脉（postcapillary venule），其管壁结构与毛细血管相似，内皮外只有薄层结缔组织，但管径略粗。随着微静脉管径的增大，内皮和结缔组织之间出现稀疏的平滑肌，外膜薄（图 9-6）。毛细血管后微静脉内皮细胞间的间隙较大，故通透性较大，也具有物质交换功能。

（二）小静脉

小静脉（small vein）的管径在 200 μm 至 1 mm 之间，内皮外平滑肌逐渐增多。较大的小静脉的中膜有一层至数层平滑肌，外膜也逐渐变厚（图 9-5）。

（三）中静脉

除大静脉以外，凡有解剖学名称的静脉都属于中静脉（medium-sized vein）。中静脉的管径为 1～10 mm，内膜薄，内弹性膜不发达或不明显。中膜比其相伴行的中动脉薄得多，环行平滑肌分布稀疏。外膜一般比中膜厚，由结缔组织组成，没有外弹性膜（图 9-2），有的中静脉外膜可有纵行平滑肌束。

（四）大静脉

大静脉（large vein）管径在 10 mm 以上，管壁的内膜较薄，中膜很不发达，为几层排列疏松的环行平滑肌，有时甚至没有平滑肌。外膜则较厚，结缔组织内常有较多的纵行平滑肌束（图 9-13）。上腔静脉、下腔静脉、无名静脉和颈静脉等都属于大静脉。

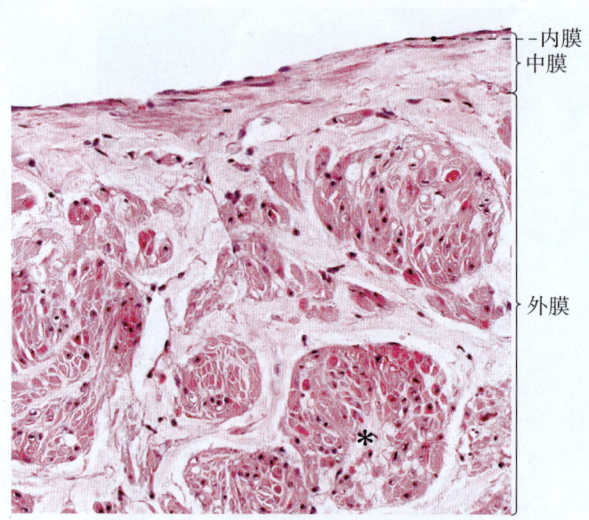

图 9-13 大静脉横切面（HE 染色）
星号示平滑肌束

（五）静脉瓣

管径 2 mm 以上的静脉常有静脉瓣（venous valve），由内膜凸入管腔折叠而成，为两个半月形薄片，彼此相对，其游离缘朝向血流方向，中心为含弹性纤维的结缔组织，表面覆以内皮（图 9-14）。静脉瓣的作用是防止血液逆流。

静脉的功能是将身体各部的血液导回心脏。静脉血回流的动力主要不是依靠管壁本身的收缩，而是靠管道内的压力差。影响静脉压力差的因素很多，如心脏的收缩力、重力和体位、呼吸运动以及静脉周围的肌组织收缩挤压作用等。

五、心脏

心脏（heart）是一个中空的肌性器官，是心血管系统的动力泵。构成心壁的心肌称工作心肌，具有节律性收缩和舒张的能力，能推动血液在血管中

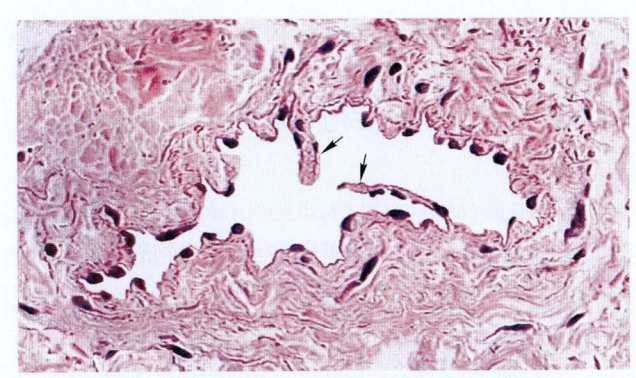

图 9-14 中静脉（HE 染色，箭头示静脉瓣）

不断地循环流动，使身体各部分的组织和器官得到充分的血液供应。

（一）心壁的结构

心壁也由 3 层组成，从内向外依次为心内膜、心肌膜和心外膜（图 9-15）。

1. 心内膜 心内膜（endocardium）的表面是内皮，与大血管的内皮相连续；内皮下为内皮下层，其中除结缔组织外，还含有少许平滑肌；内皮下层与心肌膜之间是心内膜下层（subendocardial layer），由较疏松的结缔组织组成，其中含血管和神经，心室的心内膜下层还分布有心脏传导系的分支——浦肯野纤维（图 9-15）。

2. 心肌膜 心肌膜（myocardium）主要由心肌纤维构成。心肌膜在心房较薄，心室较厚，在左心室最厚。心肌纤维呈螺旋状排列，大致可分为内纵、中环和外斜 3 层。心肌纤维多集合成束，肌束间有较多的结缔组织和丰富的毛细血管（图 9-15）。

心室的肌纤维较粗、较长，直径 10~15 μm，长约 100 μm。心房的肌纤维较细、较短，直径 6~8 μm，长 20~30 μm。电镜下可见心房肌纤维中横小管很少，有些心房肌纤维的肌质中含有电子密度较大的颗粒，颗粒有膜包裹，直径 0.3~0.4 μm，称心房特殊颗粒（specific atrial granule），这些颗粒中含肽类物质，称心房利钠尿多肽（atrial natriuretic polypeptide），简称心钠素，有很强的利尿、排钠、扩张血管和降血压作用。

近年研究证明，心肌还能分泌其他多种生物活性物质，如与心钠素作用相似的脑钠素、抗心律失常肽和内源性洋地黄素（又称内洋地黄素）。心肌细胞还具有合成肾素和血管紧张素的能力，对促进心肌细胞生长、增强心肌收缩力等有重要作用。

在心房肌和心室肌之间，有由致密结缔组织组成的支持性结构，构成心脏的支架，也是心肌和心瓣膜的附着处，称心骨骼（cardiac skeleton）。心骨骼包括室间隔膜部、纤维三角和纤维环。心房和心室的心肌分别附着于心骨骼，两部分的心肌并不相连。

3. 心外膜 心外膜（epicardium）是心包膜的脏层，其结构为浆膜（serous membrane），它的表层是间皮，间皮下面是薄层结缔组织，与心肌膜相连

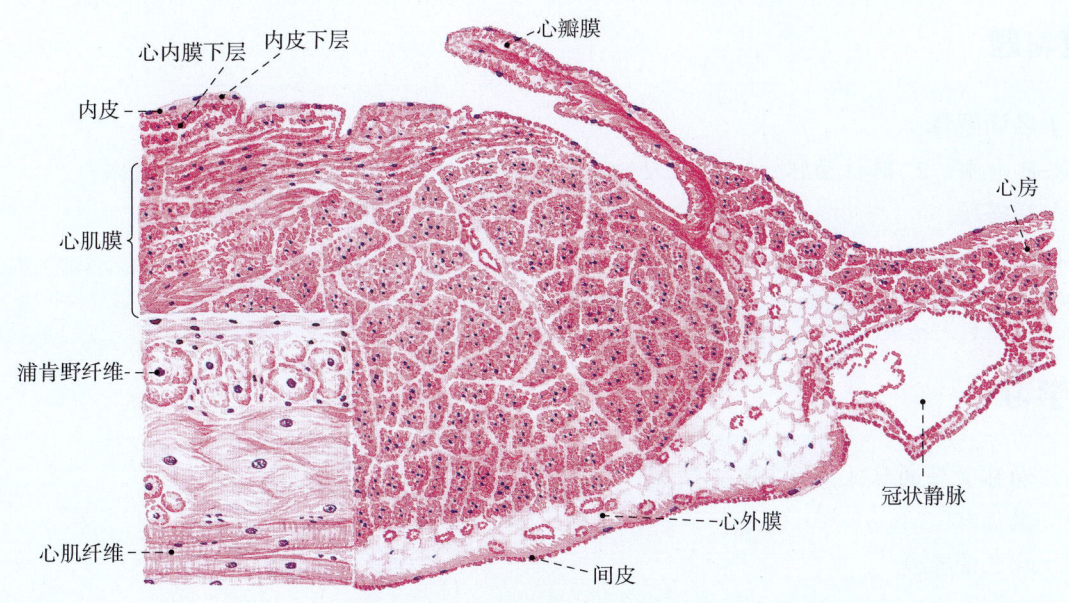

图 9-15 心壁的结构光镜仿真图

左下为心内膜及心肌膜局部放大图

（图9-15）。心外膜中含血管和神经，并常有脂肪组织。心包膜壁层衬贴于心包内面，也是浆膜，与心外膜连续。壁层与脏层之间为心包腔，腔内有少量液体，使壁层与脏层湿润光滑，有利于心脏搏动。

（二）心瓣膜

心瓣膜在心脏的房室口和动脉口处分别有房室瓣、主动脉瓣和肺动脉瓣，统称为心瓣膜（cardiac valve），是心内膜突向心腔而成的薄片状结构，与心骨骼的纤维环连接，瓣膜表面被覆以内皮，内部为致密结缔组织，瓣膜的基部可见少量平滑肌。

瓣膜的功能是阻止血液逆流。疾病侵犯瓣膜时，其内胶原纤维增生，致使瓣膜变硬或变形，有时还可造成瓣膜的粘连，使瓣膜不能正常地关闭和开放，影响血液的循环。

（三）心脏的传导系统

心壁内有由特殊心肌纤维组成的传导系统，其功能是发生冲动并将冲动传导到心脏的各部，使心房肌和心室肌按一定的节律收缩。该系统包括窦房结、房室结、房室束、左右房室束分支以及分布到心室乳头肌和心室壁的许多细支。窦房结（sinuatrial node）位于右心房心外膜深部，房室结（atrioventricular node）等其余的部分均分布在心内膜下层，由结缔组织将它们和心肌膜隔开。组成这个系统的心肌纤维聚集成结和束，受交感、副交感和肽能神经纤维支配，并有丰富的毛细血管。根据近年的研究，组成心脏传导系统的心肌纤维类型有以下3种：

1. 起搏细胞 起搏细胞（pacemaker cell）简称P细胞，组成窦房结和房室结。细胞较小，呈梭形或多边形，包埋在一团较致密的结缔组织中。胞质内细胞器较少，有少量肌丝和胞饮泡，但含糖原较多。生理学的研究证明，这些细胞是心肌兴奋的起搏点。

2. 移行细胞 移行细胞（transitional cell）主要存在于窦房结和房室结的周边及房室束，起传导冲动的作用。位于窦房结的移行细胞，有的与心房的心肌纤维相连，将冲动传到心房，但窦房结的冲动如何传到房室结，尚不清楚。移行细胞的结构介于起搏细胞和工作心肌纤维之间，细胞呈细长形，比工作心肌纤维细而短，胞质内含肌丝较P细胞略多。

3. 浦肯野纤维 浦肯野纤维（Purkinje fiber）也称束细胞（bundle cell），它们组成房室束及其分支。这种细胞比工作心肌纤维短而宽，细胞中央有1～2个核，胞质中有丰富的线粒体和糖原，肌丝较少，位于细胞周边，细胞彼此间有较发达的闰盘相连（图9-15）。生理学的研究证明，此种细胞能快速传导冲动。房室束分支末端的细胞与心室肌纤维相连，将冲动传到心室各处。

复习题

（一）名词解释
1. W-P小体 2. 肌性动脉 3. 弹性动脉 4. 浦肯野纤维 5. 静脉瓣 6. 微循环

（二）问答题
1. 比较中动脉与中静脉结构的异同点。
2. 比较电镜下3种毛细血管的结构及功能的差异。

网上学习

9-1 动脉管壁的特殊感受器
9-2 微循环
9-3 淋巴管系统

（汪琳，胡瀚洋撰文；齐亚力绘图）

第 10 章 免疫系统

> ● 导学
> ▶ 重点
> ● 单核吞噬细胞系统的组成及功能意义
> ● 弥散淋巴组织及淋巴小结的结构特点和功能
> ● 胸腺的组织结构和功能
> ● 淋巴结和脾的结构和功能
> ▶ 难点
> ● 淋巴结内的淋巴通路
> ● 淋巴细胞再循环的过程

免疫系统（immune system）是人类长期进化形成的防御系统，主要包括免疫活性分子、免疫细胞、淋巴组织及淋巴器官。淋巴器官分为中枢淋巴器官（胸腺和骨髓）和外周淋巴器官（淋巴结、脾和扁桃体等）；淋巴组织主要分布在淋巴结、脾、扁桃体等器官，此外还广泛分布于消化管和呼吸道的管壁内；免疫细胞包括淋巴细胞、抗原呈递细胞、粒细胞、肥大细胞等，它们除了聚集于淋巴组织中，还广泛分布在血液、淋巴及其他组织内，并通过细胞间相互作用及分泌免疫球蛋白、补体、多种细胞因子等免疫活性物质发挥防御功能。全身免疫系统通过血液及淋巴循环相互联系，形成一个整体。

免疫系统的功能主要有以下三方面：①免疫防御：识别和消除进入机体的异常成分（通常含有特异性抗原），包括病原生物、异体细胞和异体大分子。②免疫监视：识别和消除体内发生变异的细胞，主要包括肿瘤细胞和病毒感染细胞。③自身稳定：识别和清除体内衰老死亡的细胞，同时避免对自身成分产生反应，维持机体内环境的相对稳定。目前认为，免疫功能主要通过固有免疫（innate immunity）应答和适应性免疫（adaptive immunity）应答协同实现。固有免疫又称天然免疫，是机体与生俱来的天然免疫防御功能，一般激活迅速，但是缺乏抗原特异性，常引起广泛的炎症反应，可以作为机体防御的第一道屏障，同时为适应性免疫的建立奠定基础；而适应性免疫又称获得性免疫，是机体长期与外源性病原微生物（抗原）接触过程中形成的针对特定抗原识别与清除的防御功能，通常需要较长的周期建立完善，但是具有高度抗原特异性、长期记忆性和快速的再次应答能力，是成熟而高效的免疫应答方式。固有免疫系统和适应性免疫系统分别由不同的免疫细胞组成，通过密切协调的细胞的相互作用而发挥其功能。

一、免疫细胞

（一）固有免疫系统细胞

固有免疫系统细胞主要包括巨噬细胞、NK细胞、抗原呈递细胞、中性粒细胞、肥大细胞、嗜碱性粒细胞和嗜酸性粒细胞等。这些细胞广泛分布于循环的体液或器官组织间隙内，共同发挥对异常成分的快速识别和防御作用。

1. 巨噬细胞和单核吞噬细胞系统 巨噬细胞和血液中的单核细胞共同起源于造血干细胞，其形态和功能特征分别见有关章节。一般将血液单核细胞和定居于各组织器官的具有吞噬功能的细胞统称为单核吞噬细胞系统（mononuclear phagocyte system，MPS）。该系统包括单核细胞、结缔组织和淋巴组织的巨噬细胞、骨组织的破骨细胞、神经组织的小胶质细胞、肝巨噬细胞和肺巨噬细胞等。这一类细胞起源不尽相同，但是均具有很强的吞噬能力及分泌多种细胞因子的功能，其中部分细胞具有一定的抗原呈递能力（详见后文）。

2. NK细胞 即自然杀伤细胞，形态上属于淋巴细胞，于骨髓中成熟的NK细胞无需抗原呈递过程即可活化，主要通过穿孔素杀伤肿瘤细胞和某些病毒感染细胞，并可以分泌多种细胞因子发挥其免疫调控作用。

3. 抗原呈递细胞 抗原呈递细胞（antigen-presenting cell）是指能捕获和处理抗原，将抗原肽呈递给淋巴细胞，并激发后者活化、增殖的一类免疫细胞。其抗原呈递功能通过主要组织相容性复合体（major histocompatibility complex，MHC）进行。树突状细胞(dendritic cell，DC)是抗原呈递能力最强的一类抗原呈递细胞，通常称为专职抗原呈递细胞。此外，巨噬细胞和B淋巴细胞也具有一定的抗原呈递能力。

树突状细胞来源于骨髓多能干细胞，数量很少，分布很广，包括血液DC，表皮和消化管上皮处的朗格汉斯细胞，心、肝、肺、肾、消化管内的间质DC，淋巴内的面纱细胞，淋巴器官和淋巴组织中的交错突细胞等。成熟DC具有大量树枝状突起，高表达MHC-Ⅱ类分子是其主要分子特征。DC以吞饮和吞噬方式捕获可溶性蛋白抗原和颗粒抗原，经处理后，形成抗原肽-MHC分子复合物，向T细胞呈递抗原并激发其细胞活化。

4. 其他固有免疫细胞 主要包括来源于骨髓的中性粒细胞、肥大细胞、嗜碱性粒细胞和嗜酸性粒细胞等，其形态和功能各异，分别针对不同类型的病原体或异常细胞发挥不同的免疫应答或调节作用，详见结缔组织、血液有关章节。

（二）适应性免疫系统细胞

适应性免疫系统细胞主要为具有特异性应答能力的淋巴细胞，包括T细胞与B细胞等。这些细胞可以通过其表面受体在抗原呈递细胞的介导下识别特异性抗原，并通过特定白细胞分化抗原（CD）等膜分子相互识别和细胞因子作用下活化，产生抗原特异性免疫应答。适应性免疫应答的产生依赖于以上细胞以及固有免疫细胞的共同协作完成。

1. T细胞 T细胞在胸腺生成。未接触抗原前称为初始T细胞（naive T cell），并在进入外周淋巴器官或淋巴组织后保持静息状态。在合适的抗原肽刺激下，T细胞可以大量增殖、分化，其中大部分形成具有免疫功能的效应T细胞（effector T cell），并迅速对其识别的抗原进行应答，其寿命仅1周左右；其余很小一部分T细胞则恢复静息状态，称记忆性T细胞（memory T cell），其寿命可长达数年，甚至终生。一旦其再次遇到相同抗原时，能迅速分化、增殖，形成大量效应T细胞，快速启动较强的免疫应答，从而使机体长期保持对该抗原的免疫力。按照功能的不同，T细胞主要包括三个亚群。

（1）细胞毒性T细胞（cytotoxic T cell） 简称Tc细胞，通常表达膜蛋白CD8，能根据特异性抗原肽识别异体细胞、抗原变异的肿瘤细胞或病毒感染细胞等，并通过释放穿孔素和颗粒酶等诱发靶细胞溶解或凋亡。由于这一类免疫应答通过Tc细胞直接杀灭靶细胞而完成，通常称为细胞免疫（cellular immunity）反应。

（2）辅助性T细胞（helper T cell） 简称Th细胞，通常表达膜蛋白CD4。Th细胞可以分为多种不同亚群，通过分泌不同细胞因子发挥其作用。例如，Th1细胞主要参与细胞免疫应答，Th2细胞可辅助B细胞分化为浆细胞，参与体液免疫应答。

（3）调节性T细胞（regulatory T cell） 简称Treg细胞，通常表达膜蛋白CD4和CD25以及核蛋白Foxp3，数量较少，具有负向调节机体免疫应答的功能。

2. B细胞 该类细胞在骨髓生成。未接触抗原前称为初始B细胞，可迁移并定居于周围淋巴器官。遇到与其抗原受体匹配的抗原后，可在淋巴组织中快速增殖、分化。其中大部分子细胞分化为效应 B 细胞,即浆细胞,可以分泌抗体作为特异性识别、中和抗原与诱导进一步免疫反应的活性分子;其余一小部分子细胞可分化为记忆性 B 细胞,其形成及再次应答过程和记忆性 T 细胞类似。通常将分泌可溶性抗体进入体液而实现的免疫应答称为体液免疫(humoral immunity)反应。

二、淋巴组织

淋巴组织(lymphoid tissue)是机体产生免疫应答的场所。其结构以网状纤维为支架,网眼中分布有大量以淋巴细胞为主的免疫细胞。根据其形态、细胞成分和功能,将淋巴组织分为弥散淋巴组织和淋巴小结两种。

(一)弥散淋巴组织

弥散淋巴组织(diffuse lymphoid tissue)主要由 T、B 淋巴细胞构成,与周边结构无明显界线,组织中除分布有毛细血管和毛细淋巴管外,还通常存在一种特殊的毛细血管后微静脉,其内皮细胞为立方或矮柱状,因此称为高内皮微静脉(high endothelial venule),是淋巴细胞由血液循环进入淋巴组织的重要通道。抗原刺激后弥散淋巴组织范围可扩大,并出现淋巴小结。

(二)淋巴小结

淋巴小结(lymphoid nodule)又称淋巴滤泡(lymphoid follicle),为直径 1~2 mm 的球形小体,含有大量 B 细胞和一定量的 Th 细胞、滤泡树突状细胞、巨噬细胞等。淋巴小结受到抗原刺激后增大,并产生生发中心(germinal center)。无生发中心的淋巴小结较小,称初级淋巴小结;有生发中心的称次级淋巴小结(图 10-1)。

生发中心可根据形态分为暗区(dark zone)和明区(light zone)。暗区位于深部,范围较小,细胞体积较大,着色深,呈较强嗜碱性;明区位于暗区外周,范围较大,着色较浅。生发中心的最外侧通常包绕一层较小的细胞,排列紧密,一般在其顶部最厚,称为小结帽(nodule cap)。

生发中心的形成过程如下:初始 B 细胞或记忆性 B 细胞识别抗原并在 Th 细胞辅助下激活,迁移

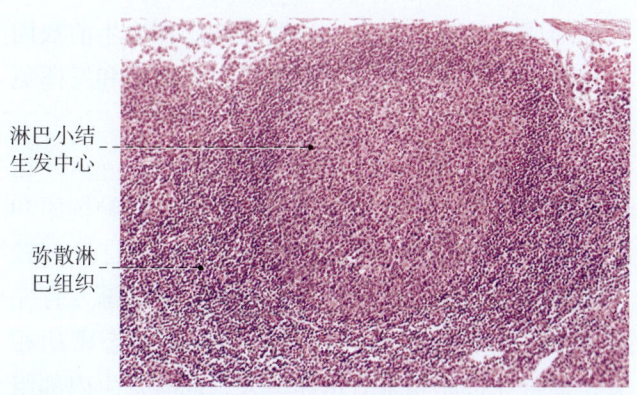

图 10-1 淋巴结皮质示两种形态淋巴组织(HE 染色)

到初级淋巴小结启动增殖过程,形成大而幼稚、紧密聚集的生发中心母细胞(centroblast),后者与 Th 细胞共同构成暗区。生发中心母细胞经过增殖,生成大量体积较小、排列不甚紧密的生发中心细胞(centrocyte),后者与众多的滤泡树突状细胞共同构成明区。而不发生分裂增殖的 B 细胞被推向外侧,形成小结帽。

滤泡树突状细胞(follicular dendritic cell,FDC)形态上与一般的树突状细胞相似,但是在来源和功能上有很大差别。FDC 不表达 MHC-Ⅱ类分子,但可以通过其膜表面丰富的抗体受体结合抗原-抗体复合物,对 B 细胞进行筛选。表达高亲和力抗体的 B 细胞可以与 FDC 发生相互作用,促进其增殖、分化;而低亲和力的 B 细胞则凋亡和被清除。因此,在 FDC 和 Th 细胞协同下,淋巴小结中的 B 细胞经过不断分化、发育,形成浆细胞及记忆性 B 细胞,并迁移至髓质或进入淋巴后再迁移至机体其他部位的淋巴组织发挥作用。

在抗原刺激下,淋巴小结增大、增多是体液免疫激活的重要标志,次级淋巴小结的发育及浆细胞的成熟一般在接触抗原 2 周后达高峰。而抗原被清除后淋巴小结则逐渐消失。

三、淋巴器官

淋巴器官分为中枢淋巴器官和周围淋巴器官。

中枢淋巴器官(central lymphoid organ)包括胸腺和骨髓,是淋巴细胞发生的主要场所。淋巴性造血干细胞在胸腺或骨髓不同的微环境影响下,经历不同的分化发育途径,在胸腺形成初始 T 细胞,在

骨髓形成初始 B 细胞。上述两类细胞在出生前数周开始输送至周围淋巴器官和淋巴组织定植和发挥免疫应答作用。

周围淋巴器官（peripheral lymphoid organ）包括淋巴结、脾、扁桃体等，是免疫细胞接触抗原和发生免疫应答的主要场所。周围淋巴器官发育较中枢淋巴器官晚，一般于出生数月后才逐渐发育完善。周围淋巴器官的体积与免疫反应状态密切相关，通常在抗原刺激后迅速增大，同时发生内部组织形态和细胞成分的剧烈改变，免疫应答消退后则会逐渐复原。

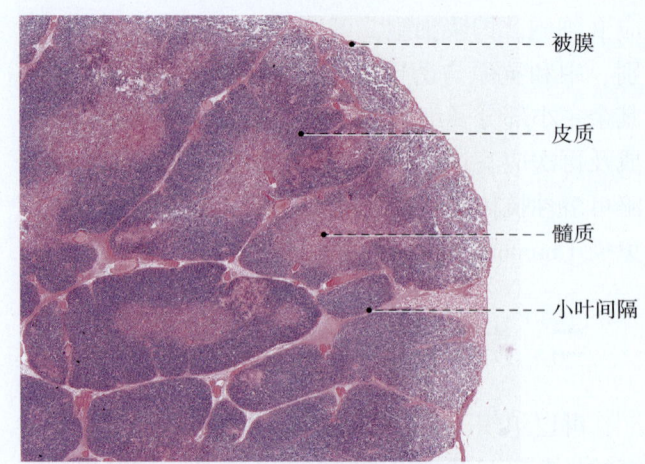

图 10-2　小儿胸腺（HE 染色）

（一）胸腺

胸腺分左右两叶，位于胸骨后心脏上方，于幼儿期较大，进入青春期后，逐渐退化缩小。到老年时期，胸腺大部被脂肪组织代替，仅存少量皮质和髓质。

1. 胸腺的结构　胸腺（thymus）表面覆盖有薄层结缔组织被膜（capsule）。被膜伸入胸腺内部形成片状的小叶间隔，将实质分隔成许多相互连接的胸腺小叶（thymic lobule）。各个小叶相互连接的区域为髓质，细胞较稀疏，着色较浅；髓质外周环绕、邻近小叶间隔的区域为皮质，细胞排列密集，着色较深（图 10-2）。胸腺内含有大量胸腺细胞；此外还有大量胸腺上皮细胞、少量树突状细胞及巨噬细胞等，统称为胸腺基质细胞（thymic stromal cell, TSC）。这些细胞共同构成了 T 细胞发育的微环境。

（1）**皮质**（cortex）　以胸腺上皮细胞为支架，间隙内含有大量胸腺细胞和少量其他类型基质细胞（图 10-2）。

胸腺上皮细胞（thymic epithelial cell）：又称上皮网状细胞（epithelial reticular cell）。皮质的胸腺上皮细胞呈星形，发出多支粗大的突起，并通过桥粒相互连接组成网状结构。邻近被膜的一部分胸腺上皮细胞胞质丰富，称为哺育细胞。胸腺上皮细胞表面有大量 MHC 分子表达，能分泌胸腺素（thymosin）和胸腺生成素（thymopoietin），对胸腺细胞发育具有重要意义。

胸腺细胞（thymocyte）：即胸腺内处于不同分化发育阶段的 T 细胞，在皮质内高度密集，分布于胸腺上皮细胞之间，占皮质细胞总数的 85%～90%。

从骨髓来的 T 细胞前体细胞首先进入胸腺被膜下层，并逐步向皮质深层纵行迁移和发育。在这一过程中，T 细胞前体细胞需要在周围胸腺上皮细胞、DC 和巨噬细胞参与下经受两次选择，即阳性选择和阴性选择，阳性选择保留了能够与 MHC 分子识别和高亲和力结合的 T 细胞；而阴性选择则淘汰了能与机体自身抗原发生反应的 T 细胞。两次选择中绝大部分胸腺细胞发生凋亡，被巨噬细胞吞噬清除，而仅有 5% 左右的胸腺细胞最终发育成熟为初始 T 细胞，具有正常的免疫应答潜能。

（2）**髓质**（medulla）　内含大量胸腺上皮细胞，少量初始 T 细胞、巨噬细胞等。髓质的胸腺上皮细胞胞体较大，呈多边形，突起较不明显，之间以桥粒连接。部分胸腺上皮细胞构成胸腺小体，是胸腺髓质的特征性结构，其数量随年龄的增大而增加（图 10-3）。

胸腺小体（thymic corpuscle）直径 30～150 μm，由胸腺上皮细胞呈同心圆状排列而成。外周的上皮细胞核明显，较幼稚，具备分裂能力；近中心区域的上皮细胞核逐渐退化，较成熟，胞质中角蛋白较多；中心区域的上皮细胞核已消失，胞质完全角质化，呈嗜酸性，部分区域细胞界线消失而呈均质透明状。小体中常见巨噬细胞、嗜酸性粒细胞和淋巴细胞分布。目前认为胸腺小体的主要作用是分泌胸腺基质淋巴细胞生成素（thymic stromal lymphopoietin, TSLP），刺激胸腺 DC 的成熟，进而诱导胸腺内调节性 T 细胞的增殖和分化。

（3）**胸腺的血液供应及血-胸腺屏障**　幼儿期胸腺血供较为丰富，数条小动脉从胸腺外周穿越被膜进入小叶间隔，在皮质与髓质交界处形成微动脉，然后进一步分支为毛细血管进入皮质和髓质。皮质中的毛细血管在皮髓质交界处汇合为毛细血管后微静脉，其中部分为高内皮微静脉，是胸腺内发育成熟的初始T细胞进入血液循环的通道。髓质中多为有孔型毛细血管，汇合形成微静脉后经小叶间隔及被膜出胸腺。

血-胸腺屏障（blood-thymus barrier）：皮质的毛细血管及其周围结构具有阻断血液与皮质内物质自由交换的屏障作用，称血-胸腺屏障。它由下列结构组成：①连续型毛细血管内皮，细胞间以紧密连接相连；②内皮外侧连续的基膜；③血管周隙，内含巨噬细胞；④胸腺上皮基膜；⑤一层连续的胸腺上皮细胞（突起）。一般情况下，血液内抗原、异体分子和药物不易透过此屏障，这对维持胸腺细胞正常发育的微环境具有重要意义。

2. 胸腺的功能 胸腺是初始T细胞发育成熟的场所。出生前后，大量初始T细胞开始由胸腺入血，迁入外周淋巴器官和淋巴组织定植。切除新生小鼠的胸腺会导致全身T细胞缺乏，不能排斥异体移植物，抗原刺激后全身淋巴组织中不产生次级淋巴小结，生成抗体的能力显著低下。而给切除胸腺的新生小鼠再次移植胸腺，则能明显改善上述免疫缺陷状态。而出生数周后切除胸腺则对动物免疫功能无短期内的明显影响，提示其对胸腺的依赖性逐渐减弱。成年后，外周淋巴组织中初始T细胞已成规模，胸腺功能逐步自然退化。

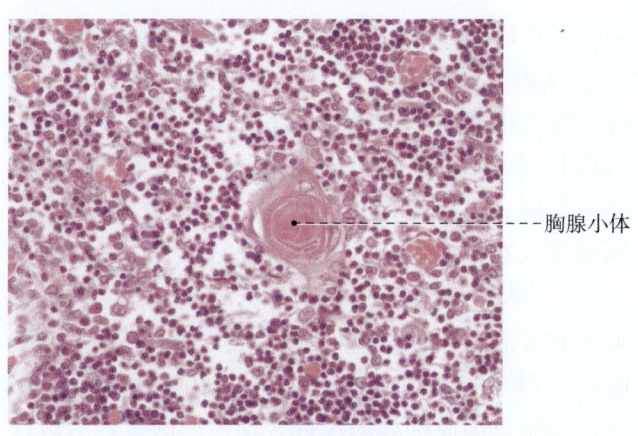

图 10-3　小儿胸腺髓质（HE 染色）

（二）淋巴结

淋巴结遍布全身，常位于多条淋巴通路的引流汇聚处，一般呈一侧凹陷的椭圆球形，大小和结构取决于其引流区域的免疫功能状态。

1. 淋巴结的结构 淋巴结表面被膜由薄层致密结缔组织构成。输入淋巴管（afferent lymphatic vessel）常有数条，由外周穿越被膜与被膜下淋巴窦相连通。淋巴结凹陷区称为门部，有血管和输出淋巴管（efferent lymphatic vessel）出入。被膜和门部的结缔组织深入淋巴结实质形成相互连接的支架结构，称为小梁（trabecula），内部有血管走行。淋巴组织和淋巴窦分布于小梁之间。淋巴结实质分为皮质和髓质两部分，两者无截然的界线（图 10-4）。

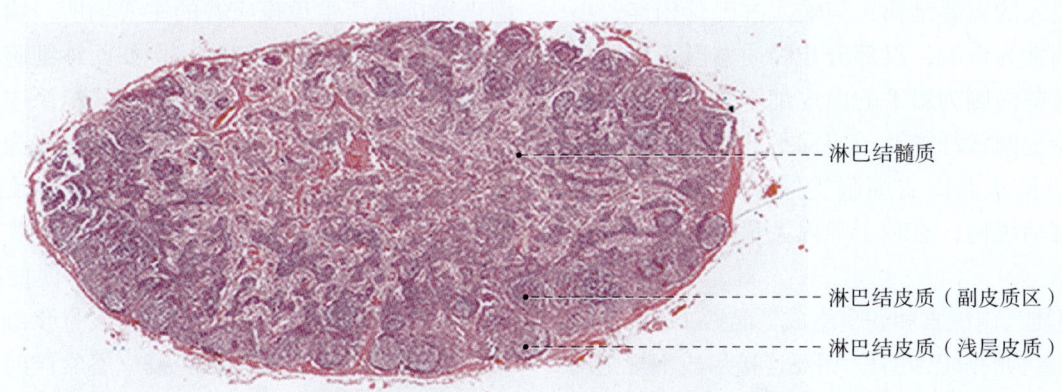

图 10-4　淋巴结（HE 染色）

（1）皮质 位于被膜下方，由浅层皮质、副皮质区及皮质淋巴窦构成。

浅层皮质（superficial cortex）由淋巴小结及小结之间的弥散淋巴组织构成，为B细胞区（详见本章"淋巴小结"）。

副皮质区（paracortical zone）位于皮质深部，

为较大片的弥散淋巴组织，主要由 T 细胞组成，此外还有很多交错突细胞、巨噬细胞和少量 B 细胞等。新生动物切除胸腺后，此区即不发育，故又称胸腺依赖区（thymus dependent region）。在细胞免疫应答时，此区范围迅速扩大，细胞分裂象增多。副皮质区有许多毛细血管后微静脉，其内皮细胞核较大，异染色质少，核仁明显，胞质丰富，其中常见正在穿越的淋巴细胞（图 10-5）。此处是淋巴细胞进入淋巴组织的重要部位，约 10% 的血液循环淋巴细胞可由此穿越内皮进入副皮质区，然后再迁移到淋巴结的其他部位。

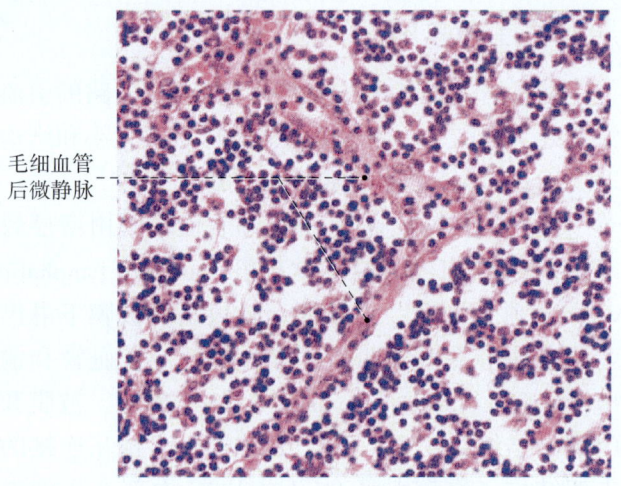

图 10-5　淋巴结副皮质区毛细血管后微静脉（HE 染色）

皮质淋巴窦（cortical sinus）为淋巴结皮质内的淋巴管道，包括被膜下方的被膜下窦和小梁周围的淋巴窦即小梁周窦。被膜下窦包绕整个淋巴结实质，为一宽大的扁囊结构，与输入淋巴管相连；小梁周窦末端常为盲端，仅部分与髓质淋巴窦直接相通。淋巴窦壁内侧为扁平的内皮细胞，内皮外有薄层基质、少量网状纤维及一层扁平的网状细胞。淋巴窦内由呈星状的内皮细胞支撑形成较宽大的窦腔，淋巴流动缓慢，有利于腔内大量附着的巨噬细胞清除抗原。

（2）**髓质**　由髓索和髓窦组成。髓索（medullary cord）是条索状的淋巴组织，相互连接形成不规则网状，内部可见毛细血管后微静脉。髓索主要含浆细胞、B 细胞和巨噬细胞。其中浆细胞主要来源于浅层皮质的淋巴小结生成的幼浆细胞，可分泌抗体。髓窦（medullary sinus）结构与皮质淋巴窦相似，但更为宽大，腔内巨噬细胞较多，故滤过功能较强

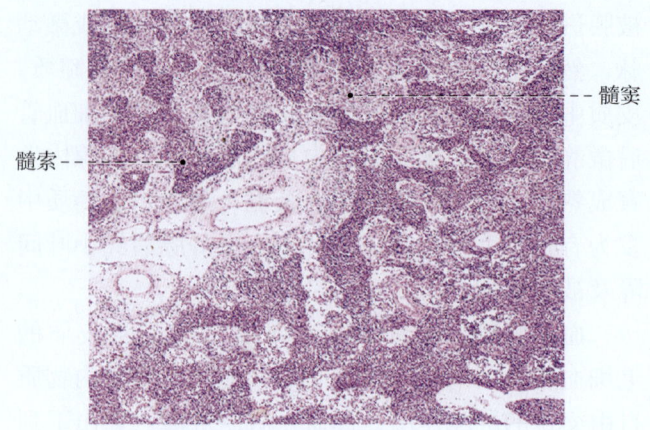

图 10-6　淋巴结髓索和髓窦（HE 染色）

（图 10-6）。

（3）**淋巴结内的淋巴通路**　淋巴由输入淋巴管首先进入被膜下窦和小梁周窦，部分渗入皮质淋巴组织，然后汇入髓窦；部分经小梁周窦直接流入髓窦，最终汇集至输出淋巴管流出（图 10-7）。淋巴流速缓慢，通常经过一个淋巴结需要数小时的时间，有利于其功能的更好实现。

2. 淋巴结的功能

（1）**过滤淋巴**　来自组织间隙的淋巴内常带有各种抗原物质，如细菌、病毒、腔内淋巴毒素等。而淋巴结提供了一个淋巴缓慢流动和充分过滤的有效场所，有利于巨噬细胞对抗原物质进行有效清除，阻止其进一步播散。正常淋巴结对细菌的滤过清除率可达 99.5%。

（2）**免疫应答**　淋巴结内的淋巴组织是针对组织来源抗原产生免疫应答的主要场所。输入淋巴管内的淋巴含多种免疫细胞，例如面纱细胞来源于表皮的朗格汉斯细胞，后者捕获皮肤组织中的抗原后迁移进入淋巴结副皮质区，进一步分化为交错突细胞，向 T 细胞呈递抗原，激活 Th 细胞及细胞免疫应答。同时，淋巴中的抗原也可以刺激 B 细胞和 Th 细胞活化并迁入初级淋巴小结，促使次级淋巴小结增多，生发中心扩大，产生大量浆细胞。淋巴结内细胞免疫应答和体液免疫应答常同时发生，生成的效应性淋巴细胞和抗体进入淋巴，并经输出淋巴管引流出淋巴结最终进入血液，循环于全身。

3. 淋巴细胞再循环　血液循环中的淋巴细胞可以通过弥散淋巴组织内的毛细血管后微静脉（高内皮微静脉），返回外周淋巴器官或淋巴组织，而

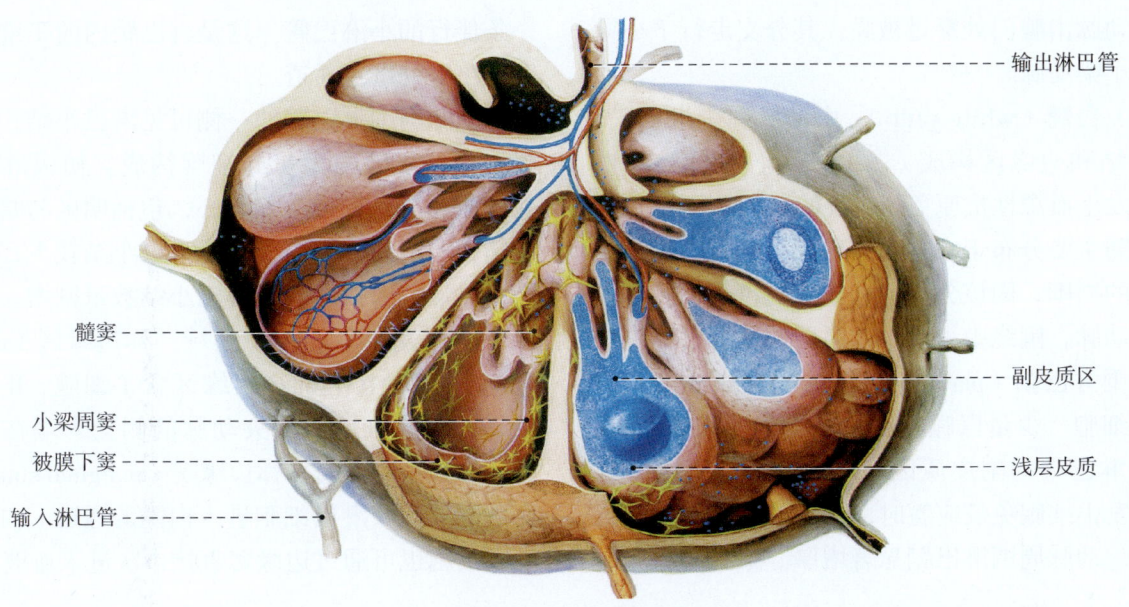

图 10-7 淋巴结模式图

淋巴细胞又可经淋巴管再次进入全身的血液循环，如此周而复始，实现淋巴细胞在外周淋巴器官及淋巴组织中的动态循环分布，这种现象称为淋巴细胞再循环（lymphocyte recirculation）。

淋巴细胞再循环使分散于全身的免疫细胞成为相互关联的统一体，促进免疫细胞间的协作，有利于通过局部的抗原识别和免疫应答建立全身的免疫防御，实现机体免疫功能的整体协调。

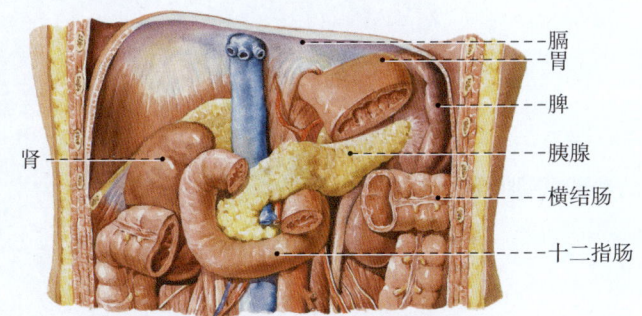

图 10-8 脾解剖位置图

（三）脾

脾位于腹腔上部左侧，与胃、胰腺及结肠毗邻（图 10-8），是胚胎时期的造血器官，自骨髓开始造血后，脾演变成人体最大的淋巴器官，也是过滤血液及对血源性抗原物质产生免疫应答的主要场所。脾动脉是腹主动脉腹腔干最大的分支，因此具有极为丰富的血供，这与其滤血、造血等功能相适应。

1. 脾的结构 新鲜的脾切面上可见大部分组织呈现深红色，称红髓；其间散在分布大量灰白色点状区域，称白髓，两者共同构成了脾的实质。脾富含血管，白髓组织一般沿血管有规律地分布（图 10-9）。

（1）被膜与小梁 脾的被膜由富含弹性纤维及平滑肌纤维的致密结缔组织构成，质地较厚，表面覆有间皮。被膜伸入脾内形成支架结构，称为小

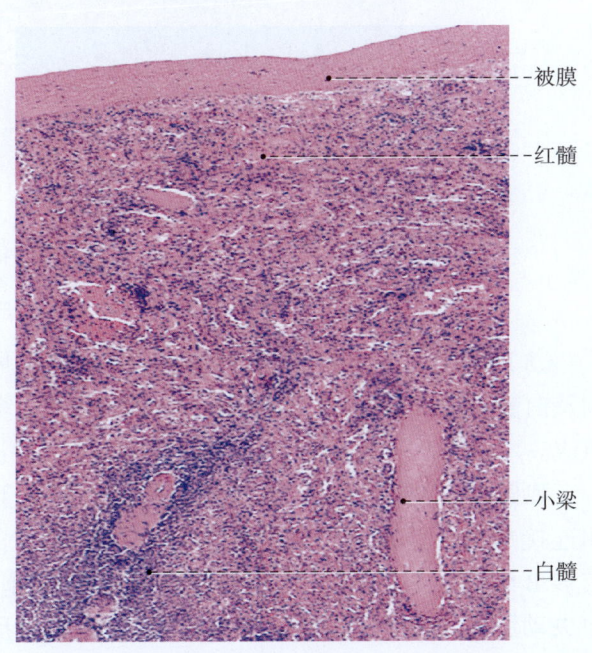

图 10-9 脾光镜图（HE 染色）

梁。脾动脉由脾门处穿过被膜，其分支走行于小梁内，称小梁动脉。

（2）白髓（white pulp） 由动脉周围淋巴鞘、淋巴小结和边缘区构成（图10-10），是脾内的淋巴组织发生血源性抗原免疫应答的场所。

白髓主要分布于小梁动脉离开小梁后的较大分支动脉的周围，因该分支动脉被白髓包绕，故称之为中央动脉。围绕中央动脉的厚层弥散淋巴组织称动脉周围淋巴鞘（periarterial lymphatic sheath），由大量T细胞、少量巨噬细胞与交错突细胞等构成，相当于淋巴结的副皮质区，但无毛细血管后微静脉。当发生细胞免疫应答时，其中的T细胞大量分裂增殖，动脉周围淋巴鞘显著增厚。中央动脉旁有一条伴行的小淋巴管，这是淋巴鞘内的T细胞经淋巴迁出脾的重要通道。

动脉周围淋巴鞘的一侧可见淋巴小结，亦称为脾小体，主要由大量B细胞构成。初级淋巴小结受抗原刺激后形成生发中心，包括明区与暗区，小结帽朝向红髓。健康人脾内淋巴小结较少，当抗原经由血液侵入机体时，淋巴小结数量剧增。白髓最外侧与红髓交界的狭窄区域，称边缘区（marginal zone），宽约100 μm。边缘区含T细胞、B细胞及较多的巨噬细胞。中央动脉的侧支末端在此区膨大，形成小的血窦，称边缘窦（marginal sinus），是血液内抗原及淋巴细胞进入白髓的通道。白髓内的淋巴细胞也可通过边缘窦直接再次进入血液循环。

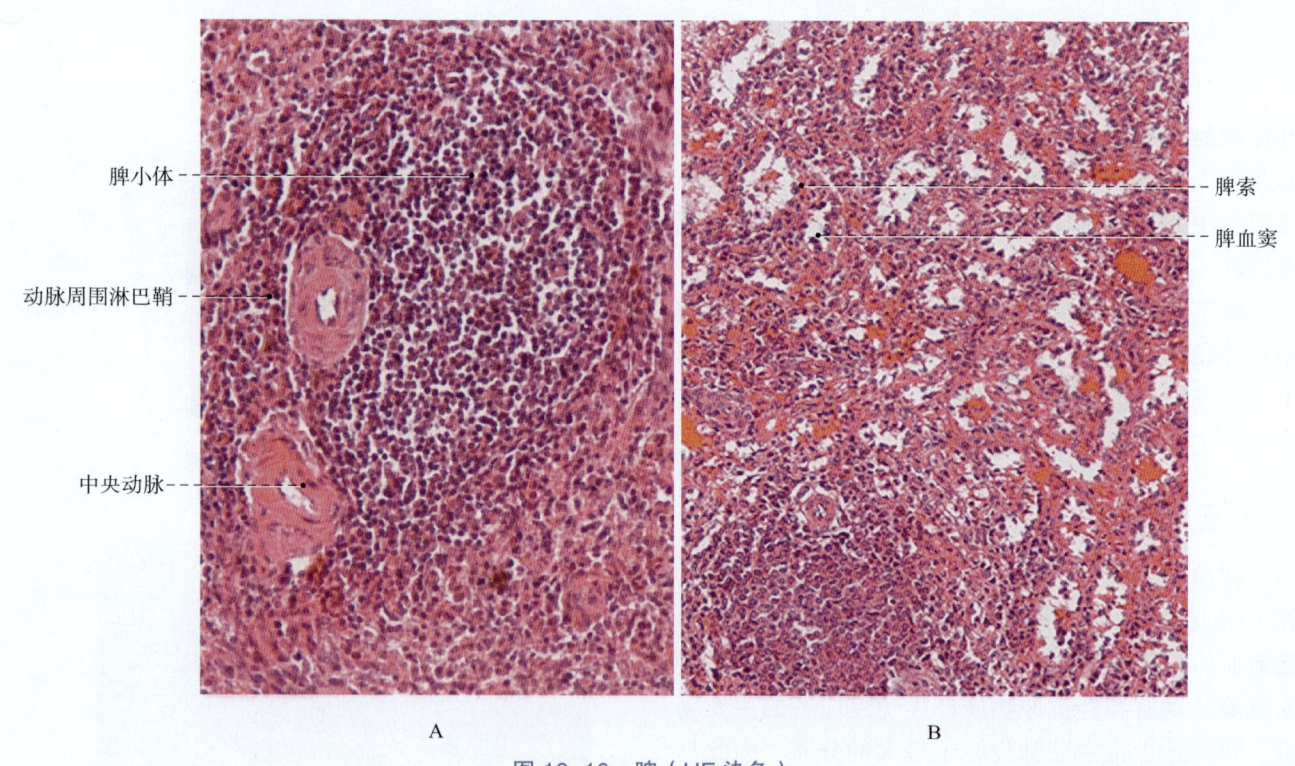

图10-10 脾（HE染色）
A. 白髓；B. 红髓

（3）红髓（red pulp） 分布于被膜下、小梁周围及白髓边缘区以外的广大区域，由脾索和脾血窦组成。

脾索（splenic cord）：呈不规则的索条状并互相连接成网，由富含血细胞的淋巴组织构成，含较多B细胞、浆细胞、巨噬细胞和树突状细胞。中央动脉主干穿出白髓进入脾索后，分支膨大形成形似笔毛的结构，称为笔毛微动脉（penicillar arteriole），大部分末端扩大成喇叭状，开口于脾索，保证大量的血液可直接进入脾索；少数直接开口于脾血窦。

脾血窦（splenic sinusoid）：是位于相邻脾索之间的血液通路，宽12～40 μm，形态不规则，也互相连接成网。血窦壁由一层平行排列的长杆状内皮细胞围成，细胞间有0.2～0.5 μm宽的间隙，核突入管腔，内皮外有不完整的基膜及环行网状纤维。

脾索内的血细胞可变形穿越内皮细胞间隙进血窦。血窦外侧有较多巨噬细胞，其突起可通过内皮间隙伸向窦腔。脾血窦血流汇入小梁静脉，并于脾门汇合为脾静脉出脾。

2. 脾的功能

（1）**滤血** 脾是过滤、清除衰老红细胞和血液来源抗原的主要场所。经笔毛微动脉进入脾索的正常血细胞可变形穿越血窦内皮间隙，回到血液循环。而衰老的血细胞，主要是红细胞，由于血影蛋白变性，变形性降低，无法穿过内皮间隙，从而被脾索的巨噬细胞吞噬清除。当脾增大或功能亢进时，红细胞破坏过多，可引起贫血。脾切除后，滤血功能可以部分被肝代偿，但是血内的衰老及异常红细胞仍会大量增多。

（2）**免疫应答** 脾是对血液来源抗原产生免疫应答的主要场所。进入血液的病原体可引起白髓淋巴小结增多、增大；脾索内浆细胞增多；动脉周围淋巴鞘显著增厚；脾的体积增大。细胞放射标记实验显示，每天通过脾血流进行再循环的淋巴细胞数远超过通过全身淋巴结的总量。

（3）**造血** 胚胎早期的脾有造血功能，成年后，脾内仍含有少量造血干细胞，当机体严重缺血或某些病理状态下，脾可以恢复造血功能。

（四）扁桃体

扁桃体包括腭扁桃体、咽扁桃体和舌扁桃体，它们与咽黏膜内散在分布的淋巴组织共同组成咽淋巴环，构成消化管及呼吸道重要的前沿防线（图10-11）。

咽扁桃体和舌扁桃体较小，组织结构与腭扁桃体相似。咽扁桃体无隐窝，舌扁桃体仅存在一个浅隐窝。成人咽扁桃体和舌扁桃体多萎缩退化。

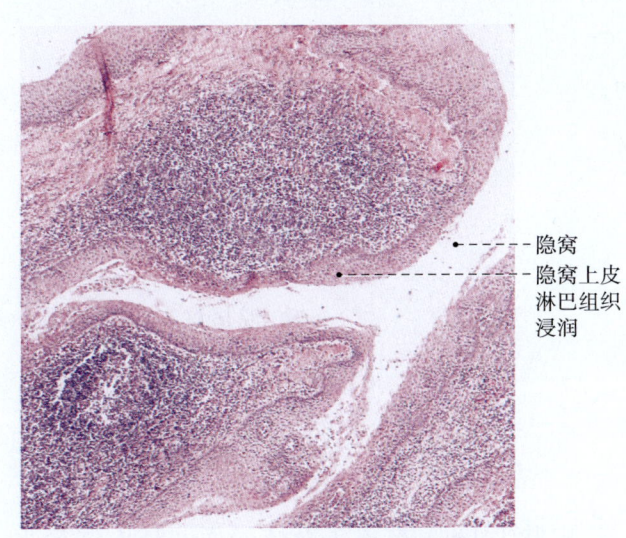

图 10-11 腭扁桃体（HE 染色）

复习题

（一）名词解释

1. 抗原呈递细胞　2. 淋巴组织　3. 弥散淋巴组织　4. 淋巴小结　5. 毛细血管后微静脉　6. 脾白髓　7. 胸腺小体

（二）问答题

1. 试比较淋巴结髓窦与脾血窦的异同点。
2. 列表分析淋巴结、脾的组织结构的异同点。
3. 试述淋巴细胞再循环通路及其意义。

网上学习

10-1　DNA 先天免疫识别的机制研究进展

10-2　肿瘤免疫逃逸机制的研究进展

（王越，仵敏娟撰文；苗俊珂，徐紫荆绘图）

第 11 章

皮肤

- 导学
  - ▶ 重点
    - 表皮的分层及结构的演变
    - 黑素细胞、朗格汉斯细胞及梅克尔细胞的微细结构及功能
    - 真皮的结构与功能
    - 毛的结构
  - ▶ 难点
    - 朗格汉斯细胞的微细结构及其抗原呈递功能
    - 毛囊及毛球的组成

皮肤（skin）被覆于身体表面，是人体最大的器官，总面积为 1.2~2.0 m²，约占成人体重的 16%。皮肤由表皮和真皮构成。表皮为角化的复层扁平上皮。真皮主要为致密结缔组织，借皮下组织与深部的组织相连（图 11-1）。皮肤内有毛发、皮脂腺、汗腺和指（趾）甲等附属器。皮肤与外界环境接触时，能阻挡异物和病原菌的侵入。

皮肤内还有丰富的感觉神经末梢，能感受外界的多种刺激。皮肤对调节体温也起重要作用。

一、表皮

表皮（epidermis）位于皮肤的浅层，由角化的复层扁平上皮构成。人体各部位的表皮厚薄不一，一般厚度为 0.07~0.12 mm。表皮细胞分为两大类，一类是角质形成细胞（keratinocyte），构成表皮的主体；另一类是非角质形成细胞，细胞数量少，散在于角质形成细胞之间，包括黑素细胞、朗格汉斯细胞和梅克尔细胞。

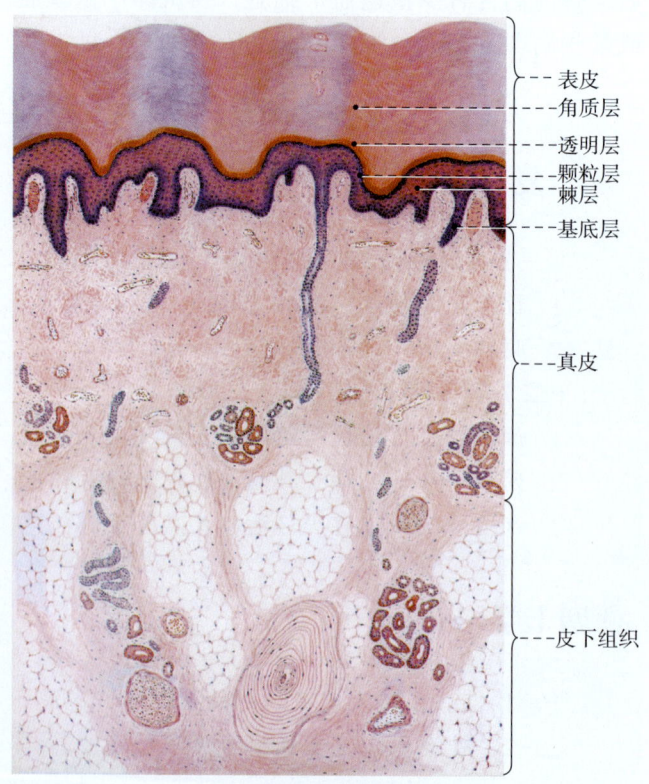

图 11-1　手掌皮肤模式图（低倍）

（一）表皮的分层与角质形成细胞

角质形成细胞在表皮内按一定顺序排列，手掌和足底的厚表皮的结构较典型，从基底到表面依次形成基底层、棘层、颗粒层、透明层和角质层5层结构。

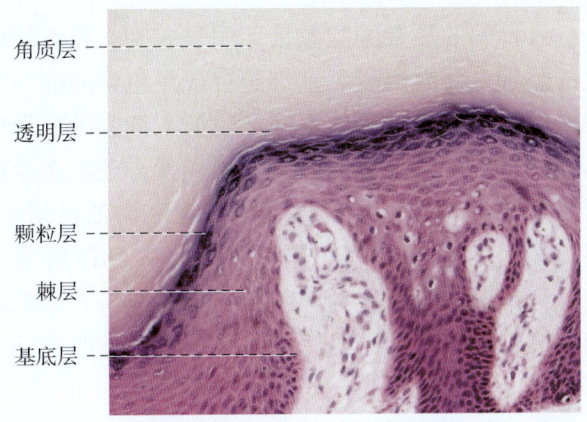

图11-2　角化的复层扁平上皮（足底皮肤，HE染色）

1. 基底层　基底层（stratum basale）附着于基膜上，与深层结缔组织的连接面凹凸不平，扩大了两者的接触面积，有利于物质交换。形成基底层的细胞为一层立方形或矮柱状细胞，称基底细胞（basal cell）（图11-1，图11-2）。光镜下，基底细胞的核呈圆形或椭圆形，染色较淡。细胞质较少，呈强嗜碱性。电镜下，胞质内含丰富的游离核糖体和成束或散在的角蛋白丝（keratin filament），因具有很强的张力，又称张力丝（tonofilament）。基底细胞与相邻细胞间以桥粒连接，借半桥粒与基膜连接（图11-3）。

基底细胞是表皮的干细胞，具有活跃的增殖和分化能力，新生的细胞进入棘层，分化为棘细胞并丧失分裂能力。

2. 棘层　棘层（stratum spinosum）位于基底层上方，由4~10层体积较大的多边形棘细胞（spinous cell）组成（图11-2）。细胞表面有许多短小的棘状突起，相邻细胞的突起相嵌，并通过大量桥粒相连。棘细胞的胞质呈弱嗜碱性，内含丰富的游离核糖体，胞质内形成一种含脂质的分泌颗粒，在电镜下呈明暗相间的平行板层，故称为板层颗粒（图11-3）。其颗粒主要分布在细胞周边，并以胞吐方式将脂质排放到细胞间隙，形成膜状物。

3. 颗粒层　颗粒层（stratum granulosum）位于棘层上方，由3~5层较扁的梭形细胞组成。颗粒层细胞的细胞核和细胞器渐趋退化，胞质内出现许多形状不规则、强嗜碱性的透明角质颗粒（keratohyalin granule）（图11-2）。电镜下，透明角质颗粒呈致密均质状，无界膜包被，角蛋白丝常伸入颗粒中（图11-3）。

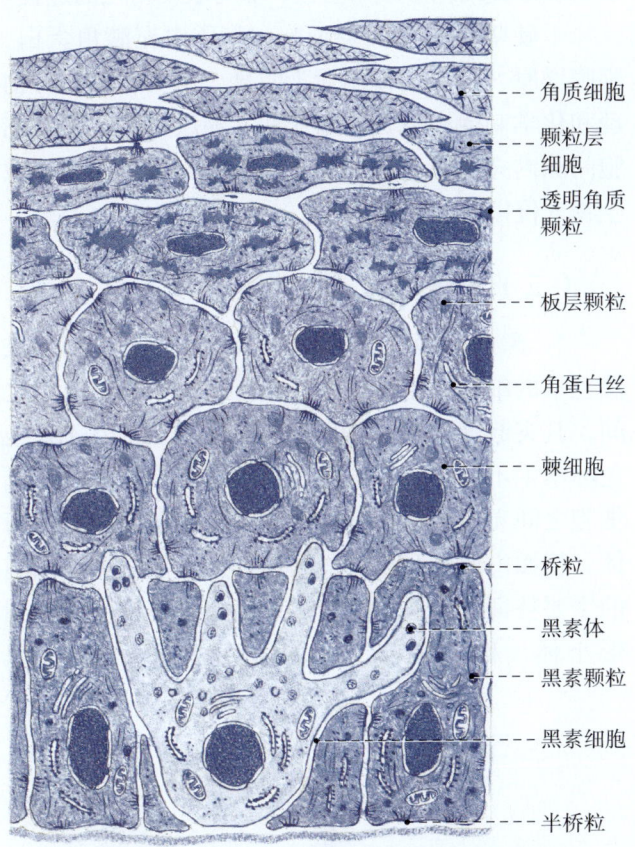

图11-3　角质形成细胞和黑素细胞超微结构模式图

4. 透明层　透明层（stratum lucidum）位于颗粒层上方，由2~3层扁平细胞组成。细胞界线不清，细胞核及细胞器均消失，细胞呈透明均质状，嗜酸性，折光度高（图11-2）。细胞的超微结构与角质层相似。

5. 角质层　角质层（stratum corneum）为表皮的表层，由多层扁平的角质细胞（horny cell）组成。角质细胞的细胞核和细胞器均已消失，细胞已完全角化，变得干硬。光镜下均质状，呈嗜酸性（图11-2）。电镜下细胞质中充满密集、粗大的角蛋白（keratin）（图11-3）。角蛋白是角质细胞中的主要成分，是角蛋白丝浸埋在均质状透明角质颗粒蛋白中形成的复合体。角质层浅层细胞间的桥粒已解体，细胞连接松散，脱落后形成皮屑。

人体大部分皮肤的表皮相当薄，称薄表皮，除基底层与厚表皮相似外，棘层、颗粒层及角质层均较薄，无透明层。表皮由基底层到角质层的结构变化，反映了角质形成细胞增殖、迁移、分化为角质细胞，最后脱落的动态变化过程。另一方面也反映了角质形成细胞形成角蛋白、参与表皮角化的过程。

干硬坚固的角质层细胞，胞质内充满角蛋白，胞膜增厚，其保护作用尤为明显，使皮肤对多种物理和化学刺激有很强的耐受性；棘层至角质层的细胞间隙内充满脂质，构成一道屏障，可阻挡病原微生物入侵以及组织液外渗。

（二）非角质形成细胞

1. 黑素细胞 黑素细胞（melanocyte）是生成黑色素的细胞，胞体散在分布于表皮基底层细胞之间，其突起伸向基底细胞和棘细胞之间。在HE染色标本中不易辨认。电镜下，黑素细胞与角质形成细胞之间无桥粒连接，细胞质内含丰富的游离核糖体、粗面内质网和发达的高尔基复合体。黑素细胞的主要特征是胞质内含有许多由单位膜包被的椭圆形小体，称黑素体（melanosome）（图11-3）。黑素体由高尔基复合体形成，内含酪氨酸酶，能将酪氨酸转化为黑色素（melanin）。当黑素体充满黑色素后则被称为黑素颗粒（melanin granule）（图11-4）。黑素颗粒迅速迁移到细胞末端，然后，通过胞吐方式释放，转移到角质形成细胞胞质内，故黑素细胞内的黑素颗粒很少，而角质形成细胞内反而较多。

人种间的黑素细胞数量无明显差别，种族间肤色的差别主要取决于黑素细胞合成黑色素的能力与黑素颗粒的分布。身体不同部位黑素细胞的数量也不同，脸部和颈部比四肢多。黑色素合成的多少还受光照的影响，紫外线可促使酪氨酸酶活性增强，促使黑色素合成增加。黑色素能吸收和散射紫外线，可保护表皮深层的细胞免受辐射损伤。当黑素细胞遭到破坏时，则局部皮肤呈现脱色性改变，如白癜风。

2. 朗格汉斯细胞 朗格汉斯细胞（Langerhans cell）分散于表皮棘细胞之间。在HE染色切片上呈圆形，核深染，胞质清亮；用氯化金或ATP酶组织化学染色可显示该细胞具有树枝状突起。电镜下可见胞质内有特殊形状的伯贝克颗粒（Birbeck granule），颗粒有膜包被，呈杆状，中等电子密度，一端或中间部可有透明的膨大（图11-5），可能是

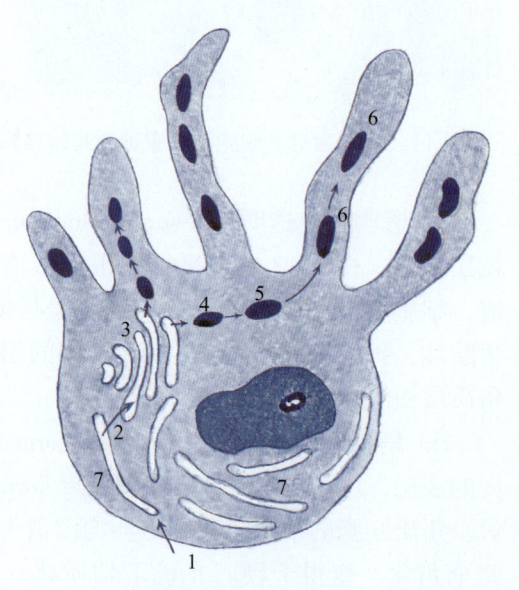
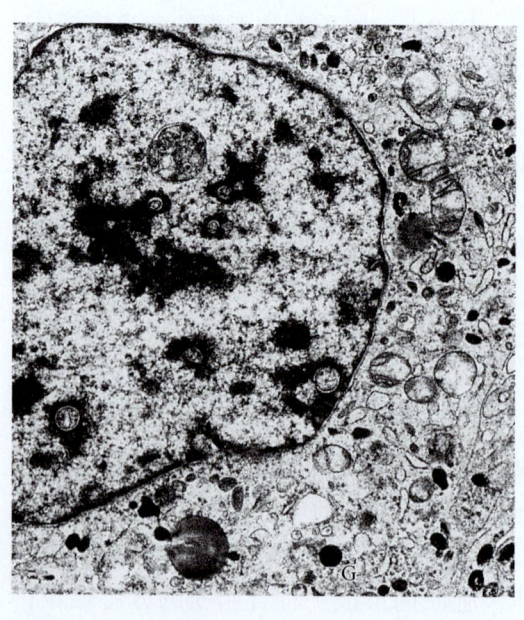

图11-4 黑素细胞形成黑素体示意图（A）和黑素细胞TEM图（B）
1. 酪氨酸进入细胞；2. 酪氨酸酶合成；3. 高尔基复合体；4. Ⅱ期黑素体；
5. Ⅲ期黑素体（酪氨酸酶和黑色素）；6. 突起中的黑素体；7. 粗面内质网

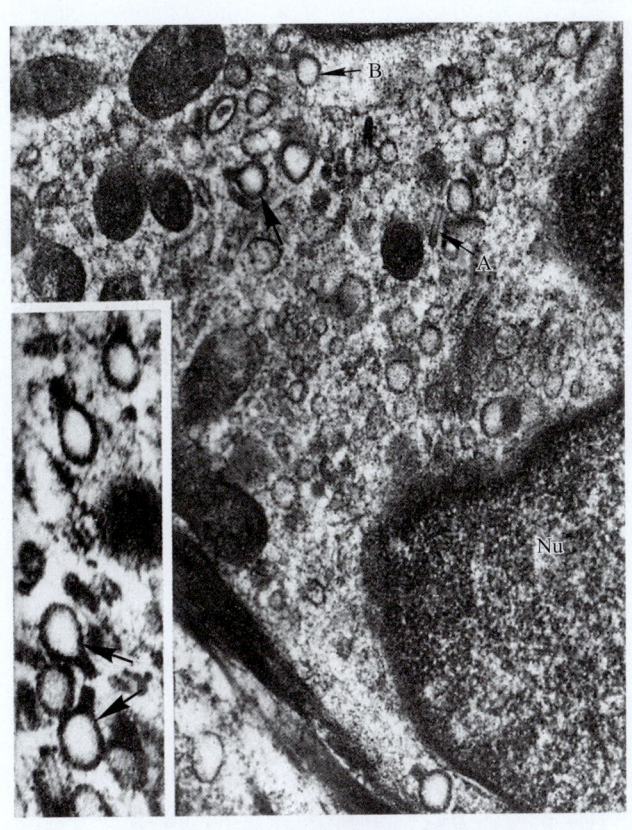

图 11-5　朗格汉斯细胞 TEM 图
箭头 A 和 B 均为伯贝克颗粒

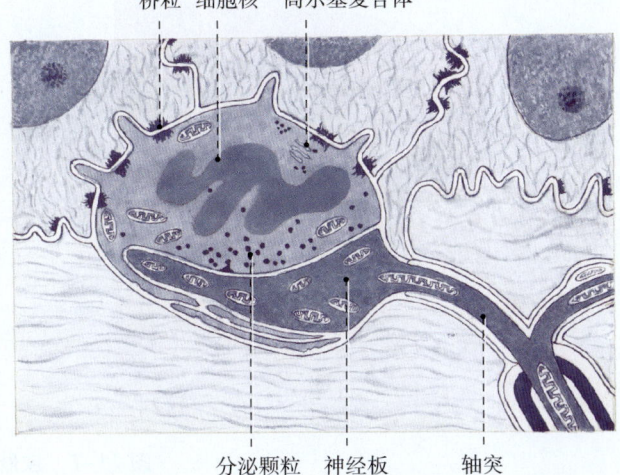

图 11-6　梅克尔细胞模式图

细胞吞噬外来抗原时胞膜内陷形成,为吞噬体或抗原贮存形式。

朗格汉斯细胞是皮肤的抗原呈递细胞,能识别、结合和处理侵入皮肤的抗原物质,然后细胞游走出表皮,进入毛细淋巴管,随淋巴液迁至淋巴结,并把抗原呈递给 T 细胞,引发免疫应答。因此,朗格汉斯细胞是参与皮肤免疫功能的重要细胞,在对抗侵入皮肤的病原微生物、监视癌变细胞及排斥移植的异体组织中发挥重要作用。

3. 梅克尔细胞　梅克尔细胞（Merkel cell）位于基底层,呈扁平状,是一种具有短指状突起的细胞,其突起常深入到角质形成细胞之间,HE 染色时不易辨认。电镜下,其基底部胞质内含有许多致密核心的小泡,基底面可与感觉神经末梢的盘状终末相接触,形成类似突触的结构。梅克尔细胞的数量很少,但于指尖较多,可能为接受刺激的感觉细胞（图 11-6）。另外,在表皮中还存在一些不与神经末梢接触的梅克尔细胞,故推测这种细胞可能是 APUD 细胞系统的成员,具有神经内分泌功能。部分梅克尔细胞可能是旁分泌细胞,对附近的角质形成细胞和皮肤附属器的发生,或对皮肤内神经纤维的生长起诱导和调节作用。

二、真皮

真皮（dermis）位于表皮下方,主要由致密结缔组织组成。真皮可分为乳头层和网织层两层（图 11-1）。身体各部位真皮的厚薄不一,一般厚 1~2 mm。

1. 乳头层　乳头层（papillary layer）位于真皮浅层,是紧邻表皮基底层的薄层结缔组织。乳头层呈乳头状凸起,突向表皮,称真皮乳头（dermal papilla）（图 11-2,图 11-7）,扩大了表皮与真皮的连接面,有利于两者的牢固连接,并有利于表皮从真皮组织液中获得营养。乳头层含有丰富的毛细血管和游离神经末梢,在手指等部位的真皮乳头含有较多的触觉小体（图 11-7B）。

2. 网织层　网织层（reticular layer）位于乳头层下方,是真皮的主要组成部分,与乳头层无明确分界（图 11-2,图 11-7）。网织层由较厚的致密结缔组织组成,内有粗大的胶原纤维束交织成网,并有许多弹性纤维,使皮肤具有较强的韧性和弹性。此层还有许多血管、淋巴管和神经,深处还可见环层小体（图 11-1）。

皮肤可看做一个具有免疫功能并与全身免疫系统密切相关的外周淋巴器官。真皮是皮肤内发生免疫反应的主要部位。真皮内参与免疫反应的细胞包括树突状细胞（朗格汉斯细胞和巨噬细胞）、T 淋

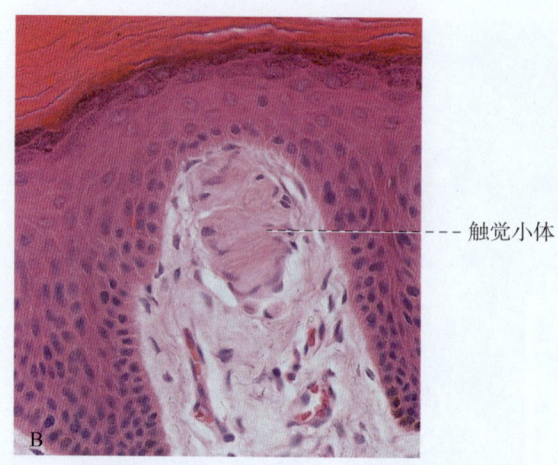

图 11-7　皮肤真皮层（HE 染色）
A. 真皮（低倍）；B. 真皮乳头层（高倍）

巴细胞、内皮细胞、成纤维细胞、肥大细胞等。这些细胞分布在真皮浅层毛细血管周围。细胞间相互作用，并通过其合成的细胞因子相互调节，对免疫细胞的活化、游走、增殖分化，免疫应答的诱导及炎症损伤和创伤修复均有重要作用。

三、皮下组织

皮下组织（hypodermis）位于真皮下方，即解剖学中所称的浅筋膜，由疏松结缔组织和脂肪组织组成。皮下组织将皮肤与深部的组织连接在一起，使皮肤具有一定的活动性（图 11-1）。皮下组织具有缓冲机械压力、保持体温和能量贮存等作用。皮下组织内的脂肪组织的含量因个体、性别、年龄、部位和营养状态而有较大的差别。

四、皮肤的附属器

（一）毛发

人体皮肤除手掌和足底等部位外，均有毛（hair）分布（图 11-8）。身体各部毛的长短、粗细和颜色有很大差别，但基本结构相同。

1. 毛的结构　毛由毛干、毛根和毛球三部分组成。露在皮肤外面的为毛干（hair shaft），埋在皮肤内的部分为毛根（hair root）。毛干和毛根由呈同心圆状排列的角化上皮细胞组成，细胞内充满角蛋白并含有数量不等的黑色素颗粒。

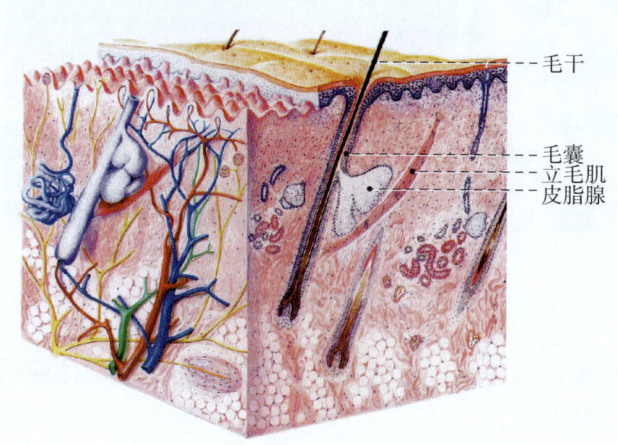

图 11-8　皮肤附属器示意图

包在毛根周围的上皮和结缔组织形成的鞘为毛囊（hair follicle）（图 11-9），毛根与毛囊下端合为一体，形成膨大的毛球（hair bulb）（图 11-10）。毛球底面凹陷，有富含毛细血管和神经的结缔组织突入其中，形成毛乳头（hair papilla）。毛球是毛和毛囊的生长点，毛乳头对毛的生长起诱导和营养作用。

毛囊分为内外两层，内层为上皮根鞘（epithelial root sheath），包裹毛根，与表皮相连续，其结构也与表皮相似；外层为结缔组织鞘（connective tissue sheath），由致密结缔组织构成（图 11-9）。毛根、上皮根鞘与毛球的细胞相连。毛球的上皮细胞为干细胞，称毛母质细胞（hair matrix cell），它们不断分裂增生，向上移动，逐渐分化为毛根和上皮根鞘的细胞。毛球内散在的黑素细胞可将形成的黑素颗粒转送到毛根的上皮细胞中。

毛发的颜色取决于毛干内角质细胞中的黑色素含量。黑色素颗粒很少时毛发呈灰色或棕黄色，完全缺乏时呈白色。

（二）皮脂腺

皮脂腺（sebaceous gland）多位于毛囊和立毛肌之间，为泡状腺。除掌、趾和足背外，皮脂腺遍及全身各处皮肤。皮脂腺的分泌部由一个或几个腺泡构成，腺泡周边为一层较小的干细胞，具有很强的增殖能力。新生的腺细胞体积增大，脂滴逐渐增多，并向腺泡中心移动。腺泡中央的细胞较大，胞体呈多边形，胞质内充满脂滴和溶酶体，核固缩。最后，在溶酶体的作用下，腺细胞解体，连同脂滴一起由导管排入毛囊上部或直接排到皮肤表面，即为皮脂（sebum）（图11-11）。导管为复层扁平上皮，大多开口于毛囊上段，也有的直接开口于皮肤表面。

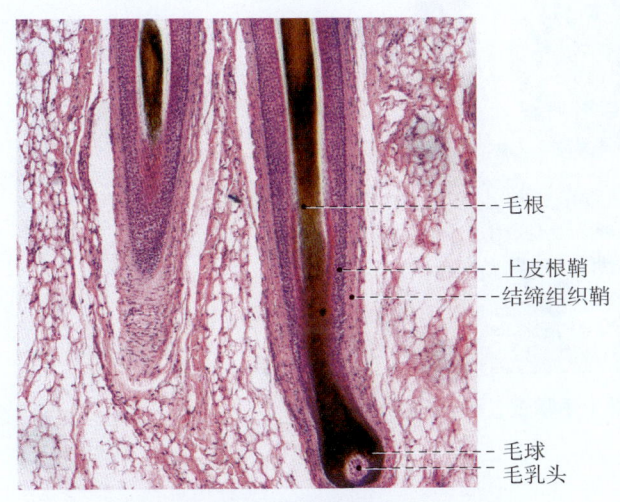

图 11-9　头皮毛囊与毛根（HE 染色）

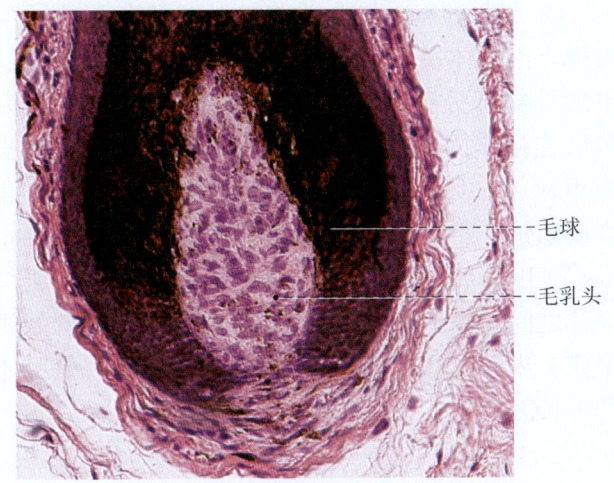

图 11-10　头皮毛球（HE 染色）

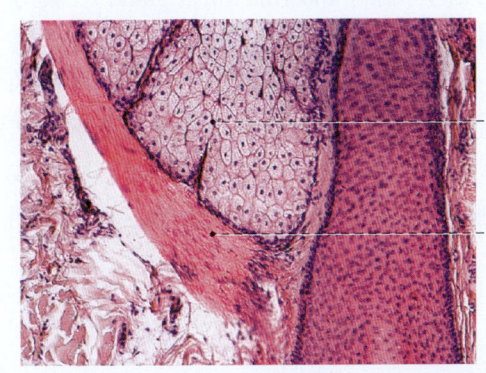

图 11-11　头皮皮脂腺和立毛肌（HE 染色）

毛和毛囊斜长在皮肤内，在毛根与皮肤表面呈钝角的一侧有一束斜行的平滑肌，称立毛肌（arrector pilli muscle）。立毛肌一端连接着毛囊，另一端与真皮乳头层的结缔组织相连（图11-8）。立毛肌受交感神经支配，遇冷或感情冲动时收缩，使毛发竖起。

皮脂有润滑皮肤和保护毛发的作用。性激素可促进皮脂生成，故在青春期皮脂腺分泌活跃。

（三）汗腺

2. 毛的生长和更新　毛有一定的生长周期，身体各部位毛的生长周期长短不等。头发的生长周期为3~10年，其他部位毛的生长周期只有数月。生长期的毛囊长，毛球膨大，毛乳头血流丰富，毛母质细胞分裂活跃，使毛生长。转入退化期的毛囊变短，毛球和毛乳头萎缩变小，毛母质细胞停止增殖，毛根与毛球和毛囊连接不牢，故易脱落。在旧毛脱落之前，毛囊底端形成新的毛球和毛乳头，形成新毛，将旧毛推出。

汗腺（sweat gland）又称外泌汗腺，为单曲管状腺，遍布于全身大部分皮肤中，手掌、足底和腋窝处最多。汗腺由分泌部和导管组成（图11-12）。分泌部位于真皮深层和皮下组织中，盘曲成团，腺细胞为一层淡染的锥体形细胞，在腺细胞与基膜之间，有肌上皮细胞（myoepithelial cell），其收缩有助于排出分泌物。汗腺的导管较细，由两层较小的立方形细胞组成，胞质呈弱嗜碱性（图11-12）。导管由真皮进入表皮后呈螺旋形上升，直接开口于皮肤表面的汗孔。

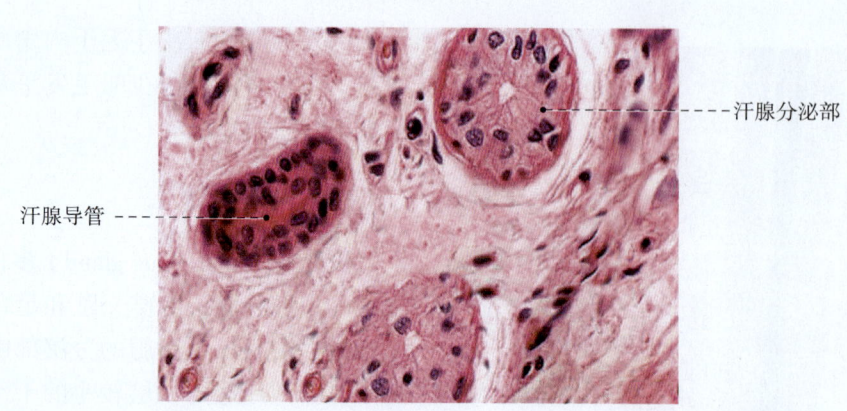

图 11-12 汗腺分泌部和导管（手掌皮，HE 染色）

腺细胞分泌的汗液除含大量水分外，还含钠、钾、氯、乳酸盐及尿素。汗腺分泌是身体散热的主要方式，有调节体温、湿润皮肤和排泄废物等重要作用。

此外，在腋窝、乳晕、肛门及会阴等处还有大汗腺，又称顶泌汗腺（apocrine sweat gland）。其分泌部管径较粗，管腔大，盘曲成团。腺细胞胞质嗜酸性，导管开口于毛囊上端。其分泌物为较黏稠的乳状液，含蛋白质、糖类和脂质，被细菌分解后产生特殊气味。分泌过盛而导致气味过浓时，则形成狐臭。大汗腺的分泌活动受性激素影响，于青春期分泌较旺盛。

（四）指（趾）甲

指（趾）甲（nail）为指（趾）端背面的硬角质板。由甲体及其周围和下方的几部分组织组成。甲的外露部分称甲体（nail body）（图 11-13），由多层连接牢固的角化细胞构成。支持甲体的皮肤为甲床（nail bed），由非角化的复层扁平上皮和真皮组成。甲体的近端埋于皮肤内，称甲根（nail root）。甲体周缘的皮肤为甲襞（nail fold）。甲襞与甲体之间的沟为甲沟（nail groove）。甲根附着处的甲床上皮为甲母质，该部位细胞增殖活跃，是甲体的生长区。

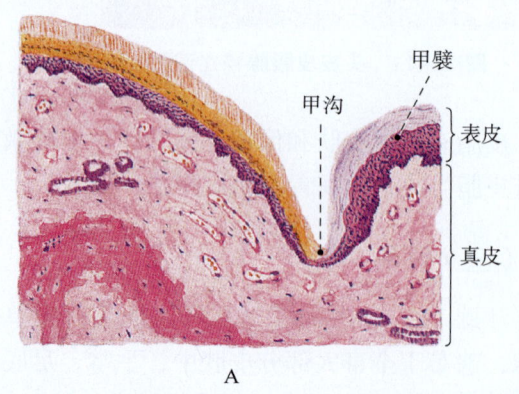
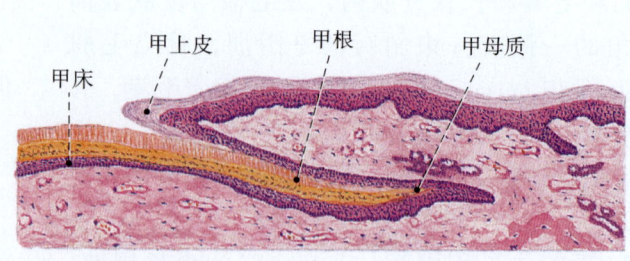

图 11-13 指甲光镜仿真图
A. 横断面；B. 纵断面

复习题

（一）名词解释
1. 角质形成细胞　2. 朗格汉斯细胞　3. 外泌汗腺　4. 顶泌汗腺

(二)问答题

1. 表皮从基底层到角质层,是角质形成细胞增殖分化的动态过程,简述在这一过程中角质形成细胞形态结构的变化。
2. 简述真皮的微细结构。

网上学习

11-1 朗格汉斯细胞组织细胞增生症

(田娟撰文;徐国成绘图)

第 12 章

眼和耳

> **导学**
>
> ▶ **重点**
> - 眼球壁各层的结构与功能
> - 角膜、视网膜的分层，黄斑与视神经乳头的结构特点
> - 内耳骨迷路与膜迷路的组织结构
> - 内耳螺旋器的结构
>
> ▶ **难点**
> - 视锥细胞与视杆细胞结构及功能的异同
> - 视网膜内视觉信息传递通路
> - 球囊斑、椭圆囊斑与壶腹嵴的位置、结构与功能

人体通过感受器（sensory receptor）感受外界信息，并将信息传入中枢神经系统，这些感受器主要包括感受味觉和嗅觉的化学感受器（见消化系统、呼吸系统），感受触觉、压觉等机械性刺激的感受器（见皮肤），以及独立的感觉器官眼和耳。本章将叙述眼和耳的结构。

一、眼

眼是由眼球（eyeball）及其附属结构组成的视觉器官，具有感光和成像功能。眼球近似球形，是眼的核心结构，由眼球壁和眼内容物组成（图12-1）。围绕眼球周围的附属结构包括眼睑、眼眶、眼外肌、结膜和泪器等，起支持、保护和运动等作用。

（一）眼球壁

眼球壁分为3层，从外至内依次为纤维膜（fibrous tunic）、血管膜（vascular tunic）和视网膜（retina）（图12-1，图12-2）。纤维膜质地较硬，起支持保护作用，主要成分为致密结缔组织，其前1/6为角膜，后5/6为巩膜（取眼球最大经线的长度比），两者的交界处称为角巩膜缘。血管膜由富含血管和色素细胞的疏松结缔组织组成，从前至后依次为虹膜、睫状体与脉络膜，具有营养和遮光作用。视网膜通过视神经与脑相连，根据有无感光功能将视网膜分为盲部与视部，两者之间以锯齿缘（ora serrata）为界。

1. 角膜 角膜（cornea）呈透明的圆盘状，边缘较厚，约1mm，中央较薄，约0.5mm。角膜内无血管和淋巴管，营养主要由房水和角巩膜缘毛细血管渗透供给。角膜有丰富的游离神经末梢，感觉敏锐。角膜组织结构层次分明，自外向内可分为5层：角膜上皮、前界层、角膜基质、后界层和角膜内皮（图12-2，图12-3）。在临床上，角膜的厚度常作为判断患者是否适合通过角膜手术矫正视力的重要因素之一。

（1）角膜上皮 角膜上皮（corneal epithelium）为未角化的复层扁平上皮，由5～7层排列整齐的细

第12章 眼和耳　117

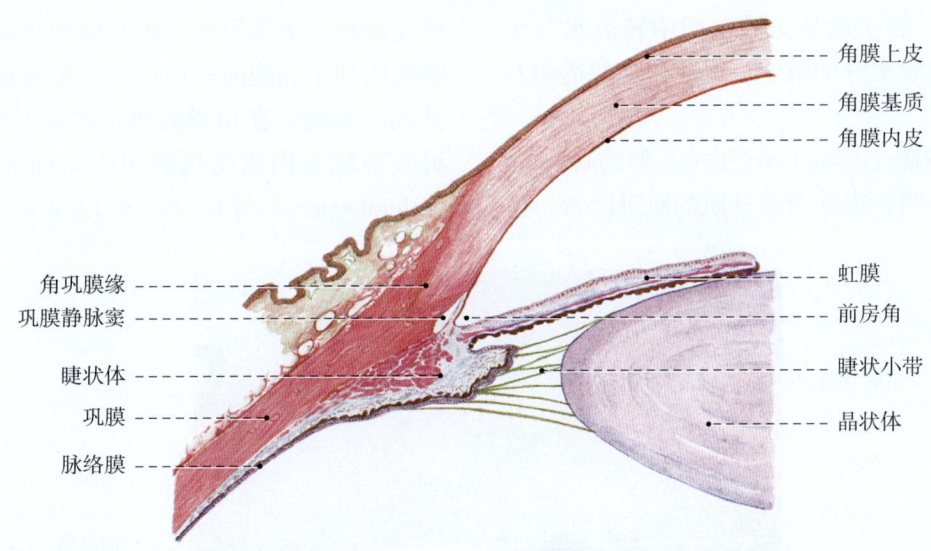

图 12-1　眼球水平切面（HE 染色）

图 12-2　眼球前部光镜仿真图

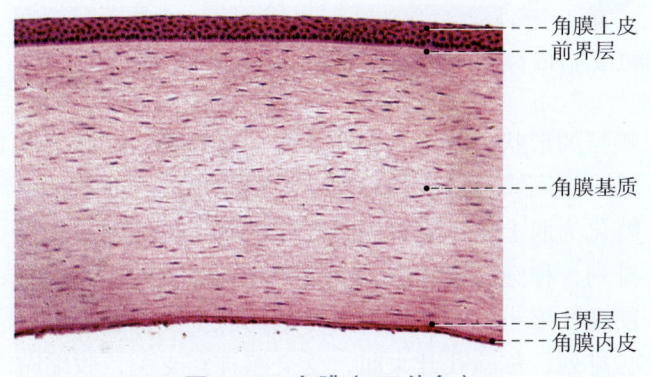

图 12-3　角膜（HE 染色）

胞组成，约占整个角膜厚度的 10%，上皮表面有泪液膜覆盖，基底面平整，通过基膜与深层的结缔组织相连。角膜上皮表层细胞呈扁平形，细胞游离面有许多短小的微绒毛，细胞之间有桥粒相连；中间层细胞呈多边形；基底层细胞呈矮柱状，具有较强的增殖能力，在角膜的再生和修复中起重要作用。

（2）**前界层**　前界层（anterior limiting lamina）是一层透明均质的薄膜，由胶原原纤维和基质构成，又称 Bowman 层，对维持角膜上皮的稳定性和防止感染等具有重要的作用。

（3）**角膜基质**　角膜基质（corneal stroma）又称固有层，约占整个角膜厚度的 9/10，主要由规则的致密结缔组织组成，其中胶原含量在 70% 以上。角膜基质内大量的胶原原纤维排列成板层状，同一板层内的胶原原纤维平行排列，相邻板层内的胶原原纤维互相垂直，这种排列形式使角膜具有高度抗损伤和抗变形能力。板层之间分布有角膜细胞

（keratocyte），形态与成纤维细胞相似，具有形成纤维和基质的能力。角膜基质中还含有硫酸软骨素、硫酸角质素、透明质酸和纤维连接蛋白等，它们起粘合和保持水分的作用。角膜基质不含血管，其营养主要由房水和角巩膜缘的血管供应。角膜基质这些结构特点是角膜保持透明的重要因素。

（4）后界层 后界层（posterior limiting lamina）又称Descemet膜，结构与前界层相似，但较前界层薄。

（5）角膜内皮 角膜内皮（corneal endothelium）为单层扁平上皮，细胞之间连接紧密，胞质内含有大量线粒体和胞饮泡，表明其具有活跃的物质转运功能。细胞游离面与房水接触，侧面的胞膜上有Na^+-K^+-ATP酶，能主动从角膜基质中转运水分至前房，以维持基质水分的恒定，保证角膜的透明及折光率恒定。

2. 巩膜 巩膜（sclera）呈瓷白色，厚约0.5 mm，质地坚硬而不透明，表面有眼外肌的肌腱附着，主要起到保护眼内结构的作用。巩膜主要由致密结缔组织构成，其中大量粗大的胶原纤维和弹性纤维交织成网，内含少量血管、神经、成纤维细胞及色素细胞等（图12-2，图12-4）。

3. 角巩膜缘 角巩膜缘（corneoscleral limbus）又称角膜缘（limbus cornea），是巩膜与角膜的交界部位，其内侧有巩膜静脉窦和小梁网，是房水循环的重要结构，与眼内压的稳定密切相关。巩膜静脉窦（sclera venous sinus）为一环形管道，腔内充满房水，其管壁由内皮、不连续的基膜和薄层结缔组织构成。小梁网（trabecular meshwork）位于巩膜静脉窦的内侧，由角膜基质纤维、后界膜和角膜内皮向后扩展而成，其轴心为胶原纤维，表面覆以内皮细胞，呈筛网状，由小梁和小梁间隙组成。角膜缘内的干细胞能够通过分裂增殖来补充角膜上皮基底层细胞，在角膜的再生和修复中起重要作用。巩膜静脉窦内侧的巩膜组织略向前突，称巩膜距（scleral spur）（图12-2，图12-4）。

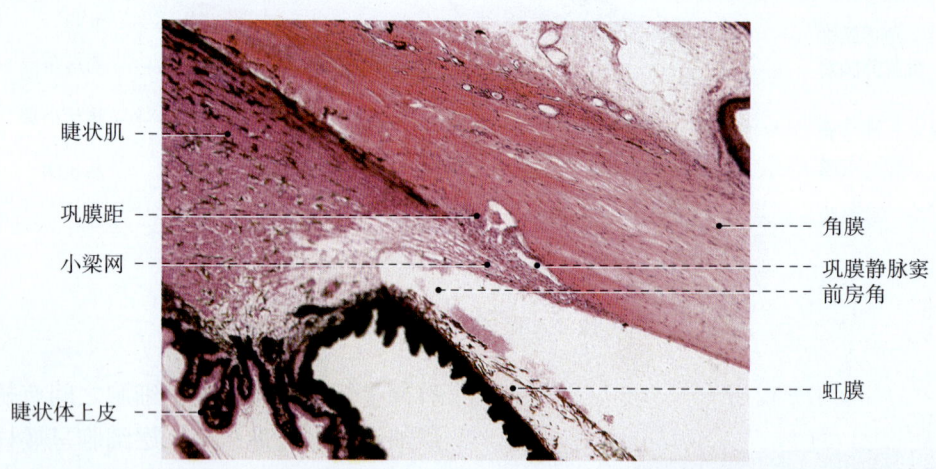

图12-4 角巩膜缘和虹膜（HE染色）

4. 虹膜 虹膜（iris）是位于角膜后方的环状薄膜，周边与睫状体相连，中央有一圆孔，称瞳孔（pupil），可调节进入眼球的光线（图12-1，图12-2）。虹膜将眼房分隔为前房和后房，两者之间通过虹膜中央的瞳孔沟通。虹膜由外向内分为前缘层、虹膜基质和虹膜上皮（图12-5）。前缘层位于虹膜前表面，由一层不连续的成纤维细胞和色素细胞构成。虹膜基质为富含血管和色素细胞的疏松结缔组织。基质中的色素细胞呈星形或圆形，胞质中含大量色素颗粒，不同人种，甚至不同个体的色素颗粒的形状、密度和分布均有一定差异。虹膜上皮属于视网膜盲部，由两层上皮细胞组成：前层细胞特化为肌上皮细胞，近瞳孔缘的肌上皮细胞呈环行排列，称瞳孔括约肌，受副交感神经支配，收缩时使瞳孔缩小，瞳孔括约肌外侧的肌上皮细胞呈放射状排列，称瞳孔开大肌，受交感神经支配，收缩时使瞳孔开大；后层为色素上皮细胞，呈立方形或矮柱状，胞质内富含较大的黑素颗粒。

5. 睫状体 睫状体（ciliary body）位于虹膜与脉络膜之间，其前部较厚并伸出放射状的睫状突，

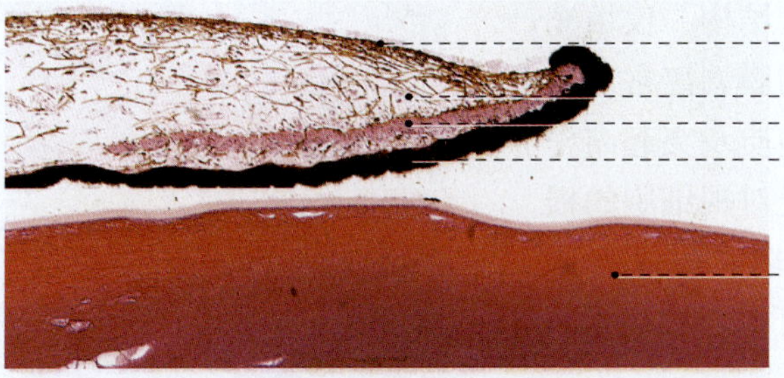

图 12-5 虹膜和晶状体（HE 染色）

睫状突借睫状小带（ciliary zonule）与晶状体相连，后部渐平坦，终止于锯齿缘（图 12-2）。睫状体由睫状肌、基质与上皮组成（图 12-4）。睫状肌为平滑肌，密集分布于睫状体的外 2/3 区域，肌纤维的排列有 3 种走行方向，当其收缩或舒张时，可使睫状体前、后移动，使睫状小带松弛或收缩，从而改变晶状体的位置和曲度以调节焦距。睫状体基质为富含血管和色素细胞的结缔组织，主要分布在睫状体内侧和睫状突内，在睫状肌纤维之间也有少量分布。睫状体上皮属于视网膜盲部，由两层上皮细胞组成：外层为立方形的色素细胞，内有粗大的色素颗粒；内层为立方形或矮柱状的非色素细胞，具有产生房水的功能。

6. **脉络膜** 脉络膜（choroid）占血管膜的大部分，由富含血管和色素细胞的疏松结缔组织构成（图 12-6），从内至外可分为玻璃膜、毛细血管层和固有层。玻璃膜是由胶原纤维、弹性纤维和基质组成的均质透明膜，两侧分别为视网膜色素上皮细胞和脉络膜毛细血管内皮细胞的基板；毛细血管层（choriocapillary layer）含丰富的有孔型毛细血管网，可为外层视网膜提供营养；固有层（choroid proper）中含有血管、胶原纤维、弹性纤维、成纤维细胞、少量平滑肌细胞、神经元和黑素细胞等。

7. **视网膜** 视网膜（retina）位于血管膜的内侧，根据有无感光功能，分为视网膜盲部（pars caeca retinae）和视网膜视部（pars optica retinae），两者以锯齿缘为界。视网膜盲部包括虹膜上皮和睫状体上皮两部分，视网膜视部位于脉络膜内侧，主要由 4 层细胞构成，由外向内依次是色素上皮层、视细胞层、双极细胞层和节细胞层（图 12-6，图 12-7）。

（1）**色素上皮层** 色素上皮层（pigment epithelium layer）为单层矮柱状上皮（图 12-6），细胞之间有紧密连接、中间连接和缝隙连接等。细胞基部紧附于脉络膜上，基部有发达的质膜内褶。细胞顶部与视细胞相接触，并有大量胞质突起伸入视细

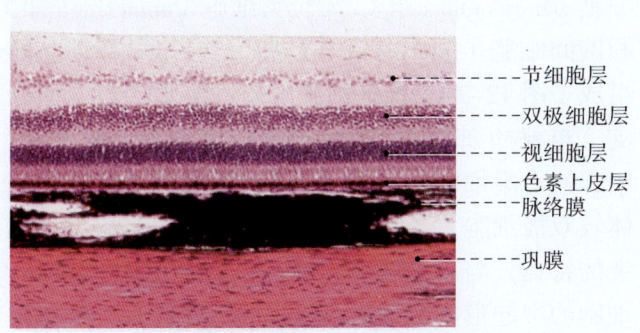

图 12-6 视网膜（HE 染色）

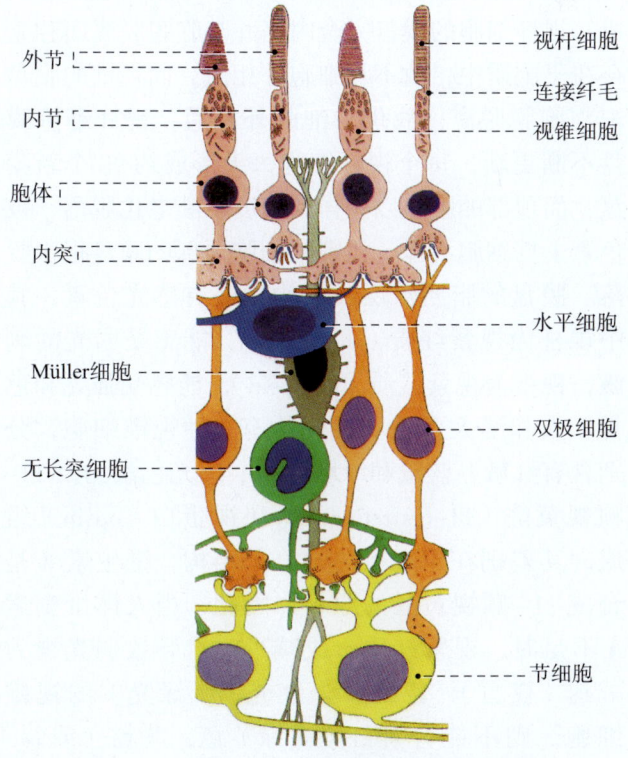

图 12-7 视细胞与其他神经细胞联系示意图

胞之间，但两者之间并无牢固的连接结构，仅填充有无定形的细胞外基质，因此，视网膜剥离常发生在这两层之间。色素上皮细胞顶部胞质及突起内含有大量粗大的黑素颗粒，可防止强光对视细胞的损害，胞质内还含有吞噬体，吞噬体内常见被吞入的视细胞膜盘。色素上皮细胞还具有贮存维生素A和参与视紫红质合成的功能。

（2）视细胞层　视细胞（visual cell）又称感光细胞（photoreceptor cell），是视觉的第一级神经元，属于双极神经元，细胞分为胞体、外突（即树突）和内突（即轴突）三部分（图12-7）。根据外突的形状差异，又将视细胞分为视杆细胞（rod cell）和视锥细胞（cone cell），前者的外突呈杆状，称视杆，后者的外突呈锥状，称视锥，它们垂直伸向色素上皮。人的一只眼球内约有12 000万个视杆细胞和700万个视锥细胞。

视细胞外突又分为内节（inner segment）与外节（outer segment）两部分，两者之间以连接纤毛相连（图12-7，图12-8）。内节邻近胞体，是合成蛋白质的部位，含丰富的线粒体、粗面内质网和高尔基复合体；外节为感光部位，含大量平行排列的扁平状膜盘（membranous disc），这些膜盘是由外节基部近连接纤毛一侧的胞膜不断内陷折叠而成。视杆细胞的膜盘完全内陷并与胞膜脱离而独立存在于胞质中，故不与细胞外相通，而视锥的膜盘未与胞膜脱离，故仍与细胞外相通。视杆细胞膜盘不断更新，每个视杆细胞每天形成约90个新膜盘，而顶部的膜盘以同样的速度不断老化脱落，被色素上皮细胞吞噬，但视锥细胞顶部的膜盘很少脱落。膜盘的脂质双层膜上均镶嵌有感光色素，其中视杆为视紫红质（rhodopsin），能感受弱光的刺激，视锥为视紫蓝质（iodopsin），能感受强光和色觉。人和绝大多数哺乳动物有3种视锥细胞，分别含有红敏、蓝敏和绿敏色素。感光色素均由11-顺视黄醛（11-cis retinene）和视蛋白（opsin）组成，其差别在于视蛋白的分子结构。维生素A是合成11-顺视黄醛的原料，因此，当人体维生素A不足时，视紫红质合成减少，将导致弱光视力减退（夜盲）。若缺少感红光（或绿光）的视锥细胞，则不能分辨红（或绿）色，为红（或绿）色盲。

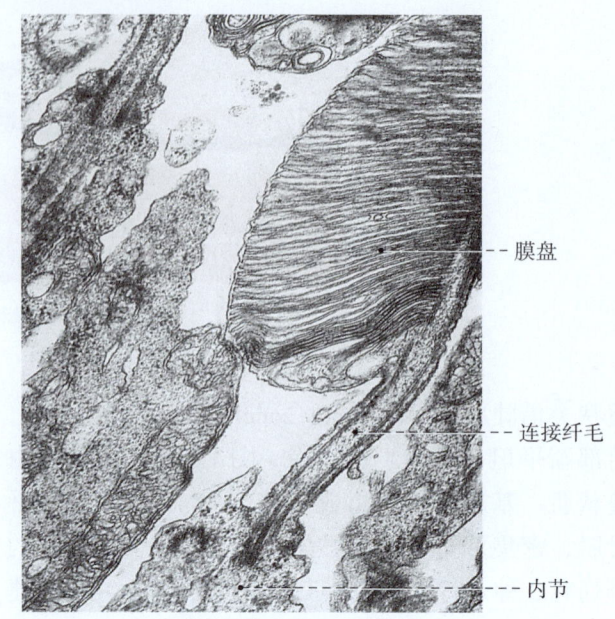

图12-8　视细胞（TEM）

两种视细胞的胞体和内突也有差异，视杆细胞的细胞核较小，染色较深，而视锥细胞细胞核较大，染色较浅；视杆细胞的内突末端膨大呈小球状，与多个双极细胞和水平细胞形成突触，视锥细胞的内突末端膨大呈足状，可与一个或多个双极细胞的树突以及水平细胞形成突触（图12-7）。

（3）双极细胞层　双极细胞（bipolar cell）是视觉的第二级神经元，为连接视细胞和节细胞的纵向中间神经元，其树突与视细胞的内突形成突触，轴突与节细胞的树突形成突触，构成内网层。双极细胞又可分两类：一类双极细胞的树突和轴突分别只与单一的视锥细胞和节细胞形成突触，称侏儒双极细胞（midget bipolar cell），多位于视网膜中央凹周边；另一类双极细胞的树突则分别与多个视锥细胞或视杆细胞形成突触（图12-7）。

此层还可见横向联系的中间神经元，即水平细胞（horizontal cell）、无长突细胞（amacrine cell）和网间细胞（interplexiform cell），参与局部环路的组成（图12-7）。水平细胞发出许多水平走向的分支，与视杆细胞、双极细胞及网间细胞形成突触，相邻的水平细胞之间有缝隙连接。无长突细胞的胞体较双极细胞大，呈烧瓶形，其突起兼有树突和轴突的特点，与双极细胞的轴突、节细胞树突及网间细胞的突起形成突触。网间细胞数量较少，胞体位于无长突细胞之间，突起与无长突细胞和水平细胞形成突触。

（4）节细胞层 节细胞（ganglion cell）是视觉的第三级神经元，为长轴突的多极神经元，多排列成单行，其胞体较大，直径10~30 μm，树突与双极细胞、无长突细胞和网间细胞形成突触，轴突向眼球后极汇集形成视神经穿出眼球。节细胞也可分为两类，即侏儒节细胞（midget ganglion cell）和弥散节细胞（diffuse ganglion cell），前者胞体较小，通过侏儒双极细胞与视锥细胞形成一对一的通路，精确地传导视觉，后者胞体较大，与多个双极细胞形成突触联系（图12-6，图12-7）。

视网膜的神经胶质细胞以放射状胶质细胞（radial neuroglial cell）为主，是视网膜特有的一种胶质细胞，又称Müller细胞（图12-7）。放射状胶质细胞呈细长不规则形状，几乎贯穿整个视网膜的神经细胞层，从细胞体和内、外侧突起发出很多细小的叶片状分支，包绕在神经元的胞体和突起周围。放射状胶质细胞具有营养、支持、绝缘和保护作用。除放射状神经胶质细胞外，视网膜内还有星形胶质细胞和小胶质细胞等。

上述各类细胞在视网膜内的有序排列及相互连接，形成光镜下视网膜的10层结构（图12-6），由外向内依次为：①色素上皮层，由单层色素上皮细胞构成；②视杆视锥层，由视杆和视锥构成；③外界膜，由放射状神经胶质细胞外侧突起与视杆和视锥形成的连接复合体构成；④外核层，由视细胞的胞体构成；⑤外网层，由视细胞的轴突、双极细胞的树突、水平细胞和网间细胞的突起构成；⑥内核层，由双极细胞、水平细胞、无长突细胞、网间细胞和放射状神经胶质细胞的胞体构成；⑦内网层，由双极细胞的轴突、节细胞的树突及无长突细胞和网间细胞的突起构成；⑧节细胞层，由节细胞的胞体构成；⑨视神经纤维层，由节细胞的轴突构成；⑩内界膜，由放射状神经胶质细胞的内侧突起互相连接而成。

视网膜后极部有一浅黄色区域，称黄斑（macula lutea），其中央有一小凹称中央凹（central fovea）。中央凹是视网膜最薄的部分，只有色素上皮和视锥细胞，与视锥细胞相连的双极细胞和节细胞均斜向外周排列，使光线可直接落在视锥细胞上，且由于该处视锥细胞与双级细胞和节细胞形成一对一的传导通路，因此，中央凹是视觉最敏锐的部位（图12-9）。随着年龄的增长，视网膜组织可发生退变，导致黄斑变性，成为老年人群失明的重要原因之一。视神经穿出眼球的部分，称视神经乳头（papilla of optic nerve），直径约1.5 mm，位于黄斑的鼻侧，此处缺乏视细胞，故无感光功能，为生理性盲点（图12-10）。

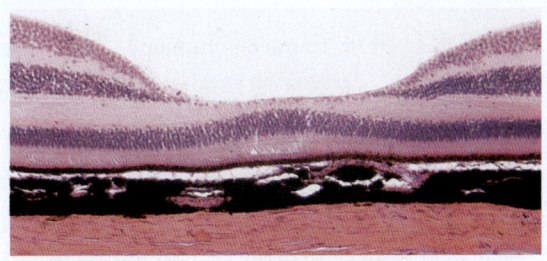

图12-9 视网膜黄斑（HE染色）

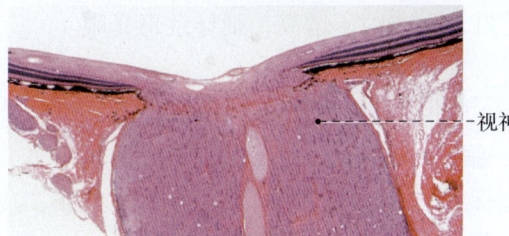

图12-10 视神经乳头（HE染色）

（二）眼球内容物

眼球内容物包括晶状体、玻璃体和房水，均无色透明，与角膜共同组成眼球的屈光系统（图12-1，图12-2）。

1. 晶状体 晶状体（lens）是具有弹性的双凸透明体，通过睫状小带与睫状体相连接（图12-2）。晶状体表面包有均质的薄膜，即晶状体囊（lens capsule），由增厚的基膜及胶原原纤维组成。晶状体的前表面至赤道表面有一层立方形的晶状体上皮（lens epithelium）（图12-4），在赤道部，上皮细胞仍保持分裂能力，并向晶状体中央移行，分化演变为长柱状的细胞，称为晶状体纤维（lens fiber）。新形成的浅层的晶状体纤维构成晶状体的皮质，与表面平行，有的纤维内仍可见细胞核；中心部位的晶状体纤维内充满均质状的晶状体蛋白（crystallin），细胞核消失，构成晶状体核。晶状体无血管和神经分布，营养由房水供给。老年人晶状体的弹性减弱，透明度往往降低，甚至混浊，形成老年性白内障。

2. 玻璃体 玻璃体（vitreous body）位于晶状体、睫状体和视网膜之间，为无色透明的胶状物，水分占99%，含有少量透明质酸、玻璃蛋白、胶原原纤维和少量透明细胞。玻璃体中央有一个从晶状体后极至视神经乳头的玻璃体管（vitreous canal），是胚胎时期玻璃体动脉的遗迹。玻璃体流失后不能再生，由房水填充。

3. 房水 房水（aqueous humor）为含少量蛋白质的透明液体，充盈于眼房内，由睫状体血管内的血液渗透及非色素上皮细胞分泌而成。房水从后房经瞳孔至前房，继而沿前房角经小梁网间隙流入巩膜静脉窦，最终从静脉导出。房水具有屈光作用，并可营养晶状体和角膜。房水的产生和排出保持动态平衡，使眼压维持正常，若房水产生过多或回流受阻，眼球内压增高，则导致青光眼。

（三）眼附属结构

1. 眼睑 眼睑（eyelid）覆盖于眼球前方，对眼球起保护作用。眼睑由前向后分为皮肤、皮下组织、肌层、睑板和睑结膜5层（图12-11）。皮肤薄而柔软，在睑缘部有2~3列睫毛，睫毛根部的皮脂腺称睑缘腺，又称Zeis腺。睑缘处还有一种腺腔较大的汗腺称睫腺，又称Moll腺，开口于睫毛毛囊或睑缘。皮下组织为薄层疏松结缔组织。肌层主要为骨骼肌，包括眼轮匝肌和提上睑肌，此外还有由平滑肌组成的睑肌，位于提上睑肌和结膜之间，其收缩有开大睑裂的作用。睑板由致密结缔组织构成，质如软骨，是眼睑的支架。睑板内有许多平行排列的分支管泡状皮脂腺，称睑板腺（tarsal gland），其导管开口于睑缘，分泌物有润滑睑缘和保护角膜的作用。睑结膜为薄层黏膜，黏膜上皮为复层柱状，有杯状细胞，上皮下固有层为薄层结缔组织。睑结膜反折覆盖于巩膜表面称球结膜，球结膜上皮在角膜缘处移行为角膜上皮。

2. 泪腺 泪腺（lacrimal gland）是浆液性复管状腺，被结缔组织分隔成小叶。腺上皮为单层立方或柱状，胞质内有分泌颗粒。腺上皮外有基膜和肌上皮细胞。泪腺分泌的泪液经导管排至结膜上穹隆部，有润滑和清洁角膜的作用。

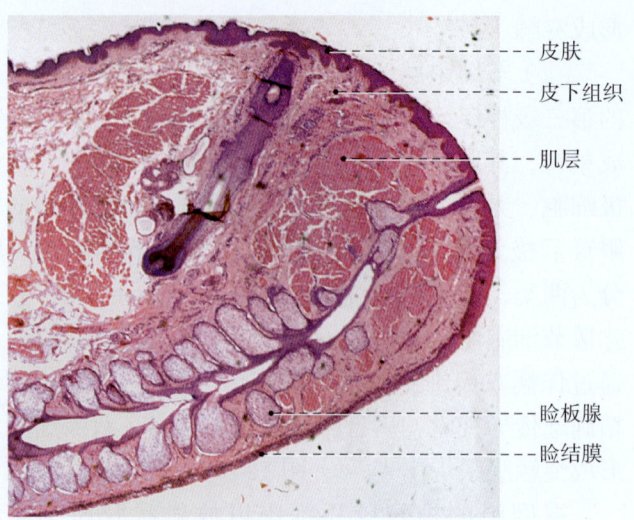

图12-11 眼睑（HE染色）

二、耳

耳由外耳、中耳和内耳组成（图12-12）。外耳和中耳具有收集和传导声波的作用，内耳则是听觉和位觉感受器所在的部位。

（一）外耳

外耳由耳郭、外耳道和鼓膜3部分组成（图12-12）。耳郭以弹性软骨为支架，外面被覆薄层皮肤。外耳道外侧为软骨部，其皮肤稍厚，内有耳毛、皮脂腺和顶泌汗腺，后者又称耵聍腺（ceruminous gland），分泌黏稠的液体，称耵聍。内侧骨性外耳道的皮肤较薄，耳毛、皮脂腺和耵聍腺均较少。外耳道皮肤的皮下组织很少，紧贴软骨膜或骨膜，且外耳道上皮内有丰富的游离感觉神经末梢，因此，外耳道的发炎、肿胀可引起剧烈疼痛。鼓膜（tympanic membrane）是半透明的薄膜，外层为复层扁平上皮，与外耳道表皮相延续，中层为薄层的固有层，内层为黏膜层，与中耳黏膜相延续，由单层扁平上皮和疏松结缔组织组成。

（二）中耳

中耳包括鼓室和咽鼓管（图12-12）。鼓室是含有空气的不规则腔室，内有3块听小骨，鼓室腔面和听小骨表面均覆有薄层黏膜，黏膜由上皮和较薄的固有层组成。中耳炎时，黏膜上皮的杯状细胞

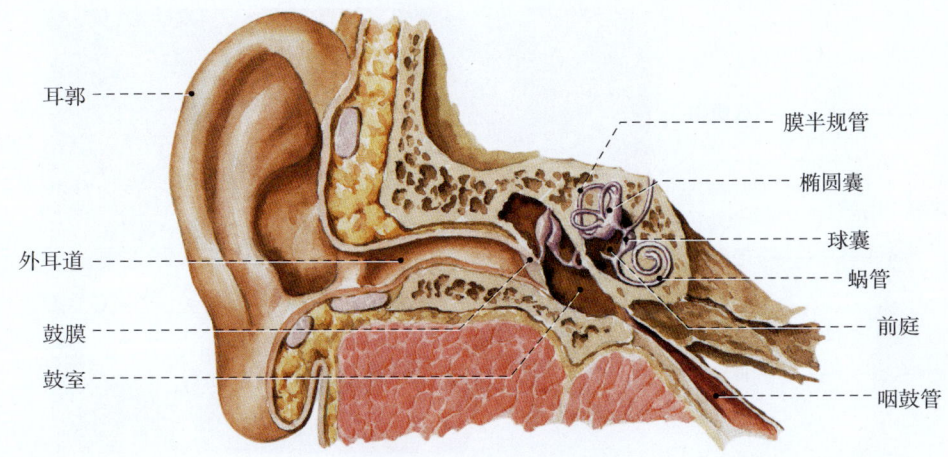

图 12-12 耳的结构模式图

增多，产生的黏液积存在鼓室内，可使听力受损。咽鼓管是连接鼓室和鼻咽部的管道，管壁的前 2/3 为软骨部，表面覆以假复层纤毛柱状上皮，纤毛可向咽部方向摆动；后 1/3 为骨部，表面被覆单层柱状上皮。咽鼓管通常是关闭的，只有在吞咽、呵欠或在口鼻闭合情况下用力呼气时才被动开放。

（三）内耳

内耳位于颞骨岩部内，形状不规则且结构复杂，故称迷路，包括骨迷路和膜迷路两部分。骨迷路（bony labyrinth）为弯曲如隧道的骨性管道，腔面覆有骨膜，分骨半规管、前庭和耳蜗 3 部分。膜迷路（membranous labyrinth）悬吊在骨迷路内，形态与骨迷路相似，包括骨半规管内的膜半规管，前庭内的椭圆囊和球囊、耳蜗内的膜蜗管（图 12-13）。膜迷路的腔面覆有薄层黏膜，大部分上皮为单层扁平上皮，但某些部位的上皮明显增高增厚，特化形成感受器，如壶腹嵴、椭圆囊斑、球囊斑和螺旋器。膜迷路和骨迷路之间的间隙内充满外淋巴（perilymph），称外淋巴间隙（perilymphatic space），而膜迷路内的液体为内淋巴（endolymph）。外淋巴主要从骨膜内的毛细血管过滤产生，而内淋巴由膜蜗管外侧壁的血管纹产生，内淋巴与外淋巴之间互不相通。

1. 半规管与壶腹嵴 两侧骨半规管各由 3 个互相垂直的管道组成，位于前庭的后上方。每个半规管弯曲成 2/3 的环状，其一端膨大，称壶腹（ampulla）。上、后半规管没有壶腹的一端合并后与前庭相通，故 3 个半规管共有 5 个孔通入前庭。膜

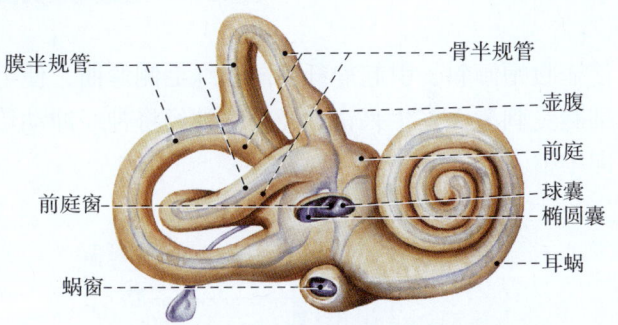

图 12-13 内耳膜迷路结构模式图

半规管位于骨半规管内，形态与骨半规管相似。在膜性壶腹管壁的一侧，部分黏膜增厚并凸向腔内，形成一横行隆起，称壶腹嵴（crista ampullaris）（图 12-14）。

壶腹嵴的上皮由支持细胞和毛细胞组成（图 12-14，图 12-15）。支持细胞（supporting cell）呈高柱状，基部位于基膜上，游离面有微绒毛。毛细胞（hair cell）位于支持细胞之间，壶腹嵴中央的毛细胞多呈烧瓶状，壶腹嵴周边的毛细胞多呈圆柱状，顶部有许多静纤毛（stereocilium）和一根较长的动纤毛（kinocilium）（图 12-15）。静纤毛是特殊分化的微绒毛，中轴内有纵行排列的微丝；动纤毛内有"9+2"的微管结构。支持细胞分泌的含酸性黏多糖的胶状物，形成一圆锥形的帽状结构，称壶腹帽（cupula），毛细胞的纤毛伸入其中（图 12-14）。毛细胞的基部与前庭神经末梢形成突触，有的毛细胞基部还与传出神经末梢形成突触，可能与调节毛细胞的功能有关（图 12-15）。壶腹嵴感受头部旋转变速运动的刺激。当头进行各方向的旋转时，膜半规管的内淋巴由于惯性作用而发生流动，

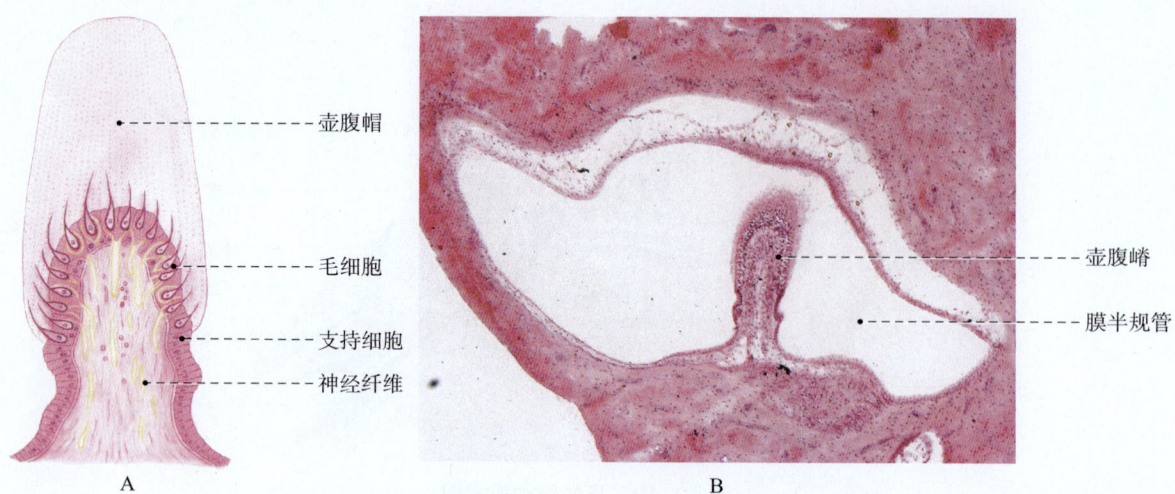

图 12-14　壶腹嵴模式图（A）与壶腹嵴 HE 染色图（B）

使壶腹帽倾斜，引起静纤毛向动纤毛侧弯曲，使毛细胞受刺激而发生兴奋，经前庭神经将神经冲动传向中枢。

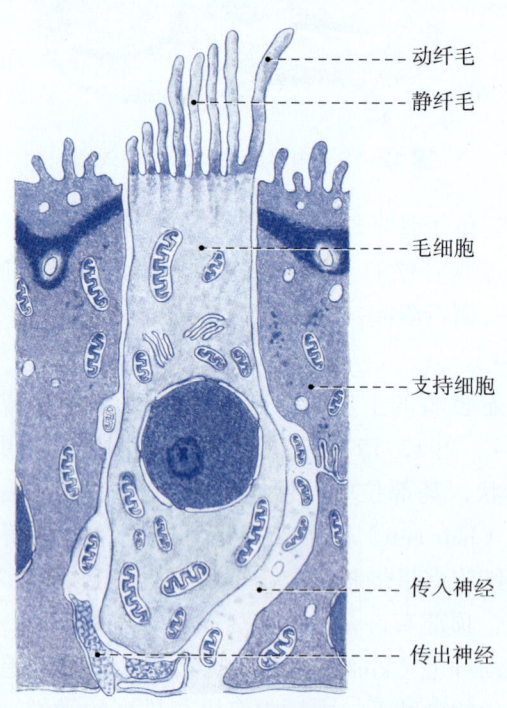

图 12-15　毛细胞超微结构模式图

2. 前庭与位觉斑　前庭是一个椭圆形囊腔，前方与耳蜗相通，后方与3个半规管相连，外侧壁是鼓室内壁的一部分，壁上有前庭窗和蜗窗。前庭内的膜迷路包括椭圆囊与球囊，椭圆囊与3个膜半规管连通，球囊与膜蜗管相连通，两囊之间由"Y"形小管相连，并延伸出一条盲管，称内淋巴管（endolymphatic duct）（图 12-13）。

椭圆囊外侧壁和球囊前壁的局部黏膜增厚隆起，分别称为椭圆囊斑（macula utriculi）和球囊斑（macula sacculi），两者互相垂直，合称位觉斑（macula acoustica）。椭圆囊斑和球囊斑的结构和壶腹嵴基本相似，也是由支持细胞和毛细胞组成，但上皮比较平坦，支持细胞分泌物形成胶质膜，称耳石膜（otolithic membrane），膜的表面有碳酸钙和蛋白质组成的晶体颗粒，称耳石（otolith）或位砂（图 12-16）。

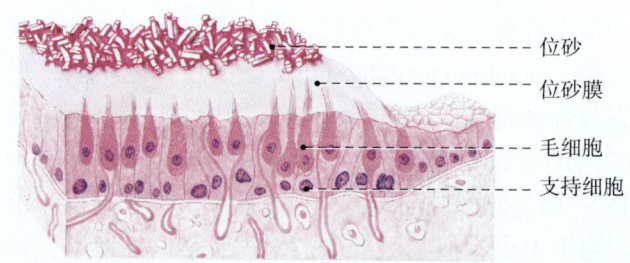

图 12-16　位觉斑模式图

位觉斑感受身体的直线变速运动和静止状态。由于位砂相对密度大于内淋巴，当头部直线加速运动开始或终止时，内淋巴发生的惯性流动对毛细胞纤毛的刺激，以及静止时地心引力对毛细胞的作用，均能引起毛细胞的兴奋，经前庭神经将神经冲动传向中枢。

3. 耳蜗、膜蜗管与螺旋器

（1）耳蜗　耳蜗（cochlea）的外形如蜗牛壳，中轴是圆锥形的骨质，称蜗轴（modiolus），骨蜗管（bony cochlear canal）则围绕蜗轴螺旋盘曲两圈半

（图12-17）。蜗轴的骨质疏松，内有血管和螺旋神经节等，由蜗轴向骨蜗管伸出的螺旋形薄骨片称骨螺旋板（osseous spiral lamina）。骨蜗管外侧壁的骨膜增厚形成螺旋韧带（spiral ligament），骨螺旋板与螺旋韧带之间的薄膜，称膜螺旋板（membranous spiral lamina），又称基底膜（basilar membrane）（图12-18）。

从蜗轴的纵切面观察，骨蜗管被分隔成3个管道，上方为前庭阶（scala vestibuli），下方为鼓室阶（scala tympani），中间的三角形管道为膜蜗管。前庭阶和鼓室阶腔面覆有单层扁平上皮，腔内充满外淋巴，两者通过蜗轴顶端的蜗孔（helicotrema）相通（图12-17）。

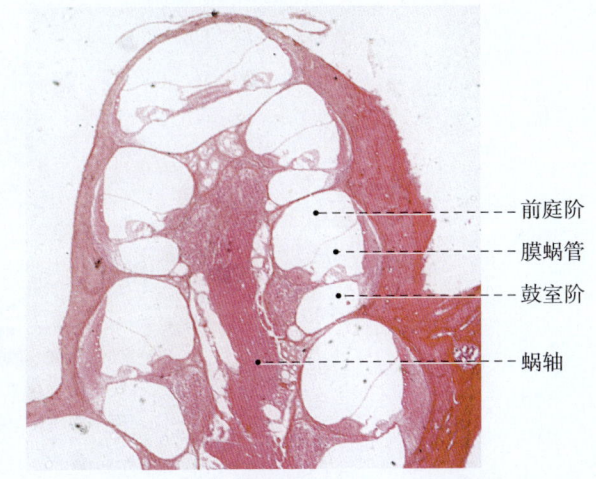

图12-17　耳蜗垂直切面（HE染色）

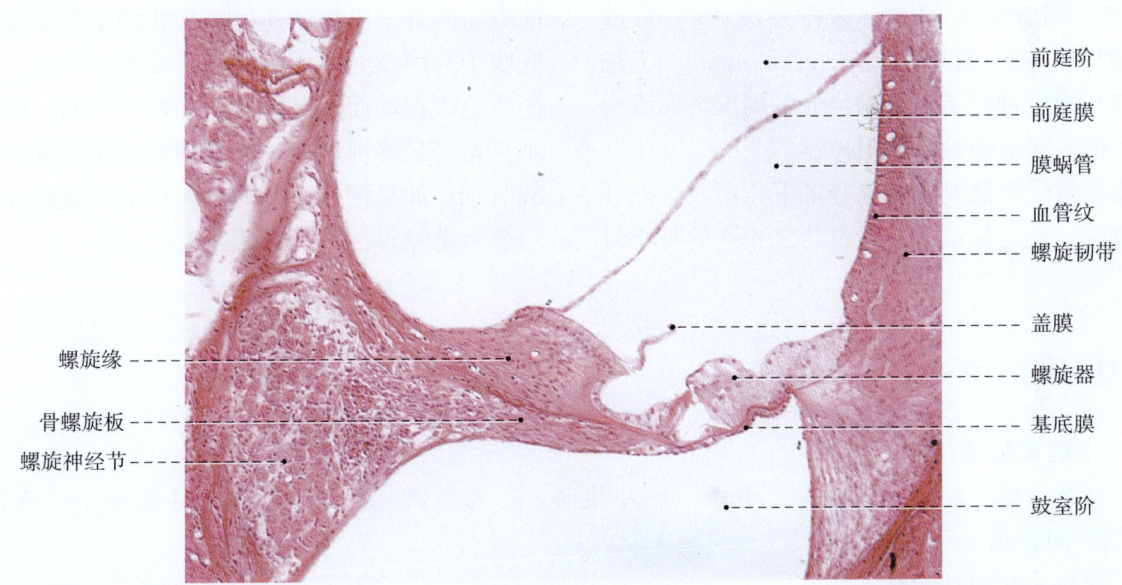

图12-18　蜗管（HE染色）

（2）膜蜗管　膜蜗管（membranous cochlear duct）简称蜗管，又称中间阶（scala media），与球囊相通。膜蜗管横切面呈三角形，有上、外和下3个壁（图12-18）。上壁为前庭膜（vestibular membrane），膜两面均覆有单层扁平上皮，中间有薄层结缔组织。外壁为螺旋韧带，表面覆盖含连续型毛细血管的复层上皮，称血管纹（stria vascularis），与内淋巴的产生和吸收有关。下壁由骨螺旋板的外侧部、基底膜及位于基底膜上表面的螺旋器组成。骨螺旋板的起始部骨膜增厚突入蜗管，称螺旋缘（spinal limbus），其表面上皮细胞分泌物形成胶质薄膜，覆盖在螺旋器的上方，称盖膜（tectorial membrane）。基底膜中除有神经和血管外，主要成分是从骨螺旋板向外呈放射状排列的胶原样细丝束，称听弦（auditory string）。由于基底膜从蜗底向蜗顶逐渐增宽，因此蜗底的听弦较短、共振频率高，而蜗顶的听弦较长、共振频率低。

（3）螺旋器　螺旋器（spiral organ of Corti）又称Corti器，是基底膜上表面的上皮增高特化而成的听觉感受器，主要由支持细胞和毛细胞组成，支持细胞种类较多，以柱细胞和指细胞为主（图12-19）。

指细胞（phalangeal cell）呈柱状，基部位于基底膜上，顶部有指状突起，具有支托毛细胞的作用。位于内柱细胞内侧的一列指细胞称内指细胞，位于外柱细胞外侧的3~5列指细胞，称外指细胞。

毛细胞（hair cell）包括内毛细胞一列和外毛

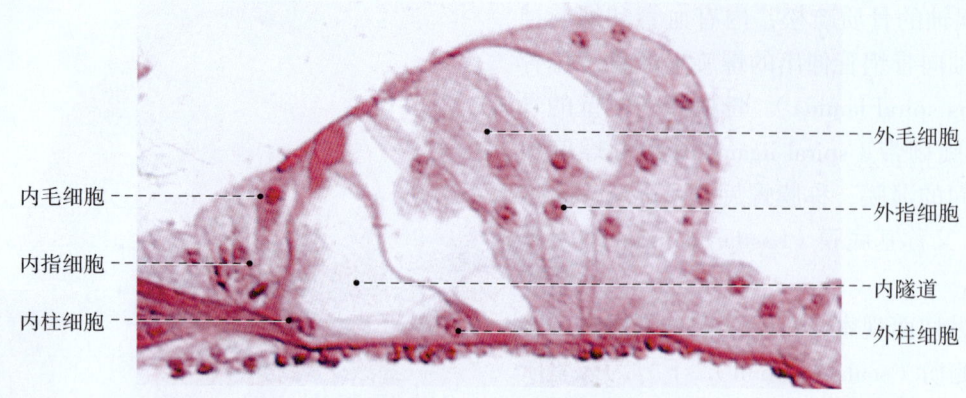

图 12-19　螺旋器（HE 染色）

细胞 3~5 列，分别位于内指细胞和外指细胞的上方，并被指细胞的指状突起所包绕。毛细胞细长，核近基部，细胞的顶部有许多排列成"V"形或"W"形的静纤毛，称听毛（trichobothrium）。毛细胞的基部与螺旋神经节双极神经元的周围突形成突触，其中枢突穿出蜗轴形成蜗神经。

螺旋器接受声波刺激的途径如下：声波经外耳道传至鼓膜，使之振动，并通过与之相连的听小骨将振动传至前庭窗，引起前庭阶的外淋巴振动，进而使前庭膜和膜蜗管的内淋巴也随之振动。同时，前庭阶的外淋巴振动还可经蜗孔传至鼓室阶，使基底膜中与声波频率相对应的听弦发生共振，毛细胞的听毛因振动而与盖膜接触并发生弯曲，刺激毛细胞兴奋，最终神经冲动经蜗神经传至听觉中枢，引起听觉。如果传播途径的任何环节出现病变，则可引起听觉障碍，甚至听觉丧失。

复习题

（一）名词解释

1. 视锥细胞　2. 视杆细胞　3. 黄斑　4. 小梁网　5. 螺旋器　6. 血管纹　7. 壶腹嵴　8. 位觉斑

（二）问答题

1. 简述角膜的结构特点。
2. 试述视网膜视部的结构和功能。
3. 简述膜蜗管的结构和功能。
4. 简述壶腹嵴和位觉斑的结构和功能。

网上学习

12-1　准分子激光原位角膜磨镶术

12-2　视网膜剥离

12-3　年龄相关性黄斑变性

12-4　白内障

12-5　眩晕和晕车

12-6　传导性耳聋、神经性耳聋和人工耳蜗植入

（张丽红撰文；韩秋生绘图）

第 13 章 内分泌系统

导学

▶ 重点
- 甲状腺的光镜结构、电镜结构及功能
- 肾上腺的光镜结构、电镜结构及功能
- 垂体的光镜结构及功能；下丘脑与垂体的关系

▶ 难点
- 下丘脑与垂体的关系

内分泌系统（endocrine system）是机体的重要调节系统，它与神经系统、免疫系统相辅相成，共同维持机体的正常状态。内分泌系统由内分泌腺（如甲状腺、甲状旁腺、肾上腺、脑垂体、松果体等）和分布于其他器官内的内分泌细胞（如胰岛，卵巢的黄体，睾丸间质细胞等）组成。内分泌腺的一般结构特点是腺细胞排列成束状、网状、团索状或围成滤泡状，没有导管，毛细血管丰富。内分泌细胞的分泌物称激素（hormone）。大多数内分泌细胞分泌的激素通过血液循环作用于远处的特定细胞，有些内分泌细胞分泌的激素作用于自身的相应受体，称为自分泌。少部分内分泌细胞分泌的激素可直接作用于邻近的细胞，称为旁分泌（paracrine）。

根据化学性质，可将激素分为含氮激素（包括氨基酸衍生物、胺类、肽类和蛋白质类激素）和类固醇激素两大类。分泌含氮激素细胞的超微结构特点与蛋白质分泌细胞相似，胞质内含有丰富的粗面内质网和高尔基复合体，以及膜被分泌颗粒。分泌类固醇激素细胞的超微结构特点与合成类固醇激素的功能密切相关，即含有丰富的滑面内质网，管泡状嵴的线粒体及脂滴。

激素所作用的特定器官或特定细胞，称为该激素的靶器官（target organ）或靶细胞（target cell）。靶细胞具有与相应激素结合的受体，受体与相应激素结合后产生效应。

一、甲状腺

甲状腺（thyroid gland）位于颈前部，分为左、右两叶，中间以峡部相连。甲状腺表面包有薄层结缔组织被膜。结缔组织伸入腺实质，将其分成许多大小不等的小叶，甲状腺实质由大量滤泡和滤泡旁细胞组成（图 13-1）。

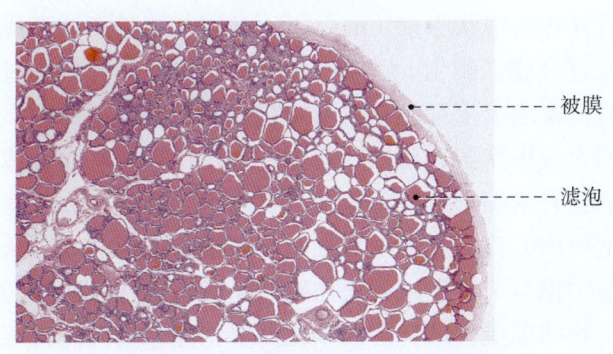

图 13-1 甲状腺（HE 染色，低倍）

（一）滤泡

滤泡（follicle）大小不等，呈圆形、椭圆形或不规则形。滤泡由单层立方的滤泡上皮细胞（follicular epithelial cell）围成，滤泡腔内充满均质嗜酸性胶质（colloid）（图 13-2），胶质是由滤泡上皮细胞产生的一种糖蛋白，即碘化的甲状腺球蛋白。随着功能状态的不同，滤泡上皮细胞的形态会发生变化。功能活跃时，细胞增高呈矮柱状，滤泡腔内胶质减少；反之，细胞变矮呈扁平状，滤泡腔内胶质增多。

电镜下可见滤泡上皮细胞游离面有微绒毛，胞质内有较发达的粗面内质网和较多的线粒体。高尔基复合体位于核上区，溶酶体散在分布于胞质中。

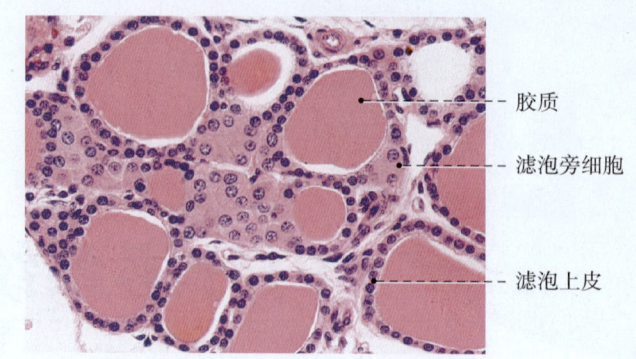

图 13-2　甲状腺滤泡（HE 染色）

细胞顶部胞质中有大小不等、电子密度不同的小泡。其中体积较小、电子密度中等的是分泌颗粒，内含甲状腺球蛋白；体积较大、电子密度低的是胶质小泡，内含从滤泡腔重吸收的胶质（图 13-3）。

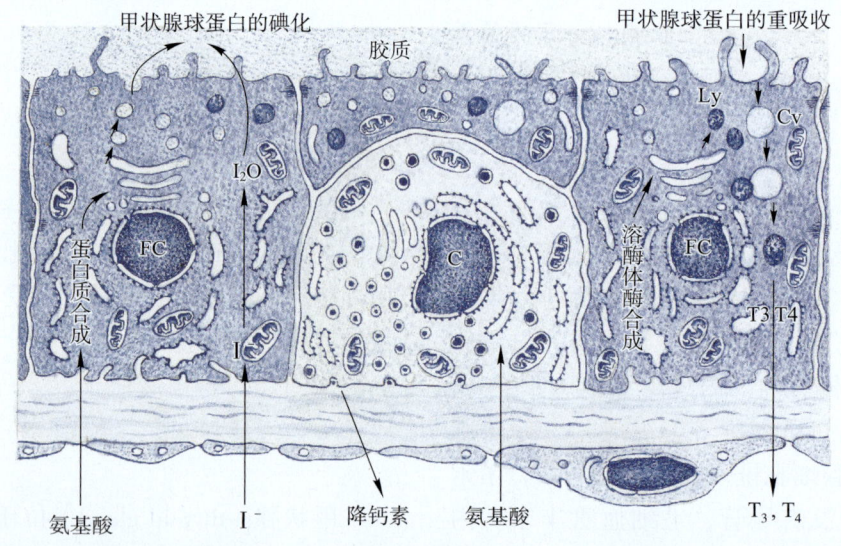

图 13-3　甲状腺滤泡上皮细胞（FC）和滤泡旁细胞（C）超微结构及激素合成与分泌示意图

甲状腺滤泡上皮细胞的功能是合成和分泌甲状腺激素（thyroid hormone）。甲状腺激素包括四碘甲状腺原氨酸（T_4）和三碘甲状腺原氨酸（T_3），前者又称为甲状腺素（thyroxine）。甲状腺激素的形成经过合成、碘化、贮存、重吸收、分解和释放等过程。滤泡上皮细胞从血液中摄取氨基酸，粗面内质网合成甲状腺球蛋白的前体，继而在高尔基复合体加糖并浓缩形成分泌颗粒，再以胞吐方式排放到滤泡腔内贮存。滤泡上皮细胞有很强的摄碘能力，从血中摄取 I^-，经过氧化物酶活化后进入滤泡腔，与甲状腺球蛋白结合形成碘化的甲状腺球蛋白。在腺垂体分泌的促甲状腺激素作用下，滤泡上皮细胞吞滤泡腔内碘化的甲状腺球蛋白，成为胶质小泡。胶质小泡与溶酶体融合，溶酶体的蛋白水解酶将碘化的甲状腺球蛋白水解为大量的四碘甲状腺原氨酸（T_4）和少量的三碘甲状腺原氨酸（T_3）。两者经细胞基底部释放入毛细血管（图 13-3）。

T_3 和 T_4 广泛作用于机体的多种细胞，其主要功能是促进机体的新陈代谢、提高神经兴奋性、促进生长发育，尤其对婴幼儿的骨骼发育和中枢神经系统发育有很大的影响。胎儿和婴幼儿甲状腺功能低下时，导致智力低下、长骨生长停滞等现象，形成呆小症。成人甲状腺功能低下则引起新陈代谢率和中枢神经系统兴奋性降低，表现为精神呆滞、记忆力减退、毛发稀少以及黏液性水肿等。甲状腺功能亢进时，中枢神经系统兴奋性明显增高，同时引起心血管系统、消化系统等功能的紊乱。

（二）滤泡旁细胞

滤泡旁细胞（parafollicular cell）位于滤泡之间和滤泡上皮细胞之间，其顶部被相邻滤泡上皮细胞所覆盖（图13-3，图13-4）。滤泡旁细胞稍大，在HE染色标本中胞质着色略淡（图13-2）。滤泡旁细胞以胞吐方式释放颗粒内的降钙素（calcitonin）。降钙素能促进成骨细胞的活动，使钙盐沉着于类骨质，并抑制胃肠道和肾小管吸收Ca^{2+}，导致血钙浓度降低。

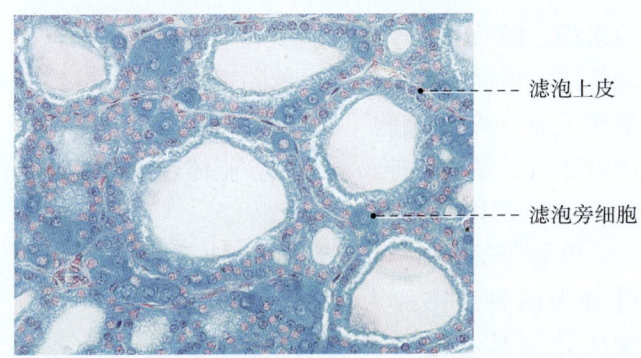

图13-4　甲状腺滤泡旁细胞（星蓝核真红染色，高倍）

二、甲状旁腺

甲状旁腺（parathyroid gland）有上、下两对，位于甲状腺左右叶的背面。甲状旁腺表面包有薄层结缔组织被膜，实质内的腺细胞排列成团索状，间质中有丰富的有孔毛细血管，还可见散在的脂肪细胞。腺细胞有主细胞和嗜酸性细胞两种（图13-5）。

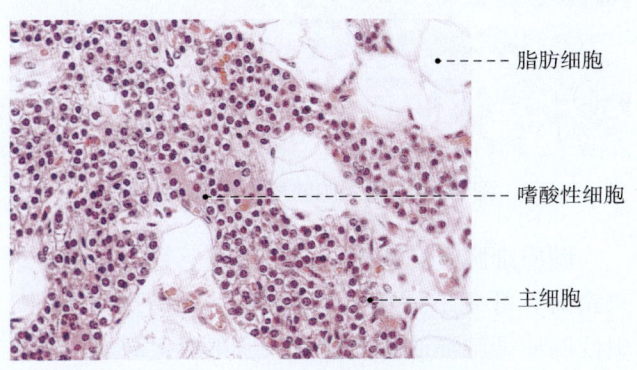

图13-5　甲状旁腺（HE染色）

（一）主细胞

主细胞（chief cell）呈圆形或多边形，核圆，位于细胞中央，HE染色胞质着色浅（图13-5）。电镜下，胞质内含粗面内质网较多，高尔基复合体较发达，并有膜被颗粒，还有一些糖原和脂滴。主细胞合成并分泌甲状旁腺激素（parathyroid hormone）。甲状旁腺激素可作用于骨细胞和破骨细胞，能促进破骨细胞生成并增强破骨细胞的溶骨作用，并能增加肠和肾小管对钙的吸收，使血钙升高。在甲状旁腺激素和降钙素的共同调节下，机体维持血钙的稳定。

（二）嗜酸性细胞

嗜酸性细胞（oxyphil cell）单个或成群分布于主细胞之间。细胞体积较大，核小、染色深，胞质呈嗜酸性（图13-5）。电镜下胞质内含丰富的线粒体，其他细胞器不发达。嗜酸性细胞功能尚不清楚。

三、肾上腺

肾上腺（adrenal gland）位于肾的上方，表面包以结缔组织被膜，少量结缔组织伴随血管和神经伸入腺实质内。肾上腺实质由周边的皮质和中央的髓质构成（图13-6）。

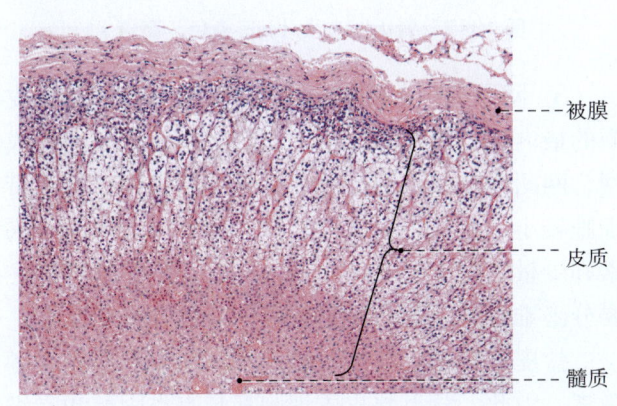

图13-6　肾上腺（HE染色）

（一）皮质

皮质占肾上腺体积的80%~90%，根据皮质细胞的形态结构和排列特征，可将皮质分为球状带、束状带和网状带（图 13-6）。

1. 球状带 球状带（zona glomerulosa）位于被膜的下方，较薄，细胞排列呈球团状。细胞体积较小，呈矮柱状或锥形，核小、染色深，胞质较少，内含少量脂滴（图 13-6，图 13-7）。球状带细胞分泌的盐皮质激素，如醛固酮（aldosterone），能促进肾远曲小管和集合管重吸收 Na^+ 及排出 K^+，同时也刺激胃黏膜、唾液腺和汗腺吸收 Na^+，从而使血 Na^+ 浓度升高、K^+ 浓度降低，维持血容量在正常水平。

2. 束状带 束状带（zona fasciculata）是皮质中最厚的部分。束状带细胞较大，呈多边形，排列成单行或双行细胞索，细胞索间为窦状毛细血管和少量结缔组织。束状带细胞核圆，较大，着色浅，胞质内含有大量的脂滴（图 13-6，图 13-7）。束状带细胞分泌糖皮质激素（glucocorticoid），主要为皮质醇和皮质酮，可促使蛋白质及脂肪分解并转变成糖，还有降低免疫反应及炎症反应等作用。

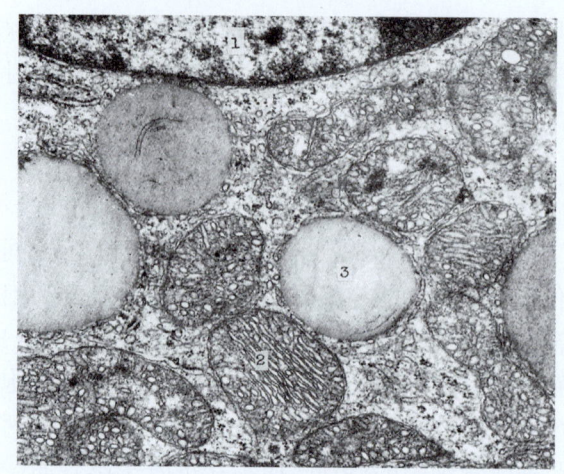

图 13-8 肾上腺皮质束状带细胞超微结构（TEM）
1. 细胞核；2. 线粒体；3. 脂滴

缔组织。髓质细胞较大，呈多边形，胞质在用含铬盐的固定液固定后可见黄褐色的嗜铬颗粒，故髓质细胞又称为嗜铬细胞（chromaffin cell）。另外，髓质内还有少量交感神经节细胞，胞体较大，散在地分布于髓质内（图 13-9）。

电镜下，根据嗜铬颗粒的特点，髓质细胞可分为两种：一种为肾上腺素细胞，其膜包颗粒的致密核心电子密度低，颗粒内含肾上腺素（adrenaline），此种细胞数量多，占人肾上腺髓质细胞的 80% 以上；另一种为去甲肾上腺素细胞，颗粒的致密核心电子密度高，颗粒内含去甲肾上腺素（norepinephrine，NE）。肾上腺素和去甲肾上腺素均为儿茶酚胺类物质。此外，髓质细胞还合成和释放一些多肽，如甘丙肽、神经肽 Y 和脑啡肽。

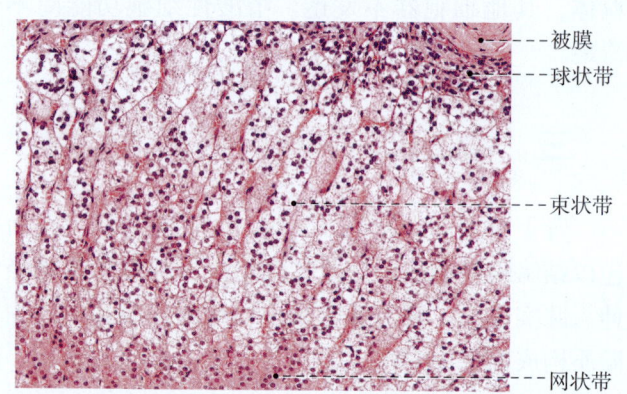

图 13-7 肾上腺皮质（HE 染色，高倍）

3. 网状带 网状带（zona reticularis）位于皮质的最内层，紧靠髓质。网状带细胞索相互吻合成网，网间为窦状毛细血管和少量结缔组织。网状带细胞较小，胞核小，着色较深，胞质内含较多脂褐素和少量脂滴（图 13-6，图 13-7）。网状带细胞主要分泌雄激素，也分泌少量糖皮质激素和雌激素。

盐皮质激素、糖皮质激素和雄激素都属类固醇激素。因此，肾上腺皮质细胞都具有类固醇激素细胞的超微结构特点（图 13-8）。

（二）髓质

位于肾上腺的中央，髓质主要由排列成索或团的髓质细胞组成，细胞间为窦状毛细血管和少量结

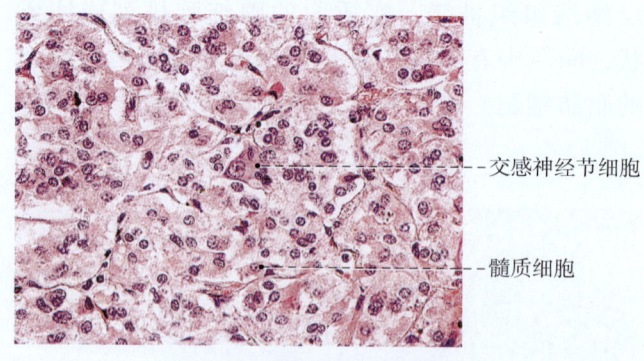

图 13-9 肾上腺髓质（HE 染色）

髓质细胞受交感神经调控，交感神经节前纤维兴奋时，纤维末梢释放乙酰胆碱作用于髓质细胞，引起髓质细胞释放肾上腺素或去甲肾上腺素。肾上腺素使心率加快，心排出量增加，肝和骨骼肌的

血管扩张。去甲肾上腺素可使心脏活动加强、心率加快，并使全身各器官的血管广泛收缩，血压增高。

（三）肾上腺的血管分布

肾上腺动脉进入被膜后，大部分分支进入皮质，形成窦状毛细血管网，少数小动脉分支穿过皮质直接进入髓质形成窦状毛细血管。皮质与髓质的毛细血管相连通。髓质内的小静脉汇合成一条中央静脉，经肾上腺静脉离开肾上腺。从皮质流入髓质的血液中含有皮质激素，其中的糖皮质激素可增强肾上腺素细胞内 N-甲基转移酶的活性，使去甲肾上腺素转变为肾上腺素。

四、垂体

垂体（hypophysis）位于颅底蝶鞍垂体窝内，为一卵圆形小体，表面包以结缔组织被膜，体积约为 0.5 cm×1 cm×1 cm，质量约为 0.5 g。垂体由腺垂体（adenohypophysis）和神经垂体（neurohypophysis）两部分组成。神经垂体分为神经部和漏斗两部分，漏斗与下丘脑相连。腺垂体分为远侧部、中间部及结节部三部分，其中远侧部最大，中间部位于远侧部和神经部之间，结节部围在漏斗周围（图13-10）。在位置上，远侧部又称垂体前叶，神经部和中间部合称垂体后叶。

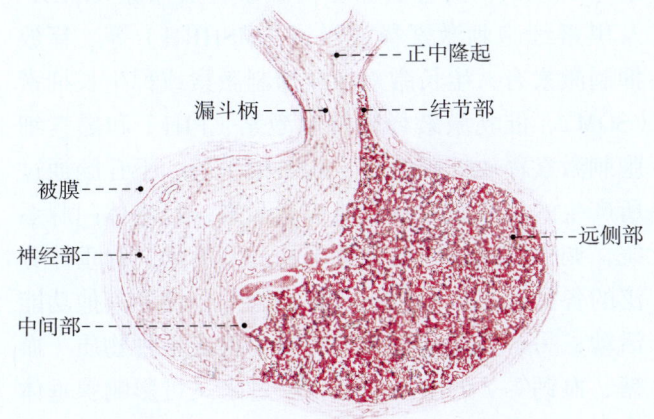

图 13-10 垂体仿真图（矢状切面）

（一）腺垂体

1. 远侧部 远侧部（pars distalis）腺细胞大多排列成团索状，少数围成小滤泡。腺细胞间有丰富的窦状毛细血管和少量结缔组织。在 HE 染色标本中，根据对染料的亲和力不同，腺细胞被分为嗜色细胞和嫌色细胞两类。嗜色细胞又分为嗜酸性细胞（acidophilic cell）和嗜碱性细胞（basophilic cell）两种（图13-11）。依据腺细胞胞质内颗粒的形态结构、数量及所含激素的性质将腺细胞分类，并以所分泌的激素命名。

（1）**嗜酸性细胞** 数量较多，约占远侧部腺细胞总数的40%，细胞呈圆形或卵圆形，胞质嗜酸性强（图13-11）。嗜酸性细胞有两种：①生长激素细胞（somatotroph, STH cell），数量较多，常聚集成群。生长激素细胞所分泌的生长激素（growth hormone, GH）能刺激骺软骨生长，使骨增长。在幼年时期，生长激素分泌不足可致垂体侏儒症，分泌过多引起巨人症；成年后分泌亢进则导致肢端肥大症。②催乳激素细胞（mammotroph, prolactin cell）在非妊娠或哺乳期女性及男性的腺垂体内此种细胞较少，而在妊娠期和哺乳期妇女的垂体内较多，体积也较大，胞质内的分泌颗粒也显著增多、增大，呈椭圆形或不规则形。该细胞分泌的催乳素（prolactin）能促进乳腺发育和乳汁分泌。

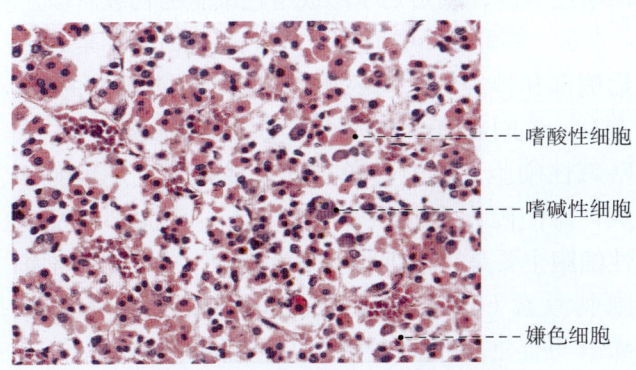

图 13-11 腺垂体远侧部（HE 染色）

（2）**嗜碱性细胞** 数量少于嗜酸性细胞，约占远侧部腺细胞总数的10%。细胞呈椭圆形或多边形，胞质嗜碱性（图13-11）。嗜碱性细胞有三种：①促甲状腺激素细胞（thyrotroph, thyroid stimulating hormone cell, TSH cell），呈多角形，胞质内颗粒较小，多分布在细胞的边缘。此细胞分泌的促甲状腺激素（thyroid stimulating hormone, TSH）能促进甲状腺的发育，并作用于甲状腺滤泡上皮，促进甲状腺激素的合成和释放。②促性腺激素细胞（gonadotroph），细胞大，呈圆形或椭圆形，胞质内颗粒大小中等。此细胞分泌卵泡刺激素（follicle stimulating hormone，FSH）和黄体生成素（luteinizing hormone，LH）。在女性，FSH促进卵泡发育和促进卵泡细胞分泌雌激素；在男性，则刺激生精小管的支持细胞合成雄激素结合蛋白，以促进精子的发生。LH在女性促进排卵和黄体形成，在男性则刺激睾丸间质细胞分泌雄激素，故又称间质细胞刺激素（interstitial cell stimulating hormone，ICSH）。③促肾上腺皮质激素细胞（corticotroph，ACTH cell），数量少，体积较小，呈不规则形，胞质内的分泌颗粒较大，分布于整个胞质。这种细胞分泌促肾上腺皮质激素（adrenocorticotropinc hormone，ACTH）和促脂素（lipotropin或lipotropic hormone，LPH），前者促进肾上腺皮质束状带分泌糖皮质激素，后者作用于脂肪细胞，促进甘油三酯分解产生脂肪酸。

（3）嫌色细胞　嫌色细胞（chromophobe cell）数量多，约占远侧部腺细胞总数的50%。细胞体积小，呈圆形或多角形。胞质少，着色浅，故其外形不清楚（图13-11）。电镜下，部分嫌色细胞胞质内含少量分泌颗粒。因此认为该细胞可能是脱颗粒的嗜色细胞，或是处于形成嗜色细胞的初级阶段。

2. 中间部　中间部（pars intermedia）是位于远侧部和神经部之间的狭窄区域，仅占垂体的2%左右。中间部有少量大小不等的滤泡和嫌色细胞、嗜碱性细胞。滤泡由单层立方或柱状上皮细胞围成，滤泡腔内含胶质（图13-12）。中间部的嗜碱性细胞主要是黑素细胞刺激素细胞，可分泌黑素细胞刺激素（melanocyte stimulating hormone，MSH）。MSH可促进黑色素的生成，使皮肤颜色变深。

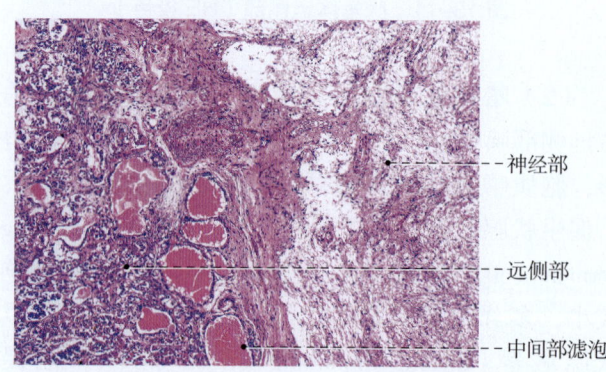

图13-12　垂体（HE染色）

3. 结节部　结节部（pars tuberalis）包围在神经垂体的漏斗柄周围。此部的腺细胞主要为嫌色细胞，其间有少量嗜酸性和嗜碱性细胞。由于垂体门微静脉从结节部通过，所以此处的血管相当丰富。

4. 垂体门脉系统　垂体的血液供给主要来自于垂体上动脉和垂体下动脉。垂体上动脉起源于基底动脉环，血管首先进入漏斗部，分支并吻合形成毛细血管网，称为第一级毛细血管网。毛细血管网下行，在结节部汇集形成多条垂体门微静脉，并继续下行到远侧部，再次形成第二级毛细血管网。两级毛细血管网及两者之间的垂体门微静脉共同构成垂体门脉系统（hypophyseal portal system）。第二级毛细血管网最后汇集成小静脉注入垂体周围的静脉窦（图13-13）。

5. 下丘脑与腺垂体的关系　下丘脑结节区（如弓状核等）的一些神经元具有内分泌功能，称为神经内分泌细胞。这些神经内分泌细胞合成的多种激素经轴突释放入漏斗处的第一级毛细血管网内，再经垂体门微静脉运送到远侧部的第二级毛细血管网，分别调节远侧部各种腺细胞的分泌活动。其中对腺细胞的分泌起促进作用的激素，称为释放激素（releasing hormone，RH）；对腺细胞起抑制作用的激素，则称为释放抑制激素（release inhibiting hormone，RIH）。目前已知的释放激素有：生长激素释放激素（GHRH）、催乳素释放素（PRH）、促甲状腺激素释放激素（TRH）、促性腺激素释放激素（GnRH）、促肾上腺皮质激素释放激素（CRH）及黑素细胞刺激素释放激素（MSHRH）等。释放抑制激素有：生长激素释放抑制激素或称生长抑素（SOM）、催乳激素释放抑制激素（PIH）和黑素细胞刺激素释放抑制激素（MSHIH）等。下丘脑通过所产生的释放激素和释放抑制激素，经垂体门脉系统，调节腺垂体内各种细胞的分泌活动，腺垂体分泌的各种激素又调节相应靶细胞的分泌和其他功能活动；另一方面，靶细胞的分泌物或某种物质（血糖、血钙等）的浓度变化，反过来又可影响腺垂体和下丘脑的分泌活动。这种反馈性调节使机体内环境相对稳定，从而维持机体正常的生理活动。

（二）神经垂体

神经垂体主要由大量无髓神经纤维和胶质细胞

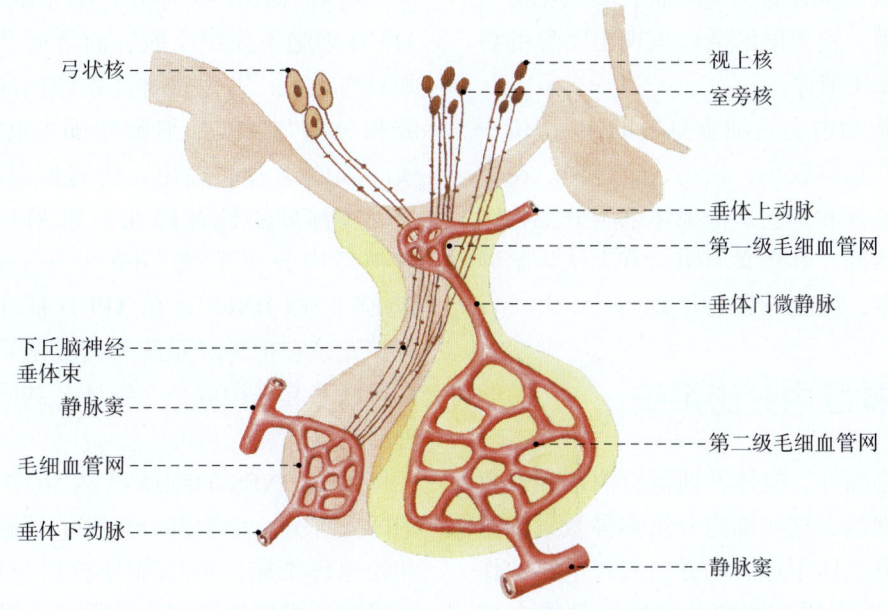

图 13-13 垂体的血管分布及下丘脑 – 垂体门脉系统示意图

组成，并含有丰富的窦状毛细血管。下丘脑视上核和室旁核的神经内分泌细胞的轴突组成下丘脑垂体束，下行进入神经垂体，是神经部无髓神经纤维的主要来源。神经内分泌细胞内的分泌颗粒沿轴突运输下行，在沿途和轴突终末，分泌颗粒局部聚集，使轴突呈串珠状膨大，在 HE 染色的标本中显示为大小不等的嗜酸性团块，称为赫林体（Herring body）（图 13-14）。

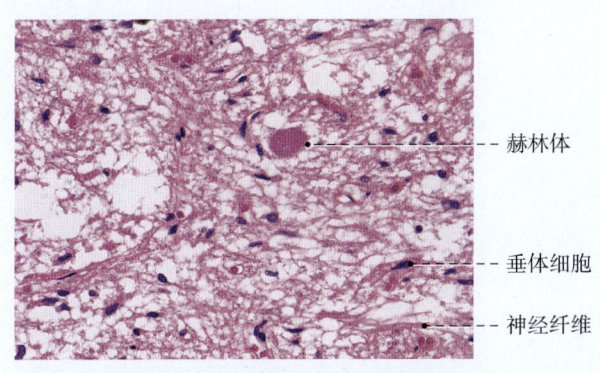

图 13-14 垂体神经部（HE 染色）

神经部的胶质细胞又称垂体细胞（pituicyte），是神经部的主要细胞成分，分布于神经纤维之间。垂体细胞除了具有支持、营养、吞噬、保护功能外，还参与调节神经纤维的活动和激素的释放。同时，垂体细胞可能还释放一些物质，促进新生神经纤维的生长，并引导神经纤维的再生。

视上核和室旁核的神经内分泌细胞能合成和分泌抗利尿激素（antidiuretic hormone，ADH）及缩宫素（oxytocin）。抗利尿激素的主要作用是促进肾远曲小管和集合管重吸收水，使尿量减少；抗利尿激素分泌超过生理剂量时，可导致小动脉平滑肌收缩、血压升高，所以又称加压素（vasopressin）。缩宫素可引起子宫平滑肌收缩，并促进乳腺分泌。这些激素在神经内分泌细胞内合成，形成的分泌颗粒经下丘脑垂体束运输，到达垂体神经部后贮存，进而释放入窦状毛细血管（图 13-13），再随血液循环到达靶器官和靶细胞发挥作用。因而，下丘脑和神经垂体在结构和功能上是一个统一的整体。

五、松果体

松果体（pineal body）又称脑上腺，呈扁圆锥形，以细柄与间脑相连。松果体表面包以软脑膜，腺实质主要由松果体细胞、神经胶质细胞和无髓神经纤维组成。

松果体细胞（pinealocyte）约占腺实质细胞总数的 90%，胞体呈圆形或不规则形，核大，有一个或数个核仁，胞质少，弱嗜碱性。松果体细胞分泌褪黑素（melatonin），褪黑素参与下丘脑 – 垂体 – 性腺轴的调节，具有抑制生殖的作用。褪黑素还有抗紧张、抗高血压、抗衰老、抗肿瘤、增强免疫力和促进睡眠的作用。松果体的活动表现出明显的昼夜节律、月节律和年节律。

神经胶质细胞约占实质细胞总数的5%，位于松果体细胞之间，胞体较小，核小、着色深。在成人的松果体内常见脑砂，它是松果体细胞分泌物钙化而成的同心圆结构，其意义不明。有人认为脑砂随年龄增长而增多，可能与衰老有关。

六、弥散神经内分泌系统

除上述内分泌腺外，机体其他器官内还存在大量散在的内分泌细胞，这些细胞分泌多种激素或激素样物质，在调节机体生理活动方面起着重要的作用。Pearse（1966）根据这些内分泌细胞都能合成和分泌胺，而且细胞是通过摄取胺前体、经脱羧后产生胺的特点，将这些细胞通称为胺前体摄取和脱羧细胞（amine precursor uptake and decarboxylation cell，APUD cell）。

随着APUD细胞研究的不断深入，发现许多APUD细胞不仅产生胺，而且还产生肽，有的细胞则只产生肽；并发现神经系统内的许多神经元也合成和分泌与APUD细胞相同的胺和（或）肽类物质。因此学者们提出，将这些具有分泌功能的神经元（称分泌性神经元）和APUD细胞统称为弥散神经内分泌系统（diffuse neuroendocrine system，DNES）。故DNES是在APUD基础上的进一步发展和扩充，它把神经系统和内分泌系统两大调节系统直接联系起来构成一个整体，共同完成调控机体生理活动的功能。

组成DNES的细胞已达50多种，分中枢和周围两大部分。中枢部分包括下丘脑－垂体轴的细胞和松果体细胞。周围部分包括分布在胃、肠、胰、呼吸道、排尿管道和生殖管道内的内分泌细胞，以及甲状腺的滤泡旁细胞、肾上腺髓质的嗜铬细胞、血管内皮细胞、胎盘内分泌细胞、部分心肌细胞和平滑肌细胞等。

复习题

（一）名词解释

1. 激素　2. 旁分泌　3. 赫林体　4. APUD细胞　5. 弥散神经内分泌系统

（二）问答题

1. 甲状腺滤泡上皮细胞结构与功能是怎样的？
2. 简述肾上腺皮质和髓质细胞结构及功能。
3. 垂体远侧部含有几种细胞？各分泌何种激素？
4. 机体调节血钙的激素有哪些？指出它们的靶细胞。
5. 试述垂体门脉系统的组成及其功能意义。

网上学习

13-1　基因重组人生长激素的临床应用
13-2　巨乳症

（刘佳梅撰文；李虹绘图）

第 14 章

消化管

> **导学**
> ▶ **重点**
> - 消化管壁的一般结构
> - 胃底腺主细胞和壁细胞的结构和功能
> - 小肠绒毛和小肠腺的结构及其主要组成细胞
>
> ▶ **难点**
> - 食管、胃、小肠和大肠黏膜结构的异同
> - 胃黏膜的自我保护机制

消化管（digestive tract）和消化腺共同组成消化系统，主要对食物进行物理性和化学性消化，将大分子物质分解为小分子的氨基酸、单糖、甘油酯等，吸收后供机体生长和代谢的需要。消化管是由口腔、咽、食管、胃、小肠、大肠和肛门组成的连续性管道，这些器官的管壁结构既有共同的分层规律，又各具与其功能相适应的特点。

一、消化管壁的一般微细结构

除口腔和肛门外，消化管壁由内向外均可分为黏膜、黏膜下层、肌层与外膜（图14-1）。

（一）黏膜

黏膜（mucosa）由上皮、固有层和黏膜肌层组成，是消化管各段结构差异最大、功能最重要的部分。

1. **上皮** 上皮的类型依部位而异。消化管的两端（口腔、咽、食管及肛门）为复层扁平上皮，以保护功能为主；余为单层柱状上皮，以消化吸收功能为主。上皮细胞间隙有散在分布的淋巴细胞，尤以在小肠上皮中多见。

2. **固有层** 固有层（lamina propria）为疏松结缔组织，细胞成分较多，纤维较细密，有丰富的毛细血管和毛细淋巴管。胃肠固有层内富含腺体和淋巴组织。

3. **黏膜肌层** 黏膜肌层（muscularis mucosa）为薄层平滑肌，其收缩可促进固有层内的腺体分泌物排出、血液运行、物质吸收及转运等。

（二）黏膜下层

黏膜下层（submucosa）为较致密的结缔组织，含较大的血管与淋巴管。在食管及十二指肠的黏膜下层内分别有食管腺和十二指肠腺。黏膜下层中还有黏膜下神经丛（submucosal nervous plexus），又称迈斯纳神经丛（Meissner's plexus），由多极神经元与无髓神经纤维构成，可调节黏膜肌的收缩和腺体的分泌。食管、胃和小肠的黏膜与黏膜下层共同向管腔面突起，形成皱襞（plica）。

（三）肌层

除咽、食管上段与肛门处的肌层（muscularis）为骨骼肌外，其余部分均为平滑肌。肌层一般分

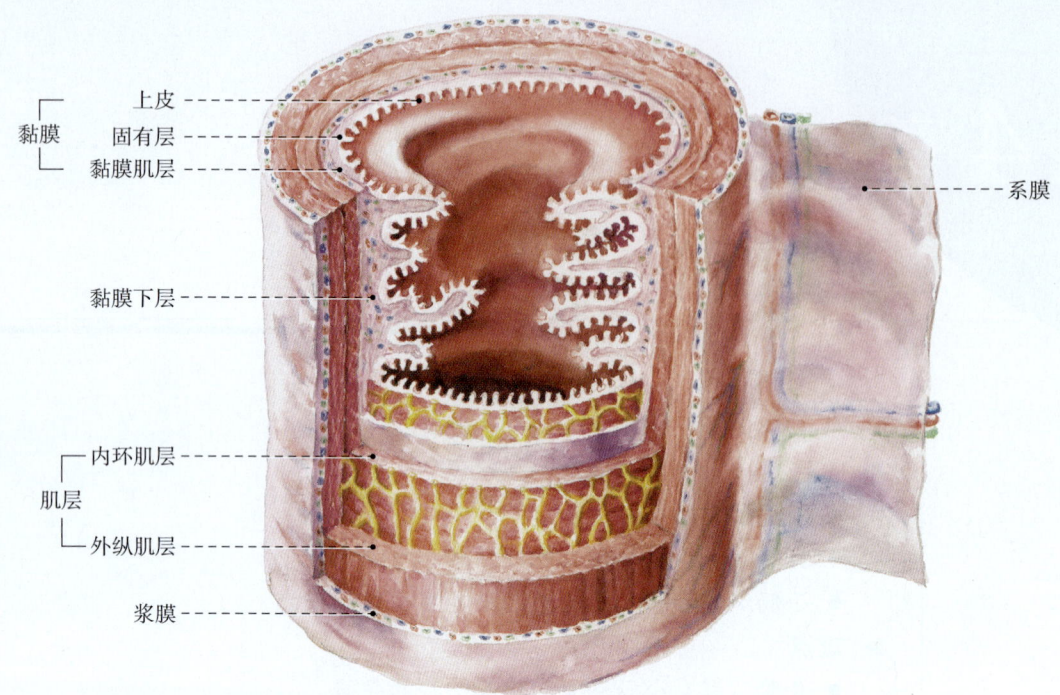

图 14-1 消化管壁一般结构模式图

为内环行、外纵行两层，两层之间有肌间神经丛（myenteric nervous plexus，又称奥尔巴赫神经丛（Auerbach's plexus），其结构与黏膜下神经丛相似，可调节肌层的运动（图 14-2）。

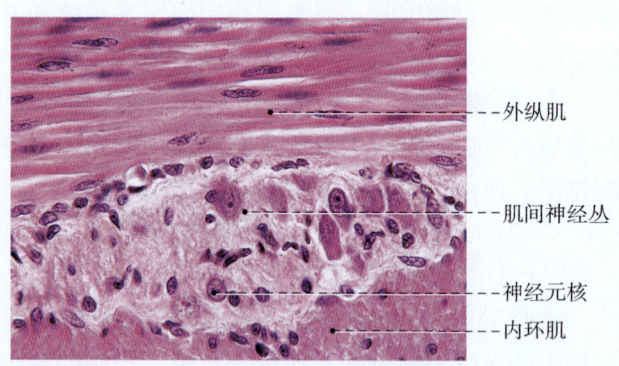

图 14-2 小肠肌间神经丛光镜图（HE 染色）
（昆明医科大学吴春云供图）

（四）外膜

外膜（adventitia）分纤维膜（fibrosa）和浆膜（serosa）两种。仅由薄层结缔组织构成者称纤维膜，主要分布于相对固定于体壁的器官，如食管、十二指肠和大肠末段，与周围组织无明确界线。由薄层结缔组织与外覆间皮共同构成者称浆膜，见于游离于腹腔内的器官，如胃、大部分小肠与大肠，其表面光滑，有利于胃肠活动。

二、口腔与咽

（一）口腔黏膜的一般结构

口腔黏膜仅有上皮和固有层，无黏膜肌层。上皮为复层扁平，仅在硬腭部出现角化；在口腔底部的上皮菲薄，通透性高，有利于某些化学物质的吸收，如治疗心绞痛的硝酸甘油。固有层结缔组织突向上皮形成乳头，富含毛细血管，故黏膜呈红色，以及较多的淋巴细胞和散在的小唾液腺。此外，上皮及固有层内还有许多感觉神经末梢。

（二）舌

舌由表面的黏膜和深部的舌肌组成。舌肌由纵横交错的骨骼肌纤维束构成。黏膜由复层扁平上皮与固有层组成；舌根部黏膜内有许多淋巴小结，构成舌扁桃体；舌背部黏膜形成许多乳头状隆起，称舌乳头（lingual papilla），主要有三种。

1. 丝状乳头 丝状乳头（filiform papilla）数量最多，遍布于舌背。乳头呈圆锥形，尖端略向咽部倾斜，浅层上皮细胞角化，外观白色，称舌苔，其厚薄与色泽常作为中医学判断身体健康的指征之一（图14-3）。

2. 菌状乳头 菌状乳头（fungiform papilla）数量较少，多位于舌尖与舌缘，散在于丝状乳头之间。乳头呈蘑菇状，上皮不角化，内有味蕾。固有层富含毛细血管，使乳头外观呈红色（图14-3）。

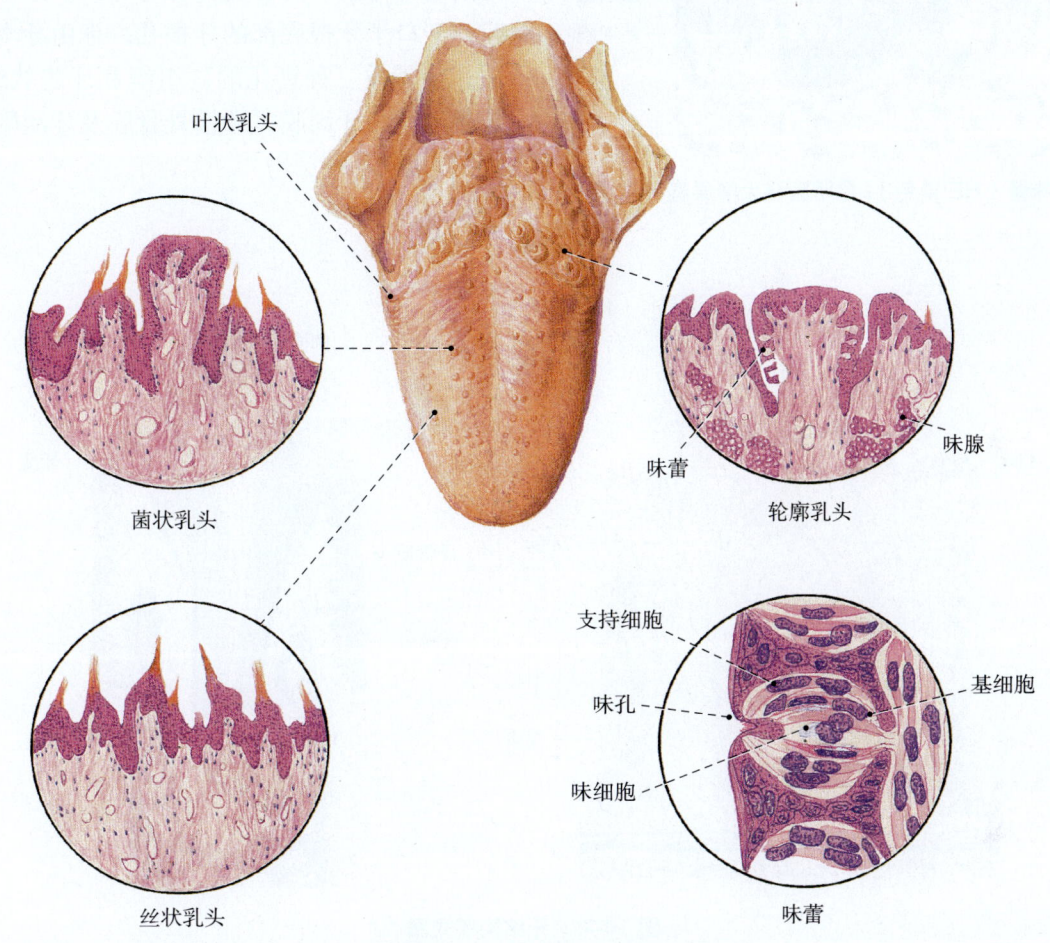

图14-3 舌乳头模式图

3. 轮廓乳头 轮廓乳头（circumvallate papilla）有10余个，位于舌界沟前方。形体较大，顶部平坦，乳头周围的黏膜凹陷形成环沟，沟两侧的上皮内有较多味蕾（taste bud）。固有层中有浆液性的味腺，导管开口于沟底。味腺分泌的稀薄液体不断冲洗味蕾表面的食物碎渣，以利于味蕾不断接受新的物质刺激（图14-3，图14-4）。

味蕾是味觉感受器，成人约有3 000个，主要分布于菌状乳头和轮廓乳头，少数散在于软腭、会厌及咽等部上皮内。光镜下味蕾为卵圆形小体，底部位于基膜上，顶部表面上皮凹陷形成味孔，内部有大量长梭形的味细胞并列簇集成团（图14-5）。味细胞属于感觉性上皮细胞，电镜下，其游离面有微绒毛（也称味毛）伸入味孔，胞质基底部含突触小泡样颗粒，基底面与味觉神经末梢形成突触。味蕾深部还有锥体形的基细胞，属未分化细胞，可分化为味细胞。

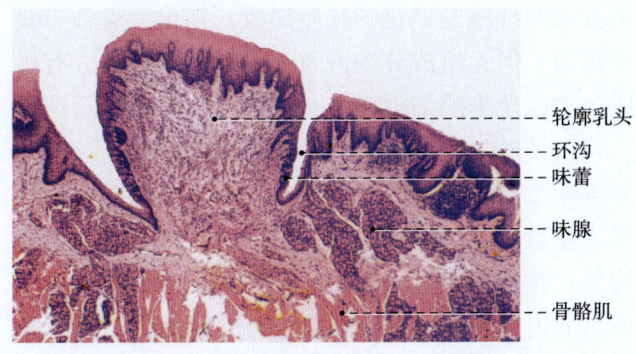

图14-4 舌轮廓乳头光镜图（HE染色）

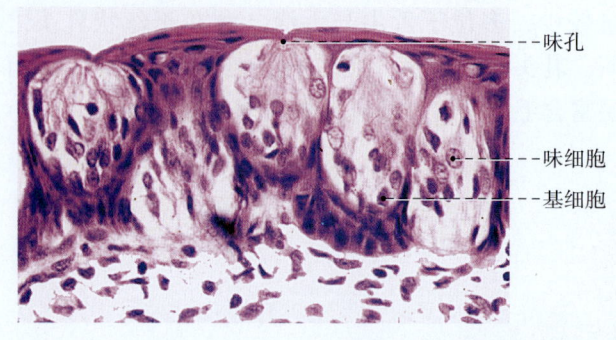

图 14-5 味蕾（HE 染色）（昆明医科大学吴春云供图）

（三）牙

牙分为三部分，露在外面的为牙冠，埋在牙槽骨内的为牙根，两者交界部为牙颈。牙中央有牙髓腔，开口于牙根底部的牙根孔。牙由牙本质、牙釉质、牙骨质三种钙化的硬组织和牙髓软组织构成。牙根周围的牙周膜、牙槽骨骨膜及牙龈则统称牙周组织（图 14-6）。

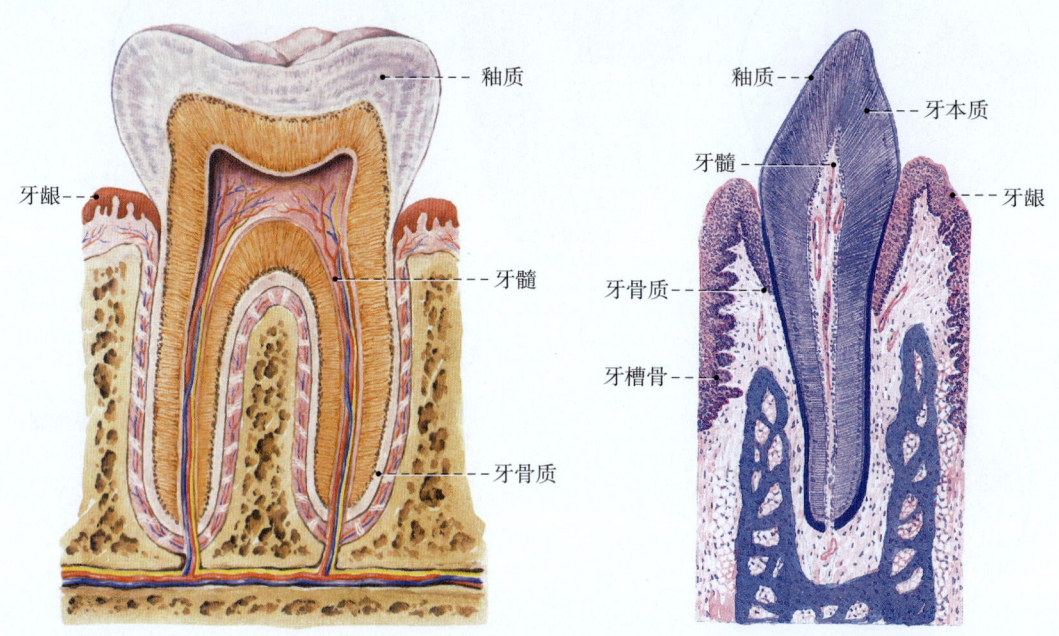

图 14-6 牙结构模式图

1. 牙本质 牙本质（dentine）构成牙的主体，包绕着牙髓腔。牙本质主要由牙本质小管（dentinal tubule）与间质构成。牙本质小管从牙髓腔向周围呈放射状走行，越向周边越细，且有分支吻合。牙本质的内表面有一层成牙本质细胞（odontoblast），其突起伸入牙本质小管。牙本质小管之间为间质，由胶原原纤维与钙化的基质构成，其化学成分与骨质相似，但无机成分约占 80%，较骨质坚硬。有机成分由成牙本质细胞产生。

2. 牙釉质 牙釉质（enamel）包在牙冠部的牙本质表面，其中无机物约占 96%，有机物很少，是人体最坚硬的结构。釉质由釉柱和极少量的间质构成。釉柱呈棱柱状，从与牙本质交界处向牙冠表面呈放射状紧密排列。

3. 牙骨质 牙骨质（cementum）包在牙根部的牙本质外面，其组成及结构与骨组织相似。近牙颈部的牙骨质较薄，无骨细胞。

4. 牙髓 牙髓（dental pulp）为疏松结缔组织，内含自牙根孔进入的血管、淋巴管和神经纤维，对牙本质和牙釉质具有营养作用。牙髓与牙本质间有一层排列整齐的成牙本质细胞。感觉神经末梢包绕成牙本质细胞，并有极少量进入牙本质小管。

5. 牙周膜 牙周膜（peridental membrane）是位于牙根与牙槽骨间的致密结缔组织，内含较粗的胶原纤维束，其一端埋入牙骨质，另一端伸入牙槽骨，将两者牢固连接。

6. 牙龈 牙龈（gingiva）是由复层扁平上皮及固有层组成的黏膜，包绕牙颈。老年人的牙龈常萎缩，牙颈外露。

（四）咽

咽（pharynx）是消化管和呼吸道的交叉部位，分为口咽、鼻咽和喉咽三部分。

1. 黏膜 由上皮和固有层组成。口咽表面覆以未角化的复层扁平上皮，鼻咽和喉咽主要为假复层纤毛柱状上皮。固有层的结缔组织内有丰富的淋巴组织及黏液性腺或混合性腺，深部有一层弹性纤维网。

2. 肌层 由内纵行与外斜或环行的骨骼肌组成，其间可有黏液性腺。

3. 外膜 为纤维膜，富有血管及神经纤维。

三、食管

食管（esophagus）腔面有纵行皱襞，食物通过时皱襞消失（图14-7）。

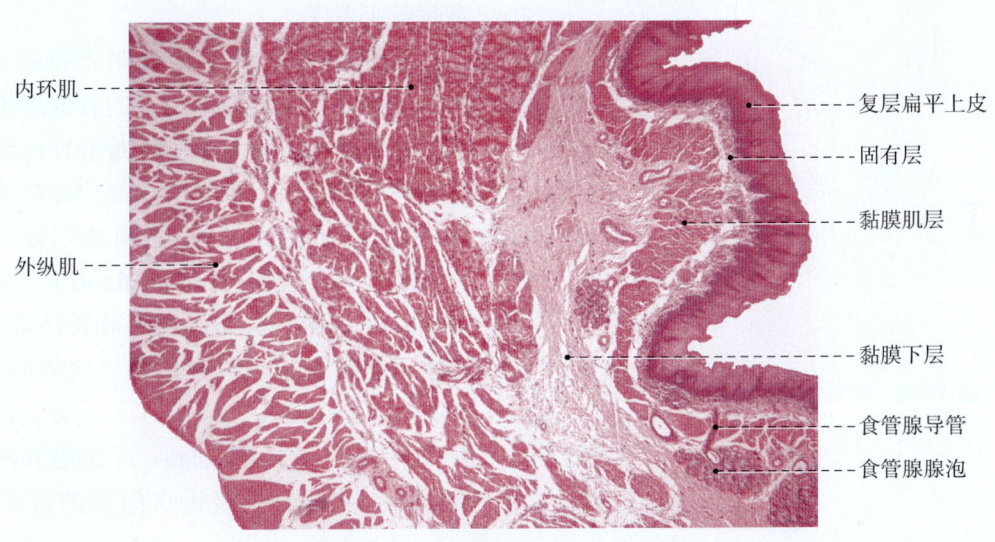

图14-7　食管壁横断面（HE染色）

（一）黏膜

上皮为未角化的复层扁平上皮，其表面细胞不断脱落，由基底层细胞增殖补充。食管下端的复层扁平上皮与胃贲门部的单层柱状上皮骤然相接，是食管癌的易发部位之一。固有层为细密的结缔组织，并形成乳头突向上皮。在食管下端与胃贲门连接处的固有层内可见黏液性的食管贲门腺。黏膜肌层由纵行平滑肌束组成。

（二）黏膜下层

黏膜下层的结缔组织中含较多黏液性的食管腺，其导管穿过黏膜开口于食管腔。食管腺周围常有较密集的淋巴细胞及浆细胞，甚至淋巴小结。

（三）肌层

肌层分内环行与外纵行两层。上1/3段为骨骼肌，下1/3段为平滑肌，中1/3段则兼具两者。食管两端的内环行肌增厚，分别形成食管上、下括约肌。

（四）外膜

外膜为纤维膜。

四、胃

胃（stomach）可贮存食物，初步消化蛋白质，吸收部分水、无机盐和醇类。

（一）黏膜

胃空虚时腔面可见许多纵行皱襞，充盈时皱襞几乎消失。黏膜表面有许多浅沟，将黏膜分成许多直径2～6 mm的胃小区（gastric area）。

1. 上皮 为单层柱状上皮，向深部的固有层内凹陷形成胃小凹（gastric pit），约350万个，每个胃小凹底部与3～5条胃腺连通（图14-8，图

14-9)。上皮主要由表面黏液细胞（surface mucous cell）组成，其细胞核呈椭圆形，位于基部，顶部胞质充满黏原颗粒，在 HE 染色切片上着色浅淡甚至透明，细胞间有紧密连接。表面黏液细胞分泌含高浓度碳酸氢根的不可溶性黏液，覆盖于上皮表面，有重要保护作用（见后述）。表面黏液细胞不断脱落，由胃小凹底部的干细胞增殖补充，3~5 天更新一次。正常胃上皮没有杯状细胞；如果出现杯状细胞，病理学称为胃的肠上皮化生，为胃癌的癌前病变表现。

2. 固有层　内有大量紧密排列的管状胃腺。腺体之间有少量结缔组织，内含成纤维细胞、淋巴细胞、浆细胞、肥大细胞、嗜酸性粒细胞，以及散在的平滑肌细胞。根据所在部位和结构的不同，可将胃腺分为胃底腺、贲门腺和幽门腺。

（1）**胃底腺**（fundic gland）　又称泌酸腺（oxyntic gland），分布于胃底和胃体部，约有 1 500 万条，是胃黏膜中数量最多、功能最重要的腺体。胃底腺（图 14-9，图 14-10）呈分支管状，由主细胞、壁细胞、颈黏液细胞、干细胞和内分泌细胞组成（图 14-11）。越接近贲门部的胃底腺中主细胞

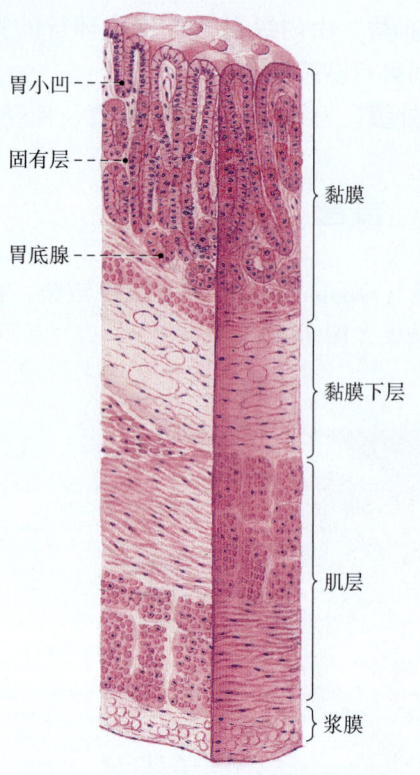

图 14-8　胃壁立体模式图

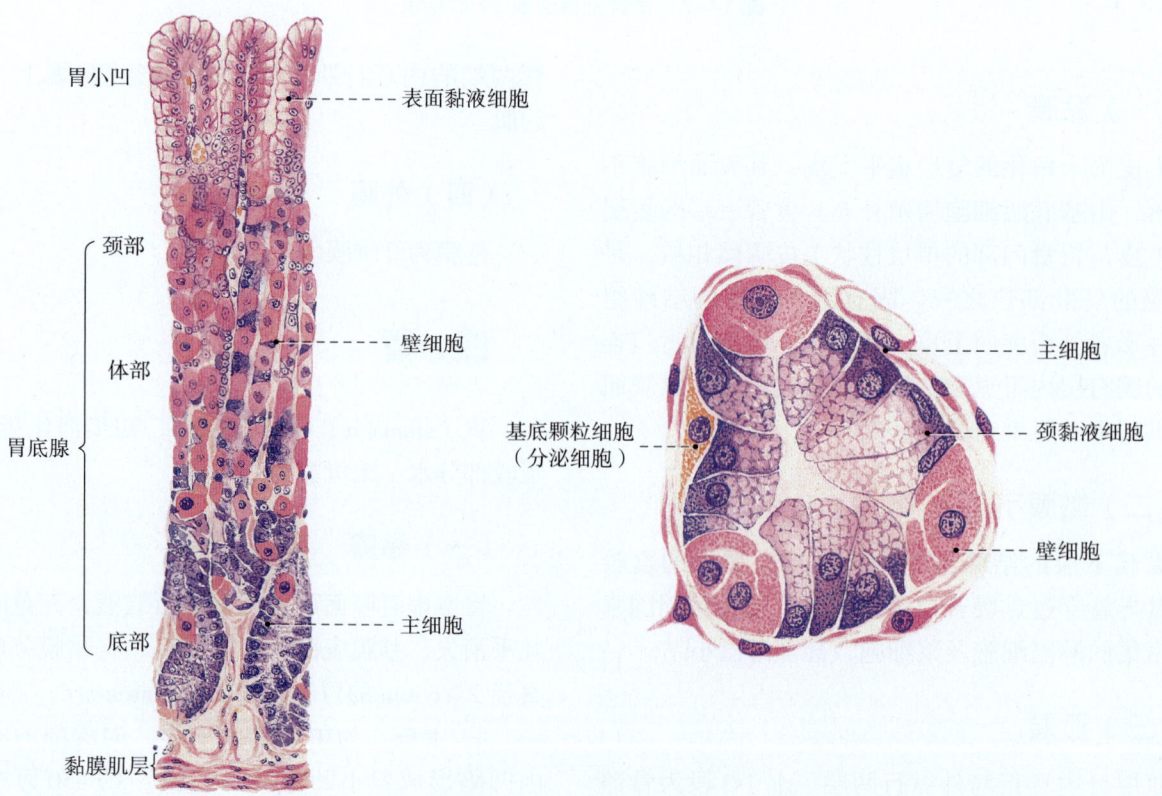

图 14-9　胃底腺模式图

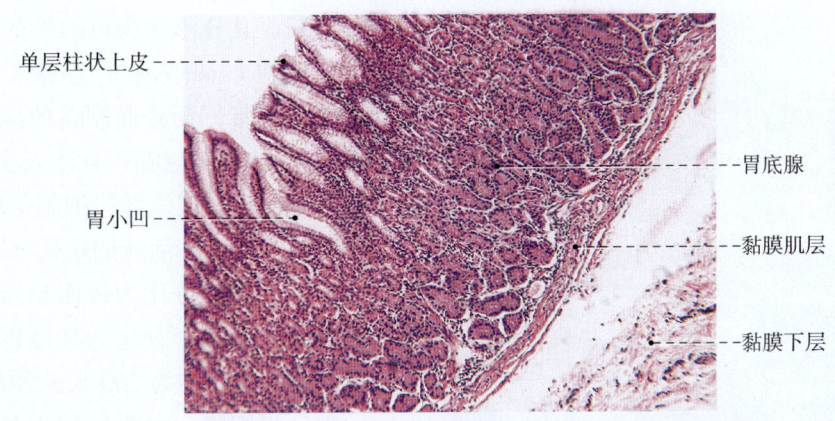

图 14-10　胃体/底部黏膜（HE 染色）

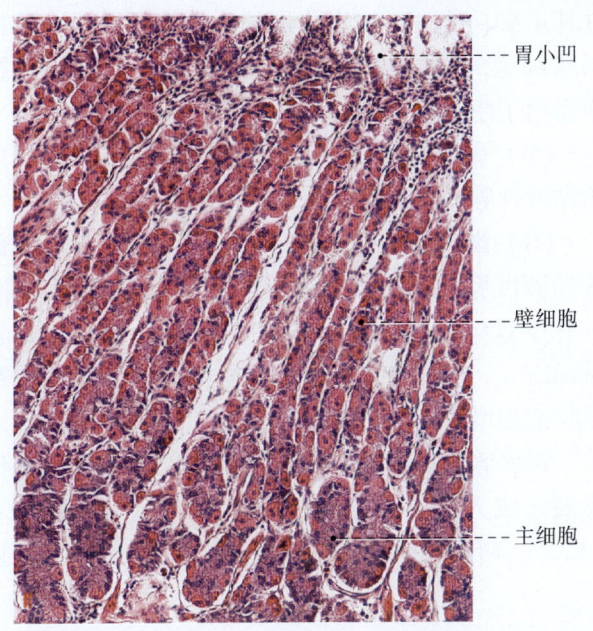

图 14-11　胃底腺（HE 染色）

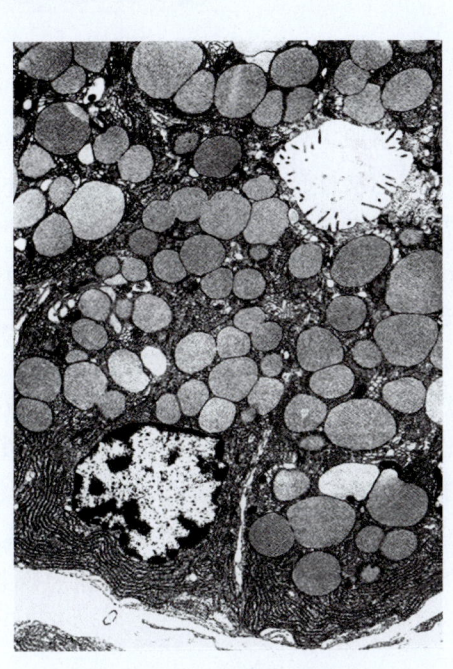

图 14-12　主细胞（TEM）

越多，而越毗邻幽门部的胃底腺中壁细胞越多。

主细胞（chief cell）：又称胃酶细胞（zymogenic cell），数量最多，主要分布于腺的下半部。细胞呈柱状，核圆形，位于基部；胞质基部呈强嗜碱性，顶部充满酶原颗粒，但在普通固定染色的标本上，颗粒多溶失，使该部位着色浅淡。此细胞具有典型的蛋白质分泌细胞的超微结构特点（图 14-12），分泌胃蛋白酶原（pepsinogen）。

壁细胞（parietal cell）：又称泌酸细胞（oxyntic cell），主要分布于腺的上半部。细胞体积大，多呈圆锥形；核圆而深染，居中，可有双核；胞质呈均质而明显的嗜酸性。电镜下，壁细胞胞质中有极丰富的线粒体，以及迂曲分支的细胞内分泌小管（intracellular secretory canaliculus），管壁和细胞顶面质膜相连，并都富有微绒毛。分泌小管周围有表面光滑的小管和小泡，称微管泡（tubulovesicle），其膜结构与分泌小管相同（图 14-13）。壁细胞的此种特异性结构于不同分泌时期呈显著差异。在静止期，分泌小管多不与腺腔相通，微绒毛短而稀疏，微管泡却极发达；在分泌期，分泌小管开放，微绒毛增多、增长，而微管泡数量锐减。这表明微管泡实为分泌小管膜的储备形式（图 14-14）。分泌小管膜中有大量质子泵（H^+-K^+-ATP 酶）和 Cl^- 通道，能分别把壁细胞内形成的 H^+ 和从血液摄取的 Cl^- 输入小管，两者结合成盐酸后进入腺腔。线粒体为这一耗能过程提供了大量 ATP。盐酸（也称胃酸）能

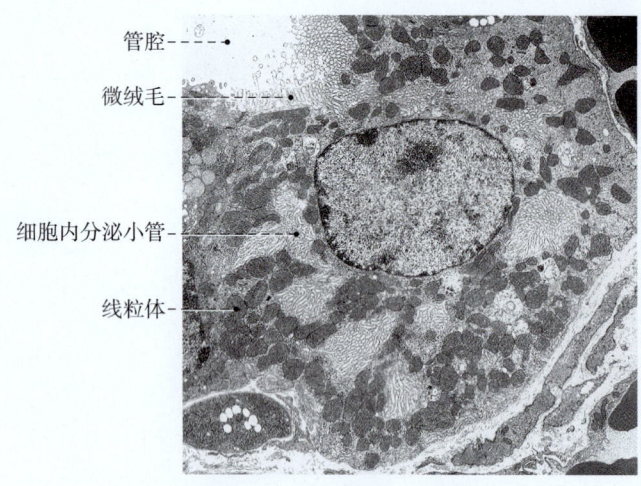

图 14-13 壁细胞（TEM）

激活胃蛋白酶原，使之转变为胃蛋白酶，并为其活性提供所需的酸性环境，以对食物蛋白质进行初步分解；盐酸还有杀菌作用。人的壁细胞尚分泌内因子（intrinsic factor），这种糖蛋白在胃腔内与食物中的维生素 B_{12} 结合成复合物，使维生素 B_{12} 在肠道内不被酶分解，并能促进回肠吸收维生素 B_{12}，供红细胞生成所需。在萎缩性胃炎，由于壁细胞减少，内因子缺乏，维生素 B_{12} 吸收障碍，可出现恶性贫血。

颈黏液细胞（mucous neck cell）：较少，位于胃底腺顶部，常呈楔形夹在其他细胞之间。核扁平，居于细胞基底，核上方有很多黏原颗粒，HE染色浅淡。其分泌物为可溶性的酸性黏液。

干细胞（stem cell）：存在于从胃底腺顶部至胃小凹深部一带，于普通制备的标本中不易辨认，应用 ^3H 标记的胸腺嘧啶核苷注入实验动物体内后，以放射自显影术发现该部位细胞摄取了胸腺嘧啶核苷，表明这些细胞处于活跃的增殖状态。增殖的子细胞，有的向上迁移，分化为表面黏液细胞，有的停留在局部或向下迁移，分化为其他胃底腺细胞。主细胞和壁细胞的寿命约为 200 天，颈黏液细胞约为 1 周。

内分泌细胞：主要为 ECL 细胞和 D 细胞。ECL 细胞分泌的组胺主要作用于邻近的壁细胞，强烈促进其泌酸功能。D 细胞分泌的生长抑素既可直接抑制壁细胞的功能，又可通过抑制 ECL 细胞而间接地作用于壁细胞。

（2）贲门腺（cardiac gland） 分布于贲门部的黏液性腺。

（3）幽门腺（pyloric gland） 分布于幽门部的黏液性腺。幽门腺为分支较多而弯曲的管状腺，可有少量壁细胞，还有很多 G 细胞，分泌胃泌素（gastrin），可刺激壁细胞分泌盐酸，还能促进胃肠黏膜细胞增殖。

胃底腺、贲门腺和幽门腺的分泌物混合，统称胃液。成人每日分泌量为 1.5～2.5 L，pH 为 0.9～1.5，除含有盐酸、胃蛋白酶、黏蛋白外，还有大量

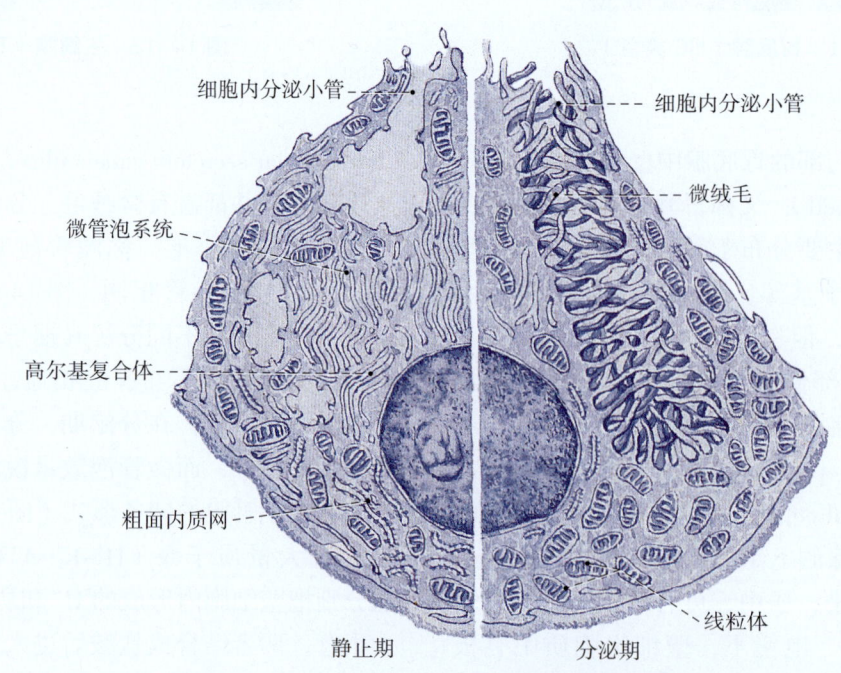

图 14-14 壁细胞不同分泌时期超微结构模式图

水、NaCl、KCl 等。

3. 黏膜肌层 由内环行与外纵行两薄层平滑肌组成。

胃黏膜具有自我保护机制。胃液含高浓度盐酸，腐蚀力极强，胃蛋白酶能分解蛋白质，而胃黏膜并不受损害，这主要是由于其表面存在黏液-碳酸氢盐屏障（mucous-HCO_3^--barrier）。胃上皮表面覆盖厚 0.25～0.5 mm 的黏液层，主要由不可溶性黏液凝胶构成，并含大量 HCO_3^-。黏液层将上皮与胃蛋白酶隔离，而高浓度 HCO_3^- 使局部 pH 为 7，既抑制了酶的活性，又可中和渗入的 H^+，形成 H_2CO_3，后者被胃上皮细胞的碳酸酐酶迅速分解为 H_2O 和 CO_2。此外，胃上皮细胞的快速更新也使胃能及时修复损伤。正常时，胃酸的分泌量和黏液-碳酸氢盐屏障保持平衡；一旦胃酸分泌过多或黏液产生减少，屏障受到破坏，都会导致胃组织的自我消化，形成胃溃疡。

（二）黏膜下层

黏膜下层为较致密的结缔组织，内含较粗的血管、淋巴管和神经，还可见成群的脂肪细胞。

（三）肌层

肌层较厚，一般由内斜行、中环行和外纵行三层平滑肌构成。环行肌在贲门和幽门部增厚，分别形成贲门括约肌和幽门括约肌。

（四）外膜

外膜为浆膜。

五、小肠

小肠（small intestine）是消化和吸收的主要部位，包括十二指肠、空肠和回肠。

（一）黏膜

小肠腔面的皱襞可为环行、半环行或螺旋状走行，从距幽门约 5 cm 处开始出现，在十二指肠末段和空肠头段极发达，向下逐渐减少、变矮，至回肠中段以下基本消失。黏膜表面有许多细小的肠绒毛（intestinal villus），由上皮和固有层向肠腔突起而成，长 0.5～1.5 mm，形状不一，于十二指肠呈宽大的叶状，于空肠如长指状，于回肠则为短的锥形。皱襞和小肠绒毛使小肠内表面积扩大约 30 倍。相邻绒毛根部的上皮向下方固有层内凹陷形成小肠腺（small intestinal gland），又称小肠隐窝（small intestinal crypt），呈单管状，直接开口于肠腔（图 14-15）。

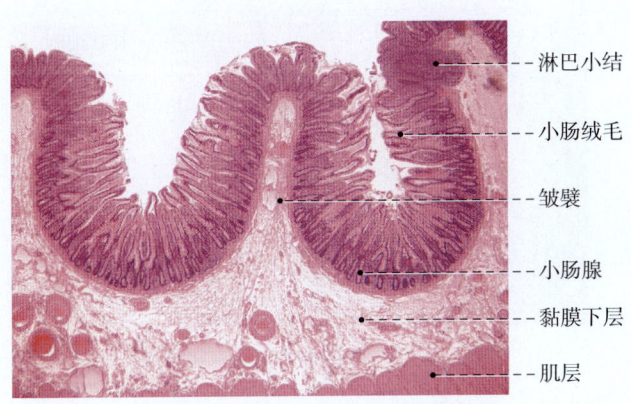

图 14-15 空肠（HE 染色）

1. 上皮 上皮为单层柱状。绒毛部上皮由吸收细胞、杯状细胞和少量内分泌细胞组成；小肠腺除上述细胞外，还有帕内特细胞和干细胞。

（1）吸收细胞（absorptive cell） 最多，呈高柱状，核椭圆形，位于基部。细胞游离面在光镜下可见纹状缘（图 14-16），电镜下由密集而规则排列的微绒毛构成（见第 2 章）。每个吸收细胞有 2 000～3 000 根微绒毛，使细胞游离面面积扩大约 20 倍。微绒毛表面尚有一层厚 0.1～0.5 μm 的细胞衣，主要由细胞膜内镶嵌蛋白的胞外部分及其相连的寡糖链和黏附物构成，其中有参与消化糖类和蛋白质的双糖酶和肽酶，以及吸附的胰蛋白酶、胰淀粉酶等，故细胞衣是消化的重要部位。胞质含丰富的滑面内质网和高尔基复合体，可将细胞吸收的脂质物质结合形成乳糜微粒，然后在细胞侧面释出。相邻细胞顶部有完善的紧密连接，可阻止肠腔内物质由细胞间隙进入组织，保证选择性吸收的进行。

除消化吸收作用外，吸收细胞也参与分泌性免疫球蛋白 A 的释放过程；十二指肠和空肠上段的吸收细胞还向肠腔分泌肠激酶（enterokinase），可以激活胰腺分泌的胰蛋白酶原，使之转变为具有活性的胰蛋白酶。

（2）杯状细胞 散在于吸收细胞之间，分泌黏液，有润滑和保护作用。从十二指肠至回肠末端，杯状细胞逐渐增多（图 14-16）。

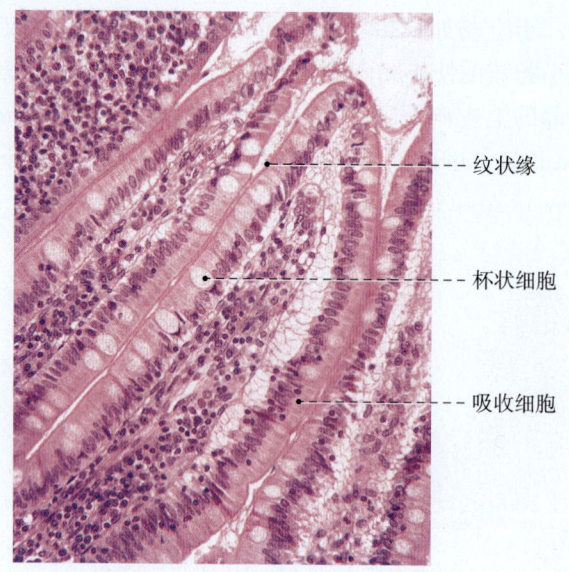

图 14-16 小肠绒毛（HE 染色）

(3) **帕内特细胞（Paneth cell）** 是小肠腺的特征性细胞，常三五成群位于小肠腺底部。细胞呈锥体形，顶部胞质充满粗大嗜酸性的分泌颗粒，具有蛋白质分泌细胞的超微结构特点（图 14-17）。帕内特细胞分泌防御素（defensin），又称隐窝素（cryptdin），及溶菌酶，对肠道微生物有杀灭作用。

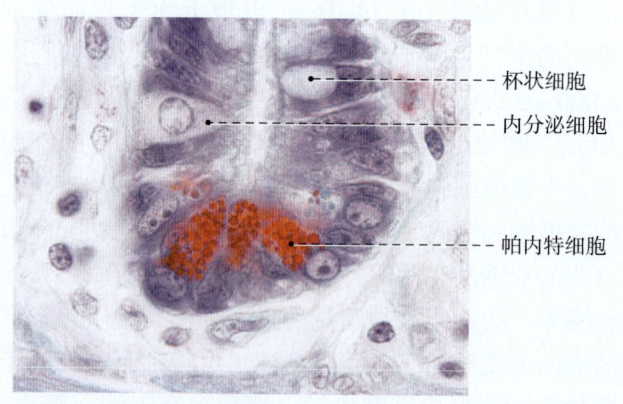

图 14-17 小肠腺

(4) **内分泌细胞** 大多单个夹于其他上皮细胞之间，呈不规则的锥形，基底部附于基膜；核圆，居中；胞质染色浅淡（图 14-17）。胃肠内分泌细胞种类很多、数量巨大，主要的内分泌细胞见本章"网上学习"部分，其中 I 细胞产生缩胆囊素-促胰酶素（cholecystokinin-pancreozymin, CCK-PZ），S 细胞产生促胰液素（secretin），当酸性食糜从胃排入肠时，刺激它们的分泌活动，其最终效果主要是促进了碱性的胆汁和胰液中和胃酸，并为胰酶的消化作用提供碱性环境。

(5) **干细胞** 位于小肠腺下半部，胞体较小，呈柱状。细胞不断增殖、分化、向上迁移，补充在绒毛顶端脱落的吸收细胞和杯状细胞；也可分化为帕内特细胞和内分泌细胞。绒毛上皮细胞的更新周期为 3~6 天。

2. 固有层 在细密的结缔组织中除有大量小肠腺外，还有丰富的淋巴细胞、浆细胞、巨噬细胞、嗜酸性粒细胞和肥大细胞。绒毛中轴的结缔组织内有 1~2 条纵行毛细淋巴管，称中央乳糜管（central lacteal），它以盲端起始于绒毛顶部，向下穿过黏膜肌层进入黏膜下层形成淋巴管丛；中央乳糜管管腔较大，内皮细胞间隙宽，无基膜，通透性大；吸收细胞释出的乳糜微粒入中央乳糜管后输出；此管周围有丰富的有孔毛细血管，肠上皮吸收的氨基酸、单糖等水溶性物质主要经此入血（图 14-18，图 14-19）。绒毛内还有少量平滑肌细胞，其收缩使绒毛变短，有利于淋巴和血液运行。固有层中除有大量分散的淋巴细胞外，尚有淋巴小结，在十二指肠和空肠多为孤立淋巴小结，在回肠（尤其下段）多为若干淋巴小结聚集形成的集合淋巴小结，又称派尔斑（Peyer's patch），可穿过黏膜肌层抵达黏膜下层（图 14-20）。

3. 黏膜肌层 黏膜肌层由内环行和外纵行两薄层平滑肌组成。

（二）黏膜下层

在较致密的结缔组织中有较多血管和淋巴管。十二指肠的黏膜下层内有大量十二指肠腺（duodenal gland），又称布伦纳腺（Brunner's gland），为黏液性腺，其导管穿过黏膜肌层开口于小肠腺底部。此腺分泌黏稠的碱性黏液（pH 8.2~9.3），保护十二指肠免受胃酸侵蚀（图 14-21）。

小肠上皮及腺体的分泌物统称小肠液，成人每日分泌量为 1~3 L，pH 约为 7.6。除含上述分泌物外，还有大量水、NaCl、KCl 等。

（三）肌层

肌层由内环行和外纵行两层平滑肌组成。

（四）外膜

外膜除部分十二指肠壁为纤维膜外，余均为浆膜。

第14章 消化管　145

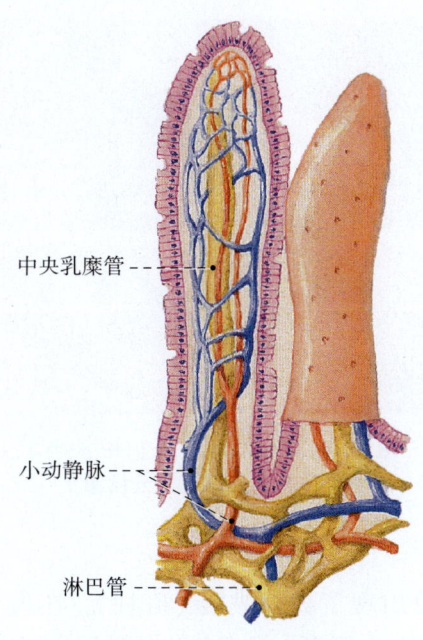

图 14-18　小肠绒毛模式图

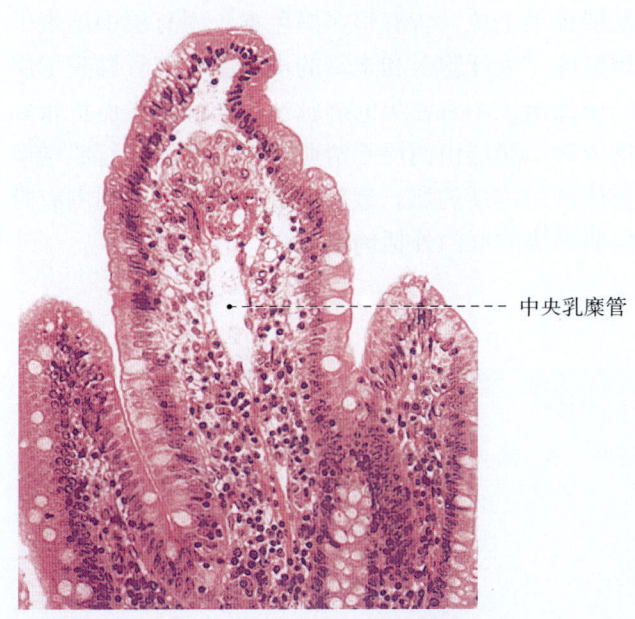

图 14-19　小肠绒毛（HE 染色）

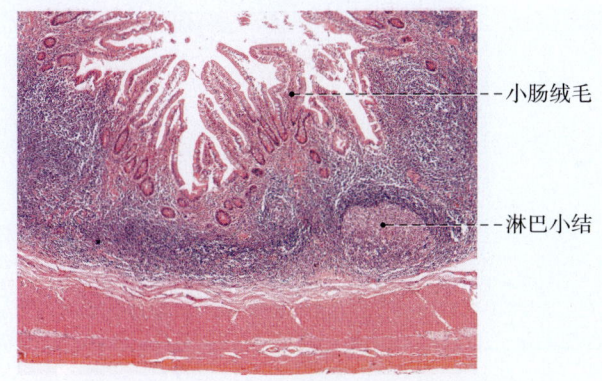

图 14-20　回肠纵断面（HE 染色）

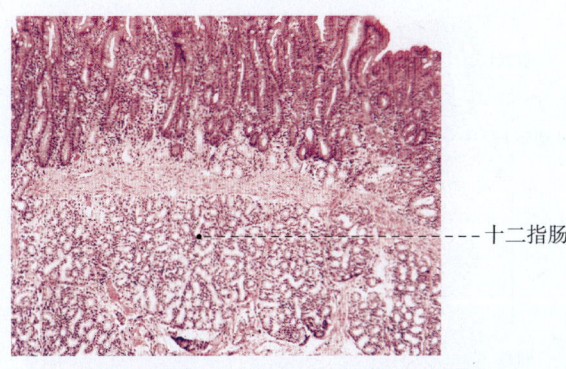

图 14-21　十二指肠光镜图（HE 染色）

六、大肠

大肠（large intestine）分为盲肠、阑尾、结肠、直肠和肛管，主要功能是吸收水分和电解质，将食物残渣形成粪便。

（一）盲肠、结肠与直肠

这三部分大肠的组织学结构基本相同（图 14-22）。

1. **黏膜**　表面光滑，无绒毛；在结肠袋之间的横沟处有半月形皱襞，在直肠下段有三个横行的皱襞（直肠横襞）。上皮为单层柱状，由吸收细胞和杯状细胞组成。固有层内有稠密的大肠腺（large intestine gland），呈单管状，含吸收细胞、大量杯状细胞、少量干细胞和内分泌细胞，无帕内特细胞。分泌黏液、保护黏膜是大肠腺的重要功能。固有层内可见孤立淋巴小结。黏膜肌层同小肠。

2. **黏膜下层**　在结缔组织内有小动脉、小静脉和淋巴管，可有成群脂肪细胞。

3. **肌层**　由内环行和外纵行两层平滑肌组成。内环行肌节段性局部增厚，形成结肠袋；外纵行肌局部增厚形成三条结肠带，带间的纵行肌菲薄，甚至缺如。

4. **外膜**　在盲肠、横结肠、乙状结肠为浆膜；在升结肠与降结肠的前壁为浆膜，后壁为纤维膜；在直肠上 1/3 段的大部、中 1/3 段的前壁为浆膜，余为纤维膜。外膜结缔组织中常有脂肪细胞聚集构成的肠脂垂。

（二）阑尾

阑尾（appendix）的管腔小而不规则，大肠腺短而少。固有层内有极丰富的淋巴组织，大量淋巴

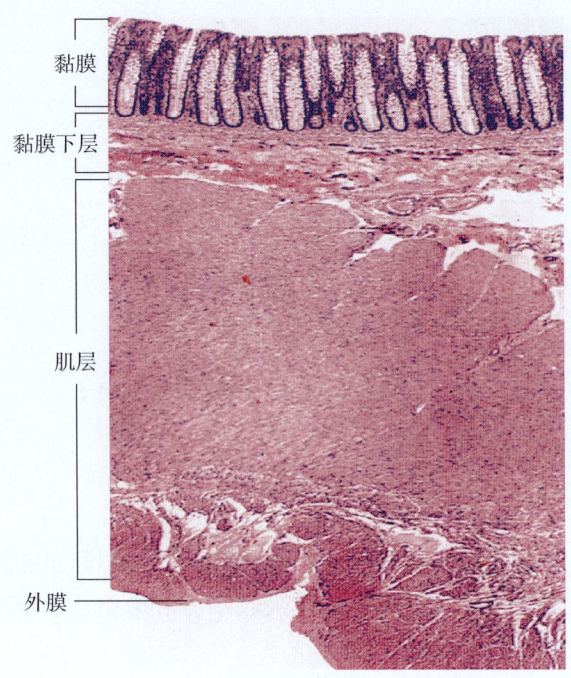

图14-22 结肠横断面（HE染色）

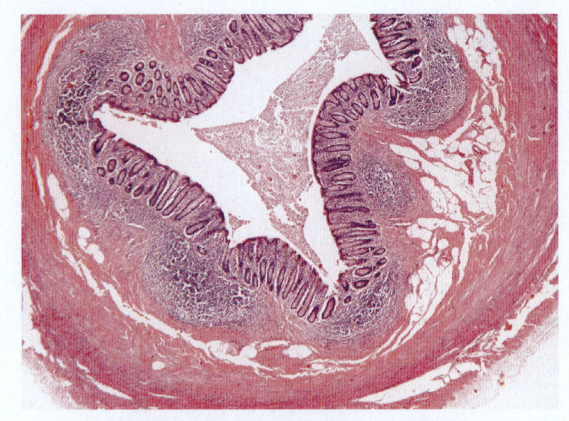

图14-23 阑尾横断面（HE染色）
（昆明医科大学吴春云供图）

小结可连续成层，并突入黏膜下层，致使黏膜肌层不完整。肌层很薄，外覆浆膜（图14-23）。

（三）肛管

齿状线以上的肛管黏膜结构和直肠相似，仅在肛管上段出现了纵行皱襞（肛柱）。在齿状线处，单层柱状上皮骤变为轻度角化的复层扁平上皮，大肠腺和黏膜肌消失。白线以下为与皮肤相同的角化复层扁平上皮，含有很多黑色素；固有层中出现了环肛腺（大汗腺）和丰富的皮脂腺。肛管黏膜下层的结缔组织中有密集的静脉丛，如静脉淤血扩张则形成痔。肌层由两层平滑肌构成，其内环行肌增厚形成肛门内括约肌。近肛门处，外纵行肌周围有骨骼肌形成的肛门外括约肌。

复习题

（一）名词解释
1. 胃底腺 2. 小肠绒毛 3. 纹状缘 4. 肌间神经丛 5. 帕内特细胞

（二）问答题
1. 简述壁细胞的结构特点和功能。
2. 胃黏膜不被胃液破坏的主要原因是什么？
3. 小肠适于吸收功能的结构特点是什么？
4. 试述消化道各段结构的主要特点。

网上学习

14-1　主要的胃肠内分泌细胞
14-2　消化管的淋巴组织
14-3　胃肠的内分泌细胞
14-4　Cajal间质细胞与胃肠运动功能障碍性疾病

（杨姝撰文；韩秋生绘图）

第 15 章

消化腺

- **导学**
  - ▶ 重点
    - 胰腺外分泌部的结构及功能
    - 胰岛的细胞组成、分布及功能
    - 肝小叶的光、电镜结构特点及功能
    - 门管区的结构,以及胆汁的产生及排出途径
  - ▶ 难点
    - 肝细胞3个功能面的结构及意义
    - 肝的功能

消化腺包括分布于消化管壁内的小消化腺（如口腔黏膜小唾液腺、食管腺、胃腺、肠腺等）和位于消化管壁之外的大消化腺（如大唾液腺、胰腺和肝）。大消化腺是实质性器官，有分泌部和导管两大部分，分泌物经导管排入消化管道，对食物进行化学性消化。此外，胰腺还具有内分泌功能。

一、唾液腺

唾液腺（salivary gland）是导管开口于口腔的各类外分泌腺的总称，分为小唾液腺和大唾液腺两类。小唾液腺有唇腺、颊腺、腭腺等，腺体小，位于口腔黏膜的固有层、黏膜下层或肌层内。大唾液腺有成对的腮腺、下颌下腺和舌下腺，它们的导管开口于口腔（图15-1）。

（一）大唾液腺的一般结构

大唾液腺均为复管泡状腺，被膜较薄，被膜结缔组织伸入腺实质内将其分隔为大小不等的小叶。血管、淋巴管和神经也随同进入小叶内。腺实质由

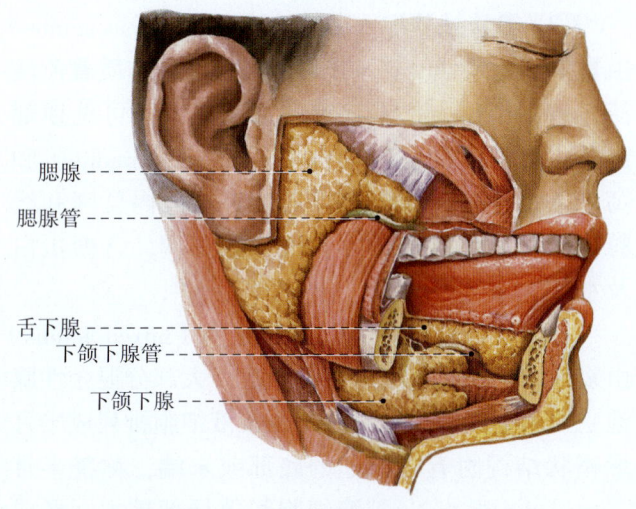

图 15-1　唾液腺解剖部位模式图

分支的导管和末端的腺泡组成。

1. **腺泡**　腺泡（acinus）呈泡状或管泡状，由单层立方或锥形腺细胞组成，为腺的分泌部。在腺细胞与基膜之间有扁平多突起的肌上皮细胞（myoepithelial cell），胞质内含有肌动蛋白丝，具有收缩能力，其收缩有助于腺泡分泌物的排出。腺泡根据腺细胞分泌物性质的不同而形态各异，可分为

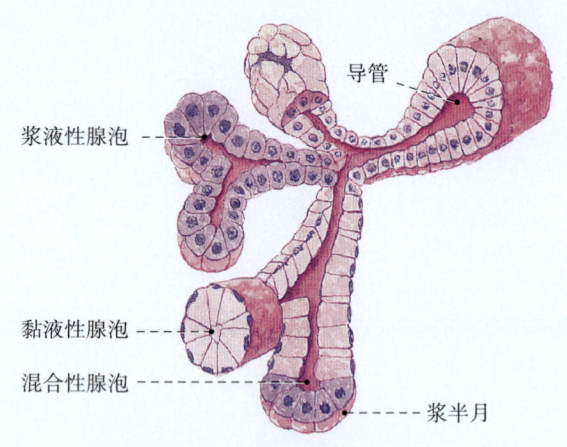

图15-2 唾液腺结构模式图

浆液性、黏液性和混合性三种类型（图15-2）。

（1）浆液性腺泡 浆液性腺泡（serous acinus）由浆液细胞组成。HE染色显示其核圆，位于细胞基部，顶部胞质内含有嗜酸性酶原颗粒（zymogen granule），基部胞质嗜碱性较强。电镜下可见胞质核上区含发达的高尔基复合体；核下区有丰富的粗面内质网和核糖体。浆液性腺泡分泌浆液，较稀薄，含唾液淀粉酶和溶菌酶等，具有消化食物和抵抗细菌入侵的作用。

（2）黏液性腺泡 黏液性腺泡（mucous acinus）由黏液细胞组成。在HE染色切片中，胞质着色浅淡，核扁圆形，位于细胞底部。电镜下可见顶部胞质内有粗大的黏原颗粒（mucinogen granule）和高尔基复合体，基部胞质两侧有粗面内质网和线粒体。黏液性腺泡分泌黏液，较黏稠，含糖蛋白及水。

（3）混合性腺泡 混合性腺泡（mixed acinus）由浆液细胞和黏液细胞共同组成。大部分混合性腺泡主要由黏液细胞组成，几个浆液细胞排列成半月形帽状结构附着在腺泡的底部或末端，称浆半月（serous demilune）。黏液细胞间隙局部扩大，形成分泌小管，浆半月的分泌物可经分泌小管释放入腺泡腔内。

2. 导管 导管（duct）反复分支，末端与腺泡相连，管壁由单层上皮或复层上皮组成。按其形态特点和分布部位，可分为闰管、纹状管、小叶间导管和总导管。

（1）闰管 闰管（intercalated duct）是导管的起始部，直接与腺泡相连，管径细，管壁为单层立方上皮或单层扁平上皮。

（2）纹状管 纹状管（striated duct）或称分泌管（secretory duct），位于小叶内，与闰管相连接，管壁为单层高柱状上皮，核圆，位于细胞顶部，胞质嗜酸性。细胞基部可见垂直纵纹，电镜下为质膜内褶和纵行排列的线粒体，此种结构使细胞基部表面积增大，便于细胞与组织液间进行水和电解质的转运。在醛固酮的调节下，纹状管上皮细胞可主动吸收分泌物中的Na^+，将K^+排入管腔，并可重吸收或排出水，以调节唾液中的电解质含量和唾液量。

（3）小叶间导管和总导管 纹状管汇合形成小叶间导管，走行于小叶间结缔组织内。小叶间导管较粗，起始为单层柱状上皮，随着管径变大逐渐移行为假复层柱状上皮。小叶间导管逐级汇合增粗，形成一条或几条总导管开口于口腔，导管近口腔开口处渐变为复层扁平上皮，与口腔上皮相连续。

（二）三对大唾液腺的特点

1. 腮腺 腮腺（parotid gland）为人体最大的唾液腺，位于耳前下方，口腔颊部有其导管的开口（图15-1）。腮腺为纯浆液性腺，闰管长，纹状管较短。腺间质内有较多的脂肪细胞。分泌物含唾液淀粉酶。

2. 下颌下腺 下颌下腺（submandibular gland）位于下颌骨下缘内侧，导管开口于舌下（图15-1）。下颌下腺为混合性腺，浆液性腺泡多，黏液性腺泡和混合性腺泡少（见图2-11A）。闰管短，纹状管发达。分泌物含唾液淀粉酶和黏液。

3. 舌下腺 舌下腺（sublingual gland）位于腭舌骨肌上方，总导管与下颌下腺总导管汇合后开口于舌系带根部两侧。舌下腺为混合性腺，但以黏液性腺泡和混合性腺泡为主，浆半月较多，无闰管，纹状管也较短。分泌物以黏液为主。

（三）唾液

唾液由大、小唾液腺分泌的混合液组成，95%以上来自三对大唾液腺。唾液中的水分和黏液起润滑口腔的作用，唾液淀粉酶可将食物中的淀粉分解为麦芽糖，溶菌酶能抵抗细菌和病毒入侵。唾液腺间质内有淋巴细胞和浆细胞，后者分泌的IgA与腺细胞产生的蛋白质分泌片结合，形成分泌性 IgA（sIgA），随唾液排入口腔，起免疫作用。

二、胰腺

胰腺（pancreas）位于胃后方，横位于腹后壁，分头、体、尾三部分，胰头膨大，被十二指肠所包绕（图15-3）。胰腺表面覆以薄层结缔组织被膜，腹侧面覆盖浆膜。被膜结缔组织伸入腺组织内将其分隔为许多分界不完全的小叶。腺实质分为外分泌部和内分泌部两部分（图15-4）。外分泌部由腺泡和导管组成，构成腺的大部分，腺细胞产生的胰液经导管排入十二指肠，在食物消化中起重要作用；内分泌部称胰岛，其分泌的激素通过血液或淋巴进入全身，调控糖代谢。小叶间结缔组织内有血管、淋巴管、神经及较大的导管穿行。新生儿胰腺内的结缔组织较多，占胰腺总体积的30%。

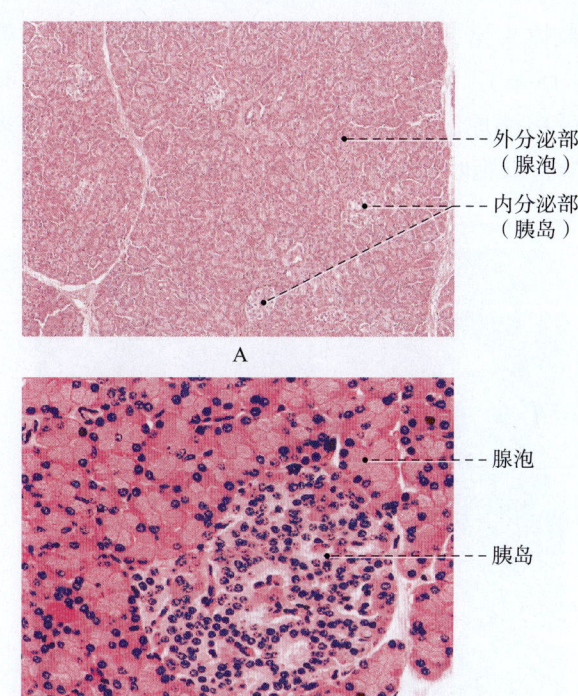

图15-4 人胰腺光镜图
A. 低倍；B. 高倍示胰岛

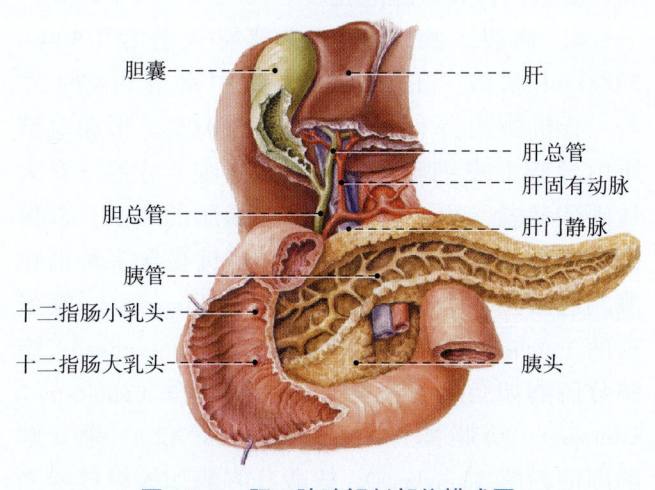

图15-3 肝、胰腺解剖部位模式图

（一）外分泌部

胰腺的外分泌部为纯浆液性复管泡状腺，无肌上皮细胞，导管部无分泌管。其腺泡数量多，占胰腺总体积82%。成人胰腺每24 h分泌胰液1 500～2 000 mL（每天约25 mL/kg）。

1. 腺泡 胰腺腺泡（pancreatic acinus）是外分泌部的分泌单位，由一层锥形腺泡细胞围成，细胞底部位于基膜上，外包少量纤细的网状纤维和丰富的毛细血管。腺泡直径的大小随腺泡细胞功能、状态的不同而变化，腺泡腔内常见染色较浅的泡心细胞，为延伸至腺腔内的闰管上皮细胞，以不同的方式分布于腺泡腔（图15-5）。

（1）腺泡细胞 胰腺的腺泡细胞为浆液细胞，其顶部邻接腺泡腔，底部位于基膜上。腺细胞呈锥体形，细胞核较大，呈圆形，近细胞基部，含1～2个核仁，个别腺细胞有双核。腺泡细胞顶部胞质内可见很多折光性强的酶原颗粒。

电镜可见腺泡细胞基底部富含粗面内质网，呈板层状排列，伸向核周围。游离核糖体及多聚核糖体散布于粗面内质网之间，HE染色切片中基部胞质呈嗜碱性。腺泡细胞核上区富含高尔基复合体，

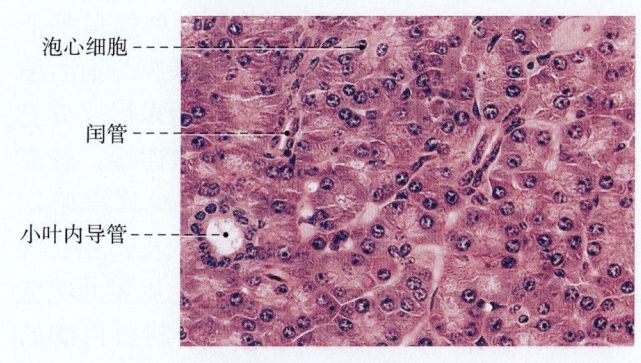

图15-5 胰腺泡心细胞和闰管（HE染色）

线粒体丰富，尚可见中心粒、溶酶体和多泡体等（图15-6）。免疫组织化学法证明酶原颗粒内含有胰蛋白酶原、胰凝乳酶原、羧肽酶、RNA酶等多种酶，以胞吐的方式释放至腺泡腔。

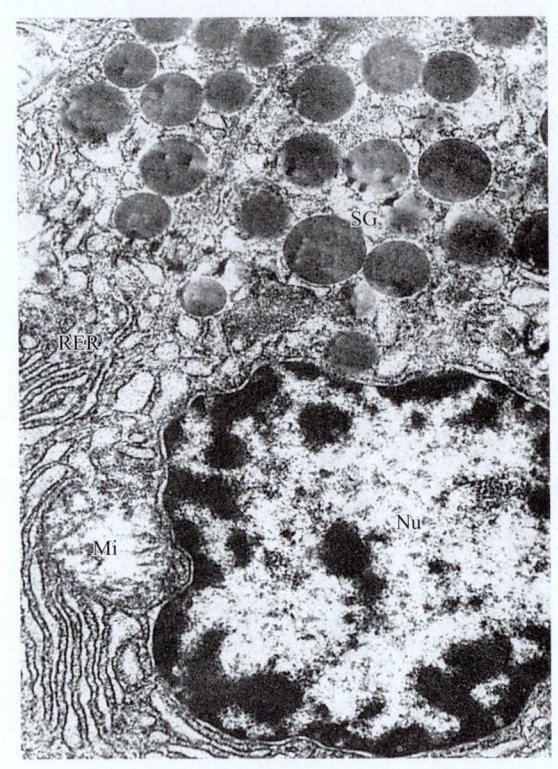

图15-6　胰腺泡细胞（TEM）
SG. 外分泌颗粒；Mi. 线粒体；RER. 粗面内质网

（2）泡心细胞（centroacinar cell） 是位于腺泡腔内的闰管起始端上皮细胞，体积小，扁平形或立方形，细胞质染色淡，核圆形或卵圆形（图15-5）。

2. 导管 与腺泡相连的一段细而长的导管称闰管，其伸入腺泡的部分为泡心细胞，另一端汇入小叶内导管，小叶内导管出小叶后在小叶间结缔组织内汇成小叶间导管，后者再汇合成一条主导管，在胰头部与胆总管汇合，开口于十二指肠乳头（图15-3）。闰管腔小，为单层扁平上皮，细胞结构与泡心细胞相同，其基膜与泡心细胞的基膜相连。小叶内导管的上皮为单层立方上皮（图15-5）。上皮细胞侧面有细胞连接，游离面有少量孤立的纤毛，基部胞膜可见许多胞饮泡。小叶间导管的上皮为单层柱状上皮，在柱状上皮细胞之间有杯状细胞。导管的上皮表面覆盖有一层黏液，可保护深层组织免受胰蛋白酶的消化。

胰管上皮细胞及其表面黏液对胰管内容物有屏障作用，被称为胰管黏膜屏障（pancreatic ductal mucosal barrier，PDMB），在生理状态下可防止胆汁、胰蛋白酶等进入胰腺实质，保护胰腺组织免受外源性和内源性物质的损伤。

3. 腺泡细胞酶原颗粒的形成与释放 腺泡细胞合成大量富含酶蛋白的酶原颗粒，饥饿状态时颗粒增多，进食后颗粒减少，同时细胞基部的嗜碱性物质减少。

电镜显示分泌期腺泡细胞内粗面内质网呈扁平的板层状结构，蛋白质合成期粗面内质网腔扩大成池，合成的糖蛋白前体进入内质网小池，以出芽方式形成运输小泡，移至高尔基复合体囊泡内进行浓缩，其后随囊泡脱离高尔基复合体形成大泡，并融合成较大的分泌颗粒。成熟的酶原颗粒聚集于腺泡细胞的顶部，在腺泡细胞分泌时，酶原颗粒移至细胞表面，颗粒的界膜与腔面的胞膜融合，以胞吐方式将酶蛋白释放入腺泡腔。

4. 胰液 胰腺外分泌部每天分泌1 500～2 000 mL胰液，pH 8.2～8.5，其中水分占97%左右，有机物约占1.8%，无机物占0.6%。水和电解质由导管上皮细胞（包括泡心细胞）分泌，含大量碳酸氢盐，可中和进入十二指肠的胃酸，以保持小肠黏膜的正常生理活动。有机物含多种消化酶，包括蛋白分解酶如胰蛋白酶（trypsin）、糜蛋白酶（chymotrypsin）和弹性蛋白酶（elastase）；脂肪分解酶如脂酶（lipase）、胆固醇酯酶（cholesterol esterase）、磷脂酶A2（phospholipase A2）；糖分解酶即淀粉酶（amylase）；核酸分解酶如核糖核酸酶（ribonuclease）、脱氧核糖核酸酶（deoxyribonuclease）等，由腺泡细胞合成，参与食物的消化。腺泡细胞分泌的酶有些是以酶原形式排出，如胰蛋白酶原和胰糜蛋白酶原，它们排入小肠后被肠激酶激活为胰蛋白酶，同时，腺细胞还可分泌胰蛋白酶抑制因子，防止胰蛋白酶原在胰腺内被激活，若这种内在机制失衡或某些致病因素使胰蛋白酶原在胰腺内被激活，将分解破坏胰腺组织，导致急性胰腺炎。

（二）内分泌部——胰岛

胰岛（pancreas islet）是由十多个到数百个细胞组成的内分泌细胞团，分布于胰腺小叶内，HE

染色着色浅（图15-4），大小不一，直径75～500 μm，少数胰岛细胞散在于腺泡或导管上皮细胞之间。胰岛细胞呈团索状分布，细胞间有丰富的有孔型毛细血管，孔径50～100 nm。胰岛细胞朝向血管侧有基膜，贴近毛细血管基膜，与周围腺泡间有少量网状纤维分隔。

胰岛有A、B、D、PP、D_1等细胞，HE染色胞质着色浅、难以区分细胞类别，特殊染色可区分A、B、D三种主要细胞，目前多用免疫组织化学方法来鉴别胰岛细胞类别（图15-7），其数量因动物种属不同而有差异。电镜下可通过分泌颗粒的形态特征区分各类细胞（图15-8）。

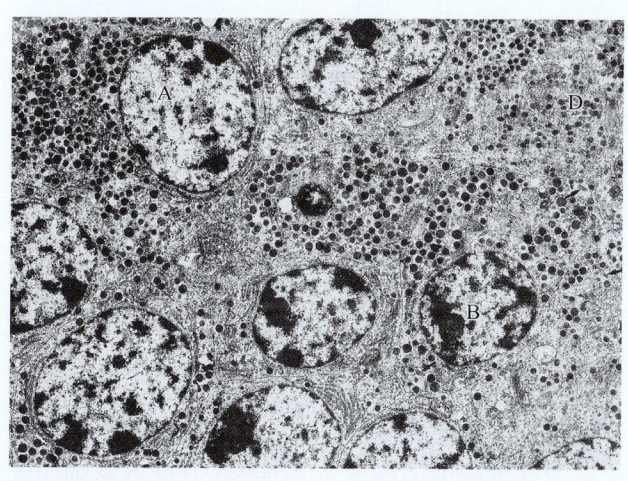

图15-8　胰岛A、B、D细胞（TEM）

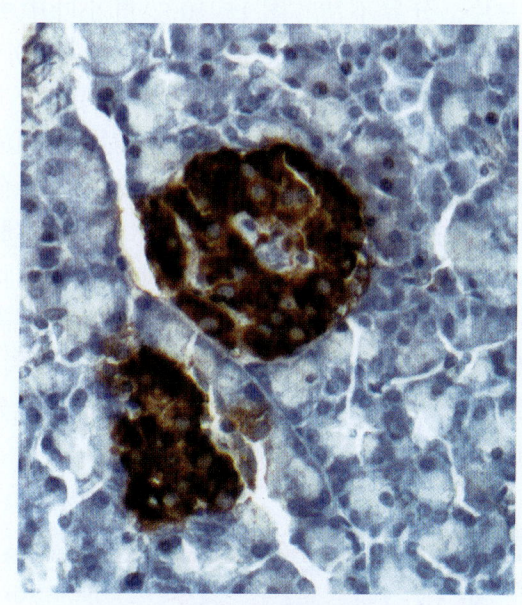

图15-7　胰岛B细胞免疫组化染色
（吉林大学白求恩医学部刘佳梅供图）
深棕色细胞为胰岛B细胞

1. A细胞　又称甲细胞，占胰岛细胞总数的20%左右，位于胰岛周边。电镜下A细胞胞质有细长的分泌颗粒，直径190～310 nm，粗面内质网常扩大成池，游离核糖体丰富，高尔基复合体不发达（图15-8）。A细胞分泌胰高血糖素（glucagon），可促进肝细胞将糖原分解为葡萄糖，抑制糖原合成，使血糖浓度升高，满足机体活动对能量的需求。

2. B细胞　又称乙细胞，约占胰岛细胞总数的70%，位于胰岛中央部（图15-8）。电镜下B细胞分泌颗粒大小不等，直径225～375 nm，粗面内质网多呈短管或小泡状，均匀分布于胞质内。B细胞分泌胰岛素（insulin），可促进肝细胞及脂肪细胞等细胞吸收葡萄糖，合成糖原或转化为脂肪贮存，使血糖降低。

胰岛素和胰高血糖素相互拮抗、相互协调，共同维持血糖浓度的恒定。当胰岛发生病变，B细胞退化，胰岛素分泌不足，可致血糖升高，从尿中排出，即为糖尿病。

3. D细胞　数量少，约占胰岛细胞总数的5%。D细胞位于胰岛周边，散在分布于A、B细胞之间。电镜下D细胞与A、B细胞间有缝隙连接，胞内分泌颗粒较大，直径为190～370 nm，呈圆形或卵圆形，颗粒内含生长抑素（somatostatin，SOM）。SOM的作用方式有以下几种：①通过血液循环作用于胰岛以及远处的靶细胞（如消化道）。②以旁分泌方式或经缝隙连接直接作用于邻近的A、B、PP细胞，抑制其分泌活动。

4. PP细胞　数量很少，散布于胰岛周边，也可见于胰腺外分泌部、胰腺导管上皮内及腺泡细胞之间。PP细胞的分泌颗粒较小，直径为110～170 nm，内含胰多肽（pancreatic polypeptide），为抑制性激素，可抑制碳酸氢盐及胰蛋白酶的分泌，减少胆囊的收缩、抑制小肠的蠕动。

5. D_1细胞　数量较少，占胰岛细胞总数的2%～5%，主要位于胰岛的周边，少数分布于胰外分泌部和血管周围。D_1细胞形态不规则，光镜下不易辨认，电镜下可见胞质内细小分泌颗粒，其直径为140～190 nm。D_1细胞分泌血管活性肠肽，为含28个氨基酸的多肽，可促进胰腺泡细胞的分泌、促进胰岛素和胰高血糖素的分泌。

除胰岛B细胞外，其他几种细胞也见于胃肠

黏膜内，它们的形态结构、对各类刺激的反应、激素分泌等方面极为相似，均能合成和分泌肽类或胺类物质，故将胃、肠、胰这些性质类似的内分泌细胞归纳称为胃肠胰内分泌系统（gastro-entero-pancreatic endocrine system），简称 GEP 系统。

（三）胰腺分泌的调节

胰腺的分泌受神经和体液的调节。交感神经和副交感神经随血管进入胰腺，在腺泡和胰岛周围形成腺泡细胞周围丛和胰岛周围丛，并深入腺细胞之间和胰岛细胞之间。交感神经兴奋时胰液分泌减少，A 细胞分泌活动增强，血糖升高；副交感神经兴奋可促进胰酶分泌，B 细胞分泌活动增强，血糖降低。消化管内分泌细胞分泌的某些激素也参与对胰腺分泌的调节，如促胰液素主要作用于小导管上皮细胞，使其分泌大量水和碳酸氢盐，胰液量增多；胆囊收缩素-促胰酶素可促进腺泡细胞分泌大量消化酶；胃泌素促进胰酶分泌。

三、肝

肝（liver）是机体最大的腺体，成人肝约占体重的 2%。肝分左右两叶，右叶大而厚，左叶小而薄。肝下面有"H"形沟，其横沟即肝门，是门静脉、肝动脉、肝管、神经及淋巴管出入之处。肝细胞产生的胆汁经胆管输入十二指肠（图 15-3），参与脂质和脂溶性物质的消化，故通常将肝列为消化腺。但肝的结构和功能与其他消化腺有明显差别，其主要特点为：①肝细胞的排列分布特殊，不形成类似胰腺和唾液腺的腺泡。②肝内有丰富的血窦，肝动脉血以及由胃、肠、胰、脾的静脉汇合而成的门静脉血，均汇入肝血窦内。③肝细胞既产生胆汁排入胆管，又合成多种蛋白质和脂质物质直接分泌入血。④由胃、肠吸收的物质除脂质外，全部经门静脉进入肝内，在肝细胞内进行合成、分解、转化、贮存。⑤胚胎时期的肝有造血功能，成人肝除具有潜在的造血功能外，还参与造血功能的调节。此外，肝内还有大量的巨噬细胞，它能清除从胃、肠进入机体的微生物等有害物质。

肝的表面除裸区外，大部分有浆膜覆盖，其下方为一层富含弹性纤维的致密结缔组织被膜。在肝门处，结缔组织随门静脉、肝动脉和肝管的分支伸入肝实质，将实质分隔成许多肝小叶。

（一）肝小叶

肝小叶（hepatic lobule）是肝的基本结构单位，呈多角棱柱体，高约 2 mm，宽约 1 mm，成人肝有 50 万～100 万个肝小叶（图 15-9），小叶之间以少量结缔组织分隔。有些动物（如猪）的肝小叶分界明显，而人肝小叶间结缔组织很少，相邻肝小叶常连成一片，分界不清（图 15-10）。肝小叶中央有一条沿其长轴走行的中央静脉（central vein），其周围有肝细胞和肝血窦，为肝小叶的主要成分。肝细胞以中央静脉为中心，向周围呈放射状排列成板状结构，称肝板（hepatic plate）。相邻肝板吻合连接，形成迷路样结构，其切面呈索状，故也称肝索（hepatic cord）。相邻肝细胞膜凹陷形成的微细管道称胆小管，它以盲端起始于中央静脉附近，其主干在肝板内呈放射状走向肝小叶周边，并分支环绕每个肝细胞，在肝板内构成网络状细管，肝细胞分泌胆汁进入胆小管内（图 15-11，图 15-12）。

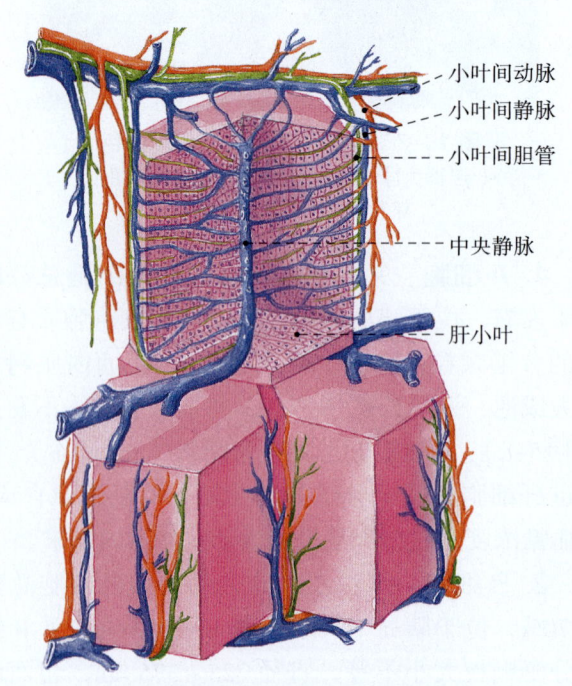

图 15-9 肝小叶模式图

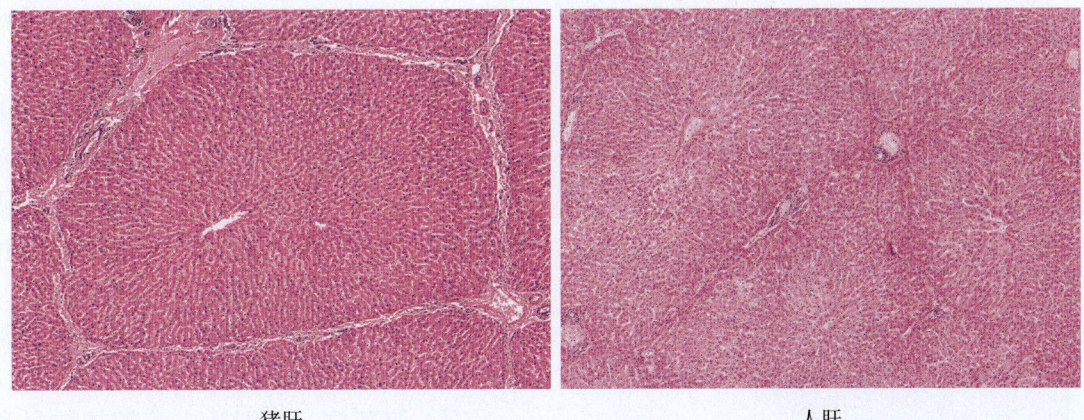

猪肝　　　　　　　　　　　　人肝

图 15-10　肝小叶横切面

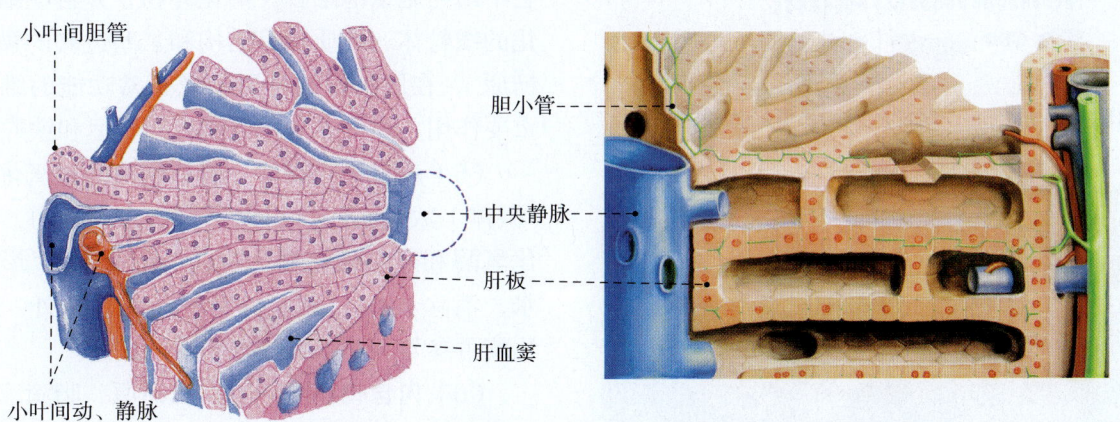

图 15-11　肝板、肝血窦与胆小管关系模式图

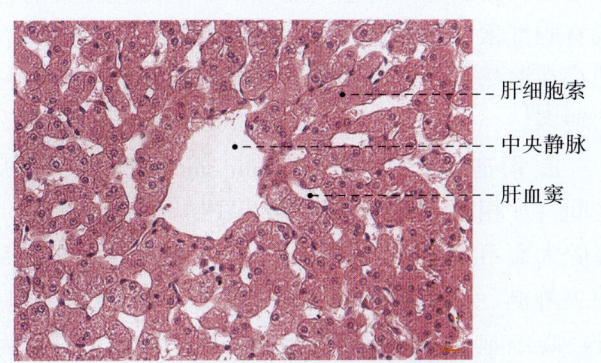

图 15-12　肝索与肝血窦光镜图

1. 肝细胞　肝细胞（hepatocyte）是构成肝小叶的主要成分，是肝内数量最多、体积最大的细胞群，直径 20～30 μm，呈多面体形。肝细胞有三种不同的功能面：血窦面、细胞连接面和胆小管面。血窦面和胆小管面有发达的微绒毛，使细胞表面积增大。相邻肝细胞之间有紧密连接、桥粒和缝隙连接等结构（图 15-13）。

肝细胞核大而圆，居中，常染色质丰富，染色浅，核膜清楚，核仁一个至数个，是细胞蛋白质合成功能活跃的标志。部分肝细胞（约 25%）有双核或多核（图 15-12），虽然其生理和病理意义还不完全清楚，但一般认为这与肝细胞长期保持活跃的功能活动及旺盛的物质更新有关。

肝细胞胞质丰富，HE 染色呈嗜酸性，当蛋白质合成旺盛时，胞质出现散在的嗜碱性物质。胞质内还含有较多的糖原颗粒和少量的脂滴。电镜下，可见胞质内含有丰富的细胞器和内含物（图 15-13，图 15-14），各种细胞器在肝细胞的功能活动中起重要作用。

（1）线粒体　肝细胞富含线粒体，为肝细胞的功能活动提供能量。每个肝细胞有 2 000 个左右，遍布胞质内。不同动物和不同部位的肝细胞线粒体数目有差别，其大小和形状常因细胞所在位置的血供不同而变化。

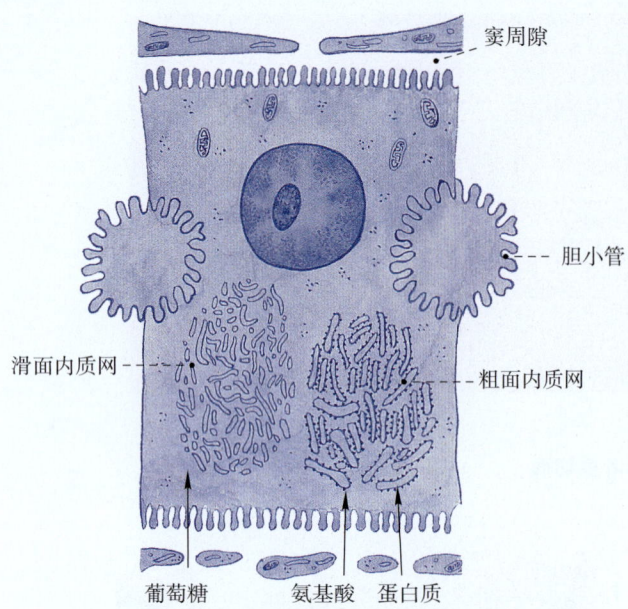

图 15-13 肝细胞、窦周隙及胆小管结构模式图

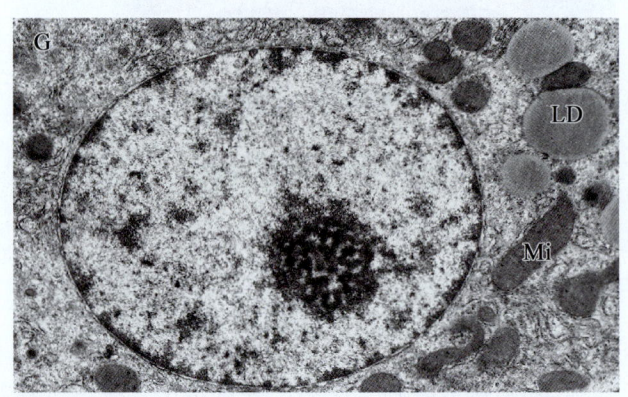

图 15-14 肝细胞（TEM）
LD. 脂滴；Mi. 线粒体；G. 糖原颗粒

（2）**内质网** 肝细胞内质网发达，广泛分布于胞质内。肝细胞的许多重要功能活动是在内质网上进行的，诸如多种蛋白质的合成、糖基化和分泌，脂质物质的生物合成与代谢、糖代谢等。

肝细胞粗面内质网常呈层状排列成群，分布于核周、近血窦面及线粒体附近，并有密集的核糖体。它合成内质网膜蛋白质、细胞器蛋白质及多种血浆蛋白。在机体感染或创伤时，还分泌α球蛋白和β球蛋白等急性反应物质。

肝细胞滑面内质网（SER）膜上有多种酶系规律分布，如氧化还原酶、水解酶、转移酶、合成酶等。肝细胞摄取的各种有机物可在 SER 进行合成、分解、结合和转化等反应，肝细胞的胆汁合成、脂质物质代谢、糖代谢、激素代谢和由肠道吸收的有机异物（药物、腐败产物等）的生物转化等功能都与 SER 密切相关。

（3）**高尔基复合体** 肝细胞内的高尔基复合体发达，每个肝细胞约有 50 个。高尔基复合体的形成面朝向核和内质网，与 SER 相邻。内质网内合成的蛋白质经运输小泡转移到高尔基复合体加工，形成许多分泌小泡和大泡，由血窦面排出。肝细胞近胆小管处的高尔基复合体尤为发达，与胆小管质膜的更新及胆汁的排出有关。

（4）**溶酶体** 肝细胞内溶酶体数量和大小不一，占细胞总体积的 1%～2%。溶酶体功能活跃，它不断与胞饮泡融合，消化异物，并自噬细胞内退化的线粒体、内质网等结构和某些过剩的物质（如糖原），在肝细胞结构更新及正常功能的维持中起重要作用，并可参与胆色素代谢转运和铁贮存。

（5）**过氧化物酶体** 肝细胞内的过氧化物酶体（微体）数量多、体积大，内含有多种酶，以过氧化氢酶和过氧化物酶为主，可氧化 H_2O_2 形成氧和水，消除 H_2O_2 对细胞的毒性作用。此外，各类氧化酶可参与酒精、嘌呤等物质的代谢。

（6）**内含物** 肝细胞内有糖原、脂滴、色素等内含物，它们的含量因机体的生理和病理状况的不同而异。进食后糖原增多，饥饿时糖原减少；正常肝细胞内脂滴少，肝病时脂滴多；肝细胞胞质的色素有胆红素、含铁血黄素、脂褐素等，它们也可以贮存在溶酶体内，脂褐素的含量随机体年龄的增长而增多。

2. 肝血窦 肝血窦（hepatic sinusoid）位于肝板之间，互相吻合成网状管道（图 15-11，图 15-12），窦腔大而不规则，血液从肝小叶的周边经血窦汇入中央静脉。肝血窦含有 4 种类型细胞：内皮细胞、肝巨噬细胞、大颗粒淋巴细胞和贮脂细胞，总称为血窦细胞（sinusoidal cell）。内皮细胞约占血窦总体积的 44%，是构成肝血窦壁的主要边界成分；肝巨噬细胞约占 33%，位于肝血窦内；贮脂细胞约占 20%，位于窦周隙内。

（1）**肝血窦内皮细胞** 肝血窦内皮细胞是构成肝血窦壁的主要成分，细胞扁而薄，腔面可见少量微绒毛和小凹陷。细胞间连接松散，常有 0.1～0.5 μm 宽的间隙。胞质内细胞器较少，但胞饮泡较多，说明肝血窦内皮细胞具有较强的物质摄取能力。肝血窦内皮细胞不含核的部分扁薄,有许多窗孔,孔上无隔膜。肝血窦内皮外的基膜常缺如,因此,肝血窦的通透性大,内皮细胞窗孔是窦周隙内、外物质进行交换的重要通道,是维持肝细胞微环境稳定的重要结构。

(2) 肝巨噬细胞　肝巨噬细胞又称 Kupffer 细胞,是定居于组织内最大的巨噬细胞群体,占巨噬细胞总数的 50% 以上。细胞形态不规则,从胞体伸出许多板状或丝状伪足附在内皮细胞上,或穿过内皮窗孔和细胞间隙伸入窦周隙内。细胞表面有许多皱褶和微绒毛,并有较厚的糖衣。细胞核较大,胞质内溶酶体发达,常见吞噬体和残余体,其他细胞器较少。肝巨噬细胞来自血液内的单核细胞,在清除从门静脉入肝的抗原异物、清除衰老血细胞和肿瘤监视方面发挥重要作用。

(3) 大颗粒淋巴细胞　肝大颗粒淋巴细胞是肝特有的 NK 细胞,位于肝血窦内,附着在内皮细胞或肝巨噬细胞上。细胞表面有伪足样突起,穿过内皮进入窦周隙,与肝细胞表面的微绒毛相接触。胞质内有较多的溶酶体,具有 NK 细胞活性,在防止肝内肿瘤形成及转移等方面起重要作用。

3. 窦周隙　窦周隙 (perisinusoidal space) 是肝血窦内皮细胞与肝细胞之间的狭小间隙,又称 Disse 隙 (图 15-13)。血窦内皮细胞通透性大,窦周隙内充满血浆,肝细胞血窦面的微绒毛伸入窦周隙,浸于血浆之中。窦周隙是肝细胞和血液之间进行物质交换的场所。

贮脂细胞 (fat-storing cell) 又称 Ito 细胞,位于窦周隙和肝细胞间陷窝内。细胞形态不规则,有突起附于内皮细胞外表面及肝细胞表面,相邻细胞突起相互接触,形成网架结构。HE 染色切片中不易辨别贮脂细胞,氯化金浸染或免疫细胞化学法可显示。电镜下,贮脂细胞内粗面内质网和高尔基复合体发达,可见大小不一的脂滴,可贮存、释放维生素 A。贮脂细胞还有产生胶原的功能,病理状态下可产生大量网状纤维,故目前认为贮脂细胞是一种特殊的成纤维细胞,在肝正常微环境中以摄取和贮存维生素 A 为主,合成胶原功能受抑制;病理状态下,贮脂细胞增多并转化为成纤维细胞,合成胶原的功能增强,与肝纤维化形成有关。

4. 胆小管　胆小管 (bile canaliculus) 是相邻两个肝细胞之间局部胞膜凹陷形成的微细管道,在肝板内连接成网格状,HE 染色难以辨别,银染或 ATP 酶组化染色可清楚显示 (图 15-15)。电镜下可见胆小管腔面有肝细胞形成的微绒毛突入管腔 (图 15-13),胆小管周围的肝细胞膜形成紧密连接、桥粒等连接复合体封闭胆小管。正常情况下,肝细胞合成胆汁排入胆小管,胆汁不会从胆小管外溢。当肝细胞发生变性、坏死或胆道堵塞内压增大时,胆小管的正常结构被破坏,胆汁溢入窦周隙进入肝血窦,因而出现黄疸。

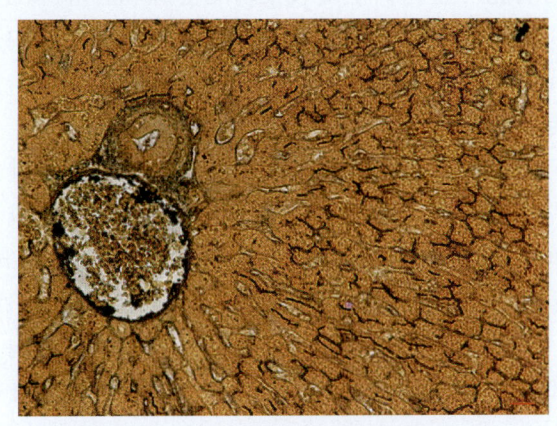

图 15-15　胆小管光镜图 (硝酸银浸染,胆小管呈黑色网格状)

(二) 门管区

从肝门进出的门静脉、肝动脉、肝管、淋巴管和神经在肝内反复分支伴行于小叶间结缔组织内,故在相邻肝小叶之间的三角形或不规则形结缔组织区域内,可见三种伴行通道,即小叶间静脉、小叶间动脉和小叶间胆管,称为门管区 (portal area) (图 15-16)。每个肝小叶周围一般有 3~5 个门管区。

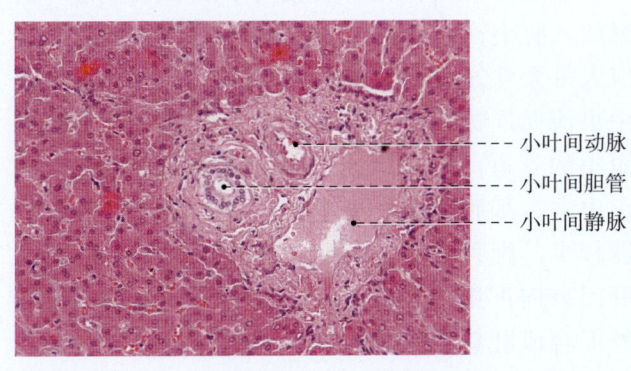

图 15-16　肝门管区

小叶间静脉（interlobular vein）是门静脉的分支，管腔较大而不规则，壁薄，内皮外仅有少量散在的平滑肌。小叶间动脉（interlobular artery）是肝动脉的分支，管径较细，腔较小，管壁相对较厚，内皮外有几层环行平滑肌。小叶间胆管（interlobular bile duct）是肝管的分支，管腔狭小，管壁由单层立方或低柱状上皮构成。

（三）肝内血液循环

进入肝内的血管有门静脉和肝动脉，门静脉是肝的功能性血管，主要收集胃肠静脉和脾静脉的血流，将胃肠吸收的营养和某些有毒物质输入肝内进行代谢和加工处理。肝动脉是肝的营养性血管，为肝提供养分。

门静脉在肝门处分为左、右两支，分别进入肝左、右叶，继而在肝小叶间反复分支，形成小叶间静脉，其分支形成终末门微静脉（terminal portal venule），走行于相邻两个肝小叶之间。终末门微静脉的分支与血窦相连，将门静脉血输入血窦内。肝动脉分支形成小叶间动脉和终末肝微动脉（terminal hepatic arteriole），与门静脉的分支伴行，最终汇入血窦。小叶间动脉还分出小支，供应被膜、间质和胆管。因此，肝血窦内含有门静脉和肝动脉的混合血液，血窦内的血液从小叶周边流向中央，汇入中央静脉。若干中央静脉合成小叶下静脉，它单独走行于小叶间结缔组织内，进而汇合成2~3支肝静脉，出肝后汇入下腔静脉。

（四）肝内胆汁形成及排出途径

血浆中的胆红素在肝细胞滑面内质网内葡萄糖醛酸转移酶的作用下转化为水溶性结合胆红素释放入胆小管，与胆盐和胆固醇等共同组成胆汁，成人每天可分泌胆汁600~1 000 mL，由肝小叶的中央流向周边。胆小管于小叶边缘处汇集成若干短小的管道，称闰管或Hering管。闰管较细，上皮由立方细胞组成，细胞着色浅，胞质内的细胞器较少。闰管与小叶间胆管相连，小叶间胆管向肝门方向汇集，最后形成左、右肝管出肝，在肝外汇合成肝总管由胆囊管入胆囊，或经胆总管入十二指肠。

（五）肝的神经

肝动脉和门静脉周围有丰富的交感及副交感神经丛，为内脏神经、迷走神经及膈神经分支。生理实验证明刺激交感神经或给予肾上腺素能药物，肝内血管收缩，血流量减少，门静脉压升高；刺激副交感神经或给予胆碱能药物，肝血管也有收缩和扩张变化，但对门静脉血管的影响很小。目前的研究结果表明，多数动物有单胺类神经分布在肝细胞周围，而胆碱能神经仅限于门管区周围。

（六）肝的淋巴

肝淋巴管在被膜内和小叶间管道周围形成淋巴丛，肝小叶内无淋巴管。窦周隙内的血浆由小叶中央流向周边，在小叶边缘沿血管周围间隙流至小叶间结缔组织内，继而被吸收入小叶间淋巴管内，形成淋巴。肝内淋巴占胸导管淋巴的25%~50%。

（七）门管小叶和肝腺泡

作为肝的结构和功能单位，除了以中央静脉为中心的经典肝小叶外，根据胆汁的流出途径和肝微循环的结构，以及其与肝病理及再生的关系，有学者提出门管小叶和肝腺泡的概念。

四、胆囊与胆管

（一）胆囊

胆囊（gallbladder）分底、体、颈三部，颈部连接胆囊管（图15-3）。胆囊壁由黏膜、肌层和外膜三层组成。黏膜有许多高而分支的皱襞突入腔内。胆囊收缩排空时，皱襞高大且分支；胆囊充盈扩张时，皱襞减少、变矮。黏膜上皮为单层柱状，细胞游离面有许多微绒毛，细胞核位于基部，核上区胞质内线粒体和粗面内质网较发达，顶部胞质内可见少量黏原颗粒。上皮细胞有一定的分泌作用，但以吸收功能为主。固有层为薄层结缔组织，有较丰富的血管、淋巴管和弹性纤维。肌层厚薄不一，胆囊底部较厚，颈部较薄，平滑肌纤维有环行、斜行、纵行三层，排列不规则，肌束间弹性纤维较多。外膜较厚，为疏松结缔组织，含血管、淋巴管

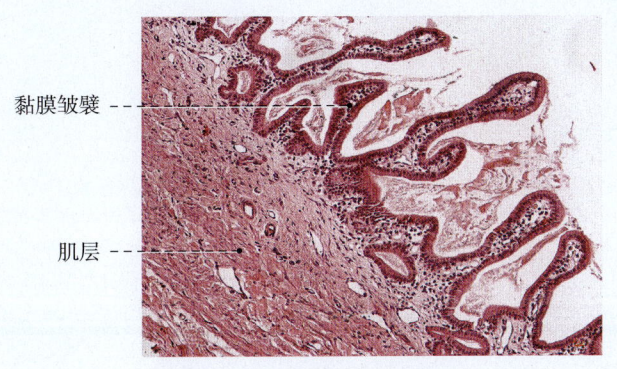

图 15-17　胆囊（HE 染色）

和神经等，外膜表面大部覆以浆膜（图 15-17）。

胆囊的功能是贮存和浓缩胆汁。胆囊上皮细胞主动吸收胆汁中的水和无机盐以浓缩胆汁。从肝排出的胆汁，流入舒张的胆囊内贮存浓缩。进食后，尤其是高脂饮食后，在小肠分泌的胆囊收缩素-促胰酶素作用下，胆囊持续收缩 30~60 min，胆总管括约肌松弛，将胆汁排入肠腔。胆囊的分泌、吸收和收缩功能受神经和体液的调节。交感神经兴奋可使胆囊肌松弛，胆囊上皮吸收功能增强；迷走神经兴奋使胆囊肌收缩，胆汁排出。

（二）胆管

肝管与胆总管的管壁较厚，由黏膜、肌层和外膜组成。胆总管黏膜上皮为单层柱状，有杯状细胞，固有层内有黏液腺；肌层平滑肌呈斜行和纵行肌束；外膜为疏松结缔组织。胆总管的下端与胰管汇合之前，环行平滑肌增厚，形成发达的胆总管括约肌，又名 Boyden 括约肌。胆总管与胰管汇合穿入十二指肠壁，局部扩大形成肝胰壶腹，又名 Vater 壶腹，此处的环行平滑肌增厚，形成壶腹括约肌（或称 Oddi 括约肌），括约肌的舒缩可控制胆汁和胰液的排出。

胆管壁内也有交感神经和副交感神经分布。刺激交感神经可使括约肌收缩，胆总管内压升高；刺激迷走神经，括约肌松弛，胆总管内压降低，胆汁排入肠腔。

复习题

（一）名词解释

1. 泡心细胞　2. 胆小管　3. 窦周隙　4. Kupffer 细胞　5. 肝小叶　6. 门管区

（二）问答题

1. 肝细胞的结构特点和功能是什么？
2. 简述胰岛参与调控血糖浓度的结构基础。
3. 试述胆汁的形成及排出途径。

网上学习

15-1　门管小叶和肝腺泡
15-2　肝的再生

（杜宝玲撰文；邹卫东绘图）

第 16 章

呼吸系统

- 导学
  - ▶ 重点
    - 气管壁的微细结构
    - 肺导气部及呼吸部微细结构
    - Ⅰ型肺泡细胞的微细结构及功能
    - Ⅱ型肺泡细胞微细结构及功能
    - 气-血屏障的组成和意义
  - ▶ 难点
    - 肺内各级支气管微细结构的渐行性变化
    - Ⅱ型肺泡细胞的功能

呼吸系统（respiratory system）由鼻、咽、喉、气管、主支气管和肺组成（图16-1）。从鼻腔到肺内终末细支气管为导气部，是传导气体的通道；从肺内的呼吸性细支气管至末端的肺泡为呼吸部，是气体交换的部位。呼吸系统各器官共同完成从外界摄入氧气，排出二氧化碳的功能。此外，鼻还有嗅觉功能，喉有发音功能，肺还有参与多种物质的分泌合成与代谢等非呼吸功能。

一、鼻腔

鼻腔的内表面为黏膜，由上皮和固有层构成。根据鼻黏膜结构和功能的不同，鼻腔分为前庭部、呼吸部和嗅部。黏膜下方与软骨膜、骨膜或骨骼肌相连。

（一）前庭部

前庭部（vestibular region）是邻近外鼻孔的部分，鼻腔的入口处。鼻翼内表面为未角化的复层扁平上皮，近外鼻孔处与皮肤的表皮相移行，上皮出

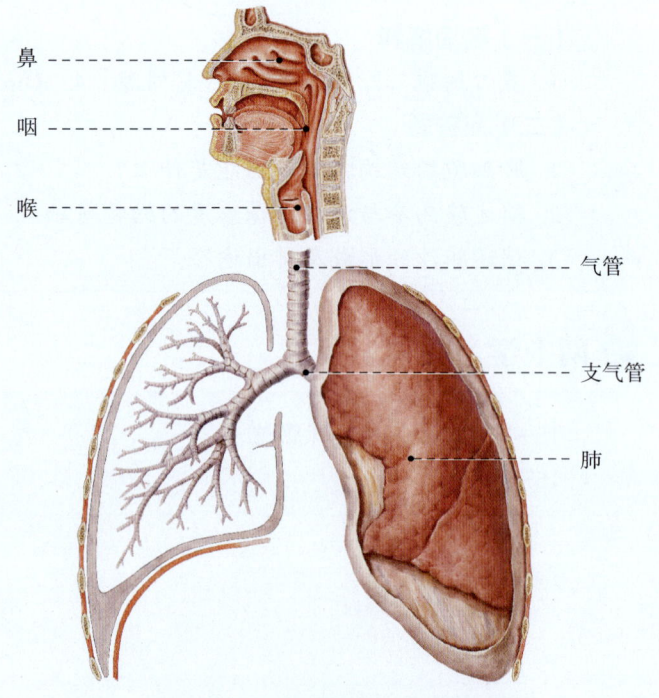

图 16-1　呼吸系统组成模式图

现角化。此处有鼻毛和皮脂腺，鼻毛可阻挡吸入空气中的尘粒，是过滤吸入空气的第一道屏障。固有

层为结缔组织，发生鼻疖肿时疼痛剧烈。其深层与鼻的软骨膜相连。

（二）呼吸部

呼吸部（respiratory region）占鼻黏膜的大部分，包括下鼻甲、中鼻甲、鼻道及鼻中隔中下部的黏膜，因富含血管而呈淡红色。黏膜上皮为假复层纤毛柱状上皮，杯状细胞较多，基膜较厚。固有层为疏松结缔组织，含有混合性鼻腺（nasal gland）。分泌物经导管排入鼻腔，与上皮内杯状细胞的分泌物共同形成一黏液层覆盖于黏膜表面。固有层有丰富的静脉丛和淋巴组织，常见嗜酸性粒细胞、嗜碱性粒细胞、淋巴细胞和肥大细胞等，有时可见淋巴小结。淋巴细胞可侵入上皮组织或进入鼻腔分泌物。固有层深部与骨膜相连。

鼻中隔前部与下鼻甲处的上皮细胞纤毛向咽部摆动，将黏着的细菌或尘埃颗粒等异物推向咽部经口咳出。此处的固有层内有丰富的静脉丛，使黏膜表面形成许多小隆起并随动静脉吻合的开放和关闭而呈现周期性的充血变化，对吸入的空气有加温和加湿作用，同时这也是损伤时容易出血的原因。

（三）嗅部

嗅部（olfactory region）位于鼻中隔上部两侧、上鼻甲和鼻腔顶部。活体黏膜呈棕黄色，人嗅黏膜总面积约为 2 cm^2，有些动物的嗅黏膜面积大，如犬约为 100 cm^2，故嗅觉特别发达，可训练成为警犬。该部上皮为假复层柱状上皮，比呼吸部上皮略厚，称嗅上皮，故嗅部黏膜由嗅上皮和固有层组成（图16-2）。嗅上皮由支持细胞、嗅细胞和基细胞组成（图16-3），无纤毛细胞和杯状细胞。

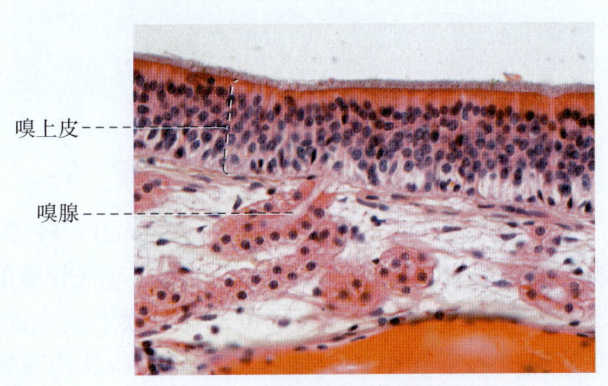

图16-2　嗅黏膜（HE染色）

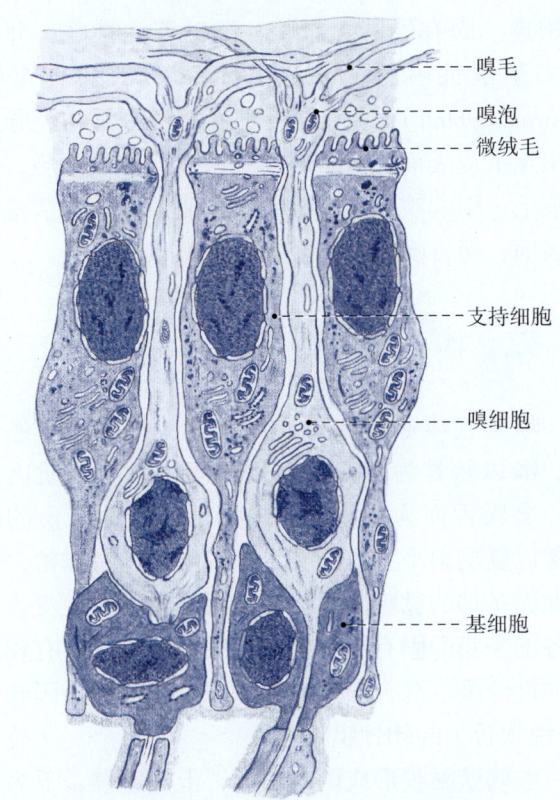

图16-3　鼻嗅部黏膜上皮细胞超微结构模式图

1. 嗅细胞　嗅细胞（olfactory cell）呈梭形，夹在支持细胞之间，为双极神经元。细胞核位于细胞中部，树突长，伸至上皮表面，末端膨大成球状的嗅泡。从嗅泡发出数十根不动纤毛，称为嗅毛（olfactory cilium）。嗅毛内含的微管主要为单微管，故不能摆动，而是倾斜浸埋于上皮表面的嗅腺分泌物中，可接受有气味物质的刺激。胞体基部伸出一条细长的轴突，穿过基膜进入固有层内，构成无髓神经纤维，组成嗅神经（olfactory nerve）。嗅毛为嗅觉感受器，有不同的受体接受不同化学物质的刺激，使嗅细胞产生神经冲动传入中枢，产生嗅觉。

2. 支持细胞　支持细胞（supporting cell）数目最多，呈高柱状，顶部宽大，基部较细，细胞游离面有许多微绒毛。核呈卵圆形，位于胞质的上部，胞质内线粒体较多，常见黄色色素颗粒。细胞侧面与相邻的嗅细胞之间有连接复合体。支持细胞有支持、保护和分隔嗅细胞的作用。

3. 基细胞　基细胞（basal cell）呈圆形或锥体形，位于上皮基底部。基细胞可分化为支持细胞和嗅细胞。

嗅黏膜固有层为薄层结缔组织，其深部与骨

膜相连。固有层富含血管、淋巴管和神经，并有许多浆液性嗅腺（olfactory gland），又称鲍曼腺（Bowman gland）。嗅腺导管细而短，分泌物经导管排出至上皮表面，可溶解空气中有气味的物质，刺激嗅毛，引起嗅觉。嗅腺不断分泌浆液，可清洗上皮表面，保持嗅细胞感受刺激的敏感性。

二、喉

喉是气体通道和发音器官，上接咽，下连气管。喉以软骨为支架，软骨之间以韧带和肌肉相连。会厌舌面为黏膜，会厌舌面及喉面上份的黏膜覆以复层扁平上皮，其舌面的上皮内有味蕾，会厌喉面基部的黏膜上皮为假复层纤毛柱状上皮。会厌各部黏膜的固有层均为疏松结缔组织，内有较多的弹性纤维、混合腺和淋巴组织，深部与会厌软骨（弹性软骨）的软骨膜相连。

喉侧壁黏膜形成两对皱襞，上为室襞，下为声襞，两者之间为喉室。室襞与喉室的黏膜及黏膜下层结构相似。上皮为假复层纤毛柱状上皮，夹有杯状细胞，其固有层为结缔组织。黏膜下层为疏松结缔组织，含有较多混合性腺和淋巴组织。声襞即声带，分为膜部和软骨部，其较薄的游离缘为膜部，基部为软骨部。膜部覆有复层扁平上皮，固有层较厚，其浅层疏松，炎症时易发生水肿，深层为致密结缔组织，内含大量弹性纤维，与表面平行排列，形成了致密的板状结构，称声韧带。固有层下方的骨骼肌构成声带肌。声带振动主要发生在膜部。声带的软骨部黏膜结构与室襞相仿，表面衬有假复层纤毛柱状上皮，黏膜下层含有混合腺，外膜中有软骨和骨骼肌。喉黏膜炎症时，发生水肿致喉痛，严重时声音嘶哑。

三、气管和主支气管

气管和主支气管为连接喉与肺之间的气体通道，其管壁由内向外依次分为黏膜、黏膜下层和外膜（图16-4）。

（一）黏膜

黏膜（mucosa）由上皮和固有层组成，上皮为

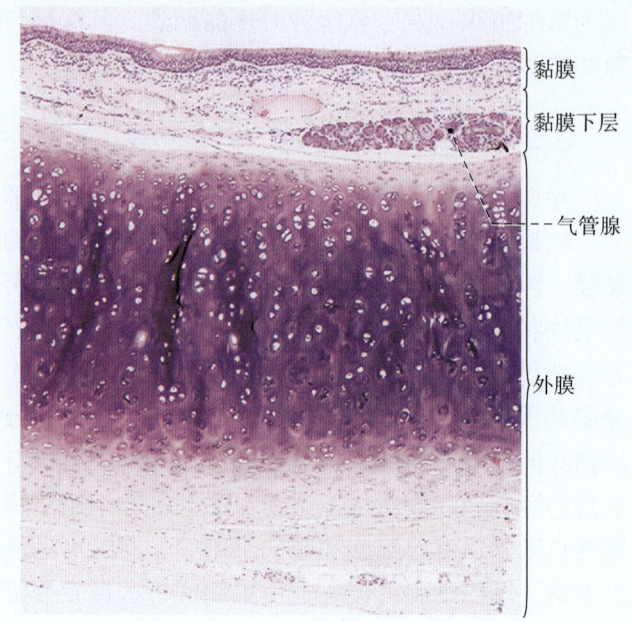

图16-4　人气管HE染色（低倍）

假复层纤毛柱状上皮，由纤毛细胞、杯状细胞、基细胞、刷细胞和小颗粒细胞组成。

1. 纤毛细胞　纤毛细胞（ciliated cell）数量最多，呈柱状，游离面有密集的纤毛（图16-5）。纤毛向咽部定向快速摆动，将黏液及其黏附的尘埃和细菌等异物推向咽部咳出，因而纤毛细胞有清除异物和净化吸入空气的作用。吸入有害气体或患慢性支气管炎，均能使纤毛减少、变形、膨胀或消失。

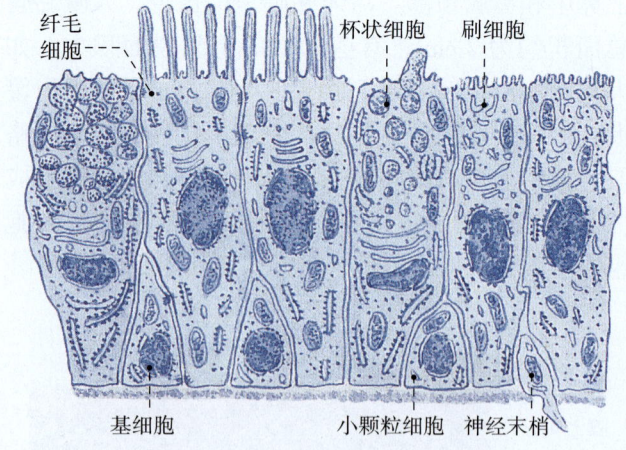

图16-5　气管上皮超微结构模式图

2. 杯状细胞　杯状细胞（goblet cell）较多，散在于纤毛细胞之间，其分泌的黏蛋白与气管腺的分泌物共同构成黏液性屏障覆盖在黏膜上皮表面，可黏附吸入空气中的尘埃颗粒、细菌和其他有害物质。

3. 刷细胞 刷细胞（brush cell）游离面有许多微绒毛，形如刷状（图16-5）。刷细胞的功能尚无定论，有报道指出刷细胞基部与感觉神经末梢形成突触，故认为该细胞可能具有感受刺激的功能。

4. 基细胞 基细胞（basal cell）位于上皮的深部，细胞矮小、锥体形，细胞顶部未达到上皮的游离面（图16-5）。基细胞是一种未分化的细胞，有增殖、分化的能力，可分化为纤毛细胞和杯状细胞。

5. 小颗粒细胞 小颗粒细胞（small granule cell）数量少，呈锥体形，散在于上皮深部，HE染色标本中不易与基细胞区别。电镜下胞质内有许多膜包致密核心颗粒，所以称小颗粒细胞。免疫细胞化学研究证明，细胞内含有5-羟色胺、铃蟾肽、降钙素、脑啡肽等物质，分泌物可能通过旁分泌或经血液循环，调节呼吸道和血管壁平滑肌的收缩及腺体的分泌，故是一种弥散神经内分泌细胞（diffuse neuroendocrine cell）。

固有层为结缔组织，含有许多淋巴细胞、浆细胞和肥大细胞，尚有较多的血管和淋巴管。在固有层和黏膜下层的移行处弹性纤维较丰富。

（二）黏膜下层

黏膜下层（submucosa）为疏松结缔组织，与固有层及外膜之间界线不明显。黏膜下层含有血管、淋巴管、神经和较多的混合性气管腺（tracheal gland）。黏液性腺泡所分泌的黏液与杯状细胞分泌的黏液共同形成厚的黏液层，覆盖在黏膜表面。浆液性腺泡分泌的稀薄液体，位于黏液层下方，有利于纤毛的正常摆动。黏膜下层内还有弥散淋巴组织和淋巴小结等，其中的浆细胞能合成IgA，当IgA通过黏膜上皮时，与上皮细胞产生的分泌片结合形成分泌型免疫球蛋白A（sIgA），释放入管腔内，可杀灭细菌和病毒，发挥免疫防御功能。

（三）外膜

气管和支气管的外膜（adventitia）由16~20个"C"形的透明软骨环和疏松结缔组织构成，软骨环之间以富含弹性纤维的膜状韧带相连，它们共同构成管壁的支架，使气管保持通畅并有一定的弹性。软骨环的缺口处为气管后壁，为膜性部，由弹性纤维组成的韧带和平滑肌束构成，含有气管腺。咳嗽反射时平滑肌收缩，使气管腔缩小，有助于清除痰液。

主支气管壁的结构与气管相似，三层分界不明显，随着管腔变小，管壁逐渐变薄，环状软骨变为不规则的软骨片，平滑肌纤维逐渐增多，呈螺旋形排列。

四、肺

肺的表面覆盖一层光滑的浆膜（胸膜脏层），浆膜深部的结缔组织伸入肺内，将肺分成许多小叶。肺组织分为实质和间质两部分，实质即肺内支气管的各级分支及其终末的大量肺泡，间质是肺内结缔组织及其中的血管、淋巴管和神经。主支气管经肺门入肺，顺序分支为叶支气管（左肺2支，右肺3支）、段支气管、小支气管、细支气管（管径为1 mm左右）、终末细支气管（直径约为0.5 mm）、呼吸性细支气管、肺泡管、肺泡囊和肺泡。其中从叶支气管到终末细支气管称为肺内导气部。呼吸性细支气管至肺泡为肺内呼吸部。因主支气管在肺内的反复分支呈树枝状，故称为支气管树（bronchial tree）。每一细支气管连同它的各级分支和肺泡，组成一个肺小叶（pulmonary lobule）（图16-6）。肺小叶呈锥体形，其尖端朝向肺门，底朝向肺表面，在肺表面可见肺小叶底部的轮廓，直径为1.0~2.5 cm，每个肺叶有50~80个肺小叶，它们是肺的结构单位。临床上称仅累及若干肺小叶的炎症为小叶性肺炎。

（一）肺导气部

肺导气部的各段管道随着支气管的逐级分支，管径逐渐变细，管壁变薄，结构愈趋简单（图16-7）。

1. 叶支气管至小支气管 叶支气管至小支气管（small bronchi）管壁结构与主支气管相似，随着管壁变薄，其三层结构分界变得不明显（图16-8）。主要结构变化是：

（1）**黏膜** 上皮仍为假复层纤毛柱状上皮，但随着管径变细，上皮由高变低。杯状细胞逐渐减少；固有层变薄，其外侧出现少量环行平滑肌束。

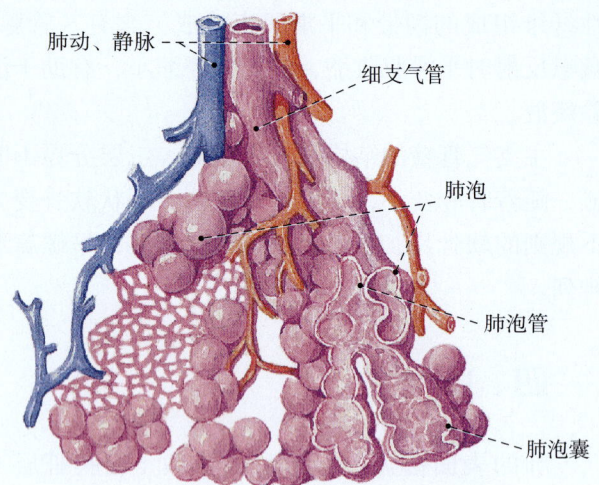

图 16-6 肺小叶模式图

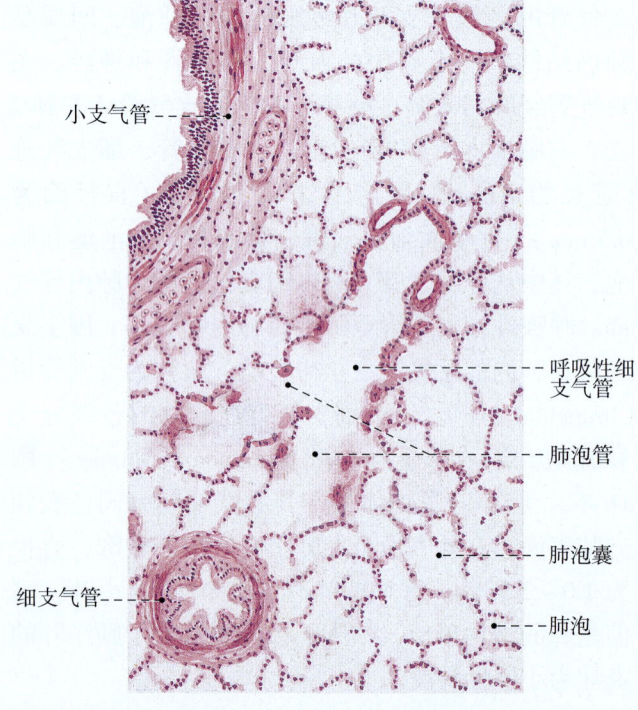

图 16-7 肺组织光镜仿真图

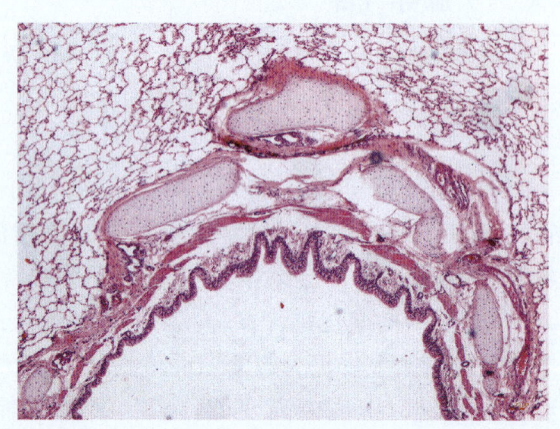

图 16-8 小支气管（HE 染色）

（2）**黏膜下层** 气管腺逐渐减少。

（3）**外膜** 结缔组织内的软骨碎片由大到小，由多到少。

2. 细支气管 细支气管（bronchiole）直径约为 1 mm，黏膜上皮由起始段的假复层纤毛柱状上皮逐渐变为单层纤毛柱状上皮，杯状细胞很少或消失。管壁内腺体和软骨片逐渐减少甚至消失，环行平滑肌逐渐增加，黏膜皱襞逐渐明显（图 16-9）。

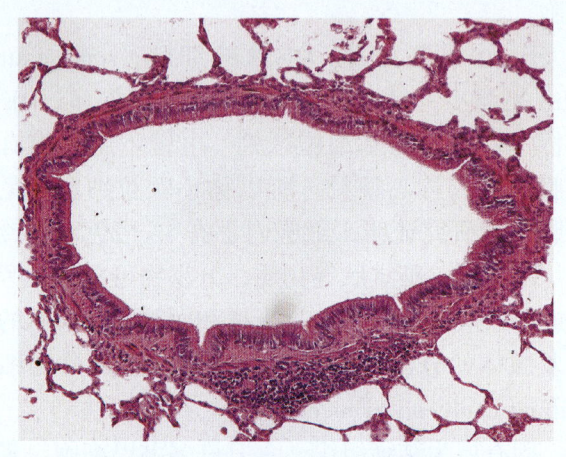

图 16-9 细支气管（HE 染色）

3. 终末细支气管 终末细支气管（terminal bronchiole）直径约为 0.5 mm，内衬单层柱状纤毛上皮，无杯状细胞。管壁内腺体和软骨片完全消失，平滑肌形成完整的环形，黏膜皱襞更明显（图 16-10）。电镜下，终末细支气管的上皮由两种细胞组成，即纤毛细胞和分泌细胞。纤毛细胞数量少，分泌细胞数量多。分泌细胞又称为克拉拉细胞（Clara cell），游离面略高于纤毛细胞，呈圆顶状凸向管腔，顶部胞质内可见发达的滑面内质网和分泌颗粒。克拉拉细胞分泌物稀薄，含有蛋白水解酶，可分解管腔中黏液，降低分泌物的黏稠度，利于排出。克拉拉细胞内尚有较多的氧化酶系，可对吸入的毒物或某些药物进行生物转化和解毒。上皮损伤时克拉拉细胞分裂增殖，可分化为纤毛细胞（图 16-11）。

（二）肺呼吸部

肺呼吸部是呼吸系统完成气体交换的部位，其共同特点是管壁都连有肺泡。

1. 呼吸性细支气管 呼吸性细支气管（respiratory bronchiole）是终末细支气管的分支。管

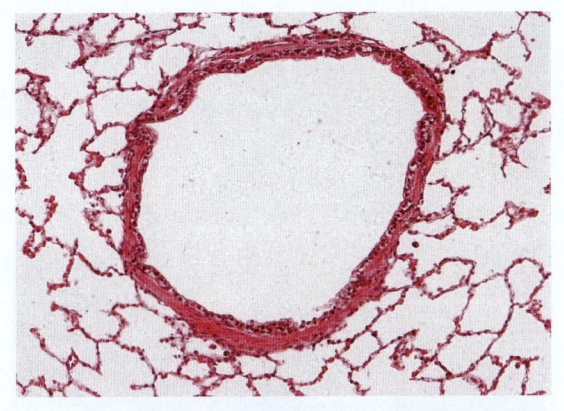

图 16-10　终末细支气管（HE 染色）

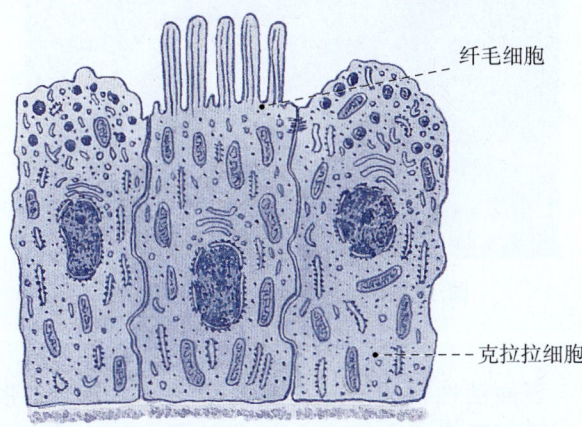

图 16-11　终末细支气管上皮细胞超微结构模式图

壁上皮为单层立方上皮，也有纤毛细胞和分泌细胞。管壁上有肺泡和肺泡开口。呼吸性细支气管的上皮在肺泡开口处，单层立方上皮移行为单层扁平上皮。上皮外面有少量环行平滑肌纤维和弹性纤维（图 16-7，图 16-12）。

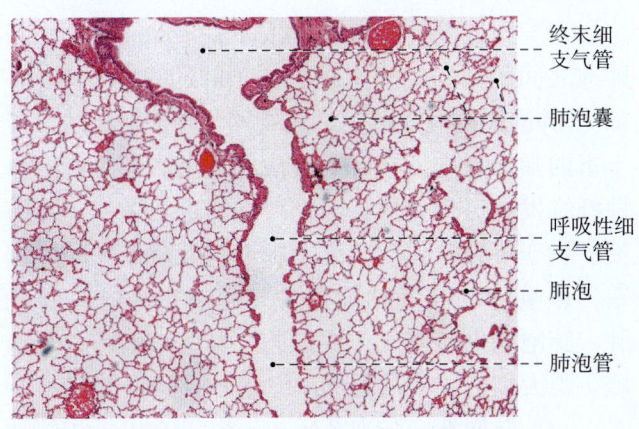

图 16-12　肺呼吸部（HE 染色）

2. 肺泡管　肺泡管（alveolar duct）是呼吸性细支气管的分支。每个肺泡管与大量肺泡相连，肺泡开口于管腔，故管壁自身的结构很少，其表面覆以单层立方或扁平上皮，其下方为少量平滑肌束和弹性纤维，因肌纤维围绕于肺泡开口处，故光镜下可见相邻肺泡开口之间有结节状膨大（图 16-7，图 16-12）。

3. 肺泡囊　肺泡囊（alveolar sac）与肺泡管相连，每个肺泡管分支形成 2~3 个肺泡囊。肺泡囊由几个肺泡围成，故是许多肺泡共同开口而成的囊腔。相邻肺泡开口之间没有环行平滑肌束，仅有少量结缔组织，故切片中无结节状膨大（图 16-7，图 16-12）。

4. 肺泡　肺泡（pulmonary alveolus）是支气管树的终末部分。肺泡为半球形的囊泡，开口于肺泡囊、肺泡管或呼吸性细支气管的管腔，是肺进行气体交换的部位。肺泡直径约为 200 μm，成人每侧肺内有 3 亿~4 亿个肺泡，总表面积可达 140 m^2。肺泡壁由单层肺泡上皮组成（图 16-12，图 16-13）。相邻肺泡之间有少量结缔组织，称肺泡隔。

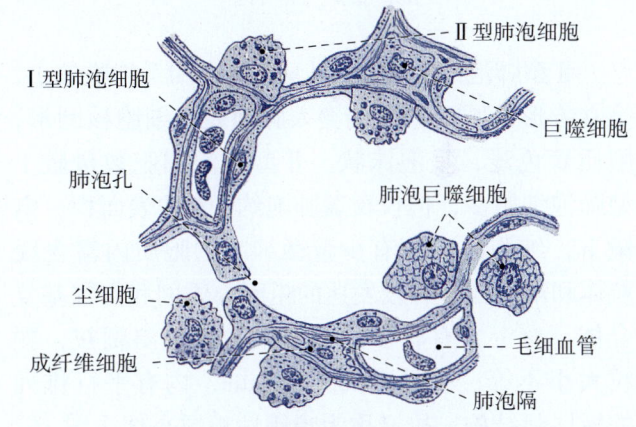

图 16-13　肺泡上皮与肺泡隔模式图

（1）肺泡上皮　肺泡上皮（alveolar epithelium）是指肺泡表面的一层完整的上皮，由 Ⅰ 型和 Ⅱ 型肺泡细胞构成（图 16-13），偶见刷细胞。

Ⅰ 型肺泡细胞（type Ⅰ alveolar cell）细胞扁平，覆盖肺泡约 95% 的表面积，细胞含核部分较厚并向肺泡腔内突出，无核部分胞质菲薄、厚约 0.2 μm，参与构成气-血屏障，是进行气体交换的部位。电镜下，相邻的 Ⅰ 型肺泡细胞与 Ⅱ 型肺泡细胞之间有紧密连接。Ⅰ 型肺泡细胞细胞器少，胞质内有较多的胞饮泡，小泡内含有表面活性物质和细胞吞入的微小尘粒，细胞能将这些物质转运到肺间质内清除。Ⅰ型肺泡细胞无分裂增殖能力，损伤后由Ⅱ型肺泡细胞增殖、分化补充（图16-13，图16-14）。

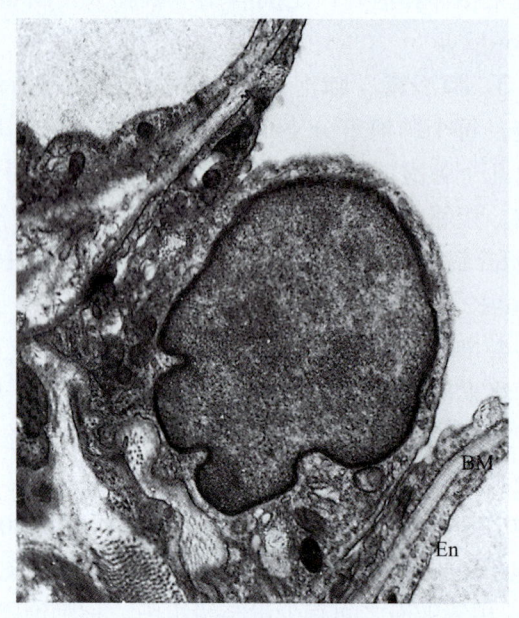

图16-14　Ⅰ型肺泡细胞（TEM）
BM. 基膜；En. 内皮

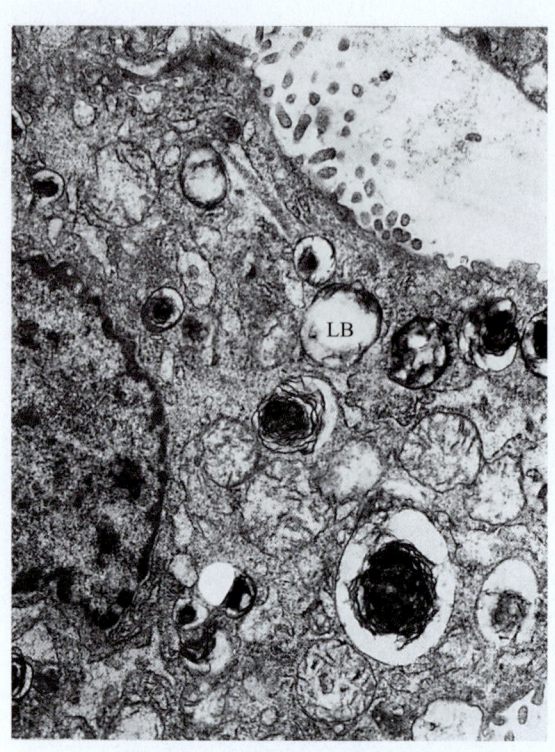

图16-15　Ⅱ型肺泡细胞（TEM）
LB. 板层小体

Ⅱ型肺泡细胞（type Ⅱ alveolar cell）细胞较小，呈立方形或圆形，顶端突入肺泡腔。细胞核圆形，胞质着色浅，呈泡沫状。Ⅱ型肺泡细胞数量较Ⅰ型肺泡细胞多，但仅覆盖肺泡约5%的表面积。电镜下，细胞游离面有少量微绒毛，胞质内富含线粒体和溶酶体，有较发达的粗面内质网和高尔基复合体。核上方有较多的高电子密度分泌颗粒，颗粒大小不等，直径为0.1~1.0 μm，内有平行排列的板层状结构，故又称为嗜锇性板层小体（图16-13，图16-15）。小体内的物质称为表面活性物质（surfactant），主要成分为磷脂（主要是二棕榈酰卵磷脂）、蛋白质、糖胺聚糖等。细胞以胞吐方式将表面活性物质释放出来，铺展于肺泡内表面，形成一薄液体层。表面活性物质有降低肺泡表面张力、稳定肺泡大小的重要作用。呼气时肺泡缩小，表面活性物质密度增加，表面张力降低，使肺泡不致过度塌陷；吸气时肺泡扩张，表面活性物质密度减小，表面张力增大，可防止肺泡过度膨胀。表面活性物质由Ⅱ型肺泡细胞不断产生，经Ⅰ型肺泡细胞吞饮转运，保持不断更新。Ⅱ型肺泡细胞有分裂、增殖并分化为Ⅰ型肺泡细胞的潜能。

表面活性物质的缺乏或变性均可引起肺不张，过度通气可造成表面活性物质缺乏；吸入毒气可直接破坏表面活性物质。若早产儿或新生儿因先天缺陷致Ⅱ型肺泡细胞发育不良，表面活性物质合成和分泌障碍，使肺泡表面张力增大，婴儿出生后肺泡不能扩张，出现新生儿呼吸窘迫症。患儿可因血氧不足，肺毛细血管通透性增加，血浆蛋白漏出，在肺泡上皮表面形成一层透明膜样物质，故又称新生儿透明膜病。

（2）**肺泡隔**　肺泡隔（alveolar septum）是相邻肺泡之间的薄层结缔组织，属于肺的间质（图16-13）。肺泡隔内有连续毛细血管网与肺泡壁相贴，有丰富的弹性纤维，起回缩肺泡的作用。老年人的弹性纤维发生退化变性，吸烟可加速退化进程，肺的炎症病变可破坏弹性纤维，肺泡弹性降低，回缩较差，影响肺的换气功能，久之肺泡扩大导致肺气肿。肺泡隔内还有成纤维细胞、肺巨噬细胞、浆细胞、肥大细胞，以及毛细淋巴管和神经纤维。

（3）**肺泡孔**　肺泡孔（alveolar pore）是相邻肺泡之间气体流通的小孔（图16-13），直径为10~15 μm。一个肺泡有1个或数个肺泡孔，肺泡孔的数目随着年龄增长而增加。当某个终末细支气管或呼吸性细支气管阻塞时，可通过肺泡孔建立侧支通道起通气作用，防止肺泡萎陷。肺部感染时，肺泡孔也是炎症扩散的渠道。

（4）气-血屏障 肺泡腔内的 O_2 与肺泡隔毛细血管内血液中的 CO_2 之间进行气体交换所通过的结构称气-血屏障（blood-air barrier），它由肺泡表面液体层、Ⅰ型肺泡细胞与基膜、薄层结缔组织、毛细血管基膜与连续内皮构成（图16-13，图16-16）。有的部位两层基膜之间没有结缔组织，上皮基膜和毛细血管基膜相贴而融合为一层。气-血屏障厚 0.2~0.5 μm。当肺纤维化或肺水肿时，气-血屏障增厚，肺的气体交换功能障碍，导致机体缺氧。

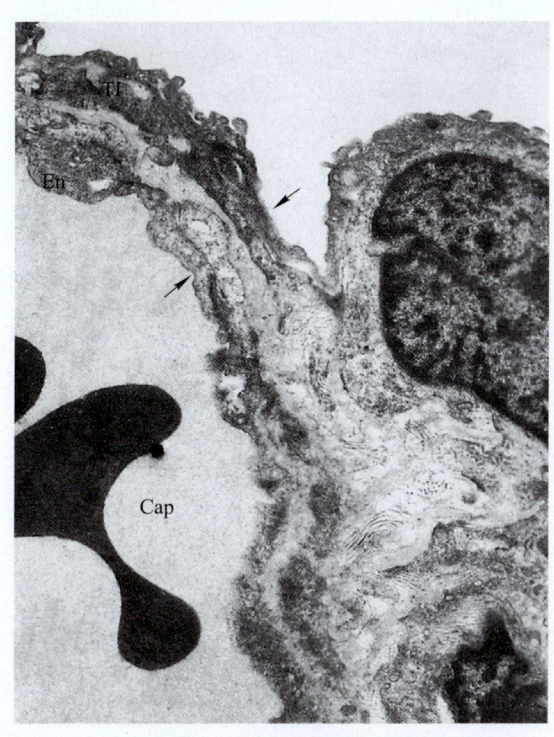

图16-16 气-血屏障（TEM）
TⅠ.Ⅰ型肺泡细胞；En. 内皮；Cap. 毛细血管

（三）肺间质和肺巨噬细胞

肺内结缔组织及其中的血管、淋巴管和神经构成肺间质（pulmonary stroma）。肺间质主要分布于支气管树的周围，随着支气管树分支增加，间质逐渐减少。肺间质的组成与一般疏松结缔组织相同，但有较多的弹性纤维和巨噬细胞。

肺巨噬细胞（pulmonary macrophage）来源于血液中的单核细胞，数量较多，广泛分布于间质内（图16-13），肺泡隔中最多，可游走进入肺泡腔。肺巨噬细胞有十分活跃的吞噬功能，能清除进入肺泡和肺间质的细菌、尘粒等异物，并分泌多种生物活性物质，发挥重要的免疫防御作用。肺巨噬细胞吞噬了大量尘埃颗粒后，称为尘细胞（dust cell）。在心力衰竭导致肺淤血时，大量红细胞穿过毛细血管壁进入肺间质内，被肺巨噬细胞吞噬，此时肺巨噬细胞胞质中含大量血红蛋白分解产物——含铁血黄素颗粒，称为心力衰竭细胞（heart failure cell）。

（四）肺的血管、淋巴管和神经

肺的血液供应有两个来源，即肺动脉和支气管动脉。肺动脉是肺的机能血管，管径较粗，为弹性动脉。肺动脉由右心室发出，经肺门入肺，其分支与各级支气管伴行直至肺泡隔内形成毛细血管网。毛细血管内的血液与肺泡进行气体交换后，汇入小静脉。小静脉行于肺小叶间结缔组织内而不与肺动脉的分支伴行。小静脉汇集成较大的静脉后，才与支气管分支及肺动脉分支伴行，最终汇合成肺静脉出肺门回流到左心房。支气管动脉是肺的营养血管，管径较细，为肌性动脉。该动脉发自胸主动脉或肋间动脉，与支气管伴行入肺，沿途在导气部各段管壁内分支形成毛细血管网，营养管壁组织。支气管动脉的终末分支主要分布于呼吸性细支气管周围。部分分支形成肺泡隔内毛细血管网。管壁内的毛细血管一部分汇入肺静脉，另一部分则形成支气管静脉，与各级支气管伴行经肺门出肺。支气管动脉的分支还供应肺淋巴结、浆膜、肺间质及血管壁。

肺内淋巴管分为深丛和浅丛两组。深丛分布于肺支气管树的管壁内、肺泡隔内及肺血管周围，最后汇合成几支淋巴管，伴随肺静脉走行，入肺门淋巴结；浅丛分布于胸膜下结缔组织内，汇合成较大的淋巴管，也注入肺门淋巴结。在走行过程中，深丛淋巴管和浅丛淋巴管有吻合，淋巴液可从前者流入后者，但不能逆流，因浅丛淋巴管内有瓣膜存在。

肺的传出神经纤维和传入神经纤维在肺门形成肺丛，随支气管分支和血管分支走行。传出神经纤维末梢分布于支气管树管壁的平滑肌、血管壁平滑肌和腺体。传出神经包括交感神经和副交感神经。交感神经兴奋时，使支气管平滑肌弛缓，血管平滑肌收缩，抑制腺体分泌；副交感神经兴奋时，支气管平滑肌收缩，血管平滑肌松弛，腺体分泌增强。肺的传入神经纤维走行在迷走神经内，其末梢分布于支气管树管壁黏膜内、肺泡上皮及胸膜的结缔组织内，将肺内的刺激传入呼吸中枢。

复习题

（一）名词解释
1. 肺导气部　2. 肺呼吸部　3. 尘细胞　4. Ⅱ型肺泡细胞　5. 肺小叶

（二）问答题
1. 简述气管壁的组织结构。
2. 试述气-血屏障的定义和组成结构。
3. 简述肺导气部光镜结构的渐行性变化。

网上学习

16-1　肺气肿

（冯潇撰文；徐国成绘图）

第 17 章

泌尿系统

> **导学**
> ▶ 重点
> - 肾单位的组成及功能
> - 肾小体的结构及功能
> - 各段肾小管的结构及功能
>
> ▶ 难点
> - 滤过屏障
> - 球旁复合体

泌尿系统由肾、输尿管、膀胱和尿道组成，其主要功能是滤过血浆，生成和排出尿液。通过对尿液生成过程的复杂调节，排泄机体在新陈代谢过程中产生的代谢废物并维持机体水、电解质和酸碱平衡。此外，由肾产生的生物活性物质，如肾素、前列腺素、促红细胞生成素等，参与机体诸多生理功能的调节。

一、肾

肾（kidney）形似蚕豆，外侧缘稍隆突，表面包有致密结缔组织被膜，又称肾纤维膜。从肾的冠状切面上看（图17-1），周边饱满为肾实质，内缘中部凹陷为肾门，是肾血管、淋巴管、神经和输尿管进出的地方。肾门伸入肾实质的空隙为肾窦，肾窦内有肾盂、肾大盏和肾小盏，以及肾血管的分支等。肾实质分为外周的皮质和深部的髓质。髓质由10~18个肾锥体（renal pyramid）组成，锥体的尖端突入肾小盏内，称肾乳头，肾乳头上有许多乳头孔。肉眼见锥体呈条纹状，并呈放射状伸入皮质形成髓放线（medullary ray）。髓放线之间的结构为皮质迷路（cortical labyrinth）。每条髓放线及周围的皮质迷路构成一个肾小叶。每一个肾锥体与其相连的皮质构成一个肾叶。锥体之间的结构称肾柱，是皮质在相邻肾叶之间的延续。

显微镜下，肾实质由肾单位和集合管组成，其间有少量结缔组织、血管和神经等构成肾间质。每

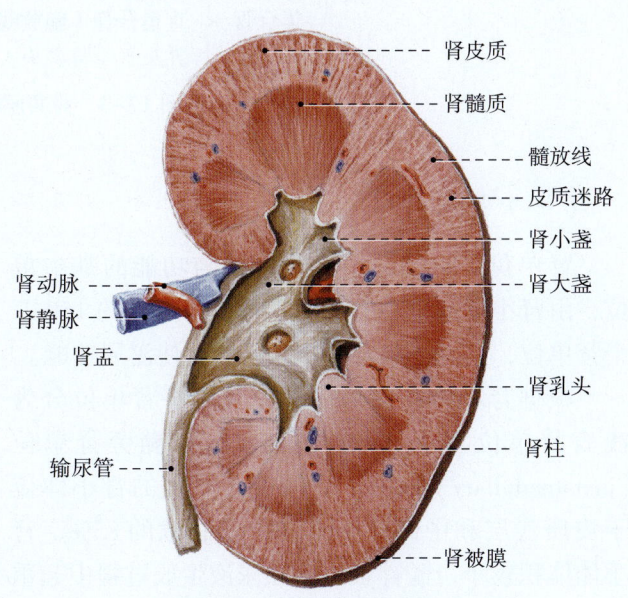

图 17-1　肾的冠状切面图

个肾单位由一个球形肾小体和一条与之相连的肾小管组成。血浆在肾小体以滤过的形式形成原尿，在肾小管被重吸收。肾小管分为近端小管、细段和远端小管。近端小管和远端小管又分别由曲部和直部组成，曲部又称为近曲小管和远曲小管，盘曲走行在皮质迷路的肾小体周围；直部又称为近直小管和远直小管，相伴行走于髓放线，并向内伸入肾髓质，在髓质内由细段将其相连，三者形成U形的髓袢（medullary loop），或称肾单位袢（nephron loop），又称Henle袢，袢曲位于髓质的不同深度。肾单位的远端在皮质浅层与集合管相连。肾小管各段和集合管都由单层上皮构成，统称为泌尿小管（uriniferous tubule）。两者虽然结构相连且功能相关，但在胚胎发生时，肾单位和集合管来源于中胚层的不同结构（详见第23章泌尿系统的发生）。肾小体、肾小管和集合管的各段在肾实质的分布有特定的部位（图17-2，图17-3）。

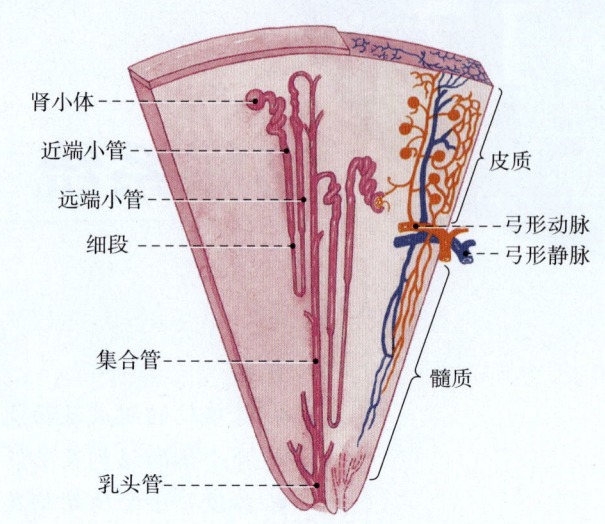

图17-2 肾小体、肾小管和集合管各段分布示意图

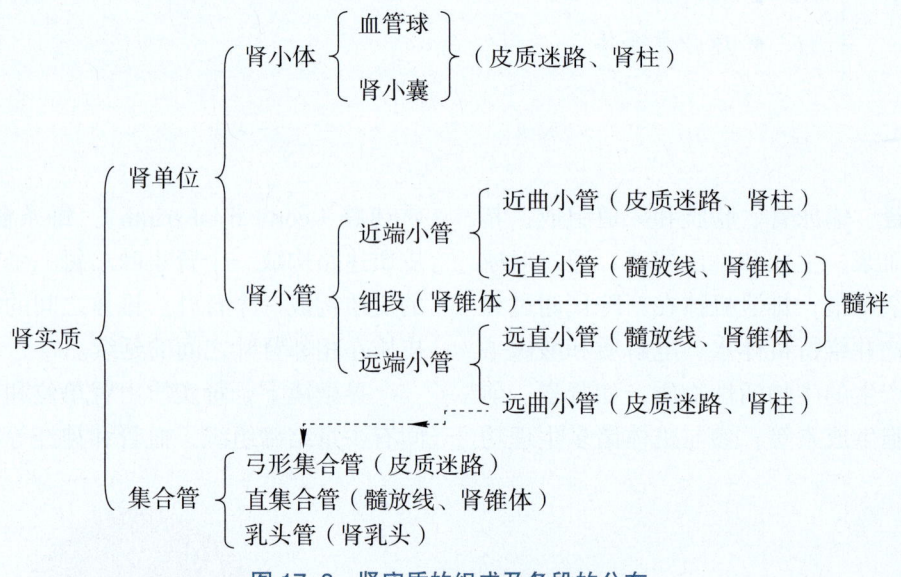

图17-3 肾实质的组成及各段的分布

（一）肾单位

肾单位（nephron）是肾结构与功能的基本单位，由肾小体和肾小管组成。每侧肾有大约150万个肾单位，它们与集合管一起共同行使泌尿功能。

根据肾小体在皮质中的位置可将肾单位分为浅表肾单位（superficial nephron）和髓旁肾单位（juxtamedullary nephron）。浅表肾单位的肾小体位于皮质浅层和中部，约占肾单位总数的85%，肾小体体积较小，髓袢较短，在尿液生成过程中起重要作用。髓旁肾单位约占肾单位总数的15%，髓袢细段长，可伸入髓质深部，对尿液的浓缩具有重要作用。

1. 肾小体 肾小体（renal corpuscle）呈球形，直径约200 μm，由血管球和肾小囊组成，是滤过血浆的场所。肾小体有两个相对的极：血管极和尿极。微动脉出入的一端称血管极，对侧一端与近曲小管相连，称尿极（图17-4）。

（1）**血管球** 血管球（glomerulus）是位于入球微动脉与出球微动脉之间盘曲成球状的毛细血管，被肾小囊包绕。一条入球微动脉由血管极进入肾小体内，反复分支并形成20~40条相互吻合的

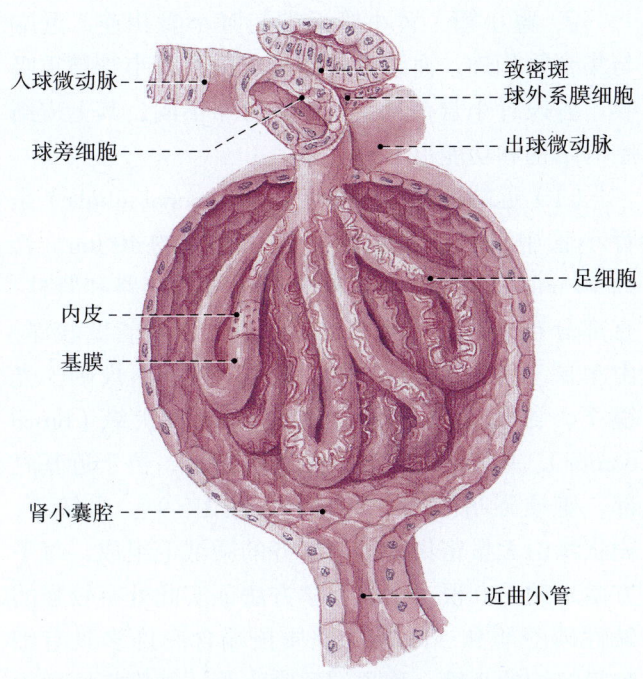

图 17-4 肾小体及球旁复合体模式图

毛细血管袢。毛细血管最终汇合成一条出球微动脉，从血管极离开肾小体。由于入球微动脉比出球微动脉粗，故血管球内的血压较一般毛细血管的高。电镜下，血管球为有孔毛细血管，孔径为 50~100 nm，没有隔膜，有利于血液中小分子物质的滤过。内皮细胞表面覆盖一层富含阴离子的糖蛋白复合物，故内皮细胞表面带负电荷，构成了血浆滤过到肾小囊腔的第一道屏障。

血管球毛细血管内皮外大多有血管球基膜包绕，基膜较厚且完整，成人约 300 nm。电镜下基膜可分三层，中层为电子密度高的致密层，内、外层为电子密度低的透明层。基膜主要由Ⅳ型胶原蛋白、层粘连蛋白、硫酸化的糖蛋白等组成，共同形成孔径为 4~8 nm 的分子筛，在血液物质滤过中起重要作用。

血管极处有少量结缔组织，充填在微动脉之间，并随血管进入血管球内，分布于毛细血管袢之间，构成血管系膜（mesangium），又名球内系膜，由系膜细胞和基质组成。球内系膜细胞略呈星形，胞核圆而小，染色深，与内皮细胞不易区分。电镜下，系膜细胞有突起伸入内皮与基膜之间或经内皮细胞之间伸入毛细血管腔内，胞质内有丰富的粗面内质网等细胞器，能合成基膜和系膜基质的成分。系膜细胞具有吞噬作用，可吞噬和降解血液滤过时沉积在血管球基膜上的免疫复合物，并参与基膜的更新。系膜基质填充在系膜细胞之间，在血管球内起支持和通透作用。

（2）**肾小囊** 肾小囊（renal capsule）又称 Bowman 囊，是肾小管盲端膨大并凹陷而成的杯形双层囊，包绕血管球。凹陷的双层壁为肾小囊脏层和壁层，两层之间的狭窄腔隙为肾小囊腔，腔内有血浆滤过液，称为原尿。肾小囊腔在尿极处与肾小管管腔相通。肾小囊的壁层为单层扁平上皮，在肾小体尿极与近端小管上皮相移行。在血管极处，壁层上皮移行为脏层，并包裹血管球的有孔毛细血管。脏层细胞胞体较大，凸向肾小囊腔，胞质伸出许多突起，故又称足细胞（podocyte）。足细胞从胞体伸出几个粗大的初级突起，继而再分出许多细小的指状次级突起。相邻足细胞的次级突起互相穿插形成栅栏状，紧贴于血管球基膜外面（图 17-5，图 17-6）。突起之间的孔隙称裂孔（slit pore），其距离为 20~25 nm，孔上覆有一层 4~6 nm 厚的薄膜，称裂孔膜（slit membrane）。光镜下，足细胞不易与内皮细胞、球内系膜细胞区分。电镜下，足细胞胞质内有发达的高尔基复合体和溶酶体；突起内有大量微管、微丝、中间丝和肌动蛋白丝，其收缩可调节裂孔的宽度。

当血液流过血管球毛细血管时，由于管内血压较高，血浆内的小分子物质经有孔毛细血管内皮、基膜和足细胞裂孔膜滤入肾小囊腔，这三层结构被称为滤过膜（filtration membrane）或滤过屏障（filtration barrier）（图 17-7）。滤过膜对血浆中不同大小和具有不同电荷的分子的滤过起限制作用。一般情况下，血管球滤过膜只能通过相对分子质量小于 7×10^4，直径小于 4 nm 的小分子物质，其中又

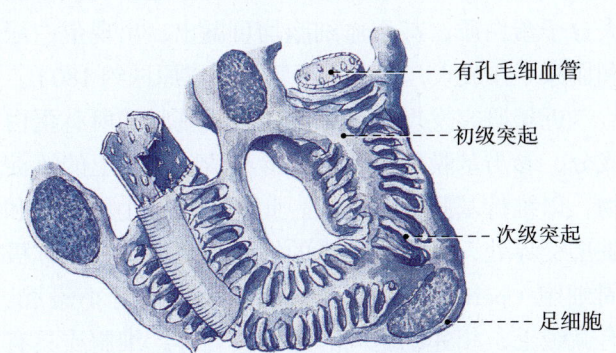

图 17-5 足细胞与毛细血管结构示意图

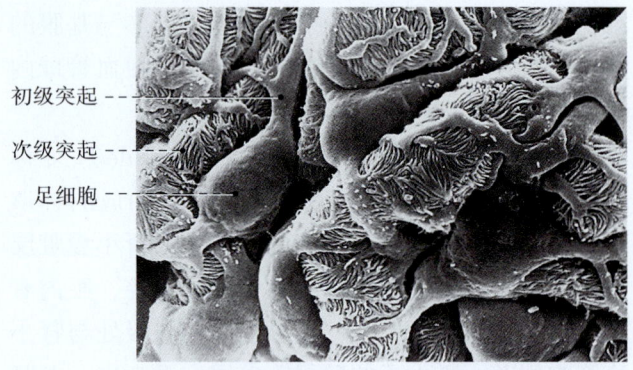

图 17-6　足细胞（SEM，3 000 倍）

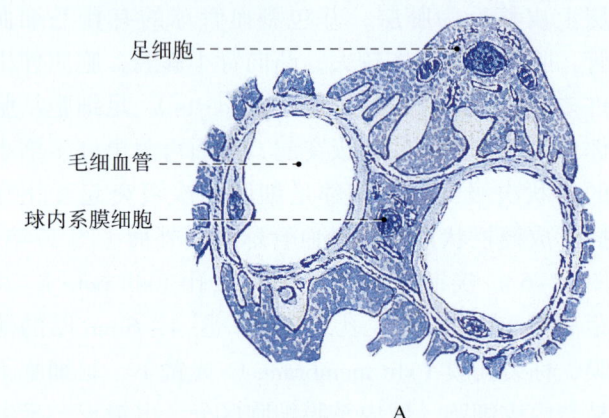

A

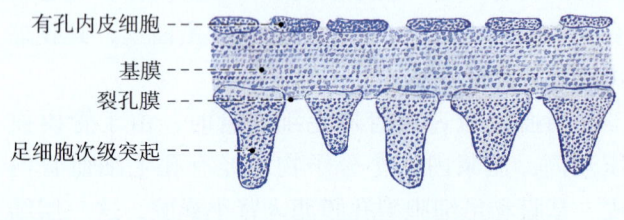

B

图 17-7　滤过屏障模式图
A. 有孔毛细血管和足细胞；B. 滤过屏障

以带正电荷的物质易于通过，如葡萄糖、多肽、尿素、电解质和水等，滤过液除不含大分子的蛋白质外，其余成分与血浆基本相似。若滤过膜受损，则大分子蛋白质，甚至血细胞均可漏出，出现蛋白尿和血尿。在成人，一昼夜两肾可形成原尿约 180 L。

近年研究发现，足细胞能合成基膜的所有蛋白成分，参与基膜的更新；并参与清除基膜上的沉淀物，以维持基膜的通透性。此外，在肾小囊壁层和脏层交界处，有数个特殊的细胞围绕血管极，称极周细胞（peripolar cell）。其游离面朝向肾小囊腔，有微绒毛，相邻细胞间有连接复合体，细胞质具有典型的分泌蛋白质细胞的结构特征，功能尚不清楚。

2. **肾小管**　肾小管近端与肾小囊相连，远端与集合管相连，血浆中大部分成分在肾小管被重吸收。各段肾小管在肾实质中的分布不同，其上皮细胞的结构和功能也不同。

（1）近端小管　近端小管（proximal tubule）是肾小管中最长、最粗的一段，直径约 40 μm，长约 14 mm。近端小管曲部分布于皮质迷路和肾柱，直部分布于髓放线和肾锥体。近曲小管管壁较厚，由单层立方或锥体形细胞围成，腔小不规则。光镜下，细胞界线不清，游离面有刷状缘（brush border），基底部有纵纹，细胞核圆形，位于近基底部，胞质强嗜酸性（图 17-8，图 17-9）。电镜下，刷状缘由大量密集而排列整齐的微绒毛组成，每平方微米约 150 根，组织化学方法证实此处有较强的碱性磷酸酶和 ATP 酶。胞质顶端含有许多具有细胞膜结构的小管，称顶端致密小管，细胞将原尿中的小分子蛋白质吞入致密小管，再与附近的溶酶体结合，降解吞饮物。它是细胞重吸收小分子物质的重要结构。细胞的侧面伸出许多侧突及其分支，相邻细胞的侧突相互交叉，故光镜下观察细胞分界不清（图 17-10）。细胞基部有丰富的质膜内褶，内褶之间有许多纵向排列的线粒体，形成光镜下的纵纹。质膜内褶以及侧突间隙形成的弯曲管道系统，

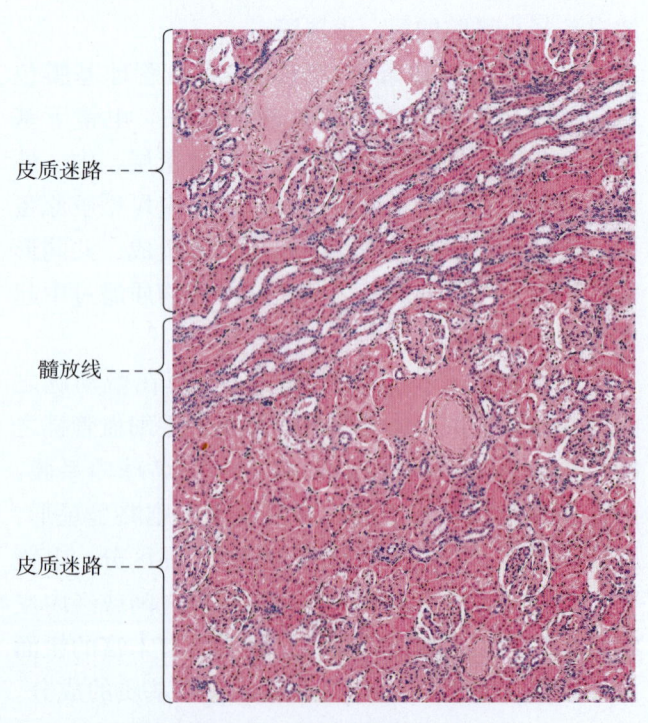

图 17-8　肾皮质低倍图（HE 染色）

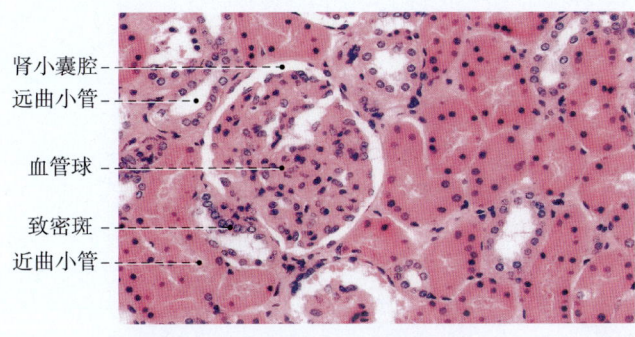

图 17-9　肾皮质高倍图（HE 染色）

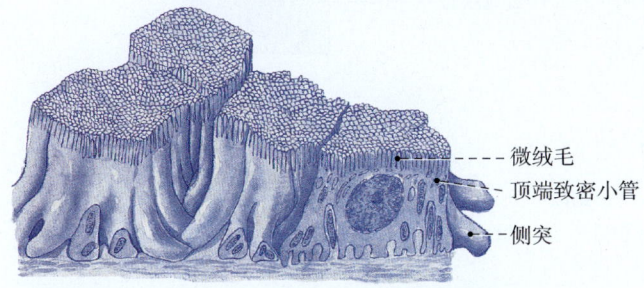

图 17-10　肾近端小管上皮细胞超微结构模式图

扩大了细胞基底面和侧面的表面积，有利于物质的重吸收和排出。细胞基部和侧面细胞膜上还有丰富的 Na^+、K^+-ATP 酶，在重吸收过程中起着重要的物质转运作用。

近端小管直部的结构与曲部相似（图 17-11），但上皮细胞较矮，微绒毛、侧突、质膜内褶、细胞内吞体等结构不如曲部发达。

近端小管的结构特点使其具有良好的重吸收功能，可重吸收原尿中几乎所有的葡萄糖、氨基酸、蛋白质以及大部分水和钠、钾、氯离子等。此外还向腔内排出 H^+、NH_3、肌酐和马尿酸等代谢产物，还能排泄血液中的酚红和青霉素，临床上利用马尿酸或酚红排泄试验来检测近端小管的功能。

（2）细段　细段（thin segment）直径为 12～15 μm，管壁由单层扁平上皮围成。细胞核卵圆形，突向管腔，胞质着色较浅，呈弱嗜酸性，游离面无刷状缘。电镜下，游离面有少量短微绒毛，基底面质膜内褶少。极薄的管壁有利于水和离子的转运（图 17-12）。

（3）远端小管　远端小管（distal tubule）直部与细段相连，从髓质进入皮质髓放线，然后离开髓放线，在皮质迷路其本身的肾小体周围盘曲成曲部。直部管径约 30 μm，管腔较大而规则，管壁上

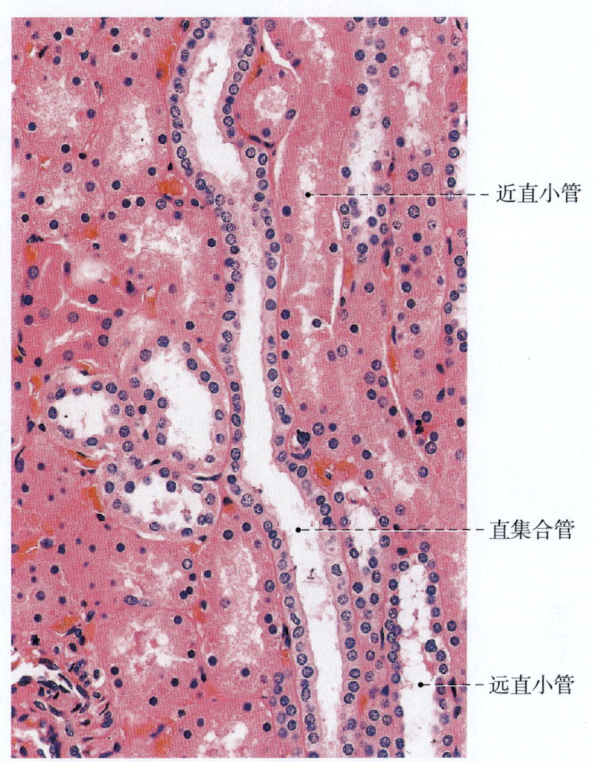

图 17-11　肾髓放线（HE 染色）

皮细胞为立方形，着色浅，细胞核位于中央。细胞表面无刷状缘，基底部可见纵纹（图 17-12）。电镜下，细胞游离面有少量微绒毛，细胞顶部有少许小泡和溶酶体，基部质膜内褶较发达，褶间胞质内线粒体细长，数量多。质膜内褶上有钠泵，能主动泵出钠离子。此处细胞膜对水不通透，形成单纯重吸收盐的效应；加上尿素在肾髓质的重吸收和肾小管内的再循环，造成从肾锥体底至肾乳头间质内的渗透压逐步增高，有利于集合管对水的重吸收，从而使尿液浓缩。

远端小管曲部基本结构与直部相似（图 17-9，图 17-11，图 17-12），但是曲部上皮细胞比直部高，质膜内褶更发达，有的深达细胞顶部，故细胞核常位于细胞的顶部。由于远端小管曲部没有近端小管曲部长，故在镜下肾小体周围远曲小管的断面比近曲小管的少。曲部是离子交换的重要部位，有吸收钠和排出钾的作用，此过程受肾上腺盐皮质激素（醛固酮）的调节。此外，曲部还分泌氢离子和氨，对维持体液的酸碱平衡有重要意义。

（二）集合管

集合管（collecting tubule）长 20～38 mm，分

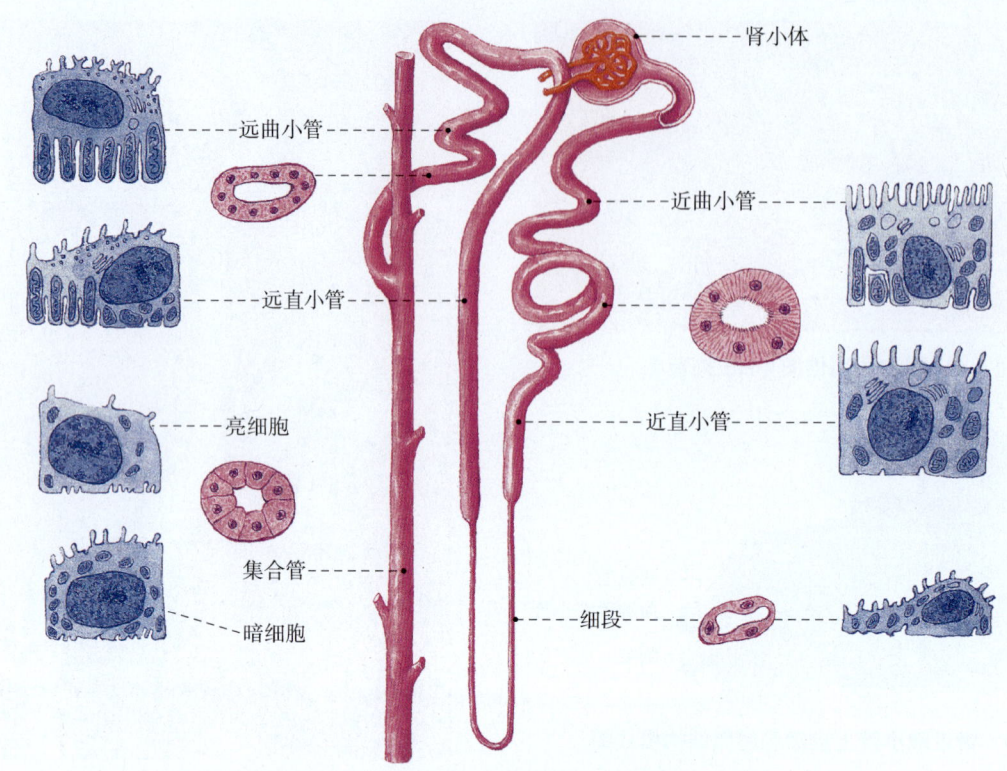

图 17-12　肾小管和集合管上皮细胞结构模式图

为弓形集合管、直集合管和乳头管三段。弓形集合管很短，位于皮质迷路内，连接于直集合管与远曲小管之间。直集合管在皮质髓放线和肾锥体内下行，沿途有许多弓形集合管汇入，至髓质深部的肾乳头，改称为乳头管（papillary duct），并开口于肾小盏。故集合管按走行区域又分为皮质集合管、髓质集合管和乳头管。

从皮质髓放线到髓质，集合管管径由细变粗，管壁上皮由单层立方变为单层柱状，至乳头管处变为高柱状上皮。集合管细胞界线清楚，核圆形居中，着色较深，胞质色淡而明亮（图 17-13）。电镜下，集合管上皮细胞有两种：主细胞和闰细胞。主细胞（chief cell）又称亮细胞，其数量多，游离面有少量微绒毛，胞质内细胞器少，基部有质膜内褶。闰细胞（intercalated cell）又称暗细胞，数量相对少，分布于主细胞之间。皮质处的集合管内闰细胞数量较多，随着集合管下行，其数量逐渐减少。闰细胞游离面有短小的微皱褶，胞质中有丰富的胞饮泡，线粒体和溶酶体发达，质膜内褶较明显（图 17-12）。集合管可重吸收水及钠离子，并排出钾、氢、氨等离子，对尿液的浓缩及维持体液的酸碱平衡起重要作用。集合管的功能与远端小管相似，其功能活动同样受肾上腺盐皮质激素（醛固酮）及下丘脑-垂体分泌的抗利尿激素的调节。

最终，由肾小体形成的原尿流经肾小管各段和集合管后，99% 的水被重吸收，只有 1% 被作为终尿排出体外，故终尿每天只有 1～2 L。同时，经过复杂的重吸收和分泌调节后，尿液的成分也发生了变化，从而完成排泄代谢终产物，调节机体水、盐、酸碱等平衡的重要生理作用。

（三）球旁复合体

球旁复合体（juxtaglomerular complex）也称血管球旁器（juxtaglomerular apparatus），位于肾小体血管极处，由远端小管、入球微动脉和出球微动脉

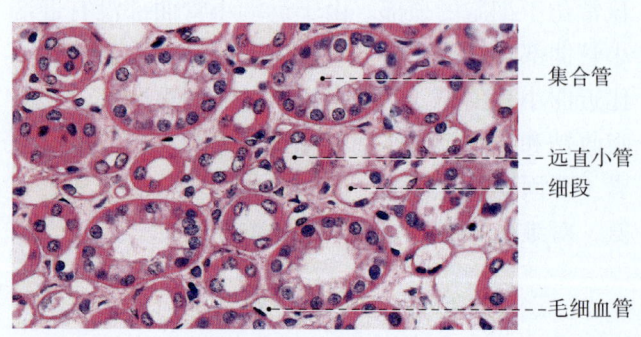

图 17-13　集合管（HE 染色）

围成的三角形区域。由球旁细胞、致密斑和球外系膜细胞组成（图17-4）。

1. 球旁细胞 入球微动脉行走至靠近血管极处时，管壁平滑肌细胞演变成肌上皮样细胞，称为球旁细胞（juxtaglomerular cell）。该细胞体积较大，呈立方形，核圆形，胞质呈弱嗜碱性，着色浅，胞质内含丰富的分泌颗粒，免疫荧光法证实颗粒内含有肾素（renin）。电镜下，细胞内肌丝少，粗面内质网和核糖体多，高尔基复合体发达，含有大量的膜包分泌颗粒。在球旁细胞和微动脉内皮之间无内弹性膜和基膜相隔，其分泌物易于释放入血。肾素是一种蛋白水解酶，入血后能使血浆中的血管紧张素原转变为血管紧张素Ⅰ，后者在血管内皮细胞分泌的转化酶作用下，转变为血管紧张素Ⅱ。血管紧张素Ⅱ可刺激肾上腺皮质球状带产生更多的醛固酮，促进远端小管和集合管对钠、氯离子和水的重吸收，增加血容量。同时，血管紧张素Ⅱ也是血管收缩剂，使血管平滑肌收缩，从而升高血压，使血管球滤过率增加。

2. 致密斑 当远端小管离开髓放线走行在其本身的肾小体血管极时，靠近肾小体血管极一侧的上皮细胞由立方形变成低柱状，密集排列形成的一个椭圆形斑状结构，称致密斑（macula densa）。此处的细胞核位于细胞顶部；高尔基复合体、溶酶体、核糖体、内质网等位于细胞核下方；细胞基部有大量线粒体；细胞缺乏侧突，基底面有细小的分支突起，并可与邻近的球旁细胞与球外系膜细胞突起相互交错，形成复杂的结构。一般认为，致密斑是一种离子感受器，能感受远端小管内钠离子浓度的变化，将信息通过球外系膜细胞传递给入球微动脉的球旁细胞。当原尿中钠离子浓度降低时，则促使球旁细胞分泌肾素。

3. 球外系膜细胞 球外系膜细胞（extraglomerular mesangial cell）又称极垫细胞（polar cushion cell），与球内系膜相延续。细胞形态结构与球内系膜细胞相似，胞质内偶尔可见分泌颗粒。细胞具有细长的突起，与致密斑、球旁细胞、球内系膜细胞等形成广泛的接触，接触部位形成缝隙连接，可能起信息传递作用。

（四）肾间质

分布于肾内的结缔组织、血管和神经等，称为肾间质。间质分布不均，从皮质到肾乳头的间质成分逐渐增多。在肾髓质的间质中，除一般的结缔组织外，还有一种特殊的间质细胞，该细胞呈星形，有较长的突起。细胞的长轴与髓袢、集合管，以及直小动静脉垂直排列，形如"梯架"样。电镜下，胞质中含有丰富的内质网、发达的高尔基复合体和大量脂滴。肾间质细胞除可合成间质内的纤维和基质外，还可分泌促红细胞生成素和前列腺素E_2，前者具有促进骨髓造血细胞生成红细胞的功能，后者有舒张血管、降低血压的作用。

（五）肾的血液循环

肾动脉直接由腹主动脉分出，经肾门入肾后分为数支叶间动脉，走行于肾锥体侧面，上行至皮、髓质交界处分支横行，称弓形动脉。弓形动脉的分支进入皮质迷路，称小叶间动脉。小叶间动脉沿途分出多条入球微动脉进入肾小体形成血管球，最后又汇合成出球微动脉。浅表肾单位的出球微动脉离开肾小球后，再分支形成球后毛细血管网，分布于皮质肾小管周围。髓旁肾单位的出球微动脉不仅形成球后毛细血管网分布于髓质肾小管周围，还发出若干直小动脉进入髓质，在髓质的不同深度又分支形成毛细血管丛。到达髓质深部的直小动脉而后折返直行上升为直小静脉，构成"U"形直小血管袢，与肾小管的不同髓袢节段伴行，两者功能关系密切。小叶间动脉的末端直达被膜形成毛细血管，毛细血管汇合成星形静脉，下行形成小叶间静脉，沿途收集皮质毛细血管的静脉血，而髓质的静脉由直小静脉上升后注入弓形静脉，最后由肾静脉出肾（图17-14，图17-15）。

肾血液循环的特点是：①肾动脉直接起于腹主动脉，流速快，血流量大，每4~5 min人体的全部血量可流经两肾循环一次。②血管球的毛细血管两端皆连于动脉，入球微动脉较出球微动脉粗大，同时出球微动脉的平滑肌可主动调节血管的血压，血管球毛细血管血压约为主动脉血压的70%，比一般毛细血管血压高很多，有利于原尿的形成。③肾内不同区域血流不同，皮质血流量大，约占90%，流速快；髓质血流量小，仅占肾血流量的10%，流速慢。④形成两次毛细血管网，即血管球和球后毛细血管网。流经肾的血液中绝大部分先通过血管

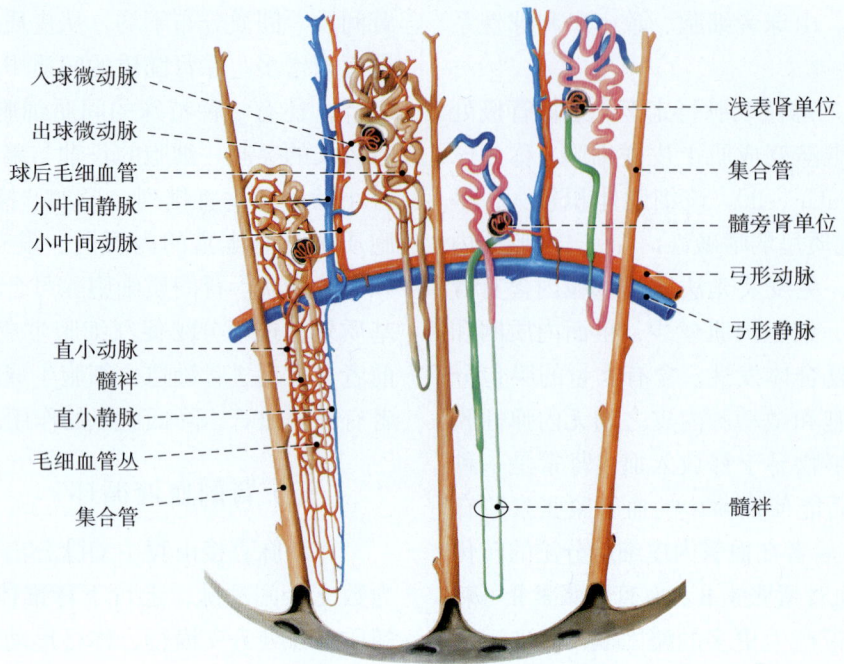

图 17-14　肾血液循环示意图

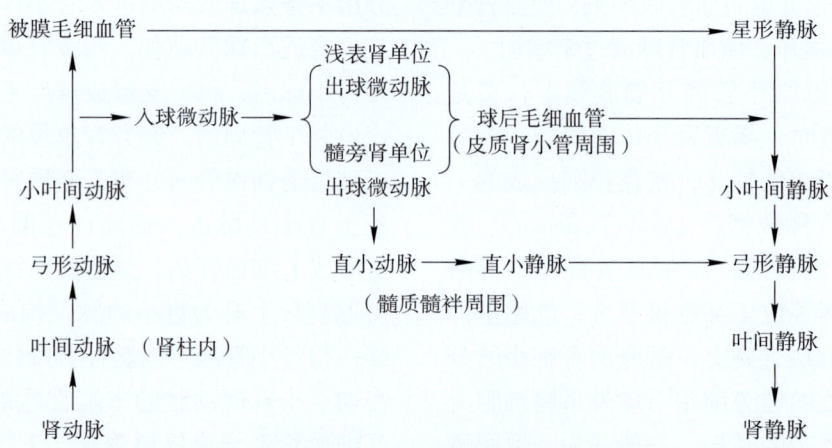

图 17-15　肾血液循环线路图

球，球后毛细血管中的血液因大量水分滤出，故胶体渗透压增高，有利于水的重吸收；髓质的直小动脉和直小静脉形成袢状，与肾单位的髓袢相伴行，有利于肾小管和集合管重吸收水和尿液浓缩。

二、排尿器官

排尿器官包括输尿管、膀胱和尿道。输尿管和膀胱基本结构相似，管壁都分三层，由内向外为黏膜、肌层和外膜（图 17-16，图 17-17）。

1. **黏膜**　黏膜由变移上皮和固有层构成。变移上皮衬于肾乳头、肾盏、肾盂、输尿管和膀胱的

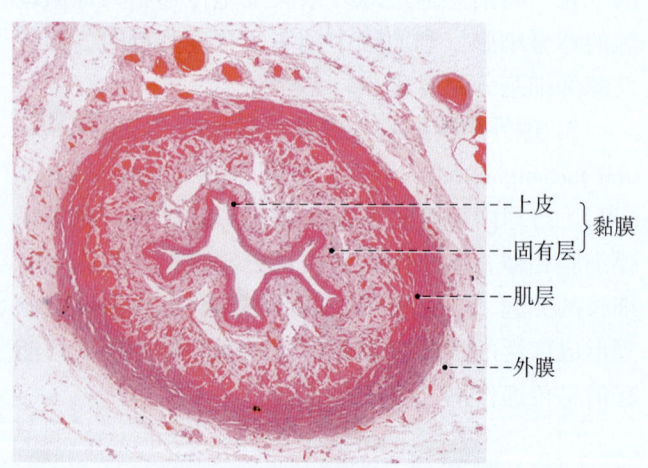

图 17-16　输尿管横断面（HE 染色）

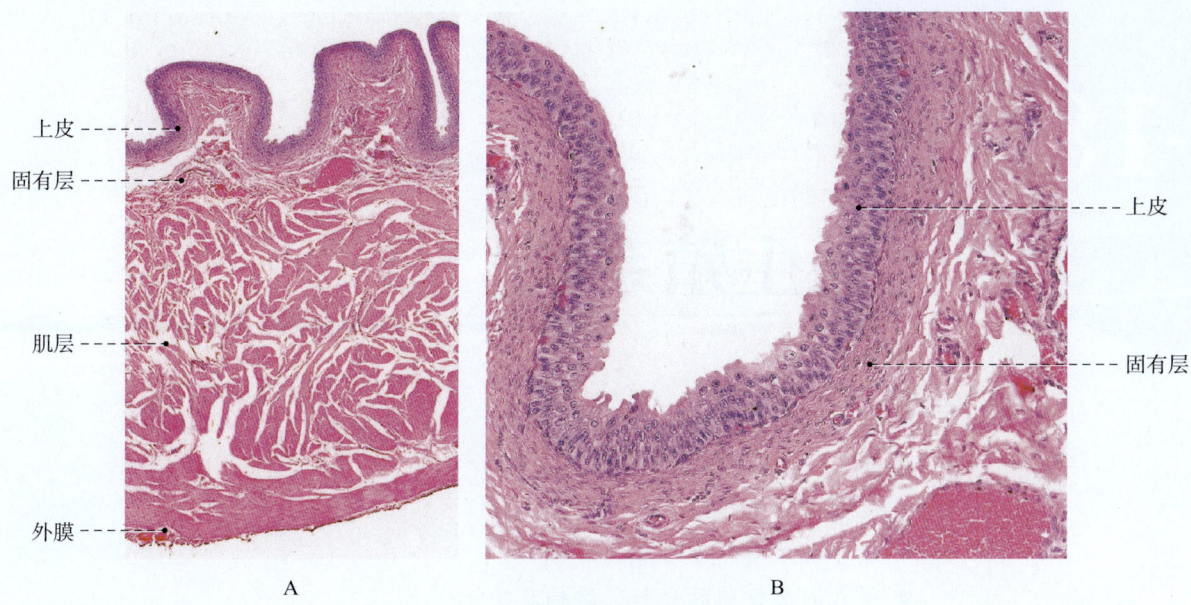

图 17-17 膀胱壁微细结构（HE 染色）
A. 低倍；B. 黏膜层高倍

腔面。固有层为富有弹性纤维的结缔组织。膀胱的黏膜形成许多皱襞，仅膀胱三角处的黏膜平滑，膀胱充盈时，皱襞减少或消失。

2. **肌层** 肌层一般为内纵、外环两层平滑肌，从输尿管下 1/3 至膀胱，在环行肌和外膜之间增加了一层纵行平滑肌，故成为内纵、中环、外纵三层。平滑肌束间有较多的结缔组织。在膀胱尿道内口的周围，环行平滑肌增厚形成膀胱括约肌。

3. **外膜** 除膀胱顶部为浆膜外，其余多为纤维膜。外膜中可见血管、淋巴管、神经纤维和神经节细胞。

复习题

（一）名词解释

1. 髓放线　2. 皮质迷路　3. 肾单位　4. 血管球系膜　5. 滤过屏障　6. 致密斑

（二）问答题

1. 试述肾小体的组织结构。
2. 试述肾单位的组成及尿液生成的途径。
3. 比较近曲小管与远曲小管结构的异同。
4. 试述球旁复合体的结构及其功能。

网上学习

17-1　蛋白尿
17-2　水通道蛋白

（张征宇撰文；韩秋生绘图）

第 18 章

男性生殖系统

- 导学
  - ▶ 重点
    - 生精小管的组织结构及功能
    - 精子发生与精子形成的过程
    - 睾丸间质细胞的分布、结构及功能
  - ▶ 难点
    - 男性生殖细胞的发生过程及形态演变

男性生殖系统由睾丸、生殖管道、附属腺及外生殖器组成（图 18-1）。睾丸能产生精子、分泌雄激素。生殖管道由附睾、输精管、射精管和尿道组成，主要有促进精子成熟，营养、贮存和运输精子的作用。附属腺包括前列腺、精囊和尿道球腺。附属腺和生殖管道的分泌物参与精液的形成。外生殖器为阴囊和阴茎。阴囊为精子的发生提供适宜的温度。阴茎有勃起功能，是尿道和性交器官。

一、睾丸

睾丸位于阴囊中，其表面包裹着一层致密结缔组织，称白膜（tunica albuginea）。在睾丸的前缘和两侧，白膜表面覆以浆膜，即鞘膜脏层。在鞘膜脏层和壁层之间为鞘膜腔，腔内含少量液体，有润滑作用。白膜在睾丸后缘增厚形成睾丸纵隔（mediastinum testis）。纵隔的结缔组织呈放射状伸入睾丸实质，形成小叶间隔（septum），将睾丸实质分成约 250 个锥体形小叶，每个小叶内有 1~4 条弯曲细长的生精小管（seminiferous tubule），生精小管在近睾丸纵隔处变为短而直的直精小管（straight tubule）。直精小管进入睾丸纵隔后相互吻合形成睾丸网（rete testis）。生精小管之间的疏松结缔组织称睾丸间质（图 18-2）。

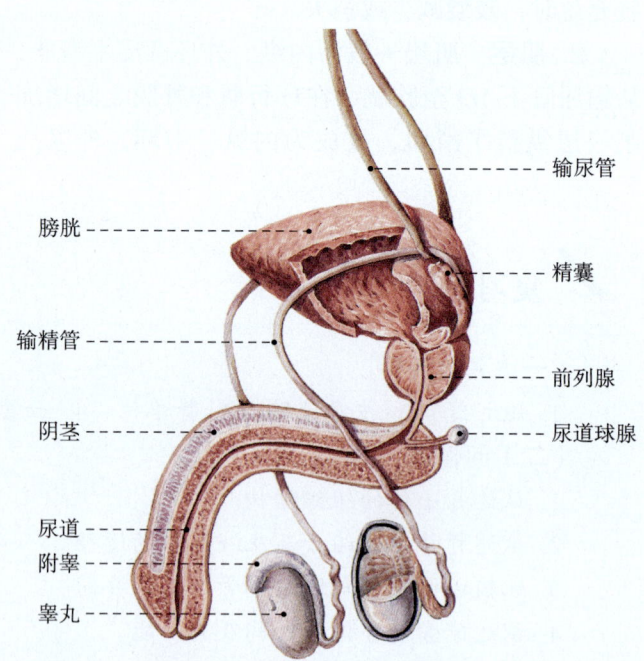

图 18-1 男性生殖系统模式图

（一）生精小管

生精小管为高度弯曲的复层上皮性管道。成

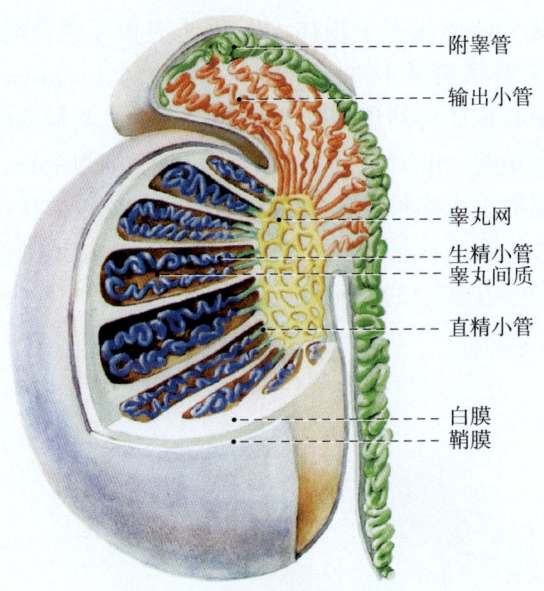

图 18-2 睾丸与附睾模式图

人的生精小管长 30~70 cm, 直径为 150~250 μm, 中央为管腔, 壁厚 60~80 μm, 主要由生精上皮 (spermatogenic epithelium) 构成。生精上皮由支持细胞和 5~8 层生精细胞 (spermatogenic cell) 组成, 上皮下的基膜明显, 基膜外侧有胶原纤维和梭形的肌样细胞 (myoid cell)。肌样细胞收缩有助于精子排出 (图 18-3)。

1. 生精细胞与精子的发生 生精细胞包括精原细胞、初级精母细胞、次级精母细胞、精子细胞和精子 (图 18-3)。由精原细胞形成精子的过程称精子发生 (spermatogenesis)。经历了精原细胞的增殖、精母细胞的减数分裂和精子形成三个阶段, 在人类需要 (64±4.5) 天。

(1) **精原细胞** 精原细胞 (spermatogonium) 紧贴生精上皮基膜, 圆形或椭圆形, 直径约 12 μm, 胞质内除核糖体外, 细胞器不发达。人的精原细胞分 A、B 两型。A 型精原细胞核卵圆形, 染色质深染, 是生精细胞中的干细胞。经过不断地分裂增殖, 一部分子细胞继续作为干细胞, 另一部分则分化为 B 型精原细胞。B 型精原细胞核圆形, 核周边有较粗的染色质颗粒。B 型精原细胞分裂成初级精母细胞。

(2) **初级精母细胞** 初级精母细胞 (primary spermatocyte) 位于精原细胞近腔侧, 圆形, 体积较大, 直径约 17 μm, 核大而圆, 染色体核型为 46, XY。初级精母细胞经过 DNA 复制后 (4n DNA), 进入第一次减数分裂, 形成两个次级精母细胞。由于第一次减数分裂的分裂前期历时较长, 大约持续 22 天, 所以在生精小管的切片中常可见到不同分裂象的初级精母细胞。

(3) **次级精母细胞** 次级精母细胞 (secondary spermatocyte) 更靠近管腔, 细胞圆形, 直径约 12 μm, 核圆形, 染色较深, 核型为 23,X 或 23,Y (2n DNA)。次级精母细胞不进行 DNA 复制即进入第二次减数分裂, 形成两个精子细胞。由于次级精母细胞存在时间短, 故在生精小管切片中不易见到。

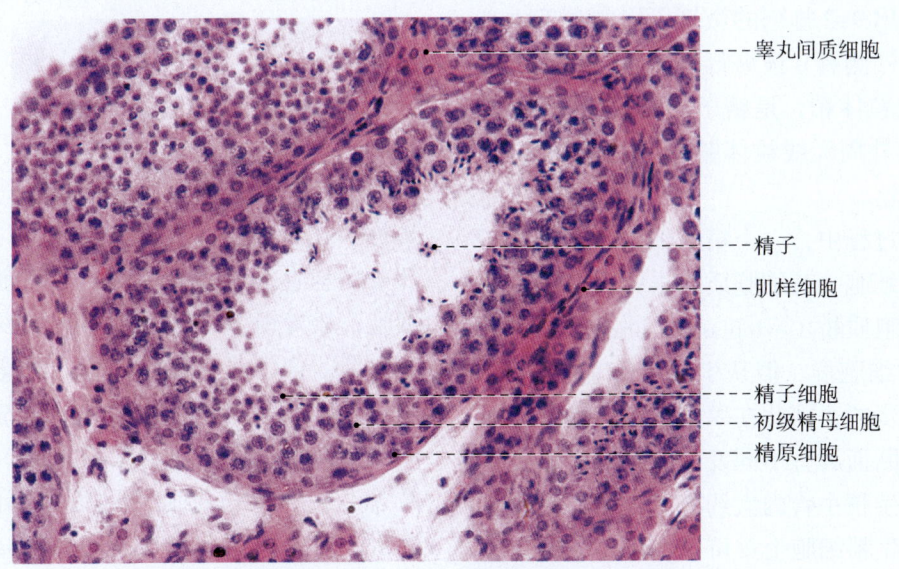

图 18-3 生精小管与间质细胞 (HE 染色)

(4) 精子细胞 精子细胞（spermatid）位于近管腔处，直径约 8 μm，核大而圆，染色质细密，染色体核型为 23,X 或 23,Y（1n DNA）。精子细胞不再分裂，经过复杂的形态变化，由一个圆形的精子细胞逐渐转变为蝌蚪形的精子，这个过程称精子形成（spermiogenesis）（图 18-4）。精子形成的主要变化是：①核染色质高度浓缩，核变长并移向细胞的一侧，构成精子头部的主要结构。②高尔基复合体形成多个顶体泡，顶体泡相互融合增大，形成帽状覆盖核的头端，称为顶体（acrosome）。③中心粒迁移到顶体对侧，其中一个中心粒的微管发出轴丝，随着轴丝逐渐增长，精子细胞变长，形成尾部（或称鞭毛）的主要结构。④线粒体从细胞周边汇聚于轴丝近段的周围，盘绕成螺旋形的线粒体鞘。⑤多余的细胞质汇集于尾侧，形成残余体，最后脱落。

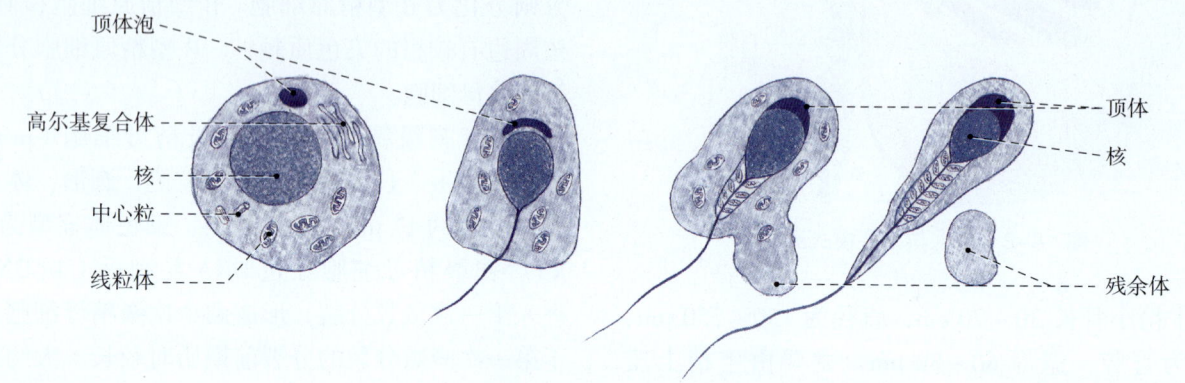

图 18-4　精子形成模式图

(5) 精子 精子（spermatozoon）形似蝌蚪，长约 60 μm，分头、尾两部分（图 18-5，图 18-6）。头部正面观呈卵圆形，侧面观呈梨形。头内有一个高度浓缩的细胞核，核的前 2/3 有顶体覆盖。顶体是特殊的溶酶体，内含多种水解酶，如顶体蛋白酶、透明质酸酶、酸性磷酸酶等，在受精过程中发挥重要作用。尾部是精子的运动装置，可分为颈段、中段、主段和末段四部分。颈段短，内含中心粒，由中心粒发出 9+2 排列的微管，构成鞭毛中心的轴丝。中段的外侧有 9 根纵行外周致密纤维，外侧再包有一圈线粒体鞘，是精子的能量供应中心。主段最长，轴丝外周无线粒体鞘，代之以纤维鞘。末段短，仅有轴丝。

在精子发生过程中，一个精原细胞增殖分化所产生的各级生精细胞，其细胞质并未完全分开，有 2~3 μm 宽的细胞质桥（cytoplasmic bridge）相连，形成同步发育的细胞群。但从生精小管全长来看，精子发生是不同步的，因此在睾丸组织切片上，可见生精小管不同断面具有不同发育阶段的生精细胞组合。人的一个生精小管内大约有 6 种不同的生精细胞组合，因此生精细胞上皮可以持续不断地产生精子（图 18-7）。

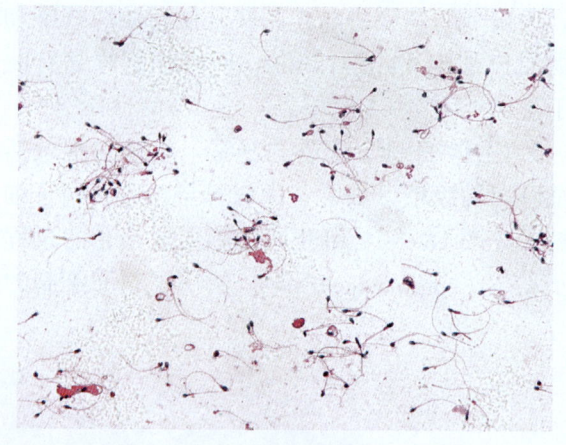

图 18-5　精子涂片

2. 支持细胞 支持细胞（sustentacular cell）又称 Sertoli 细胞。支持细胞呈不规则锥体形，基部紧贴基膜，顶部伸达管腔，侧面镶嵌着各级生精细胞，故光镜下细胞轮廓不清。核近似卵圆形或呈三角形，染色浅，核仁明显。电镜下，胞质内高尔基复合体较发达，有丰富的粗面内质网、滑面内质网、线粒体、溶酶体和糖原颗粒，并有许多微丝和微管。相邻支持细胞侧面近基部的胞膜形成紧密连接，将生精上皮分成基底室（basal compartment）和近腔室（abluminal compartment）两部分。基底

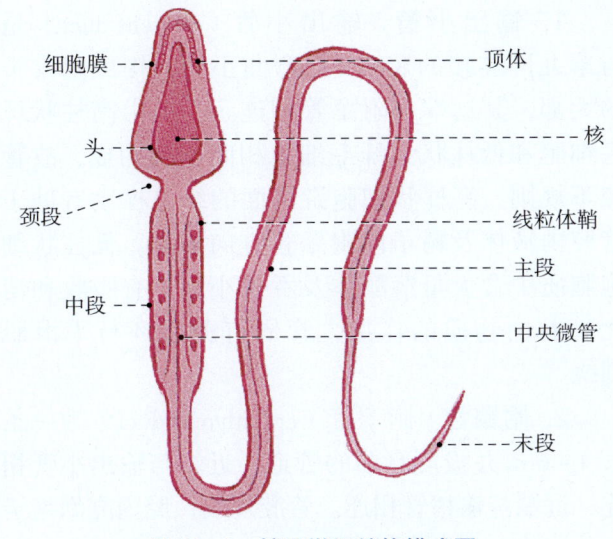

图 18-6 精子微细结构模式图

室位于生精上皮基膜和支持细胞紧密连接之间，内有精原细胞；近腔室位于紧密连接上方，与生精小管管腔相通，内有精母细胞、精子细胞和精子（图18-7）。生精小管与血液之间，存在着血-睾屏障（blood-testis barrier），其组成包括毛细血管内皮及其基膜、结缔组织、生精上皮基膜和支持细胞紧密连接，其中紧密连接是构成血-睾屏障的主要结构。

支持细胞有多方面的功能，它对生精细胞起支持和营养作用，其微丝和微管的收缩可使不断成熟的生精细胞向腔面移动，并促使精子释放入管腔。精子形成过程中脱落下来的残余胞质，可被支持细胞吞噬和消化。支持细胞可分泌抑制素（inhibin）和激活素（activin），调节腺垂体远侧部合成和分泌卵泡刺激素（FSH）。抑制素可作用于腺垂体细胞，抑制 FSH 的分泌，但对黄体生成素（LH）的分泌无影响。支持细胞在 FSH 和雄激素的作用下合成的雄激素结合蛋白（androgen binding protein，ABP）可与雄激素结合，以保持生精小管内有较高的雄激素水平，促进精子发生。支持细胞之间的紧密连接参与构成血-睾屏障，可阻止某些物质进出生精上皮，形成并维持有利于精子发生的微环境，还能防止精子抗原物质逸出到生精小管外而发生自体免疫反应。

（二）睾丸间质

生精小管之间的睾丸间质为疏松结缔组织，富含血管和淋巴管。间质内除有通常的结缔组织细胞外，还有一种间质细胞（interstitial cell），又称 Leydig 细胞，细胞成群分布，体积较大，圆形或多边形，核圆居中，胞质嗜酸性较强（图18-3，图18-7），具有分泌类固醇激素细胞的超微结构特点。从青春期开始，睾丸间质细胞在 LH 刺激下，分泌雄激素（androgen）。雄激素可促进精子发生和男性生殖器官发育，维持男性第二性征和性功能。

（三）直精小管和睾丸网

生精小管近睾丸纵隔处变成短而直的直精小管，管径较细，管壁上皮由单层立方或矮柱状细胞构成，无生精细胞。直精小管进入睾丸纵隔内分支吻合成网状的管道，即睾丸网，其管腔大而不规

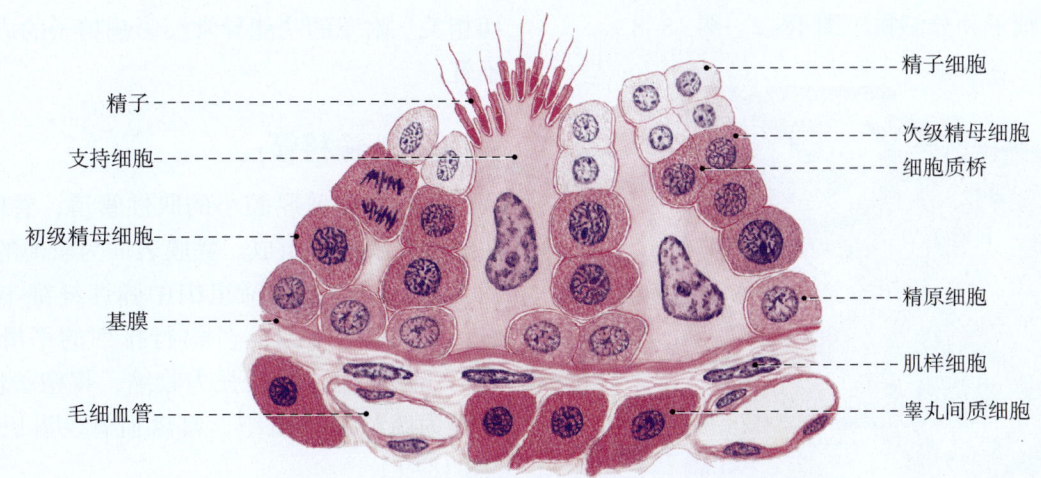

图 18-7 生精细胞与支持细胞关系模式图

则，衬有单层立方上皮。生精小管产生的精子经直精小管和睾丸网出睾丸进入附睾。

（四）睾丸功能的内分泌调节

下丘脑的神经内分泌细胞分泌促性腺激素释放激素（GnRH），促进腺垂体远侧部的促性腺激素细胞分泌 FSH 和 LH。在男性，FSH 可促进支持细胞合成 ABP；LH 又称间质细胞刺激素（ICSH），可刺激间质细胞合成和分泌雄激素，ABP 可与雄激素结合，从而保持生精小管含有高浓度的雄激素，促进精子发生。支持细胞分泌的抑制素和间质细胞分泌的雄激素又可反馈抑制下丘脑 GnRH 和腺垂体 FSH 及 LH 的分泌。幼年期的睾丸生精小管发育不完善，管壁主要由未分化的精原细胞和支持细胞组成。青春期以后睾丸发育很快，体积增大，生精小管的生精上皮开始分化，出现各级生精细胞，并有成熟精子产生。25 岁左右，睾丸生精细胞和间质细胞的发育最旺盛。30 岁以后生精小管开始出现退行性变化。40 岁以后间质细胞开始减少，睾丸的生精活动逐渐减退。但睾丸的衰老退化在不同的个体差异很大。

二、生殖管道

（一）附睾

附睾位于睾丸的后外侧，分为头、体和尾三部分，由输出小管和附睾管组成，附睾头部主要由输出小管组成，附睾体部和尾部由附睾管组成，附睾管腔内充满精子和分泌物（图 18-2，图 18-8）。

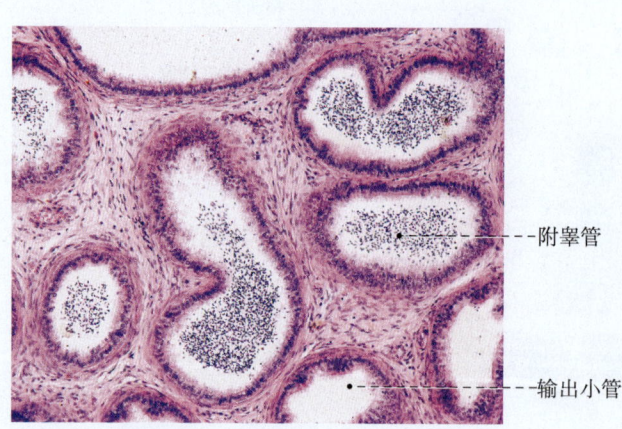

图 18-8　附睾光镜图（HE 染色）

1. 输出小管　输出小管（efferent duct）是与睾丸网连接的 8~12 根弯曲小管，构成附睾头的大部，其远端与附睾管相连。上皮由高柱状纤毛细胞和低柱状无纤毛细胞相间排列构成，故管腔不规则。高柱状细胞游离面的纤毛摆动有助于管腔内液体及精子向附睾管方向移动。低柱状细胞胞质中含大量溶酶体及吞饮小泡，有吸收和消化管腔内物质的作用。管周有薄层环行平滑肌围绕。

2. 附睾管　附睾管（epididymal duct）为一条长 4~6 m 并极度盘曲的管道，近端与输出小管相连，远端与输精管相连。管腔规则，腔内充满精子和分泌物。内衬假复层柱状上皮，由主细胞和基细胞组成。

（1）主细胞　主细胞（principal cell）在附睾管起始段为高柱状，而后逐渐变低，至末段转变为立方形，细胞表面有成束的静纤毛。主细胞有分泌和吸收功能。

（2）基细胞　基细胞（basal cell）矮小，呈锥形，位于相邻主细胞基部之间。

附睾管的上皮基膜外侧有薄层平滑肌围绕，并从管道的头端至尾端逐渐增厚，肌层的收缩有助于管腔内的精子向输精管方向缓慢移动。管壁外为富含血管的疏松结缔组织。

生精小管产生的精子经直精小管、睾丸网进入附睾。精子在附睾内停留 8~17 天，并经历一系列成熟变化才能获得运动能力，达到功能上的成熟。这不仅依赖于雄激素的存在，而且与附睾上皮细胞分泌的卡尼汀、甘油磷酸胆碱和唾液酸等密切相关。附睾的功能异常会影响精子的成熟，导致不育。

（二）输精管

输精管是壁厚腔小的肌性管道，管壁由黏膜、肌层和外膜三层组成。黏膜表面为较薄的假复层柱状上皮，固有层结缔组织中弹性纤维丰富。肌层厚，由内纵、中环、外纵行排列的平滑肌纤维组成。在射精时，肌层强力收缩，将精子快速排出。外膜为疏松结缔组织，富含血管、淋巴管和神经（图 18-9）。

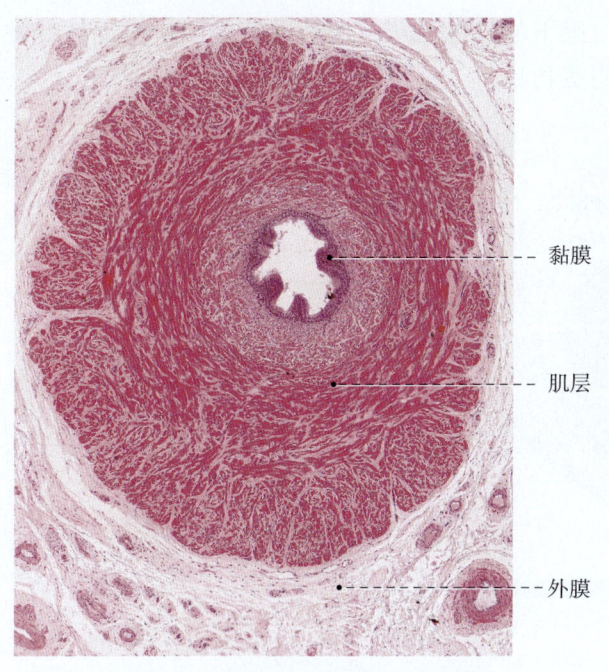

图 18-9　输精管横断面（HE 染色）

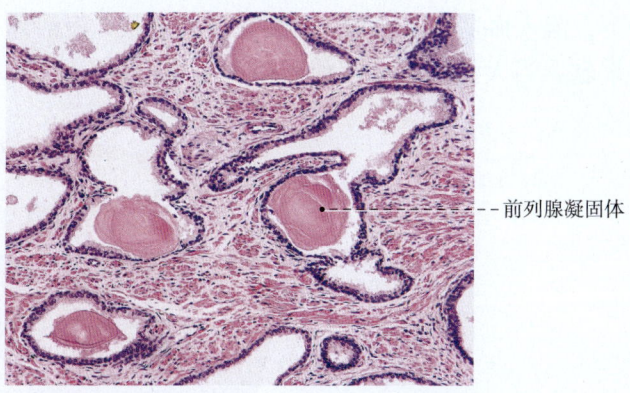

图 18-10　前列腺（HE 染色）

三、附属腺

（一）前列腺

前列腺（prostate）呈栗形，环绕于尿道起始段。腺的被膜与支架组织均由富含弹性纤维和平滑肌纤维的结缔组织组成。腺实质主要由 30～50 个复管泡腺组成，导管分别开口于尿道精阜的两侧。腺实质可分三个带：尿道周带（又称黏膜腺），最小，位于尿道黏膜内；内带（又称黏膜下腺），位于黏膜下层；外带（又称主腺），构成前列腺的大部。腺分泌部由单层立方、单层柱状及假复层柱状上皮构成，故腺腔很不规则。腔内可见分泌物浓缩形成的圆形嗜酸性板层状小体，称前列腺凝固体（prostatic concretion），它随着年龄的增长而增多，甚至钙化形成前列腺结石（图18-10）。

从青春期开始，前列腺在雄激素的刺激下分泌活动增强，分泌物为稀薄的乳白色液体，富含酸性磷酸酶和纤维蛋白溶酶，还有柠檬酸和锌等物质。前列腺肥大是老年男性最常见的前列腺疾病，是黏膜腺和黏膜下腺增生所致，易压迫尿道，造成排尿困难。

（二）精囊

精囊是一对盘曲的囊状器官。黏膜向腔内突起形成高大的皱襞，黏膜表面是假复层柱状上皮，胞质内含有许多分泌颗粒和黄色的脂色素。黏膜外有薄的平滑肌层和结缔组织外膜。在雄激素刺激下，精囊分泌弱碱性的淡黄色液体，内含果糖、前列腺素等成分。果糖为精子的运动提供能量。

（三）尿道球腺

尿道球腺是一对豌豆状的复管泡状腺。上皮为单层立方或单层柱状，上皮细胞内富含黏原颗粒。腺体分泌的黏液于射精前排出，以润滑尿道。腺的间质中有平滑肌和骨骼肌纤维。

附属腺和生殖管道的分泌物以及精子共同组成精液（semen）。人每次射精量为 3～5 mL，每毫升精液中含 1 亿～2 亿个精子，若每毫升的精子数低于 400 万个，可导致不育症。

四、阴茎

阴茎主要由两个阴茎海绵体和一个尿道海绵体构成（图 18-11），尿道行于尿道海绵体内。阴茎外表被覆以活动度较大的皮肤。海绵体主要由勃起组织构成，外包以致密结缔组织组成的坚韧白膜。海绵体主要由小梁和血窦构成，阴茎深动脉的分支螺旋动脉穿行于小梁中，与血窦连通。静脉多位于海绵体周边部白膜下方。白膜结构坚韧，具有限制海绵体及其内的血窦过分扩张的作用。一般情况下,流入血窦的血液很少,血窦呈裂隙状,海绵体柔软。当大量血液流入血窦时,血窦充血而胀大,白膜下的静脉受压,血液回流受阻,海绵体变硬,阴茎勃起。

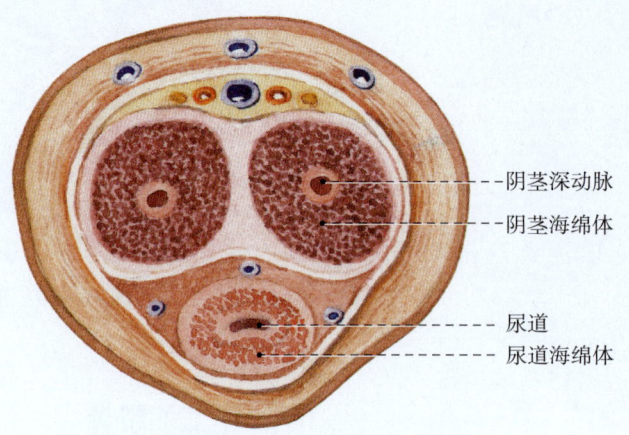

图18-11 阴茎横断面模式图

复习题

(一)名词解释
1. 精子发生　2. 精子形成　3. 细胞质桥　4. 顶体　5. 血-睾屏障

(二)问答题
1. 简述支持细胞的结构及功能。
2. 简述精子形成及主要变化。
3. 简述睾丸间质细胞的结构及功能。
4. 简述精子的结构。

网上学习

18-1　精子异常与不育

(张萍,宋小峰撰文;荆永显绘图)

第19章

女性生殖系统

> **导学**
> ▶ 重点
>   ● 卵泡的发育与成熟、排卵
>   ● 黄体的形成与功能
>   ● 子宫内膜的结构与周期性变化
> ▶ 难点
>   ● 卵巢内分泌与子宫内膜周期性变化的关系

女性生殖系统（female reproductive system）包括内生殖器和外生殖器。内生殖器由生殖腺（卵巢）、生殖管道（输卵管、子宫、阴道）和附属腺（前庭大腺）组成。外生殖器即女阴。卵巢产生卵细胞并分泌性激素；输卵管是输送生殖细胞的管道和受精的部位；子宫是产生月经和孕育胎儿的器官。此外，乳腺是分泌乳汁哺育婴儿的器官，腺组织的形态结构变化与女性激素直接有关，故列入本系统叙述。

女性生殖器官有明显的年龄性变化。青春期前生殖器官生长缓慢，进入青春期（13～18岁）后，生殖器官迅速发育成熟，卵巢开始排卵并分泌性激素，月经来潮和第二性征出现，开始具有生育能力。于45～55岁进入更年期，卵巢功能逐渐减弱，月经渐停，生殖器官逐渐萎缩，而进入绝经期。本章叙述的是青春期女性生殖系统器官的结构和功能。

一、卵巢

（一）卵巢的一般结构

卵巢（ovary）是成对的扁卵圆形实质性器官，位于盆腔侧壁的卵巢窝内，借卵巢系膜附着在子宫阔韧带的后叶。其表面被覆有单层扁平或立方上皮，称为表面上皮（superficial epithelium），上皮下方为薄层致密结缔组织，称白膜（tunica albuginea）。卵巢实质的周围部称皮质，中央部称髓质，两者间无明显分界（图19-1）。皮质较厚，主要由发育不同阶段的卵泡、黄体和卵泡间结缔组织构成。这些结缔组织内含有较多的梭形基质细胞、网状纤维和散在的平滑肌纤维。髓质范围较小，由疏松结缔组织构成，内含较多的血管、淋巴管和神经。近卵巢门处的结缔组织中有少量门细胞（hilus cell），其结构类似睾丸间质细胞。门细胞为多边形或卵圆形，核圆形，核仁清楚，细胞质呈嗜酸性，有丰富的脂滴，内含胆固醇酯和脂色素颗粒。电镜下具有分泌类固醇激素腺细胞的结构特点。门细胞可分泌少量雄激素，发生肿瘤时，可出现男性化症状。

新生儿两侧卵巢皮质中有70万～200万个原始卵泡，青春期开始时约4万个，至40～50岁时仅剩几百个。从青春期开始，在脑垂体周期性分泌的促性腺激素的影响下，卵泡分批地生长、发育并排卵。女性一生中两侧卵巢共排卵400～500

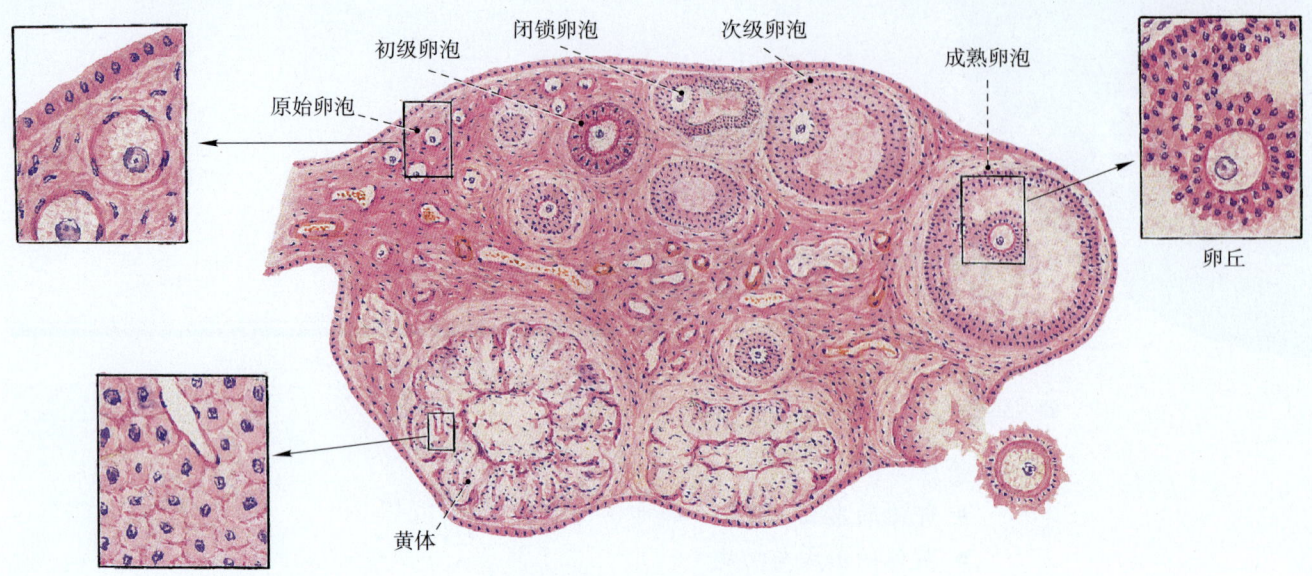

图 19-1 卵巢光镜仿真图

个，其余卵泡均在发育的不同阶段退化为闭锁卵泡（atretic follicle）。绝经期以后，卵巢一般不再排卵，结缔组织增生，体积变小。

（二）卵泡的发育与成熟

卵泡呈球形，是由一个卵母细胞（oocyte）和包绕在其周围的多个卵泡细胞（follicular cell）组成的。卵泡发育是个连续的生长过程，一般可分为原始卵泡、初级卵泡、次级卵泡和成熟卵泡4个阶段（图19-1）。初级卵泡和次级卵泡常合称为生长卵泡（growing follicle）。

1. 原始卵泡 原始卵泡（primordial follicle）在出生前已形成，位于卵巢皮质的浅层，体积小，数量很多。卵泡的中央有一个初级卵母细胞（primary oocyte），周围是单层扁平的卵泡细胞。

（1）初级卵母细胞 初级卵母细胞呈圆形，直径为 30～40 μm；核大而圆，染色质稀疏，核仁大而明显；胞质嗜酸性（图19-2）。电镜下，细胞质除可见一般细胞器外，核周围部可见成层排列的滑面内质网，称环层板，并可见内质网与外核膜相连，该结构可能与核和胞质间的物质传递有关。初级卵母细胞在胚胎时期由卵原细胞分裂分化形成，停滞于第一次成熟分裂前期，直到排卵前才完成这次分裂。

（2）卵泡细胞 卵泡细胞呈扁平形，胞体小，核扁圆，着色深，与周围结缔组织之间有较薄的基膜。卵泡细胞与卵母细胞之间有较多的缝隙连接。卵泡细胞具有支持和营养卵母细胞的作用。

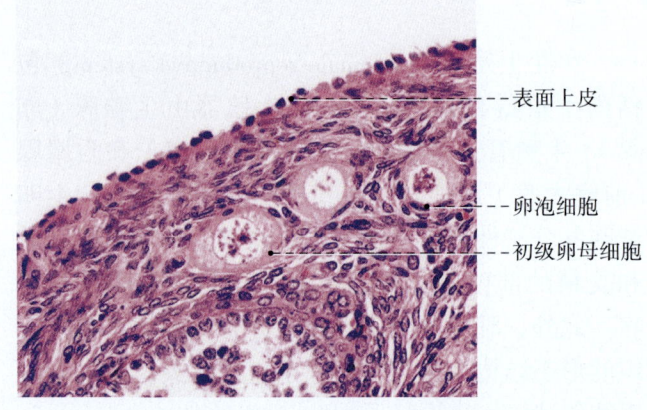

图 19-2 原始卵泡（HE 染色）

2. 初级卵泡 青春期开始，在卵泡刺激素（FSH）的作用下，原始卵泡相继生长发育为初级卵泡（primary follicle）。其主要结构变化是（图19-3）：①卵泡体积增大。②初级卵母细胞体积增大，核也变大，呈泡状，核仁深染，核孔增多。胞质内高尔基复合体、粗面内质网、游离核糖体等均增多；浅层胞质内还出现皮质颗粒，它是一种溶酶体，在受精时起着重要作用。③卵泡细胞由单层扁平变成立方形或柱状，进而增殖为多层。此期卵泡细胞间出现圆形的囊泡，称Call-Exner小体，小体的数量随卵泡的生长而增多。小体的腔面有一层基膜，周围环绕着紧密排列的卵泡细胞，腔内有卵泡细胞分泌的物质。该小体参与卵泡液的形成，并与卵巢颗粒细胞肿瘤的分化有关。④在初级卵母细胞与最内层的卵泡细胞间出现一层均质状、折光性强的嗜酸性膜，称透明带（zona pellucida）。透明带是由初级卵母细胞和卵泡细胞共同分泌的，富含糖蛋白，已发现其糖蛋白有 ZP1、ZP2、ZP3、ZP4 四种，其中 ZP3 为精子受体，有利于精子与卵细胞间的相互识别和特异性结合。电镜下可见初级卵母细胞的微绒毛和卵泡细胞的突起伸入透明带，两者之间以桥粒和缝隙连接相连（图 19-4）。这些结构有利于卵泡细胞将营养物质输送给初级卵母细胞，便于细胞间离子、激素和小分子物质的交换，从而沟通信息、协调功能。⑤环绕在卵泡细胞周围的基质细胞增殖、分化，逐渐形成卵泡膜（follicular theca），但尚未分化成熟，与卵泡细胞之间以基膜相隔。

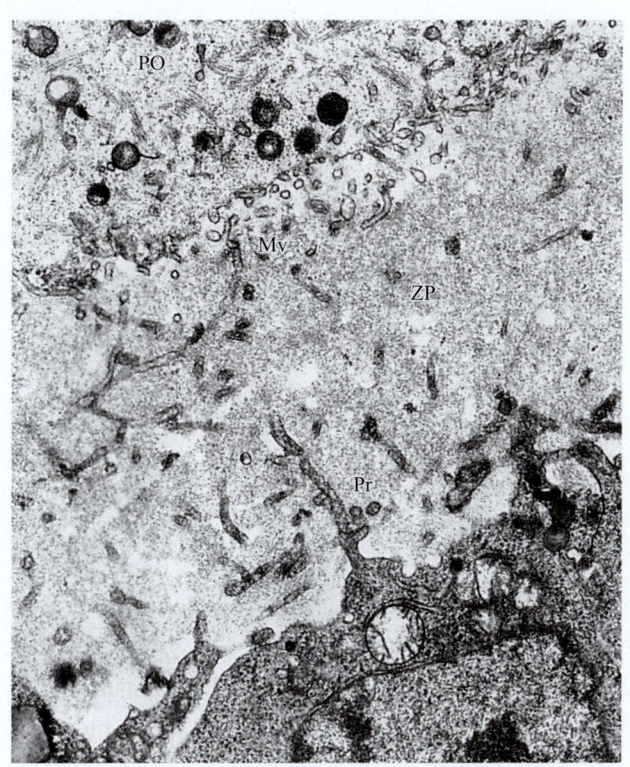

图 19-4 初级卵母细胞和卵泡细胞超微结构（TEM）
PO. 初级卵母细胞；Mv. 微绒毛；ZP. ZP糖蛋白；Ve. 小泡

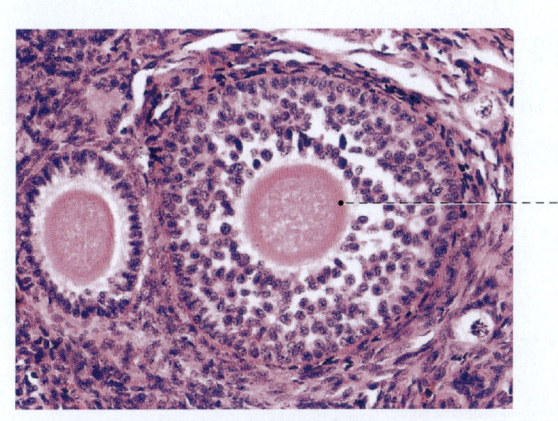

图 19-3 初级卵泡（HE 染色）

3. 次级卵泡 由初级卵泡发育而成。当卵泡细胞间出现液腔时，此时的卵泡称为次级卵泡（secondary follicle），又称为囊状卵泡（vesicular follicle）。其结构的主要变化是：①卵泡体积进一步增大。②初级卵母细胞已达到最大体积，直径为 125～150 μm。③卵泡细胞分裂增殖到 6～12 层，在卵泡细胞间出现大小不等的液腔，继而汇合成一个大的卵泡腔（follicular cavity），卵泡腔内充满卵泡液（follicular fluid），卵泡液是由卵泡细胞分泌以及血浆渗入而成，液内含有垂体分泌的促性腺激素和卵巢分泌的类固醇激素及多种生物活性物质等。④随着卵泡液的增多，卵泡腔扩大，初级卵母细胞、透明带与其周围的卵泡细胞被挤到卵泡腔的一侧，形成一个圆形隆起突入卵泡腔，称为卵丘（cumulus oophorus）。紧靠透明带的一层高柱状卵泡细胞呈放射状排列，称放射冠（corona radiata）。此期 Call-Exner 小体数量增多。⑤分布在卵泡腔周围的卵泡细胞排列密集，呈颗粒状，故称颗粒层（stratum granulosum），构成卵泡壁。颗粒层的卵泡细胞称颗粒细胞。⑥卵泡膜发育成熟，分化成内、外两层，内层紧贴卵泡壁，称内膜层（theca externa），含有较多的血管和多边形的膜细胞（theca cell）。膜细胞具有分泌类固醇激素细胞的结构特点，并含有关的酶类。卵泡膜外层靠近周围的结缔组织，与其无明显的分界，称外膜层（theca externa），其纤维多，血管少，并有少量平滑肌（图 19-5）。

4. 成熟卵泡 在 FSH 和 LH 的作用下，次级卵泡发育到最后阶段即为成熟卵泡（mature follicle）。其结构的主要变化是：①此时由于卵泡液的急剧增多，卵泡腔变大，故卵泡体积显著增大，直径可达 20 mm 以上，占据皮质全层并突向卵巢表面（图 19-1）。②颗粒细胞停止分裂增殖，颗粒层变薄。③卵丘根部的卵泡细胞间出现裂隙，在排卵前，卵丘与卵泡壁分离，漂浮在卵泡液中。④在排卵前 36～48 h，初级卵母细胞完成第一次成

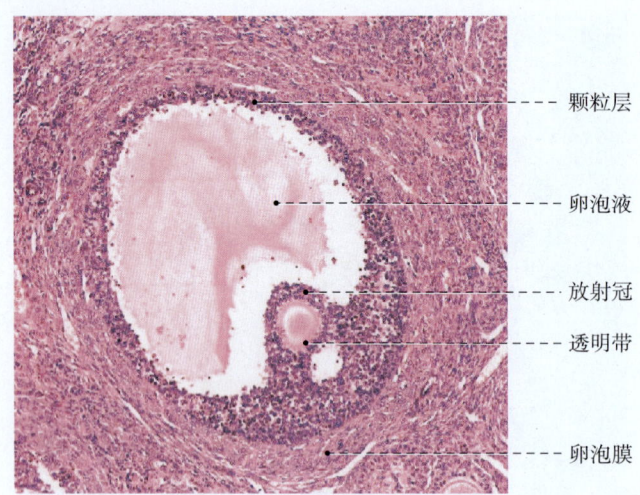

图 19-5　次级卵泡（HE 染色）

熟分裂，形成一个较大的次级卵母细胞和一个很小的第一极体（first polar body）。第一极体是一个小的球形细胞，它位于次级卵母细胞和透明带之间的卵周间隙（perivitelline space）内，含细胞核及少量的细胞质。接着，次级卵母细胞迅速开始第二次成熟分裂，并停留在分裂中期，当遇到精子，进行受精时才继续完成第二次成熟分裂。

次级卵泡与成熟卵泡具有内分泌功能，主要分泌雌激素。雌激素是膜细胞和颗粒细胞在脑垂体分泌的卵泡刺激素（FSH）和黄体生成素（LH）的作用下协同合成的。膜细胞合成的雄激素透过基膜进入颗粒细胞，在芳香化酶系的作用下雄激素转变为雌激素，这是雌激素合成的主要方式，称为"两细胞学说"。合成的雌激素小部分进入卵泡腔，大部分释放入血，调节子宫内膜等靶器官的生理活动。雌激素的作用：①促进女性生殖器官的发育，如促进卵泡发育和引起子宫内膜周期性变化等。②维持女性性征。③对代谢的影响：促进骨骼的生长和钙盐的沉积，女性绝经后易患骨质疏松症。

近年来的研究提示，卵泡的发育速度较缓慢，从一个原始卵泡发育为成熟卵泡，是经过几个月经周期才完成的，整个过程大约需 90 天。

（三）排卵

成熟卵泡破裂，次级卵母细胞及其周围的透明带、放射冠和卵泡液从卵巢排出的过程称排卵（ovulation）。排卵前，在 LH 的作用下，成熟卵泡的卵泡液剧增，卵泡的体积增大，并突出卵巢表面，使隆起部分的卵泡壁、白膜和表面上皮变薄；局部缺血形成透明的卵泡小斑（follicular stigma），继而小斑处的组织被胶原酶、透明质酸酶等解聚和消化；卵泡膜外层的平滑肌收缩等因素，最终导致卵泡破裂，次级卵母细胞连同外周的透明带、放射冠与卵泡液一起从卵巢排出（图 19-1）。排卵后的卵巢表面裂口 2~4 天后即可修复。

生育期妇女，每隔 28 天左右排一次卵。一般一次只排一个卵，偶见排两个或两个以上者。两侧卵巢交替排卵。正常排卵发生在月经周期的第 14 天左右。若排出的次级卵母细胞于 24 h 内未受精，则退化消失；如受精，则继续完成第二次成熟分裂，产生一个成熟的卵细胞和一个第二极体（secondary polar body）。经两次成熟分裂后的卵细胞，其染色体数目由原来的 23 对减半为 23 条（染色体核型为 23, X）。

（四）黄体的形成与退化

排卵后，残留于卵巢内的卵泡壁连同卵泡膜及血管一起向卵泡腔塌陷，在 LH 的作用下，逐渐发育成一个体积较大又富有血管的内分泌细胞团，新鲜时呈黄色，故称黄体（corpus luteum）（图 19-6）。

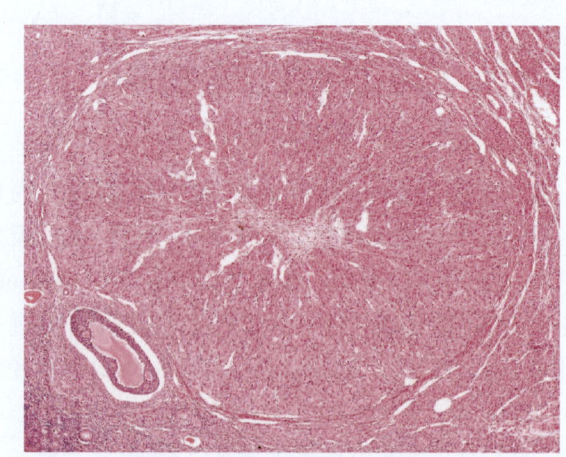

图 19-6　黄体（HE 染色）

1. 黄体的结构和功能　黄体由颗粒黄体细胞和膜黄体细胞构成，并含丰富的血管。颗粒黄体细胞（granulosa lutein cell）由颗粒层卵泡细胞分化形成，数量多，位于黄体的中央，胞体较大，呈多边形，染色较浅，分泌孕激素和松弛素。膜黄体细胞（theca lutein cell）由卵泡膜的膜细胞分化形成，数量少，位于黄体的周边，细胞体积小，呈圆形或多角形，核圆形，染色较深，细胞质嗜酸性强。膜黄体细胞与颗粒黄体细胞协同作用分泌雌激素。雌激素的作用是促进子宫内膜的增殖；孕激素能促进子宫内膜向分泌期改变，还能抑制子宫平滑肌的收缩；松弛素使子宫平滑肌松弛，两者都有利于维持妊娠。这两种黄体细胞都具有分泌类固醇激素细胞的结构特征。

2. 黄体的发育与退化 黄体的发育取决于排出的卵是否受精。如卵未受精，黄体仅维持2周左右即退化，称月经黄体（corpus luteum of menstruation）；如卵受精，在绒毛膜分泌的人绒毛膜促性腺激素（HCG）的作用下，黄体继续发育增大，直径可达4~5 cm，称妊娠黄体（corpus luteum of pregnancy），可维持6个月，甚至更长时间。两种黄体最终都退化消失，先是细胞变小，空泡增多，继而自溶，细胞残留物被巨噬细胞吞噬，黄体逐渐被增生的结缔组织取代，变成白色瘢痕，即白体（corpus albicans）。白体被吸收消失需数月或数年。妊娠黄体退化后，内分泌功能由胎盘代替。

（五）卵泡的闭锁与间质腺

女性一生中排400个左右的卵细胞，其余的卵泡在发育的不同阶段停止生长并退化，称为闭锁卵泡。卵泡的闭锁是一种细胞凋亡过程。卵泡的闭锁可以发生在卵泡发育的任何阶段。原始卵泡和初级卵泡退化时，卵母细胞和卵泡细胞皱缩变形，染色质固缩成块状，染色深，随后细胞自溶，被巨噬细胞和中性粒细胞吞噬，不留痕迹。次级卵泡和成熟卵泡退化时，有的卵母细胞先退化死亡，而卵泡细胞退化晚，透明带退化慢，先皱缩为不规则的嗜酸性环状物，最终退化消失，卵泡壁塌陷；有的卵母细胞和卵泡细胞都退化，仅剩皱缩的透明带。晚期的次级卵泡退化时，卵泡膜的膜细胞不退化，体积增大，形成多边形上皮样细胞，胞质中充满脂滴，染色浅，被结缔组织和血管分隔成分散的细胞团索，称为间质腺（interstitial gland）。间质腺能分泌雌激素。人的间质腺不发达，兔和猫等动物的发达。间质腺最后也退化，由结缔组织代替（图19-7）。

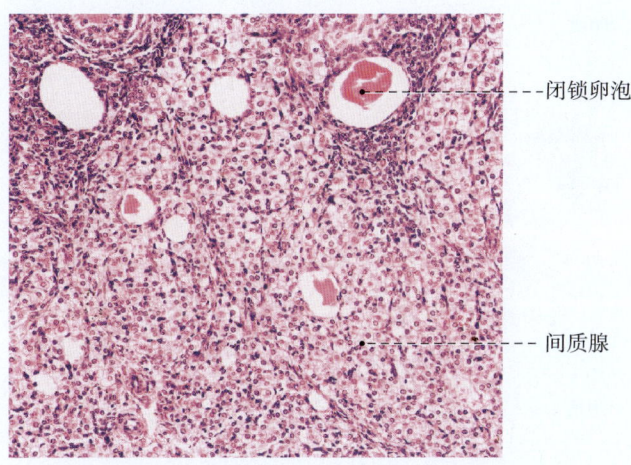

图19-7 闭锁卵泡与间质腺（HE染色）

二、输卵管

输卵管（oviduct）是输送卵子的弯曲肌性管道，也是受精的部位，可主动运输受精卵至子宫。输卵管位于子宫阔韧带上缘内，其内侧端连于子宫角，以输卵管子宫口与子宫腔相通，外侧端游离，以输卵管腹腔口开口于腹膜腔，由子宫部、峡部、壶腹部和漏斗部组成（图19-8）。管壁由内向外依次分为黏膜、肌层和浆膜。黏膜形成许多纵行而又分支的皱襞，以壶腹部最为发达，因而管腔不规则（图19-9）。黏膜由单层柱状上皮和固有层构成。上皮由纤毛细胞和分泌细胞组成，纤毛细胞呈柱状，核染色浅，为圆形或卵圆形，位于细胞中部，细胞游离面有纤毛，纤毛向子宫方向的摆动有助于卵子的运送。纤毛细胞在漏斗部和壶腹部最多，峡部和子宫部则逐渐减少。分泌细胞呈柱状，核卵圆形，染色深，无纤毛，但有微绒毛，其分泌物构成输卵管液，其中含有氨基酸、葡萄糖、果糖及少量乳酸等。该分泌物在纤毛细胞表面形成黏稠的膜，这不但对卵细胞有营养作用，而且还有助于卵子的输送和防止病菌从子宫经输卵管入腹腔。输卵管上皮也随月经周期而发生相应的变化，增生期上皮细胞变高，分泌细胞质内充满分泌颗粒；分泌期时，分泌细胞以顶浆分泌方式释放其分泌物，因而上皮细胞变低。固有层为薄层结缔组织，内含较多的血管和少量平滑肌。肌层为内环、外纵两层平滑肌，峡部最厚，漏斗部最薄。浆膜由间皮和富含血管的疏松结缔组织构成。

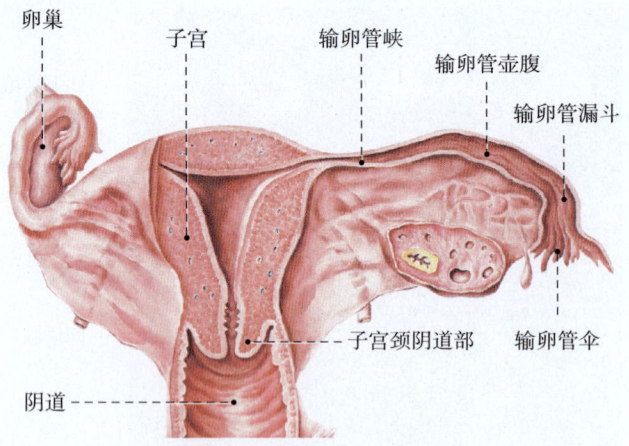

图 19-8 输卵管与子宫模式图

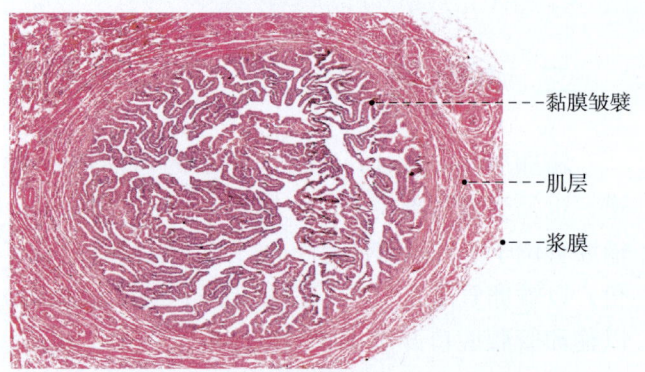

图 19-9 输卵管壶腹部（HE 染色）

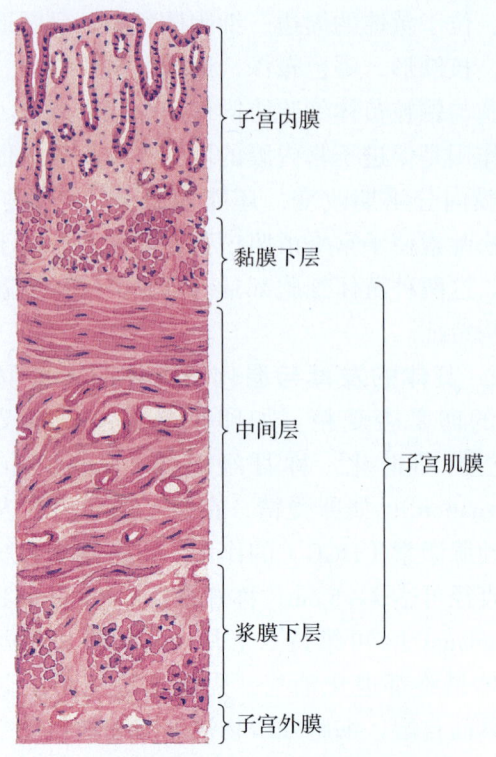

图 19-10 子宫壁光镜仿真图

三、子宫

子宫（uterus）位于盆腔的中央，在膀胱与直肠之间，成年未孕妇的子宫略似前后稍扁的倒置梨形。子宫为肌性器官，腔小壁厚，分为底部、体部和颈部。子宫是受精卵植入和胎儿发育的场所。子宫壁由外向内可分外膜、肌层和内膜三层（图 19-10）。

（一）子宫壁的一般结构

1. 外膜 子宫底部和体部的外膜（perimetrium）为浆膜（serosa），宫颈部为纤维膜（fibrosa）。

2. 子宫肌膜 子宫肌膜（myometrium）很厚。由成束的平滑肌和束间结缔组织组成。结缔组织中有较多未分化的间充质细胞，可增殖分化为平滑肌细胞。子宫肌膜自内向外大致可分三层，即黏膜下层、中间层和浆膜下层。黏膜下层和浆膜下层较薄，由纵行的平滑肌束组成；中间层较厚，由环行和斜行平滑肌束组成，并含有丰富的血管。子宫平滑肌纤维长 30~50 μm，妊娠时平滑肌纤维增生肥大，分裂增殖，可增长数十倍，长达 500~600 μm。妊娠时，新增的平滑肌纤维来自未分化间充质细胞或平滑肌自身的分裂。雌激素有促使平滑肌细胞数量增加的作用。黄体酮能使平滑肌细胞体积增大，并有抑制平滑肌收缩的作用。分娩后子宫平滑肌纤维迅速恢复正常大小，部分肌纤维凋亡。

3. 内膜 子宫内膜（endometrium）由单层柱状上皮和固有层组成。上皮由少量纤毛细胞和分泌细胞构成。固有层较厚，由结缔组织、子宫腺和血管等组成。结缔组织中含有大量分化程度较低的梭形或星形细胞，称为基质细胞（stromal cell）。其核大而圆，胞质较少，可合成和分泌胶原蛋白，并随子宫内膜周期性变化而增生与分化。子宫腺（uterine gland）（图 19-11）为内膜上皮向固有层内凹陷形成的单管状腺，其末端常有分支。腺上皮主要是分泌细胞，纤毛细胞较少。

子宫底部和体部的内膜，按其结构和功能特点可分为深、浅两层：浅层为功能层（functional layer），较厚，自青春期开始，在卵巢激素的作用下发生周期性的剥脱出血，此层也是受精卵植入、孕育胚胎的场所；深层称为基底层（basal layer），

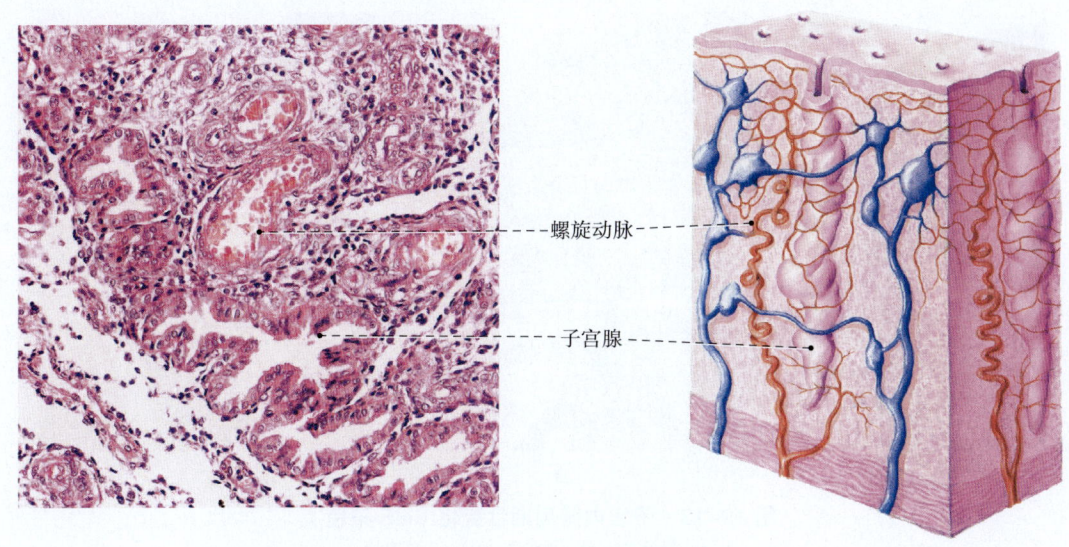

图 19-11 子宫腺与螺旋动脉

较薄，该层不脱落，不参与月经的形成，但有较强的增生和修复能力，可以产生新的功能层。

子宫内膜的血管来自子宫动脉的分支。子宫动脉进入子宫壁后，分支行于肌层的中间层，由此发出许多与子宫腔面垂直的放射状小动脉，在进入内膜之前，每条小动脉分为两支：短而直的分支，营养基底层，不受性激素的影响，称之为基底动脉；其主支称螺旋动脉（spiral artery）（图 19-11），在子宫内膜内呈螺旋状走行，至功能层浅层时形成毛细血管网和窦状毛细血管，然后汇入小静脉，经肌层汇合为子宫静脉。螺旋动脉对性激素的刺激敏感，反应迅速。

（二）子宫内膜的周期性变化

自青春期至绝经期，子宫底部和体部的内膜功能层在卵巢分泌的激素作用下，开始出现周期性变化，即每 28 天左右发生一次内膜剥脱出血和增生修复过程，这种周期性的变化称月经周期（menstrual cycle）。每个月经周期是从月经来潮的第 1 天起至下次月经来潮前一天止，一般为 28 天左右。每个月经周期分为增生期、分泌期和月经期（图 19-12，图 19-13）。

1. 增生期 增生期（proliferative phase）为月经周期的第 5~14 天。此期卵巢内有若干卵泡开始向成熟卵泡发育，又称卵泡期（follicular phase）。在生长卵泡分泌的雌激素的作用下，剥脱的子宫内膜由残存的基底层增生，修复功能层，并逐渐

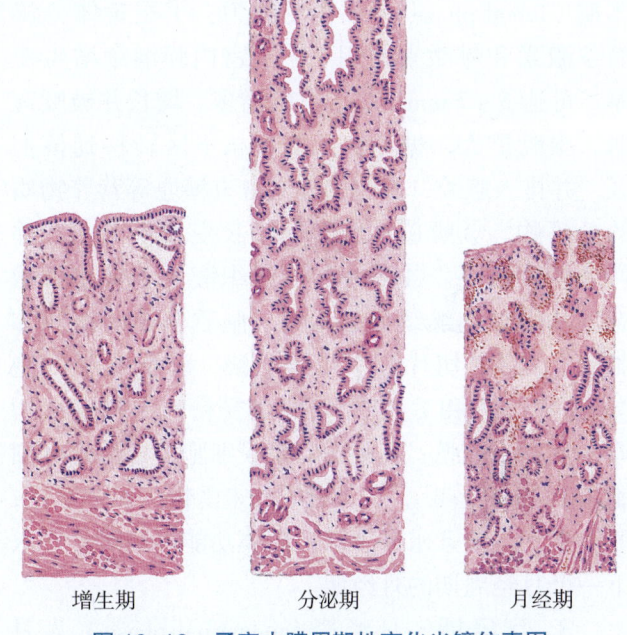

图 19-12 子宫内膜周期性变化光镜仿真图

增厚。结构变化为：①子宫内膜的厚度有 1 mm 左右增加到 2~4 mm。②增生早期，子宫腺短、直而细，较稀疏。增生中期子宫腺增多，增长并稍弯曲。增生晚期的子宫腺继续增长且更弯曲，腺腔扩大。增生末期，子宫腺开始分泌，腺腔变宽。③螺旋动脉随着子宫内膜的不断增厚而伸长和弯曲。④固有层内的基质细胞分裂增殖，产生大量的纤维和基质。至月经周期第 14 天时，有一个卵泡发育成熟并排卵。子宫内膜随之进入分泌期。

2. 分泌期 分泌期（secretory phase）为月经

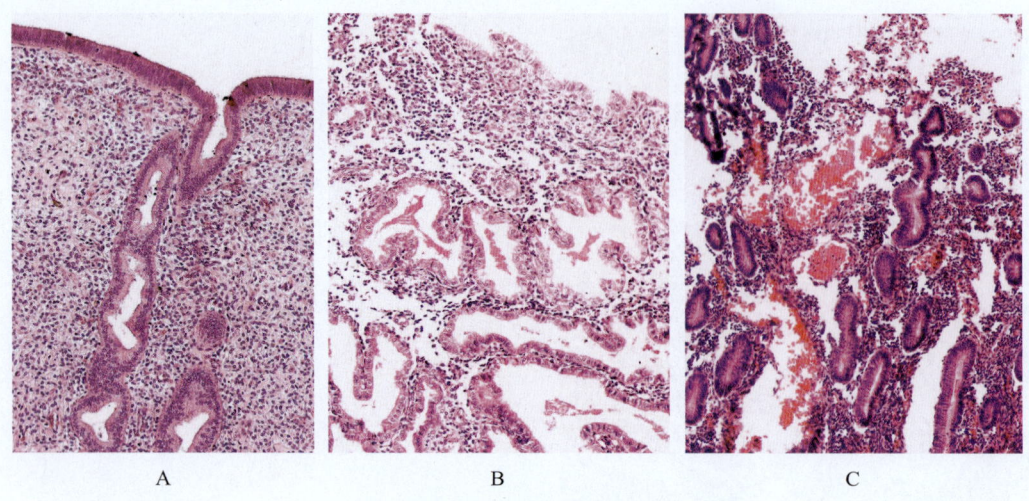

图 19-13 子宫内膜周期性变化（HE 染色）
A. 增生期；B. 分泌期；C. 月经期

周期第 15～28 天。此时卵巢内黄体形成，又称黄体期（luteal phase）。结构变化为：①在黄体分泌的孕激素和雌激素作用下，子宫内膜继续增生变厚，可达 5～7 mm。②子宫腺增多、增长并极度弯曲，腺腔扩大，糖原由腺细胞核下区转移到核上区，并排入腺腔，腺腔内充满含有糖原等营养物质的分泌物。③螺旋动脉继续增长变得更弯曲，并伸入内膜浅层。④固有层内组织液增多呈水肿状态。基质细胞继续分裂增殖，胞质内充满糖原和脂滴，在 HE 切片标本中染色浅，称前蜕膜细胞（predecidual cell）。若排出的卵受精，内膜继续增厚，发育为蜕膜，其中的前蜕膜细胞发育为蜕膜细胞（decidual cell）。若排出的卵未受精，黄体退化，雌激素和孕激素水平下降，内膜功能层脱落，进入下一个月经周期的月经期。

3. 月经期 月经期（menstrual phase）为月经周期的第 1～4 天。由于排出的卵未受精，黄体退化，雌激素和孕激素水平骤然下降，引起螺旋动脉持续收缩，从而使内膜缺血，功能层发生萎缩、坏死。继而螺旋动脉又突然短暂地扩张，致使功能层的血管破裂，血液流出并积聚在内膜功能层，最后与剥落的内膜一起经阴道排出，称月经（menstruation）。在月经期末，功能层全部脱落，内膜基底层残留的子宫腺上皮和基质细胞迅速增生，使子宫内膜表面上皮逐渐修复并转入增生期。

（三）卵巢和子宫内膜周期性变化的神经内分泌调节

下丘脑-垂体-卵巢轴可调节子宫内膜的周期性变化。下丘脑弓状核等处的神经内分泌细胞分泌促性腺激素释放激素（GnRH），作用于腺垂体远侧部的促性腺激素细胞，使其分泌 FSH 和 LH。FSH 促进卵泡生长、成熟并分泌大量雌激素，使子宫内膜进入增生期。当血中雌激素达到一定浓度时，与 GnRH 共同作用，促进腺垂体分泌大量的 LH。在 LH 和 FSH 的协同作用下，卵巢排卵并形成黄体。黄体产生孕激素和雌激素，使子宫内膜进入分泌期。同时血液中高浓度的孕激素和雌激素反馈地作用于下丘脑和垂体，抑制 GnRH、FSH 和 LH 的释放，于是黄体退化，血中孕激素和雌激素骤减，子宫内膜进入月经期。由于血中雌激素和孕激素的减少，促进下丘脑和垂体释放 GnRH 和 FSH，卵泡又开始生长发育，子宫内膜进入下一个月经周期的增生期。下丘脑和垂体上述周而复始地调节和维持卵巢和子宫内膜的周期性变化，以适应受精卵的植入和生长发育的需要，有利于完成该系统的正常生理功能（图 19-14）。

（四）子宫颈

子宫颈壁由外向内分为外膜、肌层和黏膜。外膜为结缔组织构成的纤维膜。肌层平滑肌较少且分散，结缔组织较多。黏膜形成许多大而分支的皱

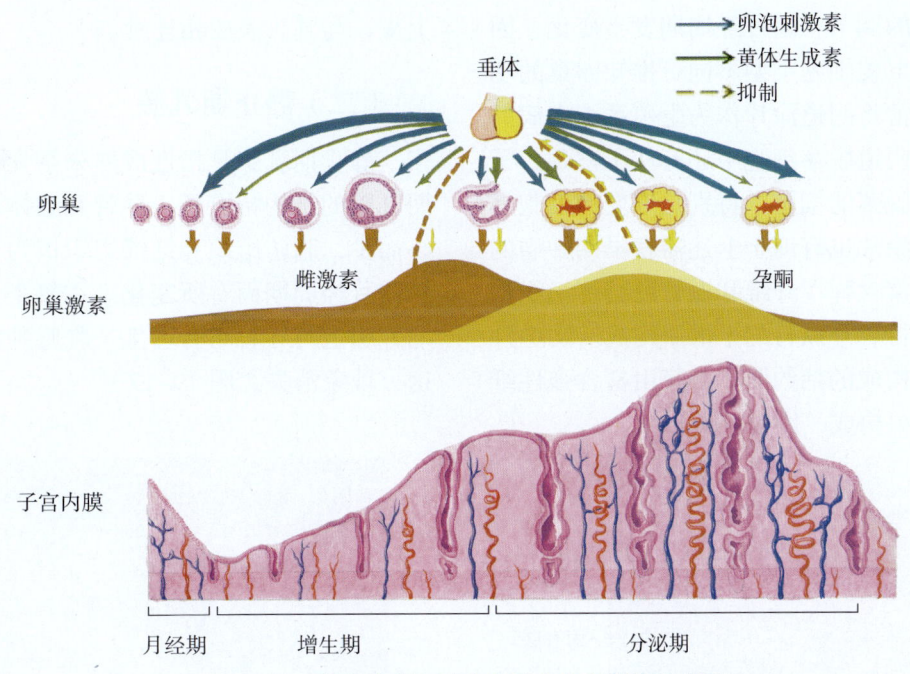

图 19-14 卵泡发育和子宫内膜变化与激素的关系

襞。相邻皱襞之间的裂隙形成腺样的隐窝，形似分支管样腺，称为子宫颈腺。子宫颈管的黏膜中无螺旋动脉，也无周期性剥脱现象，黏膜由上皮和固有层组成。

1. 子宫颈管的黏膜上皮 为单层柱状，由少量纤毛细胞和较多分泌细胞以及储备细胞（reserve cell）构成。

（1）**分泌细胞** 数量较多，分泌黏液，其分泌活动受卵巢激素的影响。雌激素促进分泌细胞的分泌，黏液增多，黏稠度降低，有利于精子通过。孕激素可抑制分泌细胞的分泌，黏液的黏稠度增加，使精子难于通过。妊娠时，分泌物的黏稠度更高，可阻止精子和微生物进入宫腔，起屏障作用。

（2）**纤毛细胞** 数量少，位于分泌细胞间，纤毛向阴道摆动，协助分泌物排出，并使分泌物流向阴道。

（3）**储备细胞** 较小，散在于柱状细胞和基膜之间，分化程度较低，有增殖修复功能。在慢性宫颈炎时，此细胞可分化成复层扁平上皮样细胞，易癌变。

2. 子宫颈阴道部的黏膜上皮 为复层扁平上皮，与子宫颈管的单层柱状上皮在宫颈外口处相交界，此处是宫颈癌好发部位（图 19-15）。

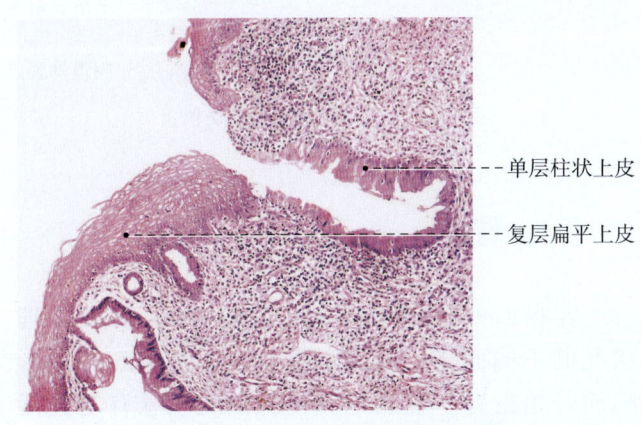

图 19-15 子宫颈上皮交界（HE 染色）

四、阴道

阴道位于小骨盆中央，为连接子宫和外生殖器的肌性管道，其壁由黏膜、肌层和外膜组成。黏膜向阴道腔内突出形成许多横行皱襞，由上皮和固有层构成。上皮较厚，为非角化的复层扁平上皮。在卵巢分泌的雌激素作用下，上皮细胞内聚集大量糖原。浅层细胞脱落后，糖原在阴道杆菌作用下转变为乳酸，使阴道保持酸性，有一定的抗菌作用。老年或其他原因导致雌激素水平下降时，阴道上皮细胞内的糖原减少，阴道液的 pH 上升，使细菌容易生长繁殖，发生阴道感染。上皮细胞的形态结构受卵巢激素的调节,随月经周期发生变化,因而根据阴道脱落上皮细胞类型不同可推知卵巢的功能状态,临床上常将阴道涂片作为生殖系统疾病的检查方法之一。阴道脱落细胞中还有从子宫颈、子宫内膜和输卵管脱落的细胞,特别是癌变的细胞易于脱落,故阴道涂片也有助于上述器官早期肿瘤的发现。固有层由富含弹性纤维和血管的结缔组织构成。肌层由内环行、外纵行的平滑肌构成。阴道外口有环形骨骼肌构成的括约肌。外膜由富含弹性纤维的致密结缔组织构成(图19-16)。

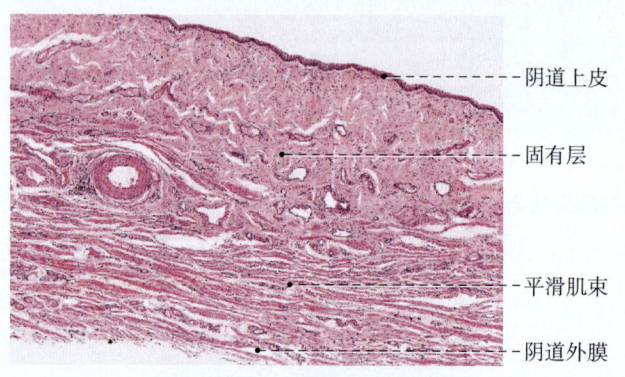

图19-16 阴道壁(HE染色)

五、乳腺

乳腺(mammary gland)的结构因年龄和生理状况的不同而异。乳腺于青春期受卵巢激素的影响而开始发育。妊娠期和授乳期的乳腺有泌乳活动,称活动期乳腺;无分泌功能的乳腺,称静止期乳腺。

(一)乳腺的一般结构

乳腺主要由分泌乳汁的腺泡、输出乳汁的导管以及其间的结缔组织构成。乳腺的实质被结缔组织分隔成15~25个叶,每叶又被分隔成若干小叶,每个小叶为一个复管泡状腺。小叶间结缔组织内含有大量的脂肪细胞。腺泡上皮为单层立方或柱状,腺腔很小,腺上皮与基膜之间有肌上皮细胞,其收缩有利于分泌物的排出。导管包括小叶内导管、小叶间导管和总导管(输乳管)。小叶内导管的上皮多为单层立方或柱状上皮,小叶间导管则为复层柱状上皮。总导管开口于乳头,管壁上皮为复层扁平上皮,与乳头表皮相连续。

(二)静止期乳腺

静止期乳腺是指性成熟未孕女性的乳腺。静止期乳腺的结构特点是:导管和腺体均不发达,腺泡小而少,脂肪组织和结缔组织极为丰富。静止期乳腺随月经周期而有所变化。在每个月经周期的分泌期,腺泡与导管略有增生,乳腺肿大。月经停止后这一现象消失(图19-17)。

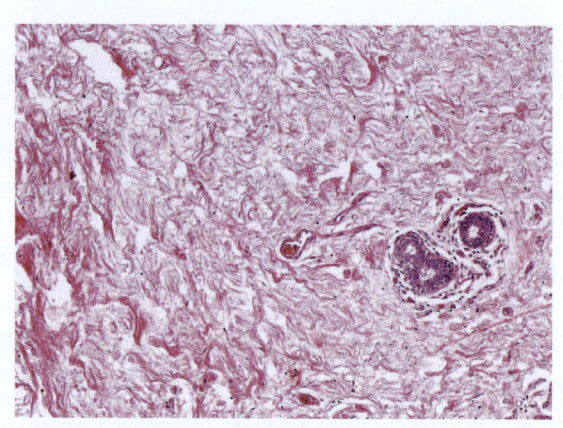

图19-17 静止期乳腺(HE染色)

(三)活动期乳腺

活动期乳腺是指妊娠期和授乳期乳腺。妊娠期在雌激素和孕激素的作用下,乳腺的导管和腺泡迅速增生,腺泡增大,同时结缔组织和脂肪组织减少。妊娠后期,在催乳激素的刺激下,腺泡开始以顶浆分泌的方式进行分泌,分泌物中含有脂滴、乳蛋白、乳糖和抗体等,称为初乳(colostrum)。初乳中还常含有吞噬脂滴的巨噬细胞,称初乳小体(colostrum corpuscle)。

授乳期乳腺结构与妊娠期乳腺相似,但脂肪组织和结缔组织更少,腺体更发达,腺泡腔增大,腺泡处于不同的分泌时期。分泌前的腺泡上皮为高柱状;分泌后的腺泡上皮为立方形或扁平形,腺腔内充满乳汁(图19-18)。断乳后,催乳激素水平下降,乳腺分泌停止,腺组织逐渐萎缩,结缔组织和脂肪组织增多,乳腺恢复到静止期的结构。绝经后,体内雌激素和孕激素水平下降,乳腺萎缩退化,体积减小。

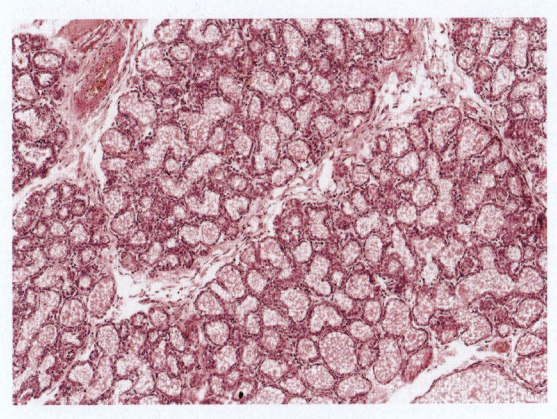

图 19-18　活动期乳腺（HE 染色）

复习题

（一）名词解释

1. 初级卵母细胞　2. 原始卵泡　3. 初级卵泡　4. 次级卵泡　5. 成熟卵泡　6. 闭锁卵泡　7. 透明带　8. 卵泡膜　9. 排卵　10. 子宫内膜功能层　11. 子宫内膜基底层　12. 螺旋动脉

（二）问答题

1. 试述黄体的形成与结构。
2. 试述月经周期的定义及其变化。
3. 月经周期以 28 天计算，在月经周期的第 25 天，子宫与卵巢的组织结构可能发生哪些变化？

网上学习

19-1　中国学者发现导致人类透明带缺失的致病基因
19-2　乳腺癌与癌症易感基因检测
19-3　2016 年度十大科学进展——真正的人造卵母细胞

（刘俊文撰文；徐国成绘图）

第 20 章

胚胎学总论

> **导学**
>
> ▶ **重点**
> - 受精的过程与意义
> - 胚泡的结构与胚泡植入过程
> - 胚盘的形成及三胚层的早期分化
> - 胎膜、胎盘及胎盘屏障的结构和功能
>
> ▶ **难点**
> - 卵黄囊及胚外中胚层的形成
> - 三胚层的形成及其早期分化
> - 绒毛膜的形成以及演变

人体胚胎学（human embryology）是研究人体胚胎在母体内发生、发育过程及其机制的科学，其研究内容包括生殖细胞的形成、受精、胚胎早期发育、器官与系统的发生、胚胎与母体的关系、先天畸形等。

人体胚胎的发生过程从受精卵开始，逐渐发育形成新个体并从母体娩出为止，全程历时38周（约266天），常分为3个发育阶段，即胚前期（pre-embryonic period）、胚期（embryonic period）和胎期（fetal period）。胚前期从受精卵形成至第2周末，此阶段主要是胚胎细胞的早期增殖和分化。胚期从第3周至第8周末，此阶段细胞进一步增殖和分化，各器官雏形形成，胚胎外形也已初具人形。胎期从第9周直至分娩，此阶段胎儿逐渐长大，各组织和器官继续发育，多数器官出现功能活动，最终发育形成一个成熟的胎儿。本章将按照时间顺序，讲述胚胎发生的基本过程和重要事件及胎儿与母体的关系。

一、配子发生和受精

配子（gamete）是指具有受精能力的成熟生殖细胞，包括男性的精子（spermatozoon）和女性的卵子（ovum），是高度分化的性细胞。配子起源于卵黄囊壁上的原始生殖细胞（primordial germ cell，PGC），通过变形运动迁移至生殖腺嵴（genital ridge）并分化为精原细胞或卵原细胞。配子发生（gametogenesis）是指具有受精能力的生殖细胞的成熟过程，主要通过两次特殊的细胞分裂——减数分裂（meiosis）[或称成熟分裂（maturation division）]来完成，每个精子或卵子均只有23条染色体，为单倍体细胞。配子发生和受精是胚胎发生的前提，受精恢复了二倍体细胞，是新个体的开始。

（一）配子发生

精子在睾丸的生精小管内产生，成熟于附睾。

从青春期开始，生精小管的精原细胞不断分裂增殖，其中一部分生长分化为初级精母细胞。初级精母细胞连续进行两次减数分裂，经次级精母细胞形成4个精子细胞。精子细胞再经过精子形成过程成为精子（图20-1A）。新形成的精子无运动能力，它们在附睾内停留约2周，继续发育成熟，并逐渐获得运动能力。

卵子在卵巢的卵泡内产生，成熟于受精过程（图20-1B）。出生时，卵巢的卵泡内均为初级卵母细胞，它们已进行第一次减数分裂并停留在分裂前期。青春期后，卵泡陆续开始发育，每个月经周期有一个初级卵母细胞于排卵前36~48 h完成第一次减数分裂，形成一个次级卵母细胞及一个第一极体（polar body），继而进行第二次减数分裂，并停留于分裂中期。排出的次级卵母细胞与精子结合才能完成第二次减数分裂而达到成熟，即产生一个成熟的卵细胞和一个第二极体；若排出的次级卵母细胞不与精子结合，该细胞则在24 h内退化。成熟的卵细胞呈圆球形，卵细胞外有透明带及放射冠包裹。

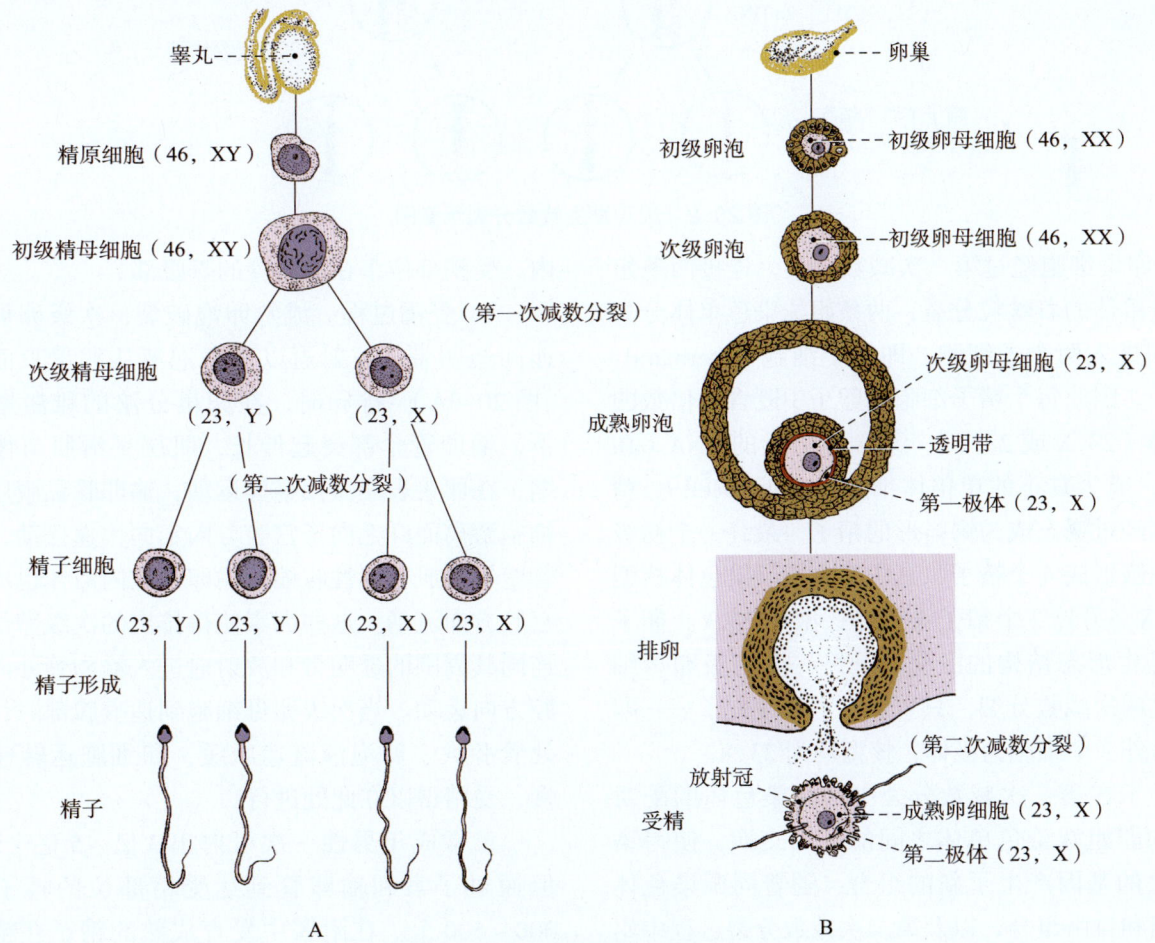

图20-1　精子和卵子的发生示意图
A. 精子发生；B. 卵子发生

减数分裂是配子发生过程中必须经历的两次特有的细胞分裂（图20-2）。在第一次减数分裂之前的分裂间期，初级精/卵母细胞（primary spermatocyte/oocyte）进行DNA合成和染色体复制，23对染色体中每一个染色体都由两条姐妹染色单体（sister chromatids）构成，因此每个初级精/卵母细胞都含有2倍数的染色体和4倍量的DNA（4n DNA）。在第一次减数分裂过程中，同源染色体（homologous chromosomes）配对联会（synapsis），非姐妹染色单体之间发生基因交换。随后，同源染色体分离并分别进入两个子细胞，即次级精/卵母细胞（secondary spermatocyte/oocyte），因此每个次级精/卵母细胞含有单倍数的染色体（23,X 或 23,Y）和2倍量的DNA（2n DNA）。次

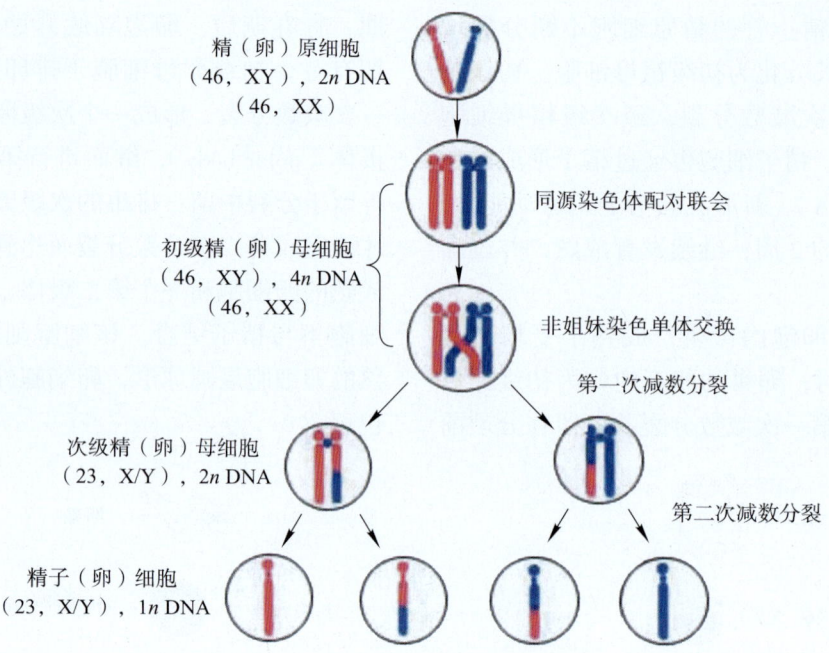

图 20-2 配子发生减数分裂示意图

级精/卵母细胞经过第二次减数分裂，连接两条姐妹染色单体的着丝粒分裂，两条姐妹染色单体分离并分别进入两个子细胞，即精子细胞（spermatid）或卵子。因此每个精子细胞或卵子中既含单倍数的染色体（23,X 或 23,Y），又含单倍量的 DNA（1n DNA），成为真正的单倍体细胞（haploid cell）。精子细胞经过变态成为蝌蚪形的精子，最终一个初级精母细胞形成 4 个精子，其中 2 个精子染色体核型为 23,X，另外 2 个精子染色体核型为 23,Y。卵子不再发生形态结构的变化，最终一个初级卵母细胞经过两次减数分裂，只生成 1 个女性配子——卵子，另外 3 个细胞为极体，核型均为 23,X。

由于在第一次减数分裂中同源染色体的配对联会和非姐妹染色单体之间的基因交换，使得染色体上的基因产生了新的组合，随着同源染色体的分离和自由组合，以及第二次减数分裂过程中姐妹染色单体的分离和自由组合，产生了多种不同染色体组合的配子。因此，两次减数分裂不仅生成了单倍体的配子，为受精后恢复二倍体奠定了基础，而且产生了遗传构成多样性的男性配子和女性配子。

（二）受精

受精（fertilization）是成熟获能后的精子与卵子融合形成受精卵的过程，一般发生在排卵后 24 h 内，受精部位多在输卵管的壶腹部。

1. 受精过程 成熟卵泡破裂，次级卵母细胞连同透明带、放射冠以及卵泡液从卵巢表面排出（图 20-3A）。排卵时，在卵巢分泌的雌激素作用下，输卵管伞部突起伸长，肌层平滑肌节律性收缩，在卵巢表面做扫描样运动；输卵管黏膜层上皮细胞游离面纤毛向子宫腔方向定向快速摆动，输卵管壁平滑肌节律性收缩；输卵管腔内液体也向着子宫腔方向流动。这些因素使得排出的次级卵母细胞连同其周围的透明带和放射冠进入输卵管并向子宫腔方向运动。当次级卵母细胞到达壶腹部时，因此处管腔大、卵泡液流速减缓，卵细胞运转速度变慢，受精得以在此处进行。

正常成年男性一次可射出 3 亿~5 亿个精子，但通过子宫和输卵管到达受精部位的精子只有 300~500 个。在附睾中发育成熟的精子在精液中能自由运动，但尚无与卵子结合的能力，这是因为精子的细胞膜表面被覆有糖蛋白衣与精浆蛋白，具有抑制受精的作用。当精子进入女性生殖管道后，在子宫及输卵管分泌物作用下，精子表面的一些糖蛋白衣和精浆蛋白从精子头部脱落，顶体表面的细胞膜裸露，从而获得与卵子结合的能力，此过程称为精子获能（sperm capacitation）。

获能后的精子接近卵母细胞周围的放射冠时，开始释放顶体酶，溶解放射冠细胞间的基质，从而使精子穿过放射冠、接触透明带。在透明带蛋白 ZP3（精子受体）的介导下，精子与透明带黏附并继续释放顶体酶，在透明带中形成一个精子穿过的通道，使精子与卵细胞直接接触（图 20-3B）。精子释放顶体酶，溶蚀放射冠和透明带的过程，称为顶体反应（acrosome reaction）。精子穿过透明带后，进入卵周隙与卵细胞直接接触。起初，精子头部质膜与卵细胞膜融合，称精卵质膜融合；随即精子的细胞核及细胞质进入卵细胞内，精子的细胞膜将成为受精卵细胞膜的一部分（图 20-3C）。精子进入卵细胞后，卵细胞立即向卵周隙释放浅层胞质中的皮质颗粒（cortical granule），称皮质反应（cortical reaction）。皮质颗粒中的溶酶体酶进入透明带，使透明带的结构发生改变，灭活了透明带表面的精子特异性受体 ZP3，从而阻止了其他精子穿越透明带、进入卵细胞，这一过程称为透明带反应（zona reaction）。透明带反应保证了人卵的单精受精，防止了多精入卵。

精子的进入，不仅引发了透明带反应，而且激发次级卵母细胞完成第二次减数分裂，形成 1 个成熟的女性配子——卵子和 1 个几乎不含细胞质的第二极体（图 20-3D）。卵子的细胞核呈泡状，称卵原核（ovum pronucleus）或雌原核（female pronucleus），精子的细胞核紧靠卵原核并膨大呈泡状，形成精原核（sperm pronucleus）或雄原核（male pronucleus）（图 20-3E）。两个原核中均含有 23 条染色体。两原核进一步贴近，核膜消失，染色体释放到核浆中，来自两个原核的染色体相互混合，形成了一个由精子与卵子融合而成的、含有 46 条染色体的二倍体细胞——受精卵，又称合子（zygote）（图 20-3F）。至此，受精过程完成。

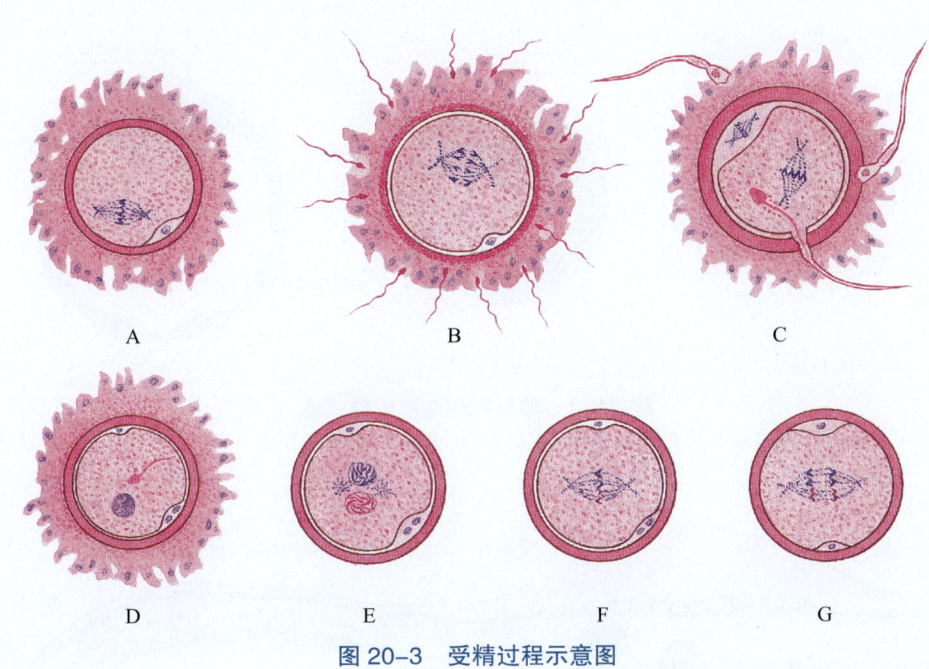

图 20-3　受精过程示意图

2. 受精的意义

（1）受精是形成新个体的开端。受精刺激卵母细胞完成了第二次减数分裂，并使受精卵进行快速的分裂分化，启动了新个体的发育过程。

（2）精子与卵子结合后，恢复了细胞的二倍体核型，其中 23 条染色体来自父方，23 条染色体来自母方，维持了物种的延续性。

（3）受精促进了个体遗传多样性。受精使父系和母系的遗传物质融合，同时由于配子发生过程中曾发生染色体联会、基因交换等，遗传物质重新组合，故新个体具有不同于亲代的新性状。

（4）受精决定了胚胎的遗传性别。如果含有 X 性染色体的精子与卵子结合，受精卵的核型为 46,XX，胚胎的遗传性别为女性；若含有 Y 性染色体的精子与卵子结合，则受精卵的核型为 46,XY，胚胎的遗传性别为男性。

二、胚泡形成和植入

（一）卵裂和胚泡形成

受精完成之后，受精卵发生连续的有丝分裂，称为卵裂（cleavage）。卵裂形成的子细胞称为卵裂球（blastomere）（图20-4A，B，C）。随着卵裂的进行，卵裂球之间出现了越来越明显的差异，即细胞分化；同时，由于卵裂始终在透明带内进行，随着卵裂球数目的增加，细胞体积愈来愈小。受精后约30 h第一次卵裂完成，为2细胞期；40 h为4细胞期；72 h卵裂球达到12~16个细胞，此时细胞排列紧密，形似桑葚，称桑葚胚（morula），其外周仍有透明带包裹（图20-4D）。桑葚胚已出现明显的细胞分化：位居中央的为成胚细胞，周边的为成滋养层细胞。在卵裂的同时，由于输卵管平滑肌的节律性收缩，管壁上皮细胞纤毛的摆动和输卵管腔内液体的流动，使卵裂中的受精卵逐渐向子宫方向移动，受精后72 h桑葚胚已进入子宫腔内（图20-5）。

桑葚胚进入子宫腔后，卵裂球很快增加至100

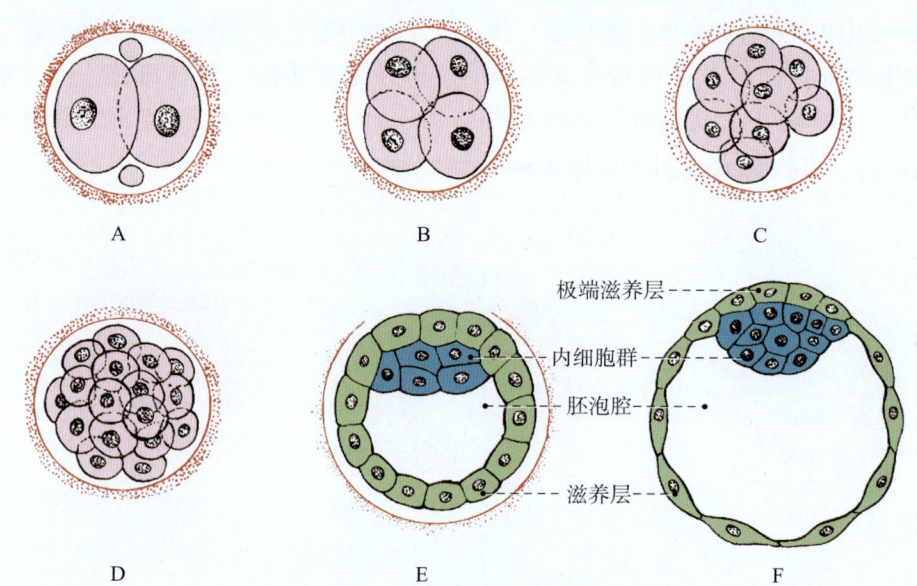

图20-4 卵裂和胚泡形成模式图

A. 2细胞期（30 h）；B. 4细胞期（40 h）；C. 8细胞期（3天）；D. 桑葚胚（3.5天）；E. 早期胚泡（4天）；F. 晚期胚泡（4.5天）

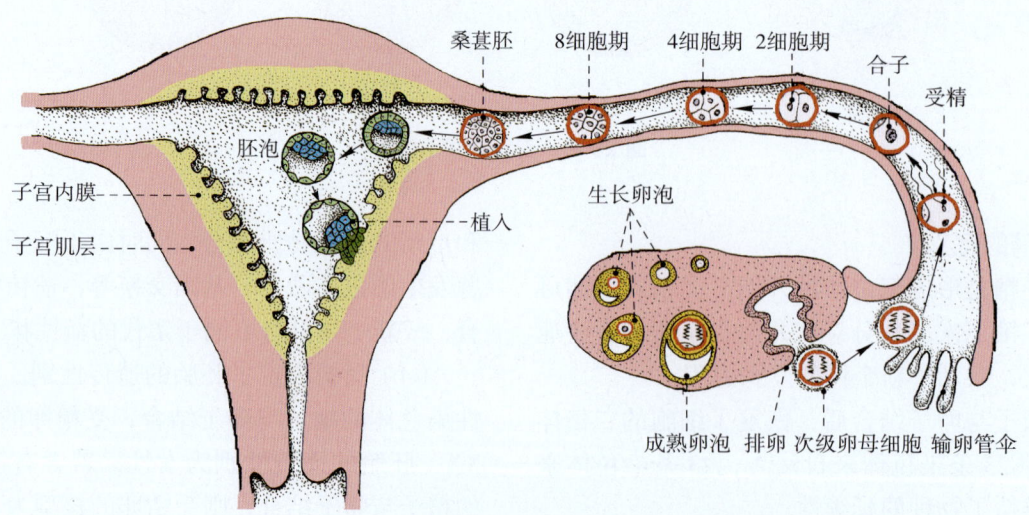

图20-5 排卵、受精、胚泡形成和植入部位模式图

个细胞左右，细胞分化更加明显。细胞间先出现一些小间隙，后融合为一个大腔，细胞按一定规律排列，使整个胚呈泡状，故称胚泡（blastocyst）（图20-4E，F）。胚泡中央为胚泡腔（blastocyst cavity），腔内含有液体。包绕胚泡腔的一层扁平细胞为滋养层（trophoblast）。在胚泡腔一端，有一团细胞与滋养层相贴，称内细胞群（inner cell mass），是未来胚体的原基，可分化为胚体的各种组织结构和器官系统，故又称成胚细胞（embryoblast）。覆盖在内细胞群外面的滋养层称为极端滋养层（polar trophoblast）。滋养层可从母体子宫内膜吸收营养物质，极端滋养层还将参与胎盘的形成。

（二）植入

胚泡逐渐埋入子宫内膜的过程称为植入（implantation）或着床（imbed）（图20-5）。于受精后第5天末或第6天初开始，受精后第11~12天完成。植入多位于子宫体前、后壁或子宫底内膜处。植入前，在雌激素与孕激素的协同作用下，子宫内膜肥厚，处于分泌期，血管丰富，腺体弯曲、扩张并进行分泌，适合植入后胚泡的发育。

受精后第4天，透明带开始解体，胚泡逐渐从透明带中孵出。第5天，滋养层完全裸露。随后，极端滋养层细胞首先与子宫内膜上皮直接接触（图20-6A），并分泌蛋白酶溶解子宫上皮，使其出现缺口，胚泡由此缺口逐渐侵入子宫内膜功能层。在胚泡植入过程中，滋养层细胞迅速分裂增殖，由单层变为复层，表层细胞互相融合，细胞间界线消失，称合体滋养层（syncytiotrophoblast）；内层细胞保持明显的界线，称细胞滋养层（cytotrophoblast）（图20-6B）。细胞滋养层有较强的分裂增殖能力，不断产生新的细胞加入合体滋养层，使合体滋养层逐渐增厚。受精后第9天，胚泡已深入子宫内膜，表面上皮的植入口由纤维蛋白凝栓封堵。合体滋养层内出现一些小的腔隙，称滋养层陷窝（trophoblastic lacunae），内含来自子宫内膜的母体血（图20-6C）。滋养层可直接从母体血液中吸取营养供给胚胎发育所需，并进行物质交换。受精后第12天左右，胚泡已完全埋入子宫内膜，表面的植入口被邻近的上皮细胞增生修复，植入完成（图20-6D）。

胚泡植入后，子宫内膜的功能层发生了复杂的变化，改称为蜕膜（decidua），以后将在分娩时脱落。主要变化有：子宫内膜进一步增厚，血管增生，血流供应更加丰富；子宫腺扩大、分泌旺盛，腺腔内充满分泌物；基质细胞肥大，核仁明显，胞质内富含糖原颗粒和脂滴，这种椭圆形或多边形的细胞称蜕膜细胞（decidua cell）。蜕膜细胞间隙增大，呈"水肿状态"，具有供给胚泡营养和保护子宫内膜免受滋养层过度侵蚀的功能。

根据蜕膜与植入胚泡的位置关系，可将蜕膜分为三部分（图20-7）。①底蜕膜（decidua basalis）：位居胚泡深面与子宫肌层之间，它将随着胚胎的发育而不断扩大、增厚，参与胎盘的形成。②包蜕膜（decidua capsularis）：覆盖在胚泡表面的蜕膜。③壁蜕膜（decidua parietalis）：除去底蜕膜与包蜕膜以外的蜕膜，它与胚泡没有直接的联系。壁蜕膜与包蜕膜之间为子宫腔，随着胚胎的逐渐增大，包蜕膜逐渐靠近壁蜕膜，最终两者相互融合，子宫腔随之消失。

植入通常发生于子宫的体部和底部，最多见于后壁。若植入在子宫颈内口附近并在此形成胎盘，称前置胎盘（placenta praevia）。由于胎盘在子宫颈部生长，在妊娠晚期易发生胎盘早剥而导致大出血；自然分娩时由于胎盘阻塞产道，导致胎儿娩出困难，因而须行剖宫产。植入也会发生在子宫以外部位，称为宫外孕（ectopic pregnancy），可发生在输卵管、卵巢、腹膜腔、肠系膜、子宫直肠陷窝等处。约95%的宫外孕发生于输卵管，其中大部分在输卵管的壶腹部。宫外孕胚胎因营养不足，多数在早期死亡并被吸收，少数发育较大后破裂引起大出血，例如输卵管妊娠多在第2个月内发生输卵管破裂和母体严重内出血。宫外孕产生的原因可能是由于激素调节紊乱或输卵管异常，如输卵管慢性炎症或受肿瘤压迫、狭窄，影响受精卵通过输卵管所致。

植入是受母体雌激素、孕激素精细调节和多种细胞因子介导的复杂生理过程，同时还受到宫腔内环境的影响。这些因素中的任何一个环节出现异常，都会引起植入不能性不孕，如内分泌紊乱、子宫内膜炎等。人为干扰其中某一个环节，就可以达到避孕的效果，比如激素类药物干扰、宫内节育器等。

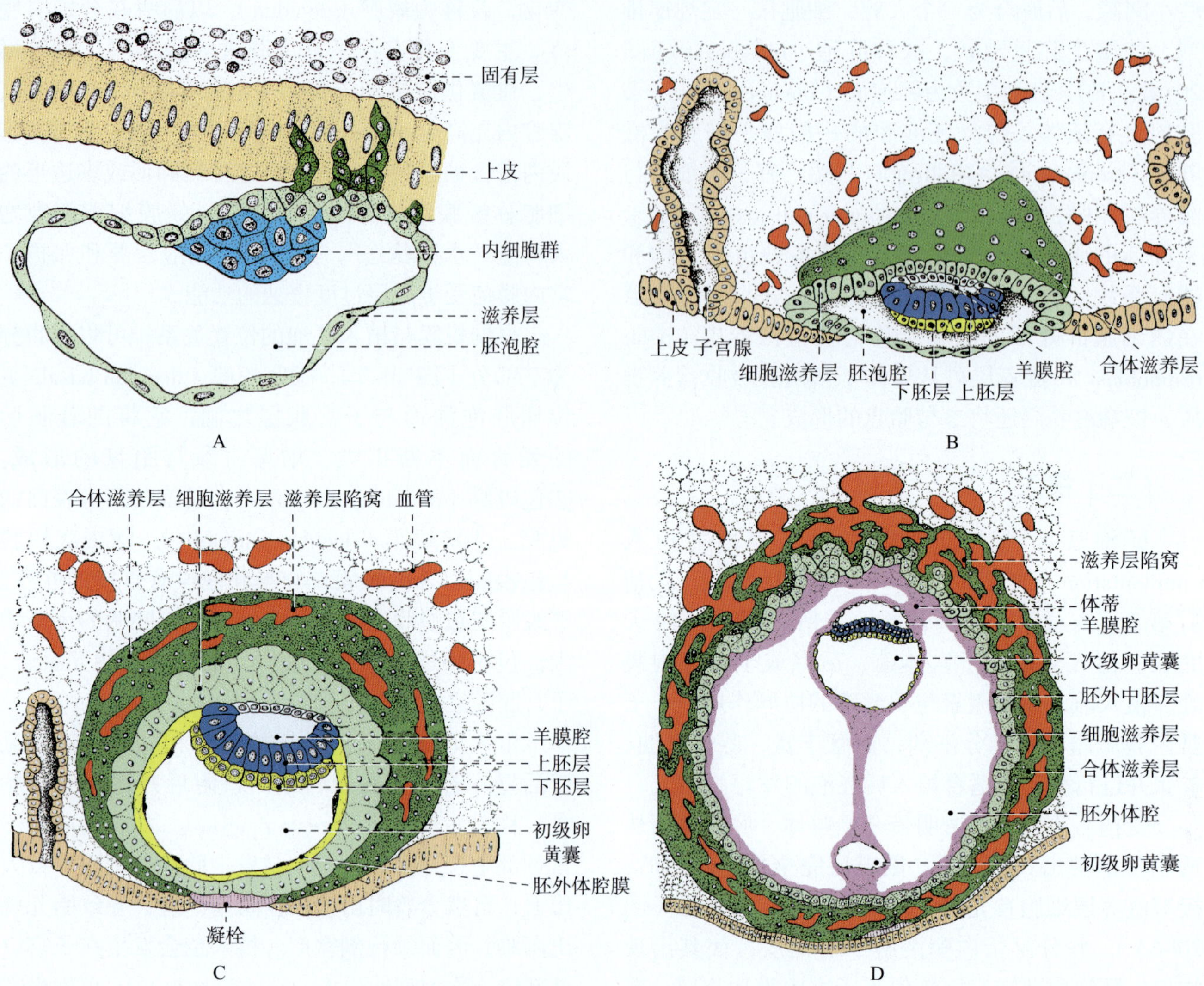

图 20-6 植入过程

A. 第 7 天；B. 第 8 天；C. 第 9 天；D. 第 13 天

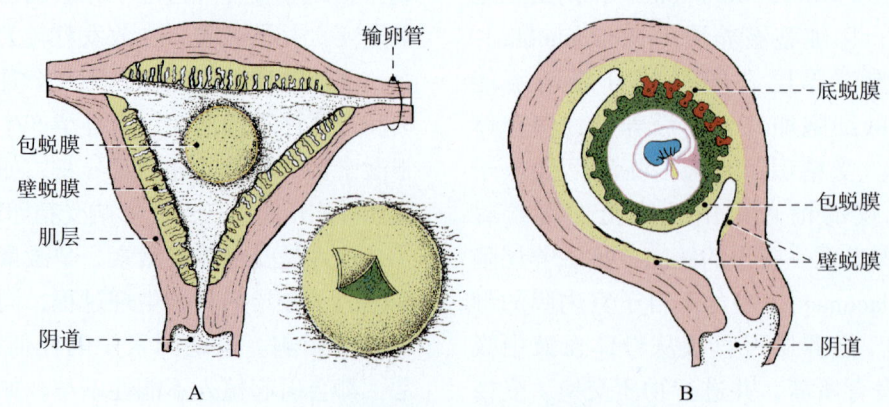

图 20-7 胚泡植入后与蜕膜的关系

A. 冠状面；B. 矢状面

三、胚层的形成

（一）二胚层胚盘及相关结构的形成

在第2周胚泡植入的同时，内细胞群的细胞分裂增殖，逐渐形成圆盘状的胚盘。在此时期，还将形成羊膜腔、卵黄囊和胚外中胚层。

受精后第8天，胚泡中内细胞群的细胞分化为上下两层：来自内细胞群外围的极性细胞朝向胚泡腔形成一层整齐的立方形细胞，称下胚层（hypoblast）；来自内细胞群中央的非极性细胞分化为一层柱状细胞，称上胚层（epiblast）。两层细胞紧密相贴，中间有一层基膜相隔。这两层细胞构成的椭圆形盘状结构，称二胚层胚盘（bilaminar germ disc）（图20-8）。

随着上胚层细胞的增生，细胞间出现了一个小的腔隙并逐渐扩大，于是上胚层被分隔成了两层，贴近细胞滋养层内面的一层细胞为成羊膜细胞（amnioblast），后形成羊膜（amniotic membrane）。羊膜的边缘与上胚层细胞相延续，环绕中央的羊膜腔（amniotic cavity），腔内充满了羊水。羊膜与上胚层共同包绕羊膜腔构成了羊膜囊（amnion）（图20-8A）。

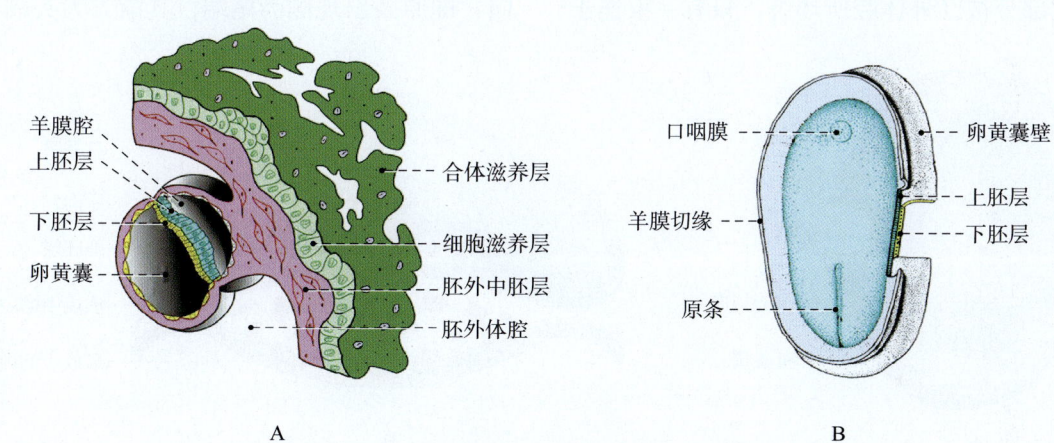

图20-8 二胚层胚盘
A. 胚盘的位置；B. 胚盘背面观

受精后第9天，下胚层周缘的细胞增生并沿细胞滋养层的内表面向下延伸，形成了由一层扁平细胞构成的膜，称胚外体腔膜（exocelomic membrane）。这层细胞在胚泡腹侧相遇并融合后，与下胚层共同构成了一个囊，称初级卵黄囊（primary yolk sac），其囊腔就是原来的胚泡腔，下胚层就是初级卵黄囊的顶。第2周末，下胚层周缘细胞继续增生并沿胚外体腔膜向下生长，最终在初级卵黄囊内形成一个由单层立方上皮构成的较小的囊，这就是次级卵黄囊（secondary yolk sac），简称卵黄囊（yolk sac）。次级卵黄囊的出现掐断了初级卵黄囊与下胚层的连接，使其脱离胚盘并逐渐萎缩退化（图20-9）。

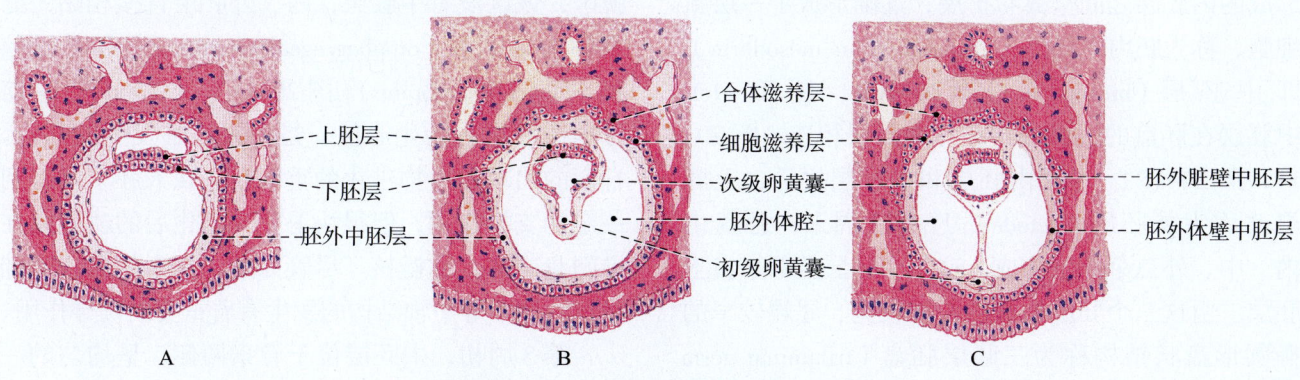

图20-9 二胚层胚盘相关结构的形成

受精后第 11 天，在羊膜、卵黄囊与滋养层之间出现一层疏松排列成网状的星形细胞，称胚外中胚层（extraembryonic mesoderm）（图 20-9A）。受精后第 12 天，随着胚外中胚层的增厚，其中出现一些小的腔隙并逐渐融合成一个大腔，称胚外体腔（extraembryonic coelom）（图 20-9B）。胚外体腔的出现，将胚外中胚层分成了两部分：衬在滋养层的内表面和覆盖在羊膜囊外面的一层称为胚外体壁中胚层（extraembryonic somatopleuric mesoderm），覆盖在卵黄囊外面的一层称为胚外脏壁中胚层（extraembryonic splanchnopleuric mesoderm）（图 20-9C）。此时，二胚层胚盘连同其上方的羊膜囊和下方的卵黄囊大部分被胚外体腔所环绕，只有一束连于胚盘尾端与滋养层之间的胚外中胚层将其悬吊在滋养层上，这就是体蒂（body stalk），将来发育为脐带的主要成分。

（二）三胚层胚盘及相关结构的形成

第 3 周人胚的主要变化包括原条出现、胚内中胚层形成、三胚层胚盘形成。

受精后第 15 天，胚盘部分上胚层细胞迅速增殖，并由两侧向胚盘一端中轴线迁移，形成一条纵行的细胞索，称原条（primitive streak）。原条头端膨大，形成结节状，称原结（primitive node）（图 20-10A）。原条的产生决定了胚盘的中轴及头尾方向，即原条出现侧为尾端，其前方为头端。

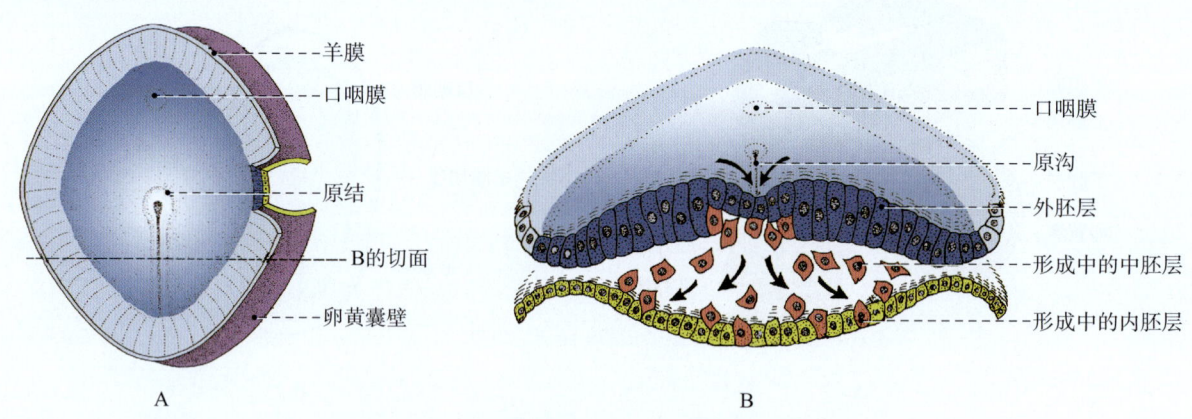

图 20-10　三胚层胚盘形成示意图（第 16 天）
A. 胚盘背面观；B. 通过原条的胚盘横切面

原条细胞继续增殖，向深部迁移，并经原条下陷形成原沟（primitive groove）。原沟底部的上胚层细胞继续由沟底向两侧及头端深部扩展迁移，首先迁入下胚层，并逐渐全部置换了下胚层细胞，形成一层新的细胞，称内胚层（endoderm）（图 22-10B）。从上胚层迁出的另一部分细胞在上胚层与新形成的内胚层之间呈翼状扩展，逐渐形成了一层新细胞，称为胚内中胚层（intraembryonic mesoderm），即中胚层（mesoderm）（图 20-10B，图 20-11）。中胚层在胚盘的边缘处与胚外中胚层相连（图 20-11，图 20-15）。形成内胚层和中胚层之后，上胚层改称为外胚层（ectoderm）。第 3 周末，胚盘由内、中、外三个胚层构成，这三个胚层全部来自上胚层。由这三个胚层构成的头端较宽、尾端较窄的椭圆形盘状结构称为三胚层胚盘（trilaminar germ disc），是人体发生的原基，构成人体的各种细胞、组织、器官均来源于此。

原结的背侧凹陷形成原凹（primitive pit）。原凹处的上胚层细胞不断向下增殖，并向头端迁移，在内、外胚层之间形成一个管状突起，经过复杂的变化形成一单独的细胞条索，称脊索（notochord）（图 20-11）。在脊索的头端和原条的尾侧各有一圆形薄膜区，该区没有中胚层，内、外胚层直接相贴，分别称为口咽膜（oropharyngeal membrane）和泄殖腔膜（cloacal membrane）（图 20-11A、C）。口咽膜前方的中胚层称为生心区，是将来心脏发生的部位。脊索的出现是生物进化的重演，它在人胚早期起到一定的支持作用，但很快退化，退化后的遗迹留在椎间盘中央，称髓核。尽管如此，脊索的出现对神经管、体节等中轴结构的发生有着重要的诱导作用。

第 3 周初，中胚层位于脊索两侧，呈均匀的一层，随后将迅速生长并发生分化。由于中胚层、脊索

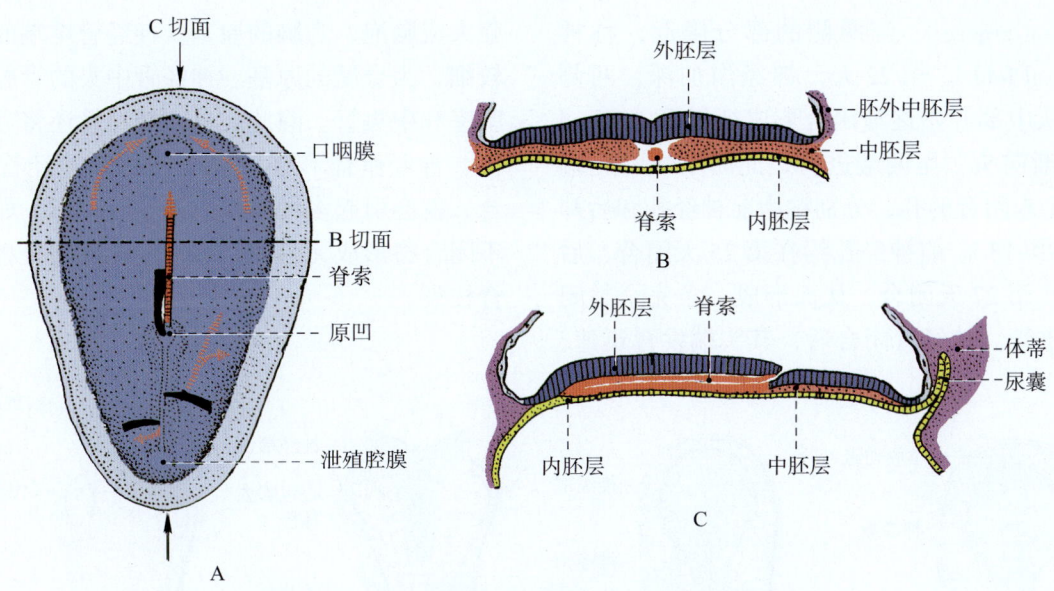

图 20-11 中胚层及脊索形成示意图（第 18 天人胚）
A. 背面观；B. 胚盘正中横切面；C. 胚盘正中纵切面

和胚盘头部生长迅速，原条生长相对缓慢并向尾端退缩，至第 4 周时原条已退化消失。如果原条未完全消失，残存部分于胎儿骶尾部形成含有源于三个胚层组织的肿瘤，称为畸胎瘤（teratoma）。到第 3 周末，胚盘的形状已由圆盘状变为头端较宽、尾端较窄的鞋底形盘状结构（图 20-12），胚盘尾侧连接于体蒂。

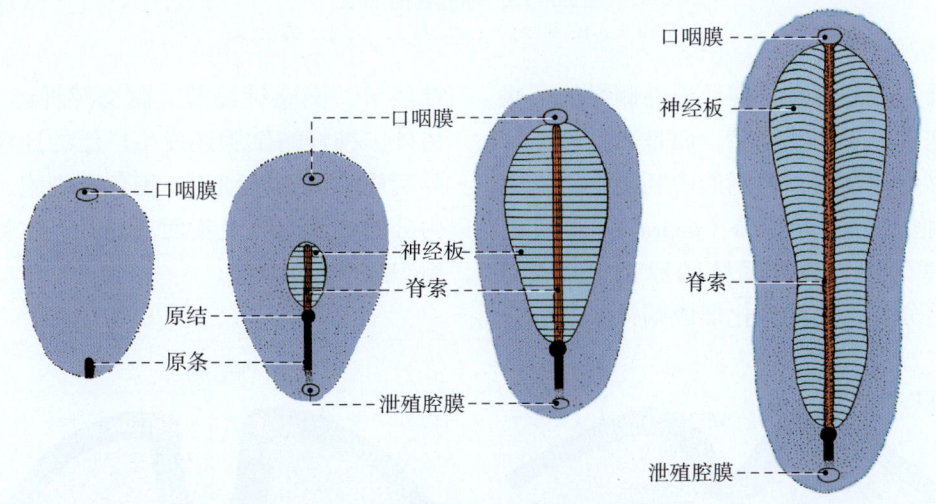

图 20-12 第 3 周胚盘背面观变化示意图

此外，在第 3 周初（受精后第 16 天），卵黄囊顶部尾侧的内胚层细胞增生，形成一盲囊突入体蒂内，这就是尿囊（allantois）（图 20-11C）。人胚的尿囊不发达。关于尿囊的演变及其生物学意义，将在胎膜中讲述。

四、三胚层的分化和胚体的形成

胚胎第 4 周至第 8 周，外、中、内三个胚层逐渐分化形成各种器官的原基，胚体外形逐渐形成。

（一）三胚层的分化

1. 外胚层的分化　受精后第 19 天左右，在脊索的诱导下，沿着脊索背侧的外胚层细胞形成一个头端宽、尾端窄的椭圆形增厚细胞板，称神经板（neural plate）（图 20-12，图 20-13）。构成神经板的这部分外胚层组织称神经外胚层（neural ectoderm）。第 20~21 天，神经板中央凹陷，称神经沟（neural groove），沟两侧的部分隆起，称神经褶（neural fold）。第22天，神经沟加深，两侧的神经褶从中部开始逐渐闭合形成神经管（neural tube），并渐向头、尾两端进行，此时头端和尾端各留有一个未闭合的孔，分别称为前神经孔和后神经孔（图20-13）。前神经孔约在第25天闭合，后神经孔则在第27天闭合，从而形成一条完全封闭的神经上皮管。神经管闭合后，其头端发育迅速，膨大成脑泡，为脑的原基；神经管尾端的其余部分较细，为脊髓的原基。神经管中央的管腔将分化为脑室和中央管。除此之外，神经管还将分化为松果体、神经垂体和视网膜等。如果神经管未完全闭合，就会引起多种类型的神经管畸形，如前神经孔不闭合将形成无脑儿，后神经孔不闭合将形成脊髓脊柱裂。

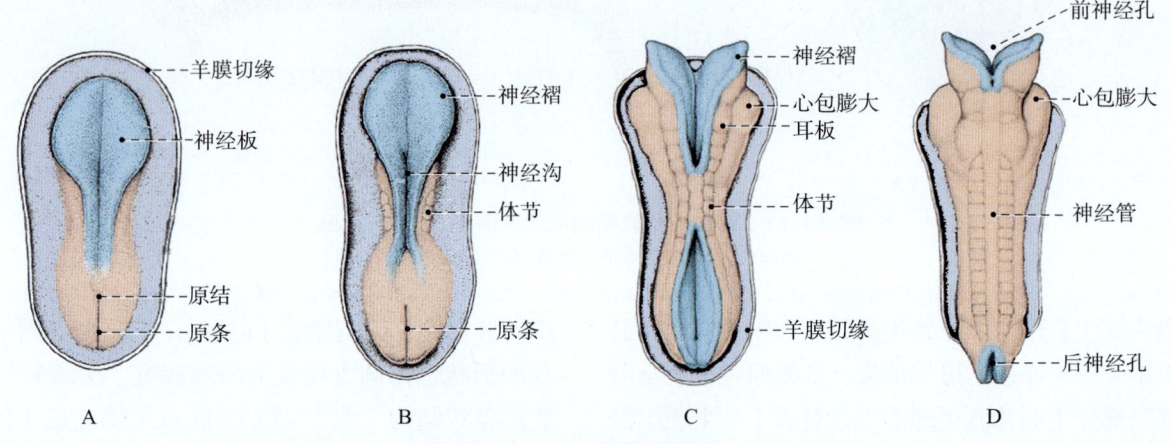

图20-13　神经管的形成
A. 第19天；B. 第20天；C. 第22天；D. 第23天

神经沟闭合为神经管时，神经板外侧缘的一些神经外胚层细胞未进入神经管壁，而是离开神经管和外胚层，迁移到神经管背外侧的中胚层中，形成两条纵行的细胞索，称神经嵴（neural crest）（图20-14）。神经嵴是周围神经系统的原基。第4周末，神经嵴开始分节，它将分化形成脑神经节、脊神经节、交感神经节、副交感神经节及外周神经。另外，神经嵴细胞还发生广泛的迁移，分化为肾上腺髓质中的嗜铬细胞、黑色素细胞、某些弥散神经内分泌细胞，以及头面部的骨、软骨、肌肉、结缔组织等。

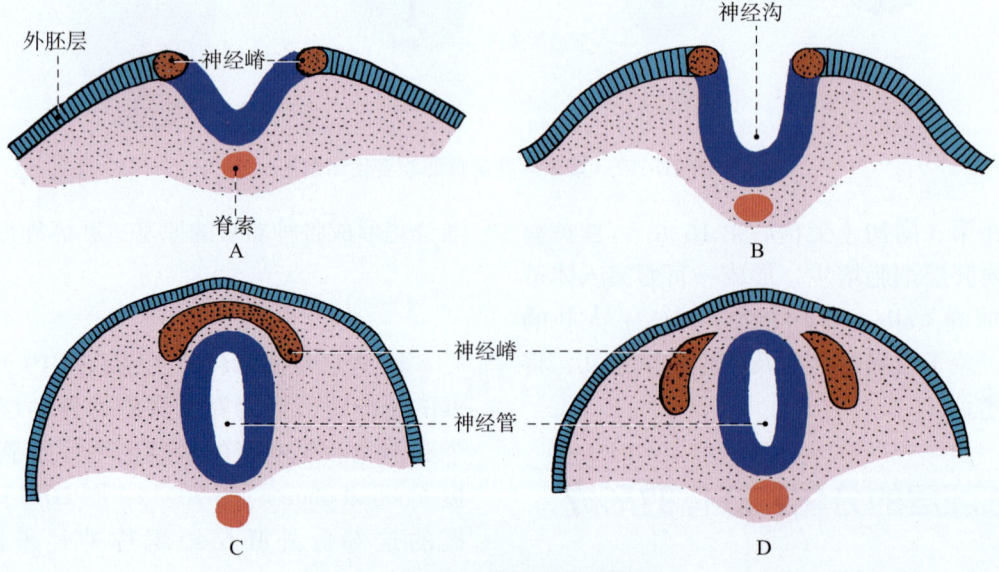

图20-14　神经管和神经嵴的形成

神经沟闭合后,神经管及神经嵴脱离外胚层,并被胚体表面的表面外胚层覆盖。表面外胚层将分化为表皮及其附属器,如毛发、指(趾)甲、皮脂腺、汗腺、乳腺,还分化为眼(角膜和晶状体)、耳、鼻中的感觉上皮,脑垂体,牙釉质,口腔及肛门部的黏膜上皮等。

2. 中胚层的分化 第3周初,胚盘中轴线两侧的中胚层细胞增生,起初呈均匀的一层,随后由中央向两侧依次分化形成三个部分:脊索两侧的中胚层细胞增殖迅速,形成了两条增厚的中胚层组织带,称轴旁中胚层(paraxial mesoderm);胚盘两侧边缘的中胚层仍然较薄,称侧中胚层(lateral mesoderm);轴旁中胚层与侧中胚层之间的中胚层组织称间介中胚层(intermediate mesoderm)(图20-15)。

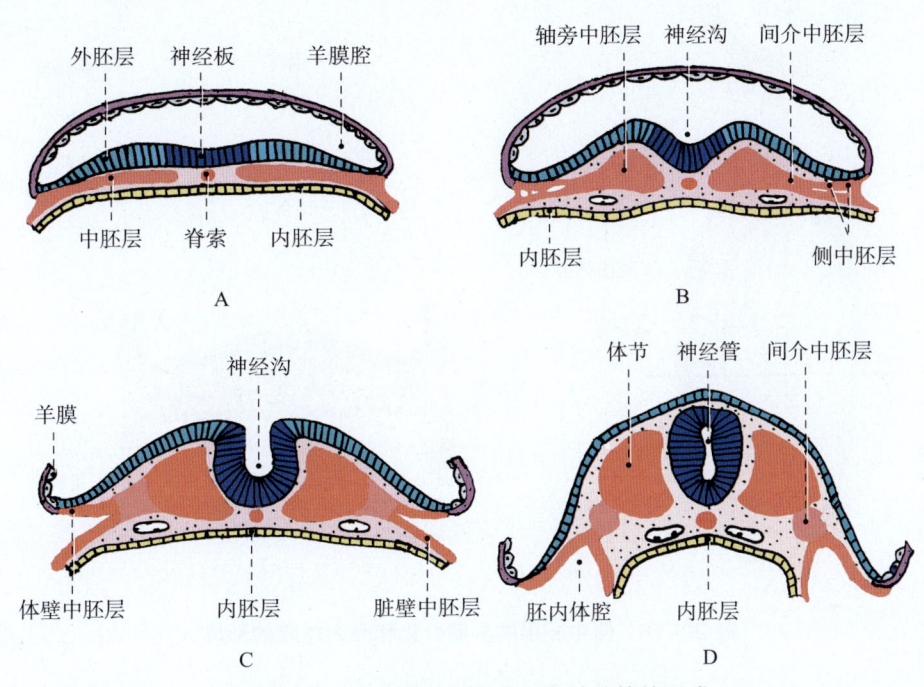

图 20-15 中胚层的早期分化及神经管的形成
A. 17天;B. 19天;C. 20天;D. 21天

(1)**轴旁中胚层的分化** 受精后第19天,位于脊索两侧的轴旁中胚层细胞增殖肥厚,随即断裂形成左右成对的细胞团块,称为体节(somites)(图20-13,图20-15)。体节从胚体的头端部分开始出现,第一对体节于第20天出现于颈区,以后每天形成3~4对,逐渐向尾端进展,第5周末共形成42~44对。体节是形成脊柱、四肢和体壁上的骨骼肌、真皮和皮下结缔组织的原基。

(2)**间介中胚层的分化** 间介中胚层是位于轴旁中胚层与侧中胚层之间的狭窄的中胚层带,它将分化为泌尿系统和生殖系统的主要器官,其演变将在后续相关章节中讲述。

(3)**侧中胚层的分化** 侧中胚层是中胚层的边缘部分。随着侧中胚层的生长,其内部先出现一些小的腔隙,后逐渐融合为一个贯穿头尾的倒"U"形管腔,即胚内体腔(intraembryonic coelom)(图20-16)。于是侧中胚层被分隔为两层:与外胚层相贴、并与羊膜囊的胚外体壁中胚层相延续的称为体壁中胚层(somatic mesoderm);与内胚层相贴、并与卵黄囊壁上的胚外脏壁中胚层相延续的称为脏壁中胚层(splanchnic mesoderm)(图20-15,图20-16)。此时,胚内体腔与胚外体腔相通。体壁中胚层将来分化为体壁中的骨骼、肌肉、结缔组织及胸膜、腹膜、心包膜的壁层。脏壁中胚层将来分化为内脏器官的平滑肌、结缔组织及胸膜、腹膜、心包膜的脏层。胚内体腔将来随着胚体侧褶的形成逐渐向脐区汇合并最终封闭(图20-17),最后依次分化为心包腔、胸膜腔和腹膜腔。

在中胚层分化过程中,除一部分保持上皮性结构外,大部分将形成疏松网状的间充质(mesenchyme)。间充质由星形的间充质细胞和基质组成,间充质细胞具有向不同方向分化的潜能,将

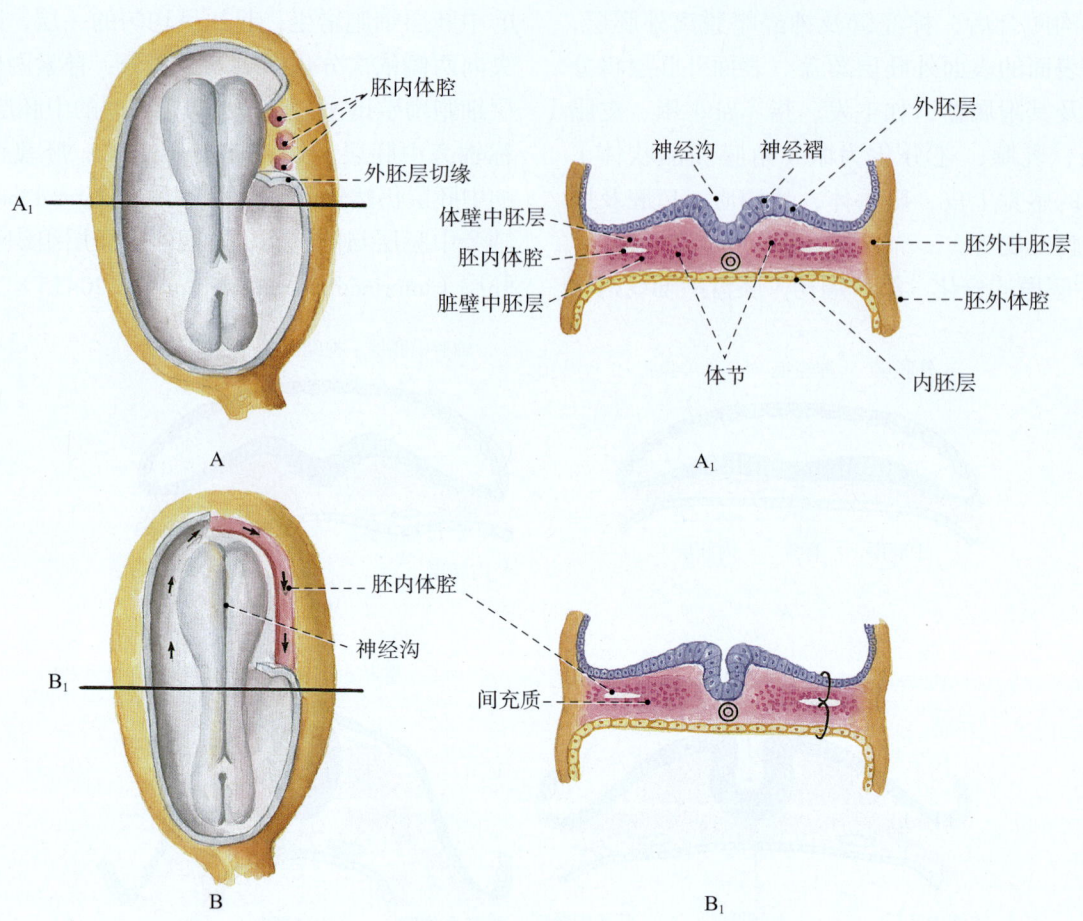

图 20-16 侧中胚层的早期分化和胚内体腔的形成

分化成结缔组织、肌组织和心血管系统。最早的血管和造血干细胞出现于卵黄囊壁上胚外中胚层中的血岛（blood island）。心脏、血管和血液的发生及演变将在后续相关章节中具体讲述。

3. 内胚层的分化 受精后第 3 周末至第 4 周初，由于神经管的迅速生长，以及头褶、尾褶和侧褶的逐渐加深，胚体由盘状逐渐变成了柱状，致使卵黄囊顶壁的内胚层被卷入胚体内形成原始消化管（primitive digestive duct），又称原肠（primitive gut）（图 20-17）。原始消化管的头端部分为前肠（foregut），尾端部分为后肠（hindgut），位于前、后肠之间并与卵黄囊相连的部分称中肠（midgut）（图 20-17C）。前肠的头端有口咽膜封闭，后肠末端的腹侧有泄殖腔膜封闭。原来与内胚层相连的卵黄囊被卷至胚体外，与中肠相连的部分逐渐变细形成卵黄蒂（vitelline stalk），又称卵黄管（vitelline duct）。第 6 周末，卵黄蒂闭锁，后逐渐退化，脱离肠袢，原始消化管随即成为一条位于神经管及脊索下方的纵行管，它是消化系统与呼吸系统的原基，将来分化为消化管、肝、胰、气管、肺等器官的上皮。

（二）胚体外形的形成

第 3 周初，人胚为扁平的椭圆形盘状结构，直径 0.1~0.2 mm，其上方有羊膜囊，下方有卵黄囊，由宽阔的体蒂将其连接至绒毛膜内面，悬吊在胚外体腔中。

第 4 周，胚体由盘状胚逐渐卷折形成"C"形柱状胚（图 20-17）。第 20 天，由于体节及神经管生长迅速，胚盘中央部的生长速度远较胚盘边缘快，致使扁平的胚盘向羊膜腔内隆起，胚盘边缘明显卷折，头尾端形成头褶、尾褶，两侧缘形成侧褶。第 23 天，胚盘卷折更深，神经褶明显，神经沟部分融合，体节 12 对左右，心隆起出现。第 26 天，胚体已经卷折成柱状，前神经孔已闭合，后神经孔仍在，体节 20 对左右，嗅板出现，视泡形成，心隆

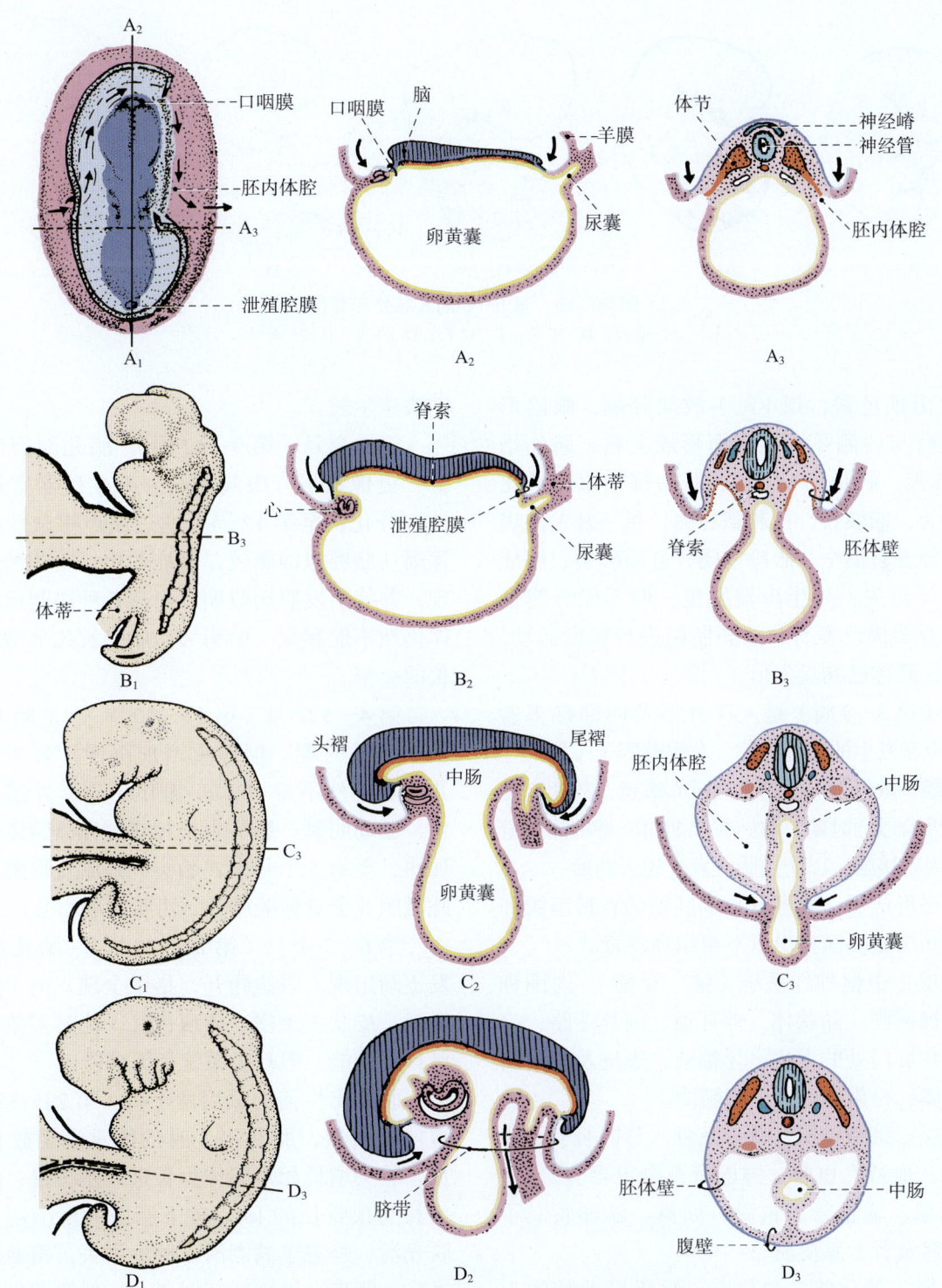

图 20-17　内胚层的早期分化和胚体外形的形成
A. 第 20 天；B. 第 23 天；C. 第 26 天；D. 第 28 天

起明显。第 27 天，胚长约 5.0 mm，出现 3 对鳃弓，体节 24 对左右，后神经孔闭合，上肢芽出现。到第 4 周末，胚体从头至尾呈 "C" 形（图 20-17D）。

第 5—8 周，胚体外形出现明显的变化（图 20-18）。第 30 天，胚长约 6 mm，出现 4 对鳃弓，体节 33 对左右，嗅泡和晶状体板形成，后肢芽出现。第 35 天，胚长约 10 mm，上肢呈桨板状，鼻窝清晰可见，体节难以计数。第 42 天，胚长约 14 mm，手板和足板上出现了指（趾）放线，脑泡明显，脐疝开始出现。第 49 天，胚长约 22 mm，

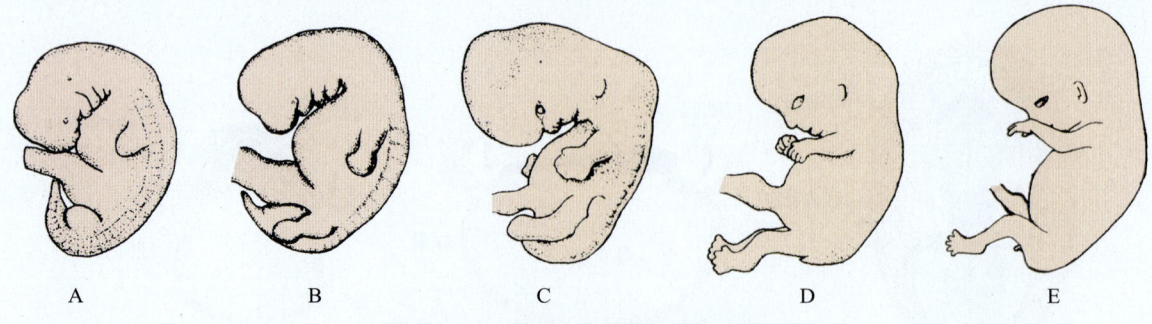

图20-18 第5—8周人胚外形变化
A. 30天；B. 35天；C. 42天；D. 49天；E. 56天

视网膜上出现色素，指（趾）放线分隔，眼睑形成，上颌突与内侧鼻突融合而形成上唇，脐疝增大。第56天，胚长约31 mm，胚头部与躯体的比例明显偏大，四肢长，肘和膝屈曲，指（趾）游离分节，面部五官俱全，眼睑未闭，肛膜破裂，脐疝仍存在，尾消失；外生殖器发生，但不能分辨性别；神经及肌肉已发育，故胚胎能进行轻微运动。第8周末，胚体已初具人形。

胚期（第3—8周）是人体外形及内部许多器官、系统原基发生的关键时期，对致畸因子（如某些药物、病毒、微生物等）的影响极其敏感，故此期是易发生先天畸形的时期，孕妇在此期内应特别注意避免与致畸因子接触，以防止胎儿发生先天畸形。

三胚层形成后，逐渐分化为胚胎的各种组织和器官。各胚层主要演变出以下组织和器官。

外胚层：中枢神经系统（脑、脊髓），周围神经系统；视网膜、晶状体、外耳道、内耳迷路；口腔、鼻腔和肛门处的上皮，牙釉质；表皮及其附属器；脑垂体、松果体及肾上腺髓质。

中胚层：结缔组织、软骨及骨；骨骼肌、心肌和平滑肌；血液、血管、淋巴管及淋巴器官；肾、睾丸、附睾、输精管、精囊、卵巢、输卵管、子宫、阴道穹及肾上腺皮质。

内胚层：消化管、消化腺、呼吸道及肺的上皮；扁桃体、中耳、甲状腺、甲状旁腺及胸腺上皮；膀胱、尿道、前列腺及尿道球腺上皮；生殖细胞。

五、胎期的发育

胎期自第9周开始，到胎儿出生为止，历时约210天。此期主要是组织和器官的逐渐成熟及胎儿的快速生长。

第3个月（第9—12周），胎儿颜面部逐渐发育、更像人形，眼睑闭合。外生殖器官逐渐出现性别分化，至第12周可通过超声辨认性别。肠袢逐渐从脐腔退回腹腔，脐疝消失。胎儿神经反射出现，并能引发肌肉收缩、出现各种协调运动，但母体仍然不能察觉。胎头大，胎头长几乎是胎儿顶臀长的一半。

第4—5个月（第13—20周），是胎儿身长增长最快的时期，但体重增加缓慢，第5个月末胎儿体重仍然不足500 g。趾甲出现，骨骼、肌肉发育，胎动明显。胎头生长相对缓慢，胎体生长相对加快，至第5个月末，胎头只是胎儿顶臀长的1/3。此时胎儿全身覆盖胎毛，可听出胎心音。

第6—7个月（第21—28周），胎儿眉毛、头发逐渐出现，眼睑睁开，指甲全现。由于缺少皮下组织，皮肤多皱褶，体瘦色红。此时多数器官系统已具有功能，但呼吸系统尚无功能。

胎儿出生前的最后两个月（第29—38周），体重增长最快，胎儿出生时的体重近半数在此期增加。胎头增长相对躯体生长进一步缓慢，出生前胎头长为顶臀长的1/4。皮下脂肪大量出现，胎儿皮肤光滑、外观丰满圆滑。胎毛消失，覆盖胎脂。睾丸降入阴囊，性别特征明显。一般胎儿出生时体重约3 200 g，顶臀长36 cm左右，顶跟长50 cm左右。

至此，经过胚前期（第1—2周）、胚期（第3—8周）和胎期（第9—38周），人胚胎发育过程全部完成。胚胎发育的各个时期都发生了许多重要的变化，具有一定的外形特征，因此常根据这些特征及胚胎长度等推算胚胎龄。

六、胎膜与胎盘

胚胎发育过程中，在胚体周围形成一些附属结构，不参与胚体的构成，称为胎膜，包括羊膜囊、卵黄囊、尿囊、脐带和绒毛膜（图 20-19）。同时，来自胚泡的丛密绒毛膜与母体的底蜕膜相结合形成胎盘。胎膜与胎盘为胎儿在母体内生长发育所必需的结构，具有保护、营养、物质交换及分泌激素等功能，在胎儿娩出后，胎盘、胎膜与子宫蜕膜一起被排出，总称为胞衣。

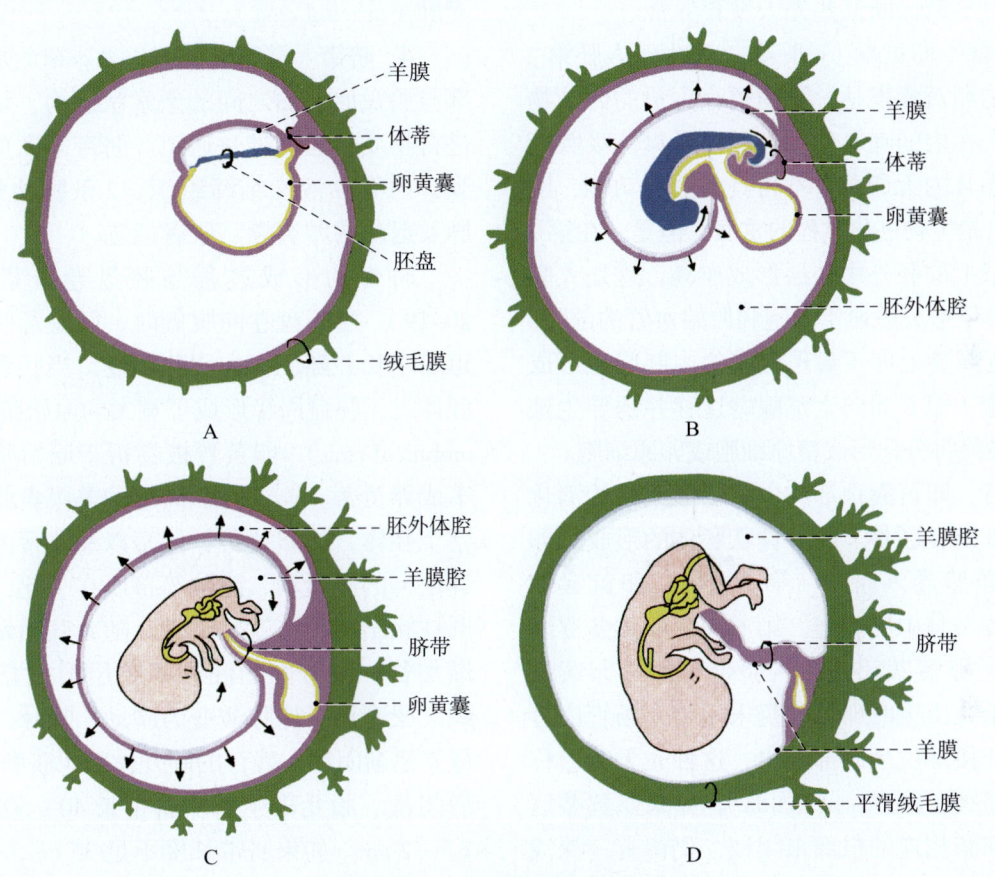

图 20-19　胎膜的结构及演变
A. 第 3 周；B. 第 4 周；C. 第 10 周；D. 第 20 周

（一）胎膜

1. 羊膜囊　羊膜囊（amnion）发生于人胚第 2 周，是羊膜环绕羊膜腔形成的一个囊状结构。羊膜为一层半透明的薄膜，由羊膜上皮和表面覆盖的胚外中胚层构成，早期附着于胚盘的边缘，羊膜囊位于胚盘背侧。随着胚体的长大，羊膜迅速生长扩大，到第 3 个月末，羊膜已与绒毛膜的内面相连接，胚外体腔消失。随着胚盘向腹侧包卷、圆柱状胚体的形成和羊膜囊的不断扩大，羊膜从附着在胚盘的边缘向胚体腹侧移动，逐渐包裹胚体腹侧的卵黄囊、体蒂及尿囊，形成脐带。最终胎儿被羊膜腔所包绕。

羊膜腔内充满羊水。妊娠早期，羊水无色透明，主要由羊膜上皮分泌；妊娠中、晚期羊水渐混浊，内含胎儿的排泄物和脱落的上皮，可经胎盘的胎儿面、胎儿体表吸收及胎儿吞咽。羊水不断更新，处于动态平衡状态。足月时的羊水约 1 000 mL，如果超过 2 000 mL，则为羊水过多（polyhydramnios），少于 500 mL 则为羊水过少（oligohydramnios）。羊水量的异常提示胎儿可能存在某种先天畸形，如羊水过多往往预示胎儿神经系统发育障碍（无脑儿）或者上消化道闭锁；羊水过少往往预示胎儿肾缺如或尿道闭锁。羊水过少和羊膜腔过小还会阻碍胎儿发育。

羊膜囊和羊水为胎儿生长发育提供了适宜的微环境，可缓冲外来的压力，使胎儿免受压迫和震荡的损伤，防止胎儿和周围组织发生粘连。在分娩时，羊水还具有促进宫颈扩张和冲洗产道的作用。临床上应用羊水穿刺，进行细胞学、遗传学和生物化学检测，可早期诊断某些先天发育异常。

2. 卵黄囊 卵黄囊（yolk sac）发生于人胚第2周。卵生动物卵黄囊发达，囊内贮存大量的卵黄物质，而包括人在内的哺乳动物靠胎盘从母体吸收营养，卵黄囊小且内无卵黄，不再具备营养功能，因此它的出现只是生物进化过程的重演。但是，在第3周，卵黄囊壁上的胚外中胚层形成血岛，这是人胚发育过程中最早形成造血干细胞和原始血管的部位。在第5周，近尿囊处卵黄囊尾侧壁的内胚层还形成原始生殖细胞，第6周向生殖腺嵴迁移并诱导生殖腺的发生，最终将分化形成精原细胞或卵原细胞。

第4周时，卵黄囊顶部的内胚层形成原始消化管，其余部分留在胚外。随着柱状胚体的形成，卵黄囊逐渐被羊膜卷入脐带。第5周时，卵黄囊缩小，并以卵黄蒂与中肠相连。第6周，卵黄囊逐渐与中肠脱离，卵黄蒂闭锁并入脐带中形成卵黄韧带。如果在胎儿出生时卵黄蒂仍未闭锁，肠管内容物可通过该连接部位从脐部溢出，这种先天畸形称为脐粪瘘或脐瘘（umbilical fistula）。如果卵黄蒂远端闭锁，与回肠相连的根部未闭锁，仍留有一深浅不等的盲囊，称麦克尔憩室（Meckel diverticulum）。如果卵黄蒂的脐端和回肠端均闭锁，但中间一段未闭锁，在卵黄韧带中会残留一囊泡，称为卵黄管囊肿（vitellointestinal cyst）。

3. 尿囊 第3周时，卵黄囊尾侧壁与胚盘交界处的内胚层向体蒂内突出一盲囊，称尿囊（allantois）。卵生动物胚胎尿囊很发达，有呼吸及贮存排泄物的作用；人胚尿囊很不发达，仅存在数周就退化，没有气体交换和排泄功能。但是，随着尿囊的发生，其壁上的胚外中胚层出现了一对尿囊动脉和一对尿囊静脉，这两对大血管没有随着尿囊的退化而退化，而是越来越发达，最终演变成脐带内的脐动脉和脐静脉。尿囊的根部纳入胚体内，演化为膀胱的一部分；其余大部分退化为一根从膀胱顶部至脐的细管，称脐尿管（urachus）。脐尿管以后闭锁为脐中韧带。如果脐尿管在出生时仍未闭锁，膀胱中的尿液就会通过此管溢出脐外，这种畸形称脐尿瘘（urachal fistula）。如果连于膀胱的根部未闭锁，则形成一个膀胱壁上突出的盲囊，称脐尿管憩室（urachal diverticulum）。如果脐尿管的膀胱端与脐端均已闭合，但中段未闭锁，则形成脐尿管囊肿（urachal cyst）。

4. 脐带 脐带（umbilical cord）是连于胚胎脐部与胎盘胎儿面之间的条索状结构，是胎儿与母体进行物质转运的唯一通道。脐带表面覆有光滑的羊膜，内有黏液性结缔组织、2条脐动脉、1条脐静脉及退化的卵黄囊、尿囊遗迹。

脐带的形成过程与胚盘卷折紧密相关（图20-19）。当胚盘卷向腹侧时，胚盘背侧的羊膜囊也迅速生长并随胚盘向腹侧包卷。当胚盘卷成圆柱状胚体时，胚盘周缘形成了宽大的原始脐环（primitive umbilical ring），卵黄囊被卷折于原始脐环之外并缩窄成卵黄蒂。连于胚盘周缘的羊膜囊此时完全包裹整个胚体，将卵黄蒂、体蒂以及体蒂内的尿囊、尿囊壁上的尿囊动、静脉等挤压在一起，包被成一条圆柱状结构，这就是脐带。随着胚胎发育，脐带逐渐加长，脐带内的胚外中胚层形成黏液性结缔组织，尿囊动、静脉演变为脐动、静脉，卵黄管和脐尿管逐渐闭锁，残存的胚外体腔（脐腔）也在10周后闭锁。胎儿出生时，脐带长40～60 cm，直径为1.5～2 cm。如果脐带长度不足35 cm，称脐带过短，可引起胎盘早期剥离；如果长度超过80 cm，则称脐带过长，可发生脐带缠绕胎儿颈部或其他部位、打结，从而引起胎儿窒息死亡或者局部发育不良。

5. 绒毛膜 绒毛膜（chorion）由滋养层和衬于其内面的胚外中胚层共同发育形成。受精后第2周末，滋养层细胞迅速增生分化为表面的合体滋养层及中央的细胞滋养层，两层细胞在胚泡表面形成绒毛状突起，称初级绒毛（primary villus）（图20-20A）。第3周初，胚外中胚层逐渐长入绒毛的中轴，形成了次级绒毛（图20-20B）。滋养层与其内面的胚外中胚层逐渐包绕整个胚胎形成一板状结构，称为绒毛膜板（chorionic plate）。次级绒毛中轴的胚外中胚层逐渐分化形成小血管，并与胚体内的血管相通，此时具有血管的绒毛改称为三级绒毛（图20-20C）。三级绒毛不断生长、发出分

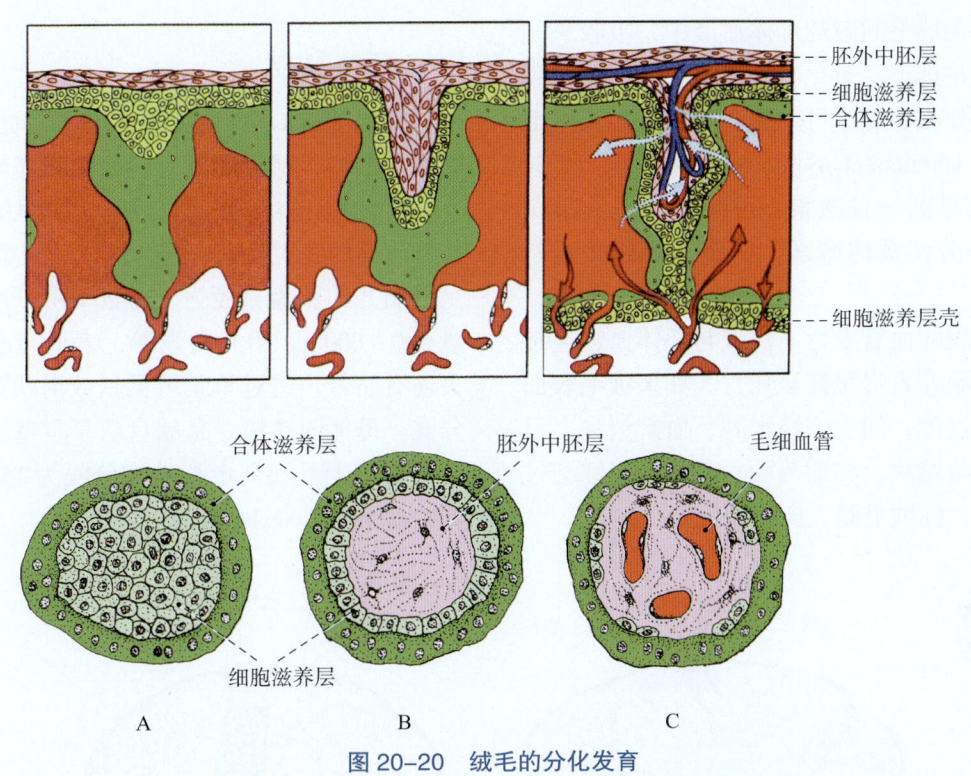

图 20-20 绒毛的分化发育
A. 初级绒毛；B. 次级绒毛；C. 三级绒毛

支，游离于绒毛间隙的母血中。三级绒毛顶端的细胞滋养层细胞增生，穿过合体滋养层进入蜕膜，并沿合体滋养层表面扩展形成一层细胞滋养层壳（cytotrophoblast shell）（图 20-20C）。细胞滋养层壳使绒毛膜与底蜕膜牢固结合，并将合体滋养层与蜕膜组织分隔。

在胚胎发育的前 6 周，绒毛膜表面绒毛分布均匀。6 周后，伸入底蜕膜中的绒毛因营养丰富而生长茂盛且分支多，这部分绒毛膜改称为丛密绒毛膜（chorion frondosum）。伸入包蜕膜中的绒毛因营养不足而逐渐萎缩退化，至第 4 个月时完全消失，这部分绒毛膜表面变得光滑平坦，称平滑绒毛膜（chorion laeve）（图 20-19）。随着胚胎的发育，丛密绒毛膜与底蜕膜共同构成胎盘；平滑绒毛膜与羊膜逐渐靠近并融合，胚外体腔消失；继之，与包蜕膜一起凸向子宫腔，最终与壁蜕膜融合，子宫腔消失（图 20-21）。

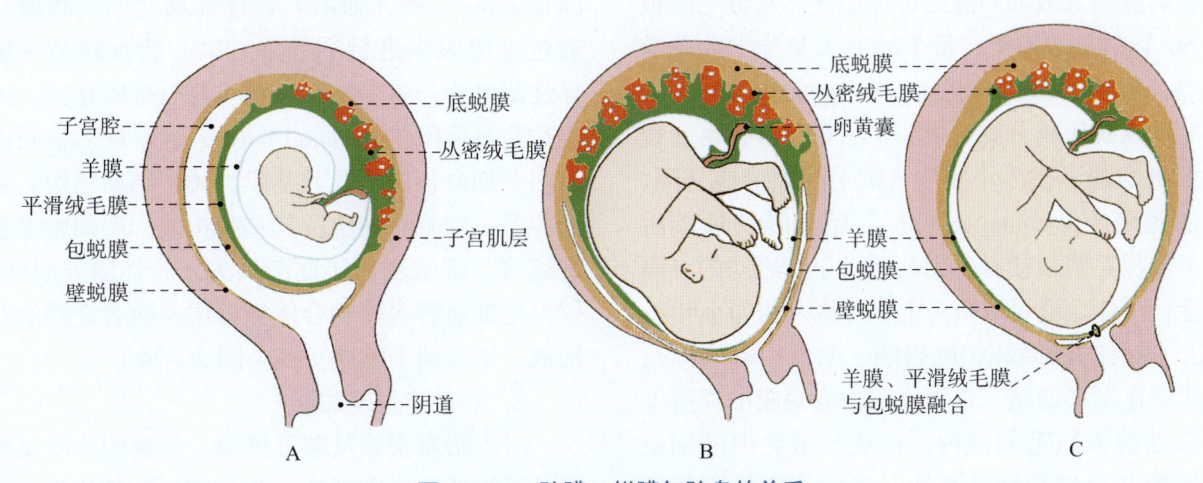

图 20-21 胎膜、蜕膜与胎盘的关系

绒毛浸浴在绒毛间隙的母体血液中，吸收氧气和营养物质，并排出二氧化碳和代谢废物。绒毛膜还有重要的内分泌功能，可分泌多种激素。人绒毛膜促性腺激素（human chorionic gonadotropin，hCG）是孕期分泌最早的一种激素，可维持母体卵巢黄体继续存在并分泌黄体激素，从而维持妊娠正常进行。

如果绒毛膜的血管发育不良或与胚体血管连接不良，会使胚胎发育迟缓甚至死亡。如果绒毛表面的滋养层增殖过度，间质变性水肿，血管消失，呈水泡状或葡萄状胎块，称葡萄胎。若滋养层细胞过度增生并癌变，称绒毛膜上皮癌。

（二）胎盘

胎盘（placenta）是胎儿和母体进行物质交换的重要结构，同时还具有内分泌和屏障功能。

1. 胎盘的结构　胎盘是由胎儿面的丛密绒毛膜与母体面的底蜕膜紧密结合构成的一个圆盘状结构。足月胎儿的胎盘直径为 15～20 cm，厚 2～3 cm，质量 500～600 g。胎儿面光滑，表面覆盖有羊膜，中央连有脐带，透过羊膜可见呈放射状走行的脐血管分支。母体面粗糙，是胎盘从子宫壁剥离后的残破面，由若干不规则走行的沟分隔为 15～30 个小区，即胎盘小叶（cotyledon）（图 20-22）。

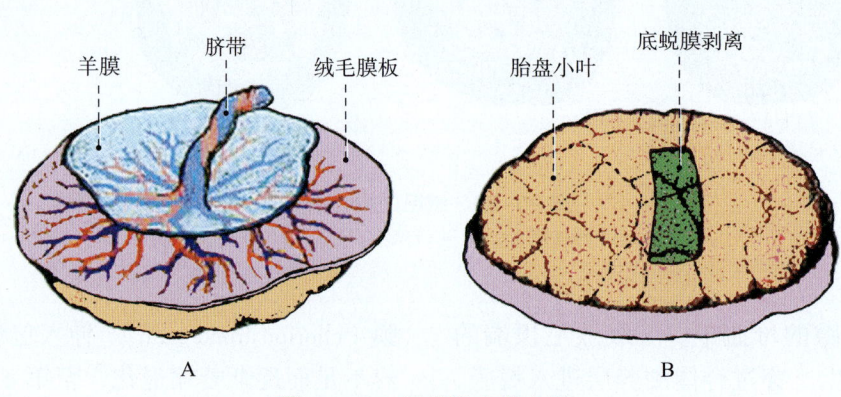

图 20-22　足月胎盘模式图
A. 胎盘的胎儿面；B. 胎盘的母体面

在胎盘的垂直断面上，可见胎盘内部由三层结构构成（图 20-23）：胎儿面为滋养层和胚外中胚层形成的绒毛膜板；母体面为滋养层壳和蜕膜构成的基板（basal plate），底蜕膜中有螺旋动脉及静脉开口；中层为绒毛和绒毛间隙，间隙内流动着从子宫螺旋动脉流入绒毛间隙的母体血液。从绒毛膜板发出 60 个左右绒毛干，每个绒毛干又分出数个游离绒毛，浸泡在绒毛间隙的母体血液中。每 1～4 个绒毛干及其所属分支形成一个胎盘小叶，由底蜕膜上发出的若干楔形小隔伸入绒毛间隙形成分隔，称为胎盘隔（placental septum）。胎盘隔的远端游离，不与绒毛膜板接触，因此胎盘小叶之间的分隔不完全，母体血液可以由一个小叶流入相邻小叶。

2. 胎盘的血循环和胎盘膜　胎盘内有母体与胎儿两套血循环通路。母体血液由底蜕膜的螺旋动脉开口处射入绒毛间隙内，在此与绒毛中毛细血管内的胎儿血进行物质交换，然后由底蜕膜静脉开口处回流入子宫静脉。胎儿血来自脐动脉，分支入绒毛干及绒毛内毛细血管网，与绒毛间隙内的母体血进行物质交换，最后经脐静脉回流入胎儿体内。两者的血液在各自封闭的管道内循环，互相并不沟通，两套血循环之间隔有胎盘膜（placental membrane），胎儿血液与母体血液之间的物质交换通过这层膜来进行（图 20-23）。胎盘膜是一层选择性滤过膜，对一些有害物质具有屏障作用，因此也称胎盘屏障（placental barrier）。早期胎盘膜由绒毛内毛细血管内皮及其基膜、薄层结缔组织、合体滋养层、细胞滋养层及其基膜构成。后期胎盘膜越来越薄，细胞滋养层逐渐消失，合体滋养层变薄，仅由毛细血管内皮和合体滋养层及两者之间的基膜构成，更有利于物质交换（图 20-24）。

3. 胎盘的生理功能

（1）物质交换及防卫屏障　胎盘的物质交换功能是通过胎盘膜实现的，胎儿通过胎盘从母血中获

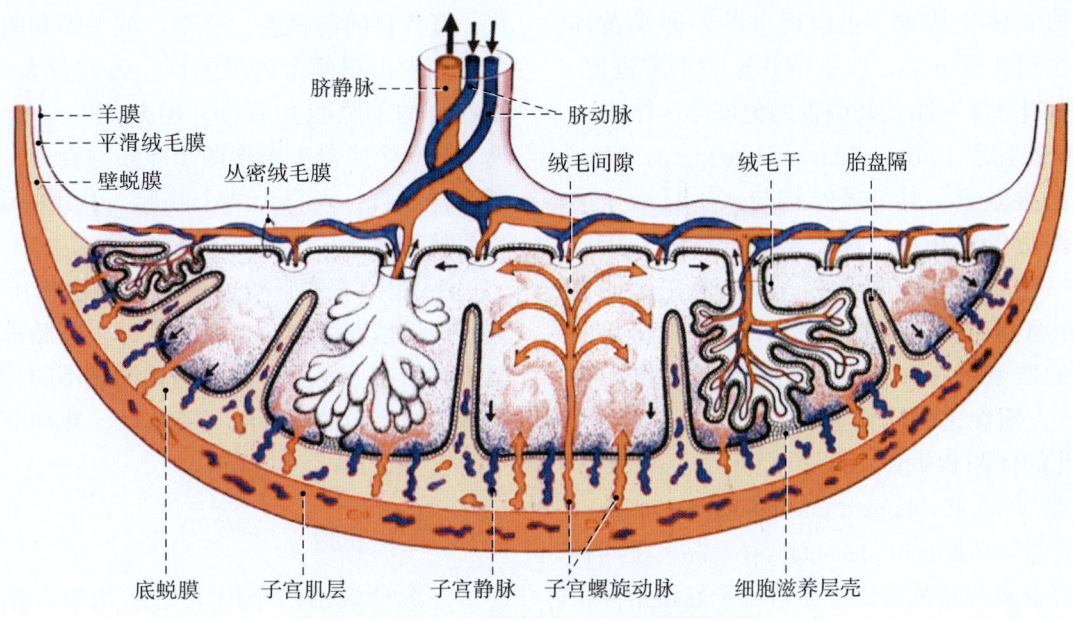

图 20-23　胎盘的结构与血液循环模式图

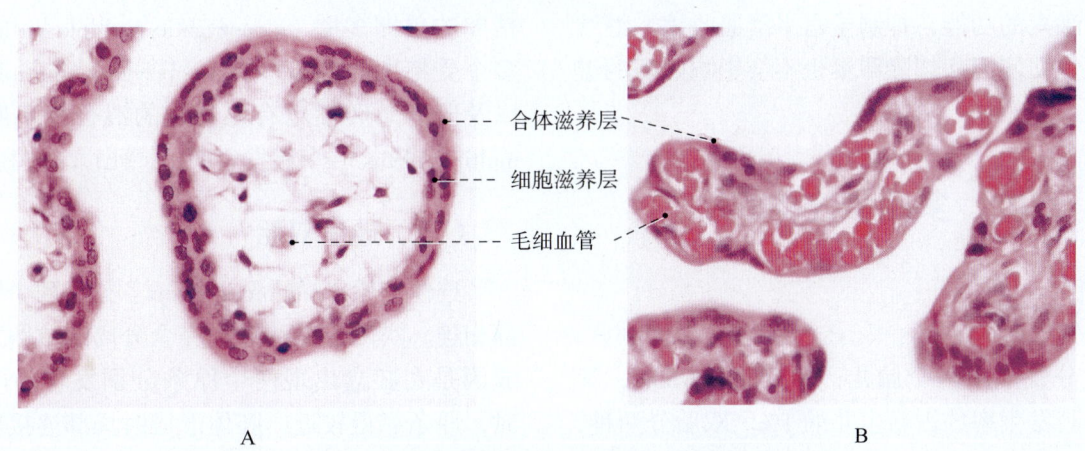

图 20-24　胎盘内绒毛光镜结构（HE 染色）
A. 早期胎盘绒毛；B. 晚期胎盘绒毛

得营养和氧气，排出代谢产物和二氧化碳，这是胎盘的主要功能。胎儿血和母体血之间通过胎盘膜进行物质交换的机制非常复杂，目前仍有很多机制未完全阐明。一般认为，气体、水和电解质的交换通过简单扩散的方式进行；葡萄糖通过易化扩散进行；氨基酸和水溶性维生素通过主动运输进行；蛋白质通过胞饮和胞吐进行。脂肪酸可自由通过胎盘膜并参与胎儿的脂肪合成，脂溶性维生素以简单扩散的方式通过胎盘膜。

胎盘膜具有阻挡母血内大分子物质进入胎儿血循环的作用。多数细菌和病原微生物不能通胎盘膜，但不能阻止病毒通过，因此胎盘膜的防卫屏障功能是有限的。大多数药物都能通过胎盘膜进入胎儿体内，因而妊娠期间不应轻易服用未经医生核准的药物，以免影响胎儿的正常发育。有些具有致畸作用的病毒、药物、化学物质通过胎盘膜进入发育中的胚胎，从而引起多种先天畸形。

（2）内分泌功能　胎盘的合体滋养层具有重要的内分泌功能，可分泌多种激素，对于妊娠的正常进行和胎儿的生长发育具有重要作用。

人绒毛膜促性腺激素（hCG）是合体滋养层合成和分泌的一种糖蛋白激素，受精后第 2 周末出现于母血中，第 9—11 周达到高峰，随后逐渐下降，近 20 周时降至最低。孕妇尿液中的 hCG 浓度变化曲线与血中的浓度变化曲线相平行，因此临床上常用检测尿中 hCG 的方法确定是否妊娠。hCG 的主要功能类似黄体生成素，可以促进孕妇卵巢黄体的继续存在和旺盛分泌，以维持妊娠的正常进行。hCG 还能抑制母体对胎儿及胎盘的免疫排斥作用。

人胎盘催乳素（human placental lactogen，hPL）是一种蛋白类激素，其分子结构与人生长激素类似，化学作用也较相似。该激素由合体滋养层合成，在妊娠第 2 个月开始分泌，并出现在母体血中，第 8 个月达到分泌高峰，直至分娩，其分泌曲线与胎盘的质量增长曲线和胎儿的生长曲线相平行。hPL 一方面促进母体乳腺的生长发育，另一方面促进胎儿的代谢和生长发育。

人胎盘孕激素（human placental progesterone）和人胎盘雌激素（human placental estrogen）是两种合体滋养层合成分泌的类固醇激素，于妊娠第 4 个月开始分泌，以后逐渐增多并取代母体卵巢合成孕激素和雌激素的功能，抑制子宫平滑肌收缩，继续维持妊娠。即使因病切除卵巢也不会影响妊娠的继续进行。

七、双胎、多胎和连体双胎

（一）双胎

一次分娩生下两个胎儿，称双胎（twins），又称孪生，其发生率约占新生儿的 1%。双胎分两种，一种是单卵孪生（monozygotic twins），另一种是双卵孪生（dizygotic twins）。

1. 单卵孪生　单卵孪生是由一个受精卵发育为两个胚胎。由于遗传基因型完全相同，因此两个个体的性别相同，相貌、体态和生理特征等也极相似。单卵孪生的发生可以有下列几种情况（图 20-25）：①受精卵形成两细胞卵裂球时，两者分开，各自发育成一个胚泡，分别植入，各自形成一个胎儿，有各自的羊膜腔、脐带、绒毛膜和胎盘。②一个胚泡内出现两个内细胞群，各发育为一个胎儿，有各自的羊膜腔和脐带，但共用一个胎盘和绒毛膜。③一个胚盘上出现两个原条与脊索，诱导形成两个神经管，发育为两个胚胎，共用一个羊膜腔、绒毛膜和胎盘，各有一条脐带。

2. 双卵孪生　双卵孪生是一次排出两个卵细胞分别受精发育为两个胚胎。每个胚胎都有独立的胎膜与胎盘。两个个体性别相同或不同，相貌和生理特性的差异如同一般兄弟姐妹。双卵孪生约占孪生的三分之二。

（二）多胎

一次分娩出两个以上新生儿为多胎（multiple birth）。多胎形成的原因与孪生相同，有来自一个受精卵的单卵多胎（monozygotic multiple births），来自多个受精卵的多卵多胎（polyzygotic multiple births），以及既有单卵性也有多卵性的混合性多胎（mixed multiple births）。多胎发生率低，死亡率较高。

（三）连体双胎

连体双胎（conjoined twins）是指两个胚体的局部相连，实际上是两个未完全分离的单卵双胎，其成因是在胚盘出现两个原条分别发育为两个胚胎时，原条靠得较近，胚体形成时局部连接所致，因此连体双胎皆共用一个胎盘、绒毛膜和羊膜。连体双胎有对称型和不对称型两类。对称型指两个胚胎一样大小，根据连接的部位分为胸腹连体、背部连体、颅部连体等（图 20-26）。不对称型连体双胎是指两个胚胎一大一小，小者常发育不全，形成寄生胎（parasite）；如果小而发育不全的胚胎被包裹在大的胚体内，则称为胎内胎；如果小者被挤压成薄片，常称为纸样胎。

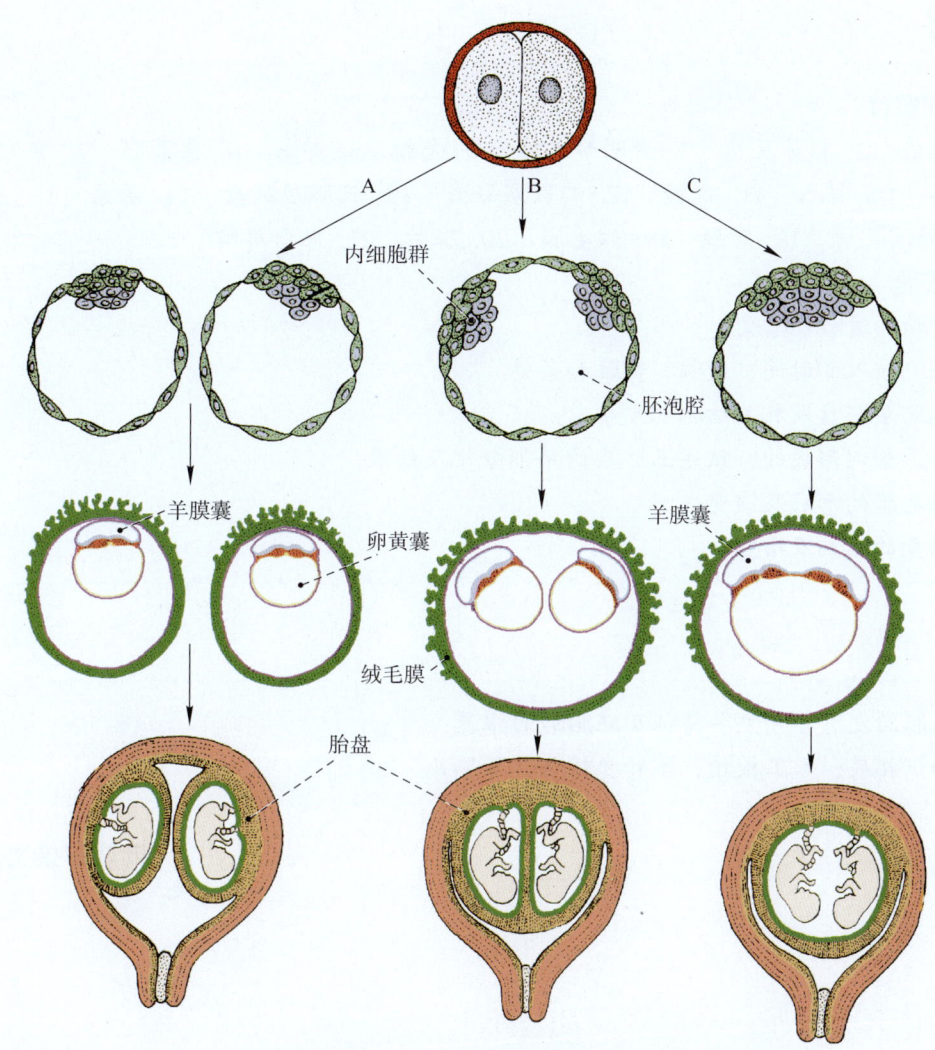

图 20-25　单卵孪生形成模式图
A. 形成两个胚泡；B. 形成一个胚泡和两个内细胞群；C. 一个胚盘形成两个原条

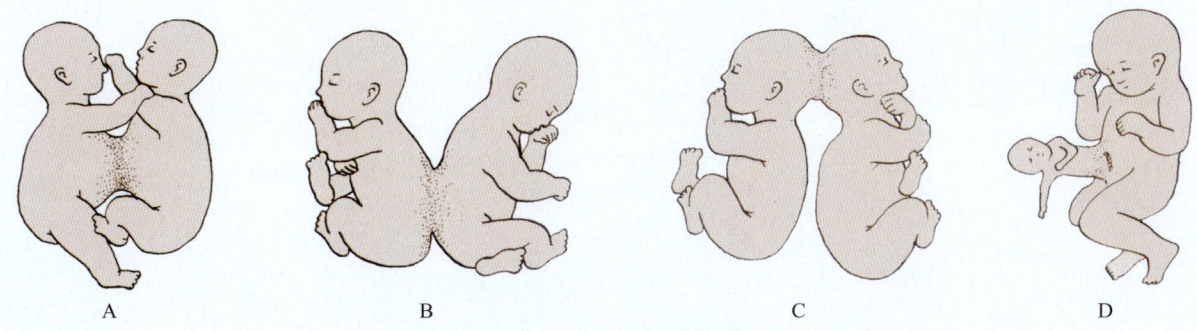

图 20-26　连体双胎模式图
A. 胸腹连体；B. 背部连体；C. 颅部连体；D. 寄生胎

复习题

（一）名词解释

1. 精子获能 2. 顶体反应 3. 透明带反应 4. 受精 5. 卵裂 6. 桑葚胚 7. 胚泡 8. 内细胞群 9. 滋养层 10. 植入 11. 蜕膜 12. 二胚层胚盘 13. 三胚层胚盘 14. 原条 15. 脊索 16. 神经管 17. 原始消化管 18. 胎膜 19. 绒毛膜 20. 脐带 21. 胎盘屏障

（二）问答题

1. 简述受精的过程和意义。
2. 试述胚泡植入的时间、过程、部位和条件。
3. 试述二胚层胚盘及相关结构的发生。
4. 三胚层是如何形成的？试述三胚层的早期分化及结果。
5. 试述绒毛膜的形成及演变。
6. 简述胎盘的结构及功能。

网上学习

20-1 人胚胎发育各期主要特征及胚胎龄的推算
20-2 知识拓展：人工授精、体外受精与试管婴儿

（叶晓霞撰文；徐国成绘图）

第 21 章

颜面、颈及四肢的发生

> **导学**
> - **重点**
>   - 颜面的形成
>   - 常见的先天畸形
> - **难点**
>   - 鼻的发生与颜面形成的关系
>   - 正中腭突和外侧腭突的形成和演变

第 4 周人胚头颈部最显著的特征是额鼻突的形成与鳃器的发生，两者与颜面和颈部主要结构的形成密切相关。同时，胚体两侧的腹外侧壁出现两对小隆起，即为四肢的原基。

一、鳃器的发生

人胚第 4 周时，扁平状的胚盘卷折形成"C"形的柱形胚体，前、后神经孔逐渐闭合，头端迅速膨大形成脑泡，其腹侧间充质的增生，使胚体头部呈较大的圆形隆起，称额鼻突（frontonasal process）。与此同时，口咽膜尾侧的原始心脏发育使原始口腔下方形成另一个较大的隆起，称心突（heart process）（图 21-1）。

伴随额鼻突和心突的出现，头部两侧的间充质增生，逐渐形成左右对称、背腹走向的 6 对柱状隆起，称鳃弓（branchial arch）。其外表面被覆体表外胚层，内表面为咽部内胚层，中轴为中胚层间

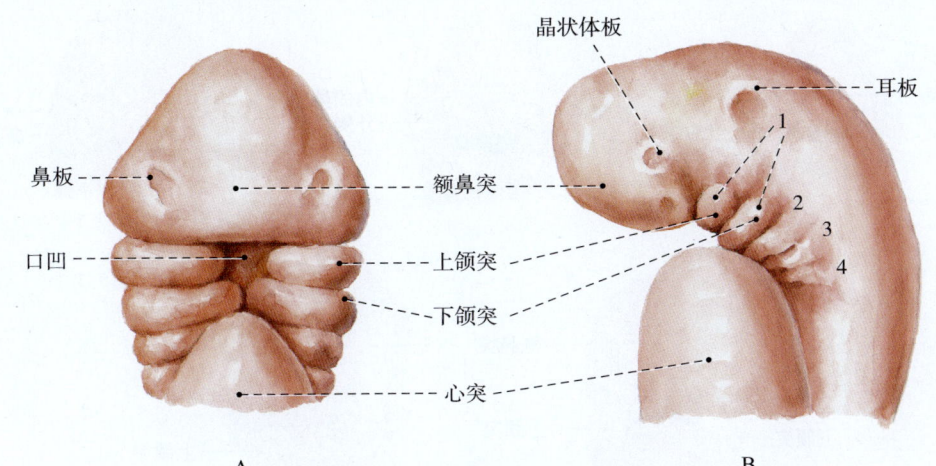

图 21-1　第 4 周人胚头部
A. 腹面观模式图；B. 侧面观模式图

充质。人胚前4对鳃弓明显，第5对出现不久即消失，第6对很小，不甚明显。相邻鳃弓之间的凹陷为鳃沟（bronchial groove）。在鳃弓发生的同时，前肠头段（原始咽）侧壁的内胚层向外膨出，形成左右5对囊状结构，称咽囊（pharyngeal pouch），位置分别与5对鳃沟相对应，两者之间的隔膜称鳃膜（branchial membrane）。鳃膜由鳃沟外胚层、咽囊内胚层及其间的少量间充质构成（图21-2）。

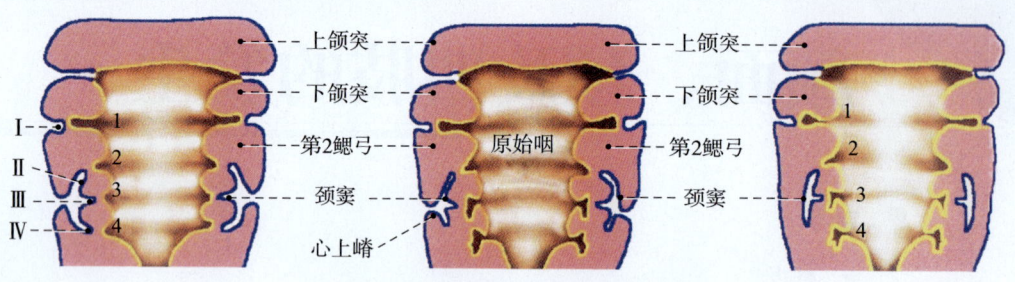

图21-2 鳃器的发生及演变模式图
Ⅰ～Ⅳ示鳃沟；1～4示咽囊

鳃器（branchial apparatus）包括鳃弓、鳃沟、鳃膜和咽囊。在鱼类和两栖类幼体，鳃器将演化为具有呼吸功能的鳃等器官。人胚的鳃器存在时间短暂，是个体发生重演种系发生的现象，也是生物进化的佐证之一。第1对鳃弓将参与颜面形成，第2—6对鳃弓将参与颈的形成，其间充质将分化为肌肉、软骨和骨。咽囊内胚层则是多种器官的发生原基。

二、颜面的形成

额鼻突及第1对鳃弓是颜面形成的原基。第1鳃弓发生后不久，其腹侧部分迅速分叉为上、下两个突起，分别称为上颌突（maxillary process）和下颌突（mandibular process）（图21-1，图21-3）。左右下颌突很快在胚体腹侧中线愈合，将口咽膜与心突隔开。颜面的形成基于5个突起，即额鼻突、左右两侧的上颌突、已愈合的左右下颌突。5个突起中央为一个宽大的凹陷，称口凹（stomodeum）或原始口腔。口凹的底是口咽膜，将口凹与原始咽隔开。口咽膜于第24天左右破裂，原始口腔便与原始咽相通。

颜面形成与鼻的发生密切相关。约在第4周末，在额鼻突下缘的两侧，局部外胚层组织增生变厚，形成左、右1对鼻板（nasal placode），继而中央凹陷为鼻窝（nasal pit），其下缘有一条细沟与口凹相通。鼻窝的内、外侧缘隆起，分别称内侧鼻突（median nasal prominence）和外侧鼻突（lateral nasal prominence）（图21-3，图21-4）。外侧鼻突与上颌突之间存在一浅沟，称鼻泪沟（nasolacrimal

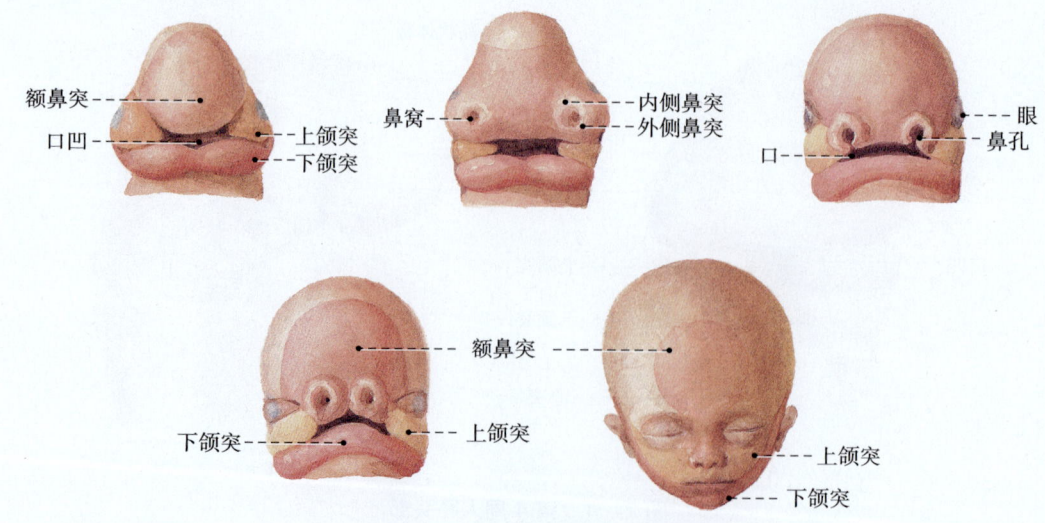

图21-3 颜面的发生模式图

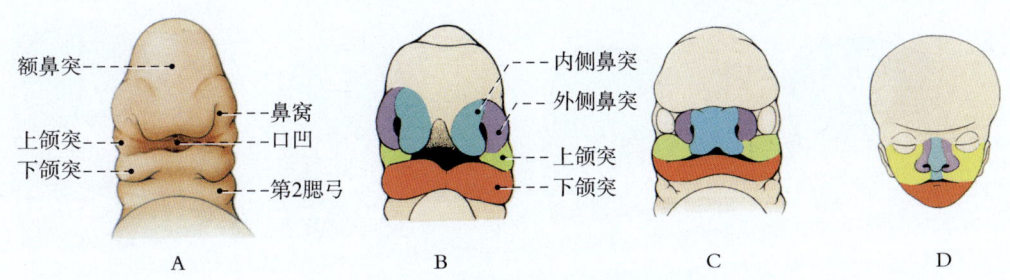

图 21-4　颜面形成过程示意图
A. 第 5 周；B—D. 第 6、7、10 周

groove）。鼻泪沟底壁外胚层将发育形成鼻泪管，其上端膨大发育成泪囊。

颜面的形成是由两侧向正中方向发展。左、右下颌突于第 5 周在腹侧中线愈合，将发育为下颌和下唇。第 6—7 周，左、右上颌突也向中线生长，分别与同侧的外侧鼻突、内侧鼻突愈合，发育形成上颌、上唇外侧的大部分；左、右内侧鼻突在中线愈合并向下延伸，形成人中和上唇的正中部分。外侧鼻突将发育形成鼻翼和鼻外侧壁大部分。内侧鼻突向下延伸时，额鼻突的下部正中组织呈嵴状增生，与内侧鼻突一起形成鼻梁和鼻尖，其上部则发育为前额。随着鼻梁、鼻尖等鼻外部结构的形成，原来向前方开口的鼻窝逐渐转向下方，形成外鼻孔。第 6 周末，左、右鼻窝向深部扩大并融合为一个大腔，即原始鼻腔。发育初始，原始鼻腔和原始口腔之间被隔以菲薄的口鼻膜，第 7 周该膜破裂，原始鼻腔与口腔相通。

上、下颌形成后，两者之间的裂隙称口裂（oral fissure）。口裂起初很宽大，在第 2 个月，随着上、下颌突的外侧部逐渐愈合形成颊，使原来的口裂逐渐缩小。眼发生的原基最初在额鼻突下缘外侧，两眼相距较远并朝向外侧。随着脑的发育以及上颌和鼻的形成，两眼逐渐向中线靠近，并转向前方。第一对鳃沟形成外耳道，鳃沟周围的间充质增生形成耳郭。耳郭的位置最初很低，后来随着下颌与颈的发育而被推向后上方（详见第 25 章）。至胚胎第 2 月末，颜面初具人形。

三、腭的发生及口腔与鼻腔的形成

腭的发生起源于两个部分，即正中腭突（median palatine process）和外侧腭突（lateral palatine process）。从第 5 周开始发生，至第 12 周完成。正中腭突是左、右内侧鼻突愈合后，内侧面间充质增生，向原始口腔内长出的一个短小突起，因出现较早，又称原发腭（primary palate），将演变为前腭的一小部分。外侧腭突是左、右上颌突内侧面间充质增生，向原始口腔内长出的一对扁平膜状突起。外侧腭突最初在舌两侧的斜下方，随着口腔的扩大，舌变扁平以及舌位置的下降，左、右外侧腭突便在舌的上方呈水平方向生长，最终在中线愈合，形成继发腭（secondary palate），它将演变为腭的大部分（图 21-5）。左、右外侧腭突的前缘与正中腭突愈合后，中央残留一小孔，即切齿孔。随后，腭前部间充质骨化为硬腭（hard palate），后部演化为软腭（soft palate）。软腭后缘正中组织增生突起，形成腭垂。

腭的形成将原始口腔与原始鼻腔分隔为永久的口腔与鼻腔。鼻腔在腭的后缘与咽相通，该部位即为后鼻孔。在形成鼻梁和鼻尖的同时，额鼻突和内侧鼻突向原始鼻腔内长出板状的鼻中隔（nasal septum），向下延伸并与腭在中线愈合，鼻腔即被一分为二。同时，每一鼻腔外侧壁各发生 3 个嵴状皱襞，分别形成上、中、下 3 个鼻甲。

四、牙的发生

牙来源于两个胚层，牙釉质来源于外胚层，其余部分来源于中胚层。

1. **牙原基的形成**　人胚第 6 周时，原始口腔边缘的外胚层增生，沿上、下颌各形成一个"U"形带，称牙板（dental lamina）。第 7 周时，牙板向深部间充质生长，先后形成 10 个相间排列的球形小隆起，称牙蕾（tooth bud）（图 21-6）。第 8 周

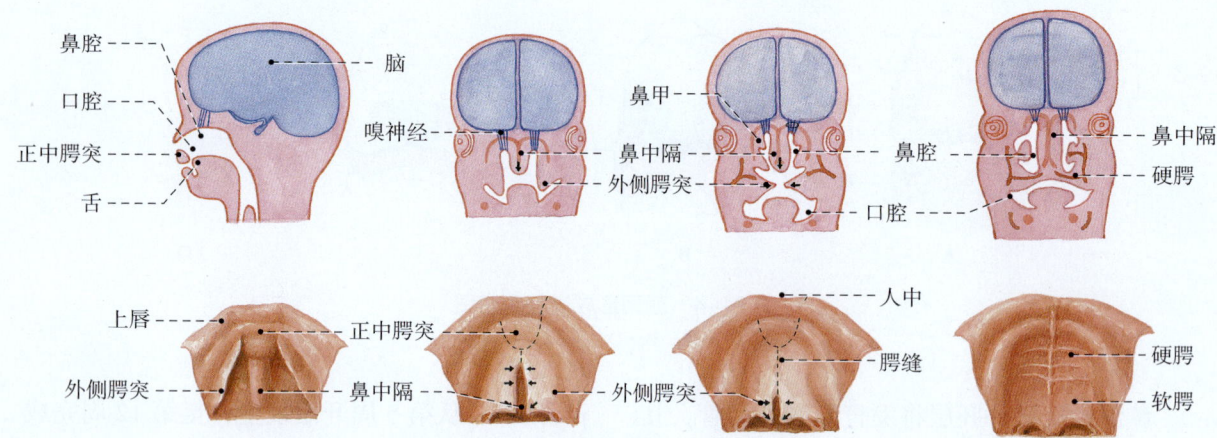

图 21-5 腭突和鼻中隔的发生示意图

时，牙蕾底部内陷，形成帽状结构，称为造釉器（enamel organ），间充质从其底部进入，形成牙乳头（dental papilla），造釉器和牙乳头周围的间充质形成牙囊（dental sac）。造釉器、牙乳头和牙囊共同构成乳牙原基。恒牙原基在人胚第10周发生，至出生后约6年，恒牙开始生长，其上方的乳牙受推挤，脱落后，恒牙萌出。

2. 牙釉质的形成 胚胎第10周时，造釉器分化为3层：外层为单层立方或扁平细胞组成的外釉质上皮，内层为单层柱状细胞组成的内釉质上皮，中层为有突起的星形细胞构成的釉网（图21-6）。胚胎7个月时，内釉质上皮细胞分化为成釉质细胞（ameloblast）并开始分泌釉质。随着釉质增厚，成釉质细胞逐渐向外层方向迁移，最后与外釉质上皮相贴，共同组成牙小皮，覆盖于牙釉质表面，釉网则退化消失。牙小皮在婴儿出生时退化消失。

3. 牙本质的形成 第10周时，牙乳头靠近内釉质上皮的间充质细胞分化形成一层柱状的成牙质细胞（odontoblast），该细胞不断分泌基质，钙化后即为牙本质（dentin）。随着牙本质的增厚，成牙本质细胞的胞体逐渐向深部迁移，而突起增长，被埋于牙本质形成的牙小管内，称牙本质纤维（dentinal fiber）。牙乳头的其余部分分化为牙髓（图21-6）。

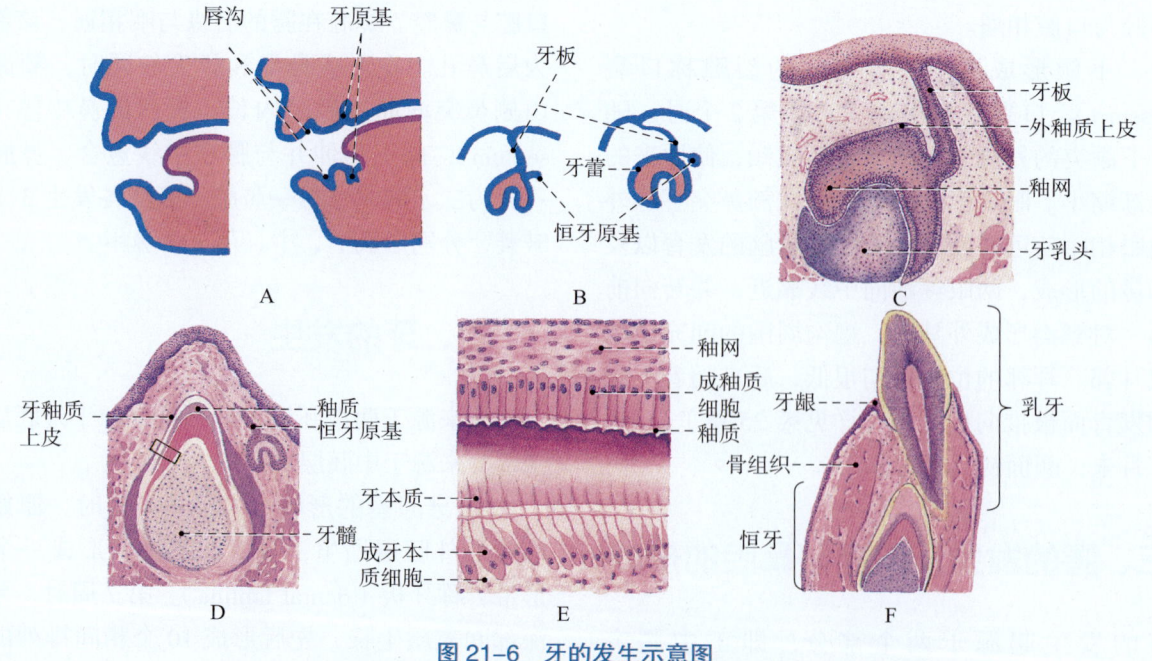

图 21-6 牙的发生示意图

A、B. 8—10周牙蕾；C、D. 10—20周牙蕾；E. 牙釉质；F. 乳牙和恒牙原基

4. 牙骨质的形成 第 8 周时，造釉器和牙乳头周围的间充质先形成结缔组织的牙囊，牙囊的内侧部分细胞分化为牙骨质，外侧部分细胞分化为牙周膜。

恒牙的原基在胚胎第 10 周发生，其形成和发育过程与乳牙相似。

五、颈的形成

颈由第 2、3、4、6 对鳃弓发育形成。人胚第 4—5 周，第 2 对鳃弓生长迅速，并向尾侧延伸，越过第 3、4、6 对鳃弓，覆盖在它们的表面，最后与心突上缘即心上嵴融合。第 2 对鳃弓与其下面的其他 3 对较小鳃弓之间的间隙称颈窦（cervical sinus），颈窦很快闭锁消失。由于鳃弓与心上嵴的生长，食管和气管的伸长以及心脏位置的下降，颈部逐渐延长成形。

六、四肢的发生

人胚第 4 周末，在胚体左、右侧体壁上先后出现上下两对小突起，即上肢芽（upper limb bud）与下肢芽（lower limb bud），它们由深部增殖的中胚层组织和表面外胚层组成（图 21-7）。肢芽逐渐增长变粗，在近端和远端先后出现两个收缩环，上肢芽被分为臂、前臂和手三段，下肢芽被分为大腿、小腿和足。肢芽的末端部分变扁成桨板状，称手板（hand plate）和足板（foot plate）。肢体中轴的间充质先形成软骨，继而以软骨内成骨方式形成骨，周围的间充质分化形成肢体的肌群，脊神经和血管向肢体内长入。随着肢体的伸长和关节形成，肢体由最初的向前外侧伸直方位转向体壁弯曲。手和足起初为扁平的桨板状，而后其远端由于组织内细胞的凋亡，各出现四条纵行凹沟，手板与足板渐呈蹼状；至第 7 周，蹼膜消失，渐渐形成相互分离的手指和足趾（图 21-8）。

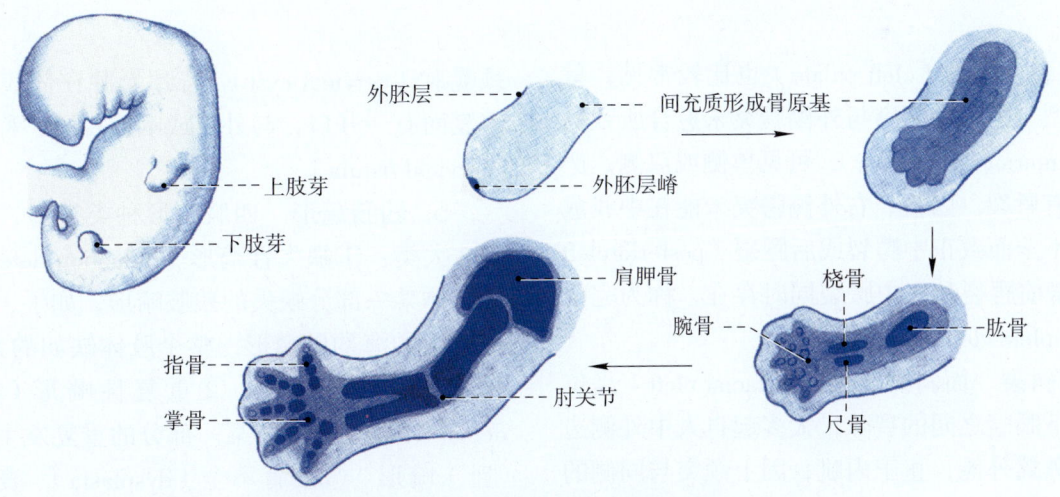

图 21-7 人胚胎肢芽的发生示意图

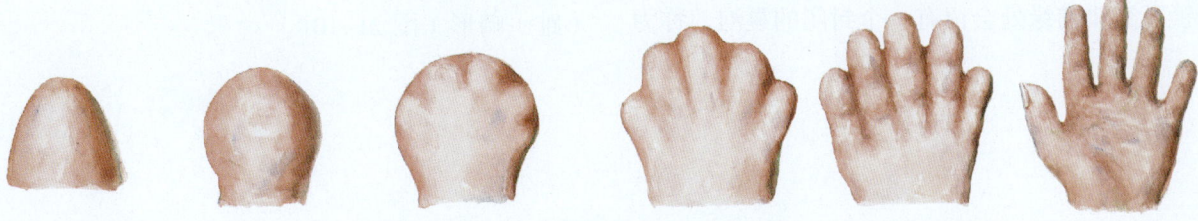

图 21-8 手的形态演变示意图

上、下肢的发育过程相似，但下肢稍晚1~2天。随着肢体的延长和关节的形成，上、下肢发生方向相反的旋转。上肢向外侧旋转90°，使伸肌位于背面和外侧面，而拇指位于外侧。下肢则向内侧旋转90°，使伸肌位于前面。

七、常见畸形

1. **唇裂** 唇裂（cleft lip）是最常见的先天性颜面畸形，多发生于上唇。多因上颌突与同侧的内侧鼻突未愈合所致，故裂沟位于人中外侧。唇裂多发于上唇，多为单侧，但也可见双侧者。左、右内侧鼻突未愈合或两侧下颌突未愈合将形成上唇或下唇的正中唇裂（图21-9）。如内侧鼻突发育不良，导致人中缺损，则出现正中宽大唇裂。唇裂可伴有牙槽突裂和腭裂。

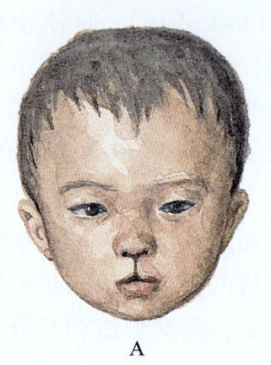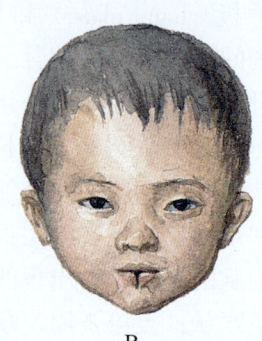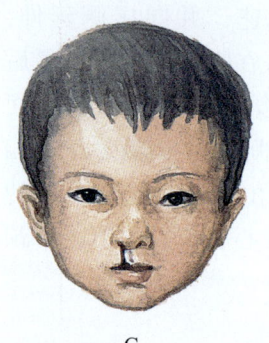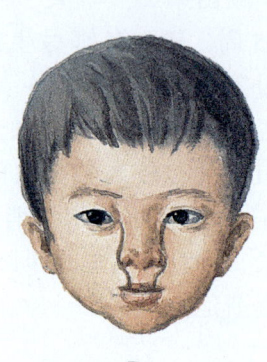

图21-9 唇裂示意图
A. 正中唇裂；B. 下唇唇裂；C. 单侧唇裂；D. 双侧唇裂

2. **腭裂** 腭裂（cleft palate）也比较常见，呈现多种类型。因正中腭突与外侧腭突未愈合所致的前腭裂（anterior cleft palate），可见单侧或双侧，严重者常伴有唇裂。因左、右外侧腭突未能在中线愈合或愈合不全而致正中腭裂或后腭裂（posteriorcleft palate）。若前腭裂和正中腭裂同时存在，称为完全腭裂（complete cleft palate）。

3. **面斜裂** 面斜裂（oblique facial cleft）是位于上唇至下眼睑之间的裂隙，大多起自人中外侧边缘，绕过鼻翼外侧，止于内眦，因上颌突与同侧的外侧鼻突未愈合所致，常伴有唇裂。

4. **颈囊肿和颈瘘** 如颈窦未完全闭锁消失，在胸锁乳突肌前缘处会留有一个封闭的囊泡，称为颈囊肿（cervical cyst）。若颈囊肿在体表面或咽腔内表面有一开口，与外界或咽腔相通，称部分颈瘘（cervical fistula）。

5. **四肢畸形** 四肢畸形种类很多，一般可分为3大类：①缺失性畸形（reduction defect），表现为肢体某一部分缺失的残肢畸形，如手、脚直接连于躯干的海豹肢畸形，整个肢体缺如的无肢畸形，缺指（趾）畸形等。②重复性畸形（duplication defect），表现为肢体某一部分的重复发生，如多指（趾）畸形。③发育不全（dysplasia），表现为四肢短小的短肢畸形，短指（趾）畸形，双下肢合为一体的并肢畸形和相邻指（趾）未完全分离的并指（趾）畸形（图21-10）。

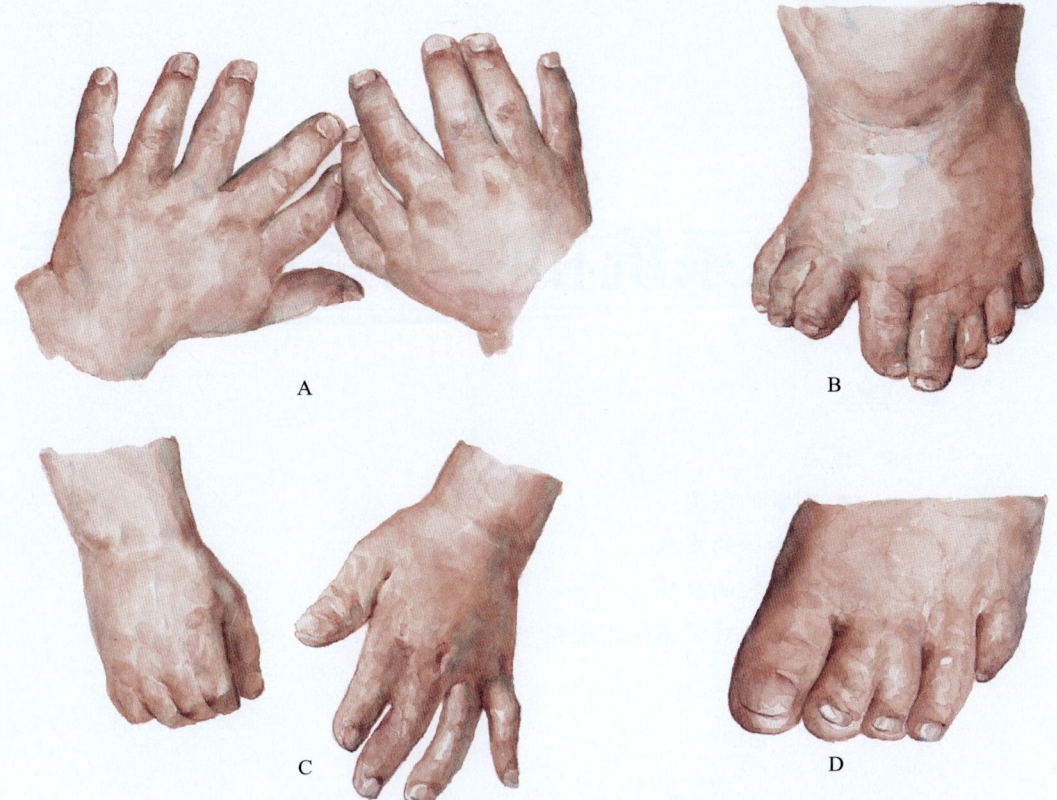

图 21-10 多指（趾）畸形（A、B）和并指（趾）畸形（C、D）示意图

复习题

（一）名词解释
1. 唇裂 2. 腭裂 3. 面斜裂 4. 颈囊肿 5. 海豹肢

（二）简答题
1. 试述人胚颜面形成过程。
2. 简述肢芽和四肢的发生。
3. 颜面和四肢发生中常见的先天畸形有哪些？

网上学习

21-1　唇腭裂

（吴春云撰文；徐国成绘图）

第 22 章

消化系统和呼吸系统的发生

- 导学
  - ▶ 重点
    - 咽囊的演变
    - 胃和肠的发生
    - 泄殖腔的分隔
    - 消化、呼吸系统主要畸形
  - ▶ 难点
    - 肠的发生

人胚发育至第3~4周末，随着圆柱状胚体的形成，卵黄囊顶部的内胚层被包卷入胚体内，形成原肠（primitive gut），其头段称前肠（foregut），与卵黄囊相连的中段称中肠（midgut），尾段称后肠（hindgut）。消化系统和呼吸系统大多数器官都由原始消化管分化而来。

前肠头端膨大形成原始咽（primary pharynx），与口凹相连，连接处由口咽膜（buccopharyngeal membrane）封闭；后肠尾端膨大形成泄殖腔（cloaca），与肛凹相对处由泄殖腔膜（cloacal membrane）封闭。口咽膜和泄殖腔膜分别于人胚第4周和第8周破裂消失，使原始消化管与外界相通。前肠主要分化为口腔底、舌、咽至十二指肠乳头之间的消化管、肝、胆、胰以及喉以下的呼吸系统；中肠将分化为十二指肠乳头以下至横结肠右2/3之间的消化管；后肠将分化为横结肠左1/3至肛管上段之间的消化管（图22-1）。这些器官中的黏膜上皮、腺上皮和肺泡上皮均来自原始消化管的内胚层。结缔组织、肌组织、血管内皮、表面的间皮则来自脏壁中胚层。

一、消化系统的发生

（一）原始咽的发生以及咽囊的演变

原始咽起自口咽膜，止于喉气管憩室，呈漏斗状，其左右宽、背腹扁、头侧粗、尾侧细。在原始咽的侧壁上有5对囊状突起，称为咽囊（pharyngeal pouch），分别与其外侧的5对鳃沟（branchial cleft）相对应。随着胚胎的发育，咽囊将分化形成一些重要器官（图22-2）。

第1对咽囊：内侧份伸长，形成咽鼓管。外侧份膨大，形成中耳鼓室，其外侧的鳃膜形成鼓膜，第1鳃沟形成外耳道。

第2对咽囊：演化为腭扁桃体，其内胚层主要分化为扁桃体表面上皮；下方的间充质分化为网状组织，迁移到此处的淋巴细胞大量增殖。

第3对咽囊：腹侧份上皮细胞增生，形成一对向尾侧生长的细胞索，其尾段在胸骨背侧合并，形成胸腺。背侧份上皮细胞增生并随胸腺迁移至甲状腺背侧，形成下一对甲状旁腺。

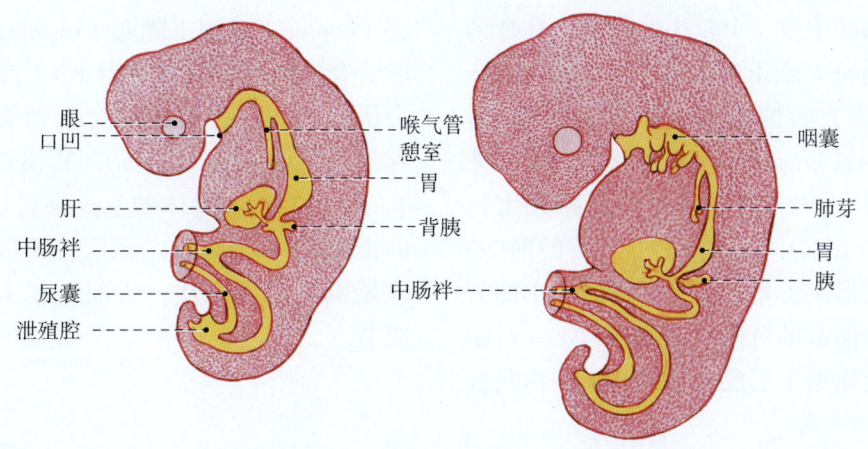

图 22-1 原肠的早期演变示意图

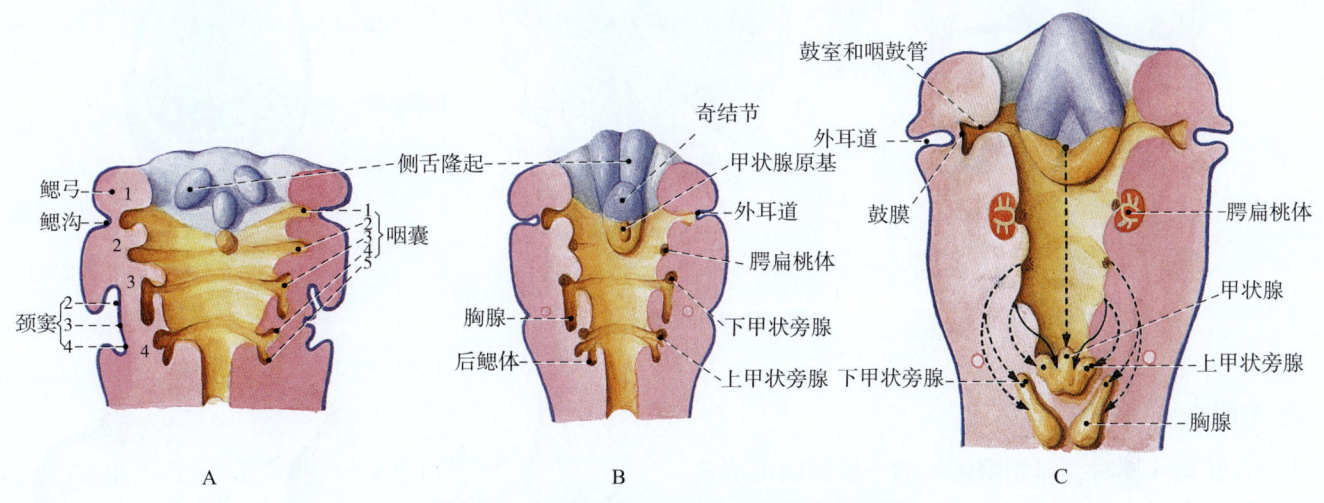

图 22-2 咽囊的演化及甲状腺的发生示意图

第 4 对咽囊：腹侧份退化；背侧份上皮细胞增生并迁移至甲状腺背侧，形成上一对甲状旁腺。

第 5 对咽囊：形成一小团细胞，称后鳃体（ultimobranchial body）。后鳃体的细胞将迁入甲状腺，分化为滤泡旁细胞（parafollicular cell）。但也有人认为，滤泡旁细胞由迁移来的神经嵴细胞分化而成。

（二）甲状腺的发生

人胚第 4 周初，在原始咽底壁正中线处（相当于第 1 对咽囊平面），内胚层上皮细胞增生，向腹侧间充质内下陷形成甲状腺原基（thyroid primordium）。它向尾端生长，末端分成两个芽突，大约第 4 周末，其根部借细长的甲状舌管（thyroglossal duct）与原始咽底壁相连。人胚第 6 周时，甲状舌管开始退化萎缩，仅在舌根起始处残留一浅凹，称为舌盲孔（foramen caecum linguae）。随着甲状腺原基的进一步分化，左、右两个芽突末端细胞增生膨大，形成左、右两个细胞团，将演变为甲状腺侧叶，其中间部分称峡部（图 22-2）。

芽突最初由盘曲的细胞索构成，人胚第 10 周时，细胞索先后断裂，形成细胞团，随后，细胞之间出现腔隙，腔隙逐渐融合成一个大的腔隙，于是甲状腺滤泡出现。人胚第 13 周初，滤泡腔显著增大，腔内充满嗜酸性的胶状物质，即开始分泌甲状腺素。甲状腺合成和分泌甲状腺素的能力对胎儿发育至关重要，可以促进胎儿骨骼和中枢神经系统的发育。

（三）舌的发生

舌是下颌突腹内侧面的间充质增生，并向口腔内隆起形成。人胚第 4 周末，两下颌突的内侧面形成3个隆起，咽底中央一个较小的隆起，称奇结节（tuberculum impar）或正中舌芽（median tongue bud），在奇结节前方两侧各有一个较大的隆起，称侧舌膨大（lateral lingual swelling）或远侧舌芽（distal tongue bud）（图22-2）。两个侧舌膨大生长迅速，越过奇结节并在中线融合，形成舌的前2/3（舌体），奇结节仅形成舌盲孔前方舌体的一小部分或退化消失。在奇结节的背侧，由第2、3、4对鳃弓腹内侧部的间充质增生形成向咽腔的隆起称联合突（copula）或鳃下隆起（hypobranchial eminence）。联合突的前部形成舌的后1/3（舌根），后部发育为会厌。舌体与舌根的融合处留有一个"V"形沟，称界沟（terminal sulcus），其顶点的浅窝，即舌盲孔（图22-3）。舌体的上皮来自口凹外胚层，舌根的上皮则来自咽壁内胚层；舌内的结缔组织来自原始咽周围间充质；舌肌主要来自头端体节的生肌节。

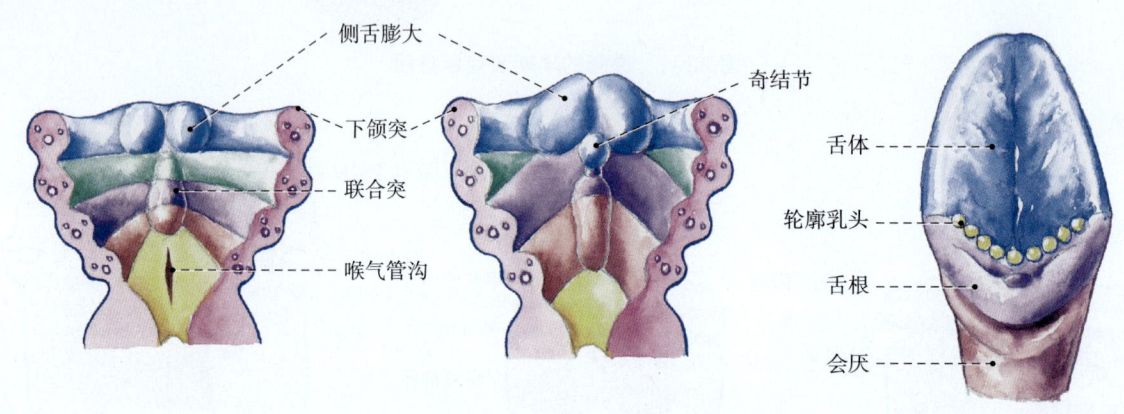

图22-3 舌的发生示意图

（四）食管和胃的发生

人胚第4周时，原始咽尾侧的一段前肠形成食管。第5周时食管很短，随着颈部的形成及心、肺的下降而迅速增长。食管表面上皮最初为单层，随后增生为复层，使管腔极为狭窄甚至一度闭锁。至人胚第8周，过度增生的上皮退化，管腔重新出现。上皮周围的间充质分化为食管壁的结缔组织和肌组织。

人胚第4周时，食管尾侧的前肠形成一梭形膨大，为胃的原基，位于原始横膈的下方，以腹系膜和背系膜与体壁相连。第5周时，胃的背侧缘生长较快，形成胃大弯；腹侧缘生长缓慢，形成胃小弯。第7~8周时，胃大弯头端向上膨起，形成胃底。由于胃背系膜生长发育迅速，向左侧扩展、膨出形成网膜囊，致使胃大弯由背侧转向左侧，胃小弯由腹侧转向右侧，胃沿胚体纵轴顺时针方向旋转90°。胃的头端因肝的增大而被推向左侧，尾端则因十二指肠紧贴于腹后壁而被固定。这样，使胃由原来的头尾垂直方向变成从左上至右下的斜行方位（图22-4）。

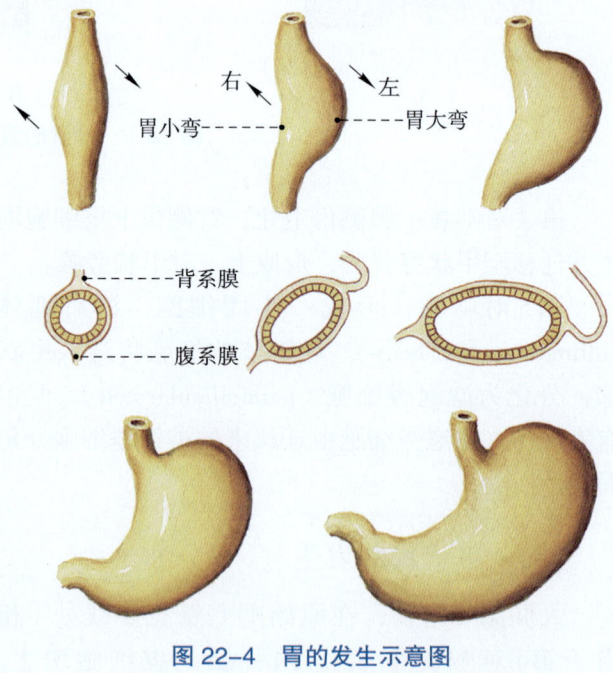

图22-4 胃的发生示意图
中行图为胃的中部横切面

（五）肠的发生

肠由前肠的尾段、中肠和后肠发生。十二指肠来源于前肠尾段和中肠头段，两段的交界处即肝憩室（hepatic diverticulum）发生的部位。随着胃的转位，十二指肠先是形成一个突向腹侧的"C"形肠袢，而后转向右侧。由于十二指肠自身的旋转和胰头的迅速生长，使十二指肠由腹腔正中转至腹腔右侧。十二指肠背系膜消失，使其大部分固定在腹膜后位。

人胚第4周时，由于卵黄囊变窄，中肠变成一条与胚体长轴平行的直管，以背系膜连于腹后壁。第5周时，由于中肠生长速度超过胚体的生长，致使十二指肠以下的一段中肠向腹侧弯曲，形成一矢状位的"U"形肠袢，称中肠袢（midgut loop）或原始肠袢（primary intestinal loop）。中肠袢顶部连于卵黄蒂，并以此为界将中肠分为头、尾两支，卵黄蒂以上为头支（cephalic limb），以下为尾支（caudal limb）。此时中肠袢的腹系膜已消失，肠系膜上动脉位于中肠袢背系膜的中轴部位。尾支近卵黄蒂处出现一囊状突起，称盲肠憩室（cecal diverticulum）或盲肠突（cecal swelling），为大肠和小肠的分界线，是盲肠和阑尾的原基。

人胚第6周时，由于中肠袢生长迅速，加之肝和中肾的发育，腹腔容积相对较小，使中肠袢突入脐带内的胚外体腔，即脐腔（umbilical coelom），形成胚胎期的生理性脐疝（physiological umbilical herniation）。第6—8周，中肠袢在脐腔内继续生长的同时，以肠系膜上动脉为轴逆时针旋转90°（由胚胎腹侧面观），使中肠袢由矢状位转至水平位，即头支从上方转向右侧，尾支从下方转向左侧。

人胚第6周后，卵黄蒂退化闭锁，脱离肠袢。

人胚第10周时，由于中肾萎缩，肝生长变慢，腹腔容积增大，中肠袢从脐腔退回腹腔，脐腔随之闭锁。中肠袢退回腹腔的过程中，头支在先，尾支继后，继续作逆时针旋转180°，使头支转向左侧，尾支转向右侧，中肠袢退回腹腔及旋转过程至人胚第11周才能最终完成。在这一过程中，中肠袢继续发育，头支生长快，演变为空肠和回肠的大部分；尾支变化较小，盲肠突头端的部分形成回肠尾段，盲肠突尾端的部分形成横结肠右2/3的肠管。盲肠突近段形成盲肠，远段形成阑尾。退回腹腔初期，空肠和回肠位于腹腔中部；盲肠和阑尾位置较高，位于肝右叶下方；横结肠位于上腹部，横过十二指肠腹侧，后来，盲肠和阑尾下降至右髂窝，升结肠形成（图22-5）。

（六）直肠的发生与泄殖腔的分隔

当中肠袢退回腹腔时，后肠的大部分被推向腹腔左侧，形成横结肠的左1/3肠管、降结肠和乙状结肠。泄殖腔腹侧与尿囊（allantois）相连，尾端以泄殖腔膜封闭。人胚第6—7周，尿囊与后肠之间的间充质增生，由头侧向尾侧，由两侧向中线生长，形成一突入泄殖腔的镰状隔膜，称为尿直肠隔（urorectal septum）。尿直肠隔与泄殖腔膜接触，将泄殖腔纵分为腹侧的尿生殖窦（urogenital sinus）和背侧的肛直肠管。泄殖腔膜也相对应地被分为腹侧的尿生殖膜（urogenital membrane）和背侧的肛膜（anal membrane），尿直肠隔的尾侧端则形成会阴体（perineal body）。肛膜外方内陷为一浅凹，称肛凹（anal pit）或原肛（proctodeum）。人胚第8周末，肛膜破裂，肛直肠管分化为直肠和肛管上段，肛凹加深并演化为肛管下段。肛管的上段上皮来源于内胚层，下段上皮来源于外胚层，两者之间的分界为齿状线（图22-6）。

（七）肝和胆的发生

人胚第4周时，前肠末端腹侧壁的内胚层上皮增生，并向腹侧突出形成一囊状突起，称肝憩室或肝芽（hepatic bud），为肝和胆囊的原基（图22-7）。肝憩室生长迅速并伸入原始横膈内。肝憩室末端膨大，分化为头、尾两支。头支较大，是肝的原基，头支上皮细胞增殖迅速，很快形成树枝状分支并相互吻合成网状的细胞索，即肝索。肝索上下叠加形成肝板，并进一步分化为界板及肝内各级胆管。肝板最初由2~3层肝细胞构成，至胎儿后期才演变为单层肝细胞。人胚第6周，肝细胞间形成胆小管，第3个月，肝细胞开始合成和分泌胆汁，行使解毒等功能。原始横膈内的间充质分化为肝内结缔组织和肝被膜。原始横膈内的卵黄静脉和脐静脉也反复分支并互相吻合，在肝索间形成毛细血管网，即肝血窦。人胚第6周时，从卵黄囊壁迁入肝内的造血干细胞，在肝血窦内、外形成造血组织并开始造血，肝体积也迅速增大，第10周时已占据腹腔大部。肝主要产生红细胞、少量粒细胞和巨核细胞。肝的造血功能在第6个月后逐渐降低，至出生时基本停止。

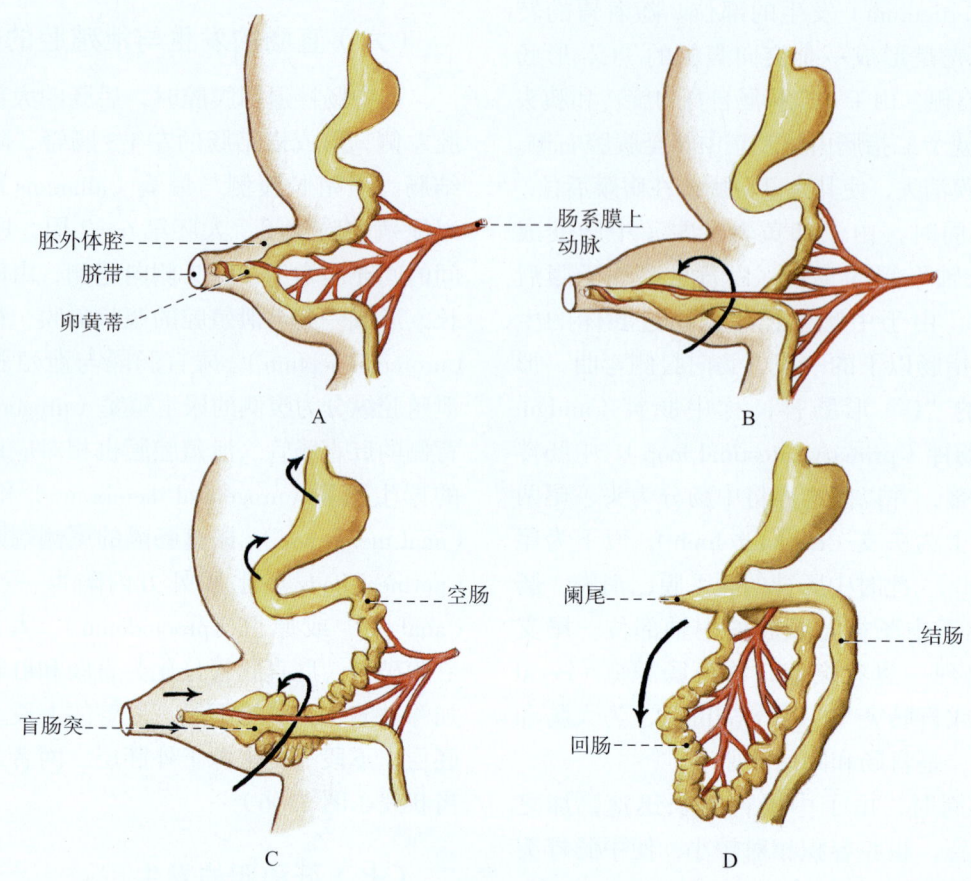

图 22-5 中肠袢的旋转示意图

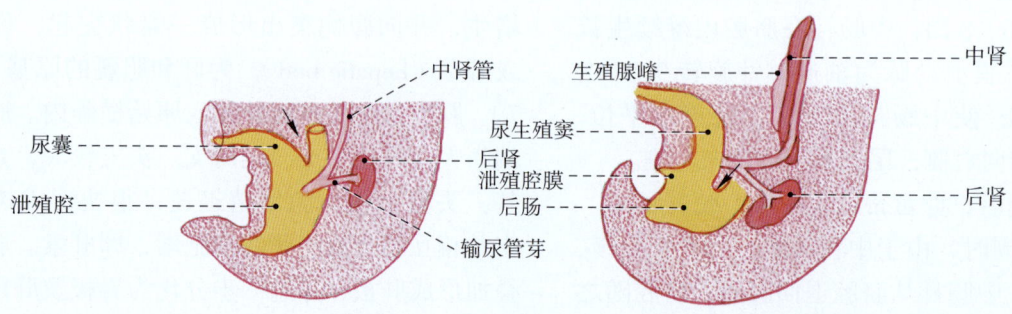

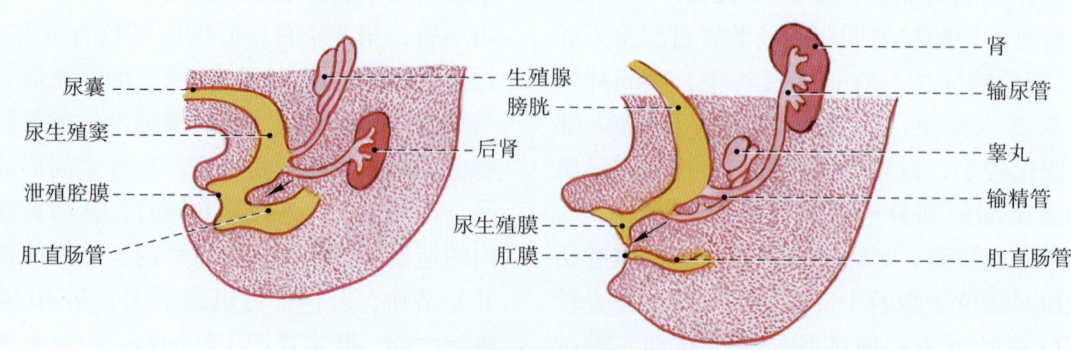

图 22-6 泄殖腔的分隔示意图
↙示尿直肠隔

肝憩室的尾支较小，又称胆囊憩室（cystic diverticulum），为胆囊和胆囊管的原基，肝憩室根部发育为胆总管。胆总管最初开口于十二指肠腹侧壁。随后，因十二指肠右侧壁的发育快于左侧壁，再加上十二指肠的转位，胆总管与胰管合并开口于十二指肠的背内侧（图22-7）。

（八）胰腺的发生

人胚第4周末，肝憩室尾端前肠内胚层细胞增生，形成两个憩室。先出现的一个位于背侧，体积较大，位置稍高，与腹侧的肝憩室相对，称背胰芽（dorsal pancreatic bud）。后出现的一个位于腹侧，紧贴肝憩室的尾缘，体积略小，称腹胰芽（ventral pancreatic bud）。背胰芽、腹胰芽的上皮细胞增生，形成细胞索。这些细胞索反复分支，形成各级导管及其末端的腺泡。于是，背胰芽、腹胰芽分化为背胰（dorsal pancreas）和腹胰（ventral pancreas）。由于胃和十二指肠的旋转和肠壁的不均等生长，腹胰经右侧转至背胰的下方并与之融合，形成胰头的下份和钩突（uncinate process），背胰形成胰头上份、胰体和胰尾。腹胰管与背胰管远侧段相通，形成主胰管（main pancreatic duct），与胆总管汇合后，共同开口于十二指肠乳头（图22-7）。

第3个月时，一部分胰芽细胞脱离上皮细胞索，进入间充质形成腺泡间的细胞团。这些细胞团后来分化为胰岛并于第5个月开始行使内分泌功能。

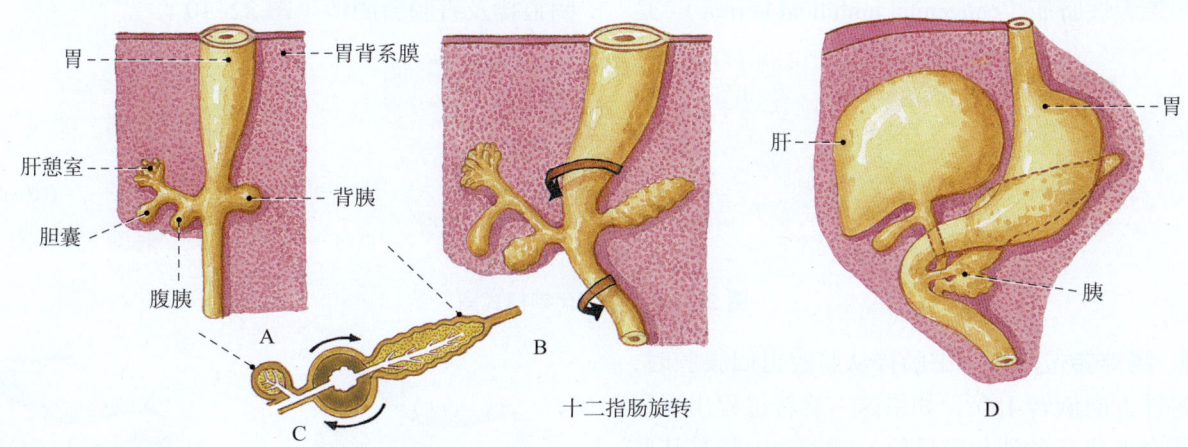

图22-7　肝、胆、胰腺的发生示意图

（九）主要畸形

1. 甲状舌管囊肿　是由于甲状舌管在发育过程中没有闭锁，局部残留小的腔隙，或全部残留细长的管道，残存部分的上皮细胞可分化为黏液性细胞，黏液聚集在甲状舌管内形成囊肿，多位于舌与甲状腺之间。

2. 消化管狭窄或闭锁　主要见于食管和十二指肠。在消化管的发生过程中，管壁上皮细胞过度增生，致使管腔完全闭塞。之后，过度增生的细胞凋亡，上皮变薄，使闭塞的管腔内出现许多小腔隙。至第8周，小腔隙相互融合，管腔重新出现。若过度增生的细胞未发生凋亡，上皮不变薄，致使某段消化管管腔过细或完全无管腔，称为消化管狭窄（stenosis）或消化管闭锁（atresia）（图22-8）。

3. 梅克尔憩室　如果卵黄蒂远段已闭锁，但基部仍保留一段盲囊连于回肠，则称为梅克尔憩室（Meckel's diverticulum）或回肠憩室（ileal diverticulum）。表现为回肠壁上距回盲部40~50 cm处的囊状突起，其顶端可有纤维索与脐相连（图22-9A）。

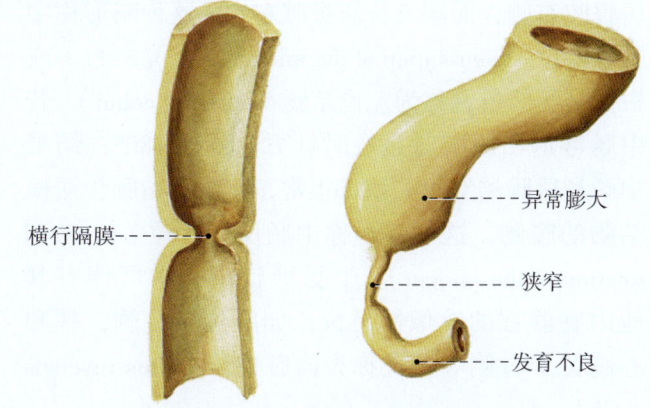

图22-8　消化管狭窄或闭锁模式图

4. 脐粪瘘　又称脐瘘（umbilical fistula）或卵黄

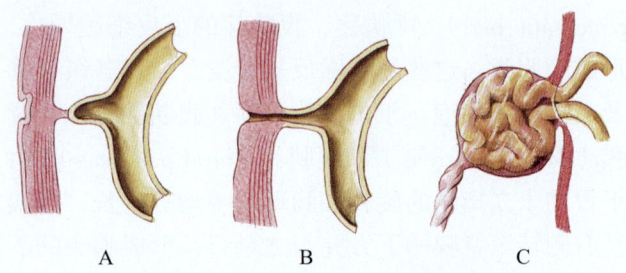

图 22-9　肠管先天畸形模式图
A. 梅克尔憩室；B. 脐粪瘘；C. 先天性脐疝

蒂瘘（vitelline fistula），是由于卵黄蒂全长均未闭锁，则回肠与脐之间会保留一瘘管所致。出生后，腹内压增高时，粪便可通过瘘管从脐部溢出（图22-9B）。

5. 先天性脐疝　胎儿出生时，肠管从脐部膨出，称先天性脐疝（congenital umbilical hernia）。是由于脐腔未闭锁所致，脐腔与腹腔相通，当腹内压增高时，肠管可从脐部膨出（图22-9C）。

6. 先天性巨结肠　先天性巨结肠（congenital megacolon）又称Hirschsprung病，多见于乙状结肠。是由于神经嵴细胞未能迁移至受损段结肠壁中，使肠壁内副交感神经节细胞缺如所致。由于受损段结肠处于不能蠕动的麻痹状态，致使近段结肠内粪便淤积，久而久之造成肠壁极度扩张而成为巨结肠。

7. 肛门闭锁　肛管与外界不通称肛门闭锁（imperforate anus），是由于肛膜未破或肛凹未能与直肠末端相通所引起。肛管上皮过度增生后未被再吸收也可导致肛门闭锁，并常伴有各种直肠瘘（rectal fistula），如直肠膀胱瘘、直肠尿道瘘、直肠阴道瘘及直肠会阴瘘（图22-10）。

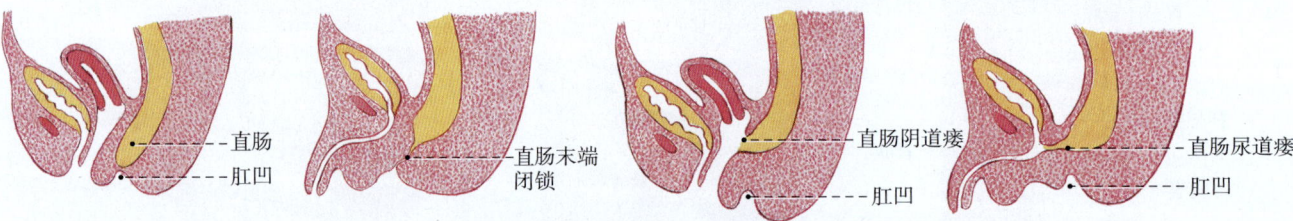

图 22-10　肛门闭锁模式图

8. 肠袢转位异常　中肠袢从脐腔退回腹腔时，应逆时针方向旋转180°，如果这一旋转过程出现异常，就会形成多种消化管异位。例如，中肠袢从脐腔退回腹腔时根本不发生旋转，结果中肠袢头支位居腹腔右侧，而尾支位居腹腔左侧，这种畸形称中肠不转位（nonrotation of the midgut）（图22-11）或根据结肠的位置称为左位结肠（left-side colon）。若中肠袢退回腹腔时是顺时针方向旋转180°，结果中肠和后肠的空间关系虽正常，但十二指肠位居横结肠的腹侧，这种畸形称中肠反向转位（reversed rotation of the midgut）。中肠袢旋转异常可伴有其他内脏器官的镜像性易位，如肝位于左侧，脾和心脏位于右侧等，统称为内脏逆位（situs inversus viscerum）。

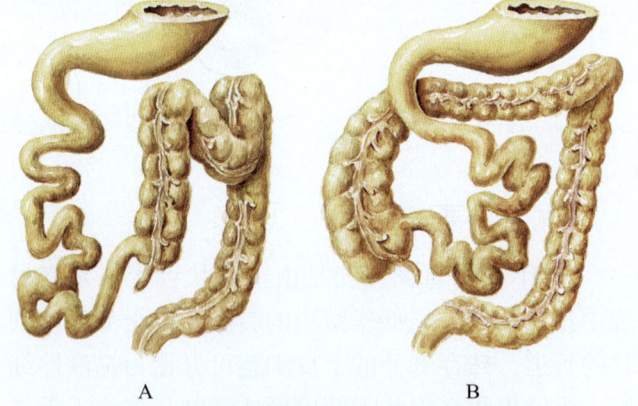

图 22-11　肠旋转异常模式图（腹面观）
A. 中肠不转位；B. 中肠反向转位

二、呼吸系统的发生

（一）喉、气管和肺的发生

除鼻腔上皮来自表面外胚层外，呼吸系统其他部分的上皮均来自原始消化管的内胚层。

人胚第4周初，原始咽底壁正中，由前肠向腹侧形成一个囊状突起，称喉气管憩室（laryngotracheal diverticulum），是喉、气管、支气管和肺的原基。喉气管憩室位于食管的腹侧，两者间的间充质隔称为气管食管隔（tracheoesophageal septum）（图22-12）。

喉气管憩室开口于咽的部分发育为喉，其余部分发育为气管。人胚第4周末，喉气管憩室末端

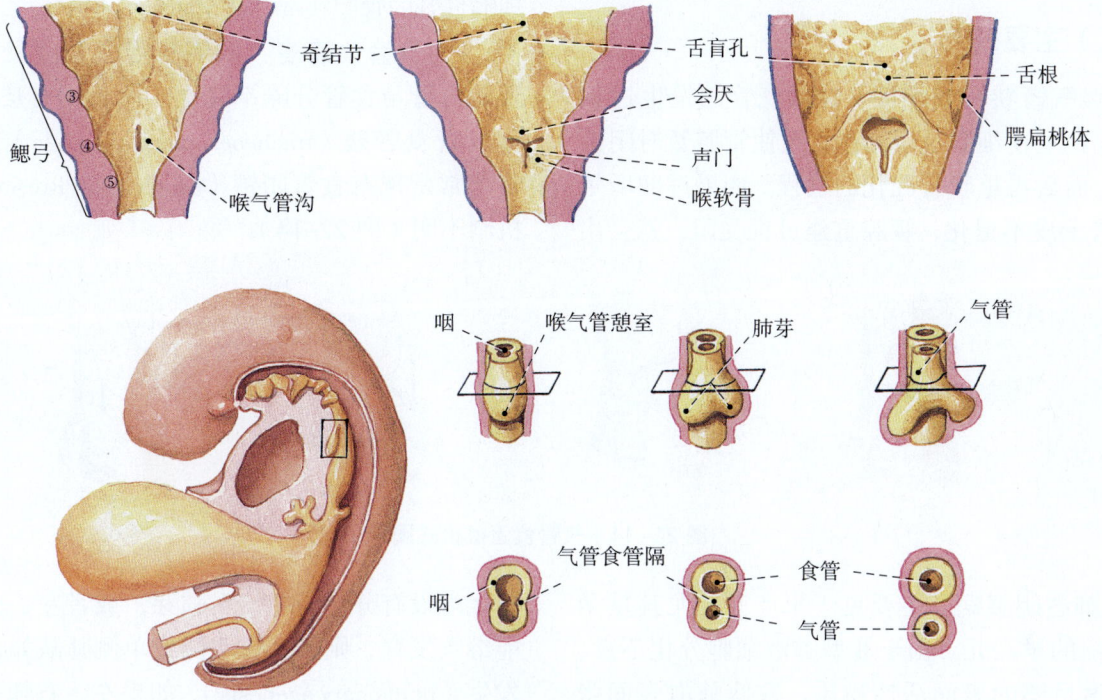

图 22-12　喉气管憩室的发生和演化示意图

膨大并分为左、右两支，称肺芽（lung bud），是支气管和肺的原基。至第 5 周，左、右肺芽分别分为 2 支和 3 支，将分别形成左、右肺的叶支气管。至第 2 个月末，叶支气管分支形成段支气管（图 22-13）。第 6 个月末，支气管分支已达 17 级，出现终末性细支气管、呼吸性细支气管和少量肺泡。人胚第 7 个月时，肺泡数量增多。肺泡上皮除 Ⅰ 型肺泡细胞外，还出现了 Ⅱ 型肺泡细胞，并开始分泌表面活性物质（surfactant）。此时，肺泡隔内已具备丰富的毛细血管，这时出生的早产儿可以进行正常呼吸，能够存活。在出生前数周，肺将经历一个快速成熟阶段。这时肺泡增多，肺泡壁变薄，肺泡内液体逐渐被吸收，Ⅱ 型肺泡细胞增多，表面活性物质的分泌量增加。出生后直至幼儿期，肺仍继续发育，肺泡数量仍在不断增多。

喉气管憩室和肺芽周围的脏壁中胚层分化为喉、气管、支气管管壁及肺内间质中的结缔组织、软骨组织和平滑肌（图 22-13）。

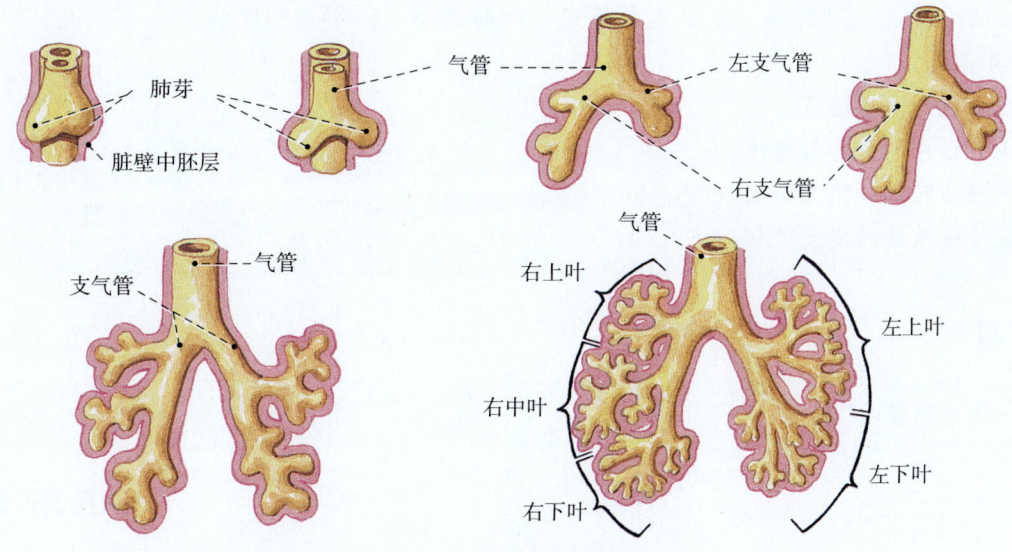

图 22-13　肺的发生和演化示意图

（二）主要畸形

1. **喉气管狭窄或闭锁** 在喉气管的发生过程中，也存在上皮细胞过度增生，致使管腔暂时闭锁或狭窄，而后再重新管腔化的过程。如果过度增生的喉气管上皮不退化，管腔重建过程受阻，就会出现喉气管的管腔狭窄，甚至闭锁。

2. **气管食管瘘** 如果气管食管隔发育不良，致使气管与食管分隔不完全，两者间有瘘管相通，称气管食管瘘（tracheoesophageal fistula）。气管食管瘘常常伴有食管闭锁（esophageal atresia），发生机制不明（图 22-14）。

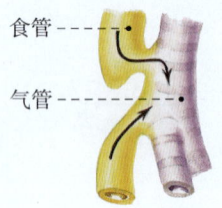
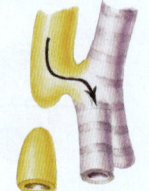
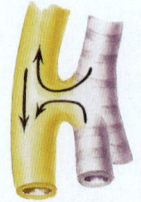
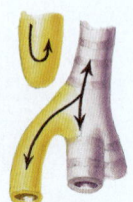

食管
气管

图 22-14　气管食管瘘模式图

3. **肺透明膜病** 主要见于早产儿，尤其是孕 28 周之前的早产儿。由于 Ⅱ 型肺泡细胞分化不良，无法产生足够的表面活性物质，致使肺泡表面张力增大，不能随着呼吸运动而扩张，可导致新生儿呼吸窘迫综合征（respiratory distress syndrome of newborn）。镜下可见肺泡萎缩塌陷，间质水肿，肺泡上皮覆盖一层从血管渗出的血浆蛋白膜，故称为肺透明膜病（hyaline membrane disease）。

4. **肺不发生和肺发育不全** 如果喉气管憩室的尾端没有分化为左、右肺芽，或者左、右肺芽未能继续发育，则会造成双侧或单侧肺缺如，称肺不发生（pulmonary agenesis）。如果左、右肺芽已经形成，但其后续的发育过程部分受阻，可造成肺叶、肺段的缺失，或者支气管树虽已形成，但不能最终形成肺泡，这类畸形统称为肺发育不全（pulmonary hypoplasia）。造成肺发育不全最为常见的原因是先天性膈病（congenital diaphragmatic hernia），由受损侧肺受到突入胸腔的腹腔脏器的压迫所致。

 复习题

（一）名词解释
1. 原始咽　2. 先天性脐疝　3. 梅克尔憩室　4. 脐粪瘘　5. 肺透明膜病

（二）问答题
1. 试述咽囊的演变过程。
2. 试述中肠袢的旋转与分化。
3. 简述泄殖腔的分隔与分化。
4. 简述呼吸系统的发生过程。

网上学习

22-1　肺透明膜病

（丛敬撰文；徐国成绘图）

第 23 章

泌尿系统和生殖系统的发生

> **导学**
>
> ▶ 重点
> - 后肾的发生过程
> - 睾丸和卵巢的发生
> - 生殖管道的发生与演变
>
> ▶ 难点
> - 中肾管和中肾旁管的形成与演化
> - 睾丸和卵巢的发生

泌尿系统和生殖系统在胚胎发生上关系密切，其主要器官均起源于间介中胚层。人胚第4周初，随着胚体侧褶的形成，体节外侧的间介中胚层逐渐向腹侧移动，并最终与体节分离，形成两条纵行的细胞索，其头侧呈节段性生长，称为生肾节（nephrotome），是前肾的原基；其余部分称为生肾索（nephrogenic cord），是中肾和后肾的原基。第4周末，由于生肾索继续增生，从胚体后壁突向体腔，沿中轴线两侧形成左右对称的一对纵行隆起，称尿生殖嵴（urogenital ridge），是肾、生殖腺及生殖管道发生的原基（图23-1）。随后尿生殖嵴的中部出现一纵沟，将其分成外侧粗而长的中肾嵴（mesonephric ridge）和内侧细而短的生殖腺嵴（gonadal ridge）（图23-2）。

一、泌尿系统的发生

（一）肾和输尿管的发生

人胚肾的发生可分为三个阶段，即从胚体颈部向盆部相继出现的前肾、中肾和后肾，前肾和中肾是生物进化过程的重演，后肾是人的永久肾。

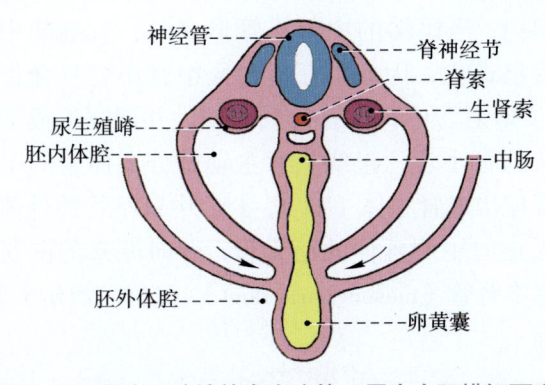

图 23-1 尿生殖腺嵴的发生（第4周末人胚横切面观）

1. 前肾 前肾（pronephros）又称原肾，由前肾小管与前肾管构成。人胚第4周初，第7—14体节外侧的生肾节从头至尾先后形成数条横行的上皮性小管，称前肾小管（pronephric tubule），其内侧端开口于胚内体腔，外侧端向尾部延伸，互相连接形成一条纵行的管道，称前肾管（pronephric duct）。人类的前肾无泌尿功能。第4周末，前肾小管很快退化消失，但前肾管大部分保留，并向尾端延伸为中肾管，开口于泄殖腔（图23-3）。

2. 中肾 人胚第4周末，当前肾小管退化时，中肾（mesonephros）在生肾索内开始发生。首先在

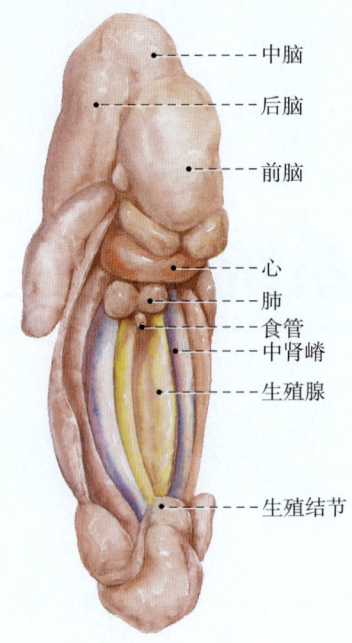

图 23-2 中肾嵴与生殖腺嵴的发生（6 周人胚腹面观）

第 14 对体节外侧的生肾索和而后形成的中肾嵴内，从头端至尾端出现许多泡样结构，后演变为约 80 对横行的"S"形小管，称中肾小管（mesonephric tubule）。当尾端的中肾小管形成时，头端的中肾小管已退化，因此，任何时候中肾小管只会保持大约 30 对。中肾小管内侧端膨大并凹陷形成双层杯状的肾小囊，包绕从背主动脉分支而来的毛细血管球构成肾小体（图 23-4）。中肾小管的外侧端汇入正向尾侧延伸的前肾管，此时原来的前肾管改称中肾管（mesonephric duct），又称"沃尔夫管"（Wolffian duct）。中肾管继续向尾端延伸，从背外侧通入泄殖腔（图 23-3）。中肾管及与其相连的中肾小管共同形成体腔后壁中线两侧的椭圆形中肾，人胚的中肾在后肾出现之前可能有短暂的泌尿功能。至第 2 个月末，后肾发生，中肾小管大部分退化，仅留下中肾管和尾端的少数中肾小管。在男性胚胎，中肾管演化为附睾管、输精管和射精管，未退化的中肾小管演变为附睾的输出小管；在女性胚胎，残留的中肾管和中肾小管则形成附件。

3. 后肾　后肾（metanephros）发生于人胚第 5 周初，是人体的永久肾，起源于输尿管芽及生后肾组织。

（1）输尿管芽　中肾管末端近泄殖腔处长出的一个盲管称为输尿管芽（ureteric bud）。输尿管芽向胚体的背外侧和头侧方向伸长，长入中肾嵴尾端的中胚层内。输尿管芽在中肾嵴内继续向头端延伸并反复分支，其主干部分形成输尿管，各级分支形成肾盂、肾大盏、肾小盏和集合管（图 23-5）。

（2）生后肾原基　生后肾原基（metanephrogenic blastema）又称生后肾组织，中肾嵴尾端的间介中胚层在输尿管芽的诱导下，中肾嵴细胞聚集形成许多密集的细胞团，呈帽状包围在输尿管芽末端，形成生后肾原基（图 23-5）。生后肾原基的外周部分分化形成肾的被膜，内侧部分在集合小管 T 形盲端诱导下形成细胞团，细胞团在集合小管处演化为"S"形肾小管。肾小管一端与集合小管的盲端接通，另一端膨大并凹陷形成肾小囊，包绕毛细血管球形成肾小体。"S"形肾小管逐渐弯曲增长，分化成近端

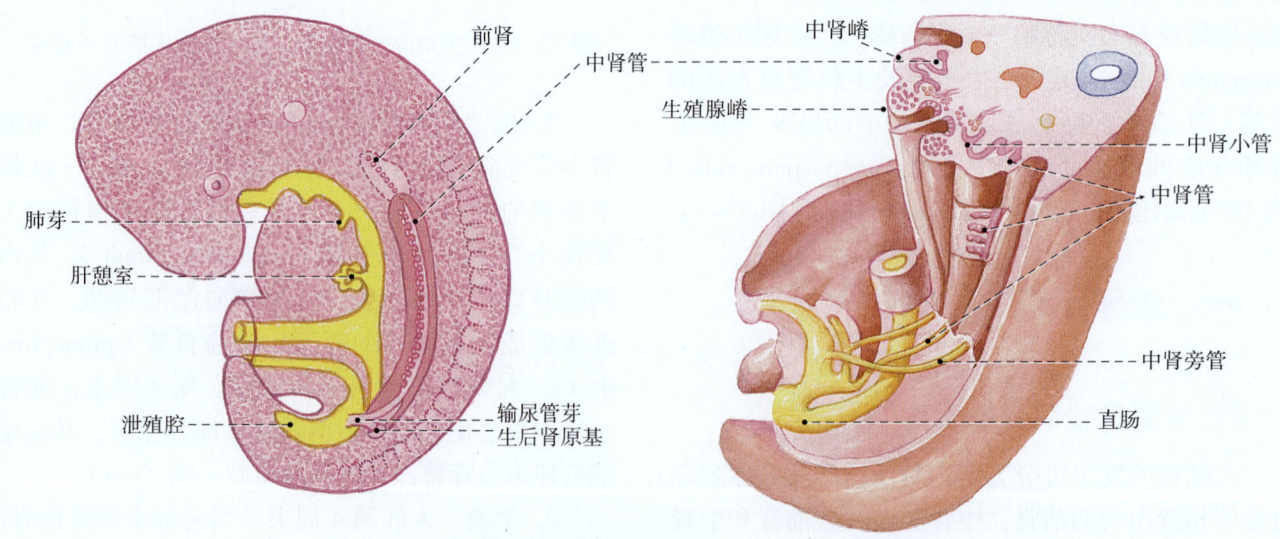

图 23-3　前肾、中肾和后肾的发生（4～5 周人胚侧面观）

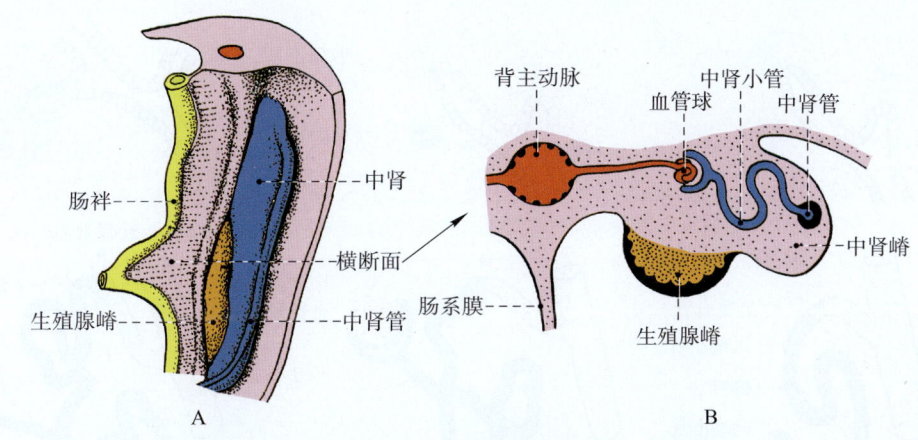

图 23-4　中肾的发生（第 5 周胚体侧面 A、横切面 B）

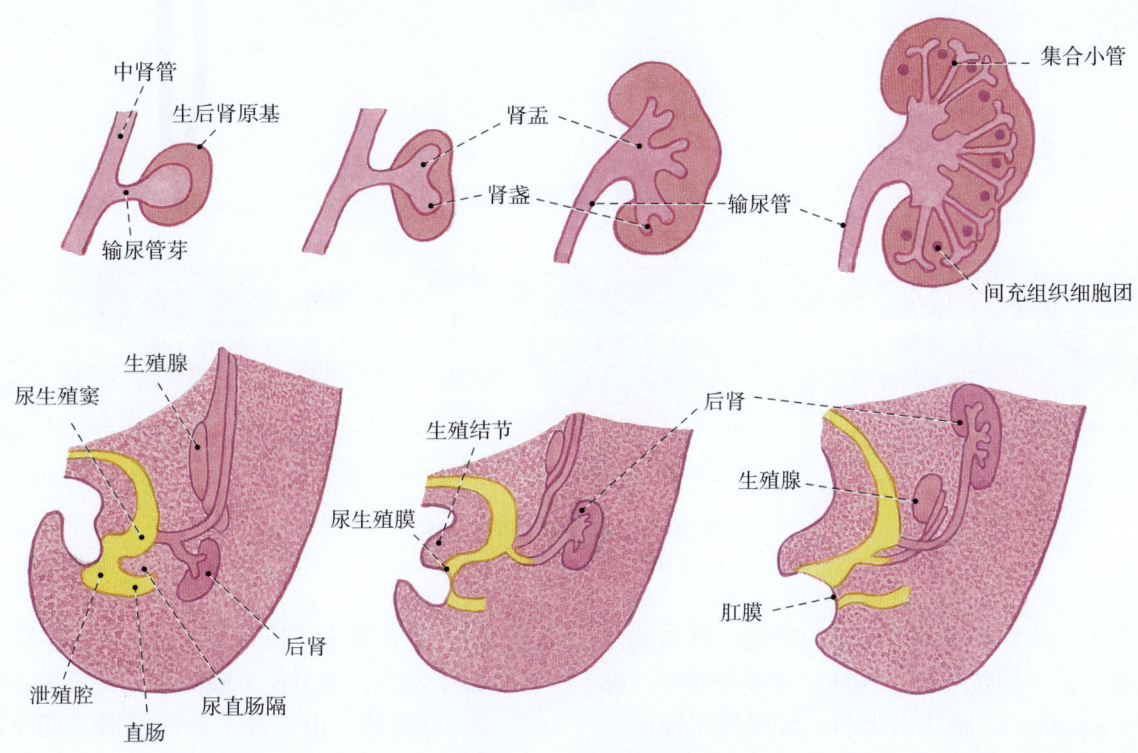

图 23-5　后肾的发生

小管、细段和远端小管。肾小管与肾小体共同组成肾单位（图 23-6）。集合小管不断向皮质浅层生长并分支，陆续诱导生后肾组织不断地形成新的肾单位，因此，近髓肾单位发生较早，随着集合小管末端不断向皮质浅层生长并分支，陆续诱导生后肾组织浅层形成浅表肾单位。出生后，集合小管停止分支，肾单位不再发生，肾的增大是由于肾单位的生长而不是数目的增多。

人胚 3 个月时，后肾已能分辨出皮质与髓质并开始具有微弱的泌尿功能。胎儿的尿液排入羊膜腔，成为羊水的主要来源之一。由于胚胎的代谢产物主要通过胎盘排至母血，故胎儿时期的肾几乎没有排泄代谢产物的作用。

由于后肾发生于中肾嵴尾侧，肾的原始位置低，最初位于盆腔内。随着胎儿腹部器官的生长、输尿管的伸展及胚体的直立，肾逐渐移至腰部。肾上升的同时，也沿纵轴旋转，肾门从朝向腹侧转向内侧（图 23-5）。

（二）膀胱和尿道的发生

人胚第 4—7 周，泄殖腔被尿直肠隔分隔为背侧的原始直肠和腹侧的尿生殖窦。尿生殖窦分为三

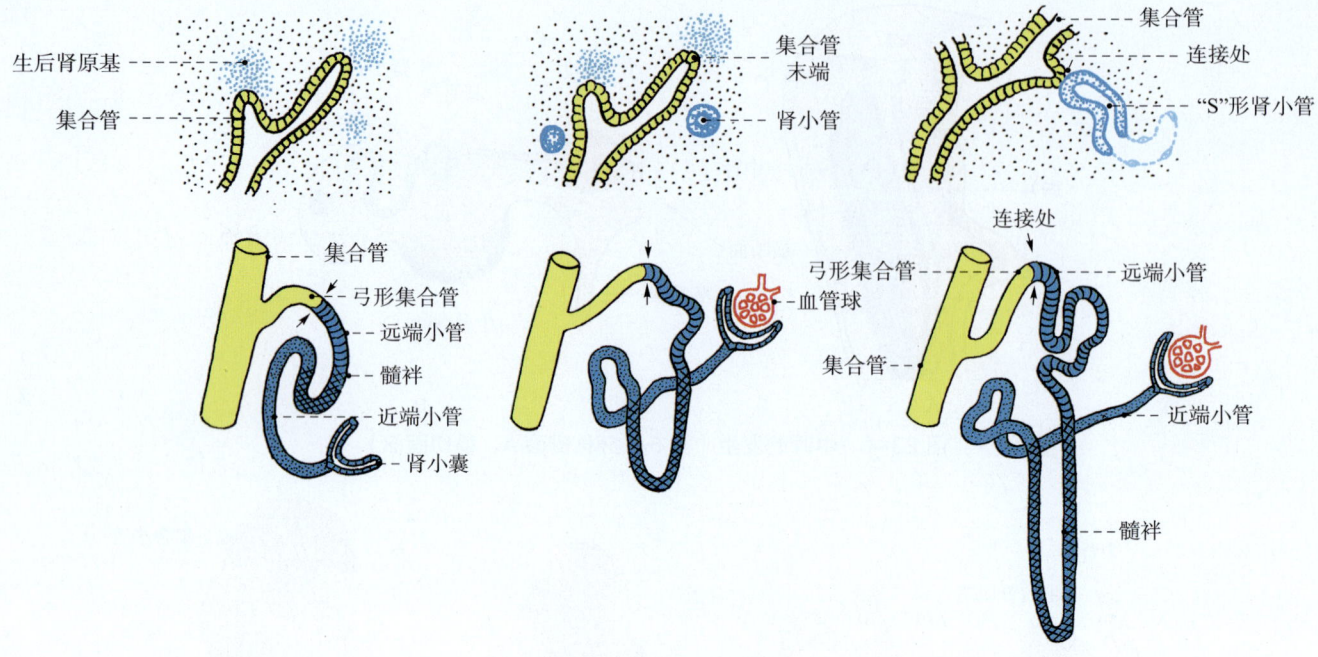

图 23-6 肾单位的发生

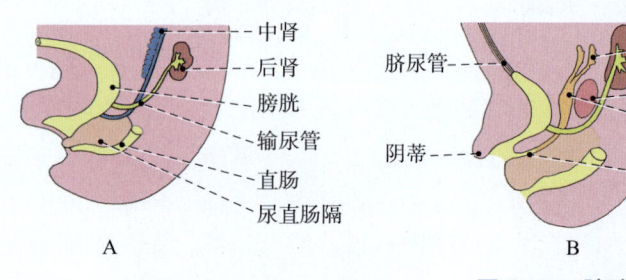
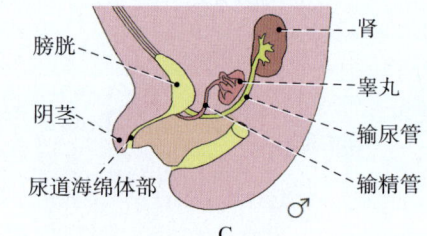

图 23-7 膀胱和尿道的发生
A. 未分化期；B. 女性；C. 男性

段（图 23-7）：上段较大，发育为膀胱，其顶端与尿囊相连，位于膀胱与脐之间的尿囊部分缩窄，称脐尿管（urachus），胎儿出生前，脐尿管闭锁成纤维索，演化为脐中韧带。中段狭窄，呈管状，在女性形成尿道的大部分，在男性形成尿道前列腺部和膜部。下段在女性形成尿道下段和阴道前庭，在男性则形成尿道海绵体部。

（三）泌尿系统的先天畸形

1. **多囊肾** 多囊肾（polycystic kidney）是一种常见畸形。因远曲小管未与集合小管接通，或者是由于集合小管发育异常，管腔阻塞，致使肾单位内尿液积聚，肾内出现许多大小不等的囊泡，周围肾组织受压、萎缩。双侧多囊肾可造成肾功能障碍（图 23-8A）。

2. **异位肾** 肾在上升过程受阻，出生后未达到正常位置，称为异位肾（ectopic kidney）。异位肾常见位于盆腔，也可位于腹腔低位处（图 23-8B）。

3. **马蹄肾** 由于肾上升时被肠系膜下动脉根部所阻，左、右肾的下端异常融合，呈马蹄形，称为马蹄肾（horseshoe kidney）。马蹄肾的位置常常较正常低，多位于下位腰椎水平。由于两侧输尿管受压，容易发生尿路阻塞及感染（图 23-8C）。

4. **肾缺如** 因中肾管未形成输尿管芽，或者输尿管芽早期退化未能诱导生后肾原基分化出后肾，形成肾缺如（renal agenesis）。单侧肾缺如多见，发生率占出生婴儿的 1/1 000，两侧肾缺如者少见。单侧肾缺如由于功能上的代偿可能不出现临床症状。

5. **双输尿管** 双输尿管（double ureters）是由于在同一侧发生两个输尿管芽，或一侧输尿管芽过早分支所致。此时一侧肾有两个肾盂，各连一条输

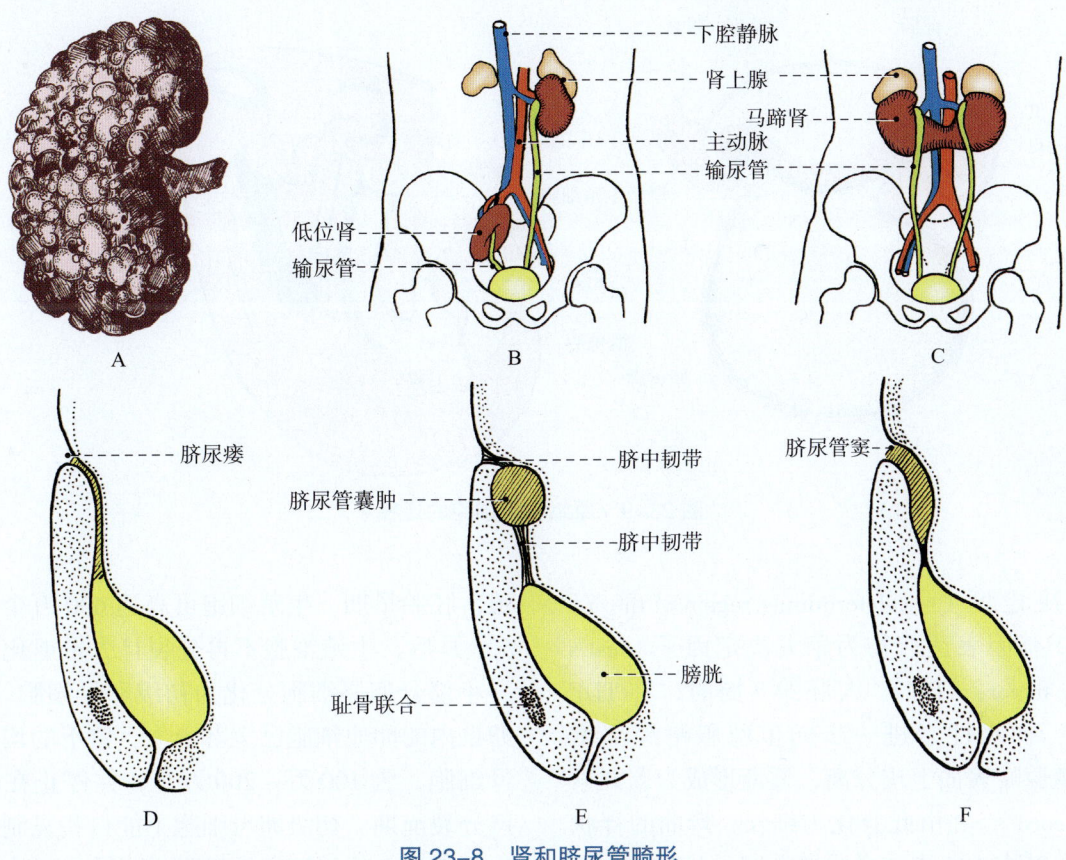

图 23-8 肾和脐尿管畸形

尿管，两条输尿管分别开口于膀胱，或两条输尿管合并后开口于膀胱。

6. 脐尿管的畸形

（1）**脐尿瘘** 因为脐尿管未闭锁，出生后腹压增高时，膀胱内的尿液可经此瘘从脐部漏出，称为脐尿瘘（urachal fistula）（图 23-8D）。

（2）**脐尿管囊肿** 由于脐尿管中段局部未闭锁并扩张而形成脐尿管囊肿（urachal cyst），囊内有上皮分泌的液体（图 23-8E）。

（3）**脐尿管窦** 由于脐尿管的脐端未闭锁，形成窦管，称为脐尿管窦（urachal sinus）（图 23-8F）。

7. 膀胱外翻
尿生殖窦与表面外胚层之间没有间充质长入，膀胱腹侧壁与脐下腹壁之间无肌组织发生，致使腹壁和膀胱腹侧壁变薄而破裂，膀胱黏膜外露，称为膀胱外翻（exstrophy of bladder）。在外翻的膀胱壁上可见输尿管开口，多见于男性。

二、生殖系统的发生

受精时人胚的遗传性别就已确定，但直至人胚第 7 周，生殖腺才能分辨出性别，而外生殖器性别至第 12 周才能分辨。胚胎早期两性生殖系统的发生类似，因此，生殖腺、生殖管道和外生殖器的发生过程可分为性未分化期和性分化期两个阶段。

（一）睾丸和卵巢的发生

生殖腺是由生殖腺嵴表面的体腔上皮、上皮下的间充质和迁入的原始生殖细胞共同发育而成。

1. 未分化性腺的发生 人胚第 5 周时，左、右中肾嵴内侧的间充质细胞增殖，形成生殖腺嵴。生殖腺嵴表面上皮长入其下方的间充质，形成许多不规则的上皮细胞索，称初级性索（primary sex cord）。人胚第 3—4 周，在靠近尿囊根部的卵黄囊内胚层内，出现大而圆的细胞，称原始生殖细胞（primordial germ cell，PGC）。第 6 周时，原始生殖细胞沿着后肠的背系膜迁入生殖腺嵴的初级性索。此时尚不能辨认性别，故称未分化性腺（图 23-9）。

2. 睾丸的发生 如果胚胎细胞核型为 46，XY，在 Y 染色体的短臂上有决定性别的基因，

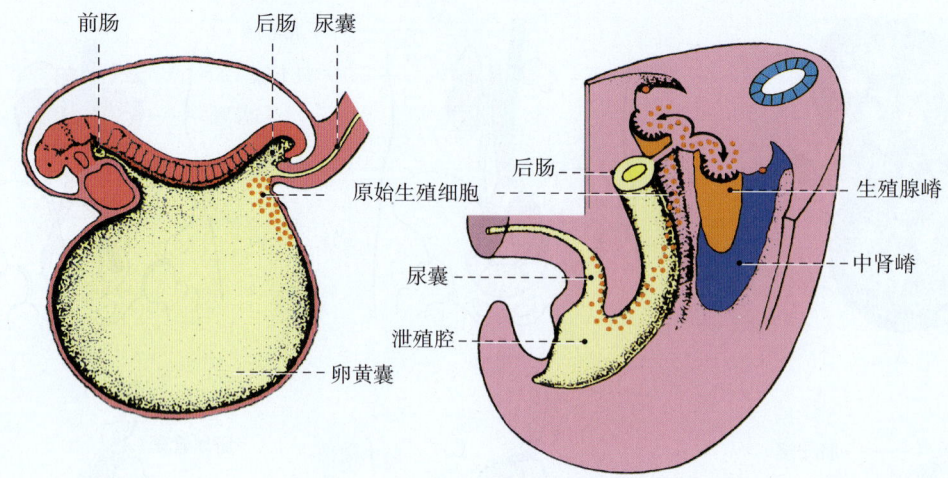

图 23-9　原始生殖细胞的迁移

称 Y 性别决定区（sex determining region of the Y, SRY），*SRY* 基因表达产物为睾丸决定因子（testis determining factor, TDF）。人胚第 7 周时，在 TDF 的影响下，初级性索进一步向生殖腺嵴深部增殖，与生殖腺嵴表面上皮分离，逐渐形成为睾丸索（testicular cord），并由此分化为细长、弯曲的袢状生精小管，其末端断裂吻合成睾丸网。此时的生精小管为实心细胞索，内含两种细胞，即初级性索上皮细胞演变形成的支持细胞，PGC 增殖分化形成的精原细胞。第 8 周时，表面上皮下方的间充质分化形成白膜，生精小管之间的间充质分化为睾丸的间质和间质细胞，后者分泌雄激素（图 23-10）。生精小管的这种结构状态持续至青春期前且直至青春期生精小管才出现管腔。

3. **卵巢的发生**　女性胚胎的细胞核型是 46, XX，无 Y 染色体和 TDF，未分化性腺自然发育为卵巢。人胚第 10 周后，深入未分化性腺的初级性索退化，被基质和血管代替，成为卵巢髓质。此后，未分化性腺的表面上皮又一次向深层增殖形成新的细胞索，称次级性索（secondary sex cord），又称皮质索（cortical cord）。皮质索继续增殖扩大并与上皮分离，构成卵巢的皮质。表面上皮下方的间充质形成白膜。人胚第 16 周时，次级性索断裂，形成许多孤立的细胞团，其中央是一个由原始生殖细胞分化而来的卵原细胞，周围是一层由皮质索细胞分化而来的小而扁平的卵泡细胞，两者构成原始卵泡。卵泡之间的间充质细胞分化为卵巢间质（图 23-10）。原始生殖细胞和卵原细胞可分裂增殖，胚胎早期，生殖细胞可高达 600 万个。胚胎第 5 个月后，生殖细胞不再分裂且大量退化消失，仅一小部分卵原细胞分化为初级卵母细胞。出生时，卵巢内的卵原细胞已全部消失，留下的均是初级卵母细胞，为 100 万～200 万个，并停止在第一次成熟分裂前期。初级卵母细胞不能自我复制，因此出生后卵巢内的初级卵母细胞不再增多。

4. **睾丸和卵巢的下降**　生殖腺最初位于后腹壁下部，随着生殖腺增大，逐渐突向腹腔，与后腹壁之间的联系则变成系膜，以睾丸系膜或卵巢系膜悬于腹腔。自生殖腺尾端到阴囊或大阴唇之间，有一条中肾退化后由中胚层演变成的索状结构，称引带（gubernaculum）。随着胚体生长、腰部直立、引带相对缩短，导致生殖腺被牵拉下降。第 3 个月时，卵巢停留在骨盆缘下方；睾丸则继续下降，于胚胎第 7—8 个月时经腹股沟管内口降入阴囊。当睾丸下降通过腹股沟管时，包绕它的双层腹膜形成一盲囊，称睾丸鞘突。鞘突随同睾丸进入阴囊，形成鞘膜腔。睾丸降入阴囊后，腹膜腔与鞘膜腔之间的通道逐渐闭锁。促性腺激素和雄激素对睾丸下降有调节作用。

（二）生殖管道的发生和演化

1. **未分化期的生殖管道**　人胚第 6 周时，男、女两性胚胎胚体内先后出现左、右两对生殖管道，一对中肾管和一对中肾旁管（paramesonephric duct）。中肾旁管又称米勒管（Müllerian duct），由中肾管外侧的体腔上皮先凹陷形成纵沟，然后沟缘闭合成管。其头端呈漏斗形，开口于腹腔；上段纵

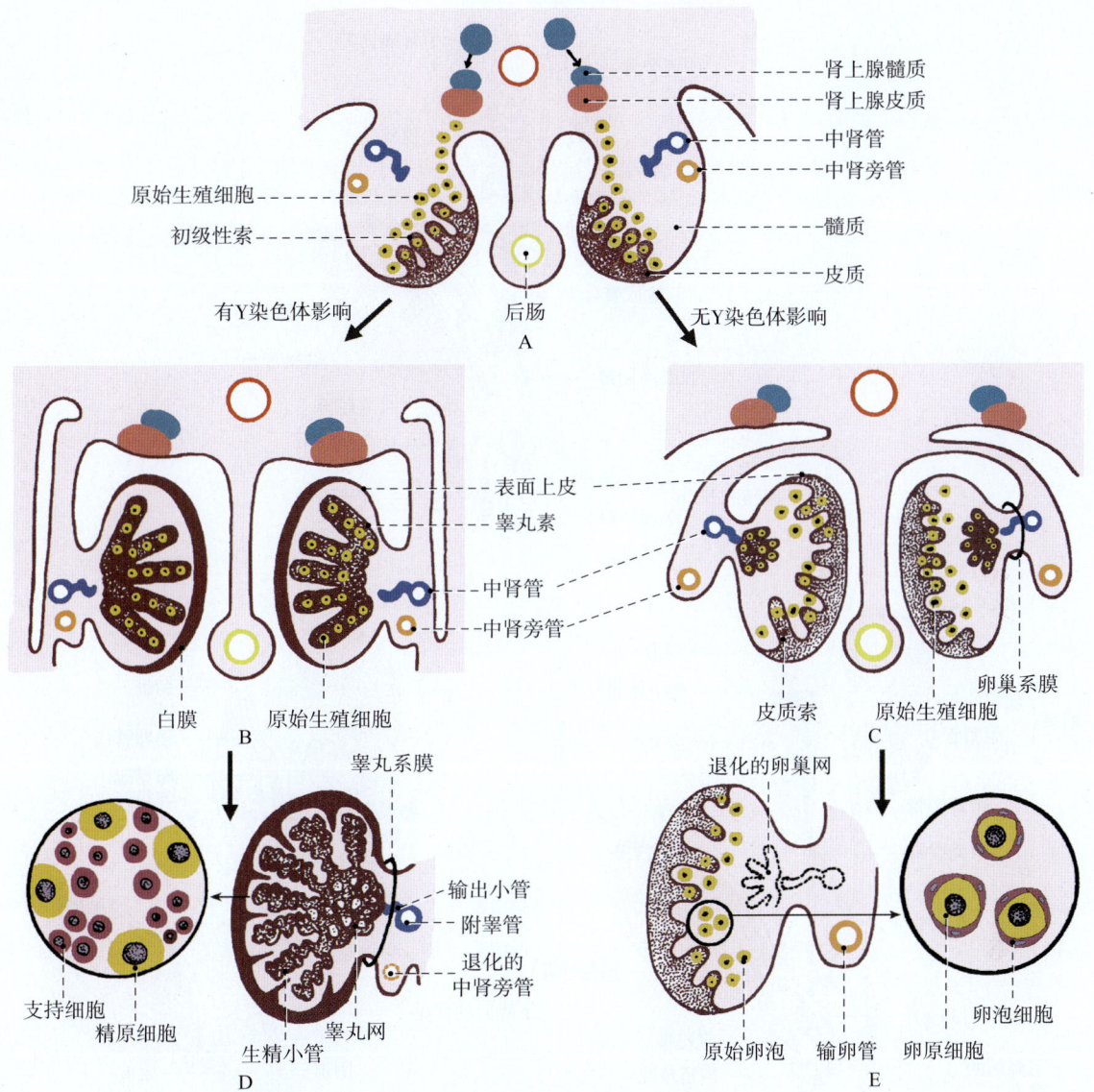

图 23-10　生殖腺的发生与分化
A. 未分化生殖腺（6周）；B. 男性（7周）；C. 女性（12周）；D. 男性（20周）；E. 女性（20周）

行于中肾管的外侧，两管相互平行；中段越过中肾管的腹侧弯曲向内；下段与对侧中肾旁管在中线合并；尾端为盲端，突入尿生殖窦的背侧壁，在窦腔内形成一小隆起，称窦结节（sinus tubercle），又称Müllerian 结节。中肾管开口于窦结节的两侧通入尿生殖窦（图 23-11A，图 23-12）。

2. 男性生殖管道的分化　如果生殖腺分化为睾丸，支持细胞产生中肾旁管抑制物质（Müllerian inhibiting substance，MIS），又称抗中肾旁管激素，抑制中肾旁管的发育，使其退化。同时睾丸间质细胞分泌雄激素，促进中肾管发育，其头端增长弯曲成为附睾管，中段形成输精管，尾段形成射精管和精囊。中肾小管大多退化，与睾丸相邻的中肾小管发育为附睾的输出小管（图 23-11B）。

3. 女性生殖管道的分化　如果生殖腺分化为卵巢，由于缺乏雄激素，中肾管退化。因为没有MIS 的抑制作用，中肾旁管则进一步发育。其上段和中段演变成输卵管，左右中肾旁管的下段在中线合并形成子宫及阴道穹隆部（图 23-11C）。窦结节增生形成阴道板（vaginal plate），阴道板起初为实心结构，在胚胎第 5 个月时，演变成管状，形成阴道。其内端与子宫相通，外端与阴道前庭之间有处女膜（hymen）相隔（图 23-12）。残留的中肾管与中肾小管形成卵巢冠及卵巢旁体等结构。

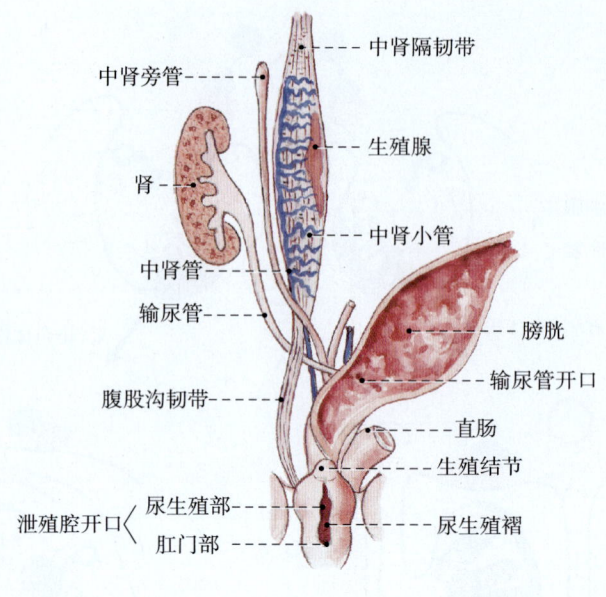

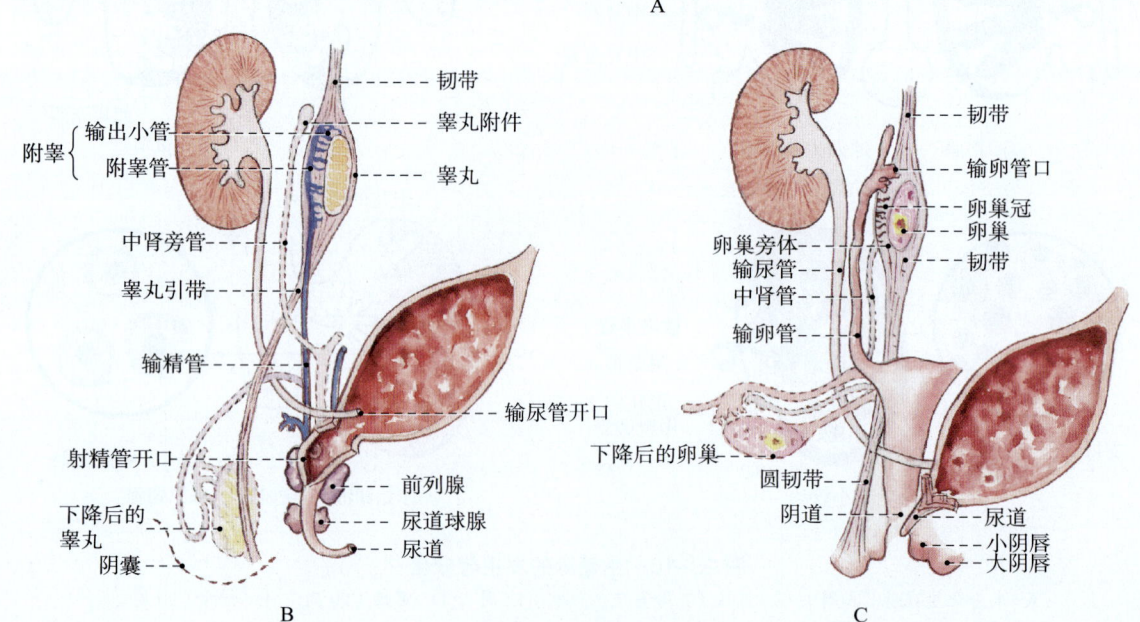

图 23-11 生殖管道的演变
A. 未分化期；B. 男性；C. 女性

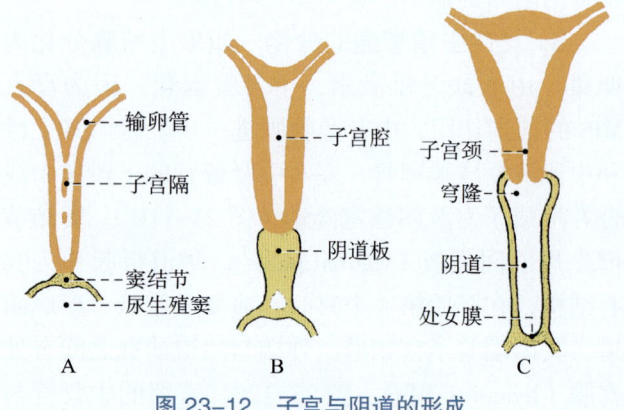

图 23-12 子宫与阴道的形成
A. 9 周；B. 3 个月；C. 初生儿

（三）外生殖器的发生

1. **未分化期的外生殖器** 胚胎第 9 周前，外生殖器不能分辨男、女性别。胚胎第 4 周初，在尿生殖窦膜的头侧间充质增生形成一个隆起，称生殖结节（genital tubercle）。随后在尿生殖窦膜的两侧间充质增生，又形成两对隆起，内侧的较小，为尿生殖褶（urogenital fold）；外侧的较大，为阴唇阴囊隆起（labioscrotal swelling）。尿生殖褶之间凹陷，为尿道沟，沟底为尿生殖窦膜（图 23-13）。

2. **男性外生殖器的分化** 在睾丸产生的雄激素作用下，生殖结节伸长形成阴茎；两侧尿生殖褶随生殖结节伸长，向前生长，并在中线愈合，形成尿道海绵体部。两侧阴唇阴囊隆起相互靠拢并在中线愈合形成阴囊（图23-13）。

3. **女性外生殖器的分化** 因无雄激素的作用，外生殖器便分化为女性。生殖结节略增大，形成阴蒂。两侧的尿生殖褶不合并，形成小阴唇。两侧阴唇阴囊隆起形成大阴唇，并在阴蒂前方愈合，形成阴阜，后方愈合形成阴唇后联合；尿道沟扩展，并与尿生殖窦下段共同形成阴道前庭（图23-13）。

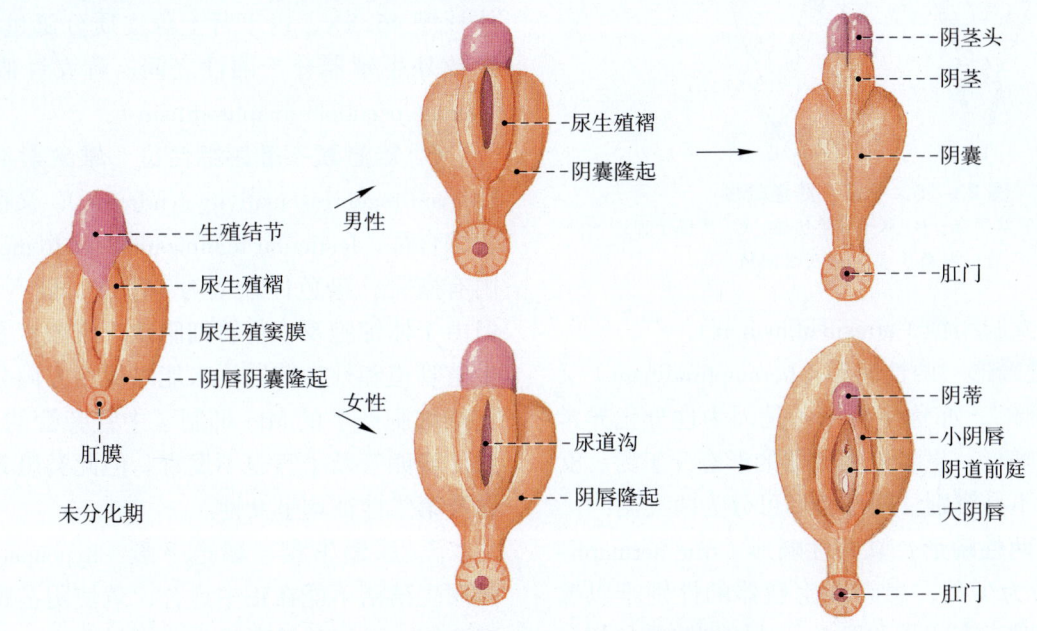

图23-13　外生殖器的发生（4—12周）

（四）生殖系统的先天畸形

1. **隐睾** 出生后3~5个月内，睾丸未降入阴囊，停在腹腔内或腹股沟管等处，称隐睾（cryptorchidism）。隐睾可发生在一侧或双侧，双侧隐睾由于腹腔内温度高于阴囊，生精细胞不能发育成熟，可导致男性不育。据统计，约有30%的早产儿及3%的新生儿有此畸形，多数患儿的睾丸在1岁左右降入阴囊，但仍有约1%的患儿成为单侧或双侧隐睾。

2. **先天性腹股沟疝** 若腹膜腔与鞘膜腔之间的通道没有闭合或闭合不全，当腹压增大时，部分小肠可突入鞘膜腔内，导致先天性腹股沟疝（congenital inguinal hernia）（图23-14）。

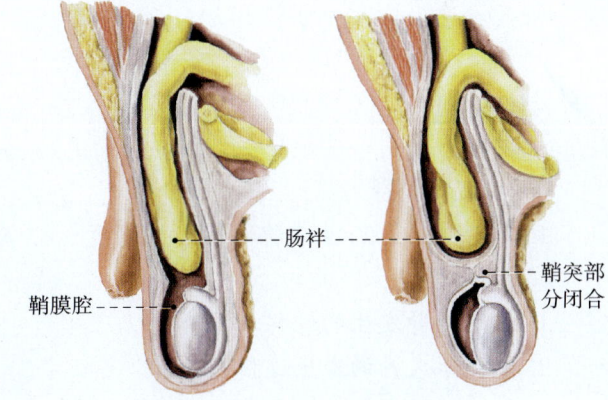

图23-14　先天性腹股沟疝

3. **子宫畸形** 多由左、右中肾旁管的下段合并异常所致，常形成以下畸形。①双子宫：左右中肾旁管的下段完全未合并，形成了完全分开的两个子宫，称为双子宫（double uterus）（图23-15A，图23-15B），常伴有双阴道。②中隔子宫：由于两中肾旁管的下段合并时，合并的管壁未消失，形成中隔子宫（uterus septus）（图23-15C）。③双角子宫：左、右中肾旁管下段部分合并，致使子宫呈分叉状，形成双角子宫（bicornuate uterus）（图23-15D）。

4. **阴道闭锁** 窦结节未形成阴道板，或阴道板未能形成管腔，则导致阴道闭锁（vaginal atresia）（图23-15E）。有的是处女膜无孔，外观见不到阴

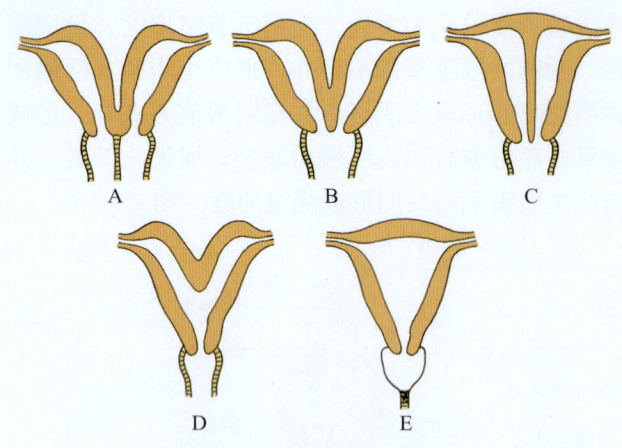

图 23-15 子宫、阴道畸形
A. 双子宫双阴道；B. 双子宫单阴道；C. 中隔子宫；
D. 双角子宫；E. 阴道闭锁

道，此称处女膜闭锁（atresia of hymen）。

5. **两性畸形** 两性畸形（hermaphroditism）又称"两性同体"，亦称半阴阳，是因为性分化异常导致的性别畸形。患者外生殖器的形态介于男、女两性之间，不易辨别。两性畸形可分为两大类：

（1）**真两性畸形** 真两性畸形（true hermaphroditism）极为少见，患者外生殖器的性别难以鉴别，体内同时具有卵巢和睾丸，其体细胞染色体核型为 46,XX 和 46,XY 嵌合体。

（2）**假两性畸形** 假两性畸形（pseudohermaphroditism）的外生殖器介于男、女性别之间，但生殖腺只有一种。如体内只有睾丸，染色体核型为 46,XY，由于雄激素产生不足，导致外生殖器介于两性之间，称男性假两性畸形（male pseudohermaphroditism）。如体内只有卵巢，染色体核型 46,XX，由于肾上腺皮质分泌过多雄激素，导致外生殖器介于两性之间，称女性假两性畸形（female pseudohermaphroditism）。

6. **雄激素不敏感综合征** 雄激素不敏感综合征（androgen insensitivity syndrome），又称睾丸女性化综合征（testicular feminization syndrome）。患者体内有睾丸，染色体核型为 46,XY，能产生雄激素，但由于体细胞及中肾管细胞缺乏雄激素受体，使其生殖管道和外生殖器均未能向男性方向分化。由于支持细胞产生的 MIS 抑制了中肾旁管的发育分化，致使输卵管及子宫也不发育。但此类患者的外生殖器及第二性征均呈女性。

7. **尿道下裂** 尿道下裂（hypospadias）是两侧尿生殖褶不能在正中愈合，致使阴茎腹侧面有尿道开口，可能是雄激素生成不足所致，并与遗传有关，发病率为 1/1 000～3.3/1 000。

复习题

（一）名词解释
1. 尿生殖嵴 2. 生殖腺嵴 3. 中肾管 4. 原始生殖细胞 5. 睾丸决定因子

（二）问答题
1. 叙述中肾发生的过程。
2. 叙述永久肾的发生过程。
3. 试述从未分化性腺向睾丸或卵巢分化的过程。
4. 比较胚胎时期两套生殖管道的发生及其在男性和女性的分化发育过程。
5. 试述泌尿系统和生殖系统的常见先天畸形。

网上学习

23-1 原始生殖细胞的迁移
23-2 性别决定机制的发现

（马云胜，魏金花撰文；徐国成绘图）

第 24 章

心血管系统的发生

- 导学
  - ▶ 重点
    - 心脏的发生及演变
    - 常见的先天性畸形
  - ▶ 难点
    - 心脏外形的建立
    - 心脏内部的分隔

心血管系统由中胚层间充质分化而来，早在人胚第 3 周开始发生，约第 4 周末开始血液循环。由于胚胎生长迅速，单纯依赖简单扩散方式已不能使胚体获得足够营养，因此，心血管系统成为机体形成最早且执行功能最早的系统，从而为机体各器官、组织的发育提供良好的物质条件。原始心血管系统形成早期是左右对称的，后来通过合并、扩大、萎缩、退化和新生等改建过程，演变成为非对称格局而逐渐完善。

一、原始心血管系统的建立

人胚第 15—16 天，卵黄囊壁的胚外中胚层的间充质细胞密集成细胞团，称血岛（blood island）。血岛周边的细胞变扁，分化为内皮细胞，由内皮细胞围成的通道即原始血管。血岛中央的游离细胞分化成为造血干细胞（图 24-1）。内皮管道不断向外出芽延伸，与相邻血岛形成的内皮管道互相融合通连，逐渐形成一个丛状分布的内皮管网。与此同时，在体蒂和绒毛膜的中胚层内也以同样方式形成内皮管网。

第 18—20 天，胚体内各处的间充质内出现裂隙，裂隙周围的间充质细胞变扁，围成内皮管，以出芽方式与邻近的内皮管融合通连，逐渐形成胚体内的内皮管网。起初形成的是弥散的内皮管网，分布于胚体内、外的间充质中。随着胚体的发育，造血干细胞进入胚体内，弥散的内皮管网相互连通，胚胎早期的血液循环即建立。此后，有的内皮管因相互融合及血液汇流而增粗，有的则因血液减少而萎缩或消失，逐渐形成了原始心血管系统（primitive cardiovascular system）。内皮管周围的间充质逐渐分化为平滑肌和结缔组织，形成中膜和外膜，显示出动脉和静脉的典型结构。

原始心血管系统左右对称，主要由心管、动脉和静脉组成（图 24-2）。

1. **心管** 开始为一对，位于消化管腹侧。胚胎发育至第 4 周时，左右心管合并为一条。

2. **动脉** 由心管发出一对背主动脉（dorsal aorta），位于原始肠管的背侧。心管合二为一时，从咽至尾端的左、右背主动脉合并成为一条，沿途发出许多分支。从腹侧发出数对卵黄动脉（vitelline artery）和一对尿囊动脉（allantoic artery），卵黄动脉分布于卵黄囊，尿囊动脉经体蒂分布于绒毛膜，以后演变为脐动脉（umbilical artery）。从主动脉发

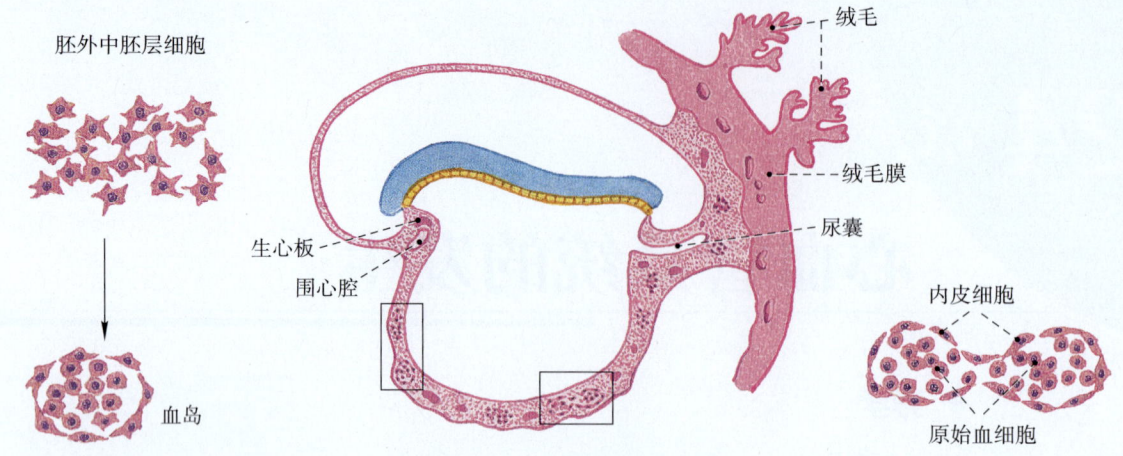

图 24-1　血岛和血管的形成

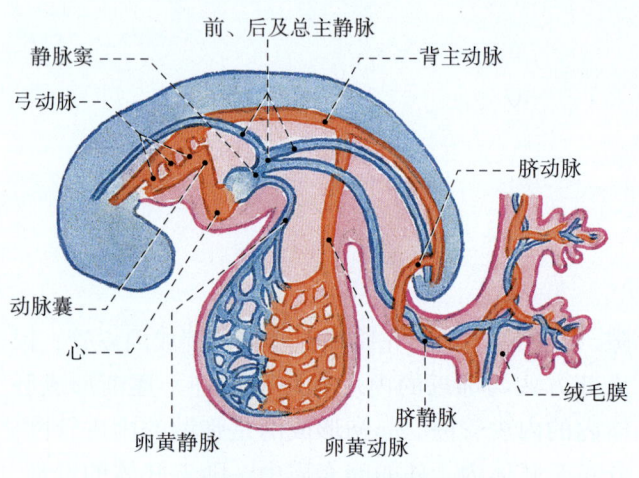

图 24-2　原始心血管系统

生许多成对的节间动脉和其他一些分支分布于胚体。胚胎头端还有 6 对弓动脉（aortic arch），分别穿行于相应的鳃弓内，连接背主动脉与心管头端膨大的动脉囊。

3. 静脉　包括一对前主静脉（anterior cardinal vein），收集上半身的血液；一对后主静脉（posterior cardinal vein），收集下半身的血液。随后两侧的前、后主静脉分别汇合成左、右总主静脉（common cardinal vein），开口于心管尾端静脉窦的左、右角。卵黄静脉（vitelline vein）和尿囊静脉（allantoic vein）各一对，分别来自卵黄囊和绒毛膜，均回流于静脉窦，尿囊静脉以后演变为脐静脉（umbilical vein）。

二、心脏的发生

心脏发生于胚盘口咽膜头端的中胚层，即生心区。

（一）原始心脏的形成

人胚第 18—19 天，生心区的中胚层内出现围心腔（pericardial coelom），围心腔腹侧的中胚层细胞密集，形成前后纵行、左右并列的一对细胞长索，称生心板（cardiogenic plate），板的中央逐渐变空，形成一对心管（cardiac tube）。最初，心管位于胚体的头端，随着神经管的关闭和脑泡的形成，胚体头端向腹侧卷曲，原来位于口咽膜头侧的心管和围心腔转到咽的尾端腹侧，原来在围心腔腹侧的心管则转至背侧（图 24-3）。当胚体发生侧褶时，一对并列的心管逐渐向中线靠拢，并从头端向尾端融合成为一条心管（图 24-4）。与此同时，心管与周围的间充质一起从背侧陷入围心腔，于是在心管的背侧出现了心背系膜（dorsal mesocardium），将心管悬连于心包腔的背侧壁。心管陷入后的围心腔改称心包腔。心背系膜的中部很快退化消失，仅在心管的头、尾端存留。此时，心管周围的中胚层逐渐密集增厚，发育成心肌膜。由心肌膜分泌产生一层较厚的富含透明质酸的细胞外基质，充填于内皮和心肌膜之间，称心胶质（cardiac jelly），以后发育为心内膜下组织。心管周围的间充质发育成心外膜。至此，心管已具备心内膜、心肌膜和心外膜三层结构（图 24-4）。

（二）心脏外形的建立

心管的头端与动脉连接，尾端与静脉相连。心管各段因生长速度不同而出现三个膨大，由头端向尾端依次称心球（bulbus cordis）、心室和心房。以

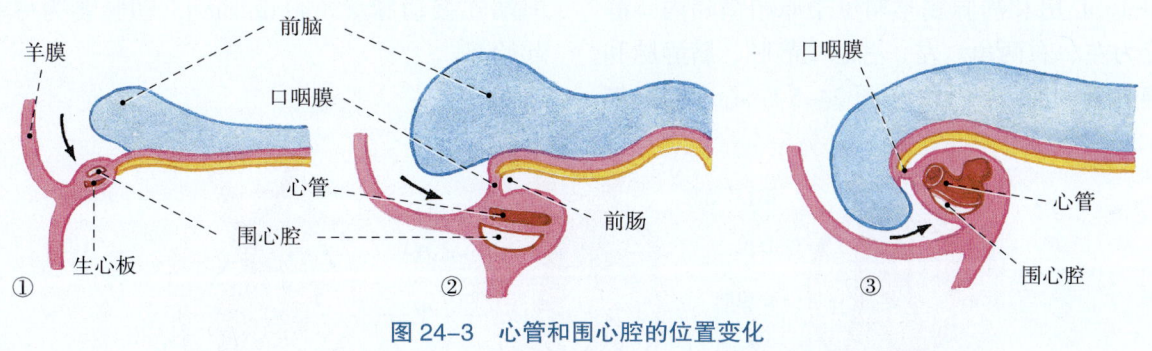

图 24-3 心管和围心腔的位置变化

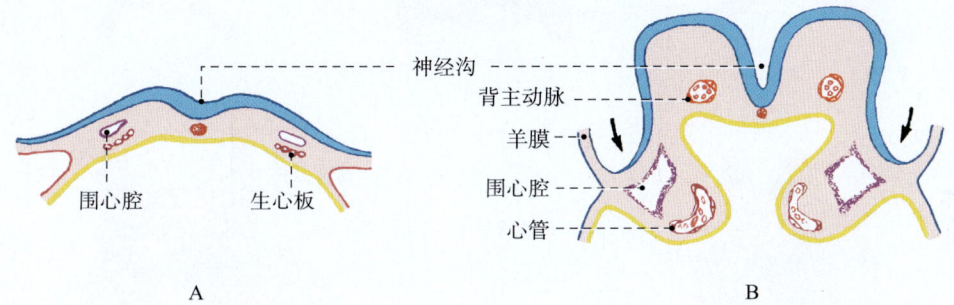

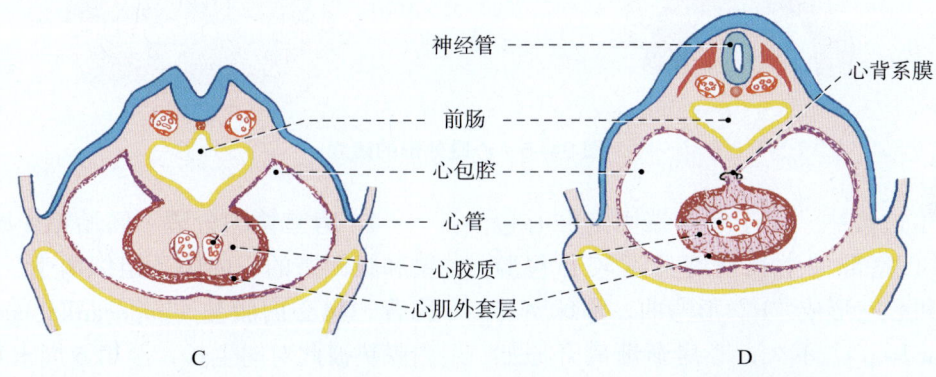

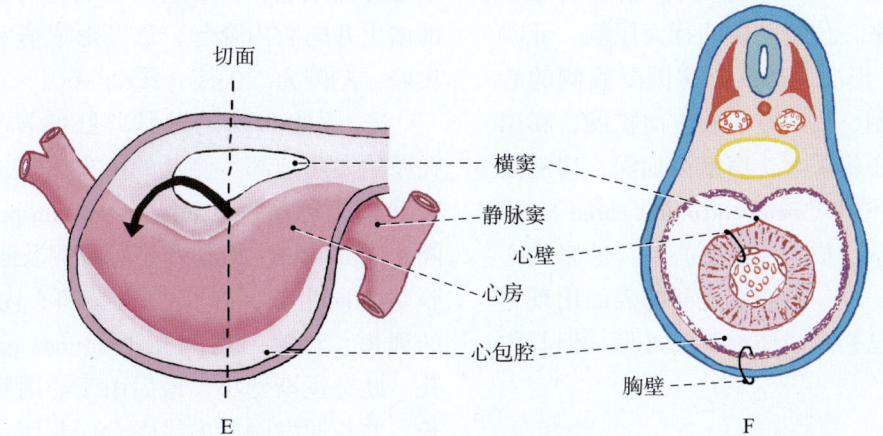

图 24-4 心管的发生

A. 约第 19 天；B. 约第 20 天；C. 约第 21 天；D. 约第 22 天；E. 约第 28 天（侧面观）；F. 约第 28 天（横切面）

后在心房的尾端又出现一个膨大，称静脉窦（sinus venosus）。心房和静脉窦早期位于原始横隔内。静脉窦分为左、右两角。左、右总主静脉、脐静脉和卵黄静脉分别通入两个角（图24-5）。心球的远侧段较细长，称动脉干（truncus arteriosus）。动脉干前端连接动脉囊（aortic sac），动脉囊为弓动脉的起始部。

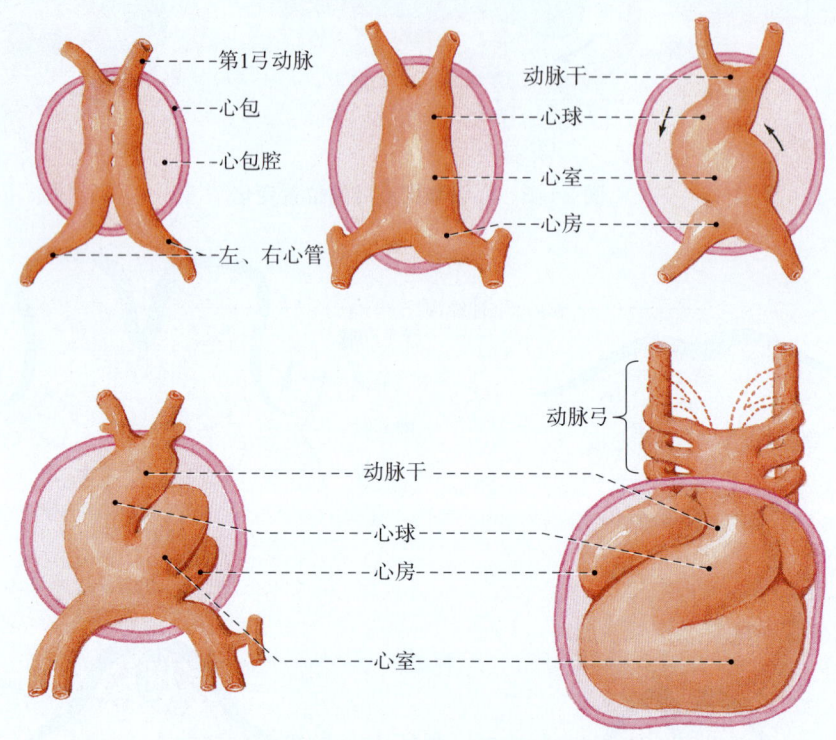

图 24-5　心脏外形的建立

在心管发生过程中，由于其两端固定在心包上，而心球和心室部的生长速度又远较心包腔快，因而心球和心室形成"U"形弯曲，称球室袢（bulboventricular loop）。不久，心房渐渐离开原始横隔，移至心室头端背侧，并稍偏左。静脉窦也从原始横隔内游离出来，位于心房的背面尾侧。此时的心脏外形呈"S"形。之后，心房因受腹侧的心球和背侧的食管限制，故向左、右方向扩展，膨出于动脉干的两侧。心房扩大，房室沟加深，房室之间渐形成狭窄的房室管（atrioventricular canal）。心球的近侧段并入心室，成为原始右心室。原来的心室成为原始左心室，左、右心室之间的表面出现室间沟。至此，心脏已初具成体心脏的外形，但其内部仍未分隔。

（三）心脏内部的分隔

心脏内部的分隔始于人胚第4周，于第7周完成，心脏各部的分隔同时进行。

1. 房室管的分隔　胚胎第4周，房室管背侧壁和腹侧壁的心内膜下组织增生，分别形成隆起，称背、腹心内膜垫（endocardial cushion）。两个心内膜垫彼此对向生长，至第5周末互相融合，将房室管分隔成左、右房室孔。围绕房室孔的间充质局部增生并向腔内隆起，逐渐形成房室瓣，右侧为三尖瓣，左侧为二尖瓣（图24-6）。

2. 原始心房的分隔　胚胎发育至第4周末，在原始心房顶部背侧壁的中央出现一个薄的半月形矢状隔，称第一房间隔（septum primum）或原发隔（图24-7）。此隔沿心房背侧及腹侧壁渐向心内膜垫方向生长，在其游离缘和心内膜垫之间暂留的通道，称第一房间孔（foramen primum）或原发孔。此孔逐渐变小，最后由于心内膜垫组织向上生长，并与原发隔游离缘融合而封闭。在第一房间孔闭合之前，第一房间隔上部的中央变薄而穿孔，若干个小孔融合成一个大孔，称第二房间孔（foramen secundum）或继发孔。此时原始心房被分成左、右

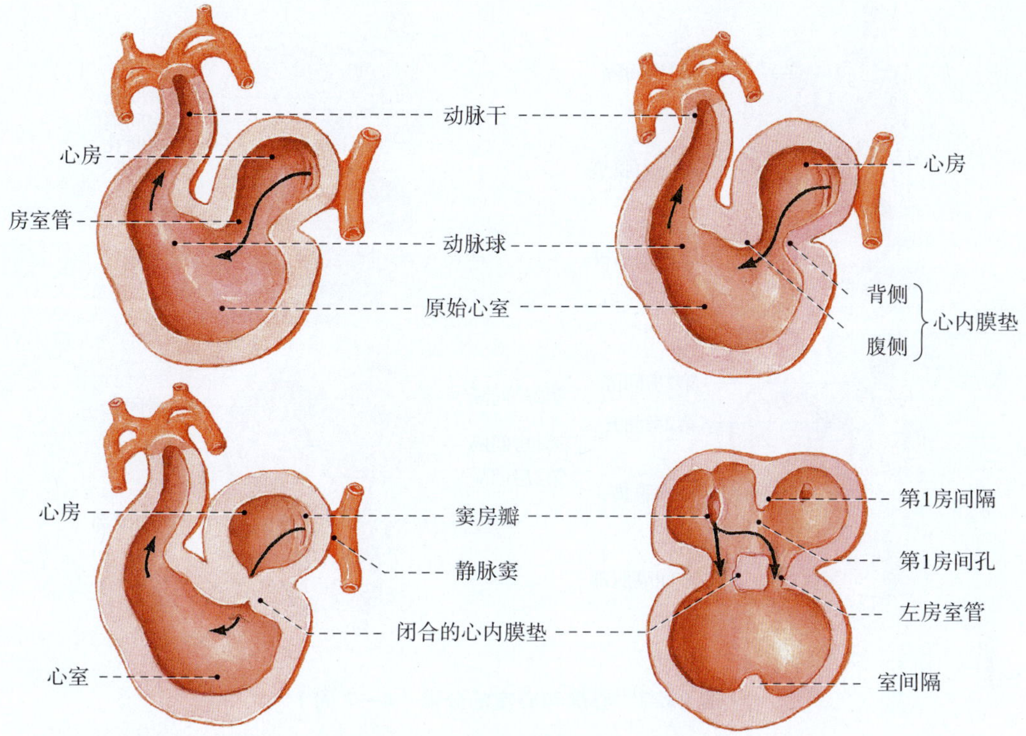

图 24-6 房室管的分隔（4—5周）

两部分，但两者之间仍有继发孔连通。

第5周末，在第一房间隔的右侧，从心房顶端腹侧壁再长出一个弓形或半月形的隔，称第二房间隔（septum secundum）或继发隔（图24-7）。此隔较厚，渐向心内膜垫生长，下缘呈弧形，当其前、后缘与心内膜垫接触时，下方留有一个卵圆形的孔，称卵圆孔（foramen ovale）。卵圆孔的位置比原发隔上的继发孔稍低，两孔呈交错重叠。原发隔很薄，上部贴于左心房顶的部分逐渐消失，其余部分在继发隔的左侧盖于卵圆孔上，称卵圆孔瓣（valve of foramen ovale）。由于卵圆孔瓣的存在，当心房舒张时，只允许右心房的血液流入左心房，反之则不能。

3. 原始心室的分隔 人胚第4周末，心室壁组织向上凸起形成一个较厚的半月形肌性嵴，称室间隔肌部（muscular part of interventricular septum）（图24-7）。此隔不断向心内膜垫方向伸展，上缘凹陷，与心内膜垫之间留有一孔，称室间孔（interventricular foramen），使左、右心室相通。胚胎发育至第7周末，由于心球内球嵴的延伸和心内膜垫组织的增生，形成室间隔的膜部，室间孔封闭。

4. 动脉干与心球的分隔 人胚发育第5周，动脉干和心球内膜下组织局部增厚，形成一对向下延伸的螺旋状纵嵴，称左、右球嵴（bulbar ridge）。以后左、右球嵴在中线融合，形成螺旋状走行的隔，称主动脉肺动脉隔（aortico-pulmonary septum），将动脉干和心球分隔成肺动脉干和升主动脉（图24-8）。因为主动脉肺动脉隔呈螺旋状，故肺动脉干呈扭曲状围绕升主动脉。当主动脉和肺动脉分隔完成时，主动脉通连左心室，肺动脉干通连右心室。主动脉和肺动脉起始部的心内膜下组织增厚，各形成三个隆起，并逐渐改变形状成为薄的半月瓣。

5. 静脉窦及其相连静脉的演变 起初，静脉窦开口于心房的中央部，窦的左、右角分别与同侧的总主静脉、脐静脉和卵黄静脉相连（图24-9）。后来，由于血液多经右角流回心脏，故右角逐渐扩大，致使窦房口右移。在胚胎发育第7—8周时，心房扩展很快，右角随着并入右心房，形成右心房固有部（平滑部），原来通入静脉窦右角的右总主静脉和卵黄静脉变成上、下腔静脉并直接开口于右心房。原始的右心房则变为右心耳（粗糙部）。静脉窦左角逐渐退化萎缩，其近端形成冠状窦，远端

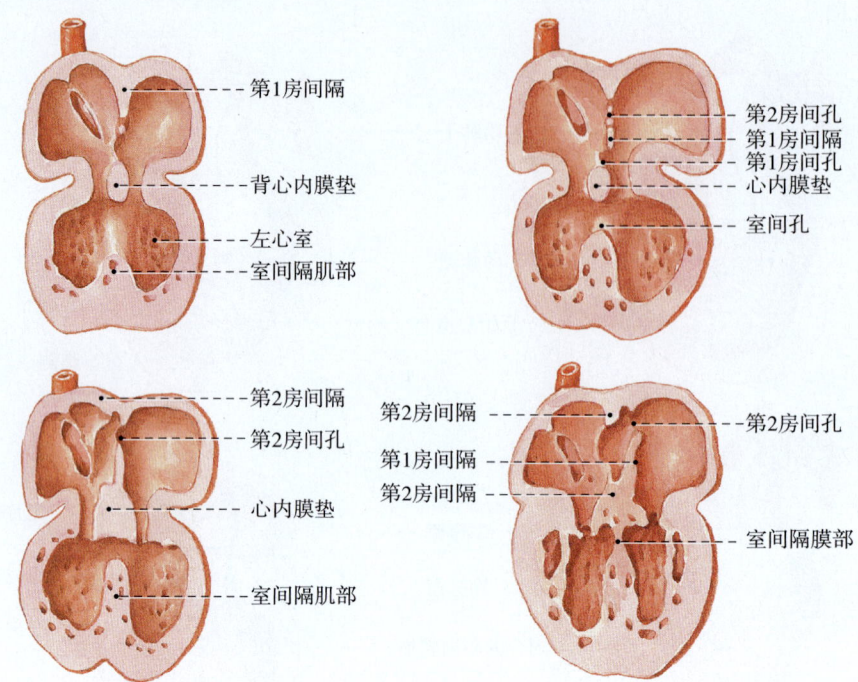

图 24-7　心房和心室的分隔（4—7 周）

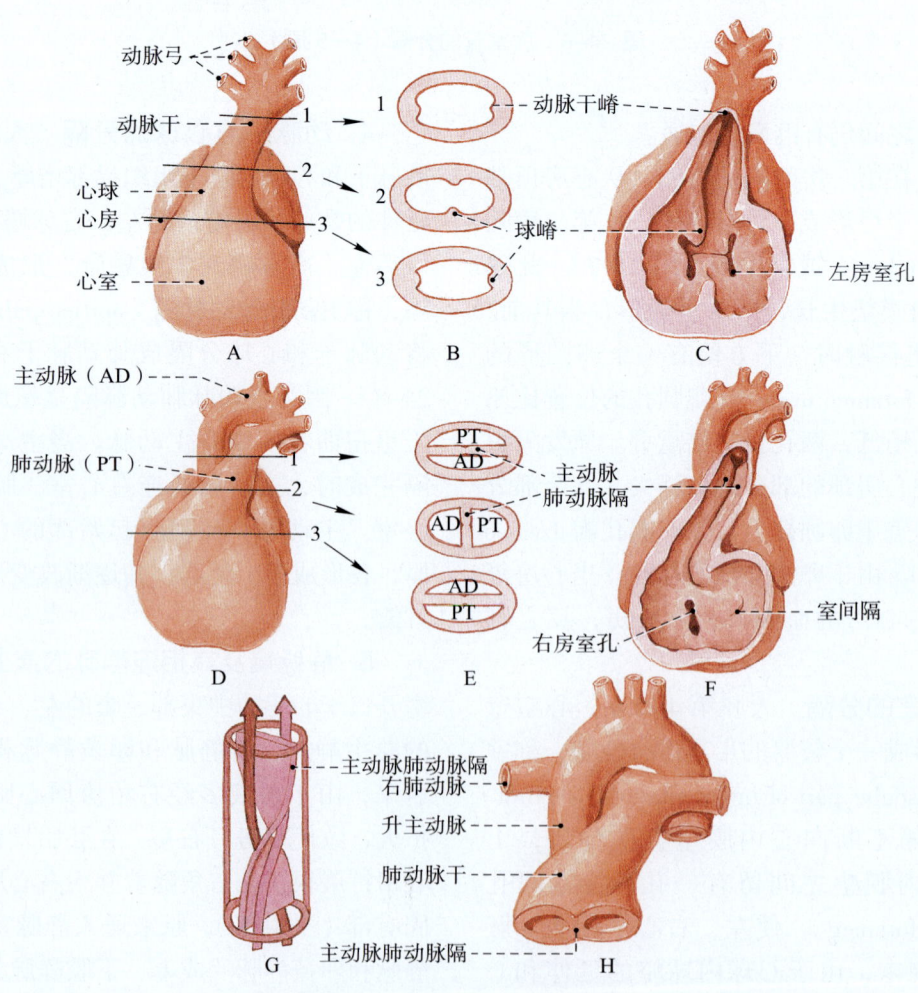

图 24-8　动脉干和心球的分隔

A、D. 心脏正面观；B、E. 心球和动脉干的横切面；C、F. 心脏的冠状剖面；
G. 主动脉肺动脉隔形成示意图；H. 心球和动脉干分隔后形成的升主动脉和肺动脉干

形成左心房斜静脉的根部（图24-9）。

原始肺静脉是由第一房间隔左方的左心房背侧壁向外突出而成。最初只有一条肺静脉，此静脉分出左、右属支，各属支再分为两支。后来，由于左心房扩大，逐渐把原始肺静脉根部及其属支吸收并入左心房，形成左心房固有部（平滑部），导致4条肺静脉分别直接开口于左心房（图24-10），原始的左心房成为左心耳（粗糙部）。

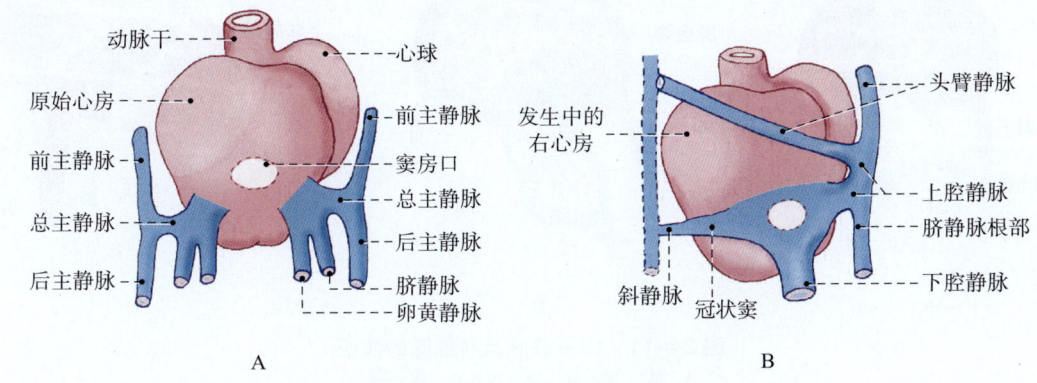

图24-9 原始心房与静脉窦的演变
A. 4周；B. 8周

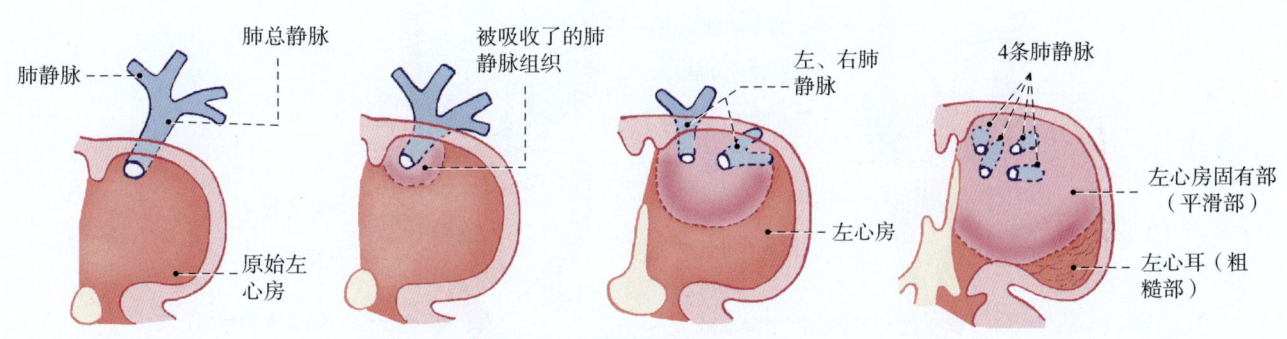

图24-10 肺静脉被吸收并入左心房

卵黄静脉左、右各一，起自卵黄囊，穿过原始横膈进入静脉窦。卵黄静脉的发生和演变与肝的发生相关。当肝在原始横膈内迅速生长时，原来的卵黄静脉分化为三段：与肝相邻的一段被并入肝内，入肝前的远心段和出肝后的近心段（图24-11）。肝内的一段卵黄静脉形成肝血窦。卵黄静脉的远心段，形成了一条"S"形的血管，即为门静脉的原基。卵黄静脉近心段，左侧支消失，右侧支形成肝静脉和下腔静脉的近心段（图24-11）。

胚胎早期左、右脐静脉起始于胎盘，经体蒂（脐带）入胚体，沿腹壁经肝两侧穿过原始横膈，入静脉窦。第5周时，肝扩大，脐静脉与之接触也分支入肝，与肝血窦相通。随后，整个右脐静脉和左脐静脉近心端萎缩消失，只有左脐静脉的远心段保留并增粗。穿行于肝内的小血管合并扩大成一条静脉导管（图24-11），一端与左脐静脉相连，另一端通入下腔静脉，它作为一条旁路，使一部分来自胎盘的血液经其分流注入下腔静脉（图24-11）。胎儿出生后，静脉导管闭锁，肝外的一段脐静脉（原左脐静脉远心段）闭锁形成肝圆韧带。

几对主静脉经过复杂的演变，变为上腔静脉和下腔静脉等。

三、弓动脉的发生与演变

人胚第4周鳃弓发生，分布于鳃弓内的动脉称弓动脉。弓动脉起自主动脉囊，在鳃弓内走向背侧，与同侧的背主动脉相通连（图24-12）。弓动脉相继发生6对，从第4周开始出现，第5—8周完成演变。

第1、2对弓动脉很早即退化消失，但与其相连的一段背主动脉不退化。

第3对弓动脉近侧段及部分主动脉囊形成颈总

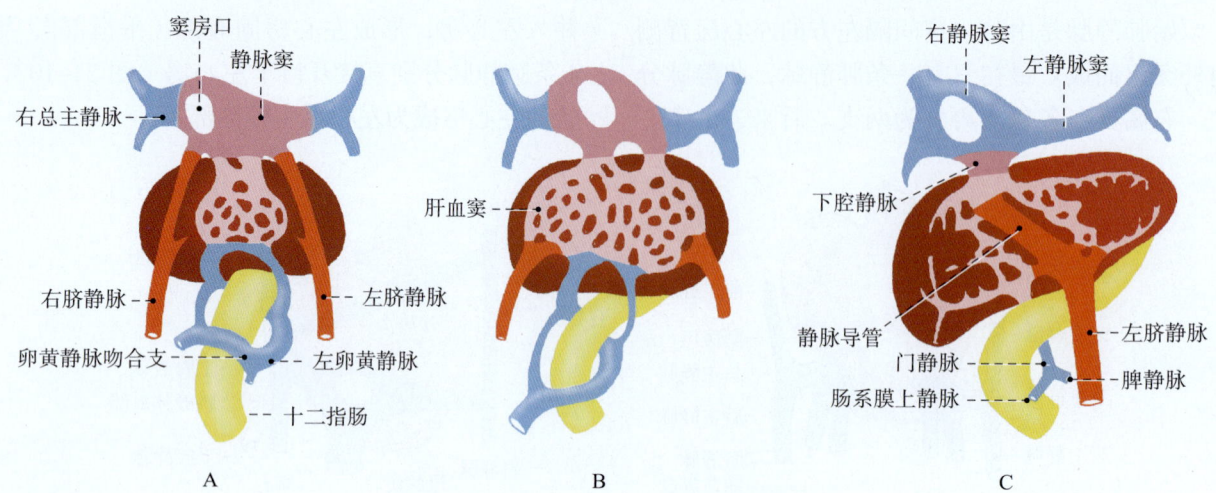

图 24-11 卵黄静脉及脐静脉的演变
A. 第 4 周；B. 第 5 周；C. 第 6 周

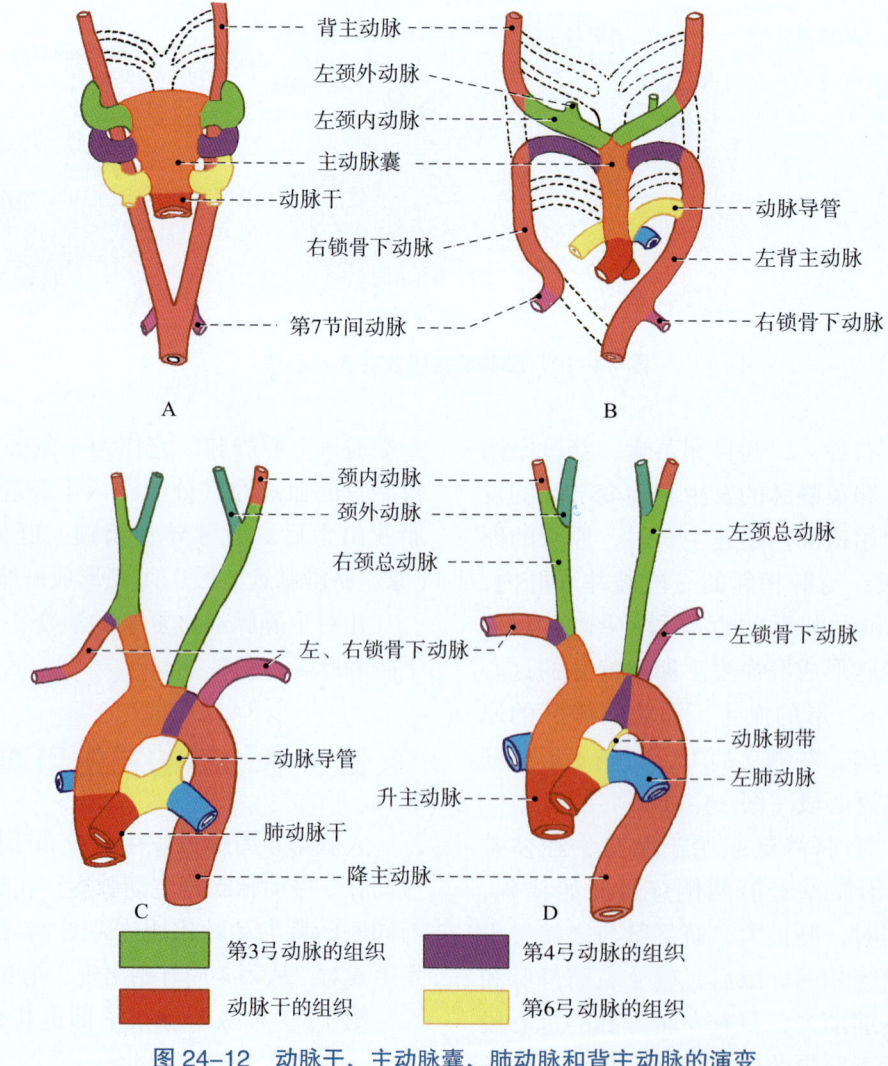

图 24-12 动脉干、主动脉囊、肺动脉和背主动脉的演变

动脉，远侧段及与第3号动脉相连的背主动脉形成颈内动脉，其分支形成颈外动脉。第3、4对弓动脉之间的背主动脉萎缩消失。

第4对弓动脉左支与动脉囊的左半以及与其相连的尾侧一段背主动脉，形成主动脉弓；右支变成右锁骨下动脉的近侧段。

第5对弓动脉发育不全并很快退化，有的则根本不发生。

第6对弓动脉，左右各发出一个分支伸向肺芽，形成左右肺动脉。左支远侧段形成动脉导管（ductus arteriosus），右支远侧段则完全消失。因此在胎儿时期，从右心室入肺动脉的血液绝大部分经动脉导管入主动脉，只有少量流入肺。

四、胎儿血液循环和出生后的变化

（一）胎儿血液循环途径

来自胎盘富含 O_2 和营养物质的血液，经脐静脉流经肝时，大部分经静脉导管直接注入下腔静脉，小部分经肝血窦再入下腔静脉。下腔静脉还收集由下肢和盆、腹腔器官来的含氧低的静脉血。从下腔静脉导入右心房的血液（氧饱和度约为67%），少量与上腔静脉来的血液混合，大部分通过卵圆孔直接进入左心房，与由肺静脉来的少量血液混合后进入左心室（图24-13）。

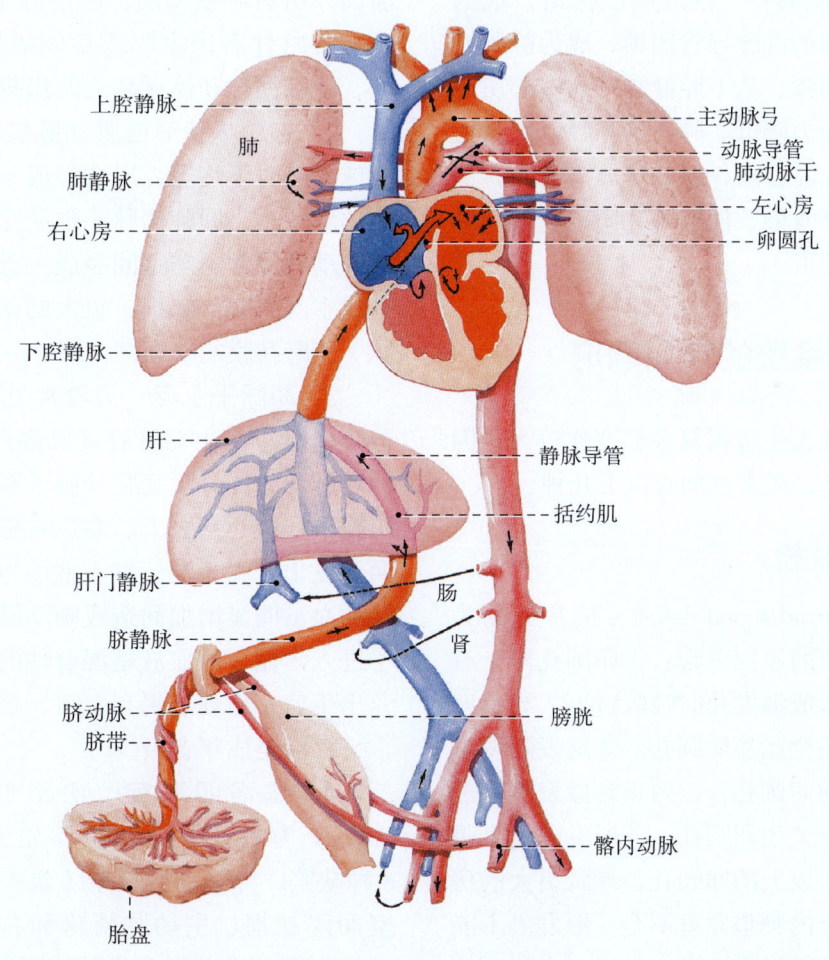

图24-13　胎儿血液循环

左心室的血液（氧饱和度约为62%）大部分经主动脉弓及其三大分支分布到头、颈和上肢，小部分血液流入降主动脉。从头、颈部及上肢回流的静脉血经上腔静脉进入右心房，与下腔静脉来的小部分血液混合后经右心室进入肺动脉。由于胎儿肺尚无呼吸功能，故肺动脉血仅小部分（5%~10%）入肺，大部分血液（90%以上）经动脉导管直接注入降主动脉。降主动脉血液（氧饱和度约为58%）

除少部分经分支分布到盆、腹腔器官和下肢外，大部分血液经脐动脉将运送至胎盘，在胎盘内与母体血液进行气体和物质交换后，再由脐静脉送往胎儿体内。

（二）胎儿出生后血液循环的变化

从上述胎儿血循环的途径可以看出，胎体中含氧量高的血液和含氧量低的血液，还是相对分流的，但远不及成人那样严格。胎儿出生后，脐循环中断，肺开始呼吸，动脉导管、静脉导管和脐血管均停止使用，血液循环途经发生一系列改变。主要变化如下：①脐静脉（腹腔内部分）闭锁，成为由脐部至肝的肝圆韧带。②脐动脉（腹腔内部分）大部分闭锁成为脐内侧韧带，仅近侧段保留，成为膀胱上动脉。③肝内的静脉导管闭锁，成为静脉韧带。④由于脐静脉闭锁，从下腔静脉注入右心房的血液减少，右心房压力降低。肺开始呼吸，大量血液由肺静脉回流进入左心房，左心房压力增高，于是卵圆孔瓣紧贴于继发隔，使卵圆孔闭锁。⑤动脉导管闭锁成为动脉韧带。

五、心血管系统的常见畸形

由于心血管系统发生过程复杂且变化较大，因而先天畸形也较多见，最常见的有以下几种。

（一）房间隔缺损

房间隔缺损（atrial septal defect）最常见的为卵圆孔未闭，可由下列原因引起：①卵圆孔瓣上有穿孔。②原发隔在形成继发孔时吸收过度，导致卵圆孔瓣过小，不能完全遮盖卵圆孔。③继发隔发育不全，形成异常大的卵圆孔，以致正常原发隔形成的卵圆孔瓣未能完全关闭卵圆孔。④原发隔过度吸收，同时继发隔又形成大的卵圆孔，导致更大的房间隔缺损。此外，心内膜垫发育不全，原发隔不能与其融合，也可造成房间隔缺损。

（二）室间隔缺损

室间隔缺损（ventricular septal defect）分为室间隔膜性缺损和室间隔肌性缺损。膜性室间隔缺损较为常见，由于心内膜垫组织扩展时未能与球嵴和室间隔肌部融合所致（图24-14）。肌性室间隔缺损较少见，由肌性隔形成时心肌膜组织过度吸收所造成，可出现在肌性隔的各个部位，呈单发性或多发性。另外的情况是室间隔缺如（absence of the ventricular septum），或室间隔根本就没有发生，形成共用心室（common ventricle），即两房一室三腔心。

（三）动脉干分隔异常

1. 主动脉与肺动脉错位　由于动脉干和心动脉球分隔时，主动脉肺动脉隔不按螺旋方向生长，而是形成平直的隔板，造成主动脉位于肺动脉的前面，由右心室发出；肺动脉干则由左心室发出。此畸形常伴有房室隔或室间隔缺损和动脉导管未闭，使肺循环和体循环之间出现多处直接交通。

2. 主动脉狭窄或肺动脉狭窄　由于动脉干与心球分隔时不均等，以致形成一侧动脉粗大，另一侧动脉狭小，即肺动脉或主动脉狭窄。此时的主动脉肺动脉隔常不与室间隔成一直线生长，因而还易造成室间隔膜部缺损，较大的动脉（主动脉或肺动脉）骑跨在膜的缺损部（图24-14）。

3. 动脉干永存　为较常见的畸形。主要由于分隔动脉干的主动脉肺动脉隔严重缺损或未发生，使动脉干未能分隔为肺动脉干和主动脉。动脉干骑跨在左、右心室之上，左、右肺动脉直接从动脉干两侧发出。由于左、右心室均与动脉干相通，使入肺的血量明显增加而造成肺动脉高压。另一方面由于进入体循环的血液是混合性的，故供氧不足。患儿出生后，出现衰竭和发绀，多在出生后一年内死亡，存活至成年者极少。

4. 法洛四联症　法洛四联症（tetralogy of Fallot）为最常见的发绀型先天性心脏病，包括4种缺陷，即肺动脉狭窄（或右心室出口处狭窄）、室间隔缺损、主动脉骑跨和右心室肥大（图24-14）。这种畸形发生的主要原因是动脉干与心球分隔不均，致使肺动脉狭窄和室间隔缺损；肺动脉狭窄造成右心室肥大；粗大的主动脉向右侧偏移而骑跨在室间隔缺损处。

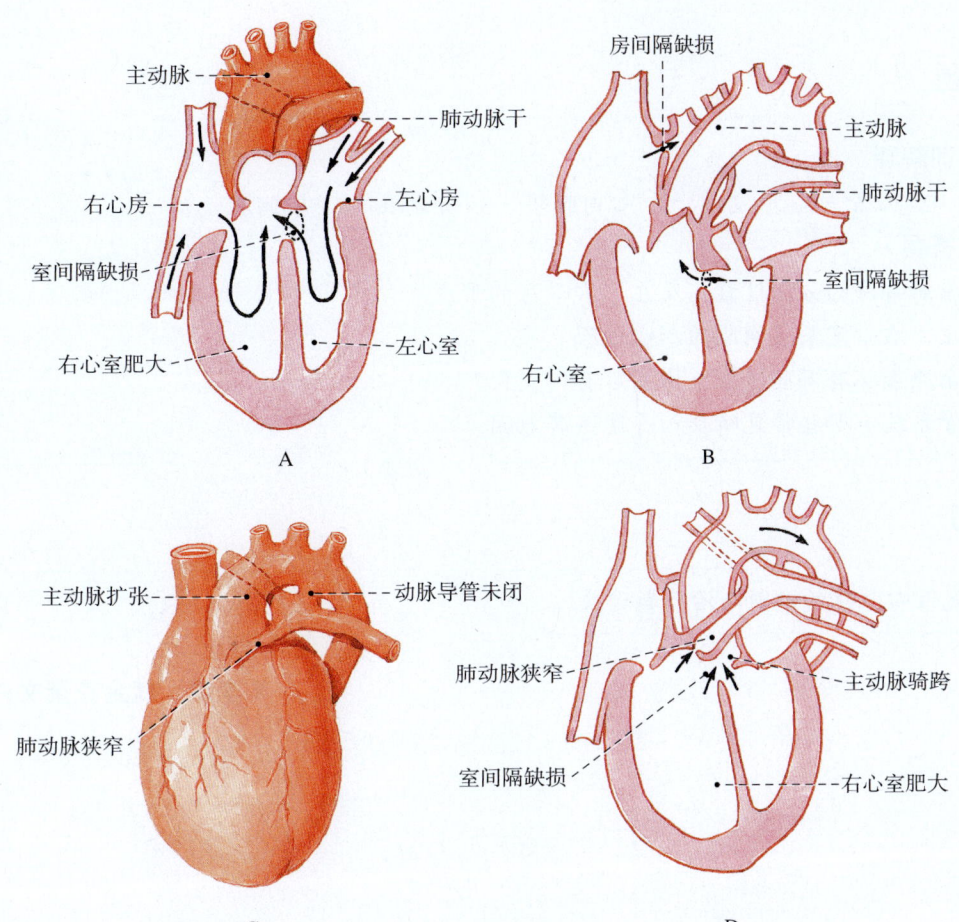

图 24-14 心脏发育异常

A. 室间隔缺损；B. 房间隔、室间隔缺损；C. 肺动脉狭窄；D. 法洛四联症

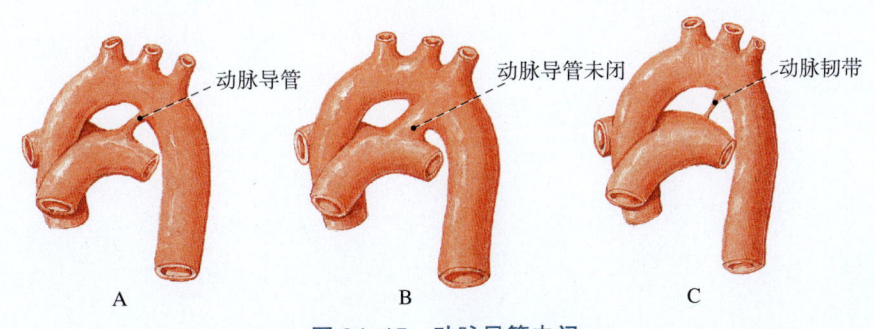

图 24-15 动脉导管未闭

A. 胚胎期；B. 异常；C. 闭合

（四）动脉导管未闭

动脉导管未闭（patent ductus arteriosus）多见于女性，为男性的 2~3 倍，为最常见的血管畸形（图 24-14，图 24-15）。发生原因可能是由于出生后的动脉导管壁肌组织不能收缩，致使肺动脉和主动脉保持相通状态。由于动脉导管未闭，主动脉的血流必然经动脉导管向右分流，造成肺循环血量明显增加，体循环血量减少，引起肺动脉高压、右心室肥大等，影响患儿发育和活动，并可发生心力衰竭。

复习题

（一）名词解释

1. 血岛 2. 心管 3. 球室嵴 4. 心内膜垫 5. 卵圆孔 6. 室间孔

（二）问答题

1. 试述原始心房的分隔过程以及左、右心房的形成。
2. 试述左、右心室及室间隔的形成过程。
3. 胎儿血液循环有哪些特点？出生后有何变化？
4. 心血管系统有哪些常见畸形？并简述其原因。

网上学习

24-1　先天心脏病的诊断与治疗新进展

（李臻，魏金花撰文；韩秋生绘图）

第 25 章

神经系统、眼和耳的发生

> **导学**
> ▶ 重点
> - 脑和脊髓发生的基本过程
> - 神经系统常见的畸形
> - 视网膜的发生
> - 内耳的发生
>
> ▶ 难点
> - 神经管的分层及其细胞迁移
> - 神经嵴细胞的迁移与分化

一、神经系统的发生

神经系统由神经外胚层的神经管和神经嵴分化形成。

（一）中枢神经系统的发生

1. 神经管的发生和早期分化 人胚第3周初，在脊索的诱导下，胚胎背部正中的外胚层形成一增厚的细胞板，称神经板。第18天时，神经板中央凹陷，称神经沟，沟两侧的部分隆起，称神经褶。第3周末，神经沟加深，两侧的神经褶逐渐闭合形成神经管（见图 20-13），神经管的头端发育迅速，膨大成脑泡，为脑的原基；神经管的其余部分较细，为脊髓的原基。

神经管管壁内衬单层柱状上皮，称神经上皮（neuroepithelium）（图 25-1）。神经管形成后，单层柱状上皮增厚为假复层柱状上皮，基膜较厚，称外界膜（external limiting membrane）。神经上皮细胞不断分裂增殖，一部分细胞分化为成神经细胞（neuroblast），并向神经上皮的外周迁移。之后，神经上皮细胞又分化出成胶质细胞（glioblast），也向神经上皮的外周迁移。于是，由成神经细胞和成神经胶质细胞在神经上皮的外周构成了一个新的细胞层，称套层（mantle layer）。套层的成神经细胞最初为圆球形，后来有细胞突起长出，并逐渐伸长至套层外周，形成了边缘层（marginal layer）。成胶质细胞从神经上皮层迁移至套层，并在套层内分化为星形胶质细胞和少突胶质细胞。当神经上皮不再形成新的成神经细胞和成胶质细胞时，则变成一层立方或柱状细胞，称室管膜层（ependymal layer）。因此，经过多次分裂，神经管的组织结构由腔面向外表依次为室管膜层、套层和边缘层。

套层内的成神经细胞最初呈圆形，无突起，称无极成神经细胞（apolar neuroblast）；随后细胞两端各长出一突起，称为双极成神经细胞（bipolar neuroblast）。双极成神经细胞朝向神经管腔侧的突起退化消失，称为单极成神经细胞（unipolar neuroblast），其原始轴突向外界膜方向生长，在套层与外界膜之间形成边缘层。单极成神经细胞

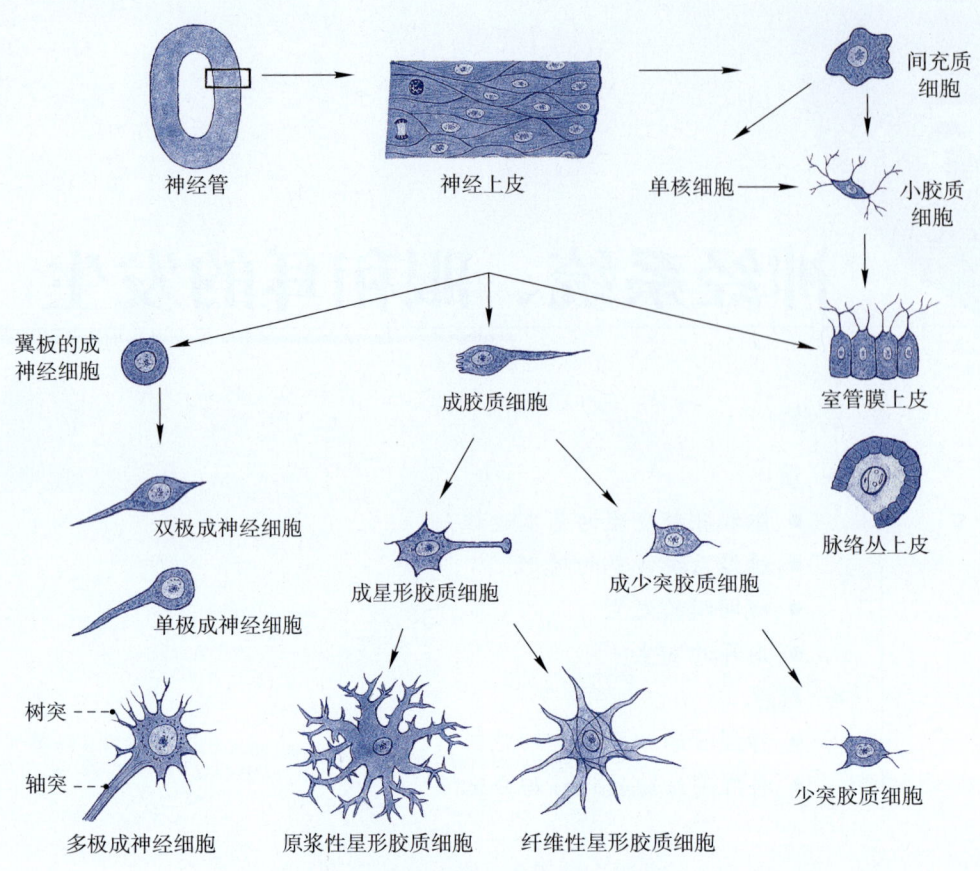

图 25-1 神经上皮的分化示意图

的内侧端又发生原始树突，成为多极成神经细胞（multipolar neuroblast），多极成神经细胞进一步生长分化为多极神经元（图 25-1）。

在神经元的发生过程中，最初生成的神经细胞数目远比最终存留的神经元数目多，那些未能与靶细胞或靶组织建立连接的神经元都在一定时间内死亡。这说明神经元能否存活与其靶细胞或靶组织密切相关。近年来的研究发现，神经细胞的存活及其突起的发生主要受靶细胞或靶组织产生的神经营养因子的调控，如神经生长因子（nerve growth factor, NGF）、成纤维细胞生长因子（fibroblast growth factor, FGF）、表皮生长因子（epidermal growth factor, EGF）、类胰岛素生长因子（insulin growth factor, IGF）等。神经细胞的生理性死亡可能是由于无法获得足够的神经营养因子所致。

神经胶质细胞的发生晚于神经元，并终生保持分裂增殖的能力。目前普遍认为，成胶质细胞首先分化为各类胶质细胞的前体细胞，即成星形胶质细胞（astroblast）和成少突胶质细胞（oligodendroblast）；然后，前者分化为原浆性和纤维性星形胶质细胞，后者分化为少突胶质细胞。然而，最近有研究发现，体外培养的原浆性星形胶质细胞和纤维性星形胶质细胞分别来自于两种不同的前体细胞，而少突胶质细胞与纤维性星形胶质细胞却起源于同一种前体细胞。至于小胶质细胞的起源，一直存在争议，有人认为它起源于神经管周围的间充质细胞，但更多的人认为它来自血液中的单核细胞（图 25-1）。

2. 脊髓的发生　脊髓起源于神经管的下段，其管腔演化为脊髓的中央管。管壁分化为三层：内层为室管膜上皮，围绕中央管；套层分化为脊髓的灰质；边缘层分化为白质。由于神经管左右两侧套层中的成神经细胞和成胶质细胞增生而迅速增厚，形成腹侧的左、右两个基板（basal plate），以及背侧的左、右两个翼板（alar plate）。神经管的顶部和底部相对薄而且窄，分别形成顶板（roof plate）和底板（floor plate）。基板和翼板两者之间的界线在神经管的内表面形成左、右两条纵沟，称界沟（sulcos limitans）（图 25-2A）。

人胚第 3 个月时，两侧基板生长迅速，并向腹侧突出，致使两者之间于脊髓腹侧正中形成一条纵行的裂隙，称前正中裂或腹侧裂。同时，两侧的翼板也增大，并向内侧推移，在神经管的背侧中线融合形成一隔膜，称后正中隔。基板形成脊髓灰质的前角（或前柱），其中的成神经细胞分化为前角运动神经元；翼板形成脊髓灰质后角（或后柱），其中的成神经细胞分化为中间神经元。在脊髓胸腰段，聚集于基板和翼板之间的成神经细胞形成脊髓侧角（或中间角），并分化为内脏传出神经元。人胚4个月时，脊髓灰质形状与成年时相仿。神经管周围的间充质分化成脊膜（图 25-2B）。

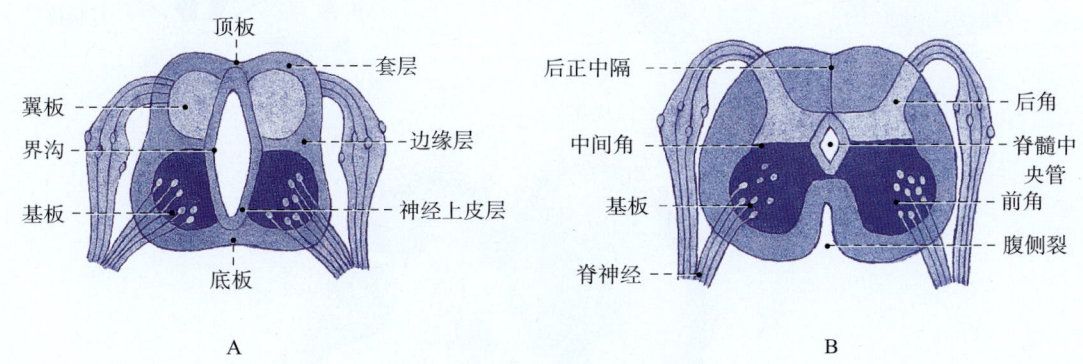

图 25-2 脊髓分化示意图

人胚第3个月之前，位于椎管内的脊髓与脊柱等长，其下端可达脊柱的尾骨平面。第3个月后，脊柱生长比脊髓快，脊柱末端超越脊髓向尾端伸展，脊髓末端的位置就渐渐地相对上移。至出生时，脊髓末端与第3腰椎平齐，仅以终丝与尾骨相连。由于脊神经均从相应节段的椎间孔穿出，当脊髓位置相对上移后，脊髓颈段以下的脊神经根斜向尾侧，腰、骶和尾部的脊神经根则在椎管内垂直下行，与终丝共同组成马尾。

3. 脑的发生 脑起源于神经管的头段，其形态发生和组织分化过程与脊髓有一些相同或相似之处，但比脊髓更为复杂。

（1）脑泡的形成与演变 人胚第4周末，神经管的头端形成三个膨大的脑泡（brain vesicle），由前向后依次为前脑泡、中脑泡和菱脑泡（图 25-3）。至第5周，前脑泡的头端向两侧膨大，形成端脑（telencephalon），以后演变为左、右两个大脑半球，前脑泡尾端则形成间脑。中脑泡发育成中脑。菱脑泡演变为头侧的后脑（metencephalon）和尾侧的末脑（myelencephalon）。后脑将形成脑桥和小脑；而末脑将发育成延髓。随着脑泡的形成和演变，各脑泡腔也演变成相应的脑室。前脑泡的腔形成左右两个侧脑室以及间脑中的第三脑室；中脑泡的腔很小，形成一狭窄的中脑水管；菱脑泡的腔形

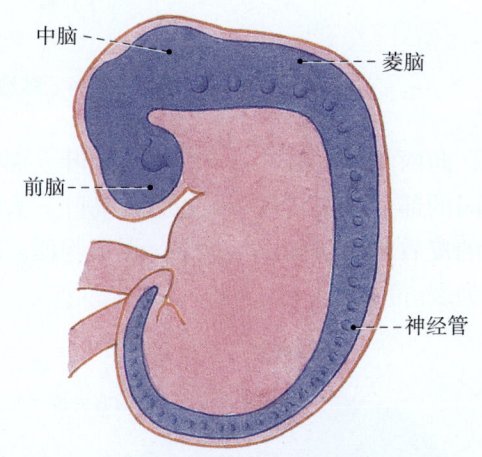

图 25-3 神经管和脑泡形成示意图（4—5 周）

成第四脑室；脑室之间互相连通（图 25-4）。

脑泡形成与分化的同时，由于胚胎头部向腹面屈曲及脑泡不同部位不均等生长，出现了几个不同方向的弯曲。首先出现凸向背侧的头曲（cephalic flexure）和颈曲（cervical flexure）。之后，又出现了两个凸向腹侧的弯曲，分别称脑桥曲和端脑曲。脑桥曲发生于胚胎第40天左右，端脑曲发生稍晚。

（2）大脑皮质的组织发生 端脑发育最快，形成两个大脑半球，覆盖整个间脑和中脑，并遮盖一部分小脑。大脑半球的基部壁厚，发育为纹状体（图 25-5）；其余部分端脑泡向前向上形成额叶和

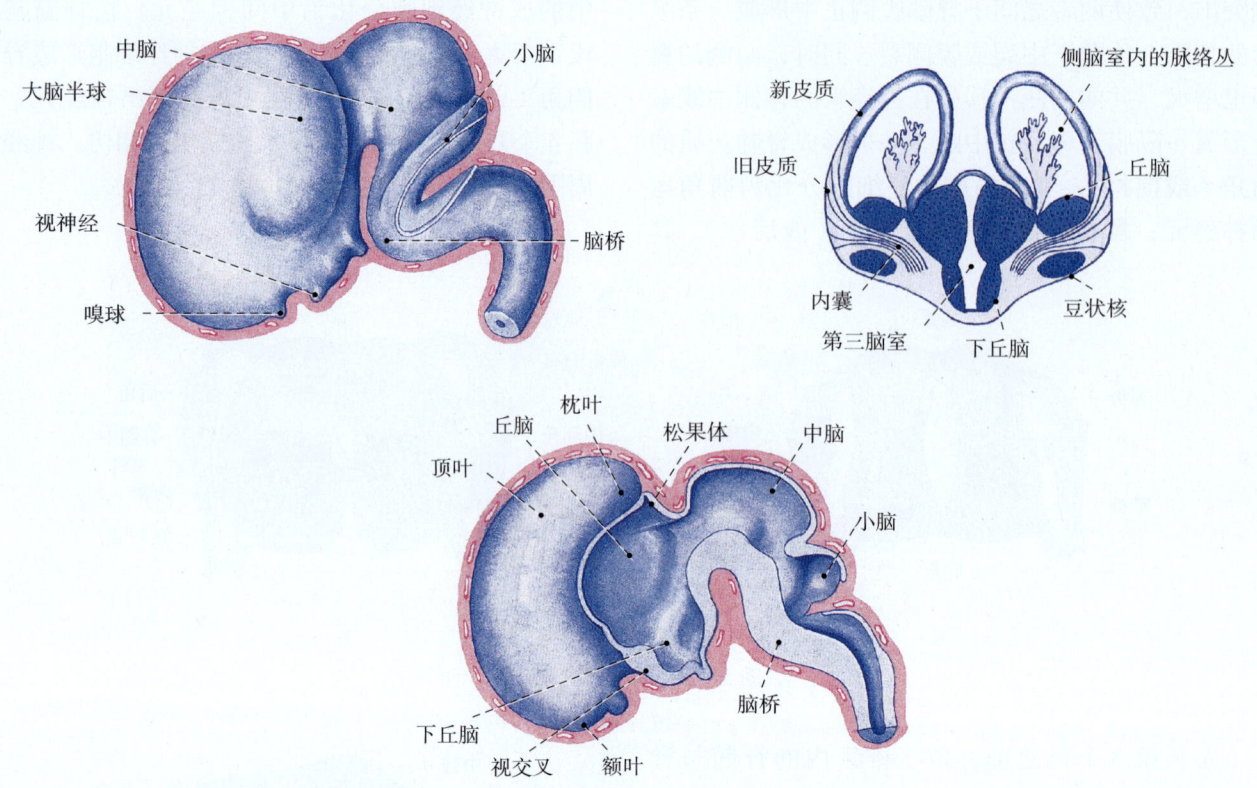

图 25-4 脑泡及脑室发育的示意图（第 4—9 周）

顶叶，向两侧形成颞叶，向后形成枕叶。额叶与颞叶之间的部分生长较慢，被掩盖成岛叶。大脑半球表面的皮质较深层髓质生长快，形成沟回。较深的沟称为裂。

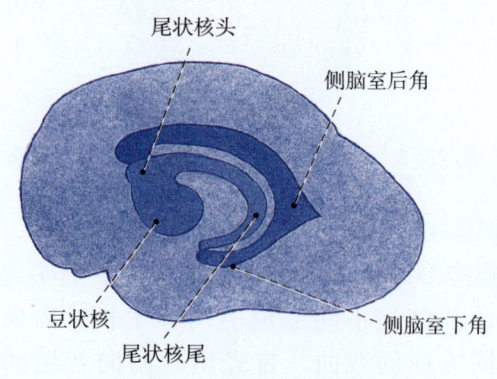

图 25-5 脑室和纹状体的发育

脑壁的组织分化与脊髓相似，脑两侧壁的套层亦增厚，形成背侧的翼板和腹侧的基板。端脑和间脑的侧壁大部分形成翼板，一小部分形成基板。端脑套层中的少部分细胞聚集成团，形成神经核；中脑、后脑和末脑中的套层细胞多聚集成细胞团或细胞柱，形成各种神经核。翼板的成神经细胞分化为感觉中继核；基板分化为运动核。除此之外，套层的大部分细胞迁移至表面，分化形成大、小脑皮质。大脑皮质由端脑套层的成神经细胞迁移和分化而成，由于成神经细胞分批分期地产生和迁移，因此皮质中的神经元分层排列。越早产生和迁移的细胞，其位置越深；越晚产生和迁移的细胞，其位置越浅表，即越靠近皮质表层。海马和齿状回是出现最早的皮质结构，相当于种系发生过程中的原皮质（archicortex）。随后在纹状体外侧，大量的成神经细胞聚集并分化，形成的梨状皮质（pyriform cortex）相当于种系发生过程中的旧皮质（paleocortex）。不久，神经上皮细胞分裂增殖、分批分期地迁移至表层并最终分化为神经细胞，形成了大脑皮质中出现最晚、面积最大的部分——新皮质（neocortex）。

（3）小脑皮质的组织发生　后脑翼板背侧部的左、右两侧菱唇在中线融合形成小脑板（cerebellar plate），是小脑的原基。人胚第 12 周时，小脑板的两个外侧部膨大，形成左、右小脑半球，小脑板中部变细，形成小脑蚓。之后出现一条横裂，从小脑蚓分出小结，从小脑半球分出绒球，组成绒球小结叶，是小脑种系发生中最早出现的部分，故称为原小脑（archicerebellum），与前庭系统一直保持着联系。

小脑板由神经上皮、套层和边缘层组成，神经上皮细胞增殖并穿过套层迁移至小脑的外表面，形成外颗粒层（external granular layer）。外颗粒层细胞增殖速度快，使得小脑表面迅速扩大并出现皱褶，形成小脑叶片。人胚6个月，外颗粒层细胞进一步分化，部分细胞向内迁移，分化为颗粒细胞，构成内颗粒层，位于浦肯野细胞层深面。套层外层的成神经细胞分化为浦肯野细胞和高尔基细胞，构成浦肯野细胞层。套层内层的成神经细胞则聚集成团，分化为小脑白质中的神经核团。由于外颗粒层大量细胞迁出，剩下的少量细胞分化为篮细胞和星形细胞，构成分子层，原来的内颗粒层改称颗粒层。

脑室顶部正中的神经上皮在原位分化为单层立方的脉络丛上皮，上皮深部的间充质分化为结缔组织及血管。脉络丛向脑室内凸入，分泌脑脊液。

（二）周围神经系统的发生

在神经管形成过程中，神经板边缘的一些外胚层细胞随神经管的形成而下移，在神经管的背侧形成一条纵行的细胞索，继而分裂为两条，分别位于神经管的背外侧，称神经嵴。神经嵴是周围神经系统的原基（图25-6）。

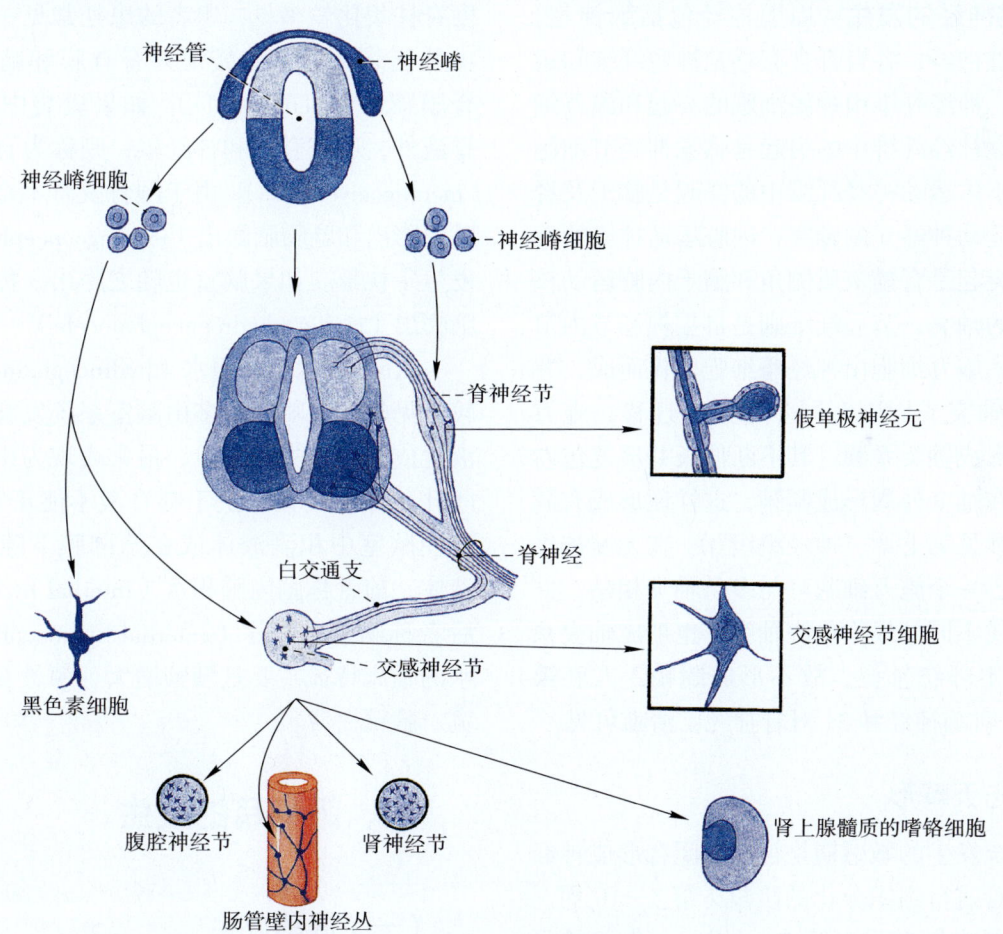

图 25-6 神经嵴分化示意图

1. 脑、脊神经节的发生 神经节起源于神经嵴。在神经管两侧的神经嵴分节，节内的细胞向两侧迁移，并聚集成细胞团，分化为脑神经节和脊神经节。首先神经嵴细胞分化为成神经细胞和成胶质细胞。成神经细胞两端出现突起，分化为双极神经元，即感觉神经细胞。之后，两个突起的起始部逐渐靠拢合并，形成T形分支的假单极神经元。成胶质细胞包绕在假单极神经元胞体周围，形成卫星细胞。神经节周围的间充质分化为结缔组织被膜，包绕整个神经节。

2. 自主神经节的发生 人胚第5周，位于胸段的神经嵴，有部分细胞迁至背主动脉的背外侧，形成两列节段性排列的神经节，即交感神经节。这些神经节借纵行的神经纤维彼此相连，形成两条纵行的交感链。神经节内的部分细胞迁至主动脉腹侧，形成主动脉前交感神经节。神经节中的神经嵴细胞首先分化为交感成神经细胞（sympathetic neuroblast），再由此分化为多极的交感神经节细胞，节中的另一部分神经嵴细胞分化为卫星细胞。交感神经节的外周也有间充质分化而来的结缔组织被膜。

副交感神经节的起源尚有争议。有人认为副交感神经节中的神经细胞来自中枢神经系统的原基——神经管，也有人认为来源于脑神经节中的成神经细胞。

3. 周围神经的发生 周围神经包括脑神经、脊神经和内脏神经，各自都含有感觉神经纤维和运动神经纤维。神经纤维由神经细胞的突起和施万细胞组成。感觉神经纤维中的突起是感觉神经节细胞的周围突；躯体运动神经纤维中的突起是脑干及脊髓灰质前角运动神经元的轴突；内脏运动神经的节前纤维中的突起是脊髓灰质侧角和脑干内脏运动核中的神经元的轴突，节后纤维则是自主神经节内节细胞的轴突。施万细胞由神经嵴细胞分化而成，并与发生中的轴突或周围突同步增殖和迁移；施万细胞膜相贴形成轴突系膜，其不断伸长并反复包卷轴突，于是在轴突外周形成髓鞘，这样便形成有髓神经纤维（参见第七章"神经组织"）。在无髓神经纤维形成时，一个施万细胞可与多条轴突相贴，并形成多条深浅不同的纵沟包绕轴突，也形成轴突系膜，但系膜不环绕轴突，故不形成髓鞘。人胚第36天时，12对脑神经和31对脊神经已清晰可见。

（三）先天畸形

神经系统发生的敏感期是神经沟闭合形成神经管和由神经管进行组织分化的阶段（第3—10周）。大多数畸形是在胚胎发育第3—4周时，由于神经管闭合不全及脑室系统发育障碍所致。神经系统常见畸形有以下几种。

1. 神经管缺陷 这是由于神经管闭合或发育不全引起的一类先天畸形，主要表现为脑和脊髓的异常，并常伴有颅骨和脊柱的异常。

正常情况下，胚胎第4周末神经管应完全闭合，如失去脊索的诱导作用或受环境致畸因子的影响，神经沟就无法正常闭合为神经管。如果头侧的神经沟未闭，就会形成无脑畸形（anencephaly）；如果尾侧的神经沟未闭，就会形成脊髓裂（myeloschisis）。无脑畸形常伴有颅顶骨发育不全，称露脑（exencephaly）。脊髓裂常伴有相应节段的脊柱裂（spina bifida），可发生于脊柱各段，但是常见于腰骶部。脊柱裂严重程度不同，轻者只有几个椎弓未在背侧中线愈合，留有一小的裂隙，脊髓、脊膜和神经根均正常，称为隐性脊柱裂（spina bifida occulta），患者局部皮肤表面常有一小撮毛发，多无任何症状。严重脊柱裂为大面积的椎弓未发育，伴有脊髓裂，表面皮肤裂开，神经组织暴露于外。中度脊柱裂比较多见，患者的患处常见一大小不等的皮肤囊袋。如果囊袋中只有脊膜和脑脊液，称为脊膜膨出（meningocele）；如果囊袋中除脊膜和脑脊液外，还有脊髓和神经根，则称为脊膜脊髓膨出（meningomyelocele）。由于颅骨发育不全，也可出现脑膜膨出和脑膜脑膨出（meningoencephalocele），多发生于枕部。如果脑室也随之膨出，称积水性脑膜脑膨出（meningohydroencephalocele）。

2. 脑积水 脑积水（hydrocephalus）是一种比较常见的先天畸形，多由脑室系统发育障碍，脑脊液生成和吸收失衡所致，最常表现为中脑水管和室间孔狭窄或闭锁。由于脑脊液不能正常流通循环，致使脑室中积满液体或在蛛网膜下隙中积存大量液体，前者称脑内脑积水（internal hydrocephalus），后者称脑外脑积水（external hydrocephalus）。脑积水的临床特征主要是颅脑增大、颅骨变薄、颅缝加宽，脑壁变薄。

二、眼和耳的发生

（一）眼的发生

1. 眼球的发生 人胚第3周，神经管前端尚未闭合前，其两侧发生一对视沟（optic groove）。胚胎第4周，神经管闭合形成前脑时，视沟向左右两侧各膨出一个囊泡，称视泡（optic vesicle）。视泡近端变细，称视柄（optic stalk），与前脑分化而来的间脑相连。视泡远端向内凹陷形成具有双层壁的杯状结构，称视杯（optic cup）。胚胎第5周，视杯及视柄下方向内凹陷形成一条纵沟，称脉络膜裂（choroid fissure），血管及间充质由此进入，形成玻璃体动、静脉。第7周时，脉络膜裂封闭。在视泡发生同时，与其相对的表面外胚层（surface ectoderm）在视泡诱导之下增生变厚，形成晶状体板（lens placode），此板内陷入视杯内，形成晶状体凹（lens pits），并逐渐与表面外胚层相脱离，形成晶状体泡（lens vesicle）（图25-7）。眼的各部分就是由视杯、视柄、晶状体泡及它们周围间充质分化形成的。

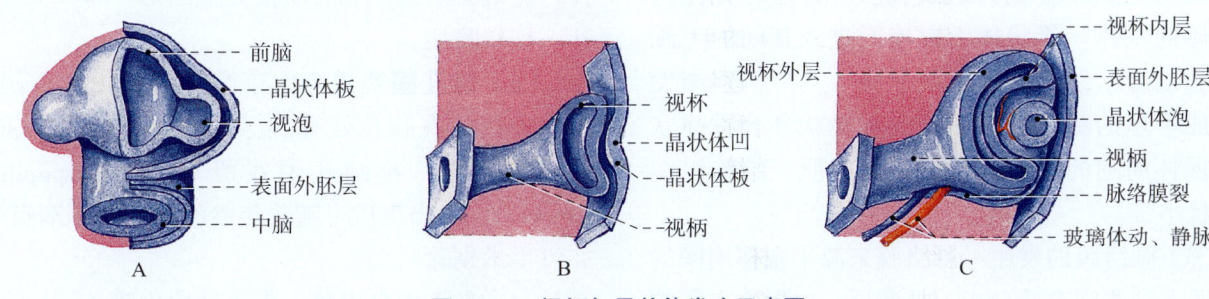

图 25-7　视杯与晶状体发生示意图

(1) 视网膜的发生　视网膜是由视杯的内外两层共同发育分化而来。视杯的外层分化为视网膜的色素上皮层。第5周，此层为假复层柱状上皮，胞质清亮，无色素颗粒，随后色素颗粒出现。至第14周，色素上皮层由中央到周边逐渐全部转变为单层立方或柱状。视杯的内层增厚（边缘部分除外），为神经上皮层，自第6周起先后分化为节细胞、视锥细胞、无长突细胞、水平细胞、视杆细胞和双极细胞。视杯两层之间的视泡腔逐渐变窄消失，两层结构直接相贴，构成视网膜视部。同时，节细胞的轴突向视柄集中形成视神经。视柄本身的细胞分化为视神经内的胶质细胞。

视杯边缘部分的内层，仍是一层上皮，未增厚，形成视网膜盲部，即虹膜色素上皮和睫状体的非色素上皮。睫状体部的内层上皮分化为非色素上皮，虹膜部的内层上皮分化为色素上皮。虹膜的外层上皮还分化出虹膜的平滑肌，即瞳孔括约肌和瞳孔开大肌。

(2) 视神经的发生　人胚第5周，视杯及视柄下方向内凹陷，形成脉络膜裂。脉络膜裂内除含有间充质外，还有玻璃体动、静脉，为玻璃体和晶状体的发育提供营养，玻璃体动脉发出营养视网膜的分支。脉络膜裂于胚胎第7周封闭，穿经玻璃体的一段玻璃体动、静脉退化，残留的遗迹称玻璃体管（hyaloid canal），玻璃体动、静脉的近段成为视网膜中央动、静脉（图25-7）。

视柄与视杯相连，分内、外两层，两层之间留有一腔隙。随着视网膜的分化、发育，逐渐增多的节细胞轴突向视柄内层聚集，视柄内层逐渐增厚，并与外层融合，两层之间的腔隙最终消失。视柄内、外层细胞演化为星形胶质细胞和少突胶质细胞，并与节细胞轴突混杂在一起，于是视柄演变为视神经。

(3) 晶状体和眼房的发生　晶状体由晶状体泡演变而来。晶状体泡前壁为单层立方上皮，分化形成晶状体上皮；后壁细胞呈高柱状，并逐渐向前壁方向伸长，形成初级晶状体纤维（primary lens fiber），泡腔逐渐缩小直至消失，晶状体变为实体结构。此后，晶状体赤道区上皮细胞不断增生、变长并形成新的次级晶状体纤维（secondary lens fiber），原有的初级晶状体纤维及其细胞核逐渐退化形成晶状体核。新的晶状体纤维逐层添加到晶状体核周围，晶状体及晶状体核逐渐增大。这一过程持续终生，但随年龄增长速度减慢。

晶状体前面的间充质与迁至的神经嵴细胞形成一层膜，周边部厚，以后将形成虹膜的基质；中央部薄，封闭视杯口，称为瞳孔膜（pupillary membrane）。在晶状体泡与角膜上皮之间填充的间充质内出现一个腔隙，即前房。虹膜、睫状体与晶状体之间形成后房。出生之前瞳孔膜就被吸收而消失，前、后房经瞳孔相通连。

(4) 虹膜的发生　虹膜是由视杯边缘部及其前方间充质共同发育而成。视杯边缘部形成虹膜的上皮层，其前层分化为瞳孔括约肌与瞳孔开大肌，后层则分化为单层的虹膜色素上皮。虹膜基质及表面的前缘层是由晶状体前面的间充质分化形成的。

（5）睫状体的发生　睫状体上皮也来自视杯双层上皮，外层为色素上皮，内层为非色素上皮。靠近视杯前缘处的两层上皮增殖，贴在视杯口边缘部的间充质除分化为虹膜基质外，还将分化为睫状体的主体。睫状体上皮连同进入其间的毛细血管和结缔组织共同形成睫状突，其后侧逐渐发育形成平坦的睫状环，睫状突和睫状环合称睫状体。视杯周围的间充质分化成睫状肌、结缔组织及睫状小带。

（6）脉络膜的发生　脉络膜来源于视杯周围的间充质，这些间充质分内、外两层。内层含丰富的血管和色素细胞，分化成眼球壁的血管膜。血管膜的大部分贴在视网膜视部外面，形成脉络膜。脉络膜与视神经周围的软脑膜相连续。

（7）角膜与巩膜的发生　角膜与巩膜主要是由视杯周围的间充质外层致密化而成。前1/6形成角膜基质及内皮，后5/6形成巩膜。角膜上皮则是由与晶状体泡相对的体表外胚层形成。巩膜在眼球后部与包绕视神经的硬脑膜相连续。

2. 眼睑和泪腺的发生　胚胎第7周时，眼球前方与角膜上皮相连续的表面外胚层及其下方的间充质形成上、下两个皱褶，为眼睑原基（primordium of eye lids），分别发育成上、下眼睑。眼睑外面的表面外胚层分化为表皮；反折到眼睑内表面的表面外胚层分化为结膜上皮，与角膜上皮相延续。皱褶内的间充质则分化为眼睑的其他结构。皱褶缘即为眼裂，开始为圆形。由于眼睑发育快，互相靠拢，眼裂呈水平缝隙。人胚第10周时，上、下眼睑暂时融合；第7—8月时又重新张开。随着眼睑的发生，结合膜囊形成。结合膜囊上穹隆外侧部表面外胚层上皮下陷形成实心细胞索，第3个月，细胞索中央出现腔隙，形成由腺泡和导管构成的泪腺（lacrimal gland），泪腺在出生后6周才分泌泪液。泪囊及鼻泪管是由该处外胚层上皮细胞增厚成索，而后又中空成管腔而形成。

3. 眼的先天畸形

（1）先天性无虹膜　先天性无虹膜（congenital aniridia）属于常染色体显性遗传性疾病，多为双侧。其形成的确切机制尚不清楚，可能是视杯前缘生长和分化障碍，虹膜不能发育所致。由于无虹膜，瞳孔特别大。常伴有角膜、前房、晶状体、视网膜和视神经的异常。

（2）虹膜缺损　由于脉络膜裂在虹膜处未完全闭合，造成虹膜下方缺损，致使圆形瞳孔呈钥匙孔样，称虹膜缺损。也有缺损处呈圆形，有如另一瞳孔，称双瞳症。

（3）瞳孔膜残留　由于瞳孔膜在出生前退化不全，因此在瞳孔处有残存的结缔组织网遮盖在晶状体前方，称瞳孔膜残留（persistent pupillary membrane），出生后可随着年龄的增长而逐渐吸收，亦可手术剔除。

（4）先天性白内障　先天性白内障（congenital cataract）指晶状体的透明度异常。其发生原因有内源性、外源性两种，内源性为染色体基因异常，有遗传性；外源性为母体或胎儿的全身性病变对晶状体的损害，如母体在妊娠前2个月内感染风疹病毒、母体甲状腺功能低下、营养不良和维生素缺乏等均可造成胎儿先天性白内障。

（5）先天性青光眼　先天性青光眼（congenital glaucoma）属于常染色体隐性遗传性疾病，在胎儿发育过程中，由于巩膜静脉窦或小梁网发育障碍不能发挥有效的房水引流功能所致。患儿房水回流受阻，眼内压增高，眼球胀大，角膜突出，故又称牛眼。

（6）先天性无眼球或小眼　先天性无眼球或小眼（anophthalmia or microphthalmia）是由于视杯没有发生或虽然发生但未能继续发育所致。无眼的原因在于发育过程中未形成视泡，小眼指眼的体积太小，可能小到正常体积的2/3，这种异常通常合并眼的其他异常以及严重的颅脑异常。

（7）独眼　独眼（cyclopia）是胚胎早期左、右侧视沟在正中线融合而形成的单眼，位于颜面正中，并常在其上有一管状鼻。

（8）先天性睑裂狭窄综合征　先天性睑裂狭窄综合征（congenital blepharophimosis syndrome）又称先天性小睑裂，是一种常染色体显性遗传病。表现为上睑下垂、逆向内眦赘皮、内眦距离过远，下睑外翻、睑裂窄小，鼻梁低平，上眶缘发育不良等，呈现一种十分特殊的面容。

（9）隐眼　隐眼是上、下眼睑未能分开所致。

(二) 耳的发生

内耳、中耳、外耳分别来自不同的原基。

1. 内耳的发生 人胚第4周初，菱脑两侧的表面外胚层在菱脑的诱导下增厚，形成听板 (otic placode)，听板逐渐凹陷，形成听窝 (otic pit)，并与表面外胚层分离，形成一个囊状的听泡 (otic vesicle)。听泡初为梨形，随后向背侧延伸增大，形成背侧的前庭囊和腹侧的耳蜗囊，并在背侧近端长出一小囊管，为内淋巴管 (endolymphatic duct)（图25-8）。前庭囊形成椭圆囊和三个半规管的上皮，耳蜗囊形成球囊和耳蜗管的上皮，这样，听泡发育成膜迷路的上皮部分。人胚第3个月时，膜迷路周围的间充质分化成一个软骨性听囊，包绕膜迷路。约第5个月，软骨性听囊骨化成骨迷路。这样，膜迷路完全套在骨迷路之中，两者间仅以狭窄的外淋巴间隙相隔。膜迷路上皮开始时为单层扁平上皮，第3个月初，一些感觉区的上皮细胞特化为感觉上皮。

2. 中耳的发生 中耳起源于第一咽囊。人胚第9周时，第一咽囊迅速向背外侧延伸生长，与第一鳃沟底外胚层相接触，远侧盲端膨大成管鼓隐窝 (tubotympanic attic)，中间部较细形成咽鼓管。管鼓隐窝上方的间充质密集形成3个听小骨原基，人胚第6个月时，3个听小骨原基先后经软骨内成骨，形成3个听小骨。与此同时，管鼓隐窝的末端扩大形成原始鼓室 (primary tympanic cavity)。鼓室内胚层与第一鳃沟底的外胚层相贴，分别形成鼓膜内、外上皮，两者之间的间充质形成鼓膜的结缔组织，最终形成3个胚层来源的鼓膜，位于鼓室和外耳道底之间。以后鼓室扩大，将听小骨包入其中（图25-8）。

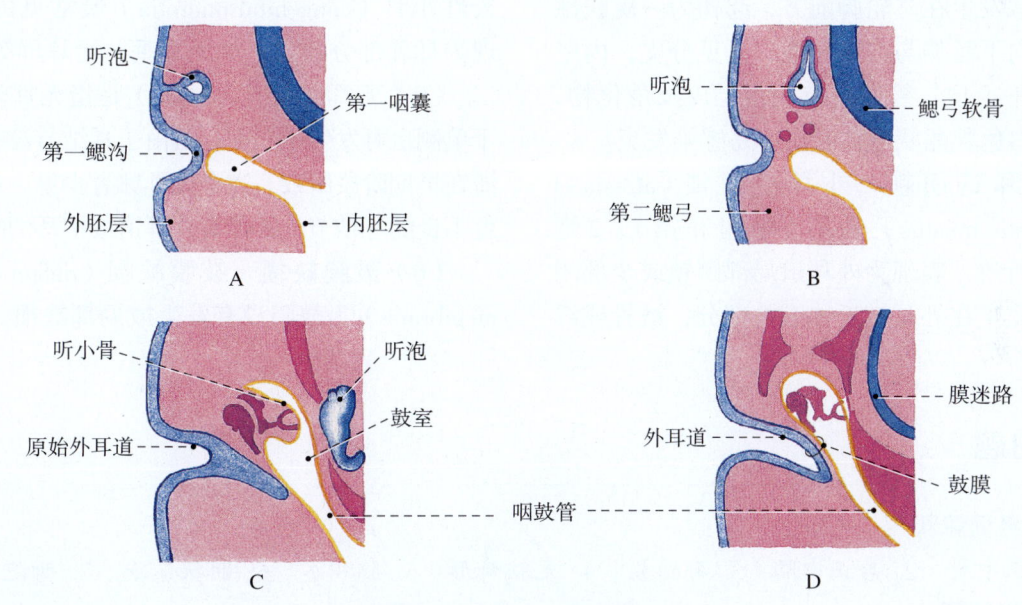

图25-8 耳的发生示意图

3. 外耳的发生 外耳道是由第1鳃沟演变而成。人胚第2个月末，第1鳃沟内陷，形成漏斗状管，演变为外耳道外侧段。管道的底部外胚层细胞增生形成实心的上皮细胞索，称外耳道栓 (external acoustic meatus plug)。胚胎第7个月时外耳道栓内部细胞退化吸收形成中空的管腔，成为外耳道内侧段（图25-8）。

人胚第6周，第1鳃沟周围的间充质增生，形成6个结节状隆起，称为耳丘 (auricular hillock)，这些耳丘围绕外耳道口融合，演变为耳郭。耳郭开始位于下颌部位，呈水平状，以后上移并旋转90°呈垂直方向（图25-9）。

4. 耳的先天畸形

(1) 先天性耳聋 先天性耳聋 (congenital deafness) 可由多种因素造成。内、中、外耳的发育异常均可导致先天性耳聋，如外耳道闭锁；中耳鼓室闭锁或听小骨异常；内耳骨迷路、膜迷路发育异常等。先天性耳聋多数为遗传性，但有些是由于致畸因素干扰所致，如妊娠早期感染风疹病毒或大量使用链霉素、妊娠后期的强噪音均可对胎儿的听力造成不同程度的损伤。

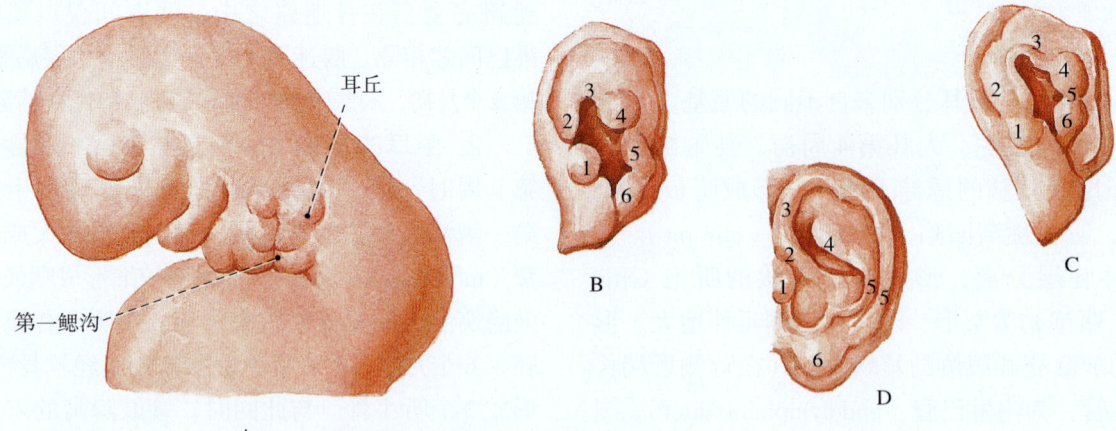

图 25-9 耳郭发生示意图

（2）**先天性耳前瘘管** 先天性耳前瘘管（congenital preauricular fistula）是一种常见的先天性耳畸形，是由于6个耳丘融合不良或第1鳃沟封闭不全所致。常发生在耳轮脚前方，起初为一皮肤性盲管，继续向下延伸与鼓室相通，可见分支，内壁衬以复层扁平上皮，管腔内有脱落上皮及角化物，挤压时可见白色乳酪状液体溢出，易感染发炎。

（3）**外耳道闭锁** 外耳道闭锁（atresia of external acoustic meatus）是第1鳃沟和第1、2鳃弓发育异常所致，表现为外耳道局部闭锁或全部闭锁，闭锁常发生在外耳道近体表的部分，被骨或纤维结缔组织阻塞。可伴有因第1咽囊发育不全引起的鼓室、咽鼓管甚至乳突的畸形。

（4）**先天性小耳** 第1、2鳃弓发育不良是先天性小耳（congenital microtia）最常见的原因，表现为耳郭部分缺如，如无耳垂、无耳屏等。

（5）**无耳** 无耳（anotia）是指无耳郭，可发生于单侧也可发生于双侧，是由于耳结节没有发生或停滞在早期阶段所致。完全无耳郭者少见，多见一些发育不良的耳结节。常伴有外耳道或中耳的畸形。

（6）**鼓膜缺损** 鼓膜缺损（defect of tympanic membrane）为鼓膜没有发生或局部缺损。

复习题

（一）名词解释
1. 前正中裂 2. 后正中隔 3. 脊髓裂 4. 无脑畸形 5. 脑积水 6. 晶状体泡 7. 听泡

（二）问答题
1. 试述脊髓的发生。
2. 试述脑的发育过程。
3. 试述视杯的形成和演变。
4. 试述听泡的形成和演变。

网上学习

25-1 神经管畸形

（廖礼彬撰文；徐国成绘图）

第 26 章

先天畸形

> **导学**
> ▶ 重点
>   ● 先天畸形的发生原因
>   ● 胚胎的致畸敏感期
> ▶ 难点
>   ● 先天畸形的预防、宫内诊断和宫内治疗

先天畸形（congenital deformity）是指由于胚胎发育紊乱引起的出生时就存在的形态结构异常，又称出生缺陷。

研究胚胎发育时期由各种内因和外因所引起的先天畸形的科学，称为畸形学（teratology），是胚胎学的重要分支。

一、先天畸形的分类

20世纪中叶，Willis、Grag 和 Moore 根据先天畸形的胚胎发生过程，先后提出了大致相同的分类方法，将先天畸形主要分为以下几种类型：

1. **整体胚胎发育障碍** 多由严重的遗传缺陷引起，大多不能形成完整的胚胎并早期死亡吸收或自然流产。

2. **胚胎局部发育畸形** 由胚胎局部发育紊乱引起，同时累及多个器官，如头面发育不全畸形（ethmocephalus）、并肢畸形（sirenomelus）等。

3. **器官或器官局部畸形** 某一器官不发生或发育不全所致，如双侧或单侧肺不发生、心脏室间隔膜部缺损、腭裂等。

4. **组织分化不良性畸形** 由组织分化紊乱导致，这类畸形的发生时间较晚且肉眼不易识别，如骨发育不全（osteogenesis imperfecta）、克汀病（cretinism）、先天性巨结肠（congenital megacolon）等。

5. **发育过度性畸形** 由器官或器官的一部分增生过度所致，如在房间隔形成期间第二房间隔生长过度而引起的卵圆孔闭合或狭窄、多指（趾）畸形等。

6. **吸收不全性畸形** 胚胎发育过程中，有些结构应全部吸收或部分吸收，如果吸收不全，就会出现畸形，如肛门闭锁、食管闭锁、蹼状指（趾）等。

7. **超数或异位发生性畸形** 由器官原基超数发生或发生于异常部位所致，如多乳腺、异位乳腺、双肾盂、双输尿管等。

8. **发育滞留性畸形** 器官发育中途停止，发育的器官在形态、结构、位置和功能上呈现不同程度的异常状态，如双角子宫、隐睾、骨盆肾、气管食管瘘等。

9. **重复畸形** 重复畸形（double malformation）是由于单卵孪生的两个胎儿未能完全分离，致使胎儿整体或部分结构不同程度地重复出现，如连体畸形（conjoined malformation，又称为连体双胎 conjoined twins）、双头胎儿等。重复畸形是人类最早认识和描述的一种畸形。

10. 寄生畸形 寄生畸形（parasitic malformation）又称寄生胎，也是由于单卵双胎未能完全分离而形成的一种畸形。单卵孪生的两个胎儿发育速度相差甚大，致使小胎或不完整的小胎附着在大胎的某一部位。

二、先天畸形的发生原因

先天畸形的发生原因主要包括遗传因素、环境因素和两者的相互作用。其中遗传因素引起的先天畸形约占25%，环境因素约占10%，遗传因素与环境因素相互作用以及原因不明者约占65%。

（一）遗传因素

引起先天畸形的遗传因素包括畸形亲代的血缘遗传和配子或胚体细胞的染色体畸变（chromosome aberration）及基因突变（gene mutation）。

1. 染色体畸变 染色体畸变包括染色体数目异常和染色体结构改变。染色体数目减少引起的先天畸形常表现为单体型。常染色体的单体型胚胎几乎不能存活，性染色体的单体型胚胎约有97%死亡，仅3%成活且有畸形，如先天性卵巢发育不全，即Turner综合征（45,XO）。染色体数目增多引起的畸形多表现为三体型（trisomy），如21号染色体的三体可引起Down综合征；18号染色体的三体可引起Edward综合征；13号染色体的三体可引起Patau综合征；性染色体的三体（47,XXY）可引起先天性睾丸发育不全，即Klinefelter综合征。染色体的结构畸变也可引起畸形，如5号染色体短臂末端断裂缺失可引起猫叫综合征。

2. 基因突变 基因突变是指DNA分子碱基组成或排列顺序发生改变。尽管基因突变的发生次数比染色体畸变多，但多不引起畸形，故基因突变引起的畸形远比染色体畸变引起的畸形少，主要有软骨发育不全、肾上腺肥大、小头畸形、多囊肾、皮肤松垂症、睾丸女性化综合征等。

（二）环境因素

早在20世纪40年代，环境因素的致畸作用就已经被证实，能引起先天畸形的环境因素统称为致畸因子（teratogen）。影响胚胎发育的环境包括母体的外环境、母体的内环境和胚体的微环境，其中引起胚胎畸形的环境因素均称为环境致畸因子，主要分为以下五类：

1. 生物性致畸因子 有些致畸微生物可穿过胎盘膜直接作用于胚体，有些则作用于母体和胎盘，引起母体发热、缺氧、脱水、酸中毒等，或干扰胎盘的转运功能，破坏胎盘屏障，从而间接影响胚胎发育。目前已经明确对人类胚胎有致畸作用的生物因子有：风疹病毒、巨细胞病毒、单纯疱疹病毒、弓形体、梅毒螺旋体等。艾滋病病毒对胎儿的危害已引起人们的关注。还有一些病毒，如流行性腮腺炎病毒、流感病毒等，对动物有明显的致畸作用，但对人类有无致畸作用尚未确定。

2. 物理性致畸因子 目前已确认的对人类有致畸作用的物理因子包括各种射线、机械性压迫和损伤等。另外，高温、严寒、微波等在动物确有致畸作用，但对人类的致畸作用尚缺乏足够的证据。

3. 致畸性药物 20世纪60年代"反应停事件"后，药物的致畸作用引起了人们的普遍重视，并对药物进行了严格的致畸检测。反应停又名沙利度胺，在欧洲曾广泛用于治疗妊娠呕吐，结果引起大量残肢畸形儿的出生，酿成了所谓"反应停事件"。

多数抗肿瘤药物有明显的致畸作用，如氨基蝶呤可引起无脑、小头及四肢畸形；白消安、苯丁酸氮芥、环磷酰胺、疏嘌呤等均能引起多种畸形。某些抗生素也有致畸作用。如孕期大剂量服用四环素可引起胎儿牙釉质发育不全；大剂量应用链霉素可引起先天性耳聋；大剂量应用新生霉素可引起先天性白内障和短指畸形等。某些抗惊厥药物（如噁唑烷、乙内酰脲、三甲双酮）、某些治疗精神病的药物（如酚噻嗪、溴化锂、安非他明）、某些抗凝血药（如华法林、肝素）、某些激素（如性激素）均有不同程度的致畸作用，可引起多种先天畸形。有些药物在动物实验中有明显的致畸作用，但对人类有无致畸作用尚需进一步证实，如苯妥英钠、可的松等。

4. 致畸性化学物质 在工业"三废"、农药、食品添加剂和防腐剂中，含有一些有致畸作用的化学物质，主要包括某些多环芳香碳氢化合物、某些亚硝基化合物、某些烷基和苯类化合物、某些农药（如敌枯双）、某些重金属（如铅、砷、镉、汞）等。有些化学物质对动物有明显的致畸作用，但对人类胚胎的致畸作用尚待进一步证实。

5. 其他致畸因子 酗酒、大量吸烟、缺氧、维生素缺乏、严重营养不良等均有致畸作用。妊娠期间过量饮酒可引起多种畸形，称为胎儿酒精综合征（fetal alcohol syndrome，FAS），其主要表现是发育迟缓、小头、小眼、短眼裂、眼距小等。吸烟的致畸作用越来越受到人们的重视。流行病学调查显示，吸烟者所生的新生儿平均体重明显低于不吸烟者，且吸烟越多其新生儿的体重越轻。每天吸烟不足10支的孕妇，其胎儿出现畸形的危险性比不吸烟者增加10%，每天吸烟超过30支的孕妇，其胎儿出现畸形的危险性增加90%。吸烟引起胎儿畸形主要是由于尼古丁使胎盘血管收缩，胎儿缺血、缺氧。另外，吸烟所产生的其他有害物质，如氰酸盐，也可影响胎儿的正常发育。

（三）环境因素与遗传因素在致畸中的相互作用

多数先天畸形是环境因素与遗传因素相互作用的结果，这种相互作用包括两方面：一方面是环境致畸因子通过引起染色体畸变和基因突变而导致先天畸形；另一方面是胚胎的遗传特性决定和影响胚体对致畸因子的易感性。流行病学调查显示，在同一地区同一自然条件下，同时怀孕的孕妇在一次风疹流行中都受到了感染，但其新生儿有的出现畸形，有的却完全正常。出现这种情况的原因在于每个胚胎对风疹病毒的易感性不同。对致畸因子的种间差异更是如此，如可的松对小白鼠有明显的致畸作用（主要引起腭裂），但对猪、猴等则几乎无致畸作用。人类和其他灵长类动物对沙利度胺非常敏感，可引起残肢畸形，但对灵长目之外的其他哺乳动物几乎无致畸作用。

在环境因素与遗传因素相互作用引起的先天畸形中，标示遗传因素所起作用的指标称为遗传度。某种畸形的遗传度越高，说明遗传因素在该畸形发生中的作用越大。例如，先天性心脏畸形的遗传度为35%，先天性巨结肠的遗传度为80%，脊柱裂为60%，无脑儿为60%，先天性髋关节脱位为70%，腭裂为76%，先天性幽门狭窄为75%。

三、胚胎的致畸敏感期

胚胎在发育过程中受到致畸因子作用后，是否发生畸形和发生何种畸形，不仅取决于致畸因子的性质和胚胎的遗传特性，而且还取决于胚胎受到致畸因子作用时所处的发育阶段。胚胎发育是一个连续的过程，但也有着一定的阶段性，处于不同发育阶段的胚胎对致畸因子的敏感程度也不同。受到致畸因子的作用最易发生先天畸形的发育阶段称为致畸敏感期（sensitive period to teratogenic agent）。

胚前期（即受精后的前2周）受到致畸因子作用后较少发生畸形。因为此期的胚体细胞分化程度极低，如果致畸作用强，胚即死亡；如果致畸作用弱，少数细胞受损死亡，多数细胞可以代偿调整。

胚期（即受精后第3周初至第8周末）细胞增生、分化活跃，器官原基正在发生，最易受到致畸因子的干扰而发生畸形。因此，胚期是整个胚胎发育过程中畸形发生率最高的时期，称为致畸敏感期，而且此期发生的畸形往往较为严重。由于胚胎各器官的发生时间不同，故各器官的致畸敏感期也不同（图26-1）。

胎儿期是胚胎发育过程中最长的一个时期，起自第9周初，直至出生。此期胎儿生长发育快，各器官进行组织分化和功能分化，受致畸因子的作用后也会发生畸形，但多属组织结构和功能方面的缺陷，一般不出现大的器官畸形。所以，胎儿期不属于致畸敏感期。

另外，不同致畸因子对胚胎的致畸敏感期也不同。例如，风疹病毒的致畸敏感期为受精后第1个月，其畸形发生率为50%，第2个月便降为22%，第3个月只有6%～8%。药物沙利度胺的致畸敏感期为受精后第21—40天。

四、先天畸形的预防、宫内诊断和宫内治疗

（一）先天畸形的预防

如前所述，遗传因素是引起先天畸形的重要因素。尽管并非所有遗传因素引起的畸形都能遗传给

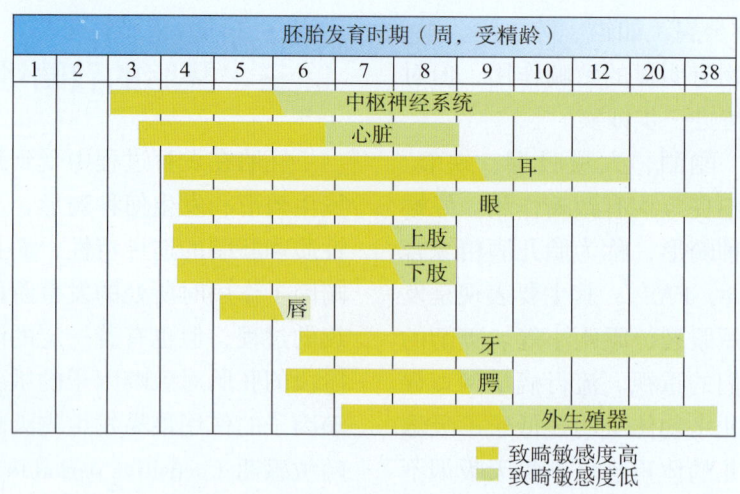

图 26-1　人胚胎主要器官的致畸敏感期

后代，但遗传性畸形的发生率仍然很高。因此，采用遗传学方法预防遗传性畸形是畸形预防中的一个重要方面。遗传工程和基因工程的兴起为遗传性畸形的根治展示了美好前景，但目前防治遗传性畸形的主要措施是预防，而遗传咨询是达到这一目的的重要措施。

做好孕期保健是防止环境致畸的根本措施。在怀孕期间，特别是妊娠前8周，要尽量避免感染，特别是要防止风疹病毒、弓形体、单纯疱疹病毒、巨细胞病毒和梅毒螺旋体的感染。据测定，我国育龄期妇女风疹病毒的感染率高达50%左右，最好的预防方法是接种风疹疫苗。弓形体在人群和动物中的感染率都很高，除搞好环境卫生和饮食卫生以防止感染外，还应在孕前做血清学检查。如果检查结果显示未感染过弓形体，应该进行免疫注射后再怀孕。如果孕期感染了弓形体，就应该中止妊娠。单纯疱疹病毒的传播主要是通过皮肤和黏膜的直接接触，故比较容易预防。巨细胞病毒的致畸率高，传播途径多，感染率高，较难预防，免疫注射是最好的预防方法。

孕期谨慎用药是防止药物致畸的根本途径。孕期特别是孕早期决不可滥用药物，如果治疗中必须应用致畸性药物，应中止妊娠。

戒烟、戒酒是预防胎儿畸形的一个重要方面。孕期大量吸烟，轻者可致胎儿发育迟缓，重者可引起严重畸形，甚至死胎、流产。被动吸烟的危害并不亚于主动吸烟，应引起重视。孕期酗酒，乙醇可通过胎盘迅速进入胎儿体内，胎儿血液中的乙醇浓度与母血中的浓度相近，而胎儿肝又缺少乙醇脱氢酶，导致乙醇滞留时间长，危害甚大。

孕期特别是孕早期应避免和减少射线的照射，包括X射线及其他射线。细胞对射线的敏感程度与细胞的增殖力成正比，与细胞的分化程度成反比。因此，胚体细胞对射线的敏感度比成体细胞高得多，对母体无害剂量的照射却可能危及胎儿。

（二）先天畸形的宫内诊断

如果说防止畸形的发生是一级预防，防止严重畸形儿的出生就是二级预防。二级预防是一级预防的必要补充，因为完全防止畸形的发生几乎是不可能的。随着医学的发展，越来越多的畸形可以在出生前作出明确诊断，有些畸形还可进行宫内治疗。

曾生育过严重畸形儿的孕妇，多次发生自然流产、死胎、死产的孕妇，孕早期服用过致畸药物，感染过致畸病毒，接触过较多射线，或长期处于污染环境以及羊水过多或过少的孕妇，均应进行宫内诊断。目前宫内诊断的主要方法有：

1. 羊膜囊穿刺　羊水不仅含有胎儿的排泄物、分泌物和多种酶，还含有从胎儿皮肤和黏膜脱落下来的上皮细胞。因此，羊水的化学分析可以准确地反映胎儿的代谢状况；羊水细胞的染色体分析能够准确地反映胎儿的遗传状况。在妊娠第15—17周进行羊膜囊穿刺（amniocentesis）最适宜，抽取10~15 mL羊水，离心沉降后分别进行生化分析和染色体分析。严重的神经管缺陷尤其是开放性神经管缺陷时，羊水中出现乙酰胆碱酯酶同工酶，甲胎蛋白的含量可比正常高出数十倍。染色体异常引起的先天畸形，如 Down 综合征和 Turner 综合征等，可通过染色体分析确定。测定羊水中 17-羟黄体酮的含量可诊断肾上腺性征综合征（adrenogenital syndrome）。测定羊水中甲状腺素和促甲状腺素的含量，可以诊断甲状腺发育异常。

2. **绒毛膜检查** 绒毛膜细胞与胚体细胞同源，有着相同的染色体组型，可以通过绒毛膜活检（chorionic villi biopsy，CVB）诊断胚胎的染色体异常。这种检查可以在妊娠第 8 周进行，故可早期诊断。

3. **胎儿镜检查** 胎儿镜是用光导纤维制成的一种内镜，在妊娠第 15—20 周使用最好。通过胎儿镜可直接观察胎儿外部结构有无异常，并可采取胎儿的血液、皮肤等样本做进一步检查，还可直接给胎儿注射药物或输血。

4. **超声检查** 是一种简便易行且安全可靠的宫内诊断方法，可在荧光屏上清楚地看到胎儿的影像，不仅能诊断胎儿外部畸形，还可诊断某些内脏畸形。

5. **X 线检查** 将水溶性造影剂注入羊膜腔，便可在荧光屏上观察胎儿的大小和外部畸形。如果将某种脂溶性造影剂注入羊膜腔，使其吸附于胎儿体表，便可在 X 线下更清楚地观察胎儿的外部畸形。

（三）先天畸形的宫内治疗

近年来，宫内诊断的研究进展很快，已经能对多种畸形作出准确的宫内诊断，但能进行宫内治疗的畸形还很有限。非手术性治疗开展较早，如小剂量可的松治疗胎儿肾上腺性征综合征，甲状腺素治疗胎儿甲状腺功能低下引起的发育紊乱。进展较快并能迅速收效的宫内治疗方法是宫内手术。宫内诊断和宫内手术已经发展为一个专门学科，称胎儿外科学（fetal surgery）。1963 年，LiLey 用宫内胎儿输血方法治疗胎儿水肿并取得成功，是首例宫内手术治疗。20 世纪 80 年代初，开展胎儿颅脑穿刺手术治疗胎儿脑积水取得成功，以后又开展脑室 - 羊膜腔沟通术（ventriculo amniotic shunt）治疗阻塞性脑积水，也取得成功。还有人用这种改道方法治疗胎儿肾积水。近年来，用宫内胎儿胸腔穿刺治疗胎儿乳糜胸取得了成功。动物实验研究显示，膈疝、脐病、腹壁裂和轻度脊柱裂等畸形均可做宫内手术治疗。

复习题

（一）名词解释
1. 先天畸形　2. 致畸敏感期
（二）问答题
1. 简述先天畸形的原因。
2. 举例说明环境致畸因子都包括哪些。

网上学习

26-1　胎儿四维超声的应用
26-2　世界卫生组织和我国监测常见先天畸形的分类代码

（李甜撰文；徐国成绘图）

参考书目

[1] 成令忠,钟翠平,蔡文琴.现代组织学.上海:上海科学技术文献出版社,2003.
[2] 高英茂.组织学与胚胎学.3版.北京:高等教育出版社,2016.
[3] 韩秋生,徐国成,翟效月.组织胚胎学彩色图谱.沈阳:辽宁科学技术出版社,2018.
[4] 李和,李继承.组织学与胚胎学.3版.北京:人民卫生出版社,2015.
[5] 李继承,曾园山.组织学与胚胎学.9版.北京:人民卫生出版社,2018.
[6] 刘斌,高英茂.人体胚胎学.北京:人民卫生出版社,1996.
[7] 马莲.唇腭裂与面裂畸形.北京:人民卫生出版社,2011.
[8] 石玉秀.组织学与胚胎学.3版.北京:高等教育出版社,2018.
[9] 徐晨.组织学与胚胎学.3版.北京:高等教育出版社,2022.
[10] 徐国成,韩秋生,霍琨.人体解剖学彩色图谱.2版.沈阳:辽宁科学技术出版社,2010.
[11] 徐国成,韩秋生,霍琨.系统解剖学彩色图谱.武汉:湖北科学技术出版社,2015.
[12] SADLER T W.Langman's Medical Embryology.13th ed. Philadelphia: Lippincott Williams and Wilkins,2014.
[13] SCHOENWOLF G C, BLEYL S B, BRAUER P R, et al. Larsen's Human Embryology. 5th ed. New York: Elsevier/Churchill Livingstone,2014.
[14] WILLIAM K O, PATRICK C N. Netter's Essential Histology. 2nd ed. St.Louis: Saunders,2012.

郑重声明

高等教育出版社依法对本书享有专有出版权。任何未经许可的复制、销售行为均违反《中华人民共和国著作权法》，其行为人将承担相应的民事责任和行政责任；构成犯罪的，将被依法追究刑事责任。为了维护市场秩序，保护读者的合法权益，避免读者误用盗版书造成不良后果，我社将配合行政执法部门和司法机关对违法犯罪的单位和个人进行严厉打击。社会各界人士如发现上述侵权行为，希望及时举报，我社将奖励举报有功人员。

反盗版举报电话　　（010）58581999　58582371
反盗版举报邮箱　　dd@hep.com.cn
通信地址　　北京市西城区德外大街4号　高等教育出版社知识产权与法律事务部
邮政编码　　100120

读者意见反馈

为收集对教材的意见建议，进一步完善教材编写并做好服务工作，读者可将对本教材的意见建议通过如下渠道反馈至我社。

咨询电话　　400-810-0598
反馈邮箱　　gjdzfwb@pub.hep.cn
通信地址　　北京市朝阳区惠新东街4号富盛大厦1座　高等教育出版社总编辑办公室
邮政编码　　100029

防伪查询说明

用户购书后刮开封底防伪涂层，使用手机微信等软件扫描二维码，会跳转至防伪查询网页，获得所购图书详细信息。

防伪客服电话　　（010）58582300